# Cocaína

Allan de Abreu

# COCAÍNA

## A ROTA CAIPIRA

O narcotráfico no principal
corredor de drogas do Brasil

7ª edição

EDITORA RECORD
RIO DE JANEIRO • SÃO PAULO
2025

CIP-BRASIL. CATALOGAÇÃO NA PUBLICAÇÃO
SINDICATO NACIONAL DOS EDITORES DE LIVROS, RJ

A145c
7ª ed.
    Abreu, Allan de
       Cocaína – a rota caipira: o narcotráfico no principal corredor de drogas do Brasil / Allan de Abreu. – 7ª ed. – Rio de Janeiro: Record, 2025.
       il.

       Inclui bibliografia
       ISBN: 978-85-011-0907-1

       1. Narcóticos. 2. Cocaína. 3. Tráfico de drogas – Aspectos econômicos. 4. Tráfico de drogas – Controle. I. Título.

17-39394
                                                        CDD: 364.177
                                                        CDU: 343.57

Copyright © Allan de Abreu, 2017

Todos os direitos reservados. Proibida a reprodução, armazenamento ou transmissão de partes deste livro, através de quaisquer meios, sem prévia autorização por escrito.

Todos os esforços foram feitos para localizar os fotógrafos das imagens reproduzidas neste livro. A editora compromete-se a dar os devidos créditos em uma próxima edição, caso os autores as reconheçam e possam provar sua autoria.

Texto revisado segundo o Acordo Ortográfico da Língua Portuguesa de 1990.

Direitos exclusivos desta edição reservados pela
EDITORA RECORD LTDA.
Rua Argentina, 171 – Rio de Janeiro, RJ – 20921-380 – Tel.: (21) 2585-2000.

Impresso no Brasil

ISBN 978-85-011-0907-1

Seja um leitor preferencial Record.
Cadastre-se no site www.record.com.br
e receba informações sobre nossos
lançamentos e nossas promoções.

EDITORA AFILIADA

Atendimento e venda direta ao leitor:
sac@record.com.br

*Para Eduardo, Simone,*
*Olivio, Tereza e Michelle,*
*sal da minha terra,*
*luz do meu mundo.*

*Fatos são coisas teimosas; e quaisquer que sejam nossos desejos, as nossas inclinações, ou os ditames da nossa paixão, eles não podem alterar o estado dos fatos e as evidências.*

JOHN ADAMS (1735-1826)

# Sumário

| | |
|---|---|
| Prefácio: O dia do caçador | 11 |
| Introdução: No mapa, o ponto perfeito | 17 |
| Lista de siglas | 31 |
| 1. Tio Patinhas | 33 |
| 2. O palácio do sheik | 51 |
| 3. Os amigos do deputado | 73 |
| 4. A epopeia das mulas | 95 |
| 5. Toneladas de "semilla" | 117 |
| 6. O seminarista | 147 |
| 7. Águas profundas | 159 |
| 8. Tentáculos da máfia | 187 |
| 9. Escritórios do crime | 215 |
| 10. Conexão Mato Grosso | 233 |
| 11. De boia-fria a barão do tráfico | 253 |
| 12. Cabeça Branca S.A. | 277 |

| | |
|---|---|
| 13. Tudo em família | 301 |
| 14. Carro, moeda do tráfico | 323 |
| 15. Cocaína para os "irmãos" | 353 |
| 16. Carga pesada | 377 |
| 17. (In)Vulnerável | 413 |
| 18. Made in PCC | 433 |
| 19. A rota se amplia | 471 |
| 20. As peripécias do dr. Chino | 503 |
| 21. Advogados no crime | 519 |
| 22. Polícia bandida | 559 |
| 23. O golpe da "puxada" | 595 |
| 24. Caipiras viciados | 637 |
| 25. No comando das "bocas" | 669 |
| 26. Tribunais do crime | 695 |
| 27. Dupla identidade | 721 |
| 28. Um pastor no tráfico | 739 |
| 29. Lavanderia colombiana | 763 |
| | |
| Epílogo: A origem do mal | 783 |
| Agradecimentos | 793 |
| Fontes | 795 |
| Bibliografia | 797 |
| Notas | 799 |

# Prefácio

## O dia do caçador

Com um texto ágil, afiado e enxuto, o jornalista Allan de Abreu conduz o leitor através dos labirintos do submundo poroso do narcotráfico e suas conexões com o interior paulista, a chamada "rota caipira". Nessa espécie de entreposto a serviço do crime, a cocaína permanecia armazenada até ser enviada para os grandes centros de consumo no Brasil e no exterior. O autor, além de mapear com precisão os contornos desse território volátil, empenhou-se em contextualizar a expansão dos lucros milionários da droga em uma região que começava a exalar riqueza com o impulso do agronegócio. O vício branco, como se dizia antigamente, passou então a frequentar os melhores salões, como traço de distinção, e reafirmação de uma rápida ascensão econômica e social.

Allan usou sua experiência de repórter veterano para rastrear a meteórica trajetória dos traficantes que souberam explorar as oportunidades oferecidas por esse negócio em cidades provincianas, que logo seriam transformadas em grandes polos de desenvolvimento. Nascia uma região próspera e extremamente vulnerável ao tráfico, parte dela conhecida como "Califórnia brasileira".

Uma das partes mais saborosas deste livro de estreia está nas páginas em que o autor desnuda a vida de luxos desses traficantes recém-chegados: eles recorriam a disfarces bizarros, como se fosse um segundo rosto, na esperança de não serem reconhecidos. Allan desafivelou as máscaras, mostrando-os de corpo inteiro, além de denunciar seu amancebamento com a polícia e o Judiciário.

Apoiado em exaustiva pesquisa que o levou, inclusive, à região inóspita do Chapare, na Bolívia, onde estão as maiores plantações de coca do mundo, Allan construiu uma estrutura narrativa que o permitiu interagir, ao mesmo tempo, com diferentes vozes e cenários. A versatilidade desse engenhoso trabalho de carpintaria ofereceu também novos ângulos de visão para o leitor. Permitiu que acompanhasse de perto as investigações da polícia e conhecesse como era a rotina de dengos de criminosos como Luciano Geraldo Daniel, conhecido como Tio Patinhas, que amealhara invejável patrimônio com o tráfico de drogas no interior paulista.

A Justiça contabilizou onze fazendas, dois prédios inteiros, casas de veraneio no litoral catarinense, uma construtora, carros importados e um helicóptero entre os bens de Tio Patinhas, que adorava ser chamado pelo mesmo apelido do pato milionário e sovina dos desenhos de Walt Disney. Luciano orgulhava-se também de vender cocaína pura, o que não passava de propaganda enganosa, um dos muitos crimes que cometia contra o consumidor. Anunciava que era comprada diretamente na fonte; ou seja, atestava a origem e a qualidade do produto que ele mesmo adulterava para aumentar seus lucros. O pó era colocado no mercado como se tivesse elevado grau de pureza, ao contrário da mercadoria oferecida pela concorrência, que dizia ser abastecida por fornecedores de segunda mão.

Preso em abril de 1999, fugiu um mês depois da Cadeia Pública de Piracicaba para submeter-se a uma cirurgia plástica que fosse capaz de torná-lo irreconhecível. Alterou o contorno dos olhos, orelhas e nariz, emagreceu, assumiu uma nova identidade: Luiz Carlos Luciano Bristol, nascido em Santos. Ao subornar servidores da Secretaria de Segurança para que apagassem todos os seus registros anteriores, Luciano tornou-se invisível.

COCAÍNA: A ROTA CAIPIRA

Como se trabalhasse com palheta, tinta e pincel, Allan deu, aos poucos, vida e cor ao elenco de personagens que povoa o livro com suas misérias e horrores. Ao aventurar-se por esse território cavernoso, o autor soube utilizar como poucos as infinitas possibilidades da luz. Como nos quadros de Caravaggio, onde o fundo da tela aparece sempre afogado em penumbra, contrapondo-se às figuras em primeiro plano, banhadas em uma espécie de luz dramática que ilumina um ponto para melhor ocultar outro, Allan revelou-se também um mestre na arte de explorar os códigos e limites do claro-escuro, "onde o lícito se confunde com o ilícito", como ele mesmo diz.

Como se estivesse em uma aula de anatomia, utilizou-se de um bisturi para dissecar e expor as vísceras da ave predadora que sempre habitou as savanas da condição humana: a corrupção. Analisou de forma didática as excentricidades daqueles que, por dever de ofício, deveriam combater o tráfico de drogas, ao invés de se refestelarem e enriquecerem com ele. Essa é uma das muitas contribuições relevantes deste minucioso trabalho jornalístico: discutir como foi possível enfileirar médicos, policiais, traficantes, políticos, advogados e juízes em uma única carreira a serviço do pó.

O chamado PCC, que inicialmente brotou em São Paulo, antes de se multiplicar como vegetação rasteira pelo resto do país, criou no interior do estado uma sofisticada rede de advogados, conhecida como "sintonia das gravatas", só para defender seus integrantes. Eles exerciam também outra importante função: serviam como pombos-correio entre as lideranças confinadas nos presídios e os comandados, soltos pelas ruas. Era cômico o artifício semântico que um desses advogados utilizava sempre que necessitava de dinheiro para abastecer a conta corrente de juízes viciados em receber propina. Virava-se para seu cliente, o poderoso traficante Leonardo Dias Mendonça, na cadeia, e dizia: "Hoje estou precisando de um sopro no olho."

O livro nos conduz por veredas até então desconhecidas, onde muitas vezes a realidade parece confundir-se com a ficção. Nesse terreno movediço, onde a lei e o crime aparecem muitas vezes de mãos dadas, como num *pas de deux*, o leitor é apresentado a uma das maiores tragédias da era moderna: as conexões políticas e econômicas do narcotráfico, um acasalamento que representa grave ameaça às instituições, em vários países da América Latina.

Nem sempre foi assim.

No final do século XIX, a cocaína era vendida apenas em pequenos frascos, de aparência inocente, na cor de âmbar, semelhantes aos usados pelas antigas farmácias homeopáticas. A droga circulava apenas no meio artístico, onde se copiavam os últimos modismos da vida profana que se levava em Paris. O consumo era tão insignificante que não preocupava a polícia. O *vício branco*, como se dizia, era visto como uma *boutade*, uma espécie de extravagância intelectual, transgressão própria de gente que parecia viver no mundo da lua.

Os números que hoje envolvem a produção e a comercialização da droga são assustadores, como demonstra o autor, amparado em minucioso trabalho de prospecção realizado em arquivos oficiais. Nenhum produto oferece lucros astronômicos como a cocaína. Allan nos mostra como a extrema liquidez dos negócios do narcotráfico permitiu que ele surfasse em todos os continentes como um investimento atraente, capaz de produzir inimagináveis dividendos.

O volume das apreensões de cargas de cocaína tem sido cada vez maior nos últimos anos. A Polícia Federal encontrou 1,69 tonelada de cocaína no galpão de uma empresa portuguesa no Rio de Janeiro, que seria exportada para a Europa camuflada no ventre de peças bovinas. Em 2014, outra mega-apreensão: 1,2 tonelada da droga em meio a uma carga de porcelanato em Rio Claro.

A engenhosidade dos traficantes muitas vezes recorria ao bom humor para dissimular a verdadeira natureza do seu negócio, utilizando-se de nomes aparentemente inocentes como "Delícias da Vovó". Com essa sugestiva logomarca estampada na embalagem, uma empresa de exportação de frutas, em Mogi-Guaçu, estava às vésperas de enviar para a Europa 30 toneladas de latas de pêssego em calda com cocaína pura, quando foi farejada pela polícia.

Na tentativa de captar novos olhares sobre o fenômeno do narcotráfico, o autor ouviu especialistas com diferentes formações que forneceram distintas leituras sobre esse flagelo social. Ao traçar um perfil multidisciplinar sobre a questão da droga, no Brasil e no mundo, o livro torna-se uma fonte de consulta obrigatória para profissionais da área médica e do Direito, como advogados, policiais, promotores, magistrados e todos aqueles que tenham interesse em mergulhar nas águas profundas de um tema tão rugoso e complexo como é o narcotráfico. Não se tem notícia de obra tão densa e abrangente como a que foi produzida por Allan de Abreu. Na parte final, o autor reconhece o extraordinário desafio que foi escrever um livro para ajudar a mudar o mundo, ou, pelo menos, "aquele que existe dentro da gente". O poeta gaúcho Mário Quintana dizia que os "livros não mudam o mundo, mudam só as pessoas. Elas é que mudam o mundo".

Que os leitores deste trabalho inspirador, realizado com determinação jesuítica, cumpram o que o velho Quintana e o devotado Allan esperam de cada um de nós.

Domingos Meirelles

Jornalista e escritor, autor de *As noites das grandes fogueiras — Uma história da Coluna Prestes* e *1930 — Os órfãos da revolução*

# Introdução

## No mapa, o ponto perfeito

Lá na planície do baixo Tietezão, onde o rio gordo e levemente azulado deixou para trás toda a sujeira da cidade grande, a cana forma um grande lençol estendido, mar sem fim, rasgado aqui e ali por cicatrizes ocre, estradas de terra a marcar a presença do homem e suas máquinas. A 300 metros do chão, Medina contemplava absorto, da cabine do seu Cessna, o lento baile das folhas finas e alongadas lambidas pelo vento, sob o sol reluzente do verão caipira.

— Vai dar tudo certo, vai dar tudo certo — repetia para si, baixinho.

O paraguaio era piloto escaldado; anos levando e trazendo fazendeiros e empresários, daqui para lá, de lá para cá. Mas experiência nenhuma apaga a tensão quando se leva, em vez de gente, 400 quilos de cloridrato de cocaína, pura, fabricada e embalada na Bolívia. Viagens de Medina com droga foram poucas, e mesmo assim sempre para as bordas de Mato Grosso do Sul, próximo à fronteira, cioso do apregoado risco de se voar em céus brasileiros, com seus vigilantes radares. Para o interior paulista, era a rota inaugural. Por isso ele não poderia deixar de notar o longo deserto verde dos canaviais paulistas, sem vivalma naquela manhã de 29 de janeiro de 2013. Nem homens, nem tratores.

Até que Medina avistou, ao longe, dois pontos alvos, brilhantes, na paisagem monocromática. Latitude e longitude exatas do pouso combinado no dia anterior. Eram eles: os encarregados de receber a preciosa carga. Medina sentiu um súbito alívio. Reduziu a rotação do motor e começou a perder altitude. Acionou o flap da asa, aprumou o avião na direção exata da estrada de chão batido, transformada em pista improvisada. Quando o trem de pouso tocou o solo, uma espessa poeira borrou de vermelho o azul do céu. O avião perdia velocidade e, mal havia parado de vez, uma das caminhonetes encostou debaixo da asa esquerda.

Medina abriu a porta larga do Cessna e olhou para os colegas. Bastou um rápido aceno, silencioso. Não havia tempo para conversa. Mas o piloto não deixou de notar que um dos homens, alto de cabelos grisalhos, portava um fuzil AK-47, arma potente e propositalmente ostensiva, perfeita para afastar qualquer ameaça à empreita. Enquanto o homem esticava os olhos em direção ao canavial, outro subia na aeronave e, com Medina, jogava os tabletes para os outros dois na carroceria da caminhonete, em movimentos rápidos. Em 10 minutos, a carga estava toda no veículo. Medina se preparava para fechar a porta do Cessna quando ouviu o primeiro disparo. E depois outro. Eram agentes da Polícia Federal, treinados para abordar aeronaves com drogas. Camuflados na cana alta, esperaram a cocaína ser depositada na caminhonete para atacar.

Medina tinha de pensar rápido, o que não é fácil em situações de pânico. Cerrou a porta, acelerou o motor do avião, que permanecera ligado — é sempre assim quando se carrega droga, para facilitar eventual fuga.

O problema é que não havia estrada suficiente à frente do Cessna para uma nova decolagem. O avião rasgou parte do espesso canavial e entalou, sufocado pelas folhas e talos. Medina só teve tempo de abrir novamente a porta da aeronave e sumir em meio à cana. Fugiu, assim como os outros quatro da equipe em solo, que revidaram os tiros dos policiais — quatro atingiram a caminhonete da PF — e fugiram a mais de cem quilômetros por hora pelas estradelas que se

COCAÍNA: A ROTA CAIPIRA

bifurcavam entre os talos da cana. Um helicóptero da Polícia Militar foi acionado para as buscas na região, sem sucesso.

A cocaína chegaria a São Paulo, seu destino final.

Era o dia da caça.

Desolados, os agentes da PF retornaram à pista. Além do avião semidestruído, quatro bolsas espalhadas na terra batida, onde havia R$ 1,5 milhão em notas de R$ 100. Era o pagamento pela droga, que Medina deveria levar de volta ao Paraguai.

Um dos policiais mirou o céu azul, o sol a pino. No pulso esquerdo, o relógio indicava que passava um pouco das 15 horas.

O que aconteceu naquele dia na zona rural de Igaraçu do Tietê, pequeno município no centro-oeste paulista, foi só mais um capítulo de uma novela que nunca termina. Quase todos os dias um avião abarrotado de cocaína toca o solo dos extensos canaviais da rota caipira. Com largas vantagens para o tráfico, já que raramente há policiais à espreita, no meio da cana.

\*

A região formada pelo interior paulista, Triângulo Mineiro e sul goiano é nevrálgica para o narcotráfico internacional. Ponto estratégico no mapa logístico dos traficantes, caminho entre os países produtores da droga — Colômbia, Bolívia, Peru e Paraguai — de um lado, e os grandes centros de consumo, como São Paulo e Rio de Janeiro, de outro. E não é só. No interior do estado de São Paulo, sala de visitas do tráfico, tudo parece favorecer o escoamento da cocaína para as grandes capitais e o exterior. Por terra, a grande malha rodoviária — 31,4 mil quilômetros de estradas com boa pavimentação, a maior parte sem fiscalização policial — favorece o transporte sem sobressaltos. Pelo ar, o tempo bom a maior parte do ano e o relevo plano facilitam o pouso de pequenos aviões carregados com pasta-base de cocaína. Facilidades que fizeram a região se tornar o maior entreposto brasileiro do tráfico internacional em grande escala. Tanto que o jargão policial criou, em alusão à cultura predominante na região, o apelido "rota caipira" do tráfico, que dá nome a este livro.

A existência da rota é reflexo direto do perfil camaleônico da capital do estado mais rico do país no submundo do tráfico. Maior centro consumidor de drogas no Brasil, São Paulo é também caminho de distribuição de entorpecentes para outras regiões, como Nordeste e Rio de Janeiro. Também serve de base para a remessa, via aeroporto internacional de Guarulhos, de cocaína para o exterior, geralmente camuflada no estômago de mulas. O porto de Santos (SP), a 80 quilômetros, além dos de Paranaguá (PR), Rio de Janeiro e Vitória, completa a rota internacional, quando a droga embarca em contêineres dos grandes navios com destino à Europa.

Rápida, uma aeronave vence com facilidade os cerca de mil quilômetros de distância entre a fronteira do Brasil com Paraguai e Bolívia e o interior de São Paulo. No trajeto, quase sempre passa despercebida pelas forças de segurança, e no momento do pouso encontra um cenário perfeito: a planície das regiões de São José do Rio Preto, Ribeirão Preto e Bauru possibilita a construção de pistas improvisadas em poucas horas. A cana-de-açúcar que domina a paisagem caipira é uma aliada imprescindível — se a planta está baixa, é possível visualizar a quilômetros qualquer campana policial. Quando fica alta, perto do ponto de colheita, camufla a aeronave e aumenta a dificuldade para a polícia saber o ponto exato do pouso.

A CPI do Narcotráfico na Assembleia Legislativa do Estado de São Paulo constatou, no início dos anos 2000, 32 pistas clandestinas no noroeste paulista, a maioria usada para o transporte de cocaína. A comissão chegou a solicitar a implosão dessas pistas, mas o governo estadual negou o pedido, alegando os altos custos. Em 2010, apurei que dezenove delas permaneciam ativas. Em 2013, a Polícia Federal contabilizava pelo menos duzentas na zona rural do interior paulista.

A Lei do Abate, de 2004, poderia evitar o tráfico aéreo. Ela permite que caças da FAB derrubem aviões suspeitos no espaço aéreo nacional. Mas a exigência de prévia autorização da Presidência da República e os questionamentos jurídicos — na prática, é a instituição da pena de morte, já que não dá chances de defesa para o piloto — fizeram com que a lei se tornasse letra morta. Para o tráfico, o único prejuízo com a

COCAÍNA: A ROTA CAIPIRA

nova legislação parece ter sido o encarecimento do frete entre Paraguai-Bolívia e São Paulo cobrado pelos pilotos — de US$ 5 mil no início do século para US$ 10 mil, em média, nos dias de hoje.

A falta de aparato repressivo também contribui para a ineficácia da lei. Na região de Cáceres (MT), ponto de partida de boa parte da droga que chega ao interior paulista, o único radar, em Porto Esperidião, se limita a controlar o tráfego aéreo. Em 2012, o governo federal anunciou a implantação de um moderno sistema de monitoramento de fronteira, o Sisfron, com equipamentos de comunicação e centrais de comando interligadas por meio de radares. A previsão era investir R$ 12 bilhões em uma década. Mas, passados três anos, por falta de verbas, o sistema nem sequer havia passado da fase de testes em Dourados (MS), cobrindo apenas 4% da fronteira do Brasil.[1]

Nada no planeta proporciona um lucro tão fabuloso em tão pouco tempo como a cocaína. Uma liquidez fabulosa. Entre os países andinos e o continente europeu, o ganho do tráfico assusta. Um quilo de cloridrato de cocaína, a droga pura, é adquirido na região de Santa Cruz de la Sierra, Bolívia, a US$ 1 mil. Na fronteira com o Brasil, já dobra de preço. Em São Paulo, é negociado a US$ 8 mil. Quando chega à Europa, vale pelo menos US$ 50 mil. Uma diferença de 1.900% que se explica não pelo produto, mas pelos riscos que dezenas de homens assumiram para fazer com que o entorpecente chegasse ao seu destino final — os traficantes precisam deslocar em segredo tanto seu produto quanto seus lucros, lavados em fazendas, empresas e veículos, além de fugir constantemente da morte ou prisão. Mas, se as perdas são irrisórias comparadas ao volume movimentado, e se a prisão é um risco distante, o tráfico de drogas subverte as leis da economia, em que o lucro é proporcional aos riscos do negócio. Aplicações em fundo de investimento ou mesmo ações na bolsa de uma multinacional sólida embutem as oscilações naturais do mercado. Com a cocaína não é assim. Sempre haverá demanda sólida. Basta planejamento e sorte para escapar da polícia. O capitalismo ideal, sem risco.

Não há como mensurar as toneladas de pasta-base de cocaína que todos os meses atravessam a rota caipira. Mas a quantidade de droga apreendida pela Polícia Federal entre 2007 e 2012 atesta a importância de São Paulo e, mais especificamente, do seu interior para o narco-tráfico. No ranking das 27 unidades da federação, São Paulo é líder na quantidade apreendida da droga, com 26,4 toneladas, à frente até mesmo de estados vizinhos a países produtores, como Mato Grosso e Mato Grosso do Sul. Desse total, quase 9 toneladas foram no norte e noroeste do estado, a principal base da rota caipira.

O protagonismo do interior do estado chegou ao auge em 2011, quando a delegacia da PF de Ribeirão Preto confiscou 1,3 tonelada de cocaína, a terceira maior apreensão entre as unidades da corporação em todo o país. Naquele ano, a PF apreendeu mais droga no norte do estado de São Paulo do que em 23 dos 27 estados brasileiros.

O que os números não dizem é o permanente risco de morte daque-les que se aventuram a combater os traficantes pelos céus paulistas. O principal deles atende por Pinelli. Luiz Antônio da Cruz Pinelli, agente da Polícia Federal, tem trinta anos de carreira e participou de mais de uma centena de investigações policiais contra o tráfico. Pelo menos 22 foram na rota caipira. Numa delas, em junho de 1994, apreendeu 7,3 toneladas de cocaína em uma fazenda de Guaraí, Tocantins. A droga pertencia ao cartel de Cáli, Colômbia, e seria enviada aos Estados Unidos pelo porto de Santos, disfarçada em um carregamento de fumo, depois de rasgar o interior paulista. Cinco homens, colombia-nos, faziam a segurança da droga na propriedade com fuzis AK-47. Um tentou lançar uma granada nos policiais, mas levou um tiro no peito. Até hoje, é a maior apreensão da droga em território brasileiro. Só foi possível depois de dezessete dias de campana, ininterrupta, no meio do mato.

Mas Pinelli é especialista em esperar, como atesta a sua pele aver-melhada e ressequida, sapecada pelo sol inclemente do interiorzão do Brasil. Ele chegou a ficar 21 dias no meio do mato, à espera de uma aeronave que desceria com droga, nos rincões de Mato Grosso. À tarde, com o sol a pino, a roupa camuflada colava na pele e pequenos fios de suor escorriam do pequeno chapéu de abas curtas. Sempre de olho na pista de terra vermelha logo à sua frente, de tempos em tempos ele to-mava um gole d'água do cantil, para evitar a desidratação. A comida se

COCAÍNA: A ROTA CAIPIRA 23

limitava a barras de cereal ou ração importada dos Estados Unidos, que vem em pó e é aquecida em 10 mililitros de água. Na terceira semana, quase sem água nem alimento, a pele dolorida pelas picadas de insetos, Pinelli ensaiava desistir quando o silêncio da mata deu lugar ao zunido do Cessna abarrotado de cocaína pura.

Nesses casos, a estratégia da PF é quase sempre a mesma. Cinco policiais se escondem no canavial, sendo que dois ficam próximos à pista, lado a lado, armados com fuzis. Assim que o avião pousa e começa o descarregamento da droga, ambos atiram no motor da aeronave, para impedir que ela decole novamente, enquanto outros dois rendem a quadrilha. A ação deve ser rápida — em 5 minutos, a aeronave pousa, uma caminhonete estaciona sob a asa, a droga é descarregada e o aparelho, acelerado, retoma voo. Se não for possível parar o avião, um quinto policial grava tudo em vídeo, e o armazena como prova contra os traficantes.

Narrar os meandros da rota caipira é também destrinchar o tráfico no Brasil e no mundo. Conhecer as veias e entranhas do grande fluxo mundial da cocaína. Tomar o pulso dos seus protagonistas. Auscultar seus caminhos.

Para entender melhor esse protagonismo do interior paulista no narcotráfico internacional é necessário voltar os olhos para os grandes fluxos mundiais da cocaína, consumida por 17 milhões de pessoas no mundo, segundo a ONU.[2] A rota entre os países andinos e a Europa, passando pelo Brasil e a África, é a segunda maior do tráfico internacional de cocaína, atrás apenas da conexão Colômbia–México–Estados Unidos, segundo a ONU. Mercado para tanta cocaína não falta. A Europa é o segundo maior mercado consumidor de cocaína do mundo, atrás apenas dos Estados Unidos. A maior parte da droga chega ao continente pelo mar, geralmente em contêineres de carga, via África ocidental.

O principal país de trânsito entre as regiões produtoras de coca e a Europa é o Brasil. A ONU estima que 30% do cloridrato que chega ao solo brasileiro seja exportado.[3] Essa rota passa, na maior parte dos casos, pelo interior paulista, o porto de Santos e a África — com participação decisiva de máfias nigerianas, congolesas, libanesas e italianas que atuam no Brasil, sobretudo em São Paulo, capital. Obviamente, parte considerável dessa droga é comercializada nos grandes centros brasileiros. A ONU indica que 1,75% da população adulta do país seja viciada em cocaína, enquanto a média mundial não passa de 0,4%. Isso faz do país um dos principais mercados da droga no mundo.[4]

Há basicamente três modos de transporte via rota caipira. Além dos aviões que, vindos da Bolívia ou Paraguai, rasgam o Centro-Oeste até o interior de São Paulo, há aqueles que saem do estado de São Paulo com plano de voo até Cáceres, Corumbá ou Ponta Porã, na região de fronteira. Próximo ao destino, porém, desviam para o território paraguaio ou boliviano, se abastecem com a droga e regressam ao Brasil. Outro método utiliza rota contrária: as aeronaves saem da Bolívia ou do Paraguai, arremessam o entorpecente em Mato Grosso ou Mato Grosso do Sul e retornam. A cocaína é embarcada em caminhões e levada para o interior paulista.

Esses são os esquemas atuais. Já suas origens se perdem na neblina da história. Não há data precisa a respeito da origem da participação do interior paulista no tráfico internacional. Uma das hipóteses é de que seus primórdios datam da década de 1970, quando vendedores ambulantes, os chamados sacoleiros, passaram a levar droga — na época, maconha — junto com produtos contrabandeados, como roupas, cigarro e uísque, do Paraguai até São Paulo, passando pelo interior. Documento de 1972 do serviço de inteligência do Exército já citava uma rota do contrabando e do narcotráfico entre Três Lagoas (MS) e Bauru (SP), inclusive com o transporte de drogas por ferrovias.[5] Seis anos depois, outro relatório confidencial do Cisa, o setor de inteligência da Aeronáutica, apontava para "uma possível rede de tráfico de cocaína" na região de Araçatuba (SP). De acordo com os papéis, um "piloto de garimpo" faria o transporte de cocaína de Corumbá (MS) até a região por meio de um Piper, monomotor de asas altas comum na época. "O pessoal do aeroporto sempre o vê chegar com 'saquinhos de couro' do

COCAÍNA: A ROTA CAIPIRA                     25

tamanho aproximado de sacos de 1 quilo de açúcar", afirma o documento,[6] um dos primeiros a descrever a rota caipira.

Nos anos 1980, o noroeste paulista se tornaria base de emigrantes com destino à fronteira agrícola no Centro-Oeste, além de entreposto dos grãos produzidos nos rincões de Mato Grosso. Já no fim da década, não demoraria para que, em meio ao milho e à soja, viessem, escondidas, cargas da droga.

O lícito sempre se mistura ao ilícito.

Assim caminham as grandes redes do comércio de drogas.

Com a popularização de entorpecentes mais potentes entre norte-americanos, europeus e também brasileiros, como a cocaína, droga mais cara do que a maconha, a rota passou por um processo de sofisticação logística. Foi na "conexão caipira" que a Polícia Federal, com apoio da DEA, descobriu um grande esquema do cartel de Medellín para levar droga até a capital paulista. Agentes do órgão norte-americano de combate ao narcotráfico se infiltraram na quadrilha do colombiano Juan Lopez Zuñiga, ligado ao lendário Pablo Escobar, para negociar um grande carregamento de cocaína. Descobriram que Zuñiga estava associado aos irmãos Reginaldo e Rosenberg Tahan, empresários em Ituiutaba, para operar a rota. A droga, 130 quilos de cocaína pura, partiu da Colômbia de avião até a Bolívia e em seguida para o Triângulo Mineiro, de onde seguiu em dois automóveis até um posto de combustível de Barretos, onde foi entregue aos dois agentes infiltrados. Naquele momento, toda a quadrilha foi presa, inclusive Zuñiga. À época, foi a maior apreensão da droga pura na história do país.[7] Sinal de que o tráfico se alastrava em terras caipiras. No início dos anos 1990, farmácias de Ribeirão Preto passaram a servir ao tráfico, desviando insumos para o refino da pasta-base em laboratórios improvisados na zona rural da região. Assim se completava o ciclo industrial do narcotráfico, do transporte à manufatura. Hoje, essa rota é muito dinâmica. Cada grupo tem uma estratégia diversa, com o uso de carros, caminhões ou aviões, e locais diversos de operação no interior do estado.

Para combater esse avanço, a Polícia Federal também se sofisticou. A partir da década de 1990, passou a investir em técnicas mais avançadas de combate ao narcotráfico no atacado. Até então, com raras exceções, o órgão optava por investir em barreiras nas regiões de fronteira com Paraguai e Bolívia. Se as apreensões de droga eram constantes, nunca se chegava ao verdadeiro dono do entorpecente, que raramente se aproxima da carga. Então decidiu-se mudar a tática, com investimento em inteligência policial: escutas com autorização judicial, campanas, cruzamento de informações. Com isso, a Polícia Federal montou um banco de dados com informações detalhadas de milhares de traficantes no Brasil e no exterior. Com essa teia em mãos, basta puxar um fio para que todo o novelo se desenrole. Um traficante, inevitavelmente, leva a outro, e assim por diante. Em cerca de um ano, na média, toda a cadeia de comando de uma quadrilha está formada diante dos policiais.

Reunir tanta informação não é tarefa fácil. A PF conta com técnicas avançadas de monitoramento telefônico, por meio de equipamentos sofisticados como o Guardião. Mas o tráfico está cada vez mais relutante em utilizar telefones para tratar de seus negócios escusos. E aí que entra a campana, técnica fundamental para elucidar os grandes esquemas do comércio de drogas.

Para combater o tráfico, é necessário vigilância constante sobre cada passo dos traficantes. Tráfico é rua.

Em terras paulistas, a frase soa ainda mais premente. Já em 2000, a CPI do Narcotráfico, na Câmara dos Deputados, apontava o estado de São Paulo como "o principal local de rota, apoio, distribuição e consumo de drogas do país". A prevalência do estado, segundo a CPI, se sustenta por sua infraestrutura e localização geográfica: "Para qualquer parte do país e do mundo o traficante tem rodovias, aeroportos e portos; tem a vantagem dos canaviais para arremessar e receber a droga e outros produtos do crime; tem as pistas oficiais sem nenhum controle e as clandestinas que até parece que foram feitas sob encomenda, e por fim a sua localização, que para ir a qualquer parte do país é quase obrigatória a passagem pelo estado de São Paulo".[8]

COCAÍNA: A ROTA CAIPIRA 27

Afinal, na ponta estão milhões à espera de uns gramas para suportar o trabalho pesado, atravessar os minutos de tédio ou só para curtir com os amigos no fim de semana. O bálsamo da vida moderna tem a forma de um pó fino e brilhante.

Como repórter dos jornais *Bom Dia* e *Diário da Região*, ambos em São José do Rio Preto, e *O Estado de Mato Grosso do Sul*, de Campo Grande, além da sucursal da *Folha de S.Paulo* em Ribeirão Preto, acompanhei de perto nos últimos catorze anos boa parte das investigações policiais que tiveram a rota caipira como alvo. Nesse período, fui autor de reportagens de pelo menos nove grandes operações das polícias Federal e Civil, tanto na fase de deflagração da operação, quando jornalistas costumam se engalfinhar na porta da delegacia em busca de informação, quanto nos detalhes da investigação, incluindo as escutas telefônicas, obtidas por meio de fontes com acesso direto aos inquéritos, geralmente protegidos do público pelo segredo de Justiça — na maior parte das vezes sem justificativa plausível. Este livro é a oportunidade de o leitor ter acesso aos detalhes dessas investigações, a grande maioria delas inédita. Isso porque pesquisei, durante quatro anos, 41 operações policiais contra o narcotráfico na rota caipira. Para isso, foram analisadas 80 mil páginas de inquéritos policiais, denúncias do Ministério Público e sentenças da Justiça, documentos, na sua maior parte, sigilosos, de onde foi extraída a maior parte dos diálogos do livro, transcritos, sempre que possível, de modo literal. Nesse período, entrevistei 75 policiais, promotores, juízes, advogados, jornalistas e traficantes, no Brasil, no Paraguai e na Bolívia, envolvidos direta ou indiretamente com as histórias aqui narradas.

O resultado, creio, é uma análise ampla de todos os meandros da rota caipira e o comportamento, muitas vezes curioso, dos seus barões. Um deles é Luciano Geraldo Daniel, o Tio Patinhas, que amealhou milhões no comando de um intrincado esquema de transporte de drogas para o interior paulista, e certo dia quis renascer na pele de outra pessoa. Fortuna só comparável à de Joseph Nasrallah, libanês que construiu um palácio enquanto negociava toneladas de cocaína a partir da região de Campinas. Seus esquemas seriam aperfeiçoados anos depois pelos patrícios Mohamed, Hussein e Jamal, irmãos muito bem-relacionados nos altos escalões políticos, onde o narcotráfico busca dividir seu poder.

A cocaína é generosa. Dá riqueza a quem nasce em berço pobre. De cortador de cana, Lourival Máximo da Fonseca tornou-se um dos dez maiores traficantes em atuação no Brasil, depois de se radicar na Bolívia — anos depois, outro traficante, o "caipira" Eurico Augusto Pereira, aprenderia tudo por lá. Cabeça Branca deixou de tocar bocas de fumo no norte do Paraná para transportar toneladas de cocaína pela rota caipira, exportadas como recheio de buchos bovinos em sociedade com empresários portugueses acima de qualquer suspeita.

O fantástico poder de atração do comércio atacadista de drogas é grande o suficiente para atrair lindas modelos, como a catarinense Lucinéia Capra, ou famílias inteiras, como os irmãos Penariol e Ali Jaber. Muitas vezes, nem mesmo aqueles pagos pelo Estado para combater a chaga do narcotráfico resistem às suas tentações. De heróis, policiais não hesitam em se transformar em vilões, ao desviar e revender toneladas de cocaína que deveriam por bem apreender e ainda por cima exigir propina para não prenderem o dono da droga, esquema desmontado pela PF em Sorocaba. Quando não, deixam-se levar pelo suborno de traficantes, ao melhor estilo do crime organizado. A corrupção de tiras, advogados e até do alto escalão do Judiciário parece caminhar lado a lado com o narcotráfico.

Na ânsia do lucro fácil, vale tudo para despistar o poder repressor do Estado. Um submarino para transportar até 5 toneladas de cocaína debaixo d'água, estratégia arquitetada pelo megatraficante Mário Sérgio Machado Nunes, o homem que lavava dinheiro sujo na construção de um grande hotel em Ribeirão Preto. Exportar a droga em caixas impermeáveis recheadas com a droga e acopladas nos cascos dos navios cargueiros por meio de ímãs gigantes, estratégia da máfia italiana. Ou esconder cocaína em contêineres abarrotados de farelo de soja ou de latas de pêssego em calda com o sugestivo nome "Delícias da Vovó", como fez o dr. Chino, o discreto advogado filho de japonês que, da defesa de traficantes nos tribunais, passou a gerente de um megaesquema de tráfico de cocaína que envolvia gente experiente, como o piloto Aderval

COCAÍNA: A ROTA CAIPIRA

Guimarães da Silveira, que trocou uma carreira bem-sucedida na Varig pelo transporte aéreo de cocaína. Quase a cópia do esquema do jovem sorocabano Igor Christea, artífice na exportação da droga para o oeste africano escondida em cargas de etanol, portas e até gigantescas válvulas de usinas hidrelétricas.

Nem a cadeia parece impedir as negociatas dos barões. Com um celular nas mãos, transformam suas celas em escritórios do crime. Assim é com o PCC, facção que fez do tráfico sua principal fonte de renda. Mesmo presos, seus líderes comandam com mão de ferro a compra e distribuição, no interior de São Paulo, de cocaína adquirida na fronteira com a Bolívia e o Paraguai. Ocupam-se de uma clientela crescente, o viciado no interior paulista, com sua classe média numerosa, abastada e muitas vezes exigente, oportunidade para traficantes diferenciados, como Osvaldo Altino Juliano Filho, o Finofo, que ganhou fama por vender o melhor pó de São José do Rio Preto. Essa mesma classe média serve de camuflagem a quem um dia desejou lavar o dinheiro adquirido no comércio de drogas, caso do colombiano Jorge Enrique Rincón Ordoñez e seu plano de criar uma empresa de táxi aéreo em solo caipira com dinheiro do tráfico. Ou de Lucio Rueda-Bustos, membro de um dos maiores cartéis do tráfico no México que, por cinco anos, manteve a fama de empresário acima de qualquer suspeita no interior paulista, até ser desmascarado pela Polícia Federal. Esses mesmos cartéis usaram aeroportos caipiras como base para um megaesquema de tráfico de cocaína — tudo pelas mãos de um pastor evangélico. Houve ainda quem tenha realizado planos de perpetrar seus dotes para o narcotráfico além das fronteiras do país de origem, caso do colombiano Eduardo Echavarría, que tinha o "capo" Pablo Escobar por padrinho.

Além de acompanhar de perto o trabalho policial, me arrisquei em investigações próprias, como a troca de carros roubados ou financiados fraudulentamente no interior paulista por cocaína e maconha nas fronteiras com o Brasil e Paraguai. Em longas viagens à fronteira e ao coração da Bolívia, também pude conhecer de perto as plantações de coca e reunir informações sobre a ação violenta de traficantes de Mato Grosso para manter o domínio da desova de droga no estado de São

Paulo, com a morte mais cruel possível de seus rivais. Mesmo sangue-
-frio dos tribunais do crime, em que pequenos deslizes dos soldados do
tráfico podem resultar no assassinato mais cruel possível, sem chances
de defesa.

Histórias tão camaleônicas têm um aspecto em comum: o protagonismo da rota caipira nos fluxos mundiais da mais lucrativa das
mercadorias.

# Lista de siglas

| | |
|---|---|
| **ADA** | Amigos dos Amigos |
| **Anac** | Agência Nacional de Aviação Civil |
| **CDHU** | Companhia de Desenvolvimento Habitacional e Urbano |
| **CDL** | Comando Democrático para a Liberdade |
| **CDP** | Centro de Detenção Provisória |
| **CGPRE** | Coordenação-Geral de Polícia de Repressão a Entorpecentes / Polícia Federal |
| **CNJ** | Conselho Nacional de Justiça |
| **Cisa** | Centro de Informações de Segurança da Aeronáutica |
| **Coaf** | Conselho de Controle de Atividades Financeiras |
| **Comdabra** | Comando de Defesa Aeroespacial Brasileiro |
| **COT** | Comando de Operações Táticas / Polícia Federal |
| **CPI** | Comissão Parlamentar de Inquérito |
| **CV** | Comando Vermelho |
| **DEA** | Drugs Enforcement Administration / Estados Unidos |
| **Deic** | Departamento de Investigações sobre Crime Organizado |
| **Denarc** | Departamento Estadual de Prevenção e Repressão ao Narcotráfico / Polícia Civil de São Paulo |
| **Detran** | Departamento Estadual de Trânsito |
| **DFS** | Dirección Federal de Seguridad / México |
| **DDA** | Direzione Distrettuale Antimafia / Itália |
| **DIG** | Delegacia de Investigações Gerais / Polícia Civil de São Paulo |
| **Dinac** | Dirección Nacional de Aeronáutica Civil / Paraguai |

| | |
|---|---|
| **Dinar** | Dirección Nacional de Narcóticos / Paraguai |
| **Dise** | Delegacia de Investigações sobre Entorpecentes |
| **DOF** | Departamento de Operações de Fronteira / Polícia Militar de Mato Grosso do Sul |
| **Dops** | Departamento de Ordem Política e Social |
| **FAB** | Força Aérea Brasileira |
| **Farc** | Forças Armadas Revolucionárias da Colômbia |
| **Felcn** | Fuerza Especial de Lucha contra el Narcotráfico / Bolívia |
| **Gaeco** | Grupo de Atuação Especial de Repressão ao Crime Organizado |
| **Gefron** | Grupo Especial de Fronteira / Polícia Militar de Mato Grosso |
| **Gise** | Grupo de Investigações Sensíveis / Polícia Federal |
| **Ibama** | Instituto Brasileiro do Meio Ambiente e dos Recursos Naturais Renováveis |
| **IC** | Instituto de Criminalística |
| **INCD** | Instituto Nacional para el Combate a las Drogas / México |
| **IPA** | Instituto Penal Agrícola |
| **MPF** | Ministério Público Federal |
| **NAS** | Narcotics Affairs Section / Estados Unidos |
| **OAB** | Ordem dos Advogados do Brasil |
| **ONA** | Oficina Nacional Antidrogas / Venezuela |
| **ONU** | Organização das Nações Unidas |
| **PCC** | Primeiro Comando da Capital |
| **PF** | Polícia Federal |
| **PM** | Polícia Militar |
| **Senad** | Secretaría Nacional Antidrogas / Paraguai |
| **Soca** | Serious Organised Crime Agency / Grã-Bretanha |
| **STF** | Supremo Tribunal Federal |
| **STJ** | Superior Tribunal de Justiça |
| **TJ** | Tribunal de Justiça |
| **TOR** | Tático Ostensivo Rodoviário |
| **TRF** | Tribunal Regional Federal |
| **UFRJ** | Universidade Federal do Rio de Janeiro |
| **UnB** | Universidade de Brasília |
| **Unodc** | Escritório das Nações Unidas sobre Drogas e Crimes |
| **UPP** | Unidade de Polícia Pacificadora |

# 1

# Tio Patinhas

Poucos enriqueceram como ele na rota caipira. Luciano Geraldo Daniel, o Tio Patinhas, como era chamado pela polícia, reuniu, em menos de uma década no tráfico, um patrimônio milionário que incluía onze fazendas Brasil afora, dois edifícios inteiros e casas de veraneio no litoral catarinense, uma construtora, um helicóptero avaliado em R$ 3 milhões e dezenas de carros de luxo, incluindo um Corvette de mais de R$ 1 milhão. Resultado de esquemas no atacado de transporte e manipulação da droga, que fizeram do rapaz mirrado um dos maiores traficantes brasileiros no início dos anos 2000, depois de Leonardo Dias Mendonça e Fernandinho Beira-Mar. Luciano remetia, para São Paulo e Europa, uma média de 1 tonelada mensal da cocaína mais pura e cara.

Tio Patinhas conhecia como ninguém a rota caipira porque nasceu nela, em Americana (SP), no dia 26 de fevereiro de 1970. Caçula de dois irmãos, morava na Vila Amorim, bairro de classe média baixa da cidade. Na infância, ganhou o apelido de Ratinho devido aos dentes salientes na boca — corrigidos anos depois. Perdeu o pai na adolescência, e logo teve de trabalhar para ajudar no sustento da casa. Virou tecelão em uma das muitas fábricas de tecido da cidade, no fim dos anos 1980. Mas, com a crise no setor a partir da década seguinte, causada pela importação em massa de tecidos da China, acabou demitido. E conheceu o narcotráfico.

Luciano, porém, nunca foi um traficante convencional, desses de boca de fumo. Em uma época em que os traficantes paulistas traziam cocaína da Bolívia em pequena escala, Luciano, rapaz educado e carismático, inovou ao negociar grandes remessas da droga diretamente com os cartéis bolivianos e colombianos, incluindo os de Cáli e Medellín. Em pouco tempo já era considerado o maior traficante do estado de São Paulo. Anos depois, seu esquema seria copiado com sucesso pelo PCC, a que se filiaria anos mais tarde.

Por vários anos, Tio Patinhas permaneceu oculto para a polícia. Em 1990, teve sua primeira passagem policial, por receptação, ao comprar um revólver furtado de um sargento da Polícia Militar. Seis anos depois, foi preso por tráfico de drogas. Mas a polícia continuou a ignorar sua ascensão no crime até 1999, quando seu nome chegou ao conhecimento do Denarc. Acabou preso em flagrante, com o comparsa João Carlos Gonçalves de Souza, o Bola, em 17 de abril daquele ano, com 37,8 quilos de cocaína armazenados em quarenta tijolos escondidos em um veículo estacionado em um posto de combustível da rodovia Anhanguera, em Limeira. Como sabiam que o grupo procurava comprador para a droga, os policiais se passaram por traficantes e foram até o posto. Pelo entorpecente, ofereceram US$ 120 mil dólares falsos, e anunciaram o flagrante. O grupo ainda tentou subornar os policiais com 10 quilos da droga e armas para não ser preso, mas não deu certo.[1]

No dia seguinte, 18 de abril, Luciano foi levado para a Cadeia Pública de Limeira, e, uma semana depois, para a cadeia de Piracicaba. Mas ficou apenas um mês atrás das grades. No dia 19 de maio, fugiu por um túnel, e tomou uma decisão radical: matar a si mesmo. Emagreceu, procurou um cirurgião plástico na terra natal e mudou o contorno dos olhos, orelhas e nariz. Em seguida, pagou para que seu prontuário médico fosse destruído. Faltavam os documentos. Subornou servidores da Secretaria de Segurança Pública do Estado de São Paulo para obter um novo registro de identidade, em nome de Luiz Carlos Luciano Bristol, nascido em Santos, e apagar todos os registros anteriores, inclusive as impressões digitais. Pronto: Luciano tornara-se invisível.

COCAÍNA: A ROTA CAIPIRA                                    35

Anos depois, ao ser preso, Luciano admitiu em depoimento usar nome falso.

— Eu me encontrei foragido. E aí... na época, quando eu estava preso, todo o pessoal da cela saiu e aí eu aproveitei a fuga e fugi junto com eles. E aí eu não poderia usar o meu nome. E na verdade uma pessoa que eu contratei, eu dei a minha foto para ele e ele fez os documentos para mim.

Se ele fosse detido naquela época, seria impossível provar que aquela pessoa era Luciano Geraldo Daniel, diz o delegado da Polícia Federal Cláudio Dornelas. Homenzarrão claro e careca, protótipo do tira norte-americano, Dornelas se tornaria o grande algoz do traficante no início dos anos 2000. Passou a seguir seus passos, e descobriu um megaesquema de tráfico via rota caipira. No início daquele ano, Luciano procurou o dono da fazenda Zaíra, local de difícil acesso na zona rural de São Gonçalo do Abaeté (MG). Comprou a propriedade por R$ 1 milhão, em notas de R$ 10. Em seguida, demitiu todos os funcionários, pagando as rescisões trabalhistas também em dinheiro, trancou as porteiras e construiu uma pista de pouso no local. Dali em diante, a fazenda se transformou em ponto de chegada da droga vinda da Bolívia e Colômbia por avião. Da Zaíra, o entorpecente era levado até um sítio em Santo Antônio da Alegria, na região de Ribeirão Preto, registrado em nome de um dos integrantes da quadrilha. No sítio, a droga era refinada pelo próprio Luciano, com a ajuda de poucos comparsas.

— O grupo dele costumava ser pequeno, porque não dependia de outros traficantes para preparar o entorpecente. Ele mesmo refinava a cocaína, conhecia bem os métodos de preparo da droga. Tanto que as mãos dele são carcomidas de ácido — diz o delegado.

Com 1 quilo de pasta-base, Luciano conseguia fazer até seis de cloridrato, com boa aceitação entre os viciados. Refinada, a droga era levada para São Paulo, mercado consumidor final.

O negócio das drogas fez Luciano enriquecer rapidamente. Para lavar tanto dinheiro, Tio Patinhas decidiu comprar imóveis, principalmente fazendas, registrá-los no nome de laranjas e enchê-los com bois. Primeiro foi a fazenda Santa Cruz, em Cássia (MG), em nome de um tio de Luciano. Depois veio a fazenda Beira-Rio, de 120 alqueires, em Altinópolis (SP), adquirida por R$ 600 mil em nome de um dos padrinhos de casamento dele, a chácara São Pedro, em Mococa (SP), também no nome do tio, e uma mansão em Franca (SP), onde Luciano morava. Somados, os imóveis valiam em torno de R$ 5 milhões, em valores da época.[2] Nada que despertasse suspeitas no interior de São Paulo e Minas, onde Luiz Carlos Luciano Bristol vendia a imagem de próspero criador de gado. Sempre em veículos da cor prata, costumava carregar uma maleta com US$ 200 mil, que, acredita o delegado, eram destinados a subornar a polícia caso fosse preso.

A compra de tantos imóveis em tão pouco tempo chamou a atenção. Afinal, não era todo dia que alguém comprava fazendas na região com malas de dinheiro vivo. Parte das notas era retirada na boca do caixa por Tio Patinhas. Desconfiado, o gerente do banco acionou a Polícia Federal mineira. A missão caiu para o dr. Dornelas. Em junho de 2001, por ordem dele, um grupo de agentes passou a seguir os passos de Tio Patinhas. A surpresa veio quando chegou à PF uma cópia da carteira nacional de habilitação feita por Luciano em uma autoescola de Santos quando ele já havia mudado o rosto, mas não o nome. Descobriu-se então que o pecuarista Luiz Carlos era o conhecido traficante Luciano Geraldo Daniel. O passo seguinte foi rastrear os passos de Tio Patinhas. Em uma tarde de junho de 2001, o delegado Dornelas estacionou o carro na praça da pequena Altinópolis com a fotografia de Luciano nas mãos e abordou um grupo de idosos:

— Vocês conhecem este homem?

— Sim; ele compra gado toda semana, não sai daqui da cidade.

Um mês depois, no dia 13 de julho, a PF invadiu a fazenda Zaíra, em São Gonçalo do Abaeté, e o sítio em Santo Antônio da Alegria. Na primeira, apreendeu 45 quilos de crack, e na segunda encontrou um laboratório completo para o refino da droga. Três integrantes da quadrilha foram presos em flagrante, mas Luciano não foi encontrado. Tio Patinhas virava lenda, e sua prisão, um desafio para a polícia.

Foi no rastro da ex-modelo Lucinéia Capra que a polícia voltou a esbarrar no grupo de Luciano, em agosto de 2003. Por onde passava, Lucinéia chamava logo a atenção pela beleza. Alta, loira, olhos azuis e corpo magro e curvilíneo, ela nasceu em Nova Itaberaba, oeste catarinense. Aos 17 anos, os pais se separaram e ela se mudou com a mãe e a irmã mais velha para São José do Rio Preto (SP), onde as três começaram a trabalhar em uma churrascaria. Lucinéia tentou seguir carreira de modelo. Fez vários ensaios fotográficos e chegou a receber convite para trabalhar no Japão. Mas, antes, no balcão da churrascaria, conheceu Guilherme Lopes de Alencar, que se apresentou como fazendeiro em Mato Grosso. Começaram a namorar e três meses depois Lucinéia engravidou. Interrompeu a carreira nas passarelas e mudou-se com Guilherme para Limeira (SP). Lá, ela descobriria que, na verdade, o marido era o principal gerente de Luciano em um novo esquema de tráfico internacional. Mas, em vez de se afastar de Guilherme, ela decidiu mergulhar de cabeça nos negócios escusos do marido. Usando o disfarce da própria beleza, a ex-modelo era responsável pelos contatos para a venda da droga adquirida pelo grupo.[3]

Em junho de 2003, o casal se mudou de Limeira para uma casa luxuosa no Jardim São Paulo, bairro de classe média em Rio Claro (SP). Eles não perceberam que na casa vizinha morava Marcos Garcia Fuentes, delegado da Polícia Civil da cidade. Em poucas semanas, a movimentação intensa na casa passou a chamar a atenção de Fuentes. Na época, ele estava afastado do cargo por problemas de saúde. Com tempo livre, começou a prestar atenção nos novos vizinhos. Até que um dia Guilherme engatou conversa com a mãe de Fuentes. Disse que era um administrador de fazendas de Mato Grosso e propôs alugar um terreno ao lado da casa do vizinho para guardar caminhões. O delegado pediu para a mãe omitir sua profissão e dizer ao rapaz que ele era um advogado na cidade.

As suspeitas de Fuentes sobre o casal ganharam fôlego quando ele começou a vasculhar o lixo dos vizinhos e descobriu vários bilhetes de passagens aéreas, inclusive para a Bolívia e a Colômbia. Só poderiam ser traficantes, concluiu. Na imobiliária, Fuentes descobriu que Guilherme havia adquirido a casa por R$ 160 mil, pagos à vista e em dinheiro. O que era suspeita se tornou certeza quando o delegado foi procurado por agentes da DEA, que vinham investigando a atuação de Luciano Geraldo Daniel — havia a suspeita de que ele estivesse remetendo cocaína para os Estados Unidos.

Em julho de 2003, a Polícia Civil da cidade passou a montar campana em frente ao imóvel. Certo dia, os investigadores viram Lucinéia chegar num Audi preto e esperar por Guilherme, que saiu do imóvel com uma mala pesada até a caminhonete dele, uma Silverado. Seguindo o veículo, os policiais constataram que, diariamente, por volta das 6 horas, Guilherme seguia com a Silverado para o sítio Marimel, a 5 quilômetros do distrito de Ajapi, em Rio Claro. Chegava em alta velocidade até a porteira, aberta pelo caseiro da propriedade, e entrava rapidamente no sítio, adquirido em março de 2003 por R$ 400 mil, tudo pago em dinheiro vivo.

A polícia decidiu invadir o imóvel em 7 de agosto daquele ano, com mandado judicial. O acesso ao imóvel, a partir da porteira, tinha vários obstáculos na estrada de terra estreita, além de vários cães de guarda da raça pit-bull. Eles se misturavam com as 40 cabeças de gado, que serviam para dar aparência de legalidade ao local. Nas três edificações do sítio, os policiais encontraram um sofisticado laboratório de refino de cocaína, dividido em sala de preparação, de embalagem e depósito. Havia balança, prensas, um embalador a vácuo, fogão industrial, formas de alumínio, três tambores com pó branco, um tambor com sacos plásticos, dezesseis caixas com frascos de éter, 22 caixas com frascos de acetona e 31 caixas com frascos de ácido sulfúrico, produtos que o grupo desviava de grandes indústrias do ramo. Em uma das casas do sítio, os policiais encontraram 767,6 quilos de cocaína, embalada em tijolos com as inscrições "X", "Z" e "100", que seriam endereçados à Espanha. Segundo o caderno com a contabilidade do tráfico apreendido no local, as letras e números indicavam o grau de pureza da cocaína. Quatro dias depois, em uma prensa, a polícia encontrou mais 26,2 quilos da droga. Também havia radiocomunicadores e um aparelho GPS usado na aviação civil, sinal de que a droga chegava por via aérea ao interior paulista.

Além da grande quantidade de droga, os policiais se assustaram com o arsenal apreendido no sítio: quatro espingardas de vários calibres,

COCAÍNA: A ROTA CAIPIRA

uma submetralhadora, dois revólveres, uma pistola, um silenciador para metralhadora, treze granadas, dez pentes para fuzil e três para pistola semiautomática. Além disso, havia três fuzis, dois deles com a inscrição do governo americano. Para o delegado Dornelas, um claro indicativo de que a quadrilha adquiria, além de drogas, armas que as Farc tomavam de militares norte-americanos na selva colombiana. Segundo a Polícia Federal, o armamento pesado servia para escoltar o transporte da cocaína até o porto de Santos, de onde era despachada em navios com destino à Europa. O entorpecente era levado de caminhão ou caminhonete, escoltado por dois automóveis, um à frente e outro atrás, com todos os ocupantes fortemente armados. No sítio, os policiais ainda encontraram uma caminhonete Ford F1000 carregada com armas, tijolos de cocaína e um tanque de combustível de carro com um fundo falso, onde parte da droga era escondida. Em 18 de agosto, nova diligência policial, em Pirassununga (SP), apreendeu dois caminhões.

No sítio, foram presos em flagrante seis integrantes do grupo, incluindo uma adolescente e os irmãos peruanos Marcelino e Douglas Aguilar Mendoza, responsáveis pelo refino da droga. Lucinéia, Guilherme e Luciano não estavam no local. Era a segunda vez que Luciano e seu braço direito Guilherme se tornavam foragidos da Justiça — eles tinham mandado de prisão em aberto decorrente do flagrante de 2001 da polícia mineira. Doze dias após o flagrante, a polícia retornou ao imóvel e encontrou documentos pessoais dos peruanos, passaporte da ex-modelo e carteira de identidade de Guilherme com nome falso. Todos, inclusive Luciano, foram denunciados por tráfico internacional de drogas e armas. A polícia chegou até Tio Patinhas por meio dos corretores, que identificaram o capo como o comprador da casa no Jardim São Paulo, em Rio Claro, onde moravam Guilherme e Lucinéia, e do limpador de piscinas da casa, que reconheceu Luciano como um dos frequentadores assíduos do imóvel.

No aparelho GPS apreendido no sítio, estavam registradas quatro coordenadas de diversos locais no interior do estado. Em uma delas, um sítio em Itirapina vizinho à rodovia Washington Luís (SP-310), os policiais foram recebidos a bala pelo caseiro — o homem foi baleado e morreu. Na propriedade foram apreendidas novas armas e sete pacotes com quinhentas embalagens cada um, próprios para armazenar cocaína. Como o sítio era rodeado por cana-de-açúcar, a polícia suspeita que a droga era lançada no canavial, recolhida e levada ao laboratório no sítio Marimel. Nesse último imóvel, a polícia comprovou um velho hábito de Tio Patinhas: ele costumava escavar buracos ao redor do laboratório para enterrar os restos químicos do refino e esconder a droga.

Duas semanas antes da blitz, o delegado Fuentes notou que a movimentação na casa ao lado havia cessado completamente.

— Acho que descobriram que eu era delegado, e fugiram antes dos flagrantes — afirma o policial.

Guilherme, Lucinéia e o filho de apenas um ano desapareceram. Um mês depois, a polícia descobriu que o casal estava em um rancho à beira do rio Grande, em Guaraci (SP), divisa com Minas. Mas, quando Fuentes chegou ao local, Guilherme e Lucinéia já haviam deixado o imóvel. O delegado ainda investigou a informação de que o casal estava em Pedro Juan Caballero, mas nada foi comprovado. Até novembro de 2016, o paradeiro da ex-modelo e do marido seguia um mistério para a polícia e para a família de Lucinéia.

— Nunca mais tivemos notícia dela. Nenhum telefonema, nenhuma pista — diz a irmã Ediane, que se mudou com a mãe para São Paulo, onde a família tem um restaurante.

A casa dos traficantes, no Jardim São Paulo, acabou confiscada pela Justiça e transformada em delegacia.

— Não desisti de procurá-los — garante o delegado Fuentes.

Luciano foi condenado pela 2ª Vara Federal de Rio Claro a 26 anos e oito meses de prisão por tráfico internacional de drogas, associação para o tráfico e posse ilegal de arma de fogo. Os irmãos peruanos acabaram sentenciados, cada um, aos mesmos 26 anos e oito meses de prisão, e Lucinéia a dezessete anos e nove meses, todos por tráfico internacional de drogas, associação para o tráfico e posse ilegal de arma de fogo.

Os réus recorreram ao TRF da 3ª Região, que reduziu a pena de Luciano para 22 anos e oito meses, a dos peruanos para dezoito anos e oito meses, e a de Lucinéia para doze anos e dois meses.[4] Posteriormente, parte da sentença acabou anulada nos tribunais superiores por vício processual. O processo de Guilherme, separado dos demais, ainda não foi julgado.

Alheio à batalha judicial, Luciano permaneceu longe das garras da polícia. Em 2004, foi perseguido pela PM em Tupi, distrito de Piracicaba. Acabou abandonando sua picape e fugiu pela mata, deixando no banco do veículo sua pistola .380. Não havia mais como sair do tráfico. Os compromissos eram muitos, com fornecedores e com compradores, diria depois a um ex-policial de Americana. Mergulhado no narcotráfico, Tio Patinhas tinha de levar seu negócio milionário para outras paragens na rota caipira.

Em vez de Minas, Luciano voltou seu foco criminoso para Santa Catarina. Antes mesmo da blitz em Rio Claro, em 2002, Tio Patinhas procurou em Balneário Camboriú um conhecido, Floriano Nolasco da Silva Júnior, piloto desde os anos 1980, e o convidou a trazer de helicóptero pasta-base de cocaína do Paraguai até o interior de São Paulo. Proposta aceita, Tio Patinhas comprou um Esquilo por US$ 700 mil e o entregou a Floriano. A cada duas semanas, em média, o piloto buscava 300 quilos de pasta-base em Porto Murtinho (MS), fronteira com o Paraguai, de uma quadrilha de traficantes bolivianos. Na volta, descia em Bonito (MS), onde era informado do ponto exato onde deveria descer para abastecimento. Para dificultar qualquer interceptação policial, as coordenadas geográficas eram codificadas em palavras, em que cada letra correspondia a um número. A mais comum delas era "Brilhantex", indicativa de um descampado na área rural de Palma Sola, cidadezinha de Santa Catarina na divisa com o Paraná.

Lá, Gilmar Abarcherli Ferreira e a esposa cuidavam de fornecer o querosene para o helicóptero, que sempre chegava por volta do meio-dia. Minutos antes, a mulher estacionava o seu carro em frente ao posto da Polícia Militar da cidade e ficava no local até a aeronave levantar voo, a fim de evitar qualquer abordagem policial. Reabastecido, o helicóptero retomava a viagem até a fazenda Diamante, em Pardinho, ou a fazenda Santa Teresa, em Gália, ambas na região de Botucatu (SP). Nem tocava o chão — da aeronave, os tripulantes jogavam os seis ou oito fardos da droga diretamente na carroceria de uma caminhonete. Depois, o piloto reabastecia no aeroporto de Botucatu e retornava para Santa Catarina, até nova ordem de Luciano. Para cada viagem à fronteira com o Paraguai, Floriano recebia US$ 20 mil.

Nas duas fazendas, Luciano mantinha laboratórios para refinar a droga e multiplicar sua quantidade — cada 300 quilos se transformavam em 1 tonelada de cocaína de boa qualidade, sob a supervisão de Tio Patinhas. Dias depois, a droga acabava remetida para São Paulo e Europa, novamente escoltada sob forte vigilância armada. Cada uma dessas viagens gerava lucro de R$ 5 milhões, estima a Polícia Federal.

Para lavar o dinheiro sujo das drogas, Luciano voltou a investir em fazendas. Antes, trocou o nome falso Luiz Carlos Luciano Bristol, "queimado" pela PF mineira, por três outras identidades, adquiridas em Mato Grosso: Luiz Carlos Marques, Luís Carlos Marques e Luiz Carlos Rodrigues. Em nome deles e de novos laranjas, Tio Patinhas registrou o seu novo império: onze fazendas nos estados de São Paulo e Goiás, um terreno em Itaquaquecetuba e uma casa em São Paulo. Além disso, adquiriu, por meio de um empreiteiro laranja, a Construtora Paixão, de Santa Catarina, e nela investiu US$ 1 milhão, incluindo a compra de um edifício inteiro em Balneário Camboriú, o "Pablo Neruda".

O mesmo empreiteiro também emprestou o nome para que Luciano ocultasse uma frota de carros de luxo, incluindo um Corvette avaliado em R$ 1 milhão, usado com frequência por Tio Patinhas, e uma BMW X5 de R$ 200 mil, em valores da época. Mesmo com tantos imóveis e veículos, o dono formal da empreiteira declarou renda anual de apenas R$ 3,4 mil em 2005. "Seria de se supor estarmos diante de um sonegador de impostos não houvesse indícios de, no caso em tela, tratar-se de um testa de ferro da organização criminosa", escreveu o Ministério Público Federal ao denunciar o grupo. Mesmo Luiz Carlos Rodrigues, um dos nomes falsos utilizados por Luciano, declarou em 2004 apenas R$ 48 mil recebidos de pessoa física do exterior. No ano seguinte, teve rendimentos tributáveis de R$ 36 mil e lucro de R$ 90 mil de uma factoring. "Ainda que tais rendimentos fossem reais, seriam incompatíveis com o patrimônio" do megatraficante, concluiu a Justiça.

COCAÍNA: A ROTA CAIPIRA

Luciano Tio Patinhas chegava assim ao apogeu do seu esquema criminoso. A estratégia de narcotráfico parecia impenetrável à investigação policial — além de códigos complexos e coordenadas geográficas cifradas, a quadrilha trocava constantemente de telefones, e Luciano evitava transações bancárias para pagar fornecedores — a quitação era feita sempre em dinheiro vivo. Com tantos cuidados, só um acaso faria com que Tio Patinhas cruzasse novamente com a polícia. Para azar dele, em setembro de 2005, agentes da Polícia Federal do Paraná começaram a se movimentar no oeste do estado, fronteira com o Paraguai, onde havia grande fluxo de aeronaves para abastecimento. Não demorou para que ouvissem, dos camponeses da região, o relato de um helicóptero que, de tempos em tempos, dava rasantes pela região de Pato Branco (PR).

O delegado da PF Fernando Francischini assumiu a investigação, e deslocou uma equipe de dez policiais para vigiar o helicóptero. Francischini, que na época coordenava operações especiais de fronteira na região Sul, logo desconfiou que a aeronave transportava drogas. Ele tinha experiência suficiente para acreditar nessa hipótese. Oito anos antes, havia chefiado o setor de análise de informações sobre narcotráfico e terrorismo na Interpol, em Brasília. O conhecimento prévio, porém, não o eximiu de percalços. O delegado considera a investigação da quadrilha de Luciano uma das mais difíceis que coordenou, devido à complexa articulação do grupo.[5]

Em uma noite de dezembro de 2005, os agentes da PF observaram a distância Gilmar Ferreira comprar querosene de aviação em Pato Branco e pagar à vista: R$ 4 mil. Dois dias depois, localizaram a aeronave pela primeira vez. O helicóptero voava em baixa altitude, menos de 100 metros, pela área rural de Palma Sola, até pousar em uma depressão. Com binóculos, o delegado visualizou Floriano, o piloto, e Gilmar; 20 minutos depois, o helicóptero retomou voo, com destino ao interior paulista. Nas outras duas vezes em que acompanhou a aeronave, Francischini teve o apoio do helicóptero da PF, mas, como a quadrilha sempre alterava o local do pouso, não conseguia dar o bote, e acabou por mudar de estratégia — a ideia era investigar a trajetória da aeronave até o interior de São Paulo para flagrar todo o esquema de tráfico, a chamada "ação controlada". A campana se repetiu até o fim de junho, quando a PF seguiu Nolasco em outro helicóptero da corporação e constatou que a aeronave sempre pousava na região de São Manuel (SP). Então, na terceira e última vez que acompanharam a trajetória do helicóptero, Francischini decidiu postar três equipes nas cidades de São Manuel, Botucatu e Pardinho. Uma delas viu, distante, a aeronave descer em um canavial entre as duas últimas cidades. Tentou chegar próximo do local, mas não conseguiu.

— Era muito rápido, coisa de segundos. Era o helicóptero baixar, a droga ser desembarcada para dentro da caminhonete e o veículo sair do meio do canavial. Então você não tem certeza para estragar uma investigação de meses, de abordar um carro desses saindo do canavial — disse o delegado.

Francischini achou mais prudente acompanhar o trajeto do veículo, até ele passar pela porteira da fazenda Diamante. A PF chegava assim ao quartel-general da quadrilha de Tio Patinhas.

A operação, batizada de Ícaro, em alusão à figura da mitologia grega que morreu ao tentar sair voando da ilha de Creta, foi desencadeada em 4 de julho de 2006. A polícia obteve da Justiça mandados de busca e apreensão em Balneário Camboriú, Palma Sola e Pardinho. No primeiro desses locais, foi detido o piloto Floriano Nolasco. Em Palma Sola, Gilmar e Neuraci. Na casa deles, foram apreendidos os galões onde o querosene do helicóptero era transportado, US$ 13 mil e R$ 5 mil em dinheiro vivo. No quintal, os policiais desenterraram uma caixa de sapatos com dois radiocomunicadores e um binóculo, além de anotações de números telefônicos e códigos alfanuméricos.

Na fazenda Diamante, os policiais se depararam com um galpão de 300 m² onde Luciano montara um novo laboratório de refino da droga. No local, havia peneiras, filtros de papel, máscaras para material particulado, reagentes químicos, centrífugas, prensa, moldes retangulares e baldes grandes contendo um líquido escuro — testes químicos comprovaram ser cocaína. Em um dos cômodos, as três identidades com nome falso usadas por Luciano para despistar a polícia.

COCAÍNA: A ROTA CAIPIRA 45

Ao redor do galpão, os agentes cavucaram vários buracos — a PF já sabia que Tio Patinhas tinha por hábito esconder cocaína refinada debaixo da terra ao redor dos seus laboratórios. Após um dia inteiro de escavação, foram encontrados 52,5 quilos de cocaína em pó, dentro de tonéis utilizados para guardar leite.

Na fazenda, havia apenas o caseiro, preso em flagrante. Na manhã daquele dia, logo que invadiram a Diamante, os policiais federais notaram, ao longe, uma caminhonete S-10, cabine dupla, em fuga. Era Luciano e um outro comparsa não identificado. O delegado Francischini determinou então que uma equipe da PF acompanhasse o veículo. A S-10 rodou por horas pela região. Passou por vários bairros de Botucatu até tomar o rumo da cidade de Gália. Entrou na fazenda Santa Teresa, a 180 quilômetros da Diamante.

Como já escurecia, os policiais aguardaram o sol raiar para invadir o segundo QG de Luciano.

— Tínhamos todas as informações de que a droga tinha sido levada da fazenda Diamante para essa nova fazenda — afirmou o delegado.

Ao se aproximarem da sede da fazenda, foram recebidos a bala. Mas a reação não durou muito tempo. Dois comparsas acabaram rendidos — Luciano, novamente, não estava.

Mas a polícia sabia que ele não estava longe. E passou a vasculhar toda a fazenda, com auxílio de cães. Um dos animais começou a latir em direção a um brejo nos arredores da sede da propriedade. Luciano estava lá, imerso na lama, só parte da cabeça para fora.

Enquanto isso, outra equipe de agentes, ao entrar na sede da fazenda, já notou um forte cheiro característico da cocaína. Com cuidado, os policiais vasculharam todos os cômodos e encontraram uma fábrica voltada ao preparo da droga. Logo na sala, encontraram três balanças eletrônicas usadas para pesar o entorpecente, 4,9 quilos de cocaína e até uma seladora a vácuo utilizada para embalar a droga já refinada. No primeiro quarto, havia uma bancada de madeira e uma grande bandeja de alumínio. Em cima, um dispositivo para secagem alimentado por botijões de gás de cozinha e 25,1 quilos de cocaína. No segundo quarto, a mesma engenhoca para secar a droga — sobre a bandeja, havia dezoito sacos plásticos com mais cocaína —, além de dois baldes plásticos grandes, um ancinho, uma espátula e uma pá de pedreiro.

No terceiro e último aposento da casa, os policiais se depararam com oito tambores cheios de ácido clorídrico, três tambores com ácido sulfúrico e outros dois com álcool. Tudo usado no beneficiamento da pasta-base. Em um canto do cômodo, chamou a atenção dos agentes nova engenhoca, com três recipientes de plástico contendo ácido, lacrados com adesivo e conectados por um sistema de mangueiras e dispositivo de gotejamento usado em hospitais para aplicação de soro. Para os peritos, o dispositivo servia para misturar os ácidos clorídrico e sulfúrico, essenciais no refino do entorpecente. No quarto também havia 14,5 quilos de cocaína em bacias plásticas. Nos fundos da casa, na cozinha, a PF encontrou peneiras, um liquidificador e mais 72,1 quilos da droga. Aos que, como Luciano, soubessem manusear a parafernália, o chefe pagava em torno de R$ 5 mil mensais, segundo um dos funcionários disse à polícia. O total de cocaína apreendida no imóvel chegou a 116 quilos.

Havia também novo arsenal, semelhante ao apreendido três anos antes em Rio Claro. Estava no único cômodo com característica de residência, o quarto de Luciano. Dentro de um armário, a Polícia Federal apreendeu quatro fuzis, dezesseis pistolas de uso exclusivo da Polícia Militar, quatro revólveres, quatro silenciadores, mira a laser, três espingardas e quatro granadas de mão. Havia até armas do exército boliviano, lembra o delegado Franceschini.

Ouvido pela polícia, Luciano admitiu a propriedade das fazendas em Gália e Pardinho e também o tráfico de cocaína. Disse ter convidado pessoalmente o piloto Floriano Nolasco para transportar pasta-base no helicóptero adquirido por ele em nome de um "fantasma". O piloto Floriano confirmou à PF o convite de Luciano para que transportasse cocaína. Afirmou ainda que havia feito cerca de dez viagens ao Paraguai. À Justiça, no entanto, Tio Patinhas mudou a versão, e negou comercializar cocaína, apenas procaína, um anestésico com cheiro de éter usado no refino da cocaína — para cada 10 quilos da droga, eram acrescentados 600 gramas da substância.

COCAÍNA: A ROTA CAIPIRA

— Eu pegava acetona e outros produtos, e eu na verdade vendia no mercado como se fosse cocaína — disse ao juiz.

— E elas [pessoas] compravam como se fosse cocaína?

— Eles achavam que era cocaína. Mas eu apresentei o produto, o produto passou e eu fiquei quieto.

Os argumentos não convenceram a Justiça. "Luciano Geraldo Daniel faz da atividade criminosa, especialmente o tráfico de entorpecente, a sua profissão", escreveu o então juiz titular da 2ª Vara Federal Criminal de Curitiba, Sérgio Fernando Moro, que ganharia fama no Brasil anos mais tarde ao julgar as ações penais decorrentes da Operação Lava Jato, contra um esquema de fraudes bilionárias na Petrobras. "Não se trata, outrossim, de pequeno traficante, mas de chefe de grupo criminoso estruturado, que se dedicava a atividade de tráfico complexa e estruturada, o que incluía a utilização de aeronave para tráfico internacional e de dois laboratórios de refino", concluiu o magistrado.

Em 18 de dezembro de 2006, Moro condenou Luciano a 28 anos e seis meses de prisão por tráfico internacional de drogas e associação para o tráfico, além de posse ilegal de arma de fogo e lavagem de dinheiro. Floriano Nolasco foi sentenciado a dezenove anos de prisão pelos mesmos crimes, exceto posse de armas de fogo. Gilmar teve pena de onze anos e um mês por tráfico e associação para o tráfico internacional. Todos recorreram ao TRF da 4ª Região, que reduziu a pena de Luciano para 22 anos e seis meses, a de Floriano para onze anos e quatro meses, e a de Gilmar para sete anos e quatro meses.[6] Novo recurso ao STJ reduziu novamente a pena de Luciano, desta vez para catorze anos e sete meses. A sentença já transitou em julgado — não cabem mais recursos.

No ano seguinte à prisão, em março de 2007, todo o "vastíssimo patrimônio" de Tio Patinhas, como classificou o juiz Sérgio Moro, incluindo a maior parte das fazendas, com 1,7 mil cabeças de gado, os imóveis urbanos e os veículos, foi confiscado e leiloado. Exceto quatro fazendas de Goiás, que totalizam 1,6 mil hectares, cedidas ao Incra para assentar 67 famílias em 2010,[7] e o helicóptero, cujo rastro possibilitou à PF prender toda a quadrilha. Em 2012, a Justiça mineira o condenaria novamente pelo flagrante em Patos de Minas — quinze anos e oito meses de prisão por tráfico e associação para o tráfico.[8] A pena foi mantida pelo TJ mineiro.

No cárcere, Luciano ingressou no PCC. Em 2011, agentes da Polícia Federal do Paraná investigaram um possível atentado que Luciano estaria planejando contra o juiz Sérgio Moro e o delegado Fernando Francischini, protagonistas da Operação Ícaro. Para executar o plano, o traficante teria vendido, por R$ 3 milhões, uma fazenda no Paraná em nome de laranjas. No entanto, nada ficou comprovado. Luciano fugiria da cadeia em abril de 2013, durante saída temporária de Páscoa. Foram três meses de liberdade, período em que chegou a operar um novo laboratório de refino de pasta-base em uma chácara de Igaratá, vale paraibano. O imóvel tinha câmeras de vigilância na entrada e uma porta secreta, em uma parede atrás de um armário, que dava acesso ao cômodo onde a pasta-base era transformada em cloridrato e crack.

O que Luciano não sabia é que a polícia nunca deixara de vigiar seus passos. Primeiro foi o Denarc. Na manhã do dia 3 de julho de 2013, policiais do órgão invadiram a propriedade. Pelas câmeras de vigilância, Luciano e um comparsa viram a aproximação dos tiras e fugiram pelos fundos do imóvel, em área de mata. Só a droga foi apreendida — 100 quilos de cocaína e 75 de crack.

O próprio Tio Patinhas narrou a fuga em mensagens de celular para outro traficante da região de Campinas que era monitorado pela PF:[9]

"Aqui eu estou todo ralado e dolorido" / "To na base do dorflex" / "Ja estou pronto p outra".

E estava mesmo. No dia 21, segundo a PF, ele recebeu R$ 570 mil do PCC pelo fornecimento de 100 quilos de cocaína à facção. Parte do dinheiro foi gasta em uma carteira de identidade falsa:

"Parece q o meu [documento] ja ta pronto", escreveu Luciano, que em seguida desabafou: "Eu que queria nao ta devendo nada para a justica."

No dia 26 de julho, Luciano perguntou a um traficante da região de Campinas se não tinha acetona para produzir 30 quilos de cocaína:

"Voce conhece alguem que vende acetona. E entrega ai poe [por] perto. Nao precisa muito. Unns 100 litro. So p faze 30 peca."

# COCAÍNA: A ROTA CAIPIRA

Três dias depois, agentes da PF prenderam Tio Patinhas no centro de São Paulo com US$ 158 mil em uma sacola. Era parte do pagamento do PCC que seria enviada por um doleiro na capital até a Bolívia, para a compra de mais pasta-base. Luciano voltou para a cadeia, a Penitenciária 2 de Presidente Venceslau (SP), de segurança máxima. Tentei entrevistá-lo por meio do seu advogado, mas ele não quis conversa.

Mais uma vez atrás das grades, Tio Patinhas, aquele que refinava a cocaína junto aos seus comparsas, deixou aos outros "capos" da rota pelo interior paulista uma lição: jamais ter contato direto com a cocaína comercializada. Foi o que fez o "sheik", um libanês milionário que sonhou construir um palácio em terras caipiras.

# 2

## O palácio do sheik

Quando viu da janela o homem corpulento de têmporas grisalhas que saía da luxuosa Mercedes exibindo joias vistosas nos pulsos e no pescoço, Queila Passarelli logo percebeu a possibilidade de fechar um excelente negócio naquele início de 2003. Joseph Nour Eddine Nasrallah era um libanês que gostava de chamar a atenção de todos ao seu redor com sinais de riqueza e poder. Andava sempre com guarda-costas, que além de lhe dar proteção ajudavam-no com a língua portuguesa ainda claudicante. Naquele dia, estava acompanhado de Hamssi Taha, brasileiro filho de pais libaneses. Foi ele que primeiro se dirigiu a Queila: queriam comprar uma casa.

A dona da imobiliária em Vinhedo (SP) notou de imediato que Joseph não queria qualquer imóvel. Queila mostrou a ele fotos de várias casas de um catálogo, mas o libanês não gostou de nenhuma. Até que ela se lembrou da casa à venda pelo então secretário de governo da prefeitura da vizinha Valinhos (SP), Wilson Sabie Vilela, no condomínio Village Sans Souci, um dos mais luxuosos da região de Campinas.[1]

Por sorte, Joseph mostrou interesse e eles resolveram juntos visitar o imóvel.

Como para Queila, não passaram despercebidos para Wilson a Mercedes preta e o ouro reluzente que o libanês exibia no corpo, além de uma grossa pulseira de esmeraldas.

— Você não tem medo de andar com essas joias? — perguntou o secretário.

Joseph mirou os olhos de Wilson, sem qualquer sinal de espanto ou reprovação. Parecia acostumado com perguntas daquele tipo. Mas nada respondeu.

O libanês andou pela casa, inspecionou todos os cômodos. Não gostou do imóvel — achou antigo demais —, mas apreciou a localização do terreno de 5,1 km², na entrada do condomínio.

— Vou demolir tudo e construir outra casa.

Ofereceu R$ 350 mil, mas Wilson queria R$ 450 mil. Fecharam negócio por R$ 380 mil. Uma semana depois, combinaram o pagamento no escritório de Queila. Dessa vez, só Hamssi apareceu, com uma maleta entre os dedos finos e alongados. Dentro, R$ 380 mil em notas de R$ 50, com a tarjeta do banco. O negócio foi oficializado em cartório no dia 15 de maio. Joseph colocou a propriedade em nome do filho, Ricardo, na época com apenas 3 meses de idade. Dias depois, começava a demolição da casa.

Queila também alugaria uma casa em um condomínio de Vinhedo para que Joseph, a mulher — uma piauiense magra e morena que o libanês conhecera seis anos antes — e os filhos morassem enquanto durassem as obras. Joseph pagou um ano de aluguel adiantado, R$ 60 mil, também em dinheiro. Pouco tempo depois, o libanês voltou a procurar a imobiliária para alugar outro imóvel, desta vez no Sans Souci, para que o irmão dele, Antanos, recém-chegado do Líbano, pudesse acompanhar a obra. Novo pagamento à vista, adiantado, de R$ 60 mil.

A casa, cópia de uma mansão na França, tornou-se a obsessão de Joseph. Tinha dois andares e área construída de 3,1 km² com detalhes luxuosos — as paredes eram revestidas de mármore importado da Itália, com capitéis dourados nas cinco colunas também de mármore polido, com quinze metros, que compunham a fachada. Dentro, detalhes suntuosos, como o lustre da sala, avaliado em R$ 150 mil, e uma banheira banhada em ouro comprada por R$ 60 mil.

Joseph pagava tudo à vista, em dinheiro vivo, disposto em malas e até em sacolas plásticas de supermercado. Nos quatro anos de duração da obra, foram gastos R$ 3,7 milhões. Só com portões de ferro o custo foi de R$ 1,8 milhão. Joseph se mudou para a casa do irmão para acompanhar a obra mais de perto. Nos fins de tarde, era visto pelos vizinhos do condomínio sentado em um banco em frente ao imóvel, sozinho, contemplando a mansão que ganhava forma.

O luxo se estendia aos automóveis. A Mercedes que Queila viu chegar na imobiliária, blindada, fora comprada por R$ 900 mil. Ele também tinha outra Mercedes, vermelha, avaliada em R$ 370 mil, além de um jipe Grand Cherokee, importado. A mulher tinha outros dois carros, um Audi e um Volkswagen Touareg, comprados por R$ 550 mil.

Apesar da ostentação, Joseph era de poucos amigos. Andava sempre com um ou mais seguranças, principalmente Hamssi Taha e Jamal Bakri, outro patrício. Mesmo assim, costumava ser generoso — na banca de revistas, não era raro comprar um jornal com R$ 50, abrindo mão do troco.

Tanto luxo e ostentação não passaram despercebidos entre os moradores de Valinhos (SP). Correu na cidade a fama de que o libanês era dono de áreas produtoras de petróleo no Oriente Médio. Por isso, começou a ser chamado de "sheik". Mas a Polícia Federal suspeitava que ao menos parte daquela fortuna tivesse uma origem menos nobre: o narcotráfico.

Joseph Nasrallah nasceu em Al Alkoura, norte do Líbano, no dia 11 de setembro de 1966. Filho de uma família de classe média, herdou do pai propriedades rurais no país. Também abriu postos de gasolina e passou a contrabandear combustível para a vizinha Síria, conforme disse em depoimento à polícia. Nos anos 1980, Joseph mergulhou na guerra civil libanesa (1975-90), lutando do lado dos cristãos maronitas contra os muçulmanos. Perseguido, decidiu vir para o Brasil em 1998.

Não se sabe como e quando Joseph ingressou no narcotráfico. A Polícia Federal soube de seu envolvimento com o comércio internacional de drogas em outubro de 2000, quando foi alertada pelo serviço de inteligência da polícia alemã. Naquele mês, uma mula brasileira foi presa com cocaína em Berlim e disse em depoimento que o libanês era um dos donos do entorpecente. Joseph acabou condenado na Alemanha por traficar droga para a Europa entre maio de 1999 e meados de 2000, e dois anos depois o governo alemão solicitou ao Brasil sua extradição. O libanês chegou a ser preso, mas o pedido foi negado pelo Supremo Tribunal Federal e Joseph recuperou a liberdade. Quatro anos depois, acabou condenado pela 11ª Vara Criminal de São Paulo a dois anos de prisão por uso de documento falso, pena substituída por prestação de serviços comunitários. A essa altura, seus passos passaram a ser seguidos de perto pela PF. Em janeiro de 2005, com indícios mais do que suficientes de que Joseph comandava um megaesquema de tráfico de cocaína para a Europa e o Oriente Médio, a polícia solicitou à 7ª Vara da Justiça Federal em São Paulo autorização para monitorar os telefonemas do libanês e seu grupo. Era o início da Operação Kolibra, sigla para Conexão Líbano-Brasil.

Das regiões de Campinas e Jundiaí, base do grupo, Joseph adquiria cocaína pura da Colômbia ou da Bolívia de dois fornecedores: Paulo Salinet Dias e os irmãos Dirnei de Jesus Ramos e Vanderlei da Silva Ramos. Paulo, gaúcho de Passo Fundo, era empresário e fazendeiro em Amambai, Mato Grosso do Sul, cidade a apenas cinquenta quilômetros da fronteira com o Paraguai. Pela proximidade com o país vizinho, estabeleceu laços firmes com traficantes paraguaios que serviam de atravessadores da cocaína produzida na Bolívia e na Colômbia. No início dos anos 2000, o gaúcho conheceu Joseph na revenda de automóveis que tinha em São Paulo, e passou a fornecer cloridrato de cocaína de ótima qualidade para o libanês exportar para Europa e Oriente Médio. A droga era remetida para a Grande São Paulo ou a região de Campinas em quantidades médias, entre 20 e 60 quilos, escondida em automóveis. Para se capitalizar, o grupo de Paulo também explorava ilegalmente um garimpo de diamantes em Rondônia, enviava as pedras para a Europa e injetava o dinheiro na compra de cocaína.

Com o esquema, Paulo enriqueceu rapidamente. Além da revenda na capital paulista, comprou casas em Campo Grande, uma fazenda, carros importados e até um helicóptero. Também abriu uma empresa mineradora em Mato Grosso do Sul, a Geobrás. Não demorou para que

COCAÍNA: A ROTA CAIPIRA                                    55

a polícia cruzasse o seu caminho. A primeira vez foi em 2003, quando a PF apreendeu 460 quilos de cocaína no fundo falso de três caminhonetes, todas em nome da revenda de Paulo. Dali em diante, seus passos passaram a ser seguidos de perto, até que, em maio de 2004, a polícia acompanhou uma remessa de droga do Paraguai até São Paulo. A droga era levada de avião para a região de Ribeirão Preto, e em seguida por terra a um depósito na capital, até adquirir volume suficiente para ser exportada. Quando Paulo Salinet se preparava para receber a droga em um estacionamento da zona leste paulistana, os agentes da PF anunciaram o flagrante. Foram encontrados 32 quilos em um fundo falso da caminhonete, mas Paulo conseguiu fugir. Ele e o irmão, Celso, só seriam detidos horas depois, em um sítio de Itu (SP) — no bolso de Paulo, os policiais encontraram o tíquete do estacionamento onde o grupo estava. Outros dois comparsas foram detidos no depósito do grupo.

Mas o traficante gaúcho ficou pouco tempo atrás das grades. Semanas depois, obteve um habeas corpus na Justiça e passou a responder ao processo em liberdade. Imediatamente, retomou o comércio de drogas, associado ao libanês Joseph, de quem se tornou o principal fornecedor de cocaína pura, tipo exportação. As remessas maiores eram escondidas em cargas de todo tipo nos navios cargueiros, principalmente frutas, no porto de Santos, enquanto as menores eram despachadas por mulas em voos comerciais com destino ao continente europeu. O pagamento dos compradores no exterior era remetido ao "sheik" no Brasil por meio de doleiros — Joseph, que não tinha conta bancária no Brasil, recebia tudo em dinheiro vivo. Em 2006, ele até que tentou eliminar atravessadores para comprar a cocaína de maneira independente, via Paraguai. Esteve em Mato Grosso do Sul, interessado em adquirir uma fazenda com pista de pouso próxima ao país vizinho. Mas desistiu. Preferiu continuar com os serviços do gaúcho Salinet.

De fato, Paulo tinha contatos quentes com grandes traficantes no Paraguai. Um deles era um velho conhecido da polícia: Douglas Kennedy Lisboa Jorge, o Biggie. Em 1996, Biggie comprou um monomotor Corisco para trazer droga da Bolívia e do Paraguai até a região de Ribeirão Preto. A cocaína era refinada em um sítio de Santa Rosa do Viterbo e distribuída pelo estado de São Paulo. Dois anos depois, no início de 1998, a Polícia Civil começou a investigar o esquema, e na manhã do dia 15 de março os investigadores decidiram dar o bote no sítio. Mas só encontraram destroços carbonizados — desconfiado de que era alvo da polícia, no dia anterior o grupo havia retirado os petrechos e destruído o laboratório com explosivos. Só depois de horas de busca é que os tiras encontraram, enterrado em uma mata no sítio, um tambor com 8 quilos de cocaína.

Biggie foi preso dias depois e levado para a Cadeia Pública de Vila Branca, em Ribeirão Preto. Mas ficou poucos meses na prisão. Em novembro, ele e mais três detentos fugiram por um túnel cavado a partir do pátio. A polícia nunca mais poria as mãos nele — em 2009, Biggie foi condenado a oito anos por tráfico. Refugiou-se no Paraguai e de lá passou a negociar o envio de remessas de droga para São Paulo pelo caminho onde era especialista, a rota caipira.

A PF interceptou pelo menos um carregamento de cocaína remetido por Biggie para seu cliente Paulo Salinet, que por sua vez negociaria a droga com Hamssi Taha, o braço direito de Joseph, para ser exportada em navio do porto de Santos.[2] A droga, 59 quilos no total, foi levada de automóvel até a cidade litorânea em agosto de 2005, mas o grupo perdeu o navio, que se deslocou até o porto de Paranaguá (PR). No dia 30 daquele mês, um comparsa de Biggie, Ronaldo Cândido Martins, foi de Três Lagoas (MS) até a capital paulista para se encontrar com Paulo e obter orientações sobre como receber a droga em Santos e levá-la até o porto paranaense — a reunião, em uma loja de eletrodomésticos, foi acompanhada pelos policiais. No dia seguinte, Ronaldo telefonou para Biggie:

— Tá tudo desenrolado — disse Ronaldo.

— Já pegou a papelada? — perguntou Biggie. Para a PF, papelada significava dinheiro.

— Não, a papelada não; vou pegar a papelada amanhã, hoje só peguei as notas fiscais [droga, segundo a polícia] com o rapaz.

— Cê vai entregar essas notas fiscais pra mim então só amanhã?

— Só amanhã. Depois vou entregar pro contador [receptor da droga]. Tá tudo certo já.

COCAÍNA: A ROTA CAIPIRA                                    57

Na manhã do dia seguinte, Ronaldo viajou até Santos, onde recebeu as chaves de uma caminhonete com a droga — como garantia de que a cocaína seria embarcada, outros dois comparsas de Hamssi acompanhariam Ronaldo até Paranaguá. Nesse instante, os agentes da PF decidiram dar o flagrante. Quatro pessoas foram presas. Após três dias, Paulo Salinet telefonou para Hamssi e se mostrou preocupado em ser delatado pelo grupo detido:

— Ela [advogada] ainda tá lá e pediu pra ligar mais tarde [...], porque vai verificar aquela possibilidade lá.

— Isso, só pra ver se não vazou nada [ter entregado alguém, segundo a PF], que isso é importante.

Uma hora depois, Hamssi retornou a ligação:

— A advogada [...] disse que as coisas estão paradas por lá mesmo, não colocaram o nome de outras pessoas.

Ronaldo foi condenado a três anos e meio de prisão por tráfico.[3]

Em maio de 2006, a PF voltaria a apreender droga enviada por Paulo Salinet para Joseph. No dia 3, o gaúcho despachou um acólito com 29,4 quilos de cocaína dentro de uma caminhonete até São Paulo. De lá, a droga seguiria para a região de Campinas, e em seguida seria despachada para o exterior.[4] Naquele mesmo dia, Paulo telefonou para o libanês:

— Você "guenta" aí, amanhã tô aí.

— Amanhã, certeza? Tem coisa boa? — perguntou o sheik, com forte sotaque.

— Tem coisa boa, fica tranquilo. Aí mesmo na capital [São Paulo] nós se encontra.

No dia seguinte, o comparsa do gaúcho chegou à capital, mas foi preso em flagrante na Barra Funda. Minutos depois, Joseph deu a notícia da perda da droga a Paulo:

— Aquele morreu, seu amigo — disse o libanês.

— Cê tá louco, rapaz, não brinca. Ele te chamou ou não?

— Ele morreu, já era.

— Ele te chamou?

— Não, eu vi de longe.

O libanês se mostrou irritado. Parecia não admitir reveses:

— Ele é tranqueira ou homem?

Paulo Salinet não se intimidava com os reveses provocados pela polícia. Pelo contrário. Versátil, planejava fornecer cocaína para dois traficantes europeus, um italiano e um sérvio, que iriam exportar a droga oculta em carregamentos de café. O negócio só não foi adiante porque, antes, a PF deflagrou a Operação Kolibra.

Além de Joseph, outro cliente do gaúcho era o advogado paraense Manoel Pedro Paes da Costa, considerado pela polícia um dos maiores traficantes do norte do país. A especialidade do grupo era o envio de grandes remessas de cocaína colombiana para a Europa em navios e barcos que saíam do litoral no Norte e Nordeste ou de Paramaribo, no Suriname. Em junho de 2005, Costa se reuniu em São Paulo com Paulo Salinet e Joseph para articular o envio de mais uma grande remessa de drogas para o continente europeu: 2,5 toneladas de cocaína pura, fornecida pelas Farc — a negociação, conforme a PF, fora entabulada pelo irmão de Costa, Edilson Willians Paes da Costa, que ficou em poder da guerrilha como garantia de que a droga chegaria ao destino. A cocaína, pura, pertencia a Joseph, Costa e Paulo, de acordo com a Polícia Federal. "Um trio de arrepiar os cabelos", escreveu o delegado Fernando Bonhsack no relatório final da operação.[5]

Como amostra do poder que Joseph tinha sobre o restante do grupo, Costa exigiu o pagamento antecipado de 50% dos custos com o transporte da droga, que seria feito com o barco *Brasilmex 1*, do advogado. Em conversa com o sheik, Costa abriu exceção apenas ao libanês, a quem chamava de "presidente":

— Alô, presidente?

— Tudo bom?

— Não está bom, porque esse cidadão [não identificado pela polícia] não leva as coisas a sério. Ele me prometeu arranjar 200 mil [...]. Eu quero lhe dizer o seguinte: a sua parte, eu faço um trabalho pra você lá, a parte dele eu só faço se ele me pagar 50%.

— Não, deixa ele comigo [...] Deixa ele vir pra cá pra eu catar ele.

Em meados de julho daquele ano, o *Brasilmex 1* partiu do porto de Belém, passou por Paramaribo e, alguns dias depois, zarpou para a Espanha. No dia 21, a polícia espanhola, alertada pela PF brasileira, apreendeu as 2,5 toneladas de cocaína nas ilhas Canárias. Com o revés, Edilson nunca mais foi visto — seu paradeiro era desconhecido pela família em novembro de 2016.

Apesar do susto e da perda de contato com o irmão sequestrado, Costa manteve o esquema. Em novembro de 2005, o advogado planejava o envio de mais 600 quilos de cocaína até o Suriname em um veleiro que partiria do Maranhão:

— A operação está em andamento e é o seguinte: são seiscentos bois a oitocentas milhas da cidade do Sarney, o senador — disse o comparsa.

— Sem problema — respondeu Costa.

— Ficou mais ou menos certo de ser um veleiro. Eles vão dar uma posição exata.

Seria absurdo pensar que um simples veleiro levaria seiscentos bois para Paramaribo... Costa foi preso em janeiro de 2007, quando a Kolibra foi deflagrada, em Campinas — a PF suspeitava que ele estivesse negociando nova remessa de cocaína para a Europa. Com o advogado, a polícia apreendeu comprovantes de viagens para a Colômbia, um modelo de "contrato" de tráfico internacional e até rascunhos de um plano de sequestros no Suriname. A Justiça Federal o condenou a dez anos e oito meses de prisão por associação para o tráfico.[6] Em fevereiro de 2014, ele ainda recorria da sentença aos tribunais superiores em prisão domiciliar, benefício que obteve no STF por ser advogado.

O esquema dos irmãos Dirnei e Vanderlei Ramos era diferente do de Salinet. De origem humilde, eles se radicaram na região de Piracicaba e fizeram pequena fortuna graças ao tráfico. Tinham três aviões, um deles agrícola, cada um com um piloto contratado, para buscar na Bolívia cocaína colombiana, com selo de qualidade — o desenho de um cavalo nos tabletes —, e levá-la até as regiões de Bauru e Piracicaba. Uma vez no interior paulista, o entorpecente era negociado com os grupos de Joseph e de outro libanês, Mohamad Ahmad Ayoub — o Zacarias, um senhor grisalho de cabelos e bigodes espetados. Diferentemente do sheik, Zacarias veio para o Brasil ainda jovem, aos 14 anos, e se estabeleceu em Jundiaí (SP). Foi preso pela primeira vez por tráfico em 2000, mas acabou absolvido. Poucos anos depois, conheceria Joseph, e, segundo a PF, firmou sólida parceria no comércio de drogas — os investigadores alemães apontavam ambos como os maiores líderes do esquema de envio de cocaína para a Europa.

Dirnei, Vanderlei, Joseph e Zacarias firmaram grandes negócios no submundo das drogas, mas sempre em dinheiro vivo — uma exigência dos irmãos, que tanto pagavam os fornecedores em espécie como exigiam o mesmo dos compradores. Era uma estratégia, segundo os policiais, para evitar ligações entre os grupos. No dia 2 de junho de 2005, Dirnei, seu braço direito José Zulmiro Rocha e Hamssi Taha, capanga de Joseph, se reuniram em um shopping center de Piracicaba. Horas depois, Rocha procurou uma agência de turismo da cidade para cambiar 140 mil euros em dólares. Para a PF, Hamssi acertara pagar em euros uma grande remessa de cocaína fornecida por Dirnei. O dinheiro que os Ramos ganhavam era investido em casas, carros e fazendas na região de Piracicaba, a maioria delas coberta com cana-de-açúcar, ambiente ideal para o pouso de aeronaves abarrotadas de cocaína.

Já as tratativas para as viagens aéreas ficavam por conta de Vanderlei. Para burlar os radares da Aeronáutica, o grupo mantinha sempre os aviões em altitude muito baixa e com o transponder desligado. Foi assim que, em meados de junho de 2005, um dos pilotos contratados pelos irmãos partiu do interior paulista até Coxim (MS). No mesmo dia, à noite, o avião pousou em São Manoel, região de Botucatu (SP). A PF montou campana, mas não conseguiu flagrar a aeronave. Dias depois, Dirnei, que vinha reclamando da carestia de drogas, retomou com fôlego seus negócios ilícitos.

As negociações costumavam atingir grandes volumes da droga. No dia 6 de abril de 2005, um comparsa de Zacarias pediu cocaína para Zulmiro:[7]

— Precisava de palmito [cocaína, segundo a PF] — disse o homem.

— Tá chegando trezentas caixas [300 quilos] de palmito do bom [cocaína de boa qualidade]. Tá estourando.

COCAÍNA: A ROTA CAIPIRA 61

— Avisa quando chegar.

No mês seguinte, Zulmiro repassou a Dirnei proposta de um interessado em comprar cocaína do grupo — sempre em linguagem cifrada:

— Tem um amigo, aquilo que você falou [venda de cocaína, conforme a polícia], ele quer pagar R$ 4,80 [US$ 4,8 mil o quilo da cocaína].

— E o frete, o quilômetro rodado [o quilo da cocaína]? Que distância [quanto a pessoa quer comprar]?

— São 150 quilômetros [a pessoa quer comprar 150 quilos].

— Preciso fazer a conta.

Foram raras as conversas de Dirnei ao telefone flagradas na Operação Kolibra. Por já ter sido preso e condenado por tráfico de drogas, em 2000, na capital paulista, ele sempre preferia tratar de seus negócios escusos pessoalmente. Era assim com o capo Joseph. A PF flagrou um dos encontros entre ambos no dia 15 de julho de 2005, em um café de Jundiaí. Mas, apesar de só tratar do narcotráfico no atacado, foi a apreensão de 3 quilos de cocaína, escondidos em uma mochila, que marcou o início da ruína dos negócios dos irmãos Ramos.

Eram 10 horas do dia 21 de agosto de 2005 quando, desconfiados de que José Zulmiro Rocha estava prestes a despachar novo carregamento de cocaína para os libaneses, os agentes da PF passaram a segui-lo pela Rodovia do Açúcar, que liga Piracicaba a Itu. Ao chegar próximo a um trevo, o carro que Rocha dirigia cruzou com uma moto em sentido contrário. Rocha sinalizou com os braços para fora da porta, freou e tomou o sentido contrário, parando no acostamento, emparelhado com a moto. Quando o motoqueiro retirou o capacete, os policiais imediatamente reconheceram Dirnei. Ele se aproximou do automóvel e entregou uma mochila a Rocha. Nesse momento os agentes decidiram dar o flagrante e emparelharam o automóvel, que tinha o motor ligado. A droga estava embaixo do banco dianteiro do veículo — nos tabletes, a marca de cavalo atestava a origem colombiana do pó. Mas Dirnei, que estava dentro do carro, conseguiu fugir no meio de um canavial. Fazia jus, mais uma vez, a um de seus apelidos — "ninja" —, conquistado nas suas muitas fugas da polícia. Ele só seria preso em maio do ano seguinte, utilizando documentos falsos em Agudos, região de Bauru. Ambos acabaram condenados a quatro anos de prisão.

Com o irmão na cadeia, Vanderlei assumiu a frente dos negócios escusos da família e retomou o uso de aviões para levar drogas até a região de Piracicaba. Em outubro de 2006, desceu em pista clandestina uma aeronave com cocaína, mas a PF não conseguiu interceptar o carregamento. Mesmo assim, os policiais passaram a mapear possíveis áreas para pouso e decolagem na região, até localizarem outra pista de chão batido, próxima à cidade de Tietê. No dia 13 de novembro, os agentes que cuidavam da Operação Kolibra foram informados pela Polícia Federal de Mato Grosso do Sul de que, no dia seguinte, um avião proveniente de Coxim (MS) pousaria na região de Piracicaba carregado com 300 quilos de cocaína boliviana.

Imediatamente, policiais da capital se deslocaram até a pista recém--identificada em Tietê.

Na manhã do dia 14, por volta das 10h30, uma picape chegou ao local e estacionou na cabeceira da pista, do lado oposto onde estavam escondidos os agentes. Uma hora depois, um Cessna com listras amarelas e asas brancas surgiu no céu e pousou — a aeronave já fora registrada no nome de Vanderlei. A picape se aproximou e piloto e motorista passaram a transferir a droga da aeronave para o veículo. Logo em seguida, o motorista entregou ao piloto uma lata. Era o momento da abordagem, mas a pista era longa, o que possibilitou ao piloto Marcelo Coelho de Souza voltar à cabine, acelerar o motor já ligado e decolar novamente. Enquanto isso, a picape fugia em alta velocidade, e chegou a bater na lateral de um dos carros da PF. Antes de sumir no canavial, deu para os agentes reconhecerem o condutor: era Vanderlei.

Imediatamente, os policiais se dividiram para rastrear o paradeiro do traficante, que na fuga levara um tiro no pé. Ele não foi localizado, mas em uma de suas fazendas a PF apreendeu US$ 40 mil guardados em uma lata de graxa, armas e um aparelho de rádio para comunicação com aeronaves.

Apesar da fuga do piloto, os policiais continuaram no encalço da aeronave. Com a ajuda da Aeronáutica, foi possível visualizar, pelo radar, que o Cessna tomava o rumo do aeroporto de Penápolis (SP). O avião pousou às 12h45, e Marcelo solicitou reabastecimento. Mas, às 13h05, antes de a aeronave receber combustível, o piloto percebeu a movimentação da PM no local, acionada pelos federais. Rapidamente, retirou a mangueira de combustível do avião e manobrou o Cessna, alinhando-o na cabeceira da pista. Os policiais aceleraram suas três viaturas. Um dos carros invadiu a pista, em uma tentativa desesperada de parar a aeronave, mas o Cessna decolou antes, invadindo o céu completamente azul rumo à vizinha cidade de José Bonifácio. Dessa vez, a PF pediu auxílio a policiais rodoviários, que chegaram a avistar a aeronave sobrevoando a cidade, sem pousar — de cima, Marcelo notara novamente a presença da polícia. O homem ainda suava frio, mas parecia aliviado por escapar do cerco.

O pior ainda estava por vir. Uma hora depois, já em Mato Grosso do Sul, o piloto notou que o combustível estava no fim. Como não havia nenhuma pista por perto, improvisou o pouso em um pasto de São Gabriel d'Oeste (MS). Ao tocar o solo irregular, o trem de pouso se despedaçou, assim como a asa esquerda, arrancada por uma árvore. Marcelo bateu a cabeça várias vezes no painel de controle e desmaiou. Quando acordou, meia hora depois, notou algo quente nas bochechas. Passou as mãos, que voltaram vermelhas. Era um fio de sangue que lhe escorria da testa. Marcelo abriu a porta do Cessna. Cambaleante e zonzo, retirou o pouco que sobrara de querosene do tanque e despejou sobre o avião. Retirou apenas uma lata de graxa, e com um isqueiro ateou fogo em tudo. Queria destruir qualquer vestígio de droga. Em seguida, vagou por mais de uma hora por pastos desertos até avistar a casa de um sitiante. Pediu ajuda:

— Sou empresário de São Paulo, e vim com o meu avião conhecer uma fazenda na região. Mas deu pane, caí no pasto.

O sitiante acreditou na história. Acolheu Marcelo, curou seus ferimentos. No dia seguinte, o piloto tomou um ônibus e voltou à fazenda de Corumbá que servia de entreposto para a cocaína da Bolívia levada para o interior paulista. Lá, seria preso sete dias depois com uma lata de graxa idêntica à encontrada na fazenda de Vanderlei. Dentro, em um saco plástico, US$ 709 mil, o pagamento de Vanderlei pela droga. Os policiais ainda vasculharam a propriedade e encontraram, enterrado, um tambor com 25 quilos de cocaína. Para a PF, a droga também teria a rota caipira como destino.

Na Justiça Federal, Dirnei recebeu mais onze anos e três meses de prisão, enquanto seu irmão e Rocha foram condenados a oito anos e nove meses, todos por associação para o tráfico. O piloto Marcelo teve pena de quinze anos de prisão por tráfico e associação para o tráfico no TRF.[8]

Dirnei e Vanderlei eram fornecedores contumazes de cocaína para Mohamad Ayoub, o Zacarias — os 3 quilos da droga apreendidos com Rocha na Rodovia do Açúcar estavam endereçados ao libanês. Naquela época, Zacarias havia se distanciado do líder Joseph, e passara a tocar seus próprios esquemas de narcoexportação a partir da região de Jundiaí. Para isso, contava com o auxílio de um grupo de patrícios. Um deles era Mounir Georges El Kadamani, que apresentava compradores de drogas a Zacarias, entre eles os irmãos Bassam e Joseph Kalil Raya. Ambos eram homens de poucas palavras e aparência nada amigável, principalmente Joseph, com suas pálpebras caídas e grossas sobrancelhas arqueadas.

— Fala pro nosso amigo Bassam que eu ainda tenho aqueles doze celulares — disse Zacarias a um comparsa. Para a Polícia Federal, celular significava droga.

Em 24 de agosto de 2005, Bassam e mais dois comparsas foram presos em flagrante quando os policiais descobriram um laboratório montado pelo libanês para manipular droga na Baixada Santista. O que chamou a atenção era a grande quantidade de sabão no apartamento. Um dos comparsas disse que o grupo vinha testando uma fórmula química para misturar cocaína no sabão. As pedras seriam exportadas e, quando chegassem ao destino, a cocaína seria novamente separada. O esquema, conforme a PF, seria comandado por Zacarias.[9]

Assim como Joseph, Zacarias se valia de mulas para enviar parte da cocaína que adquiria no Brasil até a Europa. No dia 17 de março de

COCAÍNA: A ROTA CAIPIRA

2006, a Polícia Federal flagrou um comissário de bordo no aeroporto de Guarulhos prestes a viajar para a Alemanha com 12 quilos de cocaína escondidos em uma mala. Outros 27 quilos da droga foram encontrados nas casas de dois libaneses ligados a Mohamad. De Jundiaí, ele também fornecia o entorpecente para traficantes do Paraná e do Nordeste — a PF interceptou um desses carregamentos, com 34 quilos, em uma pousada de Porto Seguro, Bahia.[10] Como parte dos traficantes baianos não foi presa de imediato, Zacarias suspeitava que a cocaína tivesse sido desviada. Furioso, desabafou para um colega:

— É golpe, se não tão na mão dos homens [presos pela polícia] é porque é golpe e tem que liquidar todo mundo lá.[11]

Mas o maior negócio de Mohamad era o envio de cocaína escondida em contêineres para o exterior. Para isso, contava com o auxílio direto de outro patrício, Antoine Rahme, que andava sempre com os cabelos desgrenhados e intermediava contatos com compradores de cocaína da Jordânia, Israel e Turquia. Além dele, tinha Marco Antonio Kiremitzian e Cleyton Teixeira Coelho, respectivamente dono e funcionário de uma empresa de exportação e importação de produtos sediada em São Paulo. Marco, cabelo ralo e ligeiramente gordo, era um caminhoneiro que alternava períodos no Brasil e no Canadá, um dos destinos da droga vendida pelos libaneses. Já Cleyton detinha contatos estreitos com despachantes aduaneiros no porto de Santos, onde a maior parte da cocaína era introduzida em navios. O cabelo branco e as rugas do rosto davam a ele o aspecto de um velhinho inofensivo e bonachão, que Cleyton sabia muito bem usar a seu favor contra eventual suspeita da polícia. O relacionamento entre a dupla de brasileiros e os libaneses vinha desde 2004, quando a polícia holandesa apreendeu 633 quilos de cocaína dentro de um contêiner remetido pela empresa de Marco. Em abril de 2005, o empresário conversou com Cleyton sobre o envio de contêineres para Montreal, no Canadá, passando pelos Estados Unidos:

— O Mohamad ligou para uns patrícios que falaram que têm contato com pessoas que trabalham lá dentro e conseguem sacar do contêiner lá em Montreal, e pediu pros caras virem conversar — disse Marco.

— Lá geralmente sai nos Estados Unidos [passa pelos Estados Unidos].

— Mas tem umas que vão direto.

Naquele mesmo mês, Zacarias falou com Cleyton pelo telefone:

— E aquele negócio que você ofereceu aquele dia? — perguntou Cleyton.

— Não tem problema nenhum, se você precisa não tem problema.

— Não dá pra baixar mais o preço daquelas caixas de cebola?

— Tá difícil, porque tá faltando. Dá pra tirar uns cem ou duzentos, mais ou menos. Tô esperando outra pessoa chegar esses dias, aí dá pra brigar. Quanto você precisa?

— Umas cem.

Um dos despachantes na aduana de Santos ligados a Cleyton era Edmir Paulo Borreli. Em março de 2006, o grupo se preparava para enviar uma grande remessa de cocaína para a Europa. Cleyton telefonou para Edmir e perguntou a ele quando partiria o próximo navio para a Holanda:

— Vê do dia 8 até o dia 10 se tem navio para a Holanda.

— Tem.

— Veja o dia certo que chega aqui. [...] Tô na estrada, mas quero levar o negócio da Holanda porque é uma outra jogada, um balão. De um jeito ou de outro, a gente vai ganhar uma nota.

Cinco dias depois, foi Marco quem conversou com Edmir:

— Essa turma que tá com o Cabelo Branco [Cleyton] não tem alqueire? — perguntou o despachante. Para a PF, alqueire significa droga.

— A gente quer fazer uma jogada, mas o alqueire de terra só dá pra ir pra um lugar, não dá pra fazer a parada.

— Não dá pra fazer em caixote? — Caixote era contêiner, conforme a polícia.

— Não, porque a gente não tem grande quantidade e é ruim. A gente tá tentando arrumar mais...

— Então o negócio praticamente não tem nada, tem um cara na boca e não tem nada.

— Não tem é o consumo final, o alqueire é muito ruim. Se a gente arrumar mais alqueire, fazem um caixote com 400 [quilos].

COCAÍNA: A ROTA CAIPIRA 67

Na sentença que condenou o grupo, o juiz da 7ª Vara Criminal Federal em São Paulo, Ali Mazloum, ironizou as metáforas: "Seria risível acreditar que alqueires de terra seriam encaixotados pelos acusados."[12]

Zacarias acabaria preso em flagrante na tarde do dia 21 de março de 2006. Pelas interceptações, os agentes da PF suspeitavam que naquele dia nova remessa de cocaína seria remetida ao exterior pelo grupo e passaram a seguir Cleyton e Marco Antônio. A dupla foi de caminhonete até São Paulo, onde se encontrou com Sidnei do Amaral, um rapaz com bigodes longos e cabelos ralos até os ombros, e os três seguiram para Jundiaí. Estacionaram o veículo próximo a um cemitério e começaram a se movimentar entre o local e uma feira livre nas proximidades, até que, minutos depois, Zacarias chegou em um carro. Ele e Cleyton compraram caixas de fruta, puseram na carroceria da caminhonete e seguiram para o centro da cidade, onde se encontraram em um outro carro com um quinto homem, Antoine Rahme, vindo havia poucos meses do Líbano. Cleyton entrou no veículo e saiu com duas sacolas pretas com 29 quilos de cocaína. A droga foi colocada na carroceria da caminhonete, e Marco Antônio e Cleyton seguiram até um estacionamento particular, onde Sidnei esperava em um outro carro. Nesse momento, os policiais viram Sidnei receber R$ 1 mil de Cleyton como pagamento pelo transporte da droga, e logo em seguida ambos transferiram as sacolas e as caixas de fruta da caminhonete para o carro de Sidnei. Enquanto os homens almoçavam em uma churrascaria próxima, um dos agentes da PF entrou no estacionamento e viu as sacolas no banco traseiro. Mas o flagrante só ocorreria minutos depois, quando Sidnei pegou o carro e foi até um supermercado. Na sacola, 29 pacotes com cocaína pura, todos com um pequeno selo em formato de coração e a frase "com carinho".

Imediatamente, outras equipes que seguiam os demais integrantes do grupo prenderam Cleyton, Zacarias e Marco Antônio — depois de deixarem a churrascaria, cada um tomara um rumo diferente. A essa altura, os policiais já suspeitavam que Joseph Raya e Antoine forneciam cocaína para que Zacarias enviasse ao exterior — a droga encontrada com Sidnei iria para a Turquia, segundo Cleyton disse posteriormente à Polícia Federal. Por isso, foram até a chácara em Jarinu, cidade vizinha, onde moravam Antoine e Joseph Raya. Na casa do primeiro, encontraram pequenas hastes de PVC preto que, conforme a PF, eram usadas para a fabricação de alças de mala onde a cocaína era escondida. Em seguida, os agentes seguiram até a casa de Raya. Ao perceber a aproximação da polícia pelo portão da chácara, o libanês tentou fugir pelos fundos, mas a propriedade estava toda cercada. Dentro da casa, os policiais sentiram um cheiro estranho em um dos quartos e suspeitaram que cocaína estivesse escondida no guarda-roupa. Ao perfurarem o fundo do armário com uma chave de fenda, veio o pó branco. Os policiais já se preparavam para arrombar o fundo falso quando o próprio Raya se propôs a abrir o compartimento, por meio de um botão. Dentro, havia 19 quilos do entorpecente, em pacotes de 1 quilo, uma pistola, US$ 108 mil e um rolo de adesivos idênticos aos dos tabletes apreendidos com Sidnei: "com carinho".

"Mohamad [Zacarias] era o coordenador da atividade criminosa. [...] Mantinha tudo sob seu controle, tanto é que não permitiu a negociação direta de Antoine com Cleyton. [...] Vê-se que tinha tamanha experiência e prestígio que praticamente não colocava as mãos no entorpecente. Sabia que estava sendo investigado, até porque é conhecido dos policiais, e mesmo assim continuou a praticar o ilícito, revelando sua audácia e a certeza da impunidade", escreveu a juíza Fernanda Soraia Pacheco Costa na sentença que condenou todo o grupo.[13] Zacarias foi repreendido com 24 anos de reclusão por tráfico e associação. Pelos mesmos crimes foram apenados Cleyton (onze anos), Antoine (dezenove anos) e Joseph Raya (dezenove anos). Marco Antônio e Sidnei foram condenados por tráfico a cinco e quatro anos, respectivamente. Rahme fugiria anos depois, durante uma saída temporária. Foi para o Líbano, acredita a PF.

Devido às escutas da Operação Kolibra, Zacarias e seus asseclas seriam condenados em outros dois processos por associação para o tráfico internacional. Em um deles, acabaram absolvidos devido à falta de materialidade, pela falta de laudo pericial comprovando que os 36 quilos de pó apreendidos eram cocaína. Em outro, foram condenados Mohamad

COCAÍNA: A ROTA CAIPIRA 69

(nove anos), Cleyton, Marco Antônio, Mounir Kadamani e Edmir Borreli (sete anos e meio)[14] — em novembro de 2016, havia recursos não julgados no STJ. Em junho de 2013, Zacarias morreu de parada cardíaca em uma cela do Centro de Detenção Provisória Chácara Belém, em São Paulo.

Joseph Nasrallah não se furtava em exibir seu lado violento contra aqueles que o contrariassem. No dia 14 de setembro de 2005, ordenou aos seus capangas Hamssi Taha e Jamal Bakri que capturassem Vitorio Gualandi, um italiano radicado no Brasil que havia desobedecido às ordens do sheik. Vitorio foi levado pelos três até uma casa abandonada em Jundiaí e surrado por Joseph. Só não foi morto pelo líder porque Hamssi interveio.

Em janeiro do ano seguinte, o próprio Hamssi seria vítima do chefe. Durante uma discussão entre ambos, em plena luz do dia, no centro de Jundiaí, Joseph sacou uma arma e atirou contra o comparsa. Um dos tiros atingiu uma das pernas de Hamssi. Em seguida, o capo fugiu, enquanto Hamssi foi levado até um hospital, onde alegou ter sido vítima de assaltantes — delatar o chefe poderia custar sua vida.

O poder do sheik era grande o suficiente para se estender à Polícia Federal. Cléber Luís Quinhões, agente da PF lotado no setor de estrangeiros da superintendência em São Paulo, surgiu nas escutas da Operação Kolibra em junho de 2005, quando foi designado para cumprir mandados de busca e apreensão na Operação Tâmara, que investigou outro grupo de libaneses sediados na capital que atuavam no tráfico de drogas. Cléber telefonou para Hamssi:

— Viu o noticiário do dia? — perguntou o agente.

— Vi.

— Fui numas [buscas e prisões], mas de manhã já vi que não tinha nada pra região [de Jundiaí]. Mas daí fiquei naquela, porque às vezes estava ligado, conhecia, daí atrapalha.

Além de informante do grupo dentro da Polícia Federal, Cléber, em troca de propina, se valia do cargo para prender desafetos de Joseph. Uma dessas prisões foi a do italiano George Vicenzo Santoro, que devia US$ 270 mil para o sheik, em setembro de 2005. Como morava em Salvador, Bahia, George foi atraído a São Paulo por dois comparsas de

Joseph. Ao chegar à capital paulista, foi preso por Cléber por usar documento falso, já que estava no Brasil em situação irregular. Quem deu a notícia ao capo da captura do italiano foi Hamssi:

— Pegaram o cara lá.

Joseph então deu a ordem:

— Vai lá falar com o homem cara a cara, pra fazer ele dar o endereço dele, do apartamento velho e da casa nova da filha dele. Alguém tem que ir na casa dele, que lá tem dinheiro, tem coisas. Tem que tomar o dinheiro dele e achar merda lá.

— Tá bom. Tô indo.

— Tem que fazer ele entender. Dar uns tapas nele para ele abrir onde está o apartamento dele.

Cléber tentou facilitar o acesso dos comparsas de Joseph à cela da PF, onde o italiano estava detido. Mas não conseguiu. Dias depois, George foi transferido para o CDP de Guarulhos. Aí entrou em cena outro comparsa do sheik, Wagner Meira Alves, que se valeu de lideranças da facção PCC dentro do presídio para pressionar George:

— Hoje a gente vai dar um xeque-mate — disse um dos sicários, identificado como Velho, para Wagner. — O Dudu vai entrar na linha com os meninos e você vai tá na linha com eles e quem tiver na situação lá vai estar junto dele [na cela com o italiano]. Isso vai ser esclarecido hoje, vamo dá um prazo pro italiano, que o irmão lá é da geral, vamo dar vinte dias de prazo pra ele. [...] Se quiser, em último caso, é aquilo que o Cabeção falou [matar George], não tem problema. [...] É pra tentar receber e em último caso é aquilo lá.

— O interesse é receber — disse Wagner. — Se receber, 30% é de vocês, pode falar lá e sacramentar. [...] Deram 270 mil dólares para que ele ajeitasse uma situação, mas ele pegou e sumiu [com o dinheiro]. [...] Ele sabe que deve e pode se esquivar, mas, se ele quiser devolver, em imóvel ou espécie, a gente vai até lá, pega o que tem e tira a parte do PCC na hora.

Minutos depois, os "irmãos" do PCC colocaram George na linha para falar com Wagner:

— Vê com os irmão como é que vai pagar. Se você perdeu o dinheiro ou deu pra outra pessoa, é problema seu, a gente quer receber. [...] Você tem que arcar com a responsabilidade, dinheiro não é achado no mato.

COCAÍNA: A ROTA CAIPIRA

O italiano alegou ter sido roubado, e não dispor mais dos dólares.

— Isso é problema seu — rebateu outro membro da facção, Marcelo.

— Em cadeia do partido existe disciplina, ninguém pode ficar devendo pra ninguém. O prazo pros irmãos é quinze dias, mas como você é companheiro, seu prazo é de vinte dias.

Duas semanas depois, quando o prazo se esgotava, Wagner conversou com Joseph:

— Tem que apertar a vida dele — ordenou o libanês.

— A gente tá apertando.

— É pra mandar acabar com o italiano [matá-lo].

— Depois. Primeiro precisa receber e depois a gente faz o que precisa ser feito.

George só não foi morto porque, alertada pela PF, a direção do presídio isolou o italiano dos demais detentos.

"O episódio relativo à prisão do italiano é estarrecedor. Mostra a audácia dos acusados em utilizarem do aparato estatal, o poder do Estado, para cobrar dívida particular, certamente resultante dos negócios ilícitos realizados por Joseph e Hamssi. [...] Certamente com o devedor na cadeia, com a vida em risco, a obtenção do numerário devido era potencialmente maior. Mostrou-se ao devedor o poder de seus credores, que podiam se movimentar dentro dos meandros da própria estrutura do Estado", escreveu o juiz da 7ª Vara Criminal em São Paulo, Ali Mazloum. Pelo episódio, o policial Cléber foi condenado a quatro anos de prisão por corrupção passiva e acabou demitido da PF a bem do serviço público. Joseph e Hamssi receberam quatro anos de reclusão por corrupção ativa. Wagner Meira foi condenado em outro processo a oito anos de reclusão por associação para o tráfico.[15] Os réus recorreram ao STJ, que até agosto de 2016 não havia analisado o caso.

Joseph, Hamssi, Jamal e Paulo Salinet foram presos com outras dezoito pessoas às 6 horas do dia 30 de janeiro de 2007, quando, após dois anos de investigação sigilosa, com 5 mil horas de escutas telefônicas, foi deflagrada a fase ostensiva da Operação Kolibra. Corpulento, o sheik precisou de duas algemas para ser contido — os músculos impediam que os braços se unissem em suas costas. No total, a operação resultou na prisão de 54 pessoas e na apreensão de 4,5 toneladas de cocaína, € 900 mil e US$ 1,1 milhão em dinheiro vivo. Hamssi foi condenado pela Justiça Federal a dezesseis anos de prisão por tráfico e associação para o tráfico internacional, e Paulo Salinet, a dezesseis anos e quatro meses por tráfico. Diabético, Jamal morreu na prisão. Biggie, foragido, seguia sem ser julgado em novembro de 2016.

Joseph acabou condenado pela Justiça Federal por associação para o tráfico internacional. Ficou detido em penitenciárias de Itaí e Avaré, no interior paulista. Emagreceu, pois sempre reclamava da comida oferecida pelo Estado. Ele ainda recorre aos tribunais superiores e conseguiu anular uma das condenações por tráfico internacional, alegando irregularidades nos depoimentos tomados por videoconferência — o processo penal retornou à estaca zero, mas em junho de 2014 a Justiça o condenou novamente a oito anos por tráfico, em regime fechado. Até agosto de 2016 estava foragido, pois deixara a cadeia um ano antes, beneficiado por um habeas corpus concedido pelo STJ. Também recuperaria sua mansão em Valinhos. O Ministério Público denunciou Joseph e o irmão Antanos por lavagem de dinheiro e pediu o confisco do imóvel, avaliado em R$ 11 milhões, mas a Justiça Federal absolveu os irmãos no processo.

Em novembro de 2016, seguia inacabado o palácio do sheik de Valinhos, lembrança permanente dos libaneses seduzidos pelo narcotráfico em terras tupiniquins. Gente como os irmãos Jaber e o jovem Hicham, traficantes travestidos de empresários bem-sucedidos, tão zelosos dos seus contatos no alto clero político e econômico do Brasil.

# 3

## Os amigos do deputado

O poder do narcotráfico não tem limites. Mescla-se à política, oculta-se nos corredores dos parlamentos. Discretíssimo. Sua voz pode até ser inaudível para a sociedade, mas soa como um trovão em muitos gabinetes.

Que o digam os irmãos Jaber.

Nascidos no Líbano, Hussein Ali, Mohamed e Jamal Jaber emigraram ainda jovens para o Brasil e aqui enriqueceram, apoiados nas pessoas certas nos momentos mais adequados, ainda que por caminhos duvidosos. Em comum, os irmãos Jaber carregam a calvície, a ambição desmesurada e um gosto profundo pelos possantes e caros veículos Land Rover. Cada um construiu seu enredo no narcotráfico, em graus distintos. Mohamed, irmão do meio, assumiu posições mais operacionais. É provável que tenha aprendido o ofício em Campo Grande (MS), rota do tráfico internacional, onde morou até 1997. Era aquele que mais se aproximava da cocaína, com todos os riscos inerentes. A primeira prisão veio em maio de 2003, quando foi acusado de liderar um esquema que remetia a droga à Europa escondida em hastes de malas de viagem.[1] Acabou condenado, assim como o irmão mais novo, Jamal, por participar de esquema semelhante. A Operação Paris da PF investigou em 2008 o envio de cocaína à Europa e ao Oriente Médio por meio de mulas, via aeroporto internacional de Guarulhos. Jamal liderava o núcleo financeiro da quadrilha, responsável pela contabilidade do esquema. Foi condenado por associação para o tráfico.[2]

O apetite dos irmãos pelo lucro fabuloso das drogas parecia insaciável. Em 2010, já solto, Mohamed voltou aos radares da PF quando agentes captaram conversas suas negociando a venda de lotes de cocaína para um nigeriano. O comprador questionava a pureza do entorpecente, que seria de 90%, e não 100%, conforme o combinado:

— Quando você confere tá dando noventa, entendeu.

Mohamed pensava se tratar da quantidade:

— Meu irmão, eu que contei, eu que coloquei na sacola.

— Não, você não tá entendendo, tá dando cem, cem, só que quando você testa ali, tá dando noventa.

— Ah, tá, testar, tá dando noventa, eu faço [o teste] na tua frente, eu chamo qualquer um, chamo o cara que entende que me faz...

— Bom, sabe, fica difícil assim, porque esse cara, ele sempre pegou [comprou cocaína pura], sabe, entendeu?

— Sempre mandei desse aqui, meu irmão. [...] Sempre mandei desse aqui, todo mundo pega desse aqui, o mundo inteiro já.

Mohamed adquiria a droga de um colombiano apelidado de Crespo, baseado no Paraguai. Do país vizinho a cocaína era embarcada em aviões monomotores até a região de Marília (SP), de onde era levada até o porto de Santos. Em setembro daquele ano, o libanês pediu que um subordinado plotasse corretamente as coordenadas geográficas da pista onde o avião desceria:

— Lembra aquela medida [coordenadas, segundo a PF] da terra que você passou pra gente? [...] Tá errada. [...] Precisa tirar uma medida e passar pra gente, por favor.

— Ah, entendi, entendi.

— Porque o cara foi lá pra ver, e falou "não, essa terra não tem esse tamanho que estão falando".

— Entendi, vou lá agora.

— Porque o cara queria passar pra lá [Paraguai, segundo a PF] e não conseguiu a medida, que a terra não é do mesmo tamanho [coordenadas exatas], a medida tá errada, ele falou.

COCAÍNA: A ROTA CAIPIRA 75

— Não, sem problema, vou lá agora mesmo, me dá uma hora e eu ligo pra você.

Mohamed tinha motivos para estar com pressa. Um preposto do colombiano telefonara dizendo que o carregamento estava pronto para o embarque no Paraguai.

— Tudo muito bem, irmão, já estamos tudo pronto.

Ao mesmo tempo que monitorava o transporte aéreo, o libanês cuidava da etapa seguinte, a viagem da droga no caminhão até o porto:

— Quem que tá lá, vou dar um pulo lá, ver o caminhão lá — disse Mohamed.

— Não, o caminhão lá, é o seguinte, daqui a pouco eu te entrego, tá comigo aqui, eu vou pintar ele, tô pintando.

A cocaína viria misturada em carga de biscoitos, de uma fábrica de Marília.

— Hussein tinha falado pra mim que tinha um amigo dele que está precisando buscar bolacha, e meus caminhões que estão lá em Marília, e eu queria aproveitar o caminhão que tá lá pra trazer uma carga de bolacha de vocês, na porta da fábrica — disse o libanês a uma funcionária da indústria.

A remessa só não se concretizou naqueles dias porque o tempo ruim inviabilizou o voo. Mas a droga chegou, dias depois, seguida de novas partidas sucessivas. A PF se preparava para prender Mohamed, mas o Denarc chegou na frente. O libanês foi detido pelos policiais civis no dia 22 de outubro de 2010, acusado de ser o dono de 600 quilos de cocaína em Ibiúna (SP), escondidos em um caminhão carregado de açúcar a caminho de São Paulo. Mesmo assim, acabaria solto meses depois por meio de um habeas corpus.[3]

Hussein, o mais velho dos três, já aparecia na investigação da PF em 2010, mas não houve provas contundentes contra ele. Não seria nada fácil para os agentes vincularem-no aos negócios escusos dos irmãos. Com ficha limpa, sem passagens pela polícia, Hussein era o mais articulado dos Jaber, executivo especialista em comércio exterior, com participação em seis empresas no Brasil nos mais diversos ramos, de mineração a informática, importador de diversos produtos da China.

O libanês, fluente em inglês, francês e árabe, tinha livre trânsito com políticos e embaixadores, principalmente o do Líbano:

— Ele me falou que nós vamos trabalhar, os três — disse Hussein ao representante do Líbano no Brasil. A conversa foi traduzida pela PF com a ajuda da DEA e de um imigrante egípcio, já que os libaneses sempre falavam em árabe entre si.

— O negócio fica na sua mão, Hussein.[4]

Os agentes da PF não identificaram o que seria esse trabalho entre eles. Nem por que Hussein se encontrou, em novembro de 2014, com deputados da Paraíba, ou comemorou tanto o resultado do segundo turno eleitoral, no dia 27 de outubro.

— Eu estive em Brasília. Agora o nosso pessoal de lá [Brasília], todos ganharam.

— Graças a Deus! — festejou o interlocutor.

— Está tudo super, super, tudo o que você quiser.

Para o procurador Leandro Fernandes, "o papel de Hussein [...] é prover os meios para os demais membros da organização se manterem, além de ser a face do lado empreendedor e negocial, mantendo relações comerciais aparentemente lícitas, apenas desenvolvidas com dinheiro oriundo do tráfico".

O rol de contatos do libanês incluía ainda grandes empresários, muitos deles patrícios. Os principais eram Hicham Mohamad Safie e Nahin Fouad El Ghassan. Hicham, rapaz com pouco mais de 30 anos, empresário no ramo de perfumaria e medicamentos, dividia com Hussein inúmeros contatos no mundo empresarial, político e policial. Relações muitas vezes espúrias, inclusive com a PF. Foi o que ocorreu em 2010, quando teria entregue aparelhos de TV como propina a policiais federais em troca da não fiscalização do estabelecimento de um amigo libanês em São Paulo — nesse caso, Hicham acabou processado na Justiça por corrupção ativa, ação penal à qual respondia em liberdade em novembro de 2016.[5] Mesmo assim, não perdeu o tom arrogante e pouco ético no trato dos seus negócios, como quando ameaçou pagar propina ao governo libanês para resolver um imbróglio na terra natal.

COCAÍNA: A ROTA CAIPIRA 77

— Vou lá e pago 200 mil dólares para o comandante do Exército e resolvo!

Hicham vangloriava-se de conhecer tanto policiais quanto criminosos na capital paulista:

— Eu conheço toda a polícia, todos os ladrões, coloco todos à procura dele e recupero — disse, ao saber que o comércio de um patrício fora roubado no centro paulistano.

Outras vezes, narrava planos malignos contra desafetos de amigos seus, com a participação de policiais:

— Está tudo bem. Eles [policiais] já foram pra lá, mas onde encontraram o cara estava cheio de câmeras, não deu pra fazer nada. Mas eles vão voltar e vão arrumar uma pra ele [possível flagrante forjado], colocando aquele negócio branco [possivelmente cocaína, segundo a PF] no carro dele.

Hussein se valia dos seus contatos entre o empresariado para beneficiar os negócios de Hicham no ramo de medicamentos:

— Eu já falei com o pessoal em relação a sua fábrica. Os iranianos têm muito interesse nas vacinas que você vende.

— Sim, eu já te falei que tem aquelas vacinas contra câncer, contra aids etc.

— Eles têm interesse naquela vacina contra febre amarela. E pra você saber também, aquele general de Angola está meio indeciso, mas está vindo essa semana [o general viria de Angola para fazer compras na fábrica de Hicham].

A PF também captou escutas do libanês com Leonardo Meirelles, sócio, no papel, da Labogen, empresa de fachada utilizada pelo doleiro Alberto Youssef para negócios escusos com o governo federal e para lavagem de dinheiro, crimes investigados na Operação Lava Jato. "Acreditamos que Hicham possa futuramente valer-se da empresa para atuação em negócios de fachada", informa um relatório da Polícia Federal. Mas, devido a documentos da empresa bloqueados pela Receita Federal, o negócio não prosperou.

As atenções do ambicioso Hicham voltaram-se então para a venda de urânio ao Irã:

— Até se eles [iranianos] quiserem, nós temos noranho [Hicham se refere a urânio, segundo a PF].

Mas Hussein refreou a proposta do amigo:

— Não, não. Isso aí já é proibido pelas leis internacionais. Isso aí deixa pra lá. Se eles [iranianos] quiserem que vão comprar de Cuba, de outro lugar. Não vamos nos meter nisso aí.

Como Hussein, Hicham levava uma vida de luxo na capital paulista. Na mansão de Interlagos havia um cofre de onde às vezes pedia que a mulher, Walla, retirasse grandes quantias em espécie:

— Vai logo lá pra cima e vê quanto tem de dinheiro no cofre. Rápido!

— Ver o que tem no cofre?

Irritado, Hussein gritou:

— *Vai!*

Minutos depois, a mulher voltou a ligar para Hicham:

— Aqui tem verde [dólares] também.

— É verde, eu quero verde.

— Tem duas dúzias [24 pacotes de dinheiro].

— Conte tudo certinho, pelo amor de Deus.

— Acabei de tirar agora. É um, dois, três, quatro — Walla contava os pacotes.

— Só dólar!

O libanês parecia acostumado a lidar com grandes quantias de dinheiro, depositadas aqui e na terra natal:

— Quanto você tem lá no Líbano? — perguntou a um colega não identificado pela PF.

— Temos lá 400 a 500 [mil dólares].

— Me dá um tempo, até amanhã, pra ver quanto eu quero.

Em meados de 2014, o irmão Ahmed, que mora em Ciudad del Este, Paraguai, ofereceu a ele uma fazenda de 20 mil alqueires no país vizinho. O rapaz nem pensou no negócio: pediu ao irmão para comprar a propriedade. Hicham também costumava comprar pedras preciosas, muitas contrabandeadas:

— De onde é essa mercadoria?

— Trouxe da Itália. São oito pares de brincos e trinta anéis de diamantes, coisas excelentes — ofereceu um patrício.

COCAÍNA: A ROTA CAIPIRA 79

— Me diga, quanto você me faz tudo, de uma vez só?

— Eu vou dizer quanto eu quero neles todos, 234 mil verdes [dólares].

— Quantos gramas tem?

— Isso não se vende por grama, eles têm juntos 335 quilates.

— Quantos gramas mais ou menos? — insistiu Hicham.

— Eles têm quase 1 quilo de ouro, uns 900 gramas mais ou menos, mas não é vendido por grama. Se você colocar um desses anéis na mão da sua esposa, ele cobre metade do dedo.

Além de ouro e diamante, a PF suspeita que Hicham contrabandeasse outros produtos, como perfumes. Ele mesmo assegurou a um colega, chamado Ali, que tinha canais próprios para importações ilegais:

— Se você quiser trazer qualquer tipo de mercadoria lá de fora, eu tenho um caminho pelo Rio de Janeiro, e tenho uma linha verde. Você consegue trazer tudo o que quiser sem ser revistado e sem pagar nada. O pessoal traz pra você até em casa, tranquilo. Se precisar eu tenho esse caminho.

Naturalmente, a polivalência dos negócios de Hicham estendia-se à política. O empresário, que se apresentava como assessor parlamentar, foi com frequência à Assembleia Legislativa de São Paulo durante a campanha eleitoral de 2014. Certo dia, disse ter entregue "20 mil para o deputado", sem especificar o nome. Em outra ocasião, citou para Hussein o nome de um parlamentar: Itamar.

— O que você acha se eu levar aquele deputado, aquele que é ali da esquina, pra falar com Al Mokadam [algum delegado ou coronel, segundo a PF], ou não? — Hicham sugeriu a Hussein.

— Como é o nome dele?

— Itamar.

— Ah, esse aí é gente fina!

— O que você acha? Será que levo ele?

— Fala com Al Mokadam e marca um dia pra ir com ele!

Tudo indica que Hicham tinha créditos com Itamar, conforme disse em tom ameaçador um amigo do libanês chamado Cosme:

— Com relação a Itamar, você não precisa pedir nada, pois Itamar sabe muito bem o que tem que ser feito; seu compromisso desde 2009 e 2010; Itamar já sabe o que tem que ser feito para você [Hicham]. [...] Itamar sabe o que tem pra perder.

Trata-se de Itamar Borges, deputado estadual pelo PMDB eleito pela primeira vez para o cargo em 2010. Tanto as escutas acima quanto diálogos interceptados entre Hicham e o parlamentar não constam nos relatórios do inquérito da PF dentro da ação penal contra o grupo — por ter foro privilegiado, Itamar só poderia ser investigado nesse caso pelo TRF. Apesar de a ação penal contra os libaneses não tramitar em segredo de justiça, o acesso às escutas foi negado pela juíza da 1ª Vara Federal de Piracicaba, Daniela Paulovich de Lima, com o argumento de que isso invadiria assuntos privados dos réus. O deputado foi procurado, mas sua assessoria informou que ele não iria se manifestar. Preferiu o silêncio.

Hussein também transitava com facilidade nas altas rodas políticas, o que fica claro em conversa com um amigo libanês em Brasília:

— Eu te falei terça-feira — disse o colega — que eu fiz um jantar para Michel Temer [então vice-presidente da República] e para o presidente do Supremo, Lewandowski. Eu tinha convidado ele [homem que quer falar com Hussein, não identificado nas escutas] também, e ele me perguntou de você. Eu falei pra ele que te ligaria. Veja quando você pode vir pra avisá-lo.

Mas, quando o assunto era tráfico de drogas, tanto Hussein quanto Hicham mudavam radicalmente de comportamento. De falastrões, convertiam-se em cuidadosos interlocutores nas ligações telefônicas. Procuravam construir circuitos fechados de telefonia, com celulares apenas para se comunicarem com o próprio grupo, e sempre buscavam aparelhos à prova de interceptação, oferecidos por comparsas:

— Eu trouxe um tipo de celular que ninguém entende nada o que você está falando e nem sabem o que você digita. Não existe ninguém que tenha desses celulares. Aqui no Brasil levam cem anos pra chegar nessa tecnologia.

— Quando você vai trazer? — perguntou Hicham.

— Esse tipo de celular nem serviço de inteligência consegue ouvir você. [...] Coisa de outro mundo. Eu só trouxe dois celulares.

COCAÍNA: A ROTA CAIPIRA 81

Hicham se mostra surpreso:

— Já que você tem dois, me dá um.

— Só tenho dois que já estão programados. [...] Custa mil dólares pra te entregarem. Ele é fabricado pelos espanhóis, tecnologia mais avançada que a dos judeus. Quem usa são só os presidentes.

— E a fala? Eles entendem?

— É impossível que algum ser no mundo consiga entender você.

A Polícia Federal não tem dúvidas de que Hussein, Hicham e Nahin eram os financiadores de grandes carregamentos de pasta-base adquiridos da Colômbia, transportados até o Paraguai e levados em caminhões até um galpão em Rio Claro (SP), onde a droga era refinada e escondida em cargas de porcelanato ou óleo de girassol, seguindo até o porto de Santos com destino à Europa, Líbano e África. Parte da logística cabia a Nahin, homem grisalho de rosto arredondado, ligeiramente gordo, empresário em Curitiba dono de vários imóveis, incluindo um prédio comercial com vagas para 52 automóveis na garagem. O libanês mantinha uma empresa de exportação em Rio Claro, a HTM, em sociedade com Walter Fernandes — um senhor de calvície acentuada, que apesar dos 60 anos ainda conservava bom porte físico, herança da profissão de torneiro mecânico, abandonada nos anos 1990. Walter era amigo de longa data de Mohamed Ali Jaber — a PF havia constatado encontro de ambos já na investigação de 2010.

Em 2013, a HTM havia exportado 20 mil garrafas de óleo de girassol para o Líbano, via porto de Paranaguá (PR). A PF suspeita que junto ao óleo tenha sido remetida uma carga de cocaína ao país árabe, onde o irmão de Nahin, Elie Fouad Ghassan, e um primo chamado Jorge negociavam a droga, segundo a DEA. Há indícios de que um dos destinos da cocaína no Oriente Médio fosse o grupo terrorista Hezbollah — em 2012, os Estados Unidos acusaram publicamente a facção de ligações com o narcotráfico.

— Se Deus quiser vai dar certo — disse a Hicham um libanês não identificado, radicado em Caracas, em novembro de 2014. A facção tem utilizado a Venezuela como entreposto à cocaína que compra das Farc e trafica para o México, a Europa e o próprio Líbano; em 2009, dois venezuelanos foram flagrados com 400 quilos de cocaína em solo libanês.[6] — É que tem aquele cachorro.

— Quem é esse aí?

— Nasrallah [para a PF, trata-se de Sayyid Hassan Nasrallah, secretário-geral do Hezbollah].

— O que tem ele? — perguntou Hicham, mostrando-se incomodado em tratar do assunto por telefone. — Quando você chegar aqui a gente conversa.

— Eu quero te pedir um conselho em um negócio. Ele [Nasrallah] quer trabalhar e muita coisa, não sei o quê. Ele me ligou.

— O que foi? O que ele quer? Ele tem que ter uma saída. Será que ele que está com tudo pronto e sabe lidar com a documentação e papelada? Porque lá no Líbano, sabe como eles são, né? Eles querem a documentação certa, querem tudo certo, querem a documentação do Ministério da Saúde [para a PF, documentos serviriam para justificar o carregamento lícito que iria com a droga].

Na Europa, segundo a PF, a quadrilha conseguia desembarcar cocaína em portos de diversos países, como o próprio Hicham deixou claro em conversa em árabe com um europeu não identificado:

— Eu tô ligando pra dizer a resposta do cara. Ele disse que só pode descarregar na França, na Holanda e na Espanha. Na Itália não pode.

— Mas todo mundo tá descarregando em todos os lugares. Menos Itália? — questionou Hicham. — Só Itália não? Semana que vem eu vou ter bastante. Quanto ele quer sobre eles lá na Holanda?

— Juro, Hicham...

— Agora semana que vem vai começar a entrar pra mim na Holanda. O homem me paga em euro, isso não é problema. Mas o problema é na hora de descarregar, uma hora ele diz que pode descarregar em um lugar e na outra não pode.

No início de junho de 2014, a DEA chegou aos integrantes do esquema ao investigar seus fornecedores na Colômbia — um deles chamava-se Crespo. Com os dados em mãos (identidade dos traficantes e respectivos telefones), a PF solicitou à Justiça o monitoramento do grupo. Logo de início os agentes descobriram que um carregamento de cocaína estava prestes a ser despachado para o exterior:

— Pode mandar o pessoal segunda-feira cedo pra lá [Rio Claro] — disse Walter a Mohamed.

Autoritário, o libanês exercia clara liderança sobre Walter:

— Eu já falei, ou vai ser daquele jeito ou não vai ser nada [...]. Não vai sair nada sem fazer tudo como eu tô falando [...]. Daqui pra frente vai ser nosso ritmo e acabou.

Outro subordinado direto de Mohamed e dos irmãos era Nivaldo Aguillar, radicado na Baixada Santista. No dia 4 de julho, ele telefonou para Hussein à procura de Mohamed:

— Viu o mano hoje?

— Ainda não — respondeu o libanês.

— Deve estar por aí.

Nesse instante, Hussein deu uma resposta estranha:

— Não é hoje, não.

Para a PF, o sentido das palavras de Hussein só poderia ser um: o carregamento de cocaína não seria embarcado em Santos naquele dia. E de fato não foi.

Dois dias depois, Nivaldo e Hussein tiveram uma reunião. Coincidentemente, horas mais tarde Nivaldo passou a discutir com Mohamed a logística do transporte da droga.

Ainda era madrugada da segunda-feira, dia 7 de julho, quando dois agentes da PF, entre eles o experiente Philipe Roters Coutinho, estacionaram discretamente um carro frio próximo à casa de Walter, em Rio Claro. Às 9h20, Walter saiu do imóvel e, com um saco na mão, entrou em um galpão contíguo à residência. Às 11h30, estacionou em frente ao imóvel um caminhão carregado com paletes de porcelanato — horas depois a PF descobriria que o motorista era Marcelo Thadeu Mondini, um homem magro de meia-idade e cabelos ligeiramente grisalhos, dono de uma transportadora na cidade vizinha de Ipeúna. Marcelo fora amigo de juventude de Walter em Rio Claro. Os dois distanciaram-se até 2011, quando, segundo Marcelo, o antigo colega procurou-o, interessado no transporte de óleo de girassol até o porto de Santos, de onde seria exportado em navios para o Líbano por um sócio de Walter, o libanês Nahin, de Curitiba.

Em delação premiada, Marcelo narrou em detalhes essas exportações.[7] Depois do óleo, disse, foi a vez do porcelanato. Certo dia, em 2013, Walter surgiu na transportadora com Mohamed, apresentado como Primo. Diferente de Nahin, o libanês era expansivo, gostava de abraçar Marcelo, falava muito. Disse estar interessado em exportar pisos e porcelanatos para Portugal, Espanha e Holanda. Negócio fechado, foram cerca de quarenta fretes do material de Rio Claro para o porto de Santos. Em pelo menos quinze deles, disse Marcelo, Walter pedia para que ele descarregasse previamente em seu galpão alguns dos paletes com os pisos antes de remeter a mercadoria para o porto. Marcelo obedecia, crente, segundo ele, de que Walter etiquetava o material a ser exportado, como costumava fazer com o óleo.

Foi o que o dono da transportadora fez naquele dia 7 de julho.

Com uma empilhadeira, Marcelo começou a transferir a carga do caminhão para o galpão. Toda a cena era registrada em fotos e vídeos pelo agente Philipe. No início da tarde, chegou em uma caminhonete Andrew Balta Ramos, jovem morador de Santos, ligado a Nivaldo. Todos permaneceram dentro do barracão até 18h30, quando outro caminhão estacionou em frente ao imóvel e a empilhadeira depositou na carroceria os mesmos paletes de porcelanato. Para Philipe, tanta demora do grupo com os paletes dentro do galpão era forte indício de que estavam recheados de cocaína. Mesmo assim, o agente preferiu acionar a Polícia Rodoviária para fazer o flagrante na sede da transportadora em Ipeúna, onde o caminhão receberia novos paletes sem droga. Os policiais se assustaram com a quantidade de tabletes escondidos no porcelanato, que seria exportado para Portugal. No total, havia 1,2 tonelada da droga, avaliada em R$ 70 milhões no mercado europeu. Era um dos maiores carregamentos já apreendidos pela PF. Marcelo foi preso em flagrante.

Dois dias mais tarde, Mohamed telefonou para Walter. Queria saber da enorme carga de cocaína:

— Tem novidades das meninas?

Ainda sem saber da apreensão, Walter respondeu:

— Tá tudo bem, ainda não consegui falar com o amigo [Marcelo], que é feriado hoje, mas ele deve tá por aí, na casa da filha dele, que mora aí [São Paulo]. [...] Se tivesse algum problema, o amigo já tinha avisado.

COCAÍNA: A ROTA CAIPIRA 85

Mas, no dia seguinte, ao saber da apreensão, Walter, preocupado, telefonou para Mohamad:

— Acho que deu problema, hein.

— Não acredito.

— Verdade.

— Com quem?

— Verdade, com o menino lá.

— Com o Marcelo?

— É.

— Não sei o que aconteceu, tô vindo de lá [transportadora de Marcelo] agora, tá tudo fechado lá...

— Não acredito! Sai da cidade, não fica na cidade não, pipoca o telefone, desliga o telefone, não fala comigo.

— Tô saindo. Como a gente pode se encontrar?

— Não sei. Vem pra São Paulo.

Walter não jogou fora seus telefones imediatamente. Desesperado, ligou para um pedreiro e pediu que ele retirasse tudo de dentro dos seus galpões. Embora não fosse o momento mais adequado para a investigação, não havia outra saída à PF a não ser uma blitz nos imóveis. Lá, os agentes encontraram máquinas para cortar piso e graxa azul idêntica à que havia nos tabletes apreendidos em Ipeúna. Em outro galpão do empresário em Rio Claro, os agentes se depararam com um laboratório de refino de cocaína, com balança, prensa, liquidificadores industriais e pedaços de plásticos para acondicionar a droga em tabletes, a maioria com resíduos do entorpecente. A essa altura, Walter havia fugido de Rio Claro:

— Como tá a veinha? — Nivaldo perguntou a Mohamed, uma senha para se referirem ao empresário de Rio Claro.

— Tá superbem, graças a Deus se recuperou superbem, fui lá visitar ela e tal; pedi pra ela passear um pouco, ela foi passear.

— E a outra menina internada, não mandaram um médico [advogado] pra ela ver se tem cura? — Nivaldo se referia a Marcelo.

— Segunda-feira vou mandar um médico; esses exames são um pouco feio, por isso a veia tá meio abalada ainda; vou mandar o nosso médico, médico da família.

Nahin, em Curitiba, só ficou sabendo da perda da cocaína uma semana depois, por meio do sócio Walter:

— Tá tudo bem? — perguntou o libanês.

— Não tá bem, não.

— O que tá acontecendo?

— Depois te explico.

— Ah, meu Deus do céu. É a respeito do nosso trabalho?

— É.

— O que tá acontecendo?

— Não liga mais pro meu celular.

Walter desligou o telefone.

Enquanto isso, Marcelo, já na cadeia, teria sido procurado por dois advogados, que disseram ter sido contratados por Walter e Mohamad para defendê-lo com uma condição: o empresário teria de assumir toda a responsabilidade pela cocaína apreendida.

— Pensa com carinho, assume isso aí. [...] Você sabe disso, você tava por dentro. Vai ficar só entre nós. Vê o que você precisa que o Walter e o Primo vão ajudar financeiramente sua família lá fora. [...] Isso aí você vai pegar uns cinco anos — disse um dos advogados, conforme Marcelo.[8] Ele rejeitou a proposta.

A apreensão do carregamento em Ipeúna causou abalo entre os chefões libaneses, com acusações mútuas de traição:

— Sabe aquele libanês que está aí? — Hicham perguntou a Mohamed, referindo-se a Nahin, que estava em São Paulo. — Ele está com frescura, tá querendo encrencar. Tá falando demais! [...] Disse que amanhã quando chamarem ele [polícia ou Justiça], ele vai falar tudo o que sabe sobre vocês. Eu falei pra ele "você é quem sabe"...

— Deixa ele fazer o que quiser.

— Ele ainda me disse que vai falar que não tem nada com isso [carga de Ipeúna]. [...] Eu perguntei pra ele qual o motivo de tanta encrenca e ele me disse que é porque ele foi passado pra trás e trabalharam sem ele saber. Disse também que foi ele quem apresentou os caras pra você, pois vocês não sabiam nem trabalhar com isso. [...] Eu não sei, essa raça é filha da puta! Poxa, quando a pessoa tá numa encrenca todos querem se aproveitar.

COCAÍNA: A ROTA CAIPIRA 87

Paralelamente, em conversas com Nahin, Hicham fazia intrigas contra Mohamed e Walter — sempre no idioma árabe. Tentando colocar um contra o outro, assegurava que a informação da apreensão da droga era apenas um despiste para que Walter e Mohamed ficassem com toda a cocaína do grupo:

— Toda mercadoria que ele [Mohamed] quiser mandar, eu tenho que ficar a par. Ele sabe disso! — disse Hicham, para, em outra ligação, completar as críticas ao compatriota: — Eu fui lá e investiguei sobre ele [Walter], o Mohamed deve ter orientado ele a dizer que ele tem um problema [droga foi apreendida], mas eu sei que ele não tem nenhum problema. Ele está querendo trabalhar com o Mohamed e me deixar, pois eu o forcei a me pagar os 20 mil. Mohamed também pode ter dito a ele que nós dois estamos trabalhando juntos, e deve ter dito "deixa de trabalhar pro Nahin e dá a desculpa que você tem problemas".

— Deixa esse filho da puta — disse Nahin. — Ele trabalha pra mim, é meu funcionário, não é como ele quer. Fui eu que o criei. Hicham, pois como eu te falei, se ele não trabalhar comigo, eu mando ele pro inferno. Deixa ele comigo!

— Sim, eu também mando ele pro inferno.

— Eu vou encostar ele na parede e dizer: "Escolha, ou comigo ou vai pro inferno!"

— É assim mesmo, fala pra ele "vai pro inferno ou pra polícia".

— Deixa ele comigo! Eu que criei ele, por isso estou zangado.

Nahin foi até Rio Claro conversar com Walter. Depois voltou a contatar Hicham:

— Ele está dizendo que o Marcelo é amigo dele, aquele cara lá da firma de transporte. Estão falando que acharam com ele 1,2 mil. Você já ouviu falar dessa notícia? Isso aconteceu faz quatro ou cinco dias. [...] Procura saber disso pra eu ter uma certeza.

— É mentira! — garantiu Hicham.

— Sim, não existe ninguém, é tudo mentira, porque se fosse verdade o Brasil todo já sabia de tudo, dos 1,2 mil.

— O que o cara te respondeu quando você disse que ele estava mentindo pra você?

— Ele me disse que quer trabalhar, mas está com medo. Está muito preocupado e eu não quis dizer tudo a ele, pra não encrencar com ele, pois o meu interesse é realizar nossos serviços, e depois a gente coloca as conversas em dia. [...] Agora não podemos desmanchar o que estamos fazendo. Vamos deixar ele à vontade.

Hicham insistia para que Nahin dispensasse Walter. O libanês de Curitiba relutava:

— É que eu preciso deles, precisamos de mão de obra! Tem trabalho, precisamos de tudo.

Hicham gargalhou.

— Eu tenho tudo o que você quer, mão de obra e tudo o que você precisar!

— Tá bom, mas ele já está acostumado conosco, já sabe fazer as coisas e arruma direitinho. Eu que ensinei esse filho da puta como faz as coisas.

A quadrilha só se convenceu da apreensão quando a Justiça Federal em Piracicaba determinou a prisão preventiva de Walter, no fim de julho, e ele teve de fugir de Rio Claro. Abalados financeiramente com a perda da cocaína, os libaneses procuravam se capitalizar:

— Vê se ele tem dinheiro e arranca dele uns 100 [mil reais ou dólares] e depois eu te devolvo — Hicham pediu a Mohamed. — Fala pra ele que você só precisa de cem. Só pra nós respirarmos um pouco.

Nahin pediu a um amigo em Curitiba um empréstimo de R$ 1,8 milhão, dando imóveis seus como garantia, e ofereceu a outro conhecido um apartamento em Balneário Camboriú (SC) por R$ 3,2 milhões. Enquanto isso, procurava desfazer a sociedade na HTM com Walter e vender rapidamente uma carga de 20 mil litros de óleo de girassol estocada em Santa Gertrudes, município vizinho a Rio Claro — uma carga que, acredita a PF, seria usada para remeter cocaína ao Líbano, não fosse o flagrante de Ipeúna. O libanês garantia ao seu contador não ter relação com a cocaína apreendida:

— Não sabia dessa situação do Walter. Se soubesse teria parado faz tempo com ele e a turma dele. Eles complicaram para o meu lado, me deixaram numa situação de saia justa. Não tenho nada a ver com isso.

Nahin andava aflito por aqueles dias. Não bastasse a falta de dinheiro, seus patrícios no Líbano o pressionavam por novas remessas de cocaína. Um deles era Ammar:

— Aqui não tenho nada em mãos, por isso estou com medo que parem o serviço comigo, pois tem muita dèspesa. Se aquele negócio [tráfico] parar, aí vira uma merda conosco.

— Pois é — concordou Nahin. — Se parar, já viu. Tem muita responsabilidade, mas eu creio que vai clarear, se Deus quiser.

— Na sua opinião, quando vai clarear?

— De um dia para o outro. Já estão abertas umas cem frentes aí pra ver se resolve. Um negócio só que dá certo já te leva até o céu.

Ao mesmo tempo, Nivaldo e Hussein começavam a se movimentar para alugar imóveis na Baixada Santista, indício de que o grupo pretendia mudar a logística do tráfico, após a perda em Ipeúna. A droga, segundo a PF, passou a ser transportada em aviões até o sul de Goiás e de lá seguia para Santos, de onde seria exportada novamente, agora em quantidades menores.

— Eu, você e mais alguns queremos mandar pouco — Hicham disse a Nahin.

Dias depois, Hicham pediu ao comparsa para ir até São Paulo:

— Eu quero que você venha, pois já está tudo preparado, mas eu quero só o nome daqueles que vão receber as coisas lá e que garantem também.

— Eu vou te dar todas as explicações, nós vamos sentar e conversar. Quais os métodos que eu uso pra realizar as coisas, como funciona, e todas as coisas que você quiser. Falar de tudo e quem são os que garantem as coisas por lá.

No fim de outubro, houve indicativos de que o grupo havia embarcado em contêiner no porto de Santos uma nova partida de cocaína. Os planos foram revelados a Hicham por Nahin:

— Essa semana eles vão providenciar, vão mandar!

— Quer dizer que daqui uns dias está tudo preparado então? — empolgou-se Hicham.

— Tudo preparado, graças a Deus, está tudo certo!

Naquele mesmo dia, Hussein, Mohamed, Jamal e Nivaldo se reuniram com um despachante aduaneiro em São Paulo — possivelmente para finalizar as tratativas do embarque do contêiner com droga, segundo a PF. Passados quatro dias, os agentes captaram mensagens de celular de funcionários da quadrilha comemorando altas comissões, supostamente pelo serviço prestado aos libaneses:

"Fiquei com 103 [mil reais]", disse um.

"So pro motorista foi 120 [mil]", comentou outro.

O plano era embarcar a droga no início de novembro para a Espanha. Mas a prisão de um funcionário da quadrilha em São Paulo atrasou a remessa. Com a ajuda de servidores da Receita Federal, agentes da PF localizaram o contêiner no dia 26 daquele mês, em um navio com destino à França. Dentro, 245 quilos de cocaína pura no meio de uma carga de pisos de cerâmica.

A perda da droga e a prisão de Walter voltaram a gerar atritos entre os chefões libaneses. O empresário de Rio Claro seria detido pela PF no dia 22 de outubro quando saía do Shopping Morumbi, em São Paulo, com R$ 15 mil em dinheiro vivo, dinheiro que, segundo a polícia, teria sido entregue a ele por Hicham. O problema é que só depois os agentes se lembraram de que, por estarem a quatro dias do segundo turno das eleições presidenciais de 2014, Walter não poderia ser preso a não ser em flagrante. Para não liberar o traficante, o procurador Leandro Fernandes tomou uma decisão inusitada: pediu à Justiça que, com escolta policial, Walter fosse justificar o voto em uma seção eleitoral na capital, já que votava em Rio Claro. Assim foi feito. Depois, ele voltou à prisão.

Ao saber da detenção de Walter, Hicham telefonou para Hussein:

— Eu não tenho absoluta certeza sobre um assunto, se é ou não é. Mas já estão me falando que prenderam o Gordo e levaram ele para o hospital [delegacia]. Fala pra ele [Mohamed] se cuidar...

— Ok! Eu estou em Brasília.

— Procura entrar em contato com Mohamed, às vezes Mohamed está com o telefone dele. Fala pra ele se cuidar, pra ficar longe e sair um pouco pra fora.

— Ok!

COCAÍNA: A ROTA CAIPIRA 91

Os libaneses entraram em polvorosa novamente. Temiam que, uma vez preso, Walter os delatasse à polícia:

— O Baixinho [provavelmente Mohamed] já chegou e disse que não sabe o que eles colocaram no papel [depoimento de Walter à PF]. [...] Ele disse que só falaria na frente do juiz e não falou mais nada.

Com Walter de boca fechada, quem gritou foi sua família. No dia 12, às 11h40, a filha e a mulher dele foram à Infolar, empresa de Hicham. Alguns minutos depois, o libanês ligou para Hussein:

— A menina está aqui e me falou que jogaram uma granada em cima dela, e a mãe dela acabou sendo atingida.

— Que granada? Que é isso? — assustou-se Hussein.

— Eles estão acusando o Mohamad, que mandou jogar. Eles tão querendo ir no juiz pra falar que ele jogou granada nelas.

— Impossível.

— Ela está aqui. Você não quer falar com ela?

— Você está que nem nosso irmão. Fala você com ela. Você acha que Mohamed vai fazer uma coisa dessas?

— Não, eu sei que ele não faz essas coisas. [...] Dê sua opinião. O que você acha que a gente deve fazer? Tudo está caindo na cabeça do Mohamed. Minha opinião é pegar aquele veado [provavelmente Nahin] e dizer pra ele "você também estava ganhando dinheiro, você tem que participar na despesa para os caras [Marcelo e Walter, presos]".

Hussein demonstrou desconforto em tratar do assunto no telefone:

— Veja o que você quer fazer, você que entende. Faz o que quiser.

— Eu não quero que o Mohamed seja incriminado e sempre ele tem que pagar. Aquele veado ganhou muito nas costas do Mohamed.

Meia hora após essa conversa, Hussein foi até a empresa de Hicham, provavelmente para acalmar a mulher e a filha de Walter. As duas queriam que Mohamed pagasse um advogado para o empresário de Rio Claro, do contrário iriam à polícia relatar o suposto atentado. Ao saber das ameaças, um irritado Mohamed desabafou a um colega:

— Pode falar que eu joguei bomba, míssil ou avião, elas que vão pra puta que o pariu! [...] Eles vão querer me envolver, mas agora quem vai pra juízo sou eu, e vou falar pro juiz quem que estava e quem não estava [envolvido no tráfico], já chega dessa palhaçada. [...] Quem mandou ela [filha de Walter] falar isso é aquele cara de Curitiba [Nahin], ele que tava envolvido, ele é o patrão. [...] Ele é quem sabe tudo [da droga apreendida].

Nahin acabou cedendo seu advogado a Walter, e o impasse foi resolvido. Mas o libanês de Curitiba intuía algo de grave que se aproximava. Deixou isso evidente em conversa com o primo Jorge, do Líbano, no dia 15 de novembro:

— Eu quero saber se tem alguma novidade — pediu Jorge.

— Não, não tem nada de novo. O pessoal não me ligou mais e eu também não liguei mais pra eles.

— Deixa eles pra lá, é bom que eles não perturbem mais, senão vão acabar te colocando em uma encrenca.

— Sim, eu estou com muito medo que eles possam nos colocar em uma enrascada, em alguma encrenca.

— Deixa, é melhor a gente fazer outra [preparar outra remessa de cocaína, segundo a PF].

— Já estou com o saco cheio de tanta mentira. Pode acabar caindo a casa.

E caiu.

No dia 10 de dezembro de 2014, cerca de 100 policiais federais participaram da fase ostensiva da Operação Beirute. Hicham, Nahin, Mohamed, Jamal e Nivaldo foram presos por ordem da 1ª Vara Federal de Piracicaba — Andrew já havia sido preso em flagrante três meses antes com 20 quilos de cocaína, em Santos. Na casa de Mohamed, os policiais encontraram US$ 214 mil, além de duas barras de ouro e documentos da empresa que iria exportar os 245 quilos de cocaína para a Europa. Já na mansão de Hicham em Interlagos, os agentes apreenderam um distintivo, uma camiseta e um colete da Polícia Federal. Mas não conseguiam encontrar o esconderijo de dinheiro que o libanês citara tantas vezes nas escutas telefônicas. Até que o agente Luiz Pinelli desconfiou de uma estante que cobria toda a parede da sala. Nas laterais, dois espelhos simétricos, que foram retirados, mas não havia nada.

— Fala aí, cadê o dinheiro? — perguntou o agente ao libanês.

— Não tem dinheiro — garantiu Hicham, em português claudicante.

COCAÍNA: A ROTA CAIPIRA 93

Pinelli intuía que o esconderijo estava naquela estante. Só não sabia como ativá-lo. Pressionado, o libanês acabou cedendo. Pegou um controle remoto e acionou um motor que levantava parte da estante. Atrás, dois relógios Rolex — um deles cravejado de diamantes, avaliado em R$ 150 mil —, duas gargantilhas e 42 anéis de prata, dez anéis de ouro, treze pulseiras de ouro e prata, outros treze pares de brincos cravejados de diamantes, sete cordões de ouro e quatro colares com pedras preciosas. Bens avaliados pela PF em mais de meio milhão de reais.

Só Hussein escapou da prisão, por estar em viagem ao Marrocos naqueles dias. Em novembro de 2016, ele ainda estava foragido. Em setembro, o ministro Marco Aurélio Mello levou à segunda turma do STF o julgamento de um habeas corpus pedindo a soltura de Hicham. O pedido foi negado. Dois meses mais tarde, Marco Aurélio mandou, monocraticamente, colocá-lo em liberdade, decisão que seria estendida a todos os réus de Beirute, com exceção de Hussein e Marcelo Mondini.[9]

Todo o grupo responde a ação penal por tráfico internacional de drogas e participação em organização criminosa. O processo não havia sido julgado em novembro de 2016. Chegava ao fim, ao menos temporariamente, a grande sociedade do tráfico entre os libaneses, atacadistas do tráfico na rota caipira, ao contrário do esquema "formiguinha" e quase suicida das mulas caipiras.

# 4

# A epopeia das mulas

A proposta era tentadora. Duas semanas de turismo pela Europa, com tudo pago: passagem aérea, hotel e alimentação. E mais US$ 3 mil em dinheiro vivo, muito mais do que o jovem Helton Luiz Polvore recebia de salário como vendedor em uma loja de roupas em um shopping de São José do Rio Preto (SP). A oferta veio de Marcelo, cliente conhecido, um tipo empertigado que surgiu na loja em uma tarde do início de setembro de 2002.

— Você só tem que levar um bagulho da Venezuela para a Holanda.

— Que bagulho? — perguntou Helton.

— Ouro em pó, dentro do casaco.

Helton acreditou. E topou encarar a aventura.

O segundo encontro veio na semana seguinte, em uma choperia dentro do shopping. Marcelo estava acompanhado de um rapaz branco de cabelos negros e curtos, altura mediana, ombros largos.

— Esse é o Lucas. Ele vai com você.

Lucas Rafael Bega da Cunha havia recebido a mesma proposta e também aceitara a viagem. Afinal, aos 20 anos, era a chance de ganhar um bom dinheiro e ainda conhecer a Europa, um sonho acalentado havia anos que o salário na distribuidora de bebidas onde trabalhava nunca poderia comprar. No mesmo dia em que se encontrou com Marcelo, ele reuniu a mãe, o pai e a irmã no sofá da sala, na casa humilde onde moravam, na periferia de Rio Preto.

— Mãe, pai, vou trabalhar em uma pizzaria na Holanda. Fico uns três meses e depois volto.

O pai, Merquíades da Cunha, gostou do que ouviu. Era a chance de o filho melhorar de vida. A mãe e a irmã ficaram apreensivas, mas aquiesceram.

Marcelo providenciou os passaportes e as passagens aéreas para Helton e Lucas. Na manhã do dia 12 de setembro, ele foi se despedir da dupla no aeroporto de Rio Preto. Estava com Israel Domingues de Oliveira, um homem grisalho de pele morena e rosto arredondado, que se apresentava com o nome falso de Valdemar de Oliveira. Israel entregou a cada um US$ 600, para que ambos se alimentassem.

A dupla viajou de Rio Preto até Guarulhos, e de lá embarcou em um avião com destino a Caracas, onde chegaram na madrugada do dia seguinte. Ainda no aeroporto, foram recebidos por um venezuelano moreno e alto, que os levou para um hotel no centro da cidade. A estada durou quatro dias. No segundo, Helton virou-se para o venezuelano, em um portunhol improvisado:

— ¿Donde está el oro?

O homem fez cara de espanto.

— ¿Oro? Non, non. Ustedes van a llevar cocaina en el vientre.

Helton arregalou os olhos, encarou Lucas. Silêncio. Só agora tinham a dimensão exata da proposta de Marcelo. Mas não havia como recuar. O venezuelano ordenou que ambos ficassem em jejum a partir da manhã seguinte e no último dia deu a cada um uma pequena sacola de plástico. Dentro, 75 cápsulas brancas para Lucas e setenta para Helton, cada uma com 10 gramas de cocaína pura. Entre longos engasgos e goles d'água, Lucas engoliu setenta, e Helton, cinquenta. Uma hora mais tarde já estavam no aeroporto, com destino a Amsterdã. Um homem loiro, que falava inglês, os recebeu na capital da Holanda. A comunicação foi feita em um espanhol tosco e truncado. Como em Caracas, os jovens foram levados para um hotel. Helton e Lucas comeram e tomaram altas doses de laxante, para expelir as cápsulas. Em quatro dias, Helton jogou fora todas, e retornou ao Brasil no dia 3 de outubro. Lucas, apenas dez invólucros, ainda assim com muita dificuldade. Uma cirurgia no intestino

COCAÍNA: A ROTA CAIPIRA 97

obstruía a passagem das cápsulas. Ele começou a se sentir mal e, no décimo dia, pulava na cama de tanta cólica. Foi quando chegou um jovem brasileiro, loiro, pele e olhos claros. Era Israel Dias de Oliveira, filho de Israel Domingues. Vinha da Espanha, onde sua ex-mulher estava presa por tráfico.

— Vamos para o hospital — disse Israel.

— Não, de jeito nenhum. Não quero dar desgosto pra minha mãe.

Israel não insistiu. Mas seus lábios retesados não escondiam a tensão. Ele sabia que Lucas corria sério risco de morte. E não apenas pelas cápsulas, que poderiam estourar dentro do seu intestino a qualquer momento, causando morte instantânea. Um grupo de traficantes holandeses queria abrir a barriga de Lucas de qualquer jeito para pegar as cápsulas. Israel não deixou.

A agonia de Lucas foi registrada por Israel em um diário que seria apreendido pela polícia três anos depois.

Dia 24 de setembro. "O Lucas estava mal e estávamos vendo um clipe do Metallica onde tinha uma orquestra e ele conversando me perguntou se tinha estudado a música. Eu disse que sim. Busquei o hinário e a flautinha, ele me pediu para tocar o hino 22, 'Conserva a paz' [evangélico]. Chorou muito. Toquei outros hinos e depois conversamos sobre as coisas de Deus."

Dia 26. "À noite, fomos ligar para a mãe dele e ele falou que estava bem, que não estava mentindo, e que às vezes tocava hinos. Chorou de saudade."

Dia 27. "Ele estava muito mal. [...] À tarde, me pediu para tocar hinos e eu disse que não. Que tínhamos que estar conscientes. À noite, não teve jeito, ele estava variando. Levamos para o hospital, ele não contou [que tinha droga no estômago] e [...] morreu. Me perdoa porque eu não toquei o hino e não fui até o médico e falei, pois pensei só em mim."

Lucas morreu de overdose ainda naquela noite do dia 27 de setembro de 2002, em um leito do hospital Onze Lieve Vrouwen, de Amsterdã, depois que uma das cápsulas estourou no seu intestino delgado. Fora deixado por Israel na porta do hospital, estirado no chão da recepção. Israel fugiu correndo porque temia ser preso — havia uma delegacia de polícia bem em frente ao hospital. Ele ainda voltaria a escrever sobre o rapaz na sua agenda: "Lucas, jovem, bonito, com a vida toda pela frente..."

No Brasil, o silêncio do aparelho telefônico calou fundo na alma dos Bega da Cunha. A família procurou a polícia, fez um boletim de ocorrência do sumiço de Lucas. Mas o mistério do seu paradeiro só seria solucionado em abril de 2006, quando um jornalista da TV Record procurou a Polícia Civil de Rio Preto dizendo ter recebido pelo correio uma carta anônima contendo a agenda. Um exame grafotécnico confirmou que a letra era mesmo de Israel. A Justiça encaminhou ofício à Interpol, que em abril de 2007 encaminhou fotos do corpo de um jovem que morrera de overdose naquele dia 27 de setembro de 2002 no Onze Lieve. Chamada para reconhecer as imagens, a irmã de Lucas não teve dúvidas: era ele.

Como estava sem documentos, Lucas foi enterrado como indigente em um cemitério de Amsterdã. A família tentou trazer o corpo do filho, mas a burocracia e o alto custo do traslado desanimaram o pai Merquíades.

— Até já pensei em juntar um dinheiro e ir para a Holanda. Só para poder tocar no túmulo do meu filho — disse em entrevista concedida a mim em julho de 2009.

Emocionado, o pai afirmou ter sonhos frequentes com Lucas:

— Ele aparece aqui em casa. Olha para mim, dá um sorriso bonito e desaparece. Acordo chorando. Sinto um vazio enorme no coração toda vez que lembro dele e de como ele morreu. É um trauma que vou carregar pelo resto da vida.

Jovens bem-apessoados como Lucas e Helton eram recrutados nas ruas de Rio Preto por Israel Domingues de Oliveira, que ficaria conhecido como "barão do ecstasy", e pelo filho Israel Dias para levar dezenas de cápsulas de cocaína escondidas no estômago até a capital da Holanda e trazer ecstasy para as raves no interior paulista e litoral norte do estado. O perfil das mulas era sempre o mesmo: pessoas brancas ou loiras, de olhos claros, com idade entre 18 e 45 anos, boa aparência e bom nível cultural. Para transportar a droga, na maioria das vezes dentro do estômago, pai e filho pagavam sempre os US$ 3 mil oferecidos a Lucas

COCAÍNA: A ROTA CAIPIRA                                        99

e Helton, além da passagem aérea, alimentação, hospedagem e quinze dias de passeio pela Europa. No entanto, os aliciadores escondiam os riscos altíssimos envolvidos na tarefa: prisão em regime fechado; morte por overdose, caso uma das cápsulas estourasse dentro do corpo, como ocorreu com Lucas; ou a ação cruel dos traficantes, que chegam a abrir o corpo para resgatar a droga quando a mula não consegue expeli-la.

Foi Israel Dias quem deu início ao esquema. Como Helton e Lucas, ele também havia sido mula. Foi cooptado pelo tráfico internacional em fevereiro de 2002. Em princípio, a oferta era para que trabalhasse em uma metalúrgica na Europa. Só depois é que descobriu que estava sendo contratado por uma máfia com ramificações na América do Sul e Europa.

— Daí eles abriram o jogo, me ofereceram 5 mil dólares [por viagem]. Aceitei a oferta nem tanto pelo dinheiro, mas porque estava enfrentando um processo de separação, estava deprimido e queria mudar. A possibilidade de conhecer a Europa me encheu de expectativa. E o dinheiro, claro, era uma tentação. Fiz a primeira viagem, me envolvi e não tive mais como sair — disse à jornalista Rita Magalhães.[1]

Foram três viagens levando cocaína para a Holanda. Depois, tornou-se o responsável pelo apoio logístico às mulas brasileiras que chegavam a Amsterdã. Era ele quem fazia as compras da república que abrigava os viajantes, além de transferir dinheiro para pagar pela cocaína na Colômbia.

O pai de Israel Dias, Israel Domingues, também atuou como mula. Foi visitar o filho na Holanda e conheceu Mamu, apelido de um fornecedor de ecstasy em Amsterdã. Comprou dele 24 mil comprimidos, escondeu tudo na mala e voltou para o interior paulista. Em quatro meses, vendeu toda a carga em festas rave de Rio Preto, um faturamento de R$ 290 mil. O "barão" resolveu investir o dinheiro na compra de cocaína, que remeteria para a Europa em troca de mais comprimidos de ecstasy. Em uma feira de calçados de Franca (SP), conheceu Parente, apelido de um grande fornecedor da droga em território peruano. Só faltava um meio de trazer o pó do Peru para o Brasil. Certo dia, viu na TV reportagem sobre a apreensão de cocaína escondida dentro de pranchas de surfe, na Tailândia. Resolveu adotar a mesma estratégia. Abriu uma pequena fábrica de pranchas em Lima e contratou um rapaz de Ubatuba (SP) para gerenciar a firma. A cocaína vinha no miolo das pranchas, trazidas por mulas em voos regulares até São Paulo.

— Os meninos [levando as pranchas com cocaína] devem chegar aqui lá pra quarta-feira. Eles tão lá em La Paz. Hoje eles devem descer pra Santa Cruz [de la Sierra], depois vêm embora — disse o pai em maio de 2005.

No Brasil, a droga era embalada em cápsulas e engolida por novas mulas, recrutadas por Israel Dias, seu filho, com destino a Portugal, Espanha, Alemanha e principalmente Holanda. No voo de volta, traziam, dentro da mala, os comprimidos de droga sintética. Estava montado o esquema do "barão do ecstasy".

A Rita Magalhães Israel Domingues mostrou experiência no uso das mulas:

— A melhor forma de enviar droga para o exterior é por meio de uma pessoa ignorante. Se a pessoa não sabe o que está levando, ela passa tranquila pelos policiais. Como aconteceu com dois surfistas que trouxeram as pranchas recheadas de cocaína para mim do Peru. Eles foram parados três vezes por policiais e passaram. Porque não sabiam o que transportavam e assim agiram com naturalidade.

Diálogos entre pai e filho sobre o esquema foram captados pela polícia, com autorização judicial:[2]

— Pai, sabe quem eu encontrei? O Alex Cabeludo. Ele taí de novo e conversou, falou algumas coisas. Só que dia 18 ele tem que tá lá pra poder comparecer, né.

— Beleza, é só ele vir aqui. Opa, demorou. [...] Eu agendo ele e confirmo. E ele vem pra cá. Ele leva oito, né?

— Ele leva oito e meio, nove [oitenta a noventa cápsulas, segundo a polícia]. Bom.

— Ele conhece o caminho, conhece tudo.

— E o Rodrigão?

— Agora ele não quer ir. Ele quer ir no mês que vem. Mas ele quer ir também, entendeu? Eu disse pra ele se preparar.

COCAÍNA: A ROTA CAIPIRA     101

Em outra conversa, o "barão" contou ao filho sobre uma moça que não conseguia engolir as cápsulas. Ela estava sendo "treinada" por Marivaldo Ferreira Chaves, a principal mula do esquema, que, por sua experiência, ajudava Israel Dias a recrutar candidatos a levar cocaína para a Europa:

— O Marivaldo explicou, ele fez teste com a coisa, fez teste com batom, tudo, sabe? [...] Ela falou, "só que o meu psicológico é...". Ela sentiu o pânico, sabe? [...] Ela começou a achar que ia dar problema, que ia abrir, que isso, que aquilo, sabe. Ela entrou em pânico. [...] Ela suava os pé, suava as mão e num sei o quê e tal, aí o Marivaldo pegou e falou "bom, de um jeito ou de outro nós vamos ter que levar, entendeu?". [...] Ela falou "eu levo de qualquer jeito. [...] Eu sou fria, eu sou tranquila".

A droga também era levada escondida no corpo, conforme Israel Dias explicou para o pai, em outra ligação:

— Ela vai de saia.

— Eu acho que não adianta levar mais do que isso [1,5 quilo de cocaína] porque pode correr o risco de...

— Mas ela é magrinha, viu? 50 quilos.

— É, mas então, mas aí, é o tal negócio, tem que encaixar no corpo, entendeu?

O esquema do "barão" chegou aos ouvidos da polícia em 2003. Com autorização judicial, a Dise de Rio Preto passou a seguir os passos de pequenos traficantes de ecstasy da cidade. Não demorou para que chegasse a Israel, pai e filho.

Era tarde do dia 18 de maio de 2005 quando agentes da PF estranharam o nervosismo de um casal recém-chegado da Holanda. Era Marivaldo e uma mulher. Apesar da experiência dele no transporte de drogas — era sua oitava viagem —, estava exageradamente tenso. Suava muito e não parava de olhar para os lados. Parecia antever que algo ruim aconteceria. Em revista, os policiais encontraram, sob as meias e a cueca, 4,3 mil comprimidos de ecstasy, mais de 1 quilo da droga. Com a mulher, mais 15 gramas de skank e 30 de haxixe. Ambos seriam condenados pela Justiça Federal por tráfico internacional de drogas.[3]

Naquele dia, o "barão" dera sorte. Ele estava no aeroporto de Guarulhos para receber Marivaldo, mas sua mula foi presa antes do encontro. Ao saber da prisão, Israel Domingues fugiu.

Era a hora de a polícia agir. Três dias depois da prisão de Marivaldo, o investigador Marcos Rogério Campos, da Dise de Rio Preto, descobriu que duas mulas do esquema, vindas do Peru, estavam a caminho de São Vicente (SP), onde o "barão" tinha um apartamento. Em campana, notou a dupla saindo do ônibus na rodoviária da cidade, vinda do aeroporto de Guarulhos com pranchas de surfe. E seguiu ambos até o apartamento do barão.

Marcos e o delegado Fernando Augusto Nunes Tedde, que coordenava as investigações, subiram ao apartamento, enquanto outro investigador ficou na portaria do prédio para impedir que o porteiro interfonasse para o "barão". A porta do imóvel estava aberta, com muita gente dentro. Israel Domingues tinha as mãos sobre uma bolsa de viagem. Assustado, abriu o zíper e mostrou saquinhos recheados com 18 mil comprimidos de ecstasy:

— Tá tudo aqui.

— E a cocaína? — perguntou Rogério.

O "barão" foi até um dos quartos e tirou do guarda-roupa uma caixa de sapatos. Dentro, várias cápsulas com a droga. As pranchas recém-chegadas estavam encostadas na parede, próximas da cama. Dentro, mais 5 quilos de coca. Em revista pelo apartamento, os agentes ainda encontraram vários petrechos para a confecção das cápsulas e R$ 1 mil dentro da fronha de um travesseiro.

Na mesma hora, outra equipe de policiais invadia a casa de Israel Dias, o filho, em Catanduva (SP), onde morava com a namorada. Ambos ficaram atrás das grades até 2008, quando conseguiram um habeas corpus e deixaram a cadeia. Exatamente dois anos depois, a juíza Maria Letícia Pozzi Buassi condenou 21 pessoas por tráfico de drogas e associação para o tráfico, todas integrantes do grupo chefiado pelo "barão". Foi ele quem levou a maior pena: doze anos de prisão em regime fechado por tráfico e associação para o tráfico, seguido do filho, Israel Dias de Oliveira, com oito anos de reclusão

COCAÍNA: A ROTA CAIPIRA

pelos mesmos crimes. Outros sete foram condenados à prisão em regime fechado, e o restante no sistema semiaberto.

Na sentença, Maria Letícia argumenta ainda que o "barão" tem "personalidade criminosa". "O desrespeito pelas regras de convivência social e a ganância em ganhar dinheiro à custa de espalhar intenso sofrimento alheio (uma das mulas morreu na Holanda) revelam a personalidade criminosa, com drásticas consequências para a comunidade", escreveu.[4]

Ao repórter Júlio Cezar Garcia, o "barão" pedira, alguns anos antes, que o juiz do caso "pegasse leve" e tivesse "piedade" dele. Ouvido novamente por mim na ocasião da sentença, o barão considerou leve a pena de doze anos de reclusão.

— Pela quantidade de droga que tinha no apartamento de São Vicente, a pena não foi pesada — disse.

Um ano e meio depois, a mesma juíza Maria Letícia Pozzi Buassi condenou outros 21 integrantes da "banda rica" da organização liderada por Israel Domingues de Oliveira. Chamados de "quadrilheiros" pela magistrada, todos participaram, direta ou indiretamente, do megaesquema de distribuição de droga no interior paulista. O grupo, incluindo Helton Polvore, colega de viagem de Lucas Bega, foi condenado a penas entre três e quatro anos de prisão, todas em regime inicial fechado.

Posteriormente, o Tribunal de Justiça reduziu a pena do "barão" para nove anos e quatro meses e a de Israel Dias para seis anos de reclusão. Em julho de 2016, com o fim do processo, o "barão" voltou para a cadeia, após recorrer em liberdade por onze anos. Durante entrevista a mim em 2009 em frente ao bar dele, improvisado na varanda de casa, o "barão" reclamou do movimento fraco de clientes, mas garantiu que não voltaria a traficar.

— Droga, nunca mais.

Mesmo assim, se gabava do conhecimento adquirido no narcotráfico.

— Já veio gente aqui interessada em levar [drogas para a Europa]. Eu falo aquilo que sei.

O interior paulista voltaria a ser palco do aliciamento de mulas em 2010, quando a Polícia Federal se deparou com conversas da boliviana Loyola Bonilla de Pedraza, a Majoli.[5] Radicada em São Paulo, Majoli coordenava um grande esquema de aliciamento de mulas na região de Campinas com o auxílio de Bruno Ranocchia Neto, morador de Nova Odessa (SP). As mulas levavam cocaína no estômago ou escondida na bagagem até a Europa. Enquanto Neto tentava convencer jovens do interior a encarar os riscos da empreitada, Majoli providenciava passaporte, passagens aéreas e hospedagem no exterior.

No final de novembro daquele ano, a boliviana aliciou uma mula identificada como Reinaldo, de Campinas, para levar cocaína escondida na bagagem até a Bélgica. Era a segunda vez que ele levava droga para a Europa. Ainda inexperiente, Reinaldo pretendia levar mala vazia na viagem, o que é rechaçado por Majoli:

— Eu vou levar a mala pro meu amigo lá, eu posso colocar uma dentro da outra, pode?

— Uma dentro da outra, não, não, não faça isso, tem que colocar roupa, qualquer coisa dentro; a mala tem que ir cheia, meu amor.

Dois dias depois, Majoli repassou as orientações da viagem para a mulher de Reinaldo:

— Ele tem que ir na estação de trem, ele vai encontrar o irmão do rapaz que ele conheceu aqui, ontem, ele vai procurar pelo nome dele, ele tem que ir junto com ele. Ele vai pegar um trem e vai pertinho onde ele foi a primeira vez.

— Entendi, a pessoa vai estar esperando ele na estação de trem.

— Isso, dentro do aeroporto na estação de trem.

— Você sabe o nome dessa pessoa?

— Eu não tenho o nome dele; sei que ele é baixinho, ele é que vai falar o nome de Reinaldo.

No dia 29, Reinaldo embarcou em um voo até Brasília, de onde seguiu de avião até Portugal e em seguida para Bruxelas. Ao chegar ao aeroporto, no entanto, Reinaldo não encontrou a pessoa responsável por receber a cocaína, um nigeriano, o que só ocorreria horas depois, conforme conversa de Majoli com outro africano residente em São Paulo e líder do esquema — ele não chegou a ser identificado pela PF:

— Já tá com o cara [a cocaína] — disse o africano.

— Já?

COCAÍNA: A ROTA CAIPIRA                               105

— Já tá com meu irmão.

— Graças a Deus já está junto.

Enquanto isso, Neto tentava cooptar mais mulas na região de Campinas, como um jovem apelidado de Negão, de Indaiatuba:

— Tá trazendo tudo da tia [Majoli] que é pra passar pra mim, né? — perguntou Negão.

— As informações, sim, vou levar todas, o livrinho [passaporte] vai ficar, não precisa levar.

— Mas se eu for sair, tem que estar aqui comigo [o passaporte].

— Ela vai se encontrar com você ainda.

Para a PF, faltava flagrar o esquema, o que só aconteceu na metade de dezembro de 2010, dias depois que os agentes identificaram a casa de Majoli em São Paulo. Foram vários dias de campana em um bar vizinho do imóvel, onde, inclusive, Neto chegou a conversar com uma mulher que levaria droga para a Europa. Por volta das 13 horas do dia 13, os policiais notaram que uma mulher com fortes traços indígenas — Majoli — saiu de um táxi e entrou no imóvel. Dez minutos depois, saiu novamente e tomou outro táxi, seguido de perto pelos agentes. Majoli desembarcou na Praça da República, centro da capital, e encontrou-se com três adultos e uma criança. O grupo entrou em um carro e seguiu até o Brás, onde comprou roupas de frio. Por volta das 18 horas, o veículo retornou à praça e apenas Majoli desceu. Desta vez, ela se encontrou com outros dois homens, identificados pela PF: Neto e Jeremias Correa de Sá, mais uma mula do esquema.

Não era a primeira vez que Jeremias, um jovem de Americana (SP), levava droga para a Europa a serviço de Majoli e Neto. Na metade de 2010, Jeremias fora procurado por Neto para transportar cocaína no estômago para Milão, Itália. Pela missão, receberia 30 euros por cápsula de droga engolida. Desempregado, Jeremias aceitou a empreita. Em julho, foi até um quarto de hotel no centro de Campinas, reservado previamente por Neto, onde havia sessenta cápsulas escondidas dentro do criado-mudo, ao lado de um bilhete com instruções para a entrega da droga na Europa. Engoliu todas, pôs o papel no bolso e, no mesmo dia, embarcou no aeroporto de Guarulhos com destino a Milão. Lá, seguiu as orientações e, próximo a uma banca de jornais, encontrou um homem loiro, que aparentava ter entre 35 e 37 anos, falava espanhol e sabia o seu nome. Jeremias foi levado até uma casa e expeliu as sessenta cápsulas. Imediatamente, recebeu seu pagamento, 1,8 mil euros.

No fim de novembro, Jeremias voltou a ser procurado por Neto para uma nova viagem a Milão. A mula aceitou a empreita e ambos seguiram até uma favela de Praia Grande. Lá, Jeremias engoliu cinquenta cápsulas, um total de 600 gramas de cocaína, dentro de um barraco, sob os olhares de Neto. A dupla tomou um ônibus até São Paulo, onde combinaram de se encontrar com Majoli na Praça da República. Foi quando o grupo passou a ser observado de longe pelos agentes da PF.

Jeremias, Neto e Majoli seguiram a pé até o metrô, onde tomaram o rumo do aeroporto de Guarulhos. Mas, antes de chegar ao destino, na estação Armênia, os três policiais abordaram o trio. Nenhum resistiu. Jeremias admitiu levar cocaína no estômago, e foi levado até a Santa Casa — foram três dias para que expelisse todas pelas fezes. Majoli foi levada até sua casa, onde os policiais encontraram 46 cápsulas, em um total de 570 gramas de cocaína, prontas para serem engolidas. Todos foram presos em flagrante, e, em junho de 2012, o TRF condenou Majoli e Neto a quatro anos e quatro meses de prisão, ambos por tráfico internacional de drogas.[6] No mês seguinte, Jeremias também foi condenado, pelo mesmo crime, a cinco anos e dez meses de reclusão.[7]

Por mais de dez anos, Franca (SP) foi cenário do aliciamento de dezenas de mulas dispostas a levar cocaína no estômago até a Europa. O esquema chegou ao auge no fim da década de 1990 e início dos anos 2000. Mas a estreita ligação da cidade, maior polo calçadista do Brasil, com o narcotráfico internacional começou bem antes, em 1988, quando os primeiros nigerianos chegaram para exportar sapatos até a África. Com o tempo, passaram a enviar cocaína escondida nas solas dos sapatos até a Nigéria, de onde a droga era despachada para a Europa, ou diretamente ao continente europeu, sem escalas. A cocaína vinha da Colômbia ou Bolívia até a região de Campinas, de onde era remetida até Franca em pequenos carregamentos, escondidos em carros.

COCAÍNA: A ROTA CAIPIRA 107

Na manhã do dia 3 de abril de 1998, a Polícia Civil invadiu um apartamento na Vila Aparecida, bairro de classe média de Franca, onde encontrou uma balança, acetona, tubos de ensaio, cola de sapateiro e doze pares de sapatos, todos com furos no salto, além de três tênis com fundo falso. Havia apenas 18 gramas de cocaína porque o carregamento que seria exportado dentro dos calçados ainda não havia chegado da Bolívia. O nigeriano Francis Nywkw Nyabufo e a brasileira Alexandra da Silva Rosa, moradores do apartamento, foram presos em flagrante. À polícia, a mulher confessou que, em dezembro do ano anterior, ela e o irmão viajaram até Turim, na Itália, com 1 quilo de cocaína escondido nos tênis do rapaz — para disfarçar o cheiro da droga e despistar cães farejadores, os traficantes passavam pimenta e pó de café nos calçados. A droga foi entregue a um outro nigeriano em troca de US$ 23 mil. Em 1999, ambos foram condenados pela Justiça Federal a três anos de prisão por tráfico.[8]

Outro método de tráfico dos nigerianos de Franca era mais simplório: a cocaína era escondida dentro de cartas endereçadas ao continente europeu. A partir de julho de 1994, Ebuzoeme Azubuike Emmanuel passou a frequentar a agência dos Correios no bairro da Estação semanalmente, sempre com dezenas de cartas para a Nigéria, China, Holanda. Dizia ser de negócios no exterior. Na verdade, as correspondências estavam recheadas de cloridrato de cocaína. O esquema durou até o dia 8 de novembro, quando parte das correspondências retornou à agência porque os endereços dos destinatários não foram encontrados. Os funcionários se preparavam para destruir as cartas, procedimento de praxe, quando um deles notou, dentro de um dos envelopes, um pó branco.

— É cocaína. Liga pra polícia — disse um deles.

No dia seguinte, os policiais passaram a fazer plantão na agência, à espera de nova remessa de cartas do nigeriano. Mas o flagrante só iria ocorrer quatro meses depois, em março de 1995, quando Ebuzoeme e Ikenna Chamberlain Nwene surgiram na agência com 22 cartas — minutos antes, haviam postado outras 23 em outra agência de Franca. Juntas, tinham meio quilo de cocaína, e estavam endereçadas à África do Sul. Dumu Basil, que havia escrito o endereço de parte das correspondências, foi preso em seguida, na casa dele. O trio foi condenado por tráfico internacional: Ebuzoeme a oito anos e oito meses de prisão e Ikenna e Dumu a quatro anos.[9]

Nessa época, a Polícia Civil havia mapeado 200 imigrantes da Nigéria na cidade, a maioria ilegais. Como a estratégia de camuflar a droga nos calçados ou em cartas ficou visada pela polícia, Correios e Receita Federal, os nigerianos começaram a recrutar mulas entre os próprios francanos, gente disposta a viajar com cocaína escondida por baixo da roupa ou com dezenas de cápsulas recheadas de cocaína no estômago, em troca de R$ 4 mil, valores da época.

Em setembro de 2002, chegava a cem o número de mulas de Franca presas por tráfico de drogas em doze países diferentes, principalmente Espanha, Portugal, Itália, Holanda, Bélgica, Suíça, Suécia, Noruega, França, Alemanha, Chile e Peru.[10] Entrevistei algumas delas na época, sob a condição de não terem seus nomes revelados. No dia 21 de setembro de 1999, a dona de casa J.T.S. levou um susto ao atender o telefone. Do outro lado da linha, um representante do consulado brasileiro em Madri informava que seu marido, N.S.L., havia sido preso por tráfico de drogas em solo espanhol. À mulher, o homem, pintor de paredes, dissera que ficaria alguns dias na cidade vizinha de Batatais, onde havia arrumado um emprego temporário de pintor. Na verdade, N.S.L. foi para Guarulhos e, de lá, pegou um voo para Lima, Peru, onde ingeriu cinquenta cápsulas com meio quilo de cocaína. Ao desembarcar em Madri, o pintor foi traído por uma úlcera que havia muitos anos castigava o seu estômago. Ainda no aeroporto da capital espanhola, começou a vomitar as cápsulas. Acabou preso.

Outras mulas francanas tiveram melhor sorte. Aliciado por nigerianos, o cabeleireiro T.F.B. viajou sete vezes à Europa, principalmente França e Grécia. Em cada uma delas, carregou no estômago e intestino sessenta cápsulas com cocaína. Nunca foi flagrado pela polícia.

Ao longo dos anos 1990, a polícia calcula que os nigerianos tenham remetido 1,6 tonelada de cocaína para a Europa a partir de Franca.[11] O negócio, porém, não foi feito sem riscos. Entre 1999 e 2002, dez ni-

COCAÍNA: A ROTA CAIPIRA 109

gerianos foram presos por tráfico na cidade, incluindo Leonard Uche Obiugo, flagrado pela polícia em 2000 com meio quilo de cocaína escondido na cueca — acabou condenado a quatro anos de prisão por tráfico e expulso do país.[12]

Não demorou para que, atraídos pelo lucro fácil do narcotráfico, brasileiros se associassem aos nigerianos para aliciar mulas em Franca. Um deles era Reginaldo Borges Caetano. Junto com sua mulher, Marta Aparecida de Souza, e Valmir Ferreira Cardoso, que se dizia um "nigeriano branco", ele aliciava francanos e providenciava passaporte e demais documentos necessários para a viagem. Já o cabeleireiro José Joaquim de Matos, irmão de Reginaldo, testava as mulas: os interessados tinham de ingerir cápsulas com farinha de trigo e conseguir ficar com todas no estômago durante alguns dias. Se conseguissem, viajavam para São Paulo, onde ficavam em um hotel enquanto Marta providenciava a passagem aérea, as roupas e o dinheiro necessário para a viagem à Europa. Tudo supervisionado por nigerianos.

Um dos aliciados foi o jovem I.S., 25 anos. No início de 2002, um colega dele, conhecido como Gordo, viajou para Amsterdã com cocaína no estômago por US$ 2 mil. Como a aventura foi bem-sucedida, I.S. ficou encorajado a tentá-la também. Em março daquele ano, telefonou para uma pessoa indicada por Gordo e combinou encontro em uma praça de Franca. O homem deu R$ 300 para que ele providenciasse o passaporte e viajasse para São Paulo. Na capital, I.S. foi testado com as cápsulas de farinha. Aprovado, o traficante disse que ele viajaria até Madri. No dia seguinte, horas antes de embarcar no voo, o homem apareceu no hotel com cem cápsulas. I.S. conseguiu engolir 78 e devolveu as restantes. A viagem ocorreu sem sobressaltos. Ao chegar ao destino, defecou todas as cápsulas e entregou para um outro traficante, espanhol. De volta a Franca, dias depois, recebeu de Reginaldo os US$ 2 mil pelo serviço.

O esquema chegou aos ouvidos da Polícia Civil de Franca em maio de 2002. Os policiais começaram então a monitorar os telefones dos envolvidos, com autorização da Justiça.[13] Em uma das ligações, Marta conversou com Reginaldo, no sotaque mineiro característico do francano:

— Alô, Reginaldo?

— Oi.

— Eu cheguei aqui e já arrumei aquele negócio lá na delegacia, do RG. Agora, não deu certo de eu arrumar o negócio aqui da, do xerox do, da certidão do dissídio. E amanhã eu arrumo isso aí. E amanhã mesmo eu vou pra Uberaba [MG] acabar de fazer esse negócio. [...] E agora só falta o passaporte.

— Cê segura essas folha aí pra mim ver depois e depois eu vou aí resolver procê, procê ver que que cê vai precisar pra esse cara fazer isso. E ocê até põe ele num ônibus pra mim amanhã.

No dia 15 daquele mês, os policiais ouviram Marta telefonar para uma empresa de ônibus e reservar quatro lugares para São Paulo. Em seguida, telefonou para uma empresa aérea e reservou outros dois lugares, em um voo para Amsterdã. Era a senha de que a polícia precisava para flagrar o grupo. Na tarde do dia 19, um domingo, os policiais prenderam em flagrante Maria Marta de Freitas e o filho, Gustavo de Freitas Castro, no aeroporto de Cumbica. Não havia cocaína com eles e ambos negavam que estivessem com droga. Mesmo assim, foram colocados em um camburão e seguiram viagem de volta a Franca. No meio do caminho, Luís Gustavo pediu para o carro parar. Ele havia vomitado nove cápsulas com cocaína. Ambos admitiram que levavam, cada um, setenta cápsulas com a droga no estômago, um total de 1,9 quilo com 90% de pureza, e que ganhariam R$ 5 mil cada pela viagem. Mãe e filho foram levados à Santa Casa de Franca, onde expeliram todas as cápsulas.

No dia seguinte, ao saberem da prisão das mulas, Marta telefonou para Joaquim:

— E aí, Joaquim?

— Ô Marta, a coisa é mais séria do que a gente pensa. Eu peguei o jornal hoje. [...] Vi no jornal, já tinha passado a vistoria já da bagagem. Aí trouxe eles aqui pra Franca. Tá o preço que é que eles ia ganhar. 5 mil reais. [...] Ô, se sobrar pra mim, eu ligo procê, cê liga pra eles mandar advogado pra mim.

No dia seguinte, a polícia invadiu o salão de cabeleireiro e apreendeu, em uma lixeira, requerimentos rasgados de passaportes, além de

COCAÍNA: A ROTA CAIPIRA    111

uma lista com vários nomes em uma gaveta — possivelmente pessoas candidatas a mulas. Joaquim foi detido em flagrante. Ao saber da prisão, Marta telefonou para Valmir:

— Ô Valmir, deixa eu te falar. A polícia foi lá no salão do Joaquim, ele vai precisar de advogado. Ele quer advogado. Tá sujo.

— Quem que foi lá?

— A polícia, uai. [...] Cê não tá sabendo não? O trem tá fei. Eles vai lá buscar ele.

— Uai, mas o que é que o Joaquim tem com isso?

— Não, é porque faz os negócio lá. [...] Sujou.

Minutos mais tarde, seria a vez de Marta ser detida. Reginaldo conseguiu fugir, mas também acabou capturado. Tempos depois, foi condenado a dezesseis anos de prisão por tráfico e associação para o tráfico internacional. Pelos mesmos crimes, Marta recebeu pena de catorze anos, Valmir, dez anos e oito meses, e Joaquim, onze anos e nove meses. Apenas por tráfico, Luís Gustavo foi condenado a seis anos e oito meses de prisão, e a mãe Maria, a oito anos e quatro meses.

Após as prisões do grupo, o esquema de envio de cocaína para a Europa via Franca minguou, mas há suspeita de que ainda sobrevive.

— Ainda ouço comentários de francanos presos no exterior por tráfico — diz o delegado João Walter Tostes Garcia, que comandou a maioria das investigações contra os nigerianos na cidade no início dos anos 2000.

A comunidade de nigerianos permanece em Franca, agora voltada ao comércio, depois que a exportação de calçados deixou de ser um negócio lucrativo na cidade.

O uso de mulas pelo tráfico atravessa todo o complexo processo de transporte da droga, inclusive nos seus estágios iniciais. Na maioria dos casos, esses operários a serviço dos barões da cocaína levam a droga escondida em malas, em viagens longas desde as áreas de fronteira até o rentável comércio em São Paulo. Como o esquema formiga investigado pela Polícia Federal no Vale do Paraíba entre o fim de 2011 e o primeiro semestre de 2012. Mulheres, muitas delas idosas, eram aliciadas em São

José dos Campos para viajar de ônibus até Foz do Iguaçu (PR) e trazer maconha e cocaína escondidas em rádio e aparelhos eletrônicos. No decorrer da apuração, foram presas 22 mulas com 57 quilos de cocaína e 65 quilos de maconha. Outras 37 pessoas acabaram detidas preventivamente pela PF em julho de 2012.

Mas, para minimizar o risco de um flagrante policial, muitas dessas mulas assumem risco extremo: engolir cápsulas recheadas de cocaína, como fez Lucas Rafael Bega naquele setembro de 2002. Se uma única dessas embalagens se rompe, a morte por overdose vem em poucos minutos — a droga cai na corrente sanguínea e em seguida no coração, provocando o infarto. O médico-legista Manoel Francisco de Campos Neto, do IML de Cáceres (MT), estudou as mulas que diariamente atravessam a fronteira da Bolívia com o Brasil com cocaína no estômago.[14] De janeiro de 2005 a março de 2011, a delegacia da Polícia Federal de Cáceres prendeu em flagrante 104 mulas. Elas engoliam, em média, cinquenta cápsulas contendo 15 gramas de cocaína cada, um total de 750 gramas. Mas uma mulher flagrada tinha na barriga 98 cápsulas, ou 1,6 quilo da droga. O risco extremo se explica pelo modo como o tráfico remunera as mulas — para cada trinta cápsulas engolidas na Bolívia, paga-se US$ 100.

Apesar dos baixos valores, a atividade de mula é um negócio rentável em San Matías, Bolívia, onde há até casas especializadas no preparo das cápsulas, ingeridas entre longos goles d'água. Para que não se rompam pela ação do suco gástrico no estômago e também para burlar a detecção da droga no tubo digestivo, as cápsulas são envolvidas em materiais de alta resistência, embora sua fabricação seja quase sempre rudimentar. No geral, são oito camadas: duas formadas por dedos de luva cirúrgica amarrados com fio dental, duas de látex (geralmente balões de festa) e quatro camadas de filme de PVC usado para embalar alimentos. Em alguns casos, os traficantes acrescentam mais duas camadas de insulfilm automotivo ou papel carbono, para confundir os sistemas de diagnóstico por imagem (raios X ou tomografia computadorizada) usados pela polícia para confirmar a cocaína no organismo. Por fim, a cápsula é aquecida até tomar o formato ovalado. Mesmo com tantos

COCAÍNA: A ROTA CAIPIRA 113

cuidados, o recipiente pode romper-se, o que sempre é fatal: uma das mulas encontradas pela PF em Cáceres morreu de overdose.

Apesar do imenso risco, não faltam candidatos à função, principalmente no miserável interior da Bolívia. A grande maioria deles, flagrados em Cáceres, são jovens bolivianos, pessoas geralmente sem passagem pela polícia cujas famílias são paupérrimas. Uma mula entrevistada por Manoel Francisco de Campos Neto no Hospital Regional de Cáceres, jovem de apenas 16 anos, disse que ganhava 1,5 mil bolivianos (R$ 450) por mês na lida com gado na Bolívia. Em busca de uma nova renda, passou a transportar cocaína no estômago em troca de US$ 150 por viagem, ganho que nunca conseguiria no seu ofício original. A parte mais complicada, disse, era engolir as cápsulas, o que só conseguia consumindo cocaína, a mesma que carregava no estômago:

— Basta dar uma cheiradinha que fica mais fácil.

Um dos destinos prediletos das mulas na rota caipira é a região de Araçatuba (SP). O mapa explica a preferência: Puerto Suárez e Puerto Quijarro, na Bolívia, e a cidade paulista formam quase uma linha horizontal, preenchida pelas rodovias BR-262, no Mato Grosso do Sul, e SP-300, no lado paulista. As maiores vantagens desse tipo de transporte são o custo pequeno e a baixíssima exposição do verdadeiro dono da droga — a regra número um da mula é nunca delatar seus patrões em caso de flagrante policial. Além disso, em caso de prisão, o prejuízo para o traficante é mínimo, se comparado com apreensões de grandes carregamentos em aeronaves ou caminhões.

Em agosto de 2005, o repórter Roberto Alexandre narrou o passo a passo do esquema na série de reportagens "A rota das mulas", publicada no jornal *Folha da Região*. O material rendeu a Alexandre, naquele mesmo ano, um Prêmio Esso de Jornalismo, categoria Interior. Durante uma semana, ele acompanhou, na Bolívia, o processo de fabricação das cápsulas e o ritual de ingestão de cada uma delas.

Com um guia, Alexandre foi levado até uma casa humilde em Puerto Quijarro, cidade boliviana vizinha a Corumbá (MS). No imóvel, havia quatro pessoas, duas delas armadas com revólveres — eram os seguranças. Em um dos cômodos, 1 quilo de pasta-base estava pronto para ser embalado. Na varanda, uma prensa artesanal para compactar a droga: na verdade dois caibros com um metro de comprimento, unidos por parafusos nas pontas. Entre as duas madeiras, pequenas cavidades onde a droga era inserida.

A rapidez do boliviano que manuseava o equipamento chamou a atenção do repórter: o funcionário manuseava as cápsulas "com a mesma habilidade do padeiro que fabrica diariamente centenas de pãezinhos". Ele recortava sacolas plásticas em tiras e inseria nos buracos da prensa. Com um martelo e um pedaço de ferro, fundia a pasta-base em cada orifício, junto com o plástico. Abria a prensa e as cápsulas, em formato oval, já estavam compactadas. Começava então a segunda etapa: reforçar a embalagem. Como em San Matías, cada cápsula era recoberta com luvas cirúrgicas, amarradas com fio dental, plástico de PVC e papel carbono. Estavam prontas para serem engolidas.

Alexandre observou uma das mulas, boliviana, engolir as cápsulas, em sequência, em uma casa miserável de Puerto Suárez:

"Domingo, 28 de agosto, 14h20. Um homem de 33 anos se prepara para mais um ritual que já se tornou rotina em sua vida. Com a barriga vazia, sem ter tomado o café do dia, começa a engolir cápsulas com pasta de cocaína. Uma a uma, as pílulas da droga passam pela garganta e não encontram resistência. Caem no estômago, onde serão recuperadas, mais tarde. O hábito de engolir cápsulas fez com que em pouco mais de 20 minutos o homem ingerisse 45. Quase meio quilo da droga. O entorpecente seria transportado, dessa forma, naquele mesmo dia, para algum lugar do Brasil. E foi."[15]

A história do boliviano é, com poucas variantes, a de todas as mulas. Ele mergulhou no tráfico para sustentar a família, diante das poucas oportunidades oferecidas por atividades lícitas na Bolívia.

— A minha família tem que comer e ainda não tenho como ganhar dinheiro de outra forma.

Outras mulas têm técnicas diferentes para conseguir engolir a cápsula. Tomam suco, iogurte ou conhaque. Na Bolívia, mula é profissão

COCAÍNA: A ROTA CAIPIRA 115

das menos qualificadas, como pedreiro, eletricista, açougueiro, ainda por cima temperada com a crueldade que permeia todo o narcotráfico.

A polícia estima que, por dia, pelo menos vinte pessoas partam diariamente de Corumbá com cápsulas na barriga. A viagem de ônibus até Araçatuba, por exemplo, dura entre 14 e 20 horas. No percurso de 900 quilômetros, é necessário passar despercebido por doze postos policiais. Os mais temidos são os da Polícia Rodoviária Federal, em Guaicurus e Terenos, na BR-262, entre Corumbá e Campo Grande. A fiscalização se baseia em denúncia anônima ou suspeita durante revista a ônibus parados aleatoriamente — nesses casos, os passageiros são levados até hospitais da região e submetidos a exames de raios X. Se não são flagradas nesses dois pontos, as mulas ainda enfrentam dois postos de fiscalização policial em Mato Grosso do Sul e outros cinco na SP-300, já em território paulista, até Araçatuba. É quando respiram aliviadas, e, ao fim da epopeia, podem expelir pelo vômito as cápsulas contendo o tesouro do narcotráfico.

— A mula não é tratada como um ser humano; é tratada como mula mesmo, como um animal, que não percebe, não pensa, não decide, não enxerga — diz José Berlange Andrade, juiz em Terenos (MS), cidade rota do tráfico. — Ela recebe uma instrução: você vai descer em tal lugar e vai ter uma pessoa que vai te reconhecer pela tua roupa, e, quando você chegar lá, vai receber o dinheiro. Ela é animalizada. Nós nunca vamos ter um combate efetivo contra o crime organizado enquanto estivermos atirando nesses bonecos. São bonecos porque a fábrica cada vez enriquece mais e cada vez produz mais bonecos.

Animalizar o ser humano é só mais uma das várias bizarrices que permeiam o comércio das drogas. Seja por cápsulas dentro das mulas, seja por milhares de tabletes nos contêineres dos grandes transatlânticos, não importam os meios, mas os fins: propiciar ao viciado alguns minutos de prazer e, assim, enriquecer. Que o digam a dupla Eurico e Batista, os grandes atravessadores de "sementes".

# 5

# Toneladas de "semilla"

Maio de 2010. Durante investigações de um esquema de tráfico de drogas no Espírito Santo, agentes da Polícia Federal em São Paulo se depararam com um telefonema entre o líder do esquema capixaba, macedônio, e um homem que se identificava como Pernambuco. A ligação foi rápida, os dois apenas combinaram de se encontrar. Mas os agentes decidiram aprofundar as investigações. Pernambuco, apelido de Ricardo Ribeiro Santana, homem de meia-idade, moreno de nariz achatado e olhos vivos, usava um telefone público na Vila Anastácio, zona norte de São Paulo. Com autorização judicial, a PF obteve as ligações feitas daquele orelhão. Alguns dias depois, Pernambuco ligou três vezes do aparelho, já grampeado, para um celular de Campo Grande (MS). Era a vez de monitorar o celular também. Após novo aval da Justiça, o telefone móvel registrou uma estranha conversa em espanhol, sobre plantio de sementes:[1]

— ¿Hola amigo, como vas?

— Todo bien, tranquilo.

— Amigo, yo no conseguí hablar con John. [...] Llamo a su teléfono y está apagado. [...] El dueño de la hacienda dice que habló con el antes de anoche. Ahora mismo le hiba a entregar la semilla.

— ¿Y usted habló con Don Vitor?

— Sí, el me entregó cincuenta bolsas de medicula [um tipo de grama], pura semilla.

— ¡Ah! Está bien.

— Cincuenta bolsas. [...] Ya hace tiempo que estoy con todo, no consigo hablar con John, hace una semana que no puedo conectarme. [...] Eso está demorando mucho, amigo, ya eso no la gente está esperando, esperando, no está haciendo nada, por que el cara no llega con los venenos, ¿entiende?

— No, no, así no dá para trabajar. [...] Usted también tiene que hablar duro con el, porque la tierra seca.

— Ya no da por la tierra allá, va llover, se va mojar la tierra, la semilla no va ha dar para sembrar... y los funcionarios cobran por día, entonces no da para tener los funcionarios sin hacer nada.[2]

A linha grampeada era de Eurico Augusto Pereira, o Quebrado. Do outro lado, Johnny Francisco Lara Saavedra, o Lobato, boliviano de Santa Cruz de la Sierra. Aparentemente, cuidavam de negócios agropecuários — Eurico era dono de uma empresa que comprava e vendia sementes de braquiária em Mato Grosso do Sul. Semanas depois, porém, a PF desvendaria o verdadeiro objeto do negócio entre o brasileiro e o boliviano: "semilla", no código peculiar do grupo, era cocaína, refinada ou na forma de pasta-base. Assim, de um simples orelhão grampeado, os policiais federais puxaram o fio do novelo de um dos maiores e mais complexos empreendimentos do narcotráfico na rota caipira. Nos dezessete meses seguintes, a PF prenderia em flagrante 105 pessoas, transportando ou armazenando 4.297 quilos de cocaína, 5.210 quilos de maconha e produtos químicos usados no refino da droga, além de 48 veículos, um avião e cerca de R$ 1 milhão em espécie. Somente em 2010 e 2011, o esquema movimentou R$ 47 milhões em drogas, calcula a polícia.

O megaesquema tinha dois grandes líderes. Eurico era um deles. Nascido no interior de São Paulo, Quebrado, um rapaz inquieto de pele morena e lábios finos, se envolveu com o crime pela primeira vez em 2000, quando foi flagrado com meio quilo de droga em General Salgado, região de São José do Rio Preto (SP). Cinco anos depois, praticou assalto

COCAÍNA: A ROTA CAIPIRA 119

em Rio Claro (SP) e foi condenado a quatro anos e oito meses de prisão. Passou por presídios em Osasco, Guarulhos e Franco da Rocha, todos na Grande São Paulo. Nesses locais, conviveu com dezenas de traficantes. Com eles aprendeu os esquemas de tráfico e, quando ganhou a liberdade, resolveu montar o seu próprio. Mudou-se para Campo Grande e montou uma empresa de sementes de pastagens em Cassilândia (MS), rota da droga com destino ao interior paulista. Também passou temporadas em Santa Cruz de La Sierra, cidade boliviana onde chegou a montar filial de sua firma, conheceu sua segunda mulher, ex-miss Bolívia, e estabeleceu contatos valiosos no tráfico de cocaína.

Ao galgar postos no tráfico, Eurico enriqueceu: era arrendatário de várias fazendas na região de Jales (SP), onde plantava bananas, e dono de uma casa luxuosa em Campo Grande. Também possuía uma fazenda de 170 hectares em Cassilândia, onde construiu uma mansão com direito a piscina, e se dedicava à criação de gado, com cerca de 250 cabeças. O imóvel é avaliado em R$ 1,2 milhão.

A outra grande célula do esquema era capitaneada por João Alves de Oliveira, o Batista, um paulistano de família pobre que conheceu o submundo do crime já nos anos 1990. A primeira condenação judicial veio em 1997, por receptação, em Osasco: três anos de cadeia. Batista mal terminou de cumprir a pena e, em 2000, recebeu outra condenação, desta vez por um roubo em Mogi das Cruzes. Mais quatro anos e três meses de reclusão. Dois anos depois, foi sentenciado a mais seis anos e sete meses de cadeia pela 12ª Vara Criminal de São Paulo. Nesse período, Batista peregrinou por vários presídios paulistas: Casa de Detenção em São Paulo, CDP na capital, Campinas e Franco da Rocha, e pelo menos três penitenciárias. Na convivência com traficantes presos, assim como Eurico, fez pós-graduação no comércio de drogas. Quando deixou as grades, a dez dias do Natal de 2007, organizou o seu negócio no tráfico.

Eurico e Batista tinham, cada um, seus esquemas individuais. Eurico, com quarenta subordinados identificados pela PF; Batista, com 82. "Uma verdadeira rede de colaboradores que, auxiliando nas mais diversas frentes, compõem a engrenagem necessária para que o ciclo do narcotráfico internacional possa ser completado", escreveram os delegados Ivo Roberto Costa da Silva e Valdemar Latance Neto no relatório final da operação, batizada de Semilla.

Os esquemas eram muito parecidos: compravam cocaína diretamente de fornecedores na Bolívia e traziam a droga por avião até fazendas em Mato Grosso, de onde ela seguia escondida em carros e caminhões, via rota caipira, até depósitos na Grande São Paulo. Em outras oportunidades, os aviões pousavam no interior paulista, apressando a viagem. De São Paulo, a cocaína era comercializada para a região Nordeste e também para a África e a Europa.

A prosperidade da dupla durou até 2010, quando os policiais federais cruzaram o caminho de Eurico e Batista. A primeira e maior apreensão de droga dentro da operação ocorreu em 8 de junho daquele ano, quando a PF interceptou um caminhão com 670 quilos de cocaína em Rondonópolis (MT), a caminho de São Paulo. Os policiais começaram a interceptar os telefonemas de Eurico apenas 23 dias antes, no final de maio. E, logo de cara, se depararam com as intensas negociações do líder para transportar a droga até a capital paulista. No dia 27 de maio, Eurico telefonou para um dos fornecedores na Bolívia, identificado apenas como José:

— Parece que vai ser para esse fim de semana; estava tudo parado aí esses dias, vai ser esse fim de semana, eu quero que você ligue para ele e pergunte se já está do lado, se está perto — disse Eurico, eufórico.

— Ele falou que já está aí para o seu lado [o lado brasileiro, segundo a PF], ele me falou somente que tem que ver as coisas, porque eu não tenho nada que ver porque está no território dele, ele falou — respondeu José.

— Eu não peguei ainda esse dinheiro [droga] dele, eu creio que será sábado ou domingo que vai pegar.

— Então ele me mentiu, ele me falou que já estava lá.

— Porque o meu motorista ainda não foi para lá pegar esse pagamento [a droga], parece que está marcado para quinta.

No dia 2 de junho, Eurico conversou com Lobato, outro dos fornecedores da droga do grupo. Segundo o boliviano, o carregamento seria de cocaína "número 2", referência à qualidade da droga, decorrente do refino. Na numeração de um a quatro, quanto mais próximo de quatro, mais pura a cocaína:

COCAÍNA: A ROTA CAIPIRA 121

— Essa semilla [...] pode fazer lote número 2 — disse Lobato.

— Tá bem, e número 4 não pode?

— Não pode agora, porque não tem o perfume, não tem "loción".

— Ah, tá bem, e cadê [...] as seiscentas bolsas que você entregou para ele e não chega, irmão?

Eurico estava impaciente com suas "seiscentas semillas", que seriam apreendidas dias depois. Reclamou com os fornecedores, dizendo que no período em que morava na Bolívia o transporte era mais célere.

— Se demorar tanto assim não dá, não aguento... que tem que ser igual quando eu estava por aí, era rápido, máximo dois dias.

A apreensão ocorreu no mesmo dia em que nascia o segundo filho de Eurico. Do hospital em Campo Grande, ele comentou o prejuízo com seu braço direito, Gildemar Carlos da Silva, o Ademar, a quem caberia armazenar a droga no depósito da quadrilha em Carapicuíba, Grande São Paulo.

— E aí, jovem, tudo em paz?

— Estou aqui no hospital. Não dormi de noite, minha esposa ganhou neném; nasceu ontem.

— É homem ou mulher?

— É mulher.

— Da hora, legal, parabéns. Quantos filhos tem já?

— Dois com essa agora.

— Para ficar mais contente não podia ter acontecido o que aconteceu, né?

— Não.

Eurico parecia não se conformar com o prejuízo da apreensão da droga, calculado por ele em R$ 5 milhões. Telefonou para Rafael Henrique Teodoro de Paula, o Filho do Marceneiro, coordenador da logística do grupo — recebia a droga em fazendas de Mato Grosso e remetia via terrestre para o depósito em Carapicuíba. Rafael é filho de José Henrique Coelho de Paula, o Marceneiro, que atuou como piloto do grupo e morreu em um acidente aéreo em janeiro de 2010, em Pontes e Lacerda (MT).

— Tu tinha que descer como o teu pai fazia, tinha que ser cedo, não sabia que era aquele horário ali não, com o teu pai nós saía dali cedinho, agora não adianta chorar o leite derramado, vamos colocar a cabeça para cima e vamos ver o que vamos fazer — disse Eurico.

— É, agora vamos tocar o barco.

— É, mas é umas coisas besta, jovem, e a gente perde muito dinheiro, vai dar uns 5 mil mais ou menos [5 milhões].

Os bolivianos também lamentaram o prejuízo. Um deles, identificado apenas como Pé de Breque, cobrou Eurico:

— Eu falei para você não pôr duas [cargas de droga] juntas, você coloca duas juntas.

— Ah, não, irmão, eu avisei o cara.

— A gente perdia uma, não perdia duas.

— Você viu eu avisando ele... eu liguei... eu avisei para ele que não era para pôr tudo.

— A gente não pode perder a noção do perigo... não pode... você sabe disso.

— Claro. [...] Eu avisei àquele Alemão também para ele ir carregado, ele tava vazio... eu falei para ele ir carregado... ele teimou.

— Mandou o carro [caminhão] vazio?

— Tava indo vazio... eu falei... eu avisei ainda que não era para ir vazio.

— Eu não acredito, não, mano... quem manda é você, quem é o dono das coisas é você... quem manda é você, então vamos cobrar dele, velho. [...] Você tem que me entender... você é o cara que manda, você é o dono do bagulho, o cara tem que fazer o que você fala.

Eurico procurou então recuperar parte do prejuízo com um novo carregamento de cocaína. Conseguiu um novo piloto, o boliviano Hugo, e, no fim de junho de 2010, começou a negociar a cocaína com Jonny Andres Valencia Ramirez, o Daniel, traficante colombiano radicado na Bolívia:

— Don José diz que tem mais ou menos por aí 150 essa semana — disse Daniel.

— Oi.

COCAÍNA: A ROTA CAIPIRA

— O José quer dar 150 para número um. [...] Ele necessita que você fale com ele na sexta-feira, para que no sábado e domingo ele tire toda a "semilla" para começar a "plantar" na segunda [processo de refino da pasta-base].

— Só que eu não quero que mande para General Salgado não, manda pra Cassilândia essa "semilla". [...] É 250 bolsas [250 quilos de cocaína].

A droga foi apreendida na noite de 8 de agosto, em Campinas. Estava no fundo falso de um caminhão carregado com farinha de rosca, que saiu de Ji-Paraná (RO). A droga foi carregada em Pontes e Lacerda com destino a Carapicuíba.

Mas o poder do grupo era tamanho que, ainda naquele mês, dia 26, a PF iria apreender outros 360 quilos de droga em São Paulo, escondidos no fundo falso de outro caminhão. O compartimento foi especialmente preparado por dois bolivianos, que viajaram até São Paulo ainda em julho — tudo acompanhado discretamente pelos agentes policiais. A distância, Eurico ficava a par de todo o processo:

— Deixa eu falar pra você, o trampo que os meninos estão fazendo aí é bom? — perguntou.

Ademar respondeu em tom de satisfação:

— Porra, cara, vou te falar, os caras são profissional de verdade.

— Você gostou?

— Ali não tem como não, viu, cara.

— E cabe quantos litros de...

— Acho que cabe uns mil litro, cara, ou mais.

— Ô louco, então é bom mesmo o negócio.

Além do fundo falso, o grupo pensava em outros detalhes. Ademar chegou a comentar com Eurico que teriam de jogar defensivo agrícola no caminhão para prejudicar o trabalho de possíveis cães farejadores:

— Vai ter que jogar um veneno assim no, na graneleira, né meu, porque é como um carro que transporta esses barato, tem de ter esse cheiro aí, entendeu? — pontuou Ademar.

— Ah, tá bom.

— Você joga nele todo e sempre quando for [...] ele vai jogando, porque é [...] tipo algum cachorro [cão farejador], alguma coisa assim, entendeu?

O transporte da droga teve o auxílio de dois comparsas de Eurico em Araraquara. No dia 10 de agosto, eles se encontraram com Ademar em São Paulo, tudo registrado pela Polícia Federal. A droga foi então levada de caminhão "normal" até Araraquara, e de lá transportada no veículo com compartimento oculto até São Paulo. O veículo foi interceptado na manhã do dia 26 de agosto no pedágio do quilômetro 36 da rodovia dos Bandeirantes, já próximo da capital.

Em conversa com Eurico, Ademar, sem saber dos grampos telefônicos, não se conformava com o fato de a PF ter descoberto o esconderijo no caminhão:

— O trabalho lá não tinha como, cara, veja bem, o negócio era tão bonito, que chegava lá, fechava, lançava, jogava a chave fora e só abria com aquela chave, os caras lascou o machado no barato, cara.

— Então já sabia onde tava, tudo certinho — disse Eurico.

— Não tinha como, o telefone; se falar que é telefone é mentira, porque o telefone foi dado um na mão do motorista e um ficou na mão ali, ninguém falou nada, ninguém nem sabia o que ia pegar lá, entendeu, cara, tem que ver o que aconteceu lá.

A movimentação do grupo de Eurico era intermitente. Ainda em agosto, ele negociou nova remessa de cocaína com Rafael, o Filho do Marceneiro. Mas a droga, 152 quilos, também acabou apreendida — dessa vez pela Polícia Rodoviária, no dia 18 de setembro de 2010, em Pirassununga (SP), a caminho da capital, escondida debaixo da carroceria de um caminhão.

O esquema também se valia da rota caipira para remeter quantidades menores de cocaína até São Paulo. Zacarias, traficante boliviano, costumava usar essa estratégia para remeter droga para Batista. Um desses carregamentos, 11 quilos, foi apreendido pela polícia em Atibaia (SP) em 20 de agosto de 2010. Oito dias antes, Batista telefonou para Zacarias e perguntou se não chegaria algum carro com droga:

— E aqueles carros pequenos, não está vindo nenhum? — perguntou o brasileiro.

— 20 de agosto vai ir — garantiu o boliviano.

COCAÍNA: A ROTA CAIPIRA 125

À 0h30 daquele dia, policiais federais em campana notaram quando um caminhão deixou a rodovia Fernão Dias, que liga São Paulo a Belo Horizonte, e pegou uma estrada de terra. Logo em seguida, um carro se aproximou e parou em frente ao caminhão. O motorista do caminhão desceu da boleia e entregou uma mochila aos ocupantes do automóvel. Era a hora do flagrante policial. Dentro da mochila havia 11 quilos de cocaína. Foram presos em flagrante o caminhoneiro, dois brasileiros, um boliviano e uma africana da Guiné. Em depoimento à polícia, um dos detidos disse que receberia R$ 15 mil pela viagem, e que decidiu "terceirizá-la" a um caminhoneiro.

Um mês depois, Batista decidiu agir no atacado. Negociou 360 quilos de cocaína por meio de Clóvis Ruiz Ribeiro, o Alemão — apelido que ganhara em razão da pele clara e dos olhos azuis —, uma espécie de gerente do grupo em Ribeirão Preto, que era uma das principais rotas da droga no interior do estado de São Paulo. No dia 15 de setembro de 2010, a cúpula do grupo se reuniu em um bar próximo ao aeroporto de Congonhas, capital. Agentes da PF identificaram no encontro Batista, Clóvis e o colombiano Hugo Jimenez, o Romário, fornecedor da droga. No meio da conversa, Clóvis retirou um pequeno papel da carteira e entregou para Romário. A polícia não teve dúvida: eram as coordenadas geográficas da pista de pouso e a frequência do rádio que seria usada para a comunicação entre os integrantes do bando. Dois dias depois, Clóvis repassou as ordens para José Valmor Gonçalves, o Zé Valmor, que coordenava o transporte da droga a partir da região de fronteira com a Bolívia. Para despistar possível grampo da polícia, Clóvis deu a entender que a carga seria de carne:

— É muito importante o horário do abate lá no frigorífico, [...] porque se ele for atrasar o abate lá no frigorífico e não sair naquele horário que eu combinei com ele, entendeu, que ele sai então, que ele comece o abate meio-dia, entendeu, 11 horas, entendeu.

— Ah, pra começar o abate 11 horas daí.

— É, onze da manhã, você tá entendendo, porque senão ele atrapalha muito eu aqui, entendeu...

— Tá ok, beleza então.

Enquanto Clóvis e Zé Valmor tratavam do transporte aéreo da droga até a região de Ribeirão Preto, Batista cuidava do resgate da cocaína no interior paulista e do transporte até São Paulo. Em 16 de setembro, ele conversou com um comparsa e pediu para verificar se não havia nenhum rastreador no caminhão que seria usado para levar a droga até São Paulo:

— Deixa eu falar pra você, esse carro seu aí, não é bom nós passar a maquininha pra ver se não tem nada grudado nele não?

— Não tem nada, tem não, de jeito nenhum — garantiu o outro.

Naquele mesmo dia, Clóvis telefonou para Batista e informou que o transporte aéreo da droga corria bem:

— Tudo 100%, tranquilão, viu, irmãozão? — disse o gerente em Ribeirão.

— Tranquilão, né?

— Tá... tô embarcando os passageiros aqui no ônibus, viu?

— Ah, então tá joia!

Um total de 450 quilos de cocaína foi descarregado no meio de um canavial em Guaíra (SP). Policiais federais de Ribeirão Preto se prepararam então para flagrar o transporte da droga até a capital e mobilizaram carros e um helicóptero. Mas, pouco antes de carregar o caminhão, a quadrilha percebeu a presença da aeronave e fugiu, deixando a droga escondida em um buraco no meio da cana-de-açúcar.

— Deu problema aqui, irmão. Liga pro Veinho [motorista do caminhão] e manda ele vazar — disse Clóvis, a voz ofegante.

— Eu não consigo falar com ele, moço — respondeu Batista.

— Ah, então ele deve ter rodado, velho.

— Ele tá carregado?

— Não, negativo, nós jogamos tudo fora, entendeu. Nós vimos os caras entrando atrás deles.

— Ah, os caras tava atrás dele já.

— Tava, entraram atrás dele tudo, entendeu; nós vimos, o menino meu viu, aí veio o helicóptero por cima, moço, aí os caras jogou o negócio tudo no buraco, foi um pra cada lado; nós não sabe onde ele tá não, nós tá correndo ainda.

COCAÍNA: A ROTA CAIPIRA

Clóvis e o restante do grupo fugiram em alta velocidade da blitz policial. Eram três automóveis preparados especialmente para o resgate da droga no interior: todos tinham radiotransmissores e turbo no motor, para obter velocidade em eventual perseguição da polícia. Batista comentou a fuga com Zé Valmor:

— O Alemão parece que saiu fora, entendeu. Ele tava a milhão na estrada, os carros eram pra isso mesmo. Os caras já vinham na bota do Veinho lá, né, viram helicóptero, viram um monte de coisa.

Todos conseguiram escapar da polícia. Mas faltava recuperar a droga. Dois dias depois, o bando decidiu mudar de estratégia. Clóvis pediu para Batista enviar outros "funcionários" para pegar a cocaína:

— Fica parado, mas ajeita uns meninos. Você não vai pegar o gado aqui? — perguntou o gerente em Ribeirão.

— Manda outro?

— Tem que mandar outro. Já manda outro pra vim pegar o gado, entendeu. Porque aquele lá já era, você esquece aquele lá. [...] O gado tá no curral, tá entendendo; ele tá no curral e os caras não foram lá no curral, vindo pra vacinar, entendeu, não conseguiu chegar lá. Aí o peão que tá a cavalo lá tá lá perto do curral olhando, pros caras não chegar pra vacinar, porque se os caras chegar lá pra vacinar eu fico sabendo.

— Tá bem seguro o gado?

— Não, negativo. O menino colocou num curral lá, improvisado.

— Seu trator [avião] foi embora já, né?

— Foi faz tempo, foi cedinho, não foi no lugar do trator, entendeu, não foi 50/60 [quilômetros] fora daonde foi o trator.

Naquele mesmo dia 18, a Polícia Federal abordou a aeronave de Clóvis em um hangar do aeroporto de Penápolis (SP), onde costumava ficar escondida. Com o piloto, Adolfo Amaro Filho, os agentes encontraram uma pistola .9 mm e R$ 85 mil — ele foi preso em flagrante por porte ilegal de arma de fogo. Dentro da aeronave, a PF encontrou resquícios de cocaína. Ele seria condenado a catorze anos de prisão por tráfico e associação para o tráfico.[3] O recurso ao TRF não havia sido julgado em novembro de 2016.

Em poucas horas, a notícia da prisão do piloto se espalhou entre o grupo. Zé Valmor ficou preocupado porque a polícia também apreendeu com o piloto o aparelho de GPS com a localização da pista usada pelo avião:

— Esse trator [avião] grande que foi para a terra de negrito [estado de São Paulo], esse estava com marcador de hora [GPS], esse está com a gente grande [PF] e com o motorista, mas a semilla [cocaína] está guardada, dá para jogar no pasto. Com a semilla ainda não teve problema, só o tratorista [piloto] — disse Zé Valmor.

— Que boa notícia! — disse Romário. A situação do piloto preso foi desprezada pelo grupo. — O que fazemos agora?

— Vamos esperar para ver se damos conta de pegar a semilla, porque o trator está quebrado, ficou mal, tombou e estragou tudo.

Batista mandou uma caminhonete para carregar a droga e dois carros para servir de "batedores" da pista. Mas Clóvis desistiu de pegar a droga. Desconfiou de grampo da polícia ou de algum delator no grupo.

— Tem que trocar umas ideias lá para ver o que a gente faz, porque não é possível; tem que ter algum dedo aí no meio. Tem dedo-duro, né, moço.

— Mas se estiver está no seu lado — retrucou Batista.

— Pois é, moço, eu não consigo achar quem. Esse é o problema.

— Você confia nos caras aí?

— Confiar eu confio. Nunca ninguém fez nada para que eu desconfiar, mas agora não é possível. Ou os telefones já estão todos bichados de novo. Eu não sei o que pensar.

— Se eu conseguisse achar esse filho da puta eu mesmo soprava a orelha dele, mas não consigo saber.

A desconfiança de Clóvis tinha fundamento. Três dos comparsas dele haviam delatado o esquema para policiais civis de São Paulo, que passaram a rondar o canavial. Mas, após o aborto da primeira tentativa de resgate da droga, os policiais abandonaram a campana, segundo a PF.

No dia 24 de setembro, o grupo retomou a viagem para a região de Ribeirão Preto. Eram dez horas da noite quando a caminhonete começou a ser carregada com a droga, no meio do canavial. A viagem de retorno a São Paulo seguiu noite adentro, até o pedágio em Sales Oliveira, ainda na região de Ribeirão. Os traficantes notaram que apenas uma cabine no pedágio estava em funcionamento — era nela que policiais federais se escondiam para flagrar o grupo. Na caçamba da caminhonete, encontraram 360 quilos de cocaína. Para desespero de Clóvis e Batista:

— Meu, esse telefone nosso, cara! Tem que tomar cuidado — disse Clóvis, temendo possível grampo.

— Não, é como nós está falando. Os caras não é besta; eles foram lá, acharam aquilo lá, colocaram um chipinho lá e pegou. Não tinha jeito, não. Mas eu não quero saber disso, não quero saber como achou, pode escutar o caralho agora no telefone que eu não estou nem vendo. O que eu sei é que pegaram tudo aquela merda lá, pegaram quatro caras que é responsabilidade minha.

— Já pegaram os caras mesmo?

— Já ligou lá, já pegou todo mundo.

— Está todo mundo lá.

— Está todo mundo. Aí o doutor pergunta para mim: você acha que eu devo ir lá, não devo ir? Eu falei: doutor, se eu pudesse dar um tiro na minha cabeça para eu morrer também... Puta que pariu, meu! Imagina o tamanho do B.O.

Com medo de novas apreensões, Batista passou a evitar a região de Ribeirão Preto como rota da droga. Pediu para Zacarias enviar a nova remessa de cocaína por Goiás e sul de Minas Gerais:

— O meu amigo, Quebradinho [Eurico], levou com meu amigo até São José de Ribeirão Preto — disse o boliviano, certamente confundindo Ribeirão Preto com São José do Rio Preto.

— Ribeirão está muito ruim — respondeu Batista.

— Chegaram bem lá. Dois carros já fizeram já.

— Já chegou em Ribeirão?

— Já chegaram e já voltaram.

— Pra ir pra Ribeirão é melhor ir pra Minas ou Goiânia. [...] É melhor, não é muito visado.

Quem intermediou o novo carregamento da droga foi Everton Benteo Luiz, jovem brasileiro que se radicara em Santa Cruz de la Sierra para estudar medicina — daí o apelido de Doutor. Em conversa com ele, Batista comentou o tamanho da demanda pelo seu negócio e pediu mais cocaína:

— Se não vir de um lado vem de outro e nós vamos, e vem todas aí, cara, que o mercado aqui é grande.

Everton ironizou:

— Então, né. Nós tem que comer. Nós tá passando fome.

Batista riu e concluiu.

— É, não é verdade?

— Então.

A verdade é que Batista e Everton levavam uma vida para lá de confortável. Batista era dono de dois apartamentos, uma casa, um terreno e uma garagem de veículos na Grande São Paulo, além de uma frota de duas carretas, uma caminhonete de luxo e dois carros. Já Everton ostentava sua vida de luxo na internet. Fotos postadas em sites de relacionamento mostravam Doutor em viagens pela América Latina, em pescarias no rio Paraná, e curtindo a piscina de sua casa em Santa Cruz.

Em 27 de outubro, com a droga já no Brasil e a caminho de São Paulo, Batista perguntou a Everton sobre a qualidade da cocaína:

— Foi número 1 e número 3 ou número 1 e número 4?

— Um e quatro. Cem de número 1 e o restante de número 4.

— Tá. Vamos se aplicar é na número 3, tá bom? Depois que nós acertar essa aí vamos trabalhar por aí que eu tenho um mercado maior de número 1 e número 3 só.

— Tá bom. Número 3 tem bastante. É que essa já estava pronta.

Batista enviou US$ 300 mil para Everton como pagamento pela droga, levada até São Paulo via Campinas no início de novembro de 2010, escondida em vasos de cerâmica. Os 320 quilos da droga eram parte de um lote de 700 quilos de cocaína que Batista e Eurico adquiriram em consórcio de traficantes bolivianos. De início, a droga foi armazenada no galpão de uma favela às margens da rodovia Raposo Tavares, na capital paulista.

COCAÍNA: A ROTA CAIPIRA    131

— Viu o salão de festas? — perguntou Batista a Sérgio Manoel Gomes, outro coordenador logístico do grupo.

— Maravilhoso, 100%. É o local ideal.

Mas, dias depois, os traficantes notaram a presença de policiais nas redondezas e decidiram transportar a droga para a casa da namorada de um dos comparsas do líder, em Embu das Artes, Grande São Paulo. No dia 25 de novembro, agentes da PF invadiram o imóvel e encontraram a droga em um compartimento secreto sob um piso falso. Também foram apreendidos no imóvel US$ 67 mil e R$ 57 mil. Parte dessa droga, segundo a polícia, seria vendida para traficantes do Nordeste.

Além do consórcio com Batista, Eurico mantinha seus esquemas particulares. No início de dezembro, ele começou a negociar com o boliviano Lobato a compra de 400 quilos de cocaína. Lobato disse ter disponível apenas 366 quilos:

— O seu pagamento vai vir quando, o seu pagamento [quantidade de droga, segundo a PF]? — perguntou Quebrado.

— 366.

— Não completou o restante que faltava [os 400 quilos]?

— Não completou, não tinha mais dinheiro [mais droga]...

— Você tem como colocar cinquenta número 1? [...] Você marca bem grande número 1.

— Tá, número 1, cinquenta, eu mando.

— Pode ser dois [sacos] de 25 [quilos], não é melhor?

— É melhor, não tem problema isso.

— Daí você marca bem grande, trator número 1.

A droga foi localizada pela PF escondida dentro de uma fazenda em Tesouro, sudeste de Mato Grosso. No saco, as anotações feitas por Lobato a pedido de Eurico...

As apreensões de droga do grupo continuaram em 2011. A primeira foi um carregamento de 345 quilos de cocaína em Pontes e Lacerda (MT), no dia 19 de março de 2011. A droga foi fornecida a Batista pelo mato-grossense Edesio Ribeiro Neto, também apelidado de Doutor, por ser advogado. Edesio já havia trombado com a Polícia Federal em 2009, na Operação Maranello, que investigou um grande esquema de tráfico e lavagem de dinheiro na compra de carros de luxo — inclusive Ferraris — em Mato Grosso. Os 345 quilos acabaram apreendidos na madrugada, quando policiais federais de Cáceres invadiram um sítio do grupo. No momento do flagrante, comparsas de Batista se preparavam para carregar um caminhão com destino a Iracemápolis, região de Campinas.

Ainda naquele mês, três dias após a apreensão em Mato Grosso, a Polícia Federal acabou por descobrir o depósito utilizado por Eurico para armazenar a cocaína na Grande São Paulo. Era um galpão em Barueri, onde os agentes encontraram 273 quilos de cocaína, armas, petrechos e produtos para o refino da droga, como morfina e adrenalina, além de R$ 306,4 mil e US$ 37,4 mil. Quatro funcionários de Eurico acabaram presos em flagrante.

Além de cocaína, Batista traficava maconha diretamente do Paraguai. Novamente pela rota caipira, desta vez pelo sul do estado de São Paulo. Nessa outra linha de negócios do tráfico, Batista contava com o auxílio de Sidneis Aparecido Pereira, o Nei, traficante de Salto, na região de Sorocaba, que intermediava as negociações entre o líder paulistano e os fornecedores da maconha no Paraná. A droga seria revendida por Batista no Nordeste, para Euder de Souza Bonethe, o Primo:

— Então, lembra o chá [maconha, conforme a PF] que eu mandei pra você? — perguntou Batista a Primo.

— Um saco?

— Um chazinho?

— Sei.

— Eu tô com um menino aqui, nós vamos fechar mil grau, coisa boa pra nós, ele tá com o carro dele aqui, ele tá com 1,5 mil quilos [de maconha], eu tava querendo mandar pra você aí. Você desenrola isso ou não?

— Desenrolo, mas tem que baixar o preço aí.

Nei chegou a ir até o Paraná para negociar o carregamento diretamente com o fornecedor, Apolônio Leal de Almeida, o Poló. Mas a droga acabou apreendida na madrugada do dia 16 de fevereiro de 2011 no município de Mercedes (PR), às margens do rio Paraná, fronteira com o Paraguai.

COCAÍNA: A ROTA CAIPIRA 133

Poló não se abateu. Em conversa com um comparsa, comentou a apreensão e já adiantou novos planos de tráfico da maconha paraguaia:

— Tamos ajeitando pra partir pra outra já. Fazer o quê?

No mês seguinte, Poló recomeçou as tratativas com produtores de maconha do país vizinho. Batista, novamente, era o comprador da droga, por intermédio de Nei, que receberia uma comissão pelo negócio ilícito. A cidade de Salto serviria de entreposto para a droga, tendo São Paulo como destino final. Mas o entorpecente foi apreendido pela PF em Guaíra (PR) no dia 17 de março de 2011 — havia 2 toneladas de maconha escondidas em um compartimento oculto no tanque de combustível do caminhão.

Tanto Eurico quanto Batista forneciam grandes quantidades de cocaína para a máfia nigeriana em São Paulo, que remetia a droga para a África com destino à Europa. O maior cliente da dupla entre os nigerianos radicados no Brasil era Daniel Victor Iwuagwu, um negro alto de corpo esguio. Kalazan, como é conhecido, migrou para o Brasil nos anos 1990 e se fixou em São Paulo. Não demorou para que ingressasse no tráfico, como "embaixador" da máfia nigeriana no Brasil. Em julho de 2003, foi preso em flagrante pela Polícia Civil com outro nigeriano e um brasileiro. Kalazan havia comprado 15 quilos de cocaína da dupla. Na época, ele era acusado de usar sua lavanderia no centro da cidade para comercializar drogas. Em 2006, foi condenado pelo Tribunal de Justiça a seis anos e oito meses de prisão. Ao deixar a cadeia, em fevereiro de 2007, retomou o ofício no qual se especializara — o narcotráfico. Parte dos 670 quilos da cocaína apreendida pela PF em Rondonópolis, encomendada por Eurico, seria vendida para Kalazan, segundo os federais.

Kalazan só adquiria de Eurico a melhor cocaína — a "tipo exportação", número 4, na gíria da organização criminosa. Os pedidos do nigeriano para Eurico eram constantes:

— Você tá organizando alguma outra coisa? — Kalazan perguntou a Eurico, em português com forte sotaque.

— Tô, tô, tô organizando lá, mas sempre te entrego a número quatro, vamos ver se vai chegar.

— É, por favor, porque preciso trabalhar.

A demanda por droga pela máfia na África parecia insaciável. O que muitas vezes fazia Kalazan baixar a exigência quanto à qualidade do pó:

— Amanhã eu vou começar a pegar o dinheiro [cocaína], vai dar pra pagar o trem na segunda-feira — afirmou Eurico.

— Eu já vou me organizar, me diz, é aquele número mesmo, né? — indagou o nigeriano.

— É.

— Por favor, deixa tudo pra mim.

— É do número 3.

— Eu sei, mas aquele valor que eu pedi, tudo.

— Eu vou [ter] uns 250 reais [250 quilos de cocaína]...

— Melhor que nada, mas se for trezentos seria melhor. Deixa eu me organizar, pra segunda, né? Não teria como deixar tudo pra mim?

O dinheiro para a compra vinha diretamente da Nigéria. Em janeiro de 2011, o traficante, que estava na África, perguntou a Eurico como conseguiria levar US$ 1 milhão para o Brasil. O brasileiro sugeriu um banco na Inglaterra. Minutos depois, o banqueiro telefonou para Kalazan e eles acertaram os detalhes da internação do dinheiro no Brasil — possivelmente o dinheiro seria utilizado para comprar cocaína.

— Tem que ser várias contas pra depositar, não é numa só não, né? — indagou Eurico.

— Talvez duas vezes só, três vezes.

— Duas ou três vezes, né.

— Pra não chamar muita atenção, né.

Outro importante comprador de cocaína do esquema era o nigeriano Jude Chukwudi Mweke, o Gerente. Radicado na África do Sul, Jude mantinha contato constante com Batista, em negociações milionárias, sempre envolvendo a melhor cocaína, tipo 4. Em outubro de 2010, Batista enviou e-mail para Jude informando a dívida do africano, que parecia grande:

COCAÍNA: A ROTA CAIPIRA

TOTAL QUE O CHEFE MI DEVIA.
320 × 4.800.00 = 1.536.000.00
10 TEU × 4.800 = 48.000.00
TOTAL = 1.584.000.00 — PAGAMENTO JA ENVIADO 1.500.600.00 =
83.400.00 U$ VOCE MI DEVE AINDA

Em julho daquele ano, Batista negociou com Jude 300 quilos de cocaína, do tipo 3. O dinheiro seria enviado ao Brasil por doleiros, como o nigeriano informou a Batista, em um português claudicante, na tarde do dia 10 de julho de 2010:

— Vai receber em dinheiro... dinheiro que ele vai mandar, dinheiro de 300 quilos.... vai dar um milhão e pouco... ele vai querer pagar 2%, porque ele está precisando de mercadoria.

No fim daquele mesmo dia, 104 quilos da droga negociada por Batista foram apreendidos pela PF em um posto de combustível em Osasco. O entorpecente estava no banco de trás de um automóvel. Quatro homens terminaram presos em flagrante, inclusive um funcionário de Jude.

Além dos nigerianos, Batista mantinha negócios no tráfico com a máfia italiana por meio do italiano Emanuele Savini, radicado há mais de uma década no Brasil e "embaixador" da Sacra Corona Unita, a mais jovem máfia italiana, nascida em 1984 e composta por cinquenta clãs, ou quase 2 mil membros.[4] A droga era enviada para o sul da Itália escondida nos vasos de mudas de palmeiras imperiais despachadas de portos do Rio de Janeiro pela empresa de Savini, a Euro Trading.

O primeiro carregamento, 16 toneladas de palmeira imperial, foi enviado no dia 6 de julho de 2010 pelo porto de Sepetiba (RJ). As plantas foram cedidas por Guilherme Morais Machado, parceiro do italiano na empreita criminosa. No mês seguinte, ambos viajaram à Itália, para, segundo a Polícia Federal, "dividir o lucro da exportação da cocaína".

Empolgada com o sucesso da exportação, a dupla decidiu enviar novo carregamento usando a mesma estratégia. Para isso, tentou contato com o fornecedor da droga para o esquema, Batista. Mas, endividados com o paulistano, tiveram dificuldade em fechar o negócio — conforme a

PF, parte da droga apreendida em Sales Oliveira (SP), plena rota caipira, seria revendida para Savini. Então, desta vez a cocaína acabou adquirida do colombiano Hugo Jimenez, o Romário. Enquanto aguardavam a droga no Rio, Savini e Guilherme providenciaram os sacos plásticos onde seria acondicionada a droga antes de ser inserida nos vasos.

— Quantos sacos nós vamos precisar? — perguntou Guilherme.

— Acho que sempre a mesma quantidade: trezentos sacos.

A droga foi levada de São Paulo para o Rio de Janeiro escondida na carga de argila de um caminhão. No Rio, foi oculta nos vasos e colocada no contêiner com destino ao porto de Gioia Tauro, na região da Calábria, sul da Itália, um dos maiores portos comerciais do Mediterrâneo e conhecida área de atuação das máfias italianas. O contêiner estava pronto para ser embarcado quando os agentes da PF decidiram dar o bote. Pediram para ver a carga. Imediatamente, o despachante aduaneiro telefonou para Guilherme e Savini. Confiando no esconderijo da droga, a dupla decidiu ir até o porto acompanhar o trabalho policial. A dupla pareceu não acreditar quando um dos agentes arrancou a planta de um vaso e começou a tirar tijolos de cocaína pura, 251 quilos no total. Outros 22 quilos foram encontrados dentro do carro do italiano. Ambos foram presos em flagrante e, em maio de 2011, condenados, cada um, a catorze anos de prisão por tráfico pela juíza Valéria Caldi Magalhães, da 8ª Vara Federal Criminal do Rio de Janeiro, decisão mantida pelo Tribunal Regional Federal. Em novembro de 2016, havia recursos não julgados pelo STJ.

Capilar, o esquema montado por Eurico, se estendia à região de Jales (SP) para trazer droga da Bolívia até o interior paulista por aviões e, em seguida, para a capital do estado. Circunstâncias geográficas aproximaram o empresário da quadrilha. Eurico nasceu em São João das Duas Pontes, cidadezinha vizinha a Jales, filho de um casal de agricultores, e morava em Cassilândia, cidade de Mato Grosso do Sul próxima do noroeste paulista.

O empresário conheceu o grupo liderado por Uelinton da Silva Melo e Roberto Naziro Correia, o Professor, por meio de Evanildo Tessinari Correia, filho de Professor e integrante do esquema de Eurico.

COCAÍNA: A ROTA CAIPIRA                137

Uelinton é um jovem amante de carros de luxo e campeonatos de som automotivo. Gostava de se exibir aos moradores de Guarani d'Oeste (SP) com sua caminhonete Ford F-250. O que poucos na pequena cidade de 1,9 mil habitantes sabiam era da atividade criminosa de Uelinton, apontado pela PF como líder do esquema na região de Jales.

O grupo ainda tinha a participação ativa de Sinomar Roberto Rodrigues e Caio Rodrigo Rocha Garcia. Chegou a enviar, por mês, uma média de 500 quilos de pasta-base da droga para a capital, com faturamento bruto que beirava R$ 5 milhões mensais. O entreposto eram as microrregiões de Jales e Fernandópolis, próximas a São José do Rio Preto. Um ponto geográfico perfeito, a poucos quilômetros de Mato Grosso do Sul, Goiás e Minas Gerais, com canaviais a perder de vista. Cenário ideal para o transporte aéreo da cocaína.

Os pilotos, segundo a Polícia Federal, eram aliciados em áreas de garimpo no norte do país, e estavam, portanto, acostumados a pousar nas piores condições possíveis. Cabia a Uelinton preparar toda a logística da rota, do preparo das pistas à escolha do melhor esconderijo para a droga no interior paulista. Ele era o gerente de um dos quatro grandes núcleos do esquema, o "transportador" da cocaína a partir da região de fronteira até o estado de São Paulo.

Uelinton parecia perfeito para a função. Filho de um sargento da PM de Mato Grosso e sem passagens pela polícia, era um jovem micro-empresário, dono de uma lan house em Guarani d'Oeste. A aparência de cidadão honesto contrastava com a sagacidade do rapaz no comando logístico do esquema. "Uelinton evita se envolver diretamente no transporte e armazenamento do entorpecente, enviando sempre seus acólitos para executarem as tarefas de maior risco, cabendo a si os planejamentos e preparativos das ações criminosas", escreveu o delegado Vinícius Faria Zangirolani no relatório final da operação.

Entre os subordinados estavam funcionários de uma usina de açúcar e álcool com acesso direto aos mapas de plantio de cana na microrregião. Por isso, acabaram cooptados para selecionar os locais mais adequados ao pouso das aeronaves. Suas funções no esquema criminoso eram fazer a terraplenagem do local escolhido para a descida das aeronaves.

Em 23 de agosto de 2011, esses dois funcionários trocaram telefonemas. Conversaram sobre pistas já construídas e outras duas novas em fase de preparo.

— Não consigo falar com seu João [Uelinton, segundo a PF]; tô ficando louco já, tá acertadinho com o cara de Santa Fé [do Sul, cidade da região] pra ver a área lá — disse um deles. — Não vou fechar o compromisso sem ter certeza.

— Sim — respondeu o outro.

— Se der certeza, vocês dá um rasante lá no meio do dia, resolve e volta.

— A gente dá um galope rapidinho lá.

O rapaz detalhou seus planos ao comparsa:

— Zeremo aquelas curva... zero aquelas curvas lá pra começar a plantar... aí tinha... não tinha umidade, agora já tem umidade já... aí eu quero mandar eles escolher uma... ou eu vou lá embaixo e acerto o contrato com aquele cara lá... e nós zera aquelas curva que tá preparada ali perto do rio, aquela roça ali... fica com duas garantida, fica com aquela lá da mata e fica com a fazenda Beira Rio.

Treze dias depois, um deles perguntou ao outro por novas áreas para pistas de pouso clandestinas.

— Cê viu alguma área pra "arrendar"? — perguntou.

— Aqui tem, onde eu te disse, é questão de nós organizar. Como é que tá o esquema, vai querer mexer?

— Não falei com ninguém ainda. Devem ter ido "plantar" naquela área lá no Mato Grosso... Daqui uns quinze dias aparece por aí, geralmente é essas sumidas de quinze dias, depois aparece. Aí eu converso contigo, vou ver se consigo amanhã... hoje não dá que tem reunião, amanhã vou dá um pulo lá naquela da mata lá, naquela roça lá... ver se não plantou lá. Fica meio atento aí, fica com um "zap" na manga.

— É isso, tem que ter a carta na mesa. Se cê precisar, até sexta, pra nós acertar essa coisa aí de noite... o menino da noite é cabeceira, que cê precisar dá um toque pra mim.

O rapaz também perguntou de uma pista já pronta. Procurou se certificar de que não havia plantação alta por perto, o que facilitaria uma campana policial. O interlocutor garantiu a qualidade da área, disse ser boa para o pouso e a decolagem:

— Essa roça que cê fez tá tudo prontinho ou tem que zerar?

— Nós que vai fazer, nós que vai nivelar, tem que jogar uns cascalho nos buraco.

— É terra boa?

— Cem por cento.

— Não tem laranja, seringueira, nada perto não?

— Tem não. É trem bão, boa de entrada, de saída, estrada boa.

Na maioria das vezes as pistas eram construídas durante a noite, para não levantar suspeita. Na manhã seguinte, chegava o avião. Se estava escuro, caminhonetes eram posicionadas nas extremidades da pista, com faróis acesos, para orientar o piloto. Para cada pouso da aeronave eram construídas de duas a cinco pistas, geralmente curtas, com 1,2 quilômetro. Tudo para dificultar a ação da polícia. Em cada uma delas, havia uma equipe previamente preparada, com três a cinco integrantes, incluindo carregadores da droga, responsáveis por esconder a cocaína no veículo, um motorista que também transportava combustível para reabastecer a aviação e batedores que iam adiante para verificar se não havia policiais por perto.

Todo o esquema era preparado com antecedência, mas somente o piloto e o chefe da equipe sabiam em qual pista o avião iria pousar. Essa logística impediu flagrantes da PF, segundo o relatório da Operação Colheita — o nome escolhido para batizar a ação da polícia se deve ao uso de funcionários de usina de cana-de-açúcar para o preparo das pistas do tráfico.

— Tínhamos de optar por uma pista para fazer a campana, geralmente em áreas próximas ainda com mata nativa. Mas nunca conseguimos acertar a pista escolhida — diz o delegado Zangirolani.

A Polícia Federal suspeita que um monomotor encontrado carbonizado em União de Minas, no Triângulo Mineiro, próximo à divisa com São Paulo, em maio de 2011, seja um dos aviões do esquema. A aeronave tentou pousar em uma pista clandestina, mas uma das asas teria atingido o canavial e quebrado, provocando a queda. Cerca de 15 minutos depois, o fogo começou, segundo testemunhas ouvidas pela polícia mineira. Quando os policiais chegaram ao local, não havia mais ninguém. O avião, avaliado em R$ 1 milhão, está registrado na Anac em nome de um humilde lavrador de Guarani d'Oeste, mesma cidade de Uelinton.

Não por acaso, o principal parceiro de Uelinton na coordenação do núcleo "transportador" era Caio Pereira Rodrigues, radicado em Cáceres, a apenas 90 quilômetros da fronteira com a Bolívia. Era Caio quem contatava os fornecedores da pasta-base de cocaína na cidade mato-grossense e, com Uelinton, coordenava o transporte da droga. Sob o comando da dupla havia outros sete homens, todos responsáveis por transportar o entorpecente ou contratar motoristas para o transporte.

Uma vez na região de Rio Preto, a droga era escondida em chácaras espalhadas pela área. Dias depois, o grupo remetia a cocaína em quantidades menores para São Paulo e Sorocaba, escondida em fundos falsos de carros de luxo, entre o porta-malas e o banco traseiro. O esconderijo só era aberto por meio de um intrincado processo: primeiro o farol do veículo era aceso, o motor ligado e um botão debaixo do banco do motorista acionado. A engenhoca, segundo a PF, foi desenvolvida por Uelinton.

Na capital, o principal comprador da cocaína transportada pelo grupo era Jerome Leon Masamuna, congolês radicado em São Paulo e líder de um esquema que enviava, por mês, cerca de 60 quilos de cocaína para a África por meio de navios e mulas. Em 16 de agosto de 2011, Jerome conversou com Sinomar sobre um "negócio da Angola", possivelmente a remessa de cocaína para o continente africano, entreposto entre o Brasil e a Europa:

— Agora verifiquei, esse negócio da Angola tá certo. Uma pessoa me disse: se você não acredita, coloca só 1 [quilo]. Esse negócio era pra mandar 20, mandei 1 e 1 chegou.

A cocaína negociada pelo grupo com Jerome era de todo tipo. Inclusive uma de cor amarelada, oferecida por Naziro ao congolês no fim de setembro de 2011. O Professor perguntou:

COCAÍNA: A ROTA CAIPIRA                 141

— Você também quer da amarela?

— Já tá fechado. Quanto tem da amarela?

— São 90 [quilos] da amarela, 36 [quilos] da outra, tudo na responsabilidade do Tiririca — disse Naziro, em referência ao seu filho Evanildo.

— Vai dá tudo certo, não se preocupa. Já vou segurar os cheques — garantiu o congolês.

Poucos dias depois, já em outubro, Jerome reclamou que o lucro com a cocaína amarelada era pequeno:

— O espaço [lucro] é muito pequeno pra nós, porque a amarela passa a 4,2 e ele tá falando 4,1, então o espaço é pequeno [...] Pede mais prazo, quinze a vinte dias pra pagar... já tenho o dinheiro na mão. [...] O negócio tem que ser amanhã, senão vou ser obrigado a devolver dinheiro das pessoas que tô segurando desde quinta-feira.

Quem fazia os contatos entre o grupo liderado por Uelinton e Caio e o congolês eram Professor e Sinomar. Cabia à dupla revender o entorpecente a Jerome e receber o pagamento pela droga. Em meados de 2010, Sinomar se mudou para Fernandópolis para aliciar colaboradores do grupo. Um deles era Gersino Ferreira da Silva, laranja por meio do qual abriram uma garagem de veículos na cidade. O objetivo, conforme a PF, era "lavar" o dinheiro do tráfico e comprar e preparar automóveis usados no transporte da cocaína do noroeste paulista à capital.

As conversas telefônicas captadas pela PF comprovaram que a quadrilha também operava com altas quantias de droga. Em um dos diálogos, de 12 de setembro de 2011, Wagner Marques Fernandes, o Nino, comparsa de Uelinton, conversa com um traficante não identificado sobre o total de entorpecente que, segundo a PF, Nino e Uelinton entregaram em Sorocaba. Para despistar a polícia, Nino se referiu aos quilos de cocaína como depósitos bancários:

— Eu queria confirmar com você os números que foram passados aí. Tem jeito ou não? — perguntou.

— Não entendi — respondeu o homem do outro lado da linha.

— Os números que chegaram aí.

— Foram duas de 78, uma de 51 e uma de 82.

— Isso, foi no Bradesco que depositou tudo isso aí, certo?

— Certo.

Um total de 289 quilos de cocaína, dividido em quatro remessas, conforme a PF. Os agentes não conseguiram interceptar a droga.

A primeira apreensão ocorreu em 18 de agosto de 2011, resultado de dois dias de campana feita pela Polícia Federal. No dia 16, Sinomar e mais quatro comparsas foram até uma garagem de veículos em Fernandópolis, onde prepararam o automóvel em que planejavam transportar a cocaína até São Paulo e entregar a Jerome. Na madrugada do dia 18, chegou da capital, de ônibus, Daniel Baldessin da Silva, integrante do grupo. Na manhã daquele dia, Daniel assumiu a direção do Astra — Sinomar foi na frente com outro carro, e atuou como "batedor", avisando o comparsa, por celular, sobre a existência de policiais na rodovia.

— Cê acha que dá pra ir tranquilo? — perguntou Daniel.

— Dá, dá.

— Tá, tô indo então.

Para evitar a polícia, o grupo optou por estradas secundárias rumo à capital, próximas à divisa com Minas Gerais. O veículo foi acompanhado a distância pela PF. Mas foi a Polícia Militar que, alertada pelos federais, abordou o veículo em Paulo de Faria. Escondido na caixa de som do Astra havia 51 tabletes de cocaína, com 1 quilo cada. Na casa de outro comparsa, Cleber Soares dos Santos, em Fernandópolis, foram apreendidos mais catorze tabletes da droga. Daniel, Cleber e Sinomar acabaram presos em flagrante. Seriam condenados por tráfico.[5]

Professor e o filho aguardavam a chegada da droga à capital para entregá-la a Jerome. O dinheiro do negócio seria repassado a Eurico para pagar dívidas do grupo com o capo. Eurico pressionava Professor, conforme conversa entre ambos de 9 de agosto:

— Será que não chega hoje isso aí, Professor?

— Eu acho que chega, viu... só não vai chegar em hora boa, mas chega.

— Ô, tá fazendo aniversário já.

Vinte dias depois, em 9 de setembro, foi a vez de um angolano, mula de Jerome, ser preso em São Paulo com 60 quilos de cocaína. A droga havia sido transportada da região de Fernandópolis até a capital sob a coordenação de Uelinton, de acordo com a Polícia Federal.

As duas apreensões consecutivas da PF assustaram o grupo. Todos trocaram de celular para evitar possível interceptação e decidiram mudar toda a logística do transporte da droga: em vez do noroeste paulista, os aviões carregados com pasta-base vindos de Corumbá (MS) passaram a descer em Batayporã, no mesmo estado, já nas proximidades de Presidente Prudente (SP). De lá, ela era levada em automóveis até a região de Fernandópolis, entreposto a caminho de São Paulo.

Foi quando entrou em cena Adair José Belo, dono de uma chácara em Batayporã usada como depósito da droga. Adair se valia de familiares para vigiar as estradas da região, guardar a droga na chácara e abastecer os carros de Uelinton e Caio com destino ao interior paulista.

A mudança de estratégia, porém, não impediu a ação da PF, que monitorava os telefones do grupo. Em 6 de outubro, policiais apreenderam outra mula do esquema com 28 quilos de cocaína na capital. A droga, conforme a polícia, era parte de um carregamento de 126 quilos que havia sido enviado por Quebrado, por intermédio de Naziro e Evanildo, para Jerome — a PF não conseguiu apreender o restante da droga.

Duas semanas depois veio a derradeira apreensão pela Polícia Federal. No dia 19, Uelinton, Caio e um comparsa, Marcelo Laurindo, saíram de Santa Fé do Sul (SP) com destino a Batayporã. Chegaram na madrugada do dia seguinte à chácara de Adair, possivelmente para negociar nova remessa de cocaína para São Paulo. No dia seguinte, Marcelo seguiu diretamente para a capital, dirigindo um carro carregado com droga, não interceptado pela polícia. Ainda em Batayporã, Uelinton entrou em contato com Wagner Marcelino Alecrim, o Cowboy, que estava em Cáceres. Pediu, por mensagens via celular, que Cowboy viesse de avião para transportar, de carro, nova remessa da droga para São Paulo:

"Arruma a mala e senta o cassete", ordenou Uelinton.

"Mas quero ver com vc, por causa da minha carta [de habilitação]", escreveu Cowboy.

"Vem pra ca, aqui nois conversa, nao da nada nao."

O comparsa chegou ao aeroporto de São José do Rio Preto na manhã do dia 20 e foi levado por Marcelo até Batayporã, enquanto Uelinton e Caio retornaram à região de Fernandópolis. Uelinton avisou Adair da chegada de Cowboy por meio de novas mensagens de celular:

"Ta indo o bagre [Cowboy] e o menino daquele dia [Marcelo], paga eles ai e depois vc me fala o valor da duplicata de cada um. Entendeu?"

"Que horas chega", perguntou Adair.

"Deve ta na metade do caminho pra frente."

No fim da tarde daquele dia, a dupla chegou a Batayporã em dois automóveis, um Ford Focus e um Corola. Os dois veículos foram carregados com drogas, no compartimento secreto desenvolvido pelo grupo. Sempre por mensagens de celular, Uelinton acompanhou o carregamento:

"E ai, deu certo?", perguntou a Adair.

"Tamos terminando, um ja foi."

"Ok."

"CD [Cadê] meo dinheiro?", cobrou Adair.

"Segunda eu vo ai."

Na manhã do dia 21, os dois carros foram abordados pela PF próximos à divisa de Mato Grosso do Sul com São Paulo. Havia 81,8 quilos de cocaína acondicionados em tabletes entre o banco traseiro e o porta-malas. Logo em seguida, os policiais seguiram até o sítio de Adair, onde mais 74,5 quilos da droga estavam armazenados em um barraco onde era guardada ração para animais. Um total de 156,3 quilos de cocaína. Foram presos em flagrante Adair, seu irmão Valtair, Cowboy e Marcelo. Os quatro foram condenados por tráfico.[6]

Na manhã do dia 27 de outubro de 2011, a Polícia Federal desencadeou a fase ostensiva da Operação Semilla. No arrastão, 230 agentes cumpriram 54 mandados de prisão e outros 59 de busca e apreensão em sete estados. A pedido da PF, a Justiça bloqueou contas bancárias e aplicações financeiras ligadas aos investigados, além de sequestrar vinte imóveis, 48 veículos e um avião. Eurico foi preso na sua fazenda. No pulso e no pescoço reluziam um cordão e uma pulseira de ouro 18 quilates com

COCAÍNA: A ROTA CAIPIRA 145

detalhes em diamante e esmeralda, além de um relógio Rolex avaliado em R$ 15 mil. Também terminaram detidos Batista, Ademar, Clóvis e Euder. No mesmo dia, a PF de Mato Grosso desencadeou a Operação Ouro Branco, contra os implicados no esquema que atuavam no estado. Entre os alvos estava Rafael, o Filho do Marceneiro, ligado a Eurico. Outras dezessete pessoas foram presas, e cinco aeronaves, apreendidas. Para escapar da polícia, um caminhoneiro que transportava cocaína escondida no carregamento de milho jogou o veículo para fora de uma ponte na capital de Mato Grosso e tentou fugir pelo rio Cuiabá, mas acabou capturado.

Todos foram processados por tráfico e associação para o tráfico internacional. Permaneciam foragidos em novembro de 2016 Kalazan, Edesio, Pernambuco, Jude e Hugo Jimenez. Estão na lista vermelha da Interpol. O Ministério da Justiça solicitou ao governo boliviano a extradição de Hugo, mas o pedido foi negado, com o argumento de que faltavam documentos. Everton, o estudante de medicina, foi preso no Brasil alguns meses mais tarde.

Pouco mais de um mês depois da fase ostensiva da Semilla, na manhã de 30 de novembro de 2011, a Polícia Federal desencadeou a Operação Colheita, contra o grupo de Uelinton e Professor. Foram presas treze pessoas em quatro estados, incluindo os cabeças do esquema, Uelinton, Caio e Naziro. Outros onze já haviam sido presos nos quatro meses de investigações, quando houve a apreensão de 308 quilos de cocaína. O garagista Gersino morreu na prisão em 2013. No julgamento do caso pela Justiça Estadual em Fernandópolis, Naziro recebeu pena alta: 41 anos por tráfico e associação. Foram condenados ainda Sinomar e Uelinton (onze anos, por associação, cada um), Caio (44 anos, por tráfico e associação), Wagner Nino (dezenove anos, por tráfico e associação), Cowboy e Laurindo (oito anos, por associação, cada um). Adair e Valtair foram condenados por associação para o tráfico (onze e oito anos, respectivamente). Os funcionários da usina foram absolvidos.[7] Até novembro de 2016, o recurso ao TJ não havia sido julgado.

Outros 47 alvos da Operação Semilla respondem a processos na 4ª Vara Federal Criminal em São Paulo. Sete ações[8] foram julgadas em primeira instância, cinco contra o núcleo de Batista, condenado à pena, somada, de 103 anos de prisão por tráfico e associação para o tráfico internacional. Sérgio, o coordenador logístico de Batista em Mato Grosso, recebeu pena somada de 28 anos e oito meses pelos mesmos crimes. Everton, o Doutor, foi condenado a dezesseis anos por tráfico e associação para o tráfico internacional. Pelos mesmos crimes, Sidneis teve pena de 34 anos, enquanto Clóvis e Zé Valmor receberam dezesseis anos de detenção cada. Já Euder teve pena de doze anos por associação e financiamento do tráfico.

No núcleo de Eurico, dezesseis pessoas foram condenadas por tráfico e associação para o tráfico internacional. O chefão recebeu pena somada de 43 anos e sete meses; Gildemar, 52 anos; Rafael, o Filho do Marceneiro, 25 anos; o colombiano Jonny Ramirez, catorze anos; Roberto Naziro, o Professor, seu filho Tiririca e o congolês Jerome, nove anos cada; e Ricardo Ribeiro, o Pernambuco, mesmo foragido, foi julgado à revelia: vinte anos de cadeia. As joias e relógios de luxo de Eurico foram todos confiscados. Todas as ações seguem em grau de recurso no TRF; até novembro de 2016, três haviam sido julgadas, com todas as penas mantidas.

As prisões das quadrilhas desmontaram a certeza de impunidade dos seus chefões. Uelinton fazia questão de alardear pelas ruas e bares da pequena Guarani d'Oeste que nunca seria detido porque não encostava as mãos na droga. Outro jovem como ele, expert em comércio exterior, um dia arriscou exportar cocaína pura de Sorocaba (SP) para a África. Deu certo. Só a polícia conseguiria pará-lo.

# 6

# O seminarista

Para os velhos amigos, ele era o exemplo a ser seguido.

Na família, o motivo de orgulho.

No mundo empresarial, um formidável "case" de sucesso.

Mas a polícia tinha opinião diferente sobre a figura de Igor Tiago Silva Christea.

Não que os tiras discordassem do sucesso do jovem de Sorocaba como empresário do ramo de importação e exportação. Igor, bonito rapaz louro de olhos claros, nasceu em família humilde, no dia 16 de outubro de 1980. De 2000 a 2002, trabalhou como funcionário em pedágios de uma concessionária de rodovias, com salário de pouco mais de R$ 800. Nos dois anos seguintes, foi funcionário de uma metalúrgica de Sorocaba. Formou-se em comércio exterior e decidiu abrir ele mesmo a sua empresa.[1]

A primeira foi a M Trade Comércio Internacional, em 2006. Dois anos depois, mais duas: a Ziff Comercial Importadora e Exportadora e outra que levava o seu nome completo. Igor importava produtos de todo tipo da China e exportava para o oeste africano. Assim, fez dinheiro. Era dono de duas chácaras na vizinha Salto de Pirapora, comprou dois carros e uma caminhonete zero quilômetro, à vista e em dinheiro vivo, além de um apartamento de R$ 200 mil. Contratou seguro de vida em paraíso fiscal. Em janeiro de 2011, viajou para Londres com a namorada e US$ 80 mil no bolso para comprar uma moto — o dinheiro acabou apreendido pela polícia britânica por não ter origem comprovada.

Igor tinha passado honesto, sem ficha na polícia. Mas seu comportamento indicava algo suspeito. No dia 11 de maio de 2011, ele telefonou para um conhecido atrás de um barracão para alugar em Sorocaba:

— Tem o do Jardim Iguatemi, dá uma olhadinha por lá — orientou o amigo. — Tem o galpão do Jordão...

Igor interrompeu:

— Esse do Jordão seria bom porque é escondido, eu não quero nada aparecendo, eu trabalho com porta fechada.

No dia seguinte, o empresário ligou para o advogado de uma imobiliária da cidade para fechar a compra de um apartamento por R$ 220 mil. O negócio chegou a um impasse na hora de pagar pelo imóvel:

— O pagamento pode ser feito através de transferência ou cheque. Como você quer fazer?

— Com cheque eu não trabalho e com transferência é impossível, porque o dinheiro fica todo em espécie e não quero colocar na conta. Você deve imaginar por quê. [...] Não tem nem como depositar um valor desse, vão pedir meu CPF e eu não quero declarar.

— Então fica um impasse...

— Eu quero comprar, mas não quero me prejudicar com coisas que vão me atrapalhar no futuro. Com boleto facilita porque assim eu não apareço.

Curiosamente, é na literatura policial que está a chave para se desvendarem os segredos do jovem Igor Christea. Ao fundar a empresa Ziff, em 2008, o jovem empresário parecia antever o enigmático personagem de mesmo nome criado pela mente do escritor Rubem Fonseca no livro lançado no ano seguinte, *O seminarista*. Seu protagonista, José, é um pistoleiro de aluguel que foi seminarista, adora rock e poesia, detesta matar bichos — "matar passarinho é pior que matar gente má" — e considera o vinho a única bebida digna de acompanhar uma refeição. A certa altura da narrativa, ele passa a ser ameaçado por Ziff, megaempresário do ramo imobiliário, "um cara de passado sombrio que conseguiu construir um presente luminoso" graças ao narcotráfico — Ziff trazia cocaína da Colômbia.

COCAÍNA: A ROTA CAIPIRA 149

"Não sei se já te disse que o Ziff importa praticamente toda a cocaína que é consumida em nosso país, mas não se mete no varejo, é muito esperto", diz a José Despachante, outro personagem do livro.

Igor também se julgava esperto, sagaz. Forjou um esquema de narcotráfico que parecia perfeito. Mas, claro, não pensou tudo sozinho — os grandes golpes do tráfico sempre carecem de engrenagens. Não se sabe quando nem como Igor conheceu João Paulo Massaruto, goiano moreno de cabelos castanhos radicado em Gana, oeste africano, desde o início dos anos 2000. Antes, na década de 1990, JP — como é conhecido — havia se formado em geologia e procurado por ouro em Niquelândia (GO). Em 1994, solicitara autorização ao governo federal para pesquisas com o metal. Também se aventurara em invenções. São suas as patentes de uma luva para manipular alimentos e uma cartela de porta-moedas, em formato de caderno. Mas JP prosperou mesmo quando trocou Goiás pela África, onde se casou com uma militar ganesa e, como o jovem Igor, abriu uma firma de importação e exportação. Lá, conheceu o ganês Alhaji Osman el Alawa, um dos maiores traficantes do oeste da África segundo a DEA, o órgão de combate ao narcotráfico vinculado ao Departamento de Justiça dos Estados Unidos. Tornou-se braço direito do ganês e firmaram amizade sólida, conforme atesta diálogo entre ambos de maio de 2011:

— Eu sinto muito sua falta, meu chefe — confidenciou Massaruto.

— Sim, eu sei, nós sentimos a falta um do outro — rebateu Osman.

— Ok, te amo, se cuida. Obrigado por sua ligação, tchau.

Foi JP quem apresentou Osman a Igor, por ocasião de uma feira de barcos em São Paulo, segundo diria depois o jovem de Sorocaba à polícia. A afinidade do trio foi instantânea. Igor viajou para a África, e Massaruto passou a visitar Igor com frequência em Sorocaba, muitas vezes acompanhado de Osman, a quem o jovem empresário chama de "patrón".

Ninguém sabe como a cocaína pura, com selo do fornecedor, vinha da Colômbia até Sorocaba. Em uma das empresas de Igor, a M Trade, a droga era camuflada em cargas de todo tipo, sempre com um único destino: porto de Cotonou, capital do Benim, pequeno país africano espremido entre Gana e Nigéria. A escolha não era aleatória. Pobre, com economia baseada apenas na agricultura, o país se transformou, no século XXI, em um dos maiores entrepostos de cocaína vinda da América do Sul com destino à Europa. O narcotráfico corrompeu boa parte do poder público no país, tanto que, em 2007, o chefe da agência de combate às drogas no Benim foi preso, acusado de envolvimento no tráfico de cocaína. Quatro anos depois, um diplomata do país também seria flagrado com droga no Marrocos, a caminho da Europa.

A primeira carga enviada ao Benim foi etanol, ainda com pouca cocaína. Seria apenas um teste. Como deu certo, Igor exportou papel sulfite e piso, sempre recheados com a droga, conforme a polícia. O esquema passou despercebido para a polícia no Brasil, mas caiu nas teias armadas pelas polícias inglesa e francesa, que há alguns anos investigam o narcotráfico no oeste africano. A Soca, polícia inglesa voltada para o combate ao crime organizado na Grã-Bretanha e no exterior, comunicou o fato à DEA, que encaminhou ofício à Polícia Federal brasileira em 7 de abril de 2011:

"O escritório da DEA em São Paulo gostaria de informar ao Departamento de Polícia Federal (DPF), através deste ofício, sobre uma suspeita de atividades de tráfico internacional de drogas, por via marítima, do Brasil para a África e Europa, envolvendo o brasileiro Igor Tiago Silva Christea, vulgo Igor ou Papa, que é suspeito de estar enviando grandes quantidades de cocaína escondida em cargas de produtos para as quais tem licença para exportar."

Dias depois, policiais da DEA e da Soca se reuniram com a delegada Érika Coppini, da PF de Sorocaba. Repassaram a ela mais detalhes do esquema e também os números dos telefones de Igor no Brasil. Com autorização da Justiça Federal, os números começaram a ser monitorados. Era o início da Operação Seminarista, remissão direta ao livro de Fonseca. A sugestão do nome da operação veio de um dos agentes da PF em Sorocaba que havia lido a obra.

As investigações duraram pouco, mas desvendaram o período de intensa movimentação do grupo. Era maio de 2011 e Igor se preparava para enviar ao Benim pouco mais de 130 quilos de cocaína pura

COCAÍNA: A ROTA CAIPIRA          151

escondida em um carregamento de portas, com o auxílio de JP, que veio com a mulher até São Paulo para acompanhar o envio da carga a pedido de Osman, que ficou em Gana. De acordo com documento apreendido posteriormente no notebook da M Trade, Igor era dono de 98 quilos da droga — um investimento de US$ 588 mil —, enquanto o ganês tinha 11 quilos, avaliados em US$ 62 mil; outros 21 quilos pertenciam a "investidores" — possivelmente contatos de Osman na Europa, acredita a polícia.

Semanas antes, segundo a PF, Igor já havia enviado a Cotonou outros 405 quilos de cocaína escondidos em carga de válvulas para usinas hidrelétricas. Em seguida, o empresário viajou para Joanesburgo, África do Sul, e, ao retornar, comprou um automóvel e uma caminhonete zero quilômetro, no valor de R$ 164 mil. Para a polícia, tudo indicava que Igor tinha viajado à África para receber o pagamento pela cocaína remetida ao Benim.

O grupo também planejava enviar droga escondida em carregamentos de açúcar, conforme JP deixou implícito em conversa com um homem não identificado pela PF:

— O açúcar pra fazer um negócio que pra aquele que tiver dentro do time não sair mais depois, ficar lá dentro, vão vender a média de 12,5 mil mínimo por mês! Mínimo por mês! Vai dar aí na faixa de 5 milhões de dólares de lucro por mês!

Marcos Marcelino, funcionário da M Trade, comentou com o irmão, Fábio, amigo de Igor e responsável pelas tratativas na aduana no porto de Santos, os planos futuros do patrão:

— O Alemão [Igor] tá querendo começar a correr mais forte, já que o cimento deu uma esfriada, e ia comprar isso mais forte, e é bom mesmo que aí dá pra engatar aquele negócio de novo lá, com açúcar. [...] Tô animado com esse negócio aí.

Foi o próprio Igor quem tratou de construir o esconderijo na carga de 254 portas e batentes. Com a ajuda de Fábio, embalou duas portas com caixas de madeirite, cobertas com papelão. No dia 16 de maio, trabalhou até tarde na M Trade. Quase 23 horas, seu celular tocou. Era a namorada, querendo saber onde Igor estava:

— Tô trabalhando no barracão, o Fábio tá comigo. Tô indo e voltando pro barracão.

Igor nem desconfiava, mas naquele momento era discretamente filmado por uma equipe de agentes da PF próxima à fachada do galpão. Dava para perceber que a carga que o empresário retirava do porta-malas do carro e levava para o barracão era pesada: o rapaz tinha as pernas e os braços afastados, e a coluna arqueada. A ação foi descrita depois em relatório confidencial da polícia:

"Nota-se que Igor retira algo bastante pesado do seu veículo, enquanto Fábio segura a porta para que ele entre na empresa. Após Igor ter tirado o objeto bastante pesado de seu veículo, ele foi à sua casa e voltou à empresa. Ele fez esse trajeto por mais duas vezes, ou seja, há fortíssimos indícios de que tenha ido buscar a carga de cocaína que iriam embalar. Levando-se em conta que um homem consegue, em média, carregar sozinho um peso de aproximadamente 50 quilos, Igor dividiu os 137 quilos de cocaína em três viagens."

Na manhã do dia seguinte, as portas foram colocadas no contêiner, dessa vez no meio da rua em frente à M Trade, à vista de todos — para a PF, uma estratégia para evitar qualquer desconfiança dos vizinhos a respeito do negócio. O serviço foi acompanhado por Massaruto, que deixou a mulher, grávida, internada com sangramento em um hospital de São Paulo. Igor telefonou a ele e orientou o comparsa a colocar as caixas maiores, mais pesadas, onde estava a droga, no fundo do contêiner:

— Lembra que as duas pesadas primeiro.

— Elas já estão marcadas — disse JP.

A carga seguiu então para o porto de Santos, acompanhada por Fábio Marcelino, responsável pelas tratativas na aduana. No dia seguinte, 18, Massaruto prestou contas para Osman do carregamento — o próprio ganês estivera em Sorocaba no dia 6. A conversa, em inglês, foi traduzida pela PF:

— Ali baba — saudou JP. — Estou no escritório agora. [...] Deixe-me dizer algo, ontem eu e outras pessoas, nós enchemos o... já foi, ontem, para fora. Eu tirei fotos, eu fiz filme para mostrar pra você, ok? [...] Eu disse ontem a você: estou feliz. [...] Contêiner cheio. [...] Ontem saiu, chegou no outro lugar, no estacionamento. Lá, talvez amanhã, no máximo domingo já foi.

No dia 19, no entanto, surgiu um entrave. À tarde, Fábio telefonou para Igor. Eles pareciam preocupados com a possibilidade de o contêiner ser aberto pelos fiscais do Ibama no porto:

— Não querem ver uma por uma [porta], né? — perguntou Igor.

— Não, não vão pegar. Eles vão pegar umas três ou quatro ali da frente mesmo, vão abrir e vão ver qual é que é, entendeu? A hora que eles verem, cara, o jeito que tá lá dentro lá, eles não vão nem querer...

— Vai dar medo de ver — interrompeu o empresário, claramente aflito. — Tão bagunçado que tá, dá até medo de olhar!

— É verdade, né, cara, sinceramente, tô falando de peito aberto, Alemão, a hora que eu fui pra Santos hoje eu tava nervoso, sabe? Mas agora eu tô mais tranquilo, cara, por saber o procedimento, os caras tá lotado de trabalho, eles não vão querer ver o contêiner inteiro nem fodendo! Entendeu? Eles não vão contar uma por uma nem fodendo! Eles só vão querer ver o material, de repente eles vão até serrar uma porta lá, sabe? Mas vão pegar aquelas que estão na frente lá, serrou e um abraço!

Minutos antes, Fábio havia conversado com Joyce, funcionária de uma empresa de despachos aduaneiros no porto, sobre a inspeção dos fiscais.

— Como funciona essa inspeção? — perguntou Fábio.

— Vai ter que posicionar o contêiner no desk e eles vão lá fiscalizar a carga.

— Vai ter que tirar tudo [a carga]?

— Não, só olham por cima.

Fábio pareceu mais aliviado.

— É que tem 250 portas lá, eu vi o pessoal colocando, e foi um sacrifício, mas se tem que fazer, tem que fazer...

Mas o comparsa de Igor queria ter certeza de que o fundo do contêiner, onde estava a cocaína, não seria mesmo inspecionado. E voltou a questionar Joyce:

154 ALLAN DE ABREU

— Eles vão abrir o contêiner lá, vão dar uma olhada no número de portas, de batentes, e daí liberaria, seria simples assim?

— Sim, aí ele autoriza, ele vai ver se é MDF mesmo, e aí bate um carimbo atrás da nota fiscal de exportação autorizando...

— Alguém da empresa pode acompanhar isso?

— Não.

O problema, disse Joyce, é que os fiscais do Ibama estavam sem automóveis disponíveis, e a inspeção ficaria apenas para a semana seguinte. O atraso afetaria os planos de Osman, que aguardava a cocaína no Benim o quanto antes. Fábio voltou a ficar inseguro. E tentou outra jogada: propina.

— Deixa eu te falar um negócio, mas aí não vai ficar nervosa.

— Imagina, pode falar.

— A gente cadastra certinho, bonitinho, mostra [...] toda a documentação, será que não tem como chegar e adiantar uma taxa lá pro pessoal pra pegar esse navio?

— Eu acho que não, porque eu falei pra ele, "pô, mas não tem como adiantar, tem navio esse fim de semana, eu preciso, eu não posso perder esse navio, não tem outro jeito?". Ele falou que não.

A maior ameaça à carga, entretanto, não eram os fiscais do Ibama. O relógio passava das 22 horas daquele dia 19 quando os agentes e delegados da Polícia Federal chegaram ao terminal de cargas do porto de Santos. O contêiner foi levado para um pátio fechado e aberto com autorização da Justiça Federal. Os 137,7 quilos estavam em 131 tabletes, escondidos nas duas caixas preparadas por Igor, ensanduichadas no meio das portas. Toda a droga foi retirada, mas as portas foram todas recolocadas no contêiner e devolvidas ao terminal, para que embarcassem dois dias depois. O objetivo era ganhar tempo — o navio demoraria pelo menos doze dias para chegar ao Benim — para identificar os fornecedores da droga para o rapaz de Sorocaba. Sem saber da apreensão da cocaína, um efusivo Igor telefonou para Osman no dia 24:

— Oi, patrón!

— E a outra coisa, já saiu? — perguntou Osman.

— A sua já!

COCAÍNA: A ROTA CAIPIRA                    155

— Minha? Já saiu?

— As duas coisas já saíram, a geladeira, a máquina de arroz, já vai tudo embora! [...] Eu coloquei mais coisas também, eu coloquei portas.

— Portas?

— Porta, é...

— É? Tá brincando...

— Beleza? [...] É isso aí, patrón! Um abraço!

De fato, o grupo planejava, para os próximos dias, o envio de um carregamento de eletrodomésticos para o Benim, com mais 300 quilos de cocaína. Quem explicou o plano foi Massaruto, em conversa com Osman:

— É a mesma quantidade que nós falamos? — perguntou Osman.

— A família lá, o menino alto, o menino alto é um trinta, 1.30 [130 quilos, segundo a PF].

— Tudo bem.

— E o outro menino, eu acho, não tenho certeza, eu acho que o outro menino é 3.0 para o próximo, dez dias depois.

— Tudo bem, tudo bem.

— Três zero zero [300 quilos].

Paralelamente ao envio de cocaína em grande escala pelo porto de Santos, Igor Christea negociava quantidades menores da droga com o nigeriano Okechukwu Leonard Ofoha. Quem buscava a droga em Sorocaba, de táxi, era a mulher dele, a brasileira Luciene Cristina Martins Santos. A PF suspeita que Luciene enviava a cocaína ao marido na Nigéria por meio de mulas.

Durante o mês de maio de 2011, Luciene comprou de Igor 46 quilos de cocaína. A primeira aquisição foi no dia 3. A mulher recebeu do empresário, em um hipermercado de Sorocaba, uma bolsa com 10 quilos da droga, pela qual pagou US$ 55 mil. A PF acompanhou a negociação, mas decidiu não apreender a cocaína na tentativa de identificar mais envolvidos. No dia seguinte, Leonard telefonou para Igor. Disse estar com o dinheiro. O empresário respondeu que "tem 20". Novo encontro dele com Luciene no mesmo dia. Igor enviou mensagem no celular da mulher, disse que iria se atrasar por receio de uma blitz da Polícia Militar:

"Espera mais um pouquinho... tem comando aqui to com medo d passar... vou fazer outro caminho."

Ele entregou 15 quilos de cocaína a Luciene por US$ 90 mil. A PF tentou interceptar o táxi da mulher na volta para São Paulo, mas perdeu contato com o veículo. Três dias depois, novo encontro em Sorocaba. Luciene entrou no carro de Igor, pediu mais droga, mas o empresário não entregou nada. A mulher ainda tentou devolver 2 quilos de cocaína, tentando desfazer parte da compra anterior, mas Igor não aceitou.

O último encontro, novamente no hipermercado, foi no dia 19. Igor entregou a ela mais 22 quilos de cocaína pura. Minutos depois, o táxi foi interceptado pela Polícia Militar, a pedido da PF, na rodovia Castello Branco, a caminho da capital.

Dias depois, da cadeia, Luciene telefonou para Igor. Disse ter sido presa, pediu ajuda. O empresário prometeu auxílio, mas passou a temer que alguém tivesse pego seu número de telefone e suas mensagens registradas no celular dela. Mesmo assim, não abandonou o esquema. Dias depois, Leonard veio ao Brasil e pediu mais droga para Igor. Ele chegou a se encontrar com o rapaz em Sorocaba.

Era 8 de junho, uma quarta-feira, e o navio com o contêiner de portas se aproximava do golfo da Guiné, onde fica Cotonou. O fornecedor da cocaína para Igor continuava desconhecido da PF, mas não dava mais para adiar a chamada fase ostensiva da Operação Seminarista. No raiar da manhã, os agentes da PF se espalharam para cumprir oito mandados de prisão preventiva e outros doze de apreensão. Igor foi detido na chácara de Salto de Pirapora, onde morava. Também foram presos JP, em Goiânia, Marcos Marcelino, em Sorocaba, e Leonard Ofoha, em São Paulo.

No dia anterior, a polícia do Benim, com auxílio da Soca inglesa, apreendera os 405 quilos de cocaína que, conforme a PF, foram enviados por Igor em um carregamento de válvulas para usina hidrelétrica, que havia chegado ao porto de Cotonou dias antes — a apreensão não foi comunicada de imediato à PF. Para a delegada Érika, que coordenou a Operação Seminarista, faltou comunicação entre as polícias brasileira e inglesa.

COCAÍNA: A ROTA CAIPIRA 157

— Se a gente soubesse que eles continuavam investigando o grupo na África, teríamos deixado a droga apreendida no carregamento de portas chegar ao Benim, porque, mesmo se prendesse lá, poderia se passar por uma apreensão normal, de rotina. Aqui, do jeito como fizemos a blitz, à noite, com o contêiner prestes a embarcar, eles saberiam que haveria uma investigação maior, contra todo o grupo.

Os fatos investigados na Operação Seminarista foram desmembrados em dois processos judiciais distintos na 1ª Vara da Justiça Federal em Sorocaba: um envolvendo a apreensão no porto de Santos, e outro, o flagrante na rodovia Castello Branco. Neste último, Igor foi condenado em janeiro de 2012 a dez anos de prisão, Leonard, a nove anos e quatro meses, e Luciene, a oito anos e quatro meses, todos por tráfico e associação. Na ação relativa à cocaína apreendida em Santos, nova condenação por tráfico e associação para o tráfico internacional: o empresário recebeu pena de 27 anos, JP, 22 anos, e Marcos, dez anos. Todos apelaram da sentença ao TRF, que reduziu as penas de todos os réus. Em novembro de 2016, havia recursos ao STJ não julgados. Nessa data, Osman permanecia foragido, procurado pela Interpol. Fábio só seria preso no início de 2016. Mesmo assim, em novembro de 2013, o brasileiro, mesmo com paradeiro desconhecido, seria condenado a dezoito anos de prisão por tráfico e associação para o tráfico internacional. Um inquérito na Polícia Federal, inconcluso até novembro de 2016, investigava o envolvimento de Igor na apreensão dos 405 quilos de cocaína flagrados na África em meio à carga de válvulas.

Escrevi cartas com pedidos de entrevista para quase todos os acusados de liderar grandes esquemas de tráfico citados neste livro. Igor Christea foi o único que respondeu, em 2013, dizendo que não seria possível colaborar. "Acredito que o senhor não estudou o meu processo, pois se assim tivesse feito saberia que eu e meus amigos, também presos, fomos vítimas de um abuso da polícia e também vítimas que foram usadas como terceiros de boa-fé por um grupo de criminosos que no momento devem estar gozando dos frutos de suas empreitadas no Brasil", argumentou.

Para o jovem empresário, a Operação Seminarista foi um "tapa--buraco". "Hoje em dia sabemos o que realmente aconteceu, sabemos como os depoimentos foram criados para nós permanecermos como alvo, pois aqui, nesse local, ficamos sabendo de tudo por bocas despercebidas e nervosas de presos estrangeiros. Estamos focados, estudando falhas, para assim mostrarmos o real final dessa novela."

Na ficção, esse fim é conhecido. Depois de assassinar a namorada de José, Ziff termina brutalmente morto por ele: suas mãos são decepadas antes do tiro certeiro na testa. Vingado, o matador retoma a rotina de pistoleiro, agora com o apelido de Seminarista. "Eu continuava sendo o que sempre fui, ainda que tivesse mudado de nome." Persistia assim o crime, nas drogas ou na bala, com outros protagonistas. Entre eles um certo Mário Sérgio, chamado por todos de Pai, fundador e líder de uma multinacional do tráfico que quis levar cocaína pelo fundo do mar.

# 7

# Águas profundas

Sentado a uma mesa discreta, nos fundos de uma churrascaria no Itaim Bibi, área nobre de São Paulo, Mário Sérgio estica as costas e cruza os dedos das mãos em frente ao rosto. Parece absorto. Nem desconfia que, na mesa em frente, um agente da Polícia Federal tenta ouvir o rumo da conversa entre ele e seu faz-tudo Reinaldo Cinquetti, de pele clara e suíças, não à toa apelidado de Secretário.

— Temos que desenvolver um método de trabalho — diz Mário Sérgio, fixando os olhos na expressão atenta do subordinado. — Nós temos o computador e o black [BlackBerry Messenger, aplicativo de mensagens com sofisticado sistema de criptografia] para conversarmos só o essencial.

Naquela tarde, foi só o que o agente conseguiu ouvir do sussurrante Mário Sérgio — um senhor de meia-idade, sobrancelhas arqueadas e olhar penetrante que em pouco mais de duas décadas, graças à discrição e cuidados extremos de comunicação, criara uma verdadeira multinacional das drogas. Baseado na economia de mercado, ele se aproveitou da extrema liquidez da cocaína e globalizou o narcotráfico mundo afora por meio dos mais variados meios de transporte — mulas, navios, aviões e até submarinos — e técnicas inusitadas, como transformar a droga em um tecido ou plástico, acima de qualquer suspeita...

Verdadeiro "broker" do tráfico, Mário Sérgio dispunha de logística suficiente para vender cocaína nos mais cobiçados mercados da Europa e Ásia. Seu faturamento bruto girava em torno de US$ 5 milhões por semana. Dinheiro escondido em espécie ou aplicado em contas de laranjas em lugares como Holanda, Dubai, Coreia do Sul, Angola, Venezuela. Só no Brasil seu patrimônio é estimado pela PF em US$ 70 milhões, incluindo nove fazendas em Mato Grosso e dezenas de imóveis e empresas em Goiás e Ribeirão Preto (SP), bases de seus negócios legalizados. Quase tudo em nome de parentes.

Um esquema engenhoso, tão grandioso quanto invisível.

Sem rastros.

Mário Sérgio e seu grupo passaram anos longe dos radares da PF, graças ao seu metódico líder, que se valia de meios de comunicação criptografados, códigos alfanuméricos e técnicas de contrainteligência para detectar qualquer aproximação suspeita em encontros da quadrilha. Mário Sérgio nunca se deixava seduzir pela ganância do lucro fácil, diante de qualquer risco mínimo:

"Se eu nao ganhar nada e nao tiver que gastar alguns anos da minha... Da sua... Da de outro filho... Pagando advogado e sofrendo... Eu prefiro", anotou certa vez em mensagem de celular.

Quem primeiro farejou algo de errado nos negócios tão bem-sucedidos de Mário Sérgio foi a CGPRE, órgão central de combate ao narcotráfico na PF em Brasília.[1] No fim de 2011, agentes escanearam seus negócios e vigiaram por semanas uma de suas fazendas em São Félix do Xingu (MT), onde havia uma pista de pouso erma, perfeita para o tráfico. Mas nem sinal de aviões.

Tudo parecia dar errado nas primeiras semanas de investigação. Os três agentes designados para investigar o grandioso esquema a partir de Goiás tateavam no escuro, com pistas fracas e pouquíssima informação. Era como se um elefante grande e gordo conseguisse passar despercebido atrás de uma touceira de mato... Mário Sérgio não parava de surpreender os policiais. Nunca conversava sobre tráfico em telefones convencionais, nem agendava reuniões. Em vez do e-mail, preferia o "privnote", serviço on-line que destrói a mensagem assim que é lida pelo destinatário. Impossível recuperá-la.

COCAÍNA: A ROTA CAIPIRA 161

O que a PF desconhecia até então era que a DEA acompanhava toda a saga de Mário Sérgio desde os anos 1990. Seus agentes secretos sabiam que o pernambucano de Olinda havia se mudado para Ribeirão Preto na década de 1970, onde seguiu carreira de contabilista e empresário, dono de fábrica de rolamentos. Na cidade paulista, casou-se e teve duas filhas. O primeiro esbarrão entre Mário Sérgio e a polícia brasileira viria em 1985, no norte do Paraná, quando foi um dos alvos da Operação Eccentric, parceria da PF com a DEA que desvendou um megaesquema de tráfico no Brasil comandado pelos chefões do cartel de Medellín em parceria com o empresário de Londrina Gilberto Yanes Cruz, patrão de Mário Sérgio, segundo a PF. Yanes chegou a ter oito empresas, fazendas e uma frota de aviões no norte paranaense. Com as aeronaves, levava insumos para o refino da pasta-base no Paraguai e Bolívia e trazia o cloridrato até o interior paulista. O esquema movimentava 1 tonelada de cocaína por mês. Mas a prosperidade de Yanes no crime durou pouco. Ele morreria em fevereiro de 1985, uma semana antes da deflagração da Eccentric, vítima de um acidente aéreo no Paraguai. O empresário era copiloto de um Baron que trazia 600 quilos de cocaína para o Brasil. A PF suspeita que o avião tenha sido sabotado por um traficante boliviano a quem Yanes devia US$ 400 mil.[2]

Mário Sérgio acabaria absolvido no caso. Rumou para a Colômbia, conforme ele mesmo revelaria:

"Depois que o gilbverto morreu... [...] Eu fui trabalhar la no pepe direto" — Pepe era como ele se referia ao país, provavelmente uma referência a Los Pepes, "Perseguidos por Pablo Escobar", grupo paramilitar que caçou o megatraficante no início dos anos 1990.

No país vizinho, Mário Sérgio firmou contatos com lideranças do cartel de Medellín ligadas a Yanes e passou a comandar o transporte de cocaína colombiana até o litoral do Suriname, onde a droga era arremessada em tonéis e embarcada em pequenos navios com destino a Cabo Verde, no litoral africano, entreposto para as ilhas Canárias e, por último, a Espanha. A DEA estima que Mário Sérgio tenha distribuído pelo menos 3 toneladas pela rota. Muitas vezes, ele mesmo acompanhava aviões com cocaína partindo do Suriname com destino a Cabo Verde.

162 ALLAN DE ABREU

Em dezembro de 1996, o empresário e o piloto Raimundo Almeida da Silva voaram com 73 quilos de cocaína até o país africano. Lá, em uma pista clandestina, outro brasileiro aguardava pela carga. Todos foram presos em flagrante pela polícia local.

Mas Mário Sérgio ficaria apenas trinta dias atrás das grades. Subornou funcionários do governo e fugiu da penitenciária no início de 1997, escondido em um cesto de roupas sujas a caminho da lavanderia. Voltou à Colômbia e, no dia 24 de janeiro, foi detido novamente com mais 73 quilos de cocaína. A DEA não conseguiu apurar se houve condenação judicial nesse caso. Fato é que, nessa época, Mário Sérgio passou a trabalhar para o megatraficante goiano Leonardo Dias Mendonça. Em 1998, chegou a levar cocaína escondida em turbinas de aviões da Colômbia para os estados norte-americanos do Texas e Ohio. Mas, diante de sucessivas apreensões da droga nos Estados Unidos, abortou a rota. E retomou seus contatos no Suriname. No fim da década, era considerado o maior traficante em atuação no país vizinho. Tornou-se amigo do filho do então presidente surinamês, Ronald Venetiaan, e doou US$ 50 mil, provenientes do tráfico, para a vitoriosa campanha à eleição de Ronald, em 2000. Em troca, segundo a DEA, mantinha sua rota da coca no país sem ser importunado pela polícia surinamesa. Ao mesmo tempo, alimentava em Ribeirão Preto a fama de empresário da construção civil, com dezenas de imóveis espalhados pela cidade, produto da lavagem do dinheiro do tráfico.

Um novo revés viria em 1999, dessa vez no Brasil. Na tarde do dia 14 de setembro, agentes da Polícia Federal que investigavam os negócios de Dias Mendonça na operação Diamante flagraram em uma fazenda dele em Buriticupu, interior do Maranhão, um Cessna pousando com 141 quilos de cocaína, vindos de Barrancominas, Colômbia, com destino ao Suriname. Cinco foram detidos. À Justiça, todos confirmaram que a cocaína fora comprada no país vizinho por Mário Sérgio. Ele acabou preso dois meses depois. Em junho de 2000, foi ouvido pela CPI do Narcotráfico na Assembleia Legislativa paulista. Seus negócios em Ribeirão vieram à tona. "Uma pessoa que é contabilista não tem condições de construir prédios como os que ele fez na cidade", disse um dos

COCAÍNA: A ROTA CAIPIRA 163

relatores da comissão, deputado Celso Tanaui.[3] "Lá ele tem shopping, lá ele tem vários apartamentos, lá ele tem vários prédios. Faz um prédio de apartamentos por ano", completou o deputado Conte Lopes.[4]

No mesmo ano, Mário Sérgio conseguiu deixar a cadeia por meio de um habeas corpus. Voltou à Colômbia e, de acordo com a DEA, se aproximou de Diego León Montoya Sánchez, o Don Diego, um dos líderes do cartel do Norte do Vale, o mesmo de Juan Carlos Ramírez Abadía. Em 2003, misteriosamente, Mário Sérgio desapareceu do país e Don Diego chegou a oferecer US$ 1 milhão de recompensa para quem localizasse o paradeiro do brasileiro. O que o capo não sabia é que, no ano seguinte, Mário Sérgio passara a transportar cocaína da Colômbia para o Suriname a serviço de José María Corredor Ibagué, o Boyaco, um dos líderes das Farc, responsável por uma rede de transporte aéreo da cocaína colombiana até a Venezuela, Suriname, norte do Brasil e México. O dinheiro que ganhava era aplicado em grandes carregamentos de cocaína que ele próprio despachava para a Espanha. Em 2007, a guarda costeira espanhola flagrou um navio com 1,1 tonelada de cocaína. Para a DEA, a droga era de Mário Sérgio.

Em pouco tempo o empresário de Ribeirão criaria seus próprios esquemas no tráfico, sempre diversificados — ele aprendera, em anos de tentativa e erro, que a dependência de uma única rota fatalmente atrairia a atenção da polícia. Em dezembro de 2012, um de seus subordinados conversou com um traficante da Índia sobre o transporte de cocaína pela América do Sul:

"Barco ou avião?", perguntou o indiano, em holandês.

"Como você quiser", respondeu o subordinado. "Posso fazer muito mais do que você pensa."

Eram sempre "multitoneladas" de coca, na expressão da DEA, transportadas por aviões até o Suriname ou em barcos pelo rio Amazonas até a África e a Europa. Outro caminho era pela Bolívia e o Paraguai, de onde a droga seguia até São Paulo via rota caipira ou até a Argentina e Uruguai, sempre com o auxílio de quadrilhas do leste europeu e Oriente Médio baseadas em Ciudad del Este, Paraguai. Em dezembro de 2012, Mário Sérgio negociou com um deles:

"Eh, certeza que eles conseguem chegar na Simone [gíria do grupo para São Paulo, capital] em janeiro", perguntou o capo.

"Sim!! Foi isso que combinamos."

"Mas se for + tipo 300 [quilos]?"

"Preço 6 [US$ 6 mil o quilo para] Simone."

Meses depois, planejou enviar cocaína escondida em cargas de peixe a partir do Equador:

"O peixe pode ser do equad?", perguntou em mensagem de celular a um acólito surinamês. Ele mesmo respondeu. "Pode. Mais equad e quente [risco de apreensão]. Entao nao pode. Paty [Panamá] o[u] simone [São Paulo] são melhoers."

O núcleo duro de Mário Sérgio, seu círculo mais próximo de colaboradores, estava em Goiás: os quatro irmãos Bom, todos muito morenos e corpulentos, filhos de um holandês com uma brasileira. O principal deles era Celso Herbert Miguel Bom, responsável por organizar o transporte de grandes carregamentos de cocaína do capo, superiores a 1 tonelada, a maior parte por rotas marítimas entre a Venezuela, onde Mário Sérgio tinha três grandes barcos, e o Suriname, com destino à Guiné, África. A partir de junho de 2012, ele passou a manter uma base de operações na Cidade do Panamá, onde fez contato com funcionários de empresas de transporte marítimo do mundo todo e com cartéis da Colômbia e do México, incluindo um representante do cartel mexicano de Sinaloa, identificado pela DEA como Jose Alcara, ou El Artista.

Patrícia, a mais nova dos irmãos Bom, era secretária de Mário Sérgio. César, policial militar em Goiás, primogênito da família, pesquisava CPFs para a quadrilha cadastrar chips de celular e também checava placas de carros de outras quadrilhas de traficantes e da própria polícia — um serviço de contrainteligência. Cláudio, que morava na Holanda, cuidava do dinheiro de Mário Sérgio na Europa.

Mário Sérgio doutrinou os irmãos Bom. Não à toa, todos só o chamavam de Pai. O empresário não permitia que falassem de narcotráfico no celular, censurava a bebida e o uso de drogas. Todos tinham de zelar pela discrição e reportar ao líder todos os seus atos. Embora tivessem um padrão de vida elevado, morando em mansões, com carros de luxo

COCAÍNA: A ROTA CAIPIRA 165

e viagens por todo o mundo, os irmãos dependiam do empresário de Ribeirão para tudo. Celso, que morava em uma mansão na zona rural de Aparecida de Goiânia (GO), pediu R$ 2 mil a Mário Sérgio para a ceia do Natal de 2012:

"Pai ruma hj [hoje] pls [please] 2 mil pra seu filho tem como", pediu Celso, em mensagem por celular. "Quero fazer algumas coisas pra natal com a familia pls."

"Vou tentar nao sei se consigo pra amanha. Hoje nao tem como", respondeu o empresário, que nessa época já era considerado foragido da Justiça — em 2010, segundo o Ministério Público, não havia mais como recorrer de sua pena de dez anos de prisão pelo flagrante do Maranhão.

Naquele mesmo ano de 2010, Mário Sérgio e os Bom jogaram suas fichas em uma cartada ousada e cara: a construção de um submarino na África, em parceria com o colombiano Henry de Jesús López Londoño, o Mi Sangre, maior fornecedor de cocaína para o cartel mexicano Los Zetas e líder do grupo paramilitar Autodefensas Unidas de Colombia (AUC).[5] Pelo plano, a cocaína sairia do litoral venezuelano em barcos de Mário Sérgio até o alto-mar no Suriname, onde seria realocada no submarino, que partiria até Cabo Verde, de onde a droga seria despachada em navios cargueiros até a Europa. Transportar cocaína pelo fundo do mar é sinônimo de lucro certo devido à dificuldade em se detectarem submarinos — a guarda-costeira norte-americana estima que, para cada submergível apreendido no litoral dos Estados Unidos, nove cheguem tranquilamente ao destino.

Por isso, Mário Sérgio apostou alto. Por meio de Celso, repassou US$ 20 milhões para traficantes colombianos, entre os quais US$ 5 milhões para Mi Sangre. Mas o projeto nunca foi adiante, segundo a DEA, e o empresário brasileiro ficou com o prejuízo. Em setembro de 2012, um mês antes de Mi Sangre ser preso na Grande Buenos Aires pelas polícias argentina e colombiana, Celso comentou em portunhol o prejuízo com um traficante espanhol, identificado apenas como Turco:

"Inf[el]izmente tuve este problema e mucha perca de plata com ninja [Mi Sangre] que me complicou me vida toda."

166 ALLAN DE ABREU

Àquela altura, Mário Sérgio já tocava outro projeto para a construção de um submarino em Conacri, capital da Guiné, por meio de Reinaldo Cinquetti e Celso. Dono de uma empresa de mineração no país, a Conabras Mining, Celso tinha amizade com o alto escalão do governo guineense, de quem conseguiu a garantia de que a construção do submergível não seria atrapalhada pela polícia do país. A dupla também era responsável pela compra dos materiais necessários para a embarcação na China, no México e nos Estados Unidos. O custo estimado pela DEA para a construção da embarcação era de US$ 3,5 milhões, a maior parte bancada por Mário Sérgio. Cinquetti chegou a pagar US$ 150 mil apenas para conhecer um submarino utilizado pelo tráfico na Colômbia.

A primeira reunião para a discussão do projeto ocorreu em janeiro de 2012, na Cidade do Panamá. Reinaldo e David Dola — surinamês subordinado a Mário Sérgio — se encontraram com os engenheiros colombianos Jose Miller Torres Aguirre, Luis María Rentería Aragon e Fernando Truque Cordoba para combinar as linhas gerais do plano. Dois meses depois, os engenheiros foram a Conacri conhecer o local em que o submarino seria montado, com o auxílio de onze empregados africanos e maquinário da Conabras. Ao mesmo tempo, Celso negociava a compra de 5 toneladas de coca — a capacidade máxima do submarino — com o mexicano Jose Alcara.

Agentes da DEA infiltrados no grupo de Mário Sérgio conseguiram informações detalhadas do submarino. A embarcação teria 28 metros de comprimento, 3 de largura, 3 de altura e peso aproximado de 145 toneladas. Seria tripulada por seis pessoas. O revestimento planejado era metal e fibra de vidro, com chumbo no fundo para estabilizá-lo durante a viagem. Uma hélice de propulsão seria alimentada por motor a diesel de 350 cavalos, e outra por energia elétrica gerada por 420 baterias navais, de longa vida.

Como nos planos de 2010, o submarino seria carregado com as 5 toneladas da droga na costa do Suriname pelos barcos de Mário Sérgio ancorados na Venezuela. Durante o dia, por 12 horas, o submarino viajaria a 15 metros de profundidade, orientado por um sonar. À noite,

COCAÍNA: A ROTA CAIPIRA 167

subiria para 3 metros abaixo da superfície do mar, só vindo à tona para soltar a fumaça do motor. Na costa de Portugal, segundo a DEA, a cocaína seria transferida para um navio grego, que a deixaria em um porto português não identificado pelos agentes americanos.

Em e-mail encaminhado a um funcionário da Conabras na África, Celso repassou a ordem para adquirir parte dos suprimentos para a construção do submarino: "ja tenho toda lista de material da draga [submarino] do pessoal [engenheiros colombianos] com quem Secretário [Cinquetti] teve aí [Conacri], pra Sam importar o material pesado e comprar tudo o que pode ser comprado aí [Conacri] ele tem que falar quanto custa tudo e em quanto tempo chega ok. Eu mando todo o dinheiro ai pra ele e tudo... pra ele importar e comprar tudo."

As tratativas para o projeto do submarino coincidiram com o início do monitoramento, com autorização da Justiça, dos aparelhos BlackBerry utilizados pelo grupo. Até então, era impossível para a PF rastrear o aparelho porque as mensagens tinham uma dupla codificação e a comunicação passava por servidores no Canadá, sede da empresa RIM, fora do alcance da Justiça brasileira. Só depois que o Ministério da Justiça fez um acordo com a empresa foi que agentes da PF foram ao Canadá e desenvolveram um software para monitorar as conversas, em julho de 2012. De cara, os agentes notaram que o grupo de Mário Sérgio possuía vários aparelhos, um para cada tipo de conversa. O líder, por exemplo, usava o apelido (nickname) "Sergei" para as atividades lícitas e "Novais" para as tratativas do narcotráfico.

As primeiras mensagens já revelaram que o projeto do submarino caminhava a todo vapor. Celso afirmou ao irmão Cláudio que já visitara vários locais de construção de submarinos, chamados por eles de "barba" ou "tarro", e demonstrava confiança no projeto, com expectativa de altos lucros:

"10, 20, 30 mil [US$, possivelmente despesas do submarino] e [é] nada comparado o que ele pode ganhar no total."

Ele enfatizou a prioridade do orçamento:

"Amigo temos e precisamos do orcamento total de tudo, pai mesmo tinha te falado. Temos que saber quanto cada 1 tem que liberar, quanto vamos gastar."

E a discrição:

"Tudo no puro silencio principalmente por onde o povo vai trabalhar."

Turco era um dos financiadores do submarino. Por isso, pressionava Mário Sérgio para acelerar o projeto:

"Precisamos que las cosas funcionen", escreveu o brasileiro.

"Sr es lo q mas deseo yo / Mas que nadie / A mi interessa mi tarro sr / Usted lo sabe / Pero es q Negro [Celso Bom] aveces es difícil sr no se deja ayudar mucho."

"A mi también", respondeu Mário Sérgio. "Lo entendo perfectamente."

Celso também cogitou construir outro submarino na Guiana. O convite foi feito a um traficante indiano apelidado de Hindu. A conversa, em holandês, foi traduzida pela PF:

"Que tipo de capacidade você tem em Guiana ou em casa [Suriname] para construir secretamente algo profundo? E fazer isso juntos se você quiser."

"Tenho que discutir isso", respondeu o indiano.

"Submerso", reforçou Celso. "Vou precisar de ajuda por 3 meses, importar materiais, segurança, um local bastante profundo e um barco e uma rota segura. Mas ao longo de um rio profundo. É o melhor, o mais rápido e o mais seguro. Mas isso é a terceira e quarta prioridade. Temos que discutir isso em pessoa, mas é uma grande oportunidade e eu consigo construí-lo."

A ideia não prosperou. O foco do "projeto tarro" voltou-se para a África.

Escaldado pelo prejuízo com Mi Sangre, Mário Sérgio decidiu que só iria investir capital na construção do submarino com dinheiro da cocaína que traficasse dali em diante. Por isso, primeiro iniciou tratativas com grupos de nigerianos radicados em São Paulo para enviar carregamentos da droga dentro de contêineres de aviões com destino à Europa, que seriam pouco fiscalizados tanto no embarque quanto no desembarque. O grupo tirava fotos das malas recheadas de cocaína e também do contêiner, que depois eram enviadas para os destinatários europeus para que identificassem e retirassem a encomenda, como Celso explicou para Mário Sérgio em setembro de 2012:

"A cx [caixa] colocamos algums dethales e tiramos as fotos e mandamos com 2 dias [de antecedência] antes para eles."

"Estao cobrando fazer no vacuo OK", escreveu Celso para Mário Sérgio — referindo-se à embalagem a vácuo.

"Isso eh fácil", respondeu o empresário.

"Importante que nao tem cheiro", reforçou Celso.

O esquema foi combinado em uma reunião naquele mês em frente a um hotel no bairro da Aclimação, São Paulo. Entre os participantes, Mário Sérgio, Celso, seu irmão Sérgio, Reinaldo e o nigeriano Chikwendu Abraham Okolo, o Jhony. Ao encerrar o encontro, o capo mandou Reinaldo comprar mala e roupas usadas em um brechó para acondicionar os tabletes de droga. Seriam enviados 7 quilos, como teste. O pagamento dos compradores europeus seria depositado na conta de Mário Sérgio em Angola para posterior transferência ao Brasil. Nos diálogos, pela primeira vez o empresário deu detalhes da logística que seria empregada: um voo no dia 14 da empresa aérea holandesa KLM Royal Dutch Airlines com escala em Amsterdã e Paris como destino final.

Os agentes se prepararam para apreender a droga no aeroporto de Guarulhos quando Jhony recuou. Disse a Mário Sérgio ter sonhado naquela noite que três pessoas haviam sido presas pela polícia no aeroporto. Impressionado, procurou seu "guia espiritual", que teria pedido para que ele rezasse por uma semana e não mantivesse contato com o grupo do empresário de Ribeirão. Mário Sérgio enfureceu-se. Dois dias depois, encaminhou mensagem no BBM do nigeriano:

"Eu quero saber de vc se há possibilidade de trabalhar essa semana [próxima]. Porque eu mobilizei muita gente. Aqui estao pessoas da Europa. E eu nao gosto de passar por mentiroso perante meus empregados ou quem seja. Eu mobilizei essas pessoas acreditando na sua palavra."

O nigeriano aquiesceu, mas a estratégia não vingou.

Por isso, naquele fim de setembro, o grupo de Mário Sérgio passou a estudar alternativas, como o envio da droga escondida em navios cargueiros ancorados no porto de Santos. O plano era enviar 500 quilos da droga oculta em carros e caminhões dentro dos navios também. Não deu certo.

Mário Sérgio decidiu então procurar em Londrina (PR) José Laurindo Filho, antigo parceiro no tráfico — haviam sido presos juntos no norte paranaense nos anos 1980 na Operação Eccentric. Mário Sérgio precisava de alguém com estrutura para embarcar cocaína em Santos. Laurindo indicou sua irmã, Maria do Carmo Melo Yanes, viúva do londrinense Gilberto Yanes, que por sua vez apresentou ao grupo de Mário Sérgio Aparecida Carlos Dias, a Isa, que recebia cocaína via rota caipira de fornecedores bolivianos e de um colombiano radicado no México chamado Yeidy. Mário Sérgio intuiu os riscos desse contato — por estar mais próxima da droga, Isa poderia estar sendo monitorada pela polícia. Por isso, eram os irmãos Celso e Patrícia quem se relacionavam diretamente com ela. Além disso, os Bom sempre anotavam as placas dos veículos de Isa e, após cada encontro com ela, trocavam várias vezes de veículo para despistar qualquer tentativa de vigilância policial. Cuidados chamados por Mário Sérgio de "descontaminação".

"Calma... E cuidado com quem ja ganhou muitto trabalhando. Descontaminação absoluta e dobrada", ordenava.

Em fevereiro de 2013, Isa levou Celso para conhecer um dos seus fornecedores em Campinas. Reinaldo foi atrás, anotando os veículos dela e repassando as informações para Mário Sérgio:

"Ele ta con ela", escreveu Reinaldo no celular. "Ela deve ter levado ele para ver os documentos [cocaína]."

"Vc combinaram para descontaminar na volta", perguntou o capo.

Ao mesmo tempo, temeroso de um sequestro, Celso acionou um programa no celular que permitia a Mário Sérgio acompanhar sua localização em tempo real por Campinas. Depois, passou ao líder o resultado do encontro:

COCAÍNA: A ROTA CAIPIRA                                    171

"O amigo da isa tem pequenas quantias sem problema a pronta entrega, ela ficou de ver se tem grande quantidade."

A cocaína, segundo Celso, viria de avião até o interior paulista.

"Que [...] nao fique so no lololo. Estamos precisando de coisas concretas."

Os negócios entre Celso e Isa ficariam estremecidos no fim daquele mês, quando ela percebeu estar sendo vigiada e suspeitou que os Bom fossem policiais disfarçados de traficantes:

"Nao gosto de safadez[a] pode ser da FEDER[AL], INTERP[OL] ou DEA va você sua secretar [Patrícia] q você diz ser sua irm[ã] e a baiixinha pra PQP [...] Vcs estao me subistimand[o], ou esta querendo q mando todos inclusive baixin pro andar de cima??"

Isa também percebeu que o grupo de Mário Sérgio gravava os encontros:

"E pouco a matéria q você e seu 007 de quarta gravou? Va se F[oder] qdo vivar hom[em] me procura."

Para extirpar a desconfiança de Isa, Mário Sérgio autorizou Celso a revelar a identidade de seu patrão: além de Gilberto Yanes, Mário Sérgio havia traficado com o marido de Isa, Idelício Gomes Novaes, o Kojak, morto na fronteira com o Paraguai em 1993.

"Eu trabalhava com o gilberto.. Com o Spencer.. Para o rio de janeiro.. Para a mae [Suriname] atraves do junior [Belém].. Era amigo do ex marido dela ate ele morrer!"

Isa acalmou-se; as tratativas continuaram. Enquanto ela organizava o grupo que colocaria a cocaína no navio em Santos, operação chamada "montada", Mário Sérgio e Celso planejavam o modo como iriam internalizar o dinheiro no Brasil para pagar o carregamento:

"O ideal seria fazer igual a gente fazia antigamente... Via asia. So que hoje em dia a china nao esta aceitando pagamentos via Duba[i].. Por isso se fosse de outro lugar seria muito rápido. Agora temos via Angola.. O custo acaba ficando + caro. Mas viavel", escreveu Mário Sérgio para Celso.

Mas a dificuldade de sincronizar datas entre o embarque da droga em Santos e o desembarque na Holanda prejudicou o negócio. Por isso, o grupo cogitou enviar cocaína nos contêineres aéreos. Em março de 2013, Mário Sérgio orientou Reinaldo e seu genro, o advogado Fernando Ferrarini José, a entregarem US$ 6,8 mil para Isa adquirir 1 quilo de cocaína para um teste. O entorpecente foi enviado em um voo para Paris e depois levado de carro até Amsterdã, aonde chegou uma semana depois, sem ser apreendido — a PF se enganou quanto à empresa aérea usada pela quadrilha.

Empolgado com o sucesso da operação, Mário Sérgio tratou logo de enviar mais 36 quilos de cocaína para a Holanda, dos quais 4 eram do empresário de Ribeirão. A droga seria fornecida pelo nigeriano Jhony e entregue a um surinamês apelidado Martin, a quem caberia enviar a droga. Para que o fornecedor não tivesse contato direto com o comprador, eliminando a intermediação de Mário Sérgio, Celso reuniu os dois grupos em quartos diferentes, de andares distintos, de um hotel em São Paulo não identificado pela PF — antes de chegar lá, Celso trocou várias vezes de veículo, na tal "descontaminação", o que despistou os agentes que seguiam em sua cola.

"Segurança acima de tudo", escreveu Mário Sérgio para o surinamês.

Primeiro, Martin entregou o dinheiro do pagamento. Celso deu o ok no celular e Jhony deixou a droga no outro quarto. Ao que tudo indica, a cocaína foi encaminhada em contêineres aéreos, via Guarulhos. Somente nesse carregamento, Mário Sérgio, segundo a PF, faturou R$ 300 mil com seus 4 quilos de cocaína, considerando que o quilo da droga na Europa valia € 30 mil. Coincidência ou não, depois do envio da droga, Mário Sérgio retomou as obras do hotel que vinha construindo em um bairro nobre de Ribeirão Preto, em nome das filhas, com custo estimado de R$ 1,5 milhão — hotéis são bom instrumento de lavagem de dinheiro, segundo a PF, porque permitem que se acrescentem hóspedes fantasmas para justificar os altos lucros... Fernando Ferrarini, genro de Mário Sérgio, parecia empolgado com os negócios imobiliários do sogro. Em telefonema a um colega transcrito pela PF, "Fernando fala que Ribeirão Preto está muito bom para fazer negócios, que os terrenos que Mário Sérgio comprou por 300 mil agora valem 1 milhão de reais cada um".

COCAÍNA: A ROTA CAIPIRA 173

Enquanto isso, seguiam as conversas de Pai com Isa.

No início de maio de 2013, Jhony apresentou a Mário Sérgio um traficante italiano interessado em enviar um carregamento de cocaína até seu país pelo porto de Santos. O empresário de Ribeirão passou a intermediar o fornecimento do entorpecente de Isa para o italiano e a aproveitar a viagem para também enviar a sua droga. Seriam 50 quilos do estrangeiro, 20 de Mário Sérgio e 30 de Isa. Meticuloso como o patrão, Celso procurou se certificar de todas as etapas do transporte, para que tudo ocorresse como o planejado, inclusive com fotos da cocaína, do contêiner e do lacre, para evitar que a droga fosse furtada no trajeto até a Itália. No entanto, o italiano estava disposto a pagar apenas US$ 6,2 mil pelo quilo do cloridrato, enquanto Isa pedia US$ 6,8 mil para Mário Sérgio. Ou seja: haveria prejuízo para o empresário. Não havia outra saída a não ser desistir do negócio.

"Vamos sair fora", Mário Sérgio escreveu no celular para Celso. "Tem muito lololo... Muito desgaste... muito risco para nada."

A última negociação com Isa viria ainda naquele mês. Celso se comprometeu a ajudá-la tanto na retirada de um carregamento de 240 quilos de cocaína que seria remetido por ela em navio do porto de Santos até Antuérpia, Bélgica, quanto na venda do entorpecente na vizinha Holanda. Esse apoio logístico era fundamental para Isa, que só tinha comprador para metade da carga na Europa. Mas o negócio fracassaria na tarde do dia 14, quando a Polícia Militar, acionada pela PF, apreendeu 180 quilos do carregamento em mochilas espalhadas pelos bancos de um automóvel no caminho entre São Paulo e Praia Grande, onde a droga seria estocada antes de ser embarcada no porto.

"Amoreee menino se acidentou", escreveu Isa no celular para um comparsa.

"Nossa como esta. Se machucou?"

"Machucou muito vou saber daqui a pouco com + detalhes."

Foi a derrocada de Isa. Sem ela, Mário Sérgio retomou contato com os nigerianos. Pensava agora em embarcar cocaína em mulas com destino à Europa, via aeroporto de Guarulhos. Seriam 30 quilos por dia, conforme diálogo via BBM entre ele e Celso. O teste seria feito por uma mulher vinda de Curaçao, no Caribe, uma estratégia para que o grupo ficasse distante das mulas:

"Quanto + sr ter distancia e involvimento melhor, sr sabe, deixa cada macaco cuidar do galho dele e responder por ela."

Em código alfanumérico com a palavra "Schapenbil", em que cada letra designa um número, eles conversam sobre o volume de droga embarcada e estratégias para ocultá-la no corpo das mulas:

| S | C | H | A | P | E | N | B | I | L |
|---|---|---|---|---|---|---|---|---|---|
| 1 | 2 | 3 | 4 | 5 | 6 | 7 | 8 | 9 | 0 |

"ate Domingo devemos ter 1ª posicao, e já falei que tem custo, pass[agem] ate ponto final + hotel etc etc", escreveu Celso.

"OK precisamos tentar afica sul... Eles estao doidinho", respondeu Mário Sérgio. "E todo dia tao fazendo Mercedes [Espanha]. So que H [3 quilos] catota [gíria em Cabo Verde para órgão genital feminino].. Perna.. Coisa deles. Mas coloca no banheiro anted de descer e o povo tira. Entao se a gente consegue algum sistema para colocar la .. Pode ir HL [30 quilos] todo dia."

No dia seguinte, Mário Sérgio voltou a tocar no assunto: "Gruda na catota.. Na bunda.. Na cueca e vao rsrsr."

Duas semanas depois, na tarde do dia 7 de junho, em São Paulo, um episódio mudaria os rumos dos negócios escusos de Mário Sérgio e, por tabela, a investigação da PF. Por conta das mulas, Mário Sérgio, Jhony e outro nigeriano vinham se encontrando diariamente. Naquele dia 7, combinaram reunião no estacionamento de um supermercado no bairro da Saúde, zona sul de São Paulo. Quatro agentes se dividiram em pontos estratégicos na área para fotografar e gravar em vídeo o grupo reunido. Quando Patrícia chegava no automóvel de Jhony com o nigeriano, Reinaldo, que já estava lá para detectar alguma vigilância policial, viu um dos agentes discretamente sacar uma câmera para gravar imagens do carro. Imediatamente acionou Mário Sérgio, que não estava no local:

COCAÍNA: A ROTA CAIPIRA 175

"Pai."

"Oi."

"Rabao", escreveu, gíria que designava espionagem policial.

"Tem rabo?", surpreendeu-se Mário Sérgio.

"Tao aqui."

O empresário começou então a enviar mensagens no celular de Patrícia. Pediu que desse um beijo em Jhony e se separasse do nigeriano, pegando um táxi:

"Deixa ele da um beijo nele e vai embora."

"Vou la pro restaurante", respondeu Patrícia.

"Ok. Com naturalidade."

"Sim sr."

"Oi vc entendeu que tem rabada?"

"Entendi sim."

"Tranquila. Vc vai andar."

Em seguida, Mário Sérgio retomou contato com Reinaldo. Pediu que ele não chegasse perto da caminhonete Hilux com que havia chegado ao estacionamento — o veículo estava em nome de Fernando Ferrarini, genro do empresário, o que poderia comprometer Mário Sérgio.

"Não vai pra perto do carro."

Mas, a essa altura, Reinaldo já fugia do local, dirigindo a caminhonete:

"Ta atras de mim", escreveu para o capo. Dois dos agentes tinham ido no encalço de Patrícia, e outros dois, no de Reinaldo:

"Alguém seguiu eles?", perguntou Mário Sérgio.

"Sim. Merda."

"O carro esta fora certo? / Ou eles sabem que vc esta de carro [com a caminhonete Hilux]?"

"Sabem."

"Puta que pariuuuuuu."

"To no transito. To vendo se to so[z]inho."

"Vc vai para a oficina. Pega estrada. Eu to a caminho para ver isso de perto."

Mas Reinaldo já havia despistado a dupla da PF. E o empresário voltou as atenções para Patrícia:

"Vai ter que andar ate se perder", ordenou. "Sem carro. Isso. Vc sozinha.. E pode ter sobra para vc. Desce [do táxi].. Entra em loja.. Sai.. Pega outro."

"Isso que to fazendo, e ia pegar um busu ir ate algum lugar e seguir de la", respondeu Patrícia.

"Desliga celular. Tira bateria."

"Tirei."

Minutos depois, voltou a acionar Patrícia:

"Vc ta no ônibus?"

"Já desci e to no tx [táxi]."

"Desce e pega outro onibus."

"Ok."

"Tenta prestar atencao se alguem para tambem."

"Por isso peguei tx [táxi]."

"Ahh e viu alguma coisa errada?"

"Ate agora nao / A sorte q esse tx [táxi] eh bem escuro [tem vidros escuros] entao da pra olhar bem."

"Ahh. Mas para na proxima e pega outro [táxi] tenta descer numa mais tranquila."

"Ok / To subindo sentido metro, ja vou descer."

Mário Sérgio também mandou Patrícia apagar seus contatos no celular:

"deleta todo mundo e deixa so esse que vou passar.."

"Bloqueio os contatos??"

"Bloqueia."

Os agentes ficaram para trás. Mas a preocupação de Mário Sérgio duraria dias. Chegou a contatar seu contabilista para blindar seus bens de eventual ação da polícia e do fisco: "bem quero estudar o tema blindagem do patrimônio... por favor comece a discutir isso e me apresente um relatório.. ainda fico confuso se eh viável ou nao..."

A tensão do empresário só cessaria ao intuir que os agentes poderiam ser policiais civis na cola do nigeriano Jhony. Mesmo assim, para não

COCAÍNA: A ROTA CAIPIRA

deixar rastros, transferiu a caminhonete Hilux do genro para Reinaldo — com data retroativa — e ordenou que Secretário deixasse o país. Dez dias depois, Reinaldo viajou para a Venezuela. Nunca mais foi localizado pela PF. Até novembro de 2016, permanecia foragido.

No segundo semestre de 2013, o grupo de Mário Sérgio passou a elaborar formas ainda mais sofisticadas de levar droga à África e à Europa: cocaína líquida, diluída em óleo ou azeite, imperceptível a olho nu. Uma técnica desenvolvida por químicos colombianos, em que a cocaína é aquecida e misturada a solventes orgânicos, como éter ou acetona.

"Você pode testar, fazer tudo, não dá para ver nada", Celso escreveu para o holandês Kalil Miguel Saouma. O único contratempo era que, no processo de extração do cloridrato, perdia-se 10% da droga.

Quem ofereceu a técnica para Mário Sérgio foi um boliviano chamado Danilo, não identificado pela PF. No dia 15 de outubro de 2013, ele avisou ao empresário de Ribeirão que tinha informações de navios cargueiros que levariam azeite de Santos para Hong Kong e África do Sul:

"Uma empr que me pida óleo de uma que tengo em hong Kong" / "Inclusive tambien em southafric."

Mário Sérgio adiantou a ele que pretendia diluir a cocaína líquida em cargas de cachaça:

"Estoy. Buscando las informaciones para que lós amigos puedan adilantar lo tema cachaça."

Danilo também ofereceu ao nigeriano Antony Uche Ibeh, o Frank, ligado a Mário Sérgio, transportar para a África cocaína transformada em plástico. Frank pretendia traficar 13 quilos para a Nigéria, mas Danilo sugeriu enviar 6 quilos no máximo:

"Para essa quantidade nao da", escreveu no BBM. "Acho que so metade" / "Disso um Maximo 6" / "Pq o plástico faz volume."

O plástico é aquecido e se transforma em líquido. Em seguida é misturada a cocaína-base. Quando o produto resfria, a droga fica imperceptível. Para extrair o entorpecente, é preciso moer o plástico e utilizar um solvente orgânico, e em seguida misturar a cocaína-base em ácido clorídrico, para que se torne o cloridrato (pó branco). Em cada pedaço de plástico fabricado é possível misturar 2 quilos de cloridrato de cocaína. Todo o processo químico demora em torno de dez dias. Cada quilo de cocaína em forma de plástico era oferecido a US$ 9,6 mil. Como o processo inverso — retirar a droga do plástico —, era trabalhoso. Hurtado, um funcionário de Danilo, perguntou a Frank se o nigeriano tinha algum químico que fizesse isso na África. Frank disse que não. Hurtado avisou que o químico ligado a Danilo cobraria muito caro para ir até a Nigéria retirar a coca do plástico. O negócio não prosperou.

Por último, o grupo tentou "engomar" tecido em cocaína. Naquele mesmo mês, Mário Sérgio marcou um encontro com Hurtado em São Paulo para lhe entregar amostras de cocaína diluída no pano:

"Estou trazendo todas as amostras rsrsrs."

O empresário também queria tratar da compra de máquinas para fabricar almofadas. São equipamentos, segundo a PF, que trituram tecidos, e serviriam para extrair com mais facilidade a cocaína do pano na África. Mário Sérgio chegou a cotar preços dessas máquinas na China, mas as tratativas não evoluíram. Também fracassou a ideia de comprar um Boeing 747 e criar uma empresa aérea entre o aeroporto de Guarulhos e países da África para levar cocaína em voos comerciais, sem levantar suspeitas.

No início de 2014, a operação Águas Profundas estava seriamente comprometida. Os agentes haviam perdido o código de Celso no BBM, chamado PIN, e não escondiam o desânimo diante das tentativas de tráfico malsucedidas de Mário Sérgio. Até que, em março de 2014, o empresário começou a doutrinar um jovem traficante de Santos, apelidado de Robinho. Por meio dele, começou a enviar carregamentos semanais de cocaína para a Europa e África, parte deles negociada com um fornecedor boliviano preso no país vizinho, chamado Guilherme. No fim de fevereiro, ao que tudo indica, Mário Sérgio comprou 20 quilos do boliviano. Escreveu em portunhol a Guilherme que, se ele garantisse a pureza da cocaína, poderia exportá-las sem conferir a qualidade:

"Se for garantizadas por você.. Já manda elas de uma vez."

Guilherme respondeu que o cloridrato era tipo exportação:

"Ja e garantizada material que o amigo manda para fora" / "Falou que bate 95 96%."

COCAÍNA: A ROTA CAIPIRA                                      179

A droga já estava em Santos, disse o boliviano. Bastava Robinho ir ao esconderijo e pegar. Então Mário Sérgio começou a negociar outros 52 quilos de cloridrato com Frank:

"Sua pessoa du 52 [quilos] ja ta na mao agora pai", escreveu o nigeriano.

"Vc ja olha[ou] se [é] bonita?", respondeu o empresário, referindo-se à qualidade do pó.

"Sim."

Mas Mário Sérgio deixou claro:

"Preciso ++."

Frank conseguiu 65 quilos. Somente por essa quantia de droga, segundo a PF, o empresário de Ribeirão pagou R$ 310 mil. E revenderia a carga na Europa a R$ 6 milhões. Um lucro assombroso.

A essa carga Mário Sérgio juntou mais 50 quilos, adquiridos do outro boliviano, Danilo:

"Olha o que estao chegando se for bonitas vamos ficar com 50."

O primeiro carregamento — a PF não identificou a quantidade — foi enviado no dia 24 de março para a Holanda. No mesmo dia, em português claudicante, Frank pediu a Danilo mais 205 quilos de cocaína:

"Agent to precesado 205 du cebola agora."

A droga era enviada escondida em automóveis da Bolívia para São Paulo, via rota caipira:

"Voce tem alguma coonducao caletada [com esconderijo para ocultar droga] aqui? Ou uma pessoa que tenha?", Mário Sérgio perguntou a Guilherme.

"Conducao caletada daqui [Bolívia] para SP ou ai mesmo na capital conheco sim", respondeu o boliviano.

Guilherme colocou Frank em contato com um comparsa boliviano, apelidado Orientista:

"Vc precisa de cuanto?", perguntou o boliviano.

"200 [quilos]" / "Agent ta compra grand para manda hollanda com africa du sul" / "Tudo semana."

Mário Sérgio acordou com Guilherme a compra semanal de cocaína por US$ 4,9 mil o quilo:

"Negociamos meelhor e vamoss firmando um contrato semanal", escreveu o capo.

Em 1º de abril, há indícios de que a quadrilha conseguiu exportar os 205 quilos de cocaína. No dia seguinte, Robinho disse para Guilherme que haviam dado sorte, porque naquele dia a PF apreendera um carregamento de cocaína no porto de Santos. E contatou Orientista, que ofereceu mais 150 quilos da droga — 60 quilos com a logomarca de um jaguar nos tabletes, e outros 90 com o desenho de uma coroa. Mas o boliviano demorou para responder os chamados de Mário Sérgio no BBM — a PF acredita que ele se assustou com o excessivo cuidado do empresário de Ribeirão e pensou tratar-se de policial disfarçado.

Seriam as últimas comunicações de Mário Sérgio rastreadas pela Polícia Federal. Após o sumiço do boliviano, ele desligou seu celular e trocou de código no BBM. Restou aos agentes acompanhar silenciosamente as obras em ritmo acelerado no hotel em Ribeirão — o prédio foi concluído e inaugurado em meados de abril.

Era a hora de fazer as prisões.

Na manhã do dia 23 de maio, 250 policiais federais foram à rua para cumprir dez mandados de prisão e 47 de busca e apreensão em sete estados. Um total de 46 imóveis avaliados em R$ 100 milhões, incluindo a fazenda de Mário Sérgio em Mato Grosso e o hotel em Ribeirão, recém-inaugurado, foram bloqueados pela Justiça.

Dos dez mandados, apenas dois foram cumpridos naquele dia: os do PM César Bom e de Aparecida Carlos Dias, a Isa. Celso seria preso em outubro do mesmo ano em um condomínio fechado de Goiânia.

Os agentes tinham informações de que Mário Sérgio estaria em sua casa de praia, no Guarujá. Cercaram o imóvel, mas não havia ninguém. O traficante tinha fugido. No Rio de Janeiro, fez três cirurgias plásticas para modificar o contorno dos olhos, boca e nariz. Também passou a usar peruca para disfarçar a calvície acentuada. O passo seguinte foi providenciar documentos falsos. A estratégia permitiu ao megatraficante levar, por um ano e meio, uma vida confortável em outro de seus apartamentos de luxo, de frente para o mar, no morro do Sorocotuba, também no Guarujá, desfrutando os milhões de dólares angariados

COCAÍNA: A ROTA CAIPIRA                                    181

com sua multinacional da cocaína. Ele só não contava com a traição de parceiros do tráfico. Foi por meio deles que, em agosto de 2015, o Denarc descobriu o paradeiro de Mário Sérgio. Foi um mês inteiro de campana seguindo todos os seus passos, até que chegou o momento do bote na manhã do dia 17 de setembro. O capo foi preso na única entrada do condomínio, quando saía com sua caminhonete. Cercado pelos policiais, não reagiu nem esboçou surpresa. Parecia intuir que, após muitos anos, chegara o momento de retornar à cadeia. No apartamento, segundo o Denarc, foram encontradas armas, documentos falsos e lacres de contêineres.

Mário Sérgio, Celso e os irmãos Patrícia, César e Cláudio, além de Reinaldo Cinquetti, o holandês Kalil Miguel Saouma, bem como as filhas, a mulher e o genro de Mário Sérgio, o advogado Fernando Ferrarini, foram denunciados por associação para o tráfico internacional.[6] Além disso, o capo, Aparecida, Celso, Cláudio, Reinaldo e Kalil foram denunciados por tráfico no "teste" feito com o quilo de cocaína enviado de avião de Guarulhos para a Bélgica — o MPF se apegou a decisões do STJ que consideram haver materialidade para a condenação por tráfico mesmo sem apreensão da droga.[7] Até novembro de 2016, apenas o policial César Bom havia sido condenado: cinco anos e meio de prisão.

Mário Sérgio é a prova de que não há limites para a engenhosidade do tráfico.

E que tal um barco a vela?

Afinal, quem fiscalizaria milionários excêntricos cruzando mares em um veleiro?

Fernando Ricardo Arguello Invernizzi, homem de dentes e rugas salientes, nasceu no Paraguai, mas radicou-se em Campinas, onde casou-se com a brasileira Cláudia Cristiane Castro de Sousa e criou um intrincado esquema para buscar cocaína na terra natal e remetê-la à Europa. Seu sócio era José Carlos de Camargo, o Marcos. A cocaína vinha por carros e caminhões até Campinas, onde era estocada à espera de um navio em Santos com destino à Europa.

Em julho de 2010, ele decidiu inovar. Com medo de ter a droga apreendida, Fernando arquitetou um plano que parecia infalível: deixar o vento levar a cocaína até o outro lado do Atlântico, na África do Sul:

— Provavelmente amanhã terminamos o nosso trabalho — disse para um comparsa. — Já levamos a metade da encomenda e amanhã ou depois a gente completa o restante, porque lá onde está a situação não dá pra ficar fazendo muito movimento.

— De onde você está falando, é longe? — perguntou o outro homem.

— Não, aqui perto de Santos.

— Hum.

— Já levamos uma parte e estamos esperando telefonema do motorista pra resolver o restante. A metade já carregamos.

— Eu estava falando com um amigo e ele me falou que agora não dá pra mandar praquele local que você está querendo mandar.

— Aonde, ou por onde?

— Guiné-Bissau ou sul da África, ele me falou que é impossível.

— Não, esse negócio vai de veleiro, não de barco. O negócio é bem caro, esse negócio é só de rico, só tem quatro tripulantes.

— Mas quantos dias pra resolver tudo?

— Vai demorar mais ou menos uns trinta a quarenta dias. Esse negócio não tem motor, vai devagarinho, vai só no vento.

Dias depois, o paraguaio embarcou em um voo com destino à África do Sul. Iria encontrar-se com Nelson Pablo Yester-Garrido, cubano estabelecido havia muitos anos no país africano que adquiria cocaína pura de Fernando. Garrido tinha um longo passado ligado ao narcotráfico. Fugira da ilha de Fidel em 1980 dentro de uma balsa improvisada que do mar do Caribe foi parar na Flórida. Passou a traficar pequenas quantidades de cocaína no sul dos Estados Unidos até entrar em contato com a máfia russa. Chegou a ir até uma base naval de São Petersburgo com o empresário ucraniano Ludwig Fainberg para comprar um submarino que pudesse levar toneladas de cocaína da Colômbia até os Estados Unidos e o Canadá. O negócio não vingou. Acuado pelo FBI e a DEA, Garrido fugiu para Joanesburgo.[8] E continuou a traficar, agora com Fernando.

COCAÍNA: A ROTA CAIPIRA 183

A polícia nunca soube quantos quilos o luxuoso veleiro transportou pelo Atlântico. A cocaína chegou ao destino.

Mas ainda havia outra remessa. No dia 2 de julho de 2010, um contêiner em formato de barril carregando 22 mil litros de petróleo deixou o porto de Assunção em um navio cargueiro. Desceu pelo rio Paraguai até Buenos Aires e em seguida tomou o rumo de Port Elizabeth, porto sul-africano. Acionada pela PF, que havia meses acompanhava todos os passos de Fernando na Operação Mapinguari, a polícia da África do Sul apreendeu 166 quilos de cocaína escondidos dentro dos pilares de sustentação do contêiner.

Imediatamente, o paraguaio retornou ao Brasil. Assustado, desconfiado de que a PF estivesse seguindo seus passos, telefonou para a mulher, Cláudia:

— Tá tudo ruim? — perguntou Fernando.

— Tá.

— É bom ir embora então. O que você acha?

— Acho que é melhor.

Fernando voltou ao Paraguai. De lá, soube que o sócio Marcos havia sido preso no porto de Leixões, Portugal, com 1,7 tonelada de cocaína, na companhia de um investigador do Denarc paulista, Walter José Bernal.[9] A droga estava em cinco contêineres, em meio a uma carga de gesso. Marcos escaparia das grades em janeiro de 2011, em uma fuga cinematográfica pelas ruas de Lisboa. Quando ele e outro brasileiro flagrado com a droga foram levados para depor, Marcos aproveitou o momento em que a porta do furgão em que estavam era aberta para espirrar no rosto do policial português um spray de gás de pimenta que o brasileiro surrupiara do tira minutos antes. A dupla correu e fugiu em um automóvel roubado, com dezenas de policiais atirando contra o veículo, em pleno centro lisboeta.[10] Dias depois, Fernando telefonou para Garrido. Pediu ajuda ao cubano para esconder Marcos:

— O amigo veio conversar comigo, necessita urgente da nossa ajuda; aquele amigo lá.

— Qual?

— O Marcos. Ele está num lugar e precisa urgente da nossa ajuda.

184 ALLAN DE ABREU

— Vou buscar ele e colocar num lugar adequado.

Não adiantou. Marcos foi recapturado em Portugal dois meses mais tarde.

O paraguaio decidiu então substituir o envio de grandes remessas de cocaína pelo mar. Passou a preferir as mulas:

— Fui lá, vi todas as coisas, todas as pessoas que podem viajar, entende? — disse para Garrido. — A questão é que estou sem dinheiro agora, porque tenho que pagar adiantado para a pessoa que vai, tenho que comprar os bilhetes de passagem, essas coisas.

— Mais ou menos quanto pode resolver?

— A pessoa [mula] cobra separado de tudo, de passagem, gastos. Ele cobra 5 mil [dólares].

Para enviar as mulas com cocaína na bagagem, Fernando contava com o auxílio de Luciano Pennisi, italiano condenado por tráfico na terra natal que fugira para o Brasil no início dos anos 2000 e se estabelecera em Salvador. Em vez de brasileiros, Luciano aliciava as mulas na Itália — uma delas seria presa no país europeu com quase 3 quilos de cocaína.

Em fevereiro de 2011, Luciano viajou até Campinas para se encontrar com Fernando, que regressara à cidade depois de alguns meses no Paraguai. De lá, ambos embarcaram em outro voo com destino a Foz do Iguaçu (PR). Atravessaram a Ponte da Amizade até Ciudad del Este, onde o italiano pegou 8,9 quilos de cocaína ocultas em duas malas. O plano era levar a droga até a capital baiana, de onde mulas contratadas seriam despachadas à Itália. Mas não deu certo. Assim que desembarcou em Salvador, Luciano foi preso em flagrante — um ano depois ele seria condenado no Brasil a quase treze anos de prisão por tráfico e associação para o tráfico internacional e extraditado à Itália pelo STF. Em 29 de março, a PF desencadeou as prisões da Mapinguari. Entre os dez detidos estavam Fernando e a mulher Cláudia. Fernando seria condenado pelo TRF a 26 anos de reclusão por tráfico e associação para o tráfico internacional, e Cláudia, a três anos de prisão, em regime aberto, por associação para o tráfico.[11] Garrido foi preso em 2011 pela polícia sul-africana. A ação penal contra ele e Marcos não havia sido julgada em novembro de 2016.[12]

COCAÍNA: A ROTA CAIPIRA    185

Dois anos mais tarde, outro enredo do tráfico internacional traria muitos detalhes em comum com o de Fernando: um depósito de drogas em Campinas, mafiosos italianos e métodos pouco ortodoxos para transportar cocaína pelo mar. Tudo operado por um chileno, representante, no Brasil, da 'Ndrangheta, uma das principais máfias italianas.

# 8

# Tentáculos da máfia

Primeiro, os calabreses vieram atraídos pelos imensos cafezais do interior paulista. Eram mão de obra barata e abundante na lida com pés de café. Um século depois eles voltaram, então como patrões milionários, dispostos a investir algumas pilhas de dólares nas toneladas de cocaína puríssima que diariamente desembocam em terras caipiras.

O interesse no Brasil por parte da 'Ndrangheta, a grande máfia da Calábria, vem da década de 1990, quando o país passou a servir de corredor para o escoamento de toneladas de pó com destino ao porto de Gioia Tauro, base dos mafiosos calabreses. O narcotráfico, afinal, é a grande fonte de renda das 'ndrine, como suas famílias são chamadas. A polícia italiana estima que a 'Ndrangheta movimente 45 bilhões de euros por ano, a maior parte decorrente da compra e venda de cocaína.[1]

Em 2010, a DDA — polícia antimáfia italiana — passou a acompanhar discretamente reuniões entre integrantes dos clãs da 'Ndrangheta em restaurantes de luxo nas cidades de Reggio Calabria, Cosenza e Catanzaro, no sul do país. Um deles logo chamou a atenção dos investigadores: magro, de olhar decidido, lábios finos e testa proeminente. Era Pasquale Bifulco, um homem de 40 anos, empresário calabrês, rico, cosmopolita, poliglota — dominava muito bem o espanhol. Pasquale nasceu em um vilarejo pobre no sopé de Aspromonte, a grande cadeia de montanhas do extremo sul da Itália. Cooptado pela máfia, passou a integrar o clã Cua-Pipicella, um dos vários que compõem a 'Ndrangheta. Era o 'ndrinu responsável por contatar diretamente traficantes no Peru, na Bolívia e no Brasil e negociar grandes carregamentos de cocaína puríssima com destino aos portos europeus. Todos os seus passos passaram a ser vigiados pela polícia antinarcóticos da Itália, e seus telefones foram grampeados com autorização da Justiça. Pasquale falava pouco ao telefone. Por segurança, preferia o e-mail, sem encaminhar qualquer mensagem. Escrevia e salvava na caixa de rascunhos. O interlocutor, que tinha a senha, acessava o endereço, visualizava a mensagem e apagava tudo. Sem rastros. Uma das raras conversas do italiano monitoradas foi com um sujeito chamado Rayko:

— Sim, sim, mas agora vamos fazer uma festa pra mim onde eu estou. Uma festa igual àquela que fizemos da outra vez, entende?[2]

Para a polícia italiana, a mensagem era clara: Pasquale queria encomendar de Rayko uma nova carga de cocaína. O interlocutor do italiano, descobriram os policiais, era chileno, mas morava havia vinte anos no Brasil — mais precisamente, na Baixada Santista. Rayko Milan Tomasin Rivera, um homem corpulento com pouco mais de 50 anos, suíças marcantes e cabelos ligeiramente longos na nuca, tinha no currículo uma condenação por tráfico na capital paulista, em 2002, pela qual ficou sete anos preso. Morava em uma casa luxuosa em Praia Grande (SP) e era dono de uma empresa de banners. Não se sabe como ele conheceu Pasquale. O certo era que, em 2012, o esquema comandado pela dupla estava a pleno vapor. Assim como o italiano, Rayko negociava diretamente com os fornecedores no Peru e na Bolívia e viajava com frequência à Itália para conversas pessoais com os mafiosos. Pasquale e seu braço direito na 'Ndrangheta, o também italiano Vito Francesco Zinghini, vinham com frequência a São Paulo discutir com Rayko novas remessas de cocaína e datas para pagamento da droga.

A DDA, além da Guardia di Finanza de Catanzaro (GOA) e da Procuradoria da República em Reggio Calabria, seguia todos os passos de Pasquale. No fim da tarde do dia 4 de agosto de 2012, o 'ndrinu encontrou-se em uma praça de Nápoles com dois peruanos, possivelmente fornecedores de cocaína para a máfia. De lá, foram

COCAÍNA: A ROTA CAIPIRA 189

até a casa de Florinda Bifulco, irmã mais velha de Pasquale, onde o italiano entregou aos peruanos 500 mil euros em espécie. Menos de um mês depois, os policiais flagraram novos diálogos entre Pasquale e Rayko, em que o chileno alertava o italiano de que os "110 convites" já estavam a caminho da Itália. Obviamente, deduziram os agentes, eram 110 quilos de cocaína.

A droga, puríssima, batizada pelos traficantes de "nine nine", gíria para "99% de pureza", tinha origem no Peru e na Bolívia — neste último país, os principais fornecedores eram Pedro Montenegro Paz, o Gordito, e seu sócio, apelidado de Motosport. Em carros e caminhões, ela era levada até um grande depósito da quadrilha em Campinas, nunca identificado pela PF, controlado por Wagner Pereira Dutra, um mulato de grandes bochechas, notívago que adorava boates, dono de uma oficina mecânica na cidade onde eram preparados esconderijos secretos em caminhões e automóveis para o transporte da droga. Wagner conheceu Rayko jogando futebol de praia na Baixada Santista assim que o chileno deixou a prisão, em 2009. Firmaram sólida amizade — Rayko é padrinho de sua filha — e fiel parceria no tráfico internacional de cocaína. No depósito de Wagner em Campinas, toneladas de cocaína ficavam armazenadas à espera de um navio em Santos com destino a Gioia Tauro ou outro porto europeu controlado pela 'Ndrangheta. O grupo inseria nos contêineres, antes de serem fechados, bolsas recheadas com tijolos de cocaína e um lacre falsificado. Quando o navio chegava ao destino, a máfia abria o contêiner, retirava a droga e voltava a fechar o recipiente com o falso lacre. Por semana, o esquema remetia à Europa entre 100 e 150 quilos de cocaína pura via rota caipira, o que rendeu à 'Ndrangheta, em cinco anos, um faturamento superior a 100 milhões de euros, nos cálculos da polícia italiana.

Naqueles últimos meses de 2012, a investigação na Itália levou a duas grandes apreensões de cocaína da quadrilha: 110 quilos no porto de Gioia Tauro em outubro, escondidos em um contêiner vindo de Santos, e a mesma quantia em janeiro de 2013 no porto de Valência — a droga seria desembarcada no sul da Itália, mas foi apreendida na Espanha para não alarmar a máfia.

190  ALLAN DE ABREU

Apesar dos flagrantes, para combater o esquema por inteiro era necessária uma investigação em conjunto com o Brasil, concluiu a polícia italiana. Começava aí a operação batizada de Monte Pollino pela Polícia Federal, em alusão à mais alta montanha da Calábria, referência direta ao grande poder do esquema criminoso.

As primeiras interceptações da PF nos aparelhos BBM da quadrilha, autorizadas pela Justiça, captaram conversas entre Pasquale e Vito Zinghini.[3] No início de 2013, Zinghini viera ao Brasil a mando de Pasquale para vigiar a movimentação de Rayko e Wagner — sem saber das apreensões de algumas remessas de cocaína da máfia na Europa, a 'Ndrangheta suspeitava que os brasileiros estivessem furtando parte da droga:

"Esses novos são lentos" / "Não são organizados como aqueles de antes" / "Daqui a pouco os prendem e tomara que a gente não vá ficar preso também", escreveu Zinghini para Pasquale em italiano — tudo indica que Rayko e Wagner eram relativamente novatos na função de representantes da máfia no Brasil.

"Vê como nos roubaram", respondeu Pasquale.[4]

Os italianos talvez não soubessem, mas Rayko e Wagner também remetiam cocaína a outros compradores europeus. O principal deles era o colombiano Carlos Mauricio Castillo Rendon, o Caliche, empresário radicado em Madri.

"Chefe o do caliche ja esta andando", escreveu Rayko para Wagner em abril de 2013. Para a PF, o chileno indicava ao sócio que a cocaína, 174 quilos, já fora embarcada no porto de Santos em navio com destino a Antuérpia, Bélgica.

"Hasta nacer essa criansa tomara que seja parto normal !!!", escreveu Wagner para Caliche.

"Sim kkkkkkkkkkkk."

Acionada, a Soca, polícia inglesa, interceptou o contêiner com a droga no porto de Hamburgo, primeira parada do navio antes de seguir para a Bélgica. Os policiais retiraram as bolsas com cocaína, puseram nelas tabletes recheados com pó de mármore e lacraram novamente o contêiner. No porto belga, dois funcionários de Caliche foram presos em flagrante quando retiravam as bolsas do recipiente.

# COCAÍNA: A ROTA CAIPIRA

Wagner desconfiou que funcionários do porto de Santos tivessem delatado o carregamento à polícia:

"Tenho certeza que foi os carras que colocaram que fizeram isso !!!!! / Sao todos safados tao fazendo o jogo legal !!!"

Naquelas semanas, Rayko e Wagner se articulavam para uma nova remessa de cocaína para a 'Ndrangheta, dessa vez no porto de Itajaí (SC), escolhido por Pasquale:

"Como está amigo. Quero que vc compre os convites, vou te enviar o dinheiro", escreveu o italiano para Rayko.[5]

A cocaína, segundo a PF, foi adquirida por Aparecido Rodrigues Gomes, que no BBM usava o sugestivo apelido de Muita Treta. Aparecido, moreno corpulento, era funcionário da oficina de automóveis que Wagner mantinha em Campinas:

"Pegamos o produto ontem 107", escreveu Aparecido para o patrão.

"Sao bonitas de aparência ???", perguntou Wagner.

"Sao bem bonitas."

Wagner perguntou a Aparecido quanto ganhariam pela remessa:

"700 o que 700 mil ???? Ou 700 por unidade ????"

"700 mil."

Por outro sistema de comunicação denominado BC, não interceptado pela PF, Pasquale discutiu detalhes da nova empreitada e combinou os meios de pagamento pela droga. Rayko e Wagner teriam de estar no dia seguinte em Balneário Camboriú (SC), vizinha a Itajaí, para coordenar o embarque da cocaína em navio com destino à Europa — a droga seria levada por um dos tripulantes. O chileno acionou Aparecido para que ele comprasse no comércio de Campinas mochilas impermeáveis para acondicionar os tabletes de cocaína sem que a droga fosse afetada pela umidade do mar.

"Meu amigo tema amanha como correr e comprar aquelahas sacolas para a agua? / Tem que estar muito bem embalado."

"Quantas."

"5 sacolas."

Aparecido cooptou o jovem Sidney Flavio Cotrim para transportar de Campinas para Itajaí os 107 quilos de cocaína escondidos na lataria de um automóvel. Aparecido viajava em outro carro alguns metros à frente, na função de batedor. A dupla viajou na madrugada do dia 26 de abril. Acionada pela PF, a Polícia Rodoviária interceptou os veículos no posto da BR-101 em Barra Velha (SC). Sidney ainda tentou escapar do cerco mas não conseguiu. No automóvel de Aparecido, as mochilas impermeáveis. Os dois foram presos em flagrante por tráfico, mas ganhariam a liberdade algumas semanas depois, beneficiados com habeas corpus.[6]

Ao saber do flagrante, Rayko acionou Pasquale:

"Amici... parece que tuvimo problema em caminho con invitacione... hace tres hs no sabemo de motorista."

"Como amigo", o italiano parecia não acreditar.

"Eu estoy saliendo de hotel ... [...] Y voy ver abogado para comenzar dar assistencia a motorista."

"Cuanto invitazione portava el motorista."

"100 invitacione."

Pasquale tratou então de avisar Zinghini:

"Rayko me chamou e me disse que os convites caíram pela estrada hoje."

"Puta merda."[7]

Temendo serem presos, Rayko e Wagner deixaram rapidamente Camboriú e retornaram a Campinas. Em carros diferentes, passaram pelo posto policial em Barra Velha, onde houve a apreensão da cocaína:

"Mano passei batido no posto estavao revirando os carros", disse o chileno.

"Eu vi / Não mas não erra nada com nois !"

"Sei mais eu estou com 5 tel [aparelhos BBM] kkkkkkk."

Rayko pediu para Wagner jogar fora seu celular — "Tira a bateria e joga pela janela" — e sugeriu que permanecessem escondidos pelos próximos dias: "Vamo ter que sumir meu brt / Ate nao [nós] seber que avcontece."

Em seguida, pediu para a mulher Tamara, também chilena, arrumar sua mala:

"En mi velador [criado-mudo] estan los chip [de celulares] me los pones en la maleta."

"Que te hago una mala para cuantos dias / Una mala grande?", perguntou a mulher.

"Media."

"Estoy paniqueado [nervoso]."

"Calma."

Na manhã seguinte, voltou a contatar Tamara:

"Vida encontra meu passaporte e esconde / Para não ter que explicar viagens / [...] Guarda las moneditas bien...y ququier papel o libreta mia a la churrasquera."

Três meses depois viria nova apreensão de droga: 61 quilos de cocaína pura, apreendidos na casa de Vinicius Alberto Caetano Lopes, o Vini, em Santos, faz-tudo da quadrilha — ele seria condenado a oito anos de prisão por tráfico.[8] A droga fora trazida de Santa Cruz de la Sierra, onde moravam Pedro Montenegro Paz. Foi o sérvio Mario Vucinic, sobrinho de Raiko radicado na Bolívia, quem apresentou Paz à dupla. Os pequenos tijolos recheados de cocaína chegaram a ficar alguns dias guardados na casa de Rayko, antes de serem transferidos para a de Vini, de onde seriam exportados em contêineres para serem entregues a Bifulco na Europa.

Com a prisão do marido, a mulher de Vinicius, desesperada, telefonou para Carlos Mellies, braço operacional de Rayko em Praia Grande que já fora preso pela PF em 2001, flagrado com 120 quilos de maconha em São José do Rio Preto (SP):

— A polícia tá aqui, Carlinhos, a polícia! Eles tão levando o Vini!

— Fica tranquila, vou ver o que tá acontecendo.

Carlos ligou então para Tamara:

— A Bebel acabou de me ligar e falou que a polícia tava lá na casa do Vini prendendo ele. Eu tô indo embora, eu tô fug...

— O quê?

— Não sei. Tem negócio lá, Tamara! A gente tinha guardado o negócio lá...

— Tá. Eu vou falar com o Rayko. Daí eu te ligo.

Tamara chamou Rayko no BBM:

"Pergunta quem era federal o civil?" O chileno queria saber qual polícia havia apreendido a droga com Vinicius.

"Federal."

"Nao tem acerto [propina]... Tenha cuidado que eles vao falar que sim, mais e [é] mentira... e se tivesse acerto nao levavam ele para o predio deles."

Mas a apreensão pareceu não abalar a gana de Rayko e Wagner em ganhar dinheiro com a máfia italiana:

"Nois vai continuar a trabalhar porque já no aí [hay] mas plata!!!! É agora brt!!!!", escreveu o chileno.

"Claro que sim brt!!! Para e [é] que nao da!!!!!! Kkkkkk bola pa frente!!! E nois!"

A quadrilha não media criatividade quando o assunto era tráfico de cocaína para a Europa. Logo no início das investigações da Monte Pollino a PF descobriu que Rayko havia embarcado em um avião na capital paulista com destino a Macapá, de onde seguiu para Laranjal do Jari, às margens do rio Jari, afluente do Amazonas. Avisada da presença do chileno na região, a Polícia Militar de Monte Dourado, cidade paraense na outra margem do rio, abordou uma catraia muito próxima ao navio graneleiro *Laura I*, que rumaria com destino à Bélgica. Dentro dela, três sérvios com vários equipamentos sofisticados de mergulho. Horas depois, a PM encontrou boiando no Jari duas maletas acopladas a uma estrutura de metal pesada. Dentro, 44 quilos de cocaína.

Dois dias depois, dois agentes da PF no Pará abordaram o *Laura I* no rio Amazonas. O comandante do navio disse à dupla que, na noite em que estava no porto de Munguba, vizinho a Monte Dourado, havia notado que uma boia preta flutuava à direita e que muitas bolhas agitavam o mar bem no meio do navio, indício da presença de mergulhadores. O comandante então acionou um alarme sonoro para a tripulação. Segundos depois, notou o mergulhador afastando-se do *Laura I* na direção de um pequeno barco que dava apoio. A boia preta foi levada pela correnteza. Diante do relato do comandante, os agentes solicitaram a um mergulhador dos bombeiros que vistoriasse a lateral submersa do graneleiro. Colado ao casco, um artefato magnético, provavelmente usado para prender o mergulhador ao navio enquanto acoplava caixas recheadas com cocaína pura.

Impermeáveis, as caixas de metal tinham capacidade para 40 quilos da droga. Em cada extremidade havia um braço com um ímã na ponta, para grudar no casco da embarcação. De acordo com a PF, a engenhoca foi desenvolvida por Aparecido, o Muita Treta, na oficina de Wagner em Campinas, sob orientação de Rayko:

"Oi a caixa ja ta pronta aqui", escreveu Aparecido.

"Tu consigiu deslmontar os 4 pequenhos?", perguntou o chileno.

"Desmontar oque nao entendi."

"Os magnetos pequenos... eles não vao assim enteiros... eles so vao o imao... porque perdemos muito espaco" / "Assil encaixamos um em cada esquina."

As caixas eram pintadas de ocre, exatamente na cor dos cascos dos grandes navios, para não chamar a atenção:

"Muito bom !!", aprovou Rayko depois que Aparecido lhe enviou fotos da engenhoca já pronta. "So falta a tinta."

"Vo pintar hoje ainda."

"Exelkente."

Em abril de 2013, o grupo esteve no lago de uma chácara na região de Campinas, testando a acoplagem da caixa, conforme mensagem de Tamara para o marido:

"Estasmo llendo a una chacra que tiene un lago a hacer unas pruebas con los fierros."

Para ajudar nos trabalhos da quadrilha, desembarcou em São Paulo o austríaco Uwe Fellier, o Tequila, empresário do ramo hoteleiro estabelecido em Assunção. Tequila era perito na pilotagem do barco flex boat que o grupo usaria para aproximar os mergulhadores dos grandes navios. Por isso, deu algumas aulas para Rayko no litoral paulista:

"Pero fue instructivo para ti hoy, no?", perguntou Tequila.

"Siguiente leccion... como mantener una velocidad alta durante 500 km hehehehe."

"Ahora manhana ya veo para practicar unn poco mais."

A movimentação do grupo no Brasil era acompanhada a distância por Pasquale, que pressionava pelo envio de mais um carregamento de cocaína usando as caixas e o flex boat:

"Amigo, você tem que me dizer se vai fazer o trabalho da lancha, senão tenho que falar com meu amigo" / "E como vão se organizar, porque o tempo é curto" / "Queremos o trabalho, porque meu amigo está pronto e me encontro com ele em Amsterdã."[9]

Primeiro, os testes de acoplagem das caixas foram feitos no porto de Santos, sob a coordenação de Mario Vucinic. O grupo simulava interesse na pesca:

"É bom ver até que horas saem os pescadores, hahaha", Rayko escreveu para o sérvio. O chileno acompanhava tudo a distância — como todo capo, não se aproximava demais de situações de risco:

"Já foram?", perguntou o chileno.

"Já."

"Só olhar ou entrou na água?"

"Sim, entrou, foi, olhou e voltou" / "Já te conto quando chegarmos" / "Houve alguns sustos."

A intensa movimentação de pessoas no porto assustou o grupo.

"Ali é perigoso", escreveu o sérvio.

O grupo passou então a procurar portos menos movimentados. O escolhido foi o de Itaguaí, Rio de Janeiro. No fim de maio, Mario Vucinic, seu compatriota Ivan Pavlovic e o inglês Daniel Edgar Field, o Marley, viajaram para a cidade fluminense, a mando de Rayko e Wagner:

"Si en algunm luigar los paran y preguntan donde van, respondes a 'angra dos reis', megulho e fotografia submarina", aconselhou o chileno a Mario.

Mas no segundo dia de preparativos do mergulho um deles notou uma caminhonete com dois ocupantes parada havia várias horas no mesmo local, próximo ao cais. Suspeitaram ser agentes da PF — e tinham razão. A operação foi suspensa por Rayko:

"Vamos parar tudo ate estar em paz. Tamo nois todos no microscópio!", escreveu no BBM para Wagner.

A suspeita do chileno era de que o scooter, aparelho propulsor usado por mergulhadores, estivesse com algum rastreador:

"Desmonta el scuter ...y habre tambien el cargador", disse para Mario.

Rayko também ordenou ao sérvio que permanecesse no litoral do Rio, disfarçando-se de turista:

"Ve que ahib se arrenda barquito para pesca y buseo... todo turista total ... ok."

Dois dias depois, o chileno armou uma estratégia típica de filme de ação para que Mario retornasse a São Paulo:

"Lo importante és que vengas tranquilo ... turista... por la playa hasta sp. Nada de casa... tienes que largar todo en un lugar que te permita salir sin que te vean... para poder dar el perdido el los tipos [policiais]."

Wagner desconfiava que estivessem sendo investigados pela DEA a partir de Pasquale na Itália:

"Sabe da onde eu desconfio o espaguett com la. Deaa em !!!!!!!!!", afirmou para Rayko.

A operação com as caixas foi abortada definitivamente.

O pagamento da máfia pelas remessas de droga era enviado a Rayko em dinheiro vivo, escondido em malas de turistas brasileiros cooptados na Europa por Maria de Fátima Stocker, brasileira radicada em Londres. Maria, gaúcha nascida "da Silva", mudou-se nos anos 1990 para a Europa, onde se casou com um banqueiro suíço, de quem herdou, além do sobrenome imponente, um conhecimento profundo do mercado financeiro. Tornou-se então doleira a serviço do tráfico. Era chamada pela máfia de Diretora. No Brasil, cabia a Luzia Elaine de Souza Roman, braço direito da doleira, recolher o dinheiro das mulas e repassar tudo a Rayko.

Luzia, chamada de Secretária, acionava então o chileno:

"Olá amigo... Você quer vir e levar os documentos esta tarde?"

Muitos desses encontros, sempre em locais públicos como shoppings e estações de metrô em São Paulo, foram discretamente fotografados por agentes da PF. Eram sempre valores altos — em um intervalo de cinco dias em maio de 2013, por exemplo, Diretora entregou US$ 600 mil ao chileno:

— Tem que pagar 600 pro Rayko, tu acredita, menina? — disse a doleira para Luzia.

— Acredito. Ele comentou na sexta-feira.

Uma semana depois, Diretora voltou a contatar sua funcionária, dessa vez via BBM:

"Aredonda os 140 [mil dólares] e da a ele e ja maanda mensagem que e pra ele pegar hoje que você vai ir buscar ok" / "Liquidamos os 600 e ja vamos começar outra fala a ele ok."

A doleira mantinha no Brasil uma ampla teia de negócios ilícitos, inclusive com outros traficantes — Wagner chegou a dizer a Rayko que a gaúcha "nao faz so negocios com nois mas com a torcida do flamengo tambem". Um desses clientes era Tiago Figueiredo Gomes, o Manga Larga, jovem de Mato Grosso do Sul que se estabeleceu em Pedro Juan Caballero e de lá comandava a exportação de cocaína para a Europa, via porto de Santos.

Alertada pela PF, a Receita Federal flagrou no aeroporto de Guarulhos duas mulas vindas de Frankfurt com US$ 460 mil escondidos nas malas, dinheiro que seria destinado a Manga Larga:

"Fa... To no aeroporto. Foram pegos. Que faco?", escreveu Luzia para Fátima, a Diretora.

"Meu Deus" / "Como sao as leis ai??? Pra este tipo de coisas??"

"Eu nao sei... Quer que eu ligue para um advogado?"

"Ja agora urgente. Mais tem que ser bom. Nao pega porcaria nao."

Apesar do susto, dinheiro não era problema para Diretora. Já no dia seguinte, ela ordenou a Luzia que repassasse o mesmo valor apreendido a Manga Larga:

"280 hoje e amaha vai os 180 ok" / "Pede desculpa que perdemos os outros. Foi comfiscado."

Dias depois, a PF interceptaria 269 quilos de cocaína de Manga Larga que seriam embarcados no porto de Santos no meio de uma carga de amendoim descascado destinada à Bélgica.[10]

"Parei tudo amor parei parei", escreveu Manga Larga para Diretora. "Nem sei mas oq fala ? Diz que uma simples conferemcia da receita eles axaram."

Em julho de 2013, Maria de Fátima reuniu-se com Rayko no saguão de um hotel em Buenos Aires. Ela vestia seu traje peculiar: calça jeans, botas de cano alto, um colete sobre a blusa e o inseparável chapéu preto de abas longas, típico dos pampas gaúchos. No encontro, segundo a PF, Diretora teria se comprometido a financiar um carregamento de 150 quilos de cocaína destinado a Bifulco. A doleira também entregaria ao chileno US$ 120 mil em notas novas e de maior valor — dias antes, a quantia havia sido recusada pelos fornecedores de Rayko no Brasil por serem antigas e de baixo valor. Coube a Luzia levar a dinheirama para a capital argentina, escondida em malas de viagem:

"Arumou tudo bem direitinho as coisas???", a doleira perguntou a Luzia.

"Tudo certinho nas duas malas bem arrumadinhas."

Mas o pagamento nunca chegaria ao chileno. Luzia foi presa em flagrante no aeroporto de Guarulhos:

"Fomos pegos e estamos sendo presos", informou a subordinada a Diretora.

Rapidamente a doleira acionou Rayko:

"Meu amigo do ceu a secretaria esta presa la no aeroporto com papeis voce acredita nisto."

Rayko demonstrou não estar preocupado com o prejuízo financeiro, mas com uma possível delação de Luzia:

"Bom e [é] grana mais nao e [é] tam grande... a secretaria esta se comportando bem?" / "Ou esta falando demais?"

"Nada coitada falou que e dela estava indo pra Argentina fazer compra de couro."

"Ex[c]elente..."

Ao mesmo tempo, Diretora discutia com Luzia como sua subordinada poderia justificar à polícia a origem de tanto dinheiro vivo:

"Vou tentar dizer que o dinheiro eh da venda do apartamento do meu pai", sugeriu Luzia. Mas Diretora disse ser mais plausível forjar um emprego com carteira assinada. Luzia concordou:

"Eh só pra nos ajudar mesmo" / "Enquanto isso posso continuar com nosso trabalho interno aqui no brasil."

Além de enviar os pagamentos da 'Ndrangheta ao Brasil, Maria financiava diretamente carregamentos de cocaína remetidos por Rayko à Europa. Em abril de 2013, segundo a PF, Rayko remeteu à doleira 80 quilos de cocaína, resgatados pela máfia no porto de Gioia Tauro. Os agentes da PF não conseguiram desvendar mais detalhes sobre o esquema de envio, por isso a carga não pôde ser interceptada.

Foi Pasquale quem, em linguagem cifrada, informou a Rayko que a droga havia chegado sem problemas ao sul da Itália:

"Amigo [...] la garota tutto bene."

O chileno pareceu aliviado:

"Gracia a dio mio caro ... necesitabamos muito uma noticia buena!!!"

E tratou de repassar a boa-nova para Wagner:

"Bingo bingo bingo brt !!!!!! / Viva espaguti."

"Vc já comentou com a diretora ????", perguntou Wagner.

"Sim meu irmao ... ta muito contente porque tudo que tinha feito tinha sefudido."

"Ta vendo meu irmao! E nois brt ... vamos nos concentrar so no que de[ê] certo."

Rayko repassou a Pasquale a contabilidade da remessa e confirmou a quantidade de cocaína enviada:

"Mio caro total e 1658, para diretora 1.050 e para nois e 630[11] / Fue 80 invitacion [quilos, segundo a PF]."

Em seguida, combinou com Diretora uma nova remessa de cocaína, 20 quilos:

"Estamos tentando fechar um mais ...nao tem muito espaco porque e novo mais un 20 eu quero por para vc . :)"

"Ta bom amigo já e algo. Eu gostaria mesmo era de repetir a dose=D" / Mais uns 100 [quilos, segundo a PF] pra nos tirar o pe da lama=))".

"Kkkkkkk ....e [é] que e [é] primeira vez que se usa esta pessoa melhor assegurar se tudo bem voltamos com fúria asecina!!! Rsrsrs."

Mas a relação da dupla Rayko e Wagner com a 'Ndrangheta também teria boas doses de conflito e estresse. Certa vez, o campineiro reclamou com o parceiro sobre a falta de pagamento dos italianos de uma remessa de cocaína:

COCAÍNA: A ROTA CAIPIRA

201

"Si eles não pagararem eu parei meu irmao te juro sou doidao mas nao passo ninguem para traz [...] eu ja estou farrto eu sei que temos uma divida com os perujas [peruanos] mas temos que sentar e conversar nao quero trabalhr mais dessa forma eu prefiro vender tudo que tenho e recomecar do nada doque esse mundo de fas de conta tapa nas costa e pica no cu."

A relação piorou quando houve o extravio de 150 quilos de cocaína remetidos por Rayko e Wagner para Pasquale e Diretora na Europa, em julho de 2013. Como não houve notícia na imprensa sobre a apreensão da droga, o chileno e seu comparsa passaram a desconfiar de que a carga fora furtada pela própria 'Ndrangheta:

"Vc meu irmao me conhece bem...vamo aguardar o que eles nos vao mostrar e nois decidimos...eu to igual a vc...confio desconfiando, vamos ver que nos falam amanha vou perguntar se ja tem noticia no jornal", Rayko escreveu para Wagner.

"Beleza meu irmão estou com vc mas esse negócio lá tá muito mão [mal] contado!!!!!" / "Porquê tem chegado coisas bem maiores que a nossa [...] tudo bem direitinho lá só com o nosso pascou [passou] isso."

Pressionado, Pasquale, em mensagens misturando os idiomas português, espanhol e italiano, procurava justificar para Rayko a falta de reportagens sobre a apreensão da cocaína na Itália:

"Amigo ancora no salio notizia, pero esta saliendo imminiente, non te preocupi que va a salir en estos dias. Equipo me parlato que caixa estaba com câmera para mirar quien se acercaba a la cajá. Agora la Policia ja saco invitacione da caxia, por isso alora va salir recem noticia. Io próxima semana estoy en tu casa pare hacer oltro trabajo, non se preucupi."

De fato, Pasquale veio ao Brasil em novembro daquele ano e se encontrou com Rayko no apartamento de Wagner em Campinas. Veio justificar a perda dos 150 quilos de cocaína e combinar novas remessas.

Mas Wagner, que estava no Guarujá, viu no encontro de ambos uma estratégia para assassiná-lo, por supostamente ter furtado a droga. Furioso, acordou o chileno com mensagens no BBM:

"Ei vc acha que eu roubei may friend vc deve está equivocado porque não roubo e nem traio ninguém. Ei nunca mais vou aí si vcs estão com esse chaveco para me matar vão fundo aí não vou mais si vcs quiserem venham aqui me pegar causo contrário nunca mais pisso aí pode ficar com o apto para vcs. [...] Estou cabreiro com vcs faz tempo e agora vcs vem com esse chaveco que eu roubei a mercadoria para ajumar uma forma de me assassinar para arrumar um bode expiatório."

"Kkkkkkk para de escrever besteira, ne deixa durmir."

"Ei tá pensando que eu engoli os trabalhos do espaguetis que vc está entrutado [...] Ei vc pode mandar teus laranjas me pegar eu e a minha família mas vc no trampo aqui nunca mais vai arrumar nada porque aquilo que é do homem o bicho não come" / "Tô aqui no guaruja te esperando chavequeiro do carralho seu merda ti odei sempre ti odiei seu merda."

"Para de falar bestera...para de enfiar bestera na tua mente, e para de fuder este telefone."

Mas, em outros momentos, Wagner também era capaz de derramar longos elogios ao sócio:

"Chefe e vc porra !!!!! Eu sou um simples subalterno que ficou sem bateria pra provar que vc eo chefe mesmo vc quem fica com la plata e eu escuto que vc me diz numca quis ter frescura quis sempre ser subalterno numca frequentei a socialght como voce a minha nhype e da rale !!!!!!!"

O temperamento mercurial de Wagner estendia-se à esposa. Suspeitando que estivesse sendo traída pelo marido, a mulher ameaçou denunciá-lo à polícia:

— Eu tô na frente da delegacia, vou dar parte de você. Você vai ver só. Você vai ser preso, você vai preso com a desgraçada.

Mas ela não denunciou. E o marido continuou no tráfico, a todo vapor. No fim de 2013, Wagner perguntou a um de seus comparsas sobre um tripulante filipino de navio com destino à Europa que aceitara levar cocaína para o grupo:

"Eu emcomtrei um macaquito!", disse o rapaz, não identificado pela PF.

"Ele faz?"

"Disse que quer na proxima faz."

"Que raça?"

"Filipa."

COCAÍNA: A ROTA CAIPIRA 203

No fim de fevereiro, Wagner entregou 50 quilos de cocaína ao tripulante de um navio graneleiro que saíra de Santos com destino ao porto de Las Palmas, Espanha. A PF acionou a polícia espanhola, que invadiu a embarcação tão logo atracou no porto de destino. Nada foi encontrado, mas horas depois pescadores da cidade vizinha de Telde viram boiando duas mochilas. Dentro, a droga, provavelmente jogada ao mar pelo tripulante, assustado com a abordagem policial.

Nas primeiras horas, sem saber da ação policial e também sem notícias do tripulante, Wagner e seus acólitos acreditavam que a droga fora furtada:

"To achando q os cara q[quer] ingrupi" / "A caminhada", escreveu o traficante associado a Wagner responsável pela contratação da mula.

"Que caras?", perguntou Wagner.

"Os marin[heiros]."

"Poxa não podemos perder isso" / "foram quase 2 dias sem durmir".

"Na minha cabeca os marinheiros estao de sacanagem! filipino e [é] foda."

No total, as polícias no Brasil e na Europa apreenderam em dois anos de investigações 1,3 tonelada de cocaína puríssima destinada à 'Ndrangheta — na maior dessas apreensões, 314 quilos foram interceptados no porto de Leixões, Portugal, em outubro de 2013. Prejuízo que totalizou 52 milhões de euros e gerou atritos entre Bifulco e Rayko:

"Amigo, eu te convidei, não recebi [a droga], mas mandei o dinheiro. Você precisa resolver com a tua turma. Aqui não se trata de trabalho perdido, mas de um erro da tua turma. E agora estou com problemas com a minha turma. E o pessoal não presta muita atenção com algumas sutilezas, querem o dinheiro e basta. E eu preciso resolver. Não se pode falar de perda, porque os convites não caíram."

Rayko retrucou:

"Amigo, você falou aqui comigo e eu te expliquei minhas condições. Agora estou vendo se em algum lugar existem notícias sobre esse contêiner, porque acho que minha turma fez bem o trabalho. E agora não te entendo. Você fala como se fosse culpa minha."[12]

Em março de 2014, chegara o momento de deflagrar as prisões preventivas em Brasil, Itália, Espanha, Portugal, Reino Unido, Holanda, Sérvia, Montenegro e Peru, com coordenação da Interpol. Como as detenções deveriam ser simultâneas nos nove países, combinou-se o dia 20 daquele mês, uma quinta-feira. O problema é que a PF descobriu, pelo monitoramento dos aparelhos BBM, que Rayko viajaria na tarde do dia anterior para Santiago para visitar a mãe. Como é chileno, dificilmente seria preso pela PF brasileira. Uma equipe de agentes e delegados foi deslocada às pressas para o aeroporto do Galeão, no Rio, onde o voo faria uma escala, a fim de prendê-lo. Corria-se o risco de a notícia da prisão de Rayko vazar para os outros alvos ainda naquele dia, mas não havia alternativa, já que ele era o líder do esquema no Brasil e alvo principal da Monte Pollino.

Por sorte, no horário do almoço daquele dia 19, Rayko decidiu viajar apenas na manhã do dia seguinte. Pelos cálculos do delegado Osvaldo Scalezi, coordenador da operação no Brasil, o chileno sairia de Praia Grande, onde morava, por volta das 2 horas, já que o voo era às 5 horas. Foram montadas duas barreiras com dez policiais cada nas rodovias Anchieta e Imigrantes, acessos da Baixada Santista à Grande São Paulo. Às 22 horas do dia 19, no entanto, Rayko convidou Wagner para jantar "no McDonald's da marginal". Um local perfeito para prender a dupla. No prédio da superintendência da PF na Lapa, um agente pesquisou na internet qual lanchonete da franquia funcionava 24 horas nas marginais Tietê e Pinheiros. Eram duas. As equipes que estavam na estrada montaram campana em ambas as lanchonetes. Por volta de 1h30, Wagner chegou a uma delas. Meia hora depois, Rayko. Ambos devoravam seus sanduíches quando dezenas de homens de preto invadiram o imóvel. Não houve reação.

Naquela manhã foram cumpridos simultaneamente no Brasil, no Peru e na Europa vinte mandados de prisão, incluindo o de Maria de Fátima, detida na Espanha, para onde se mudara poucas semanas antes, e o do italiano Zinghini. Faltava Pasquale, que viajara e não foi encontrado em sua casa, no sul da Itália. A suspeita inicial era de que estivesse no Peru, já que sua mulher era peruana. A pista era mesmo

COCAÍNA: A ROTA CAIPIRA                    205

quente. O italiano havia adquirido meses antes 75% de uma mina de ouro no país para lavar o dinheiro do tráfico, conforme conversa do cunhado dele captada pela polícia:

— Agora vou pegar outro carro, meu cunhado [Pasquale] quer um Range Rover novo e quer que eu compre em nome da minha empresa, ele me paga e depois eu vejo o que quero fazer com ele... ele mora no Peru, vai embora em uma semana, tem uma noiva lá e comprou três quartos do capital de uma mina e, de tudo o que extrai, 35% é dele.[13]

A DEA havia infiltrado um agente entre os fornecedores peruanos de Pasquale para obter informações que levassem à sua captura. Na manhã do dia 5 de junho de 2014, policiais peruanos cercaram o carro que ele dirigia no bairro de Miraflores, Lima. Pasquale estava com a mulher e o filho do casal, um bebê. Assustado, o capo não resistiu à prisão. Mas, assim que desceu do automóvel, aproveitou o segundo de distração dos policiais para tentar fugir correndo. Não foi longe. Seu advogado no Peru tratou logo de desvinculá-lo tanto do narcotráfico quanto da 'Ndrangheta:

— Ele trabalha de chef, um chef muito reconhecido na Europa.[14]

Tequila, Marley, Vucinic e os demais mergulhadores sérvios seguiam com destino ignorado em novembro de 2016. Rayko, Wagner, Pedro Montenegro Paz, Aparecido Rodrigues Gomes, Tiago Figueiredo Gomes, Maria de Fátima e Pasquale Bifulco foram denunciados por tráfico e associação para o tráfico internacional. Luzia e Tamara, apenas pelo segundo crime. Em maio de 2015, a juíza da 6ª Vara Federal de Santos, Lisa Taubemblatt, absolveu os réus no episódio do envio de 80 quilos de cocaína para Gioia Tauro por falta de provas — houve recurso do Ministério Público Federal.[15] Quatro meses mais tarde, a mesma juíza condenou Rayko a 34 anos de prisão, e Wagner, a vinte, ambos por tráfico internacional de drogas e associação para o tráfico. Tamara, Carlos Mellies e Luzia foram condenados cada um a nove anos de reclusão por associação para o tráfico.[16] Em outro processo, Rayko recebeu pena de dez anos de prisão, Wagner e Mellies a oito anos cada um, todos por tráfico.[17] As demais ações penais decorrentes da operação não haviam sido julgadas em agosto de 2016.[18]

A Operação Monte Pollino não seria a única a flagrar a íntima relação de Maria de Fátima com o narcotráfico. Em 2013, agentes e delegados da PF começaram a suspeitar da intensa movimentação financeira de um posto de combustível em Brasília. O Posto da Torre é um dos maiores da capital federal, com dezesseis bombas que abastecem até 3,5 mil veículos por dia, loja de conveniência, pastelaria, lavanderia de roupas e um restaurante famoso pela *shawarma*, típico prato árabe. Na lateral esquerda do prédio, chamava a atenção uma casa de câmbio comandada pelo doleiro Carlos Habib Chater, um homem de quase 50 anos, filho de libaneses, amigo de longa data do ex-deputado federal José Janene, morto em 2010. Habib, como é conhecido, já fora indiciado na década de 1990 por operar casa de câmbio sem autorização do Banco Central. Em poucos dias de apuração, a PF descobriu que Habib tanto enviava remessas de dinheiro para o exterior quanto recebia valores no Brasil por meio do sistema dólar-cabo, modalidade de transferência de valores clandestina e ilegal. O sistema é simples: o doleiro tem contas bancárias no Brasil e no exterior. Para exportar o dinheiro, recebe os valores na conta brasileira e deposita quantia equivalente em dólares no exterior. Para internar dinheiro, o caminho é inverso. Como não há transferência direta de dinheiro, o sistema é de difícil fiscalização pelas autoridades monetárias.

A quebra do sigilo bancário da casa de câmbio revelou um dado assustador: segundo o Coaf, órgão de inteligência financeira do governo federal, Habib havia movimentado nos últimos anos R$ 124 milhões na casa de câmbio.[19] Era o início da Operação Lava Jato, alusão à lavanderia de roupas — e de dinheiro — no posto da Torre. O monitoramento dos telefones do libanês e seus clientes revelaria que parte desse dinheiro tinha as manchas do narcotráfico.

Renê Luiz Pereira, um dos clientes vip de Habib, tem quase a mesma idade do libanês e também morava em Brasília, embora seja mineiro de nascimento. Forte, de estatura mediana e entradas salientes nas têmporas, vestia-se com aprumo e gostava de passear pela capital federal em caminhonetes caras. Apresentava-se nas rodas sociais brasilienses como empresário da construção civil e dono de um salão de beleza badalado na cidade. O que quase ninguém sabia era a verdadeira origem da fortuna de Renê: a exportação de drogas. O próprio Renê deixou isso claro em conversa com um colombiano não identificado gravada na memória do celular dele, apreendido pela PF. O diálogo, originalmente em espanhol, foi traduzido:[20]

— Porque ninguém pode saber, meu amigo! Porque antes as pessoas gostavam que todos soubessem que esse faz isso, que esse é traficante! Bem, que vantagem há? Não temos vantagem com isso! Eu ando na minha cidade, ninguém pensa... Acham que trabalhamos com construção e é isso que eles sabem.

O primeiro encontro de Renê com a polícia veio em 1988. Foi preso e indiciado por tráfico de drogas em Ponta Porã (MS), mas acabou absolvido. Quinze anos mais tarde, foi preso novamente, por posse de arma de fogo. As duas passagens pela cadeia ensinaram muito a Renê, conforme ele deixou claro na conversa com o colombiano:

— Se eu não tivesse ido para a prisão, eu não estaria aqui falando com você. Então para mim isso não foi uma coisa tão ruim. Porque eu comecei a conhecer as coisas assim. [...] Tinha uma pessoa que conheci, uma pessoa, quando fiquei preso por alguns dias. Ele havia sido preso com droga. E eu paguei um advogado para ele e tirei esse rapaz. E ele me apresentou vários mafiosos no Paraguai. [...] E assim tudo que eu conheço hoje começou assim...

Renê se julgava sagaz. Confiava que seus cuidados o manteriam fora da mira dos policiais:

— Nós sabemos que hoje a tecnologia é tanto para a gente quanto para a polícia. Porém, temos que ser mais inteligentes do que eles. Isso é uma coisa que me faz bem: ser mais inteligente que a polícia. Me faz bem fazer isso! É verdade, eu faço por dinheiro, mas também me dá prazer! Parece uma loucura... Mas me dá.

O empresário mantinha contato diretamente com fornecedores de cocaína na Bolívia e no Paraguai, que cuidavam do transporte da droga via rota caipira até São Paulo, de onde era exportada pelo porto de Santos.

— Bom produto? — perguntou o colombiano.

— Eu quando te falo é somente de produto bom. Eu não falo de produto ruim. Mas claro que o mais confiável é essa pessoa que compramos. Sabemos quem fez, eu prefiro assim [...]. Quando a gente precisar eu tenho este homem que pode fazer para a gente, cada vez pode 400 [quilos]. E me disse que seu transporte é tranquilo e com garantia. Eu não conheço o transporte, porém eu confio nele.

Renê convidou o amigo a montar base para o tráfico no interior paulista:

— É melhor que seja uma cidade um pouco afastada de São Paulo, porque lá [no estado] tem boas cidades [...] Vamos pensar isso também. Porque vamos fazer da forma mais segura possível.

Os compradores europeus estavam garantidos, afiançou:

— Eu tenho também como vender tudo na Europa. Não tenho problema com isso. Se você precisar de qualquer coisa, eu conheço pessoas também. E com certeza meu primo vai fazer alguma coisa, ele estava trabalhando com seu grupo: eles já têm um avião trijet, com três turbinas, e pretendiam ir com 2 mil peças [provável referência a 2 toneladas de cocaína, segundo a PF] uma vez para a África e me perguntou se eu tinha alguém lá para vender...

O colombiano queria enviar entre 5 e 10 quilos por vez, mas o brasileiro foi mais ambicioso: queria exportar carregamentos de 400 quilos de pó. O estrangeiro propôs a Renê uma técnica de exportação de cocaína que considerava infalível:

— Acontece que no Peru se exporta muita polpa de fruta nesses barris de 180 quilos. [...] Mas o "trabalho" não ia na polpa...

— Não estava cheio da polpa?

— Não. Então se desenhou o piso e a tampa, para se colocar 2 quilos em cada um. E se mandou fazer a mercadoria no molde desse tamanho. Então todos os barris tinham exatamente o mesmo peso, todos os barris pesando o mesmo, e pelo scanner era tudo igual.

— Isso é inteligente.

— É o que te digo. É ver as coisas.

— Isso daria para fazer.

COCAÍNA: A ROTA CAIPIRA 209

Renê deixou claro que utilizava o sistema dólar-cabo, por meio de doleiros, para levar o pagamento da cocaína da Europa à Bolívia — ele considerava perigoso o envio do dinheiro por meio de mulas:

— Se nos entregam o dinheiro hoje na Europa talvez eu consiga mandar em um dia mesmo.

A ambição de Renê parecia sem limites:

— Estamos trabalhando para quê? Para ganhar dinheiro. Para que ganhar dinheiro? Para viver bem...

Não se sabe se vingou a sociedade entre Renê e o colombiano. O certo é que, no segundo semestre de 2013, o esquema do empresário de Brasília operava a pleno vapor. Ele tinha a ajuda do libanês Sleiman Nassim El Kobrossy. Salomão, como era chamado, já havia sido alvo de operação da PF em 2007, chamada Sete Erros, que investigou um grande esquema de contrabando de produtos de informática do Paraguai para Brasília — ele acabaria condenado pela Justiça Federal a quase seis anos de prisão por descaminho e formação de quadrilha.[21]

Em setembro, Renê exportou 55 quilos de cocaína boliviana para a Europa, via Santos. O fornecedor na Bolívia, não identificado, garantiu a qualidade do pó:

"Estan muy lindos como los d la primera vez", escreveu no BBM.

"Pero todos pueden ser para fuera. Misma calidad", respondeu o brasileiro.

A droga só seria transportava via rota caipira se houvesse pagamento antecipado pelos compradores europeus. Por isso, Renê começou logo a mobilização para internar no Brasil o pagamento dos compradores europeus, US$ 124 mil, e em seguida remeter o valor a Santa Cruz de la Sierra. Aqui entraram em cena os doleiros Maria de Fátima e Habib.

O pagamento foi dividido em duas etapas. Na primeira, Maria de Fátima, então na Inglaterra, encaminhou US$ 36 mil para Renê e Sleiman pelo sistema dólar-cabo, por meio de Habib, em troca de 1% da transação para o doleiro. Maria recebeu euros na Europa e encaminhou dólares de uma conta no Brasil para Sleiman, entregues no dia 30 de agosto por um subordinado dela em um prédio imponente no Itaim Bibi, onde funcionava o escritório de Alberto Youssef, outro doleiro investigado na Lava Jato:

"Já mandei o endereco pro meu companheiro ele esta mandando o moto boy dele la", escreveu Maria de Fátima.

Faltavam US$ 88 mil. E tanto Renê quanto Sleiman tinham pressa, já que a droga estava parada na Bolívia à espera do pagamento. Foram mais quatro etapas. Os primeiros R$ 77,1 mil foram depositados por Habib em conta de corretora de câmbio indicada por Renê, e mais R$ 19,9 mil transferidos para a conta de um laranja de Curitiba. Todo o dinheiro foi convertido em dólares por meio de câmbio paralelo e enviado à Bolívia. Renê mantinha o fornecedor boliviano informado em tempo real:

"El maleante me esta mandando esa plata ahora" / "Estoy aca en la oficina de el aguardando el recibo del deposito y solo salgo de aca con eso."

"Solo esperamos q nos den luz verde y arrancamos pa aya", respondeu o boliviano, que confirmou a quantidade: "55 [quilos] van."

Ao mesmo tempo, Renê pressionava Habib para disponibilizar o dinheiro:

"Amigo, temos que conseguir mandar esse total. [...] Precisamos mandar urgente, entao por favor consiga isso."

O restante do pagamento, R$ 125 mil, correspondente a US$ 50 mil, foi remetido por Habib a outro doleiro ligado a Renê por meio de dois cheques, que totalizam R$ 85 mil do Posto da Torre, e os R$ 40 mil restantes em duas transferências do mesmo posto, em 16 de setembro.

A droga embarcou ainda naquele mês no porto de Santos com destino a Valência, Espanha. Mas acabou apreendida no destino em 20 de outubro. Dois subordinados de Renê foram presos em flagrante quando a retiravam do contêiner:

"O leo falou que seu amigo e os amigos do canguro se acidentou?", perguntou um amigo de Renê. O empresário confirmou, mas desdenhou a perda da droga:

"Sim, duas pessoas minhas. O canguru me disse que o pessoal dele é profissional mas eles estavam sendo investigados há dois anos. Mas não tem problema, já esta tudo tranquilo. Não da pra acertaer todas, kkkkk."

Um mês depois viria nova baixa para Renê. Era fim de tarde, 21 de novembro, quando policiais rodoviários em Araraquara (SP) pediram

COCAÍNA: A ROTA CAIPIRA 211

que Ocari Moreira parasse no acostamento a carreta que dirigia na rodovia SP-310, sentido capital, carregada em Pontes e Lacerda (MT) com toneladas de palmito em conserva. Um dos policiais ficou com Ocari na cabine, enquanto o outro foi vistoriar a carga. Ao retirar a lona da carroceria, o tira notou um plástico preto entre as caixas de palmito. Chamou o caminhoneiro, que suava frio.

— O que tem aí dentro?

— Droga, senhor.

Ocultas pelo saco plástico, dezenas de tabletes, cada um com o desenho de uma íris. Dentro, 698 quilos de cloridrato de cocaína puro.

— Onde o senhor deixaria essa cocaína toda?

— Em Sumaré, Campinas e São Paulo, senhor.

— Tem batedor?

— Tem sim, senhor. Um boliviano. Não sei o nome.

Já na delegacia da PF de Araraquara, o telefone de Ocari tocou. Era o batedor da carga. O policial rodoviário se fez passar pelo caminhoneiro:

— O caminhão quebrou perto da usina Tamoio.

— A gente tá em um posto em São Carlos, mas tá voltando praí.

A PF montou campana no local combinado, à espera do automóvel. Meia hora depois, chegou um Golf, com placa de Campo Grande (MS). Dentro, dois homens, o mato-grossense Gilberto Ramos Lopes e o boliviano Ricardo Semler Rodriguez, olhavam para todos os lados, à procura do caminhão. Foram presos em flagrante com R$ 200 mil. No celular de Gilberto, mensagens trocadas com um rapaz apelidado de Babaçu não deixaram dúvidas de que os dois atuavam como seguranças da grande carga de cocaína:

"Nossa ele [Ocari] tá desesperado krendo abandona o caminhao[,] tem base[.] falei pra esperar ou chegar e agora como entro numa estrada de chao[,] e se alguém ve ai eu ki rodo" / "Porque tá com muito medo e foda Ele e [é] cagao ele não aguenta o tranco não[,] não da pra manda mais ele não."

Os três foram condenados por tráfico.[22]

No dia seguinte a notícia da apreensão chegou a Renê. Em conversa com um comparsa, o empresário deixou claro que a carga pertencia a ele:

"Pensei que eu ia receber um dinheiro amanhã" / "Era esse" / "kkkk" / "Me deiCou [deixou] complicado".

O amigo debochou da polícia:

"Pra aqueles cara pega, foi mau feito."

"Sim" / "Esses burros."

Renê não perdeu tempo. Horas depois, já negociava novo carregamento de cocaína:

"Aquelas ações nominais vc ainda tem pra vender?" / "Tinha um de 700 pra ontem mas cancelaram" / "Se eu precisasse de bastante eles tem?" / "Mas tem que melhorar o preco."

O empresário fechou negócio com um boliviano — 280 quilos de cocaína:

"Cuanto tengas yo me quedo."

"Tengo 280 [quilos]."

"Yo compro todos los 280."

A sobrevida de Renê no tráfico seria curta. Em meados de janeiro de 2014, ele, Sleiman e Maria de Fátima se movimentavam para exportar nova partida de cocaína para a Europa:

"Amor escuta ve rápido que estampa tem nas meninas da suica [tabletes da droga] que penso que um amigo vai pegar ve rápido e me fala", escreveu Maria para Sleiman.

A droga, porém, precisava ser paga aos fornecedores antes do embarque em contêineres no porto de Santos. Por isso, ela precisava entregar US$ 190 mil a Sleiman, que faria a transferência do dinheiro para a Bolívia. Ficou combinado que Renê receberia os dólares de um emissário de Maria no saguão de um hotel vizinho ao aeroporto de Congonhas.

Uma equipe de agentes correu para lá. Na recepção, confirmaram que Renê estava hospedado no hotel e que havia pedido ajuda aos funcionários para abrir o cofre do seu quarto. Era o indício de que já havia recebido os dólares. Os policiais foram até o quarto, abordaram o empresário e apreenderam o dinheiro no cofre. Renê foi preso.

A Operação Lava Jato foi desencadeada no mesmo dia da Monte Pollino: 20 de março. Habib foi um dos presos. Sleiman conseguiu escapar, e continuava foragido em novembro de 2016 — os processos em Curitiba contra ele, denunciado por lavagem de dinheiro e crime contra o sistema financeiro, e Maria de Fátima, denunciada por este último delito, seguiam sem sentença.[23] Maria de Fátima foi condenada pela Justiça italiana por tráfico de drogas e lavagem de dinheiro. Renê foi condenado a catorze anos de prisão pela Justiça Federal em Curitiba por tráfico internacional, lavagem de dinheiro e evasão de divisas, enquanto Habib recebeu pena de cinco anos e meio de reclusão por lavagem de dinheiro, pena mantida pelo TRF.[24] Em novembro de 2016, havia recurso não julgado no STJ. Mas nem a prisão é capaz de paralisar os grandes narcotraficantes. Mesmo dentro das celas, eles continuam a comandar grandes esquemas de compra e venda de cocaína. Um caso emblemático é o de Kiko, colombiano amigo do poderoso Pablo Escobar, a quem chamava de padrinho.

# 9

# Escritórios do crime

Um aprendeu tudo sobre narcotráfico com "Don Pablo", o poderoso capo colombiano Pablo Escobar, tido como o maior traficante do mundo. Outro criou esquemas sólidos de fornecimento de cocaína a partir do Peru. Quando os dois se encontraram na cela de 16 m² da Penitenciária de Itaí (SP), estava formada a cabeça de um sofisticado esquema de envio de coca da Colômbia, Peru e Bolívia para nove países da Europa e três da África, com passagem obrigatória pelo Brasil. Inclusive pela rota caipira.

É certo que muralhas não detêm o poderoso fluxo das drogas. Nem as de uma prisão. Celulares e chips entram nas celas ao sabor da vontade dos que nela estão. E um telefone é tudo de que um grande traficante precisa para manter seus negócios aqui, do lado de fora. Sem controle do sinal de telefonia móvel, penitenciárias se diferenciam pouco de grandes edifícios comerciais, com celas se transmutando em escritórios do crime.

Foi assim com Eduardo Antonio Arismendi Echavarria e Rafael Plejo Zevallos. O colombiano Eduardo nasceu em janeiro de 1954, em Medellín. Era apenas quatro anos e um mês mais novo do que Pablo Emilio Escobar Gaviria, nascido na vizinha Rionegro em dezembro de 1949. Kiko, como Eduardo era chamado, era um jovem estudante quando Escobar começou a roubar carros na periferia de Medellín, no início dos anos 1970. Ao apertar o gatilho, Pablito virou pistoleiro, matando por dinheiro no norte colombiano. Até que, ainda na década de 1970, conheceu a cocaína e decidiu investir no comércio atacadista da coca "made in Colombia", a melhor do mundo.

A droga seria a glória e a ruína de Pablo Escobar. Com ela, fundou o poderoso cartel de Medellín, responsável, em meados dos anos 1980, por quase 80% da cocaína comercializada no mundo e com faturamento de US$ 60 milhões por mês. Alcançou patrimônio estimado em US$ 3 bilhões, o que fez dele o 13º homem mais rico do mundo e lhe valeu o apelido nada modesto de "Don Pablo".[1] Tanto poder era manejado por Escobar de modo ambíguo. "Robin Hood" dos pobres, distribuía alimentos, casas populares e campos de futebol na periferia de Medellín. Mas era extremamente violento com aqueles que contrariassem seus interesses escusos. Em 1984, ordenou o assassinato do ministro da Justiça colombiano, Rodrigo Lara Bonilla, semanas depois de operação policial que destruiu um laboratório de refino com 13 toneladas de cocaína do cartel. Cinco anos depois, o candidato à presidência Luis Carlos Galán, opositor feroz dos cartéis de droga colombianos, também seria assassinado a tiros de metralhadora durante um comício. Escobar ainda ordenou a explosão, em pleno ar, de um Boeing, matando todas as 107 pessoas a bordo, por acreditar que na aeronave estaria César Gaviria Trujillo, candidato que sucedeu Galán.[2] Em quinze anos, a polícia colombiana estima que Escobar tenha sido responsável direto ou indireto pela morte de 5 mil pessoas.[3]

Não se sabe quando Kiko, um jovem economista de testa proeminente e cabelos ralos, ingressou no mundo criminoso de "Don Pablo". O certo é que, já nos anos 1980, Kiko chamava o poderoso chefão das drogas de padrinho, e exibia com orgulho aos amigos livros autografados por Escobar. No fim da década, mudou-se para Corumbá (MS), fronteira com a Bolívia, e em seguida para o Rio de Janeiro, e passou a coordenar um braço do cartel de Medellín no Brasil, que exportava cocaína para a Europa por meio do porto carioca. Quando o padrinho morreu, assassinado em 3 de dezembro de 1993 pelo exército colombiano com um tiro no ouvido sobre o telhado de uma casa em Medellín,

COCAÍNA: A ROTA CAIPIRA                217

Kiko estava preso. Fora flagrado em outubro de 1991 pela Polícia Federal com 25 quilos de cocaína em um apartamento em Copacabana, no Rio, na companhia de um colombiano, três brasileiros e outro boliviano — na época, ele era considerado um "embaixador" do cartel de Medellín no Brasil.[4] Permaneceu preso por alguns anos, mas ganhou liberdade ainda na década de 1990. O cartel fora esfacelado após a morte de "Don Pablo", mas Eduardo mantinha contatos valiosos com produtores de cocaína no seu país natal. Retomou então a mesma rota carioca do tráfico até ser preso novamente em flagrante pela PF, em 16 de fevereiro de 2002, com 466 quilos da droga, na Operação Mar Aberto. Condenado a seis anos e nove meses por tráfico pela 41ª Vara Criminal do Rio de Janeiro, foi levado à Penitenciária de Itaí, região de Marília, interior paulista, destinada a detentos estrangeiros.

Pouco mais de quatro anos depois, em 28 de novembro de 2006, Kiko conheceria o peruano Rafael Zevallos, um sujeito baixo de grandes bochechas e queixo duplo, que davam um formato arredondado ao seu rosto. Assim como o colombiano, o envolvimento de Rafa, como é chamado, com o narcotráfico vinha de longa data. Em 1993, fora preso no Peru por fornecer produtos químicos, como ácido sulfúrico, para o refino de cocaína. Ficou cinco anos na cadeia. No início dos anos 2000, veio para o Brasil e passou a comercializar madeira na região amazônica. Uma fachada, segundo a polícia, para o comércio de drogas. Em junho de 2006, chegou ao Denarc em São Paulo a informação de que Rafa estaria trazendo cocaína peruana para a capital por meio de aviões que pousavam no interior paulista. Policiais começaram então a seguir os passos dele no Brasil e a monitorar seus telefonemas. No início de novembro de 2006, Rafa foi a São Paulo. O objetivo, constataram os investigadores, era planejar toda a logística para o transporte da cocaína até a capital. Ele pesquisou pistas de pouso no interior e concluiu que o aeroporto de Guararapes, na região de Araçatuba (SP), com pouco movimento e pista de 630 metros, gramada e bem sinalizada, era a ideal para o pouso do Cessna 182 que traria a droga a partir de Cuiabá. Na manhã do dia 7 de novembro de 2006, o avião decolou da capital de Mato Grosso abarrotado com 350 quilos de cocaína pura — dentro

218 ALLAN DE ABREU

da aeronave, só sobrava espaço para o piloto André de Souza Filho. Era início da tarde quando o Cessna pousou em Guararapes. Rafa aguardava o avião. Quando se aproximou da aeronave, policiais do Denarc, que acompanhavam tudo discretamente, anunciaram a prisão em flagrante. O peruano foi levado até São Paulo, interrogado e encaminhado para Itaí, na mesma cela de Kiko. Em poucos dias, ambos se uniram e organizaram um complexo esquema de tráfico internacional, agora pelo interior paulista.

A Polícia Federal soube do novo esquema quase que por acaso. Começou a investigar Kiko porque chegaram à corporação informações de que o colombiano estava levantando dados sobre procuradores do Ministério Público Federal e de policiais federais que haviam participado da Operação Mar Aberto, para vingar sua prisão. Não confirmaram as informações, mas deram de cara com o megaesquema de tráfico internacional.[5]

A cocaína saía da Colômbia, do Peru e da Bolívia, e era levada até São Paulo, passando pelo interior do estado. Para evitar prejuízos em caso de flagrante policial, a droga era armazenada em grandes quantidades em Santa Cruz de la Sierra, Bolívia, e transportada Brasil adentro em carros ou caminhões, sempre em pequenas quantidades — de 30 a 50 quilos, segundo o delegado Luiz Roberto Ungaretti Godoy, que comandou as investigações contra o grupo na operação que, não à toa, foi batizada de Muralha. Da capital paulista, a droga era pulverizada por cinco portos, em Santos (SP), Paranaguá (PR), São Francisco do Sul (SC), Vitória e Rio de Janeiro, onde, com o auxílio de estivadores e tripulantes, era embarcada em navios cargueiros com destino à África (Nigéria, Moçambique, África do Sul e Tanzânia) e à Europa. Em um ano e meio de investigações, a Polícia Federal apreendeu, em 37 flagrantes — dezenove em território paulista —, 1 tonelada de cocaína e outra de maconha, esta destinada à venda em São Paulo.

Para que todo esse trajeto fosse cumprido, Kiko e Rafa organizaram um grupo grande e compartimentado, com 53 pessoas ao todo, divididas em cinco escalões. No primeiro, Kiko, Rafael e Adenir João Santos da Silva, o Gaúcho, brasileiro radicado no Paraguai, foragido da Justiça de

COCAÍNA: A ROTA CAIPIRA 219

Mato Grosso do Sul, onde fora condenado por tráfico. Rafa e Gaúcho eram os principais fornecedores de drogas do grupo. Logo abaixo, no segundo escalão, o chamado grupo de apoio, responsável por trazer a droga para o Brasil e despachá-la ao exterior. O líder, aqui, era Joaquim de Almeida Lima, policial federal expulso da corporação por envolvimento com o tráfico justamente na Operação Mar Aberto, que investigou Kiko. Cabia a ele levar chips de celular para o colombiano preso.

— Não esqueça os chips — disse ao ex-policial em agosto de 2007.

Dias depois, a ordem veio mais detalhada:

— Compra um chip de DDD 11 e dois DDD 14.

— Vou providenciar.

Os números dos celulares de Kiko eram sempre repassados aos outros do grupo em código:

— Anota aí: VV AENR RVAO.

Apenas com a palavra-chave "ventilador", em que cada letra representa um número de zero a nove, é possível decodificar o telefone.

Almeida também visitava o chefe constantemente na Penitenciária de Itaí para receber dele as coordenadas a respeito das negociações com os fornecedores, chamados de "sócios capitalistas", e o transporte da droga. Não à toa, o ex-policial mudou-se para Marília (SP), que fica a 200 quilômetros da pequena Itaí e seus 24 mil habitantes. Para despistar eventual grampo nos seus telefones — o que efetivamente ocorreu na Operação Muralha —, o colombiano se referia aos comparsas como "doutores", e às negociações sobre entorpecentes, como "processo", "sentença", "HC":

— O dr. Carlos [Ulisses Dias da Costa, o Junior, auxiliar direto de Almeida] disse ao dr. Ilic [Goran, sérvio comprador de drogas do esquema] que ele poderia pagar todo o processo [droga, segundo a PF] quando chegasse em Brasília [Europa], mas como Carlos poderia dizer isso se as cópias [droga] são dele? — perguntou para Almeida.

— Ele não teria falado isso porque não é dele.

— São 40 cópias [quilos] que tem do processo, com sentença e tudo.

A droga chegaria à Europa no fim de agosto de 2007, conforme Almeida informou a Kiko no dia 16:

— Em torno de dez a doze dias vai estar por lá — disse Almeida, que completou: — Vou falar pro rapaz viajar na segunda-feira pra ficar com o dr. Ilic só aguardando [a droga chegar, segundo a PF].

O envio seria feito pelo porto de Vitória ou do Rio, mas Almeida teve problemas para encontrar tripulantes de navio dispostos a levar a droga até a Sérvia:

— O dr. Carlos [Ulisses] tá no Rio de Janeiro pra resolver os documentos... despachos [da droga, conforme a PF].

— Já tem outro inquérito pronto pra colocar... pra assinar [outro carregamento de droga]. — Com voz alterada, Kiko irritou-se com Almeida. — A palavra vale muito... o dr. Ilic falou que quer saber se sim ou não [se a droga chegaria ou não].

— Amanhã nessa hora vai estar tudo 100% [a droga estará no navio] — respondeu o ex-policial.

Apesar dos cuidados ao telefone, o uso do celular por Kiko era intenso. Em 20 de agosto de 2007, ele conversou em espanhol com Martin, traficante colombiano. Martin ofereceu a ele 10 quilos de droga de boa qualidade, colombiana, que no diálogo metafórico do grupo se transformou em livros:

— Tengo diez libros, pero muy caros y hay que canselarlos [pagá-los] mañana. Son libros muy buenos, de escritores colombianos [droga da Colômbia].

Kiko passou a manter diálogos — e negócios — frequentes com Martin. Nove dias depois da primeira conversa, Martin voltou a acionar Eduardo em Itaí:

— Falei com ele [Almeida, segundo a PF], que organizou tudo, números totais... 55 quadros [55 kg de cocaína]... 28 são seus e 27, dele [Mateo, outro traficante do esquema]; total é 55. Dos dele [Mateo], ele pode ceder 22 quadros pra você a cinco [US$ 5 mil o quilo]... faça as contas... 22 a cinco... total 110 [US$ 110 mil]... cada quadro é 1.250 [1.250 quilos].

Martin acabou preso em flagrante com um alemão e um brasileiro em setembro de 2007. Com o trio, a PF encontrou 2 quilos de cocaína.

COCAÍNA: A ROTA CAIPIRA                    221

No mês seguinte, setembro, Kiko manteve conversa com outro comparsa de Santos, não identificado pela PF. O homem garantiu ter "vinte caminhões [navios] prontos pra viajar". Kiko respondeu que possuía 300 quilos de cocaína para embarcar:

— Esta semana yo ya tengo cajas acá, solo que estaba disponiendo aquí, vendiendo acá, pero esta semana yo tengo trescientas cajas, al final de esta semana le va entregar unas cincuenta, sesenta cajas para que los guarde, ahí saca usted su 20%.

Abaixo de Almeida, no terceiro escalão, havia o denominado "grupo de intermediação", que também cuidava da logística tanto da entrada da droga no Brasil quanto da saída ao exterior. Os principais líderes desse grupo eram Marcos Antonio Vicente da Silva, o Galego, de Santos, e o colombiano Eduardo Alberto Villareal Rivera, o Careca. Abaixo deles vinha o quarto escalão, cooptadores de marinheiros e estivadores nos portos, além de mulas dispostas a levar cocaína em malas ou no estômago para a Europa, a quinta e última camada do esquema.

Para manter um fluxo contínuo de drogas pelo estado de São Paulo, Almeida e Galego mantinham contato permanente. Em 10 de outubro de 2006, logo após a apreensão, pela PF, de 71 quilos de cocaína que estavam sendo embalados para embarque no navio filipino *Chesapeake Belle* no porto de Santos, Galego lamentava:

— Hoje mesmo nós não tivemos uma notícia muito boa não... — disse. — Ele quer mudar a rota do transporte. [...] É mais demorado, mas é mais garantido, é 100%.

— Aquele lá [outra rota], pra começo, nunca deu problema... — reforçou Almeida.

— Nós precisava arrumar um parceiro bom lá... lá onde você foi [Paraguai].

— Eu arrumei um parceiro 100%... ele tá a fim [pela nova rota]... não tem negócio de enrolação não, ele tem lá da ponta até você [leva a droga da Bolívia/Paraguai até São Paulo], sem problema... ele já quer começar no começo dessa semana. [...] Ele tem tudo, fazenda, a hipoteca é garantida, tem transporte rápido [avião, conforme a PF], nunca teve problema com nada.

Em 11 de abril de 2007, a Polícia Federal captou diálogo revelador entre Galego e Almeida. O ex-policial acabara de conversar por telefone com um subordinado quando encerrou a conversa, mas esqueceu o celular ligado. Passou então a falar com Galego, e toda a conversa acabou na Superintendência da PF em São Paulo:

— O cara não chegou lá, não tinha chegado lá não? — perguntou Galego.

— Tinha chegado nada — respondeu Almeida. — Ele saiu daqui, foi pra Vitória, parou em Vitória doze dias. Vai chegar lá para o dia 25, né?

— Mas você foi lá resolver o quê?

— Fui lá no Rio de Janeiro junto com o Doidinho [Ulisses] pra conversar com o homem lá, pra explicar as coisas, pegar o número de telefone pra dar pro marinheiro. [...] Ele [Ulisses] fez outro embarque, um que vai pra Itália, né.

— Mas... você vai passar o endereço ou vai até a gente? Como é que vai ser o negócio?

— Fugidarian — respondeu o ex-policial.

— Fugidario?

— É ali, entre Marrocos e Argélia.

Logo depois, passaram a conversar sobre outro esquema, desta vez para transportar a droga de avião da Bolívia até Mato Grosso. Almeida deu os detalhes:

— Ele puxa a mercadoria de lá, a partir da semana que vem ele tem tempo pra fazer isso. Vamos discutir de dez dias pra fazer tudo, porque do avião pra cá [interior paulista] não tá dando pra vir mais não. Tão fazendo umas cagada lá e...

Galego interrompeu.

— Por que é dez dias? Como é que é o negócio?

— Ele puxa, puxa até Poconé, de Poconé puxa de carro. Caminhão pra cá.

— Poconé onde que é?

— Mato Grosso; 20% por fora. Frete por fora. Ou seja, você tem cem lá, você deixa 120. Entendeu? Tem o seu, vinte é o pagamento dele. Põe aqui em São Paulo [capital].

COCAÍNA: A ROTA CAIPIRA 223

Os dois também conversaram sobre coordenadas de pistas de pouso de avião, possivelmente para trazer drogas até Mato Grosso e Paraná:

— A gente tinha coordenado uma pista... — disse Galego.

— Tem aquelas duas coordenadas — respondeu Almeida.

— O cara lá gravou, né?

— Tá aqui comigo.

— Mas eu queria que você armasse a pista porque eu sei que quando eu chego no lugar eu arrumo mais coisas [...] Se não arrumar uns 300 quilos aí eu não vou jogar...

— Mas jogar 300 é complicado — ponderou Almeida.

Dois meses depois dessa conversa, a PF apreendeu 54 quilos de cocaína na região de Cascavel (PR), próximo à fronteira com o Paraguai. A droga havia sido arremessada de um avião monomotor. Um agricultor viu a aeronave fazendo manobras bruscas no ar, desconfiou, chamou a polícia. Dois brasileiros e um boliviano foram presos em flagrante.

Mesmo assim, nenhuma apreensão detinha o fluxo de cocaína mantido pela quadrilha. Em junho de 2006, Gaúcho disse a Almeida que estava "com todos os documentos", o que, para a PF, significava que já tinha droga à disposição.

— Tá tudo certo, só tô esperando. O caminhão [navio] já tá lá ou ainda vai chegar?

— Chega um bom nesse fim de semana — disse Almeida.

— Beleza, então é nesse. Quer que deposite o dinheiro [entregue a droga] na grande [São Paulo] ou no peixe [Santos]?

— No peixe fica 100%.

— Amanhã vou falar com o gerente pra fazer o depósito, é que não sabia qual banco era [qual a cidade] [...]. Eu tinha dito que depositaria 18 [quilos] pra receber o juro de 15, mas tô com a ideia de colocar 20 redondo.

— O que for vai chegar.

Eduardo Rivera, o Careca, também auxiliava o grupo no transporte e armazenamento da droga. Nascido em Letícia, Colômbia, radicou--se em Marília (SP), um dos principais entrepostos do grupo na rota caipira. Em abril de 2007, Careca ofereceu a um colombiano 50 quilos de cocaína que, segundo ele, estavam armazenados na cidade. O interessado foi até a cidade verificar a qualidade da droga — a PF não conseguiu apurar se o entorpecente foi negociado. Cinco meses antes, um comparsa do colombiano disse a um comprador que dispunha de 500 quilos de cocaína em São Paulo, dos quais 350 foram entregues e 150 estavam reservados para Careca:

— Lá na minha terra [Marília] tenho dinheiro [droga, segundo a polícia], para transformar em reais — gabava-se.

Em novembro de 2006, a PF apreendeu em São Paulo 203 quilos de cocaína escondidos na carga de milho de um caminhão vindo de Mato Grosso do Sul. O veículo tinha placas de Osvaldo Cruz, região de Marília.

Se Kiko contava com Almeida para fazer girar a engrenagem do tráfico fora das grades, Rafael Zevallos tinha a argentina Glória Mariana Suarez, mulher de rosto suave e cabelos castanhos, ligeiramente compridos, que se tornaria braço direito do marido no submundo das drogas. Logo após a prisão de Rafa, Glória mudou-se para Itaí e passou a visitar semanalmente o marido, onde recebia ordens sobre como operar a rede de tráfico liderada pelo peruano.

Foi Glória quem organizou o transporte de 500 quilos de cocaína do Peru para a Bolívia, em um caminhão. A droga já possuía um comprador, como se infere da conversa de Rafa com a mulher no dia 6 de junho de 2007:

— Tem um cara que quer [droga]. Confirma no Peru quanto estão mandando — pediu a Glória.

Exatamente um mês depois, avisada pela PF das características do veículo e da identidade do motorista, a Felcn, polícia boliviana, apreendeu o veículo em Santa Cruz de la Sierra. Segundo a Polícia Federal, a droga seria enviada para Salta, Argentina, e depois trazida ao Brasil via Paraguai por meio de uma empresa transportadora, de Glória.

— Meu negócio saiu mal — disse Rafael a um fornecedor de drogas peruano, identificado como Wilder. — Pegaram a minha droga toda na Bolívia.

COCAÍNA: A ROTA CAIPIRA 225

Apesar do prejuízo, não abandonou os negócios.

— Já tenho os 70% da droga no Peru — disse Wilder.

— Espera até a próxima semana, porque ainda não sei bem como tudo aconteceu.

Wilder era um importante contato de Rafa no Peru. Em maio daquele ano, ele viajara até Marília, a convite de Almeida, e depois a Itaí, para conversar com Rafa.

— Quero que saquem do B [provavelmente Bolívia, entende a PF], e tem que ser pelo menos 300 [quilos]. Mas você tem que dar tudo e eu me responsabilizo pelo transporte — disse Rafa.

— Posso conseguir 150 já.

— É o mesmo movimentar 300 ou 100, por isso tem que ser de boa qualidade.

A apreensão em Santa Cruz não abalou o poder de Rafael Zevallos. Apenas doze dias depois do flagrante, um homem não identificado pela PF conversou em espanhol com ele, oferecendo 1 tonelada de cocaína:

— Tengo para caminar detrás la chacra a cualquier rayo hacia el sur o norte esta listo [transporte em qualquer direção sem passar pelos postos policiais] para entregar hasta mil metros [1 tonelada, conforme a polícia].

— Habla con Gusano para coordinar. En unos días se haga [se faz] el trabajo.

Enquanto isso, Rafael determinou que Almeida e Glória procurassem um funcionário do aeroporto de Guararapes que testemunhara a ação do Denarc. Para a PF, ele tentava subornar o homem, conforme diálogo cifrado captado pelos agentes no dia 4 daquele mês:

— Falei com o homem, com aquele rapaz — disse Almeida. — Ele falou que tá pronto e vai amanhã naquele colégio [audiência com o juiz, conforme a PF] e vai dizer que nunca viu aquele professor [Rafael] na vida dele... nunca viu lá ou fora de lá... ele disse que é para o professor ficar tranquilo que ele vai dizer isso aí, ele só cobrou caro a passagem [exigiu alta quantia em dinheiro para mentir em juízo, sempre segundo relatório dos agentes].

— Não tem problema — disse Rafael.

A audiência, no entanto, foi adiada para o dia 19 daquele mês. Almeida telefonou para Kiko e deu mais detalhes da suposta negociação:

— Fala pra ele [Rafael] pegar aquela promissória verde [dólares] que ele tem porque o cara quer 25 [mil dólares]... pra não dever mais nada pra ninguém.

— Vou falar pra ele separar — disse o colombiano.

Na tarde do dia 14, policiais federais fotografaram Almeida e Glória no aeroporto de Guararapes. O funcionário depôs à Justiça quatro dias depois:

"A testemunha esclarece que presenciou a prisão do piloto, acompanhando-a, mas não presenciou ou viu a outra pessoa que também foi presa na data dos fatos. [...] Esclarece que os policiais informaram a ele que deveria acompanhá-los até a delegacia de polícia para testemunhar sobre a prisão e a apreensão do entorpecente, momento em que teve conhecimento da prisão da outra pessoa. Segundo informado pelos policiais, tal pessoa estaria em um veículo nas proximidades, o que não foi visto pela testemunha. [...] Apenas viu o piloto que foi detido. A testemunha, neste ato, reconheceu o acusado André de Souza Silva como sendo o piloto que foi preso na data dos fatos. Não conhece o outro acusado."

Na noite daquele mesmo dia, Glória dá a notícia ao marido:

— La declaración del testigo fue buena, indicando que no ló había visto [Rafael]. [...] Yo le dijo que era su esposa y el indicó que no está para perjudicar a nadie.[6]

Kiko e Almeida foram denunciados à Justiça por corrupção de testemunha, mas em março de 2014 os três foram absolvidos pela juíza Sabrina Salvadori Sandy Severino. "Os relatórios da investigação da Polícia Federal são eivados de contradições e não se coadunam com os elementos colhidos judicialmente", justificou. O funcionário do aeroporto também foi absolvido da acusação de falso testemunho. Não houve recurso e a ação acabou arquivada.[7] Até novembro de 2016, o processo de Rafa e Glória, separado dos demais, seguia sem julgamento.[8]

COCAÍNA: A ROTA CAIPIRA                    227

Já com relação ao flagrante no aeroporto, o peruano e o piloto André foram condenados a 23 anos e quatro meses por tráfico pela 2ª Vara da Justiça Federal de Guararapes, pena que depois foi reduzida pelo Tribunal de Justiça a dezessete anos para Rafa e nove anos e quatro meses para André.[9]

A cocaína que a dupla Kiko-Rafa trazia ao Brasil chegava à África e à Europa não apenas por navios cargueiros, mas também nas malas e no estômago de dezenas de mulas contratadas para viajar de avião a partir do aeroporto internacional de Guarulhos — o uso de pessoas para transportar pequenas quantidades de droga é um método usual do narcotráfico, como já foi narrado em detalhes no capítulo 4. O nigeriano Sunny Ikechukwu Benjy Eke era um dos principais coordenadores do transporte aéreo da droga a partir do Brasil. Para isso, contava com uma rede de cooptação de pessoas dispostas à tarefa, entre elas os também nigerianos Ernest Adiri Eze e Oke Erymoore Ibekwe, todos radicados em São Paulo.

Apesar do esquema formiga, a movimentação total de cocaína era considerável. De acordo com a PF, semanalmente cinquenta mulas do oeste africano entravam e saíam de São Paulo com drogas. Apenas em março de 2007, a Soca, polícia britânica de combate ao crime organizado, estima que o tráfico em voos internacionais tenha movimentado 600 quilos de cocaína do Brasil para a África e Europa, não apenas por mulas, conforme fica claro em conversa entre Oke e um homem não identificado. Para dificultar interceptações, o grupo se comunicava em igbo, um dialeto nigeriano — posteriormente, os diálogos foram traduzidos para o português:

— Tem um grupo de pessoas trabalhando em uma empresa de cargas no aeroporto aqui no Brasil [provavelmente no aeroporto de Guarulhos, acredita a PF] que ajuda no carregamento de drogas dentro dos aviões como carga. Eles agora carregam por 40 mil dólares e não importa quantos quilos de droga. Todo mundo que trabalha na empresa de cargas durante o dia está envolvido — disse um nigeriano não identificado pela Polícia Federal.

— Eles carregavam por quilo — disse Oke —, mas agora não importa se você manda 10 quilos ou 50 quilos. O serviço é 100% confiável, mas caro se você não manda grande quantidade. [...] Tem um traficante nigeriano que já usou esse serviço.

O esquema de mulas era reproduzido para levar cocaína de Mato Grosso até São Paulo, via rota caipira. Os nigerianos chegaram a comprar casas em Cuiabá e em Pontes e Lacerda, próximo à fronteira com a Bolívia, para hospedar as mulas. Na capital mato-grossense, cabia a Maria Auxiliadora Januária da Silva Valim, a Cida, namorada de Ernest, reunir as mulas e enviá-las com droga até o estado de São Paulo. A PF acompanhava todos os seus passos. Em março de 2007, Cida se preparava para enviar mais uma remessa de cocaína. No dia 18, ela telefonou para o namorado, que estava na capital paulista:

— Você não acha bom mandar elas de duas em duas? — sugeriu a mulher.

— E a fiscalização? — perguntou o nigeriano.

— Bem arrumadinha eles não reparam.

Na manhã do dia 1º de junho, cinco mulas aliciadas por Cida, inclusive uma irmã dela, embarcaram em um ônibus em Cuiabá com destino a São Paulo. Cada uma levava cocaína pura escondida em corpetes colados na cintura. Alertada, naquele mesmo dia a Polícia Rodoviária Federal parou o veículo na rodovia BR-153, em São José do Rio Preto (SP). No total, foram apreendidos 15,7 quilos de droga. Vinte dias depois, Cida foi detida em Cuiabá. Em 2008, todas foram condenadas a dez anos de prisão pela 2ª Vara Criminal de Rio Preto por tráfico e associação. Posteriormente, o Tribunal de Justiça reduziu as penas para sete anos de reclusão. Ernest também foi condenado pela mesma vara a sete anos de prisão por tráfico, pena mantida pelo TJ.[10] O processo de Oke, foragido desde então, seguia suspenso em novembro de 2016.

A chamada fase ostensiva da Operação Muralha foi desencadeada na manhã do dia 11 de abril de 2008, uma sexta-feira. Foram presas 35 pessoas, entre elas o ex-policial Almeida, e Glória, mulher de Rafa. O colombiano Careca foi detido seis meses depois, em Tabatinga (AM),

COCAÍNA: A ROTA CAIPIRA

tentando fugir para a terra natal. Em 2010, Kiko foi condenado a trinta anos de prisão por tráfico e associação para o tráfico internacional em decorrência das investigações da Muralha — pouco tempo depois, por falhas processuais, a defesa de Kiko conseguiu no STJ a anulação dos processos decorrentes da Operação Mar Aberto. Na Muralha, também por tráfico e associação, Almeida foi condenado a 21 anos e sete meses, e Ulisses, em dois processos, a dezoito anos e oito meses. Careca e Galego receberam, cada um, pena de sete anos.[11] A ação penal contra Gaúcho e o nigeriano Sunny não havia sido julgada em novembro 2016 — a Justiça Federal solicitou a extradição de Sunny ao saber que ele fora preso por tráfico de drogas em Gana. Em novembro de 2016, havia recursos dos réus da Muralha aguardando julgamento no STJ.

Após a operação, Kiko acabou transferido para a Penitenciária 1 de Avaré, enquanto Rafa se valeu da lentidão da Justiça para escapar das grades. A 5ª Vara Criminal Federal em São Paulo rejeitou a denúncia contra o peruano e a mulher Glória decorrente das investigações da Muralha e o Ministério Público recorreu ao TRF. No entanto, a decisão do TRF só foi tomada em janeiro de 2012, quando não só a denúncia contra ambos foi aceita como foi decretada a prisão preventiva do casal. A decisão, no entanto, fora inútil. Exatamente dois anos antes, Rafa, que havia conseguido o direito a cumprir a pena pelo flagrante de Guararapes em regime semiaberto, aproveitou a saída temporária do Natal de 2009 para fugir com a mulher. De acordo com a PF, o casal se refugiou na Bolívia, de onde cuida de repassar drogas dos cartéis bolivianos e peruanos ao Brasil.

Embora as atenções dos grandes cartéis colombianos estejam muito mais voltadas ao mercado norte-americano do que ao brasileiro, a história recente registra o envolvimento de outros grandes grupos de traficantes da Colômbia na rota caipira. No início de 2006, chegou ao Denarc a informação de que um grupo de traficantes brasileiros e estrangeiros estaria distribuindo cocaína na Baixada Santista, especialmente em Praia Grande.[12] Com autorização judicial, a polícia começou então a monitorar os telefonemas da quadrilha. Mas logo a medida se

230 ALLAN DE ABREU

revelou inútil — os traficantes pouco falavam dos seus negócios criminosos por telefone. Então o Denarc apelou para um plano B, de risco
extremo: infiltrar um policial no grupo.

A tarefa coube a um investigador do departamento, cuja identidade
até hoje é mantida a sete chaves pelo Denarc — nos autos, ele é denominado apenas "I", de informante. Mas não seria nada fácil mergulhar
no esquema. "I" apresentou-se como interessado em adquirir grande
quantidade de cocaína. Demorou semanas até adquirir a confiança do
grupo e, assim, colher informações sobre os métodos de operação da
quadrilha.

A droga vinha da Colômbia e era transportada de avião até a região
de Araçatuba (SP). Seguia de caminhão até uma chácara de Jundiaí
e de lá era distribuída pela capital e pelo litoral. Apenas dois meses
depois de infiltrado no grupo é que "I" foi apresentado aos comandantes do negócio: o brasileiro Benedito Ronaldo Julião, um engenheiro químico, e o colombiano Jaime Adolfo Atehortua Velasques,
conhecido por Tony, engenheiro civil considerado um dos chefões
do cartel de Bogotá.

Era início da tarde de 12 de maio de 2006 quando o celular de "I"
tocou. Do outro lado, era Tony. Queria se encontrar pessoalmente com
o policial em um hotel no centro de São Paulo. "I" desligou o aparelho
e foi ao Denarc. Fazia quatro meses que estava infiltrado no esquema.
Era a hora de preparar o bote.

"I" levou consigo outro investigador, João Carlos da Silva, e o apresentou como amigo a Tony. Uma equipe do Denarc, escondida nas
imediações, acompanhava o encontro. O chefão também estava acompanhado por Julião, além de outro colombiano e um rapaz chileno. "I"
fazia enorme esforço para controlar os nervos. Qualquer descuido e a
sua vida e a do colega corriam sério risco.

Para sua sorte, Tony foi direto ao ponto:

— Está tudo pronto. Cem quilos, a 7 mil dólares [o quilo].

"I" se virou para João Carlos, como se buscasse a opinião do colega.
Mas não esperou resposta. Voltou rapidamente o olhar para Tony:

— Fechado.

COCAÍNA: A ROTA CAIPIRA 231

"I" seguiu então com Tony e Julião para conhecer a mercadoria, enquanto João Carlos ficou com o colombiano e o chileno no hotel. Rumaram em um carro que, depois, a polícia descobriu ser clonado, até a chácara de Jundiaí — seguidos a distância por outra equipe policial. Os 100 quilos estavam distribuídos pela casa, pelo chão do quarto, em um guarda-roupa e debaixo do sofá da sala, sob a guarda de outros dois membros do grupo, brasileiros. A droga foi colocada por eles no porta-malas do carro, e seria levada até São Paulo a pedido de "I". Já eram quase 19 horas quando, antes de entrar no veículo, "I" disse a Tony que precisava avisar João Carlos que a droga estava a caminho. Era a senha pré-combinada para o flagrante:

— Polícia! Polícia! Deita no chão! — gritou "I".

Em segundos, outros policiais invadiram a chácara. Tony, Julião e os dois comparsas foram presos em flagrante. Ao mesmo tempo, João Carlos e outros policiais prendiam os outros dois que estavam no hotel. Tony, Julião e três dos seus quatro funcionários flagrados acabaram condenados por tráfico pela 1ª Vara Criminal de Praia Grande e, depois, pelo Tribunal de Justiça e pelo STJ.

Muitos barões tiveram sorte melhor: fugiram da cadeia e mantiveram seus esquemas de tráfico em uma região chave do comércio de drogas: a fronteira de Mato Grosso com a Bolívia. Foi assim com Valdenor Marchezan, o traficante que certo diz fez chover cocaína.

# 10

# Conexão Mato Grosso

Passagem obrigatória da cocaína que chega ao interior paulista, Mato Grosso tem 983 quilômetros de fronteira com a Bolívia. Só de fronteira seca são 750 quilômetros. Um prato cheio para a travessia da pasta-base de cocaína produzida no país vizinho. Não é à toa que 52,4% da cocaína apreendida no Brasil tem procedência boliviana, de acordo com a Polícia Federal.[1] A fronteira é recheada de estradas de terra estreitas ligando um país ao outro, o que torna humanamente impossível fiscalizar 24 horas uma extensão tão grande. Trabalhar na fronteira é enxugar gelo, afirmam os policiais do Gefron, criado pelo governo mato-grossense para combater o tráfico de drogas e armas nas proximidades com o país vizinho.

Na região de Cáceres, o Gefron mantém posto fixo de fiscalização na BR-070, uma estrada sinuosa que liga Mato Grosso a San Matías, na Bolívia, além de grupos espalhados pela mata. Mas a quantidade de droga apreendida é mínima, quase insignificante, perto das toneladas que atravessam a fronteira. Em 2011 e 2012, o Gefron apreendeu apenas 300 quilos de cocaína, de acordo com a Secretaria de Segurança Pública de Mato Grosso.

Há todo tipo de estratégia para internar cocaína em solo brasileiro. A mais comum é o uso de mulas, geralmente bolivianos que atravessam a fronteira a pé, pela mata, durante a noite, levando 10 quilos de pasta-base em mochilas por R$ 200. Também são comuns os "bois de piranha", bolivianos que atraem a atenção do Gefron no posto de fiscalização com pouca quantidade de pasta-base, geralmente 1 quilo. Enquanto os policiais se ocupam com o flagrante fácil, outros bolivianos passam livremente pelo posto com veículos, carros, caminhonetes ou caminhões abarrotados com cocaína.

Se a fiscalização do lado brasileiro é falha, na Bolívia ela inexiste. A desigualdade de estrutura e equipamentos é gritante. A fiscalização na fronteira em San Matías se limita a uma dezena de praças do Exército, jovens mirrados de 16 a 18 anos que mal conseguem empunhar metralhadoras e fuzis gastos pelo tempo. É praxe eles pedirem propina aos turistas brasileiros que ingressam na Bolívia. O pagamento vem na forma de uma ou duas singelas latas de Coca-Cola, crédito para celular ou caderno brochura, que foi o que pediram a mim quando estive por lá, em setembro de 2011.

— Puedes comprar un cuaderno? — pede o jovem militar.

O turista compra a singela propina no comércio de San Matías e, na volta, entrega no posto de fiscalização. Ao verem o caderno, os bolivianos mal disfarçam o contentamento. Na primeira vez que foi à fronteira, o delegado Mário Demerval Aravechia de Resende, da Polícia Civil de Mato Grosso, se assustou ao saber que o valor de uma lata de refrigerante é quase o salário mensal dos militares mirins bolivianos.

Por muitos anos, o delegado Mário atuou em Mirassol d'Oeste, cidade vizinha a Cáceres e San Matías e base tradicional dos traficantes brasileiros que operam na Bolívia. Por isso, é ponto estratégico para a rota caipira. A explicação vem da história. A cidade foi fundada em 1964 por Antonio Lopes Molon, que decidiu homenagear o vilarejo com o nome de sua terra natal, Mirassol (SP). As extensas áreas planas na região têm duas serventias, a legal e a ilegal: criação de gado de corte e base para o pouso de aeronaves carregadas com pasta-base de coca destinada a São Paulo. Um terço dos seus 25 mil habitantes é de migrantes do interior paulista. Boa parte mergulhou no narcotráfico, enriqueceu e comprou fazendas na região. Dois deles ganharam fama nacional: Valdenor Marchezan e João Faria.

COCAÍNA: A ROTA CAIPIRA                                    235

Valdenor é um dos pioneiros da rota caipira do tráfico com o uso de aeronaves. Piloto exímio, no fim dos anos 1990 começou a trazer cocaína via aérea da sua fazenda, a Ouro Verde, em Porto Esperidião, vizinha a Mirassol d'Oeste, até o noroeste do estado de São Paulo. Assim, fincava as bases da rota Mato Grosso–interior paulista. Valdenor nasceu em Tanabi e viveu em Palestina, ambas na região de Rio Preto, até 1976, quando trocou o sítio de 63 hectares em solo paulista pela fazenda Ouro Verde, de 1,9 mil hectares. Em 1991, foi preso pela primeira vez em Santo André (SP) com 60 quilos de cocaína. Solto alguns anos depois, após cumprir a pena no Carandiru, em São Paulo, retomou as atividades no narcotráfico e especializou-se no transporte aéreo da droga. Em 1996, o céu da Chapada dos Guimarães, ponto turístico de Mato Grosso, foi literalmente pulverizado por 48 quilos de pasta-base de cocaína atirados de um dos aviões de Valdenor durante fuga de um cerco policial.

Três anos depois, o fazendeiro decidiu se estabelecer no interior de São Paulo. Alugou apartamento em Rio Preto e arrendou um sítio de 19 hectares na vizinha Ipiguá, onde construiu pista de pouso de aviões e fundou uma escola de paraquedismo — um disfarce para trazer cocaína diretamente de Mato Grosso com o seu monomotor Corisco. A polícia suspeita que as aeronaves a serviço de Valdenor arremessassem fardos de cocaína em canaviais de Palestina.

Logo o paraquedismo atraiu praticantes da região, como o comerciante Valter Sanches Feliciano, na época vice-prefeito de Ipiguá. Ele se lembra com saudade do céu coalhado pelas cores dos paraquedas. Aos domingos lotava de gente, com mais de mil curiosos, que vinham ver os saltos ou fazer voos panorâmicos, a R$ 10 por pessoa.

O traficante, gordo de olhos miúdos e correntes de ouro no pescoço, circulava pela cidade em caminhonetes com placa de São Paulo e o nome falso de Paulo Ferreira Trindade.

— Era um cara simples, bom de papo, e muito inteligente. Ia direto na minha casa, a gente era bem amigo. Ninguém na cidade sonhava que ele mexia com coisa ilegal — afirma Feliciano.

Valdenor, ou Paulo, sumiu de Ipiguá em janeiro de 2000, quando a PF invadiu sua fazenda em Mato Grosso, ao receber denúncia de que o fazendeiro transportaria 250 quilos de cocaína para o noroeste paulista. Uma equipe de agentes vigiava a fazenda Ouro Verde por terra, enquanto um avião sobrevoava as imediações, à espera do monomotor Skyline carregado com droga. Quando a aeronave se aproximou da pista no meio da propriedade, o piloto notou o avião da PF. Imediatamente, ganhou altura, recolheu o trem de pouso e acelerou o motor ao máximo, em direção à Bolívia. O Cessna da polícia ainda tentou perseguir a aeronave em fuga, mas, menos potente, perdeu o Skyline de vista em poucos minutos.

Enquanto isso, a equipe em terra invadia a fazenda. Foram presos o piloto do fazendeiro e sua então mulher, Marlene Marchezan, e apreendidos armas e US$ 152 mil. No quarto do casal, os policiais encontraram alguns gramas de cocaína, possivelmente amostra da droga que viria pelos céus. Valdenor, que aguardava o Skyline na beira da pista, fugiu em uma caminhonete Silverado ao notar os agentes da PF. Só seria capturado seis meses depois com o filho Alessandro, no Triângulo Mineiro. Tinha uma pistola entre os dedos, mas não reagiu à prisão.

Com Valdenor atrás das grades, acabaram-se os voos e os saltos. Quando a polícia fez blitz no sítio, em março, estava tudo abandonado. Os policiais apreenderam armas e rotas de voo que indicavam a fazenda da família em Mirassol d'Oeste e pistas em Ariquemes (RO) e Pontes e Lacerda (MT), na época uma das principais rotas do tráfico a partir do Peru e da Bolívia. Meses depois, o sítio voltou às mãos do dono, que destruiu a pista.

Em 10 de novembro de 2000, a CPI do Narcotráfico, instalada naquele ano na Assembleia Legislativa paulista, preparou um megaesquema de segurança para ouvir Valdenor no Fórum de Rio Preto. Todas as ruas de acesso ao prédio foram fechadas pelos policiais. Foi um dia tenso na cidade. As ruas vizinhas ao Fórum ficaram cercadas de curiosos. No salão do júri, adaptado para a audiência, o deputado Renato Simões, relator da CPI, mal disfarçava a ansiedade por ficar frente a frente com Valdenor, cujo rosto desconhecia, já que, até poucos meses antes, nem a polícia tinha fotografias recentes dele. Quando solicitou aos policiais militares que trouxessem Valdenor, Renato parecia não acreditar que

COCAÍNA: A ROTA CAIPIRA 237

aquele senhor bonachão, de pele gorda e flácida, fosse considerado o principal traficante paulista na época. Valdenor era o único naquela sala a exalar tranquilidade em meio a tanta tensão. Respondeu a todas as questões com um tom de voz baixo e monocórdio, parecendo não se importar com as palavras:

— Por que é que o senhor é considerado um dos maiores traficantes de Mato Grosso? — perguntou o deputado.

— Eu acho que é por aquilo que eu falei pro senhor.

— Perseguição?

— Porque foi a [Polícia] Militar uma vez. Tinha nada. [Polícia] Federal mais três vezes. Não tinha nada. Então, não sei. [...] Doutor, é o seguinte. Se eu sou traficante, eu deveria ter uma fazenda linda, tal, estaria cheia de gado; eu não precisaria vender outra fazenda para pôr o gado, eu não estaria arrendando o pasto. Eu não estaria devendo R$ 1 milhão para o Banco do Brasil, sem ter dinheiro.

Renato Simões franziu a testa e se aproximou do microfone.

— Se o senhor vir aqui as pessoas que passaram por aqui hoje, nenhuma delas se deu bem na vida. Não é verdade? Todas elas que estão aqui se deram mal. Nós esperamos, inclusive é uma das finalidades da CPI, que todo mundo que se meta em tráfico de drogas se dê mal.[2]

Após o depoimento, Valdenor retornou à Penitenciária de Cuiabá. Em 2002, foi condenado pela Justiça de Rio Preto e Mato Grosso a vinte anos e nove meses por tráfico e porte ilegal de arma.[3] Permaneceu atrás das grades até 2007, quando fugiu do hospital em Rondonópolis (MT), logo após passar por uma cirurgia de catarata. Comprou terras na região de Santa Cruz de la Sierra, Bolívia, e permaneceu no crime.

Naquele mesmo ano, Alessandro, o filho mais velho de Valdenor, rapaz alto e moreno, que herdou do pai os olhos pequenos e a aptidão para o tráfico, foi preso por envolvimento em esquema de roubo de tratores em Mato Grosso e revenda na Bolívia. Alessandro foi condenado a dois anos de prisão por receptação e formação de quadrilha — o processo contra o pai, foragido, segue suspenso.[4]

Um ano depois, em 2008, pai e filho foram alvos da Operação Fronteira Branca. Segundo a PF, da Bolívia Valdenor negociava cocaína diretamente com os cartéis do país vizinho e enviava a droga por avião até Mato Grosso. O filho, por sua vez, revendia o entorpecente para traficantes do Triângulo Mineiro e interior paulista. Para se capitalizar, os Marchezan negociavam caminhonetes na região de fronteira:

— Já vendi a Hilux, a Mitsubishi tá na mão. Vendo por 20 a 22 conto [mil dólares] — disse Alessandro.

— Aqui [na Bolívia] não vende — replicou o pai.

— Ainda pego umas quatro mototinha [para a PF, possivelmente 4 quilos de cocaína].

A Polícia Federal apreendeu em julho de 2008, em um hotel de Uberlândia, 7 quilos da droga, parte de uma remessa encaminhada pelos Marchezan. Ao saber da perda do entorpecente e da prisão do seu principal cliente, Alessandro ficou apreensivo:

— Tô pensando em ir pra Bolívia. Acho que a polícia tá me investigando.

— É bom vir pra cá — assentiu Valdenor.

Mas ele não foi. Acabaria preso em 2009 no interior paulista, na casa da mãe doente que fora visitar. Ainda naquele ano, recuperou a liberdade por meio de um habeas corpus. Alessandro gosta de desfilar com sua caminhonete Dodge Ram pelas ruas de Mirassol d'Oeste. Sua vida se divide entre a fazenda da família em Porto Esperidião, onde ele administra cerca de quinhentas cabeças de gado, e a corretagem de veículos e imóveis na fronteira.

Já o pai permanece no interior da Bolívia — seu nome consta na lista de procurados da Interpol. Ambos respondem a ação penal na Justiça Federal de Cáceres por tráfico internacional e associação para o tráfico.[5] O processo ainda não havia sido sentenciado em agosto de 2016.

Valdenor Marchezan e João Faria têm em comum não só a aptidão para administrar fazendas em Mato Grosso. Amigos de longa data, foram presos juntos em 1991 com 60 quilos de cocaína em Santo André. Era o primeiro revés de Faria, um senhor magro de cabelos acinzentados e olhos claros que, de vendedor de ovos em Fernandópolis (SP) nos anos 1970, se tornou fazendeiro e rico empresário — entre 1997 e 2002, movimentou R$ 19,2 milhões em suas contas bancárias.[6]

COCAÍNA: A ROTA CAIPIRA 239

Pelo flagrante, João Faria acabou condenado a doze anos de prisão, mas a pena foi reduzida para apenas três. Uma testemunha mascarada diria mais tarde à CPI do Narcotráfico na Câmara dos Deputados que a drástica redução da condenação foi orquestrada nos bastidores pelo juiz José Isaac Birer, titular da 1ª Vara Criminal de Rio Preto nos anos 1990 e amigo de longa data de Walter Faria, empresário irmão de João que se tornaria tempos depois dono da Cervejaria Petrópolis e um dos homens mais ricos do Brasil, com fortuna estimada em US$ 4,6 bilhões.[7]

Birer foi ouvido pela CPI na tarde do dia 14 de abril de 2000, nas dependências do TJ em São Paulo. Negou a ação nos bastidores em favor de João Faria, mas admitiu ser amigo de Walter desde 1984, época em que os Faria eram humildes microempresários de Fernandópolis, e Birer, juiz da 1ª Vara local. Nessa época, com o aval do Ministério Público, Birer livrou João e Walter da acusação de mandantes de uma tentativa de homicídio em Fernandópolis. Tempos depois, em novembro de 1990, deu sentença favorável à algodoeira de Walter na cidade em processo tributário no qual buscava desconto de créditos de ICMS na compra de algodão em caroço.[8] Três meses antes, a então mulher de Birer, Emília, tornara-se sócia de um sobrinho de Walter em uma distribuidora de bebidas em Araçatuba que compartilhava sua estrutura com a algodoeira, aproveitando imóveis, caminhões e empregados. Para o Ministério Público, Emília era apenas testa de ferro de Birer, já que a Lei Orgânica da Magistratura proíbe qualquer atividade comercial por juízes. Dias depois da decisão de Birer favorável à algodoeira, Emília deixou a sociedade. Mas, em 1993, já divorciado, Birer teria confiado seus interesses à irmã Sônia na empresa America Beer, distribuidora da Schincariol. Sônia diria em depoimento, anos depois, que o irmão "precisava de uma pessoa de confiança dentro da empresa" e que Birer entrou no negócio "por ganhar pouco como juiz". O próprio juiz declarou à cervejaria ser o responsável "pelos atos e fatos empresariais provocados pela empresa America Beer". Em 1996, a firma foi arrendada a Walter Faria — em troca, o magistrado recebia *pro labore* entre R$ 4 mil e R$ 6 mil mensais. Somente após o caso vir à tona na CPI, em abril de 2000, é que a empresa foi vendida a Walter por R$ 500 mil, tudo em valores da época.

Ainda em 2000, Birer foi indiciado pela CPI por narcotráfico e enriquecimento ilícito e afastado do cargo pelo Conselho Superior da Magistratura do TJ paulista. Dois anos depois, o juiz foi inocentado da acusação de manter relacionamento com traficantes e de atuar em favor de João Faria para reduzir sua pena, mas acabou condenado pelo Órgão Especial do Tribunal à aposentadoria compulsória por exercer atividade comercial paralela à magistratura. Birer recorreu ao STJ, que em 2010 anulou a decisão do Tribunal de Justiça com o argumento de que o desembargador Luís de Macedo pronunciara-se de forma conclusiva contra o juiz ainda na sindicância prévia e que também votara pela sua aposentadoria no processo administrativo disciplinar, contaminando a votação. Para o STJ, faltou isenção ao desembargador.[9]

Com a punição anulada, Birer voltou à magistratura, agora na capital paulista. Mas ele ainda respondia a outra ação judicial, por improbidade administrativa, movida pelo Ministério Público. O processo arrastou-se por doze anos até abril de 2015, quando finalmente entrou na pauta de julgamento do Órgão Especial do TJ. Os desembargadores Elliot Akel e Guerrieri Rezende defenderam a condenação de Birer. "Ao violar dever de imparcialidade e lealdade às instituições, o requerido cometeu ato de improbidade", concluiu Akel. "Acreditar que não exerceu comércio com Faria é acreditar em 'conto da carochinha' que não convence nem as freiras do colégio Sion", comparou Rezende. Já o relator, Paulo Dimas Mascaretti, considerou que "a realidade fática delineada em todo o contexto probatório, uniforme e coerente, não permite entrever a prática de qualquer ato mercantil que possa ter comprometido a independência funcional ou a dedicação primordial à magistratura". O desembargador apelou ainda ao fato de que "o dr. José Isaac por mais de onze anos ficou afastado da judicatura, o que, por si só, já arreda a pertinência de qualquer outra imposição". Os argumentos de Mascaretti sensibilizaram a maioria dos seus pares: a ação foi julgada improcedente por doze votos a oito.

Quando Birer livrou-se das acusações que pesavam contra ele, o enredo de João Faria com o tráfico de drogas já estava escrito. Beneficiado pela Justiça com a redução da pena no flagrante de Santo André, Faria logo ganhou a liberdade e, segundo a Polícia Federal, passou a enca-

COCAÍNA: A ROTA CAIPIRA 241

beçar um esquema que repisava a rota caipira: a pasta-base de cocaína atravessava a fronteira com a Bolívia até uma de suas fazendas em Porto Esperidião (MT), de onde era levada em um avião Sêneca do fazendeiro até a propriedade de um comparsa em Cassilândia (MS), Antonio Corradini Sobrinho, o Toninho. De lá, o entorpecente era transportado por terra até o sítio de Faria em Ouroeste ou a casa do corretor de imóveis Zaqueu Manente, em Fernandópolis.

No dia 10 de outubro de 2002, Faria conversou com Zaqueu sobre a qualidade da droga vendida pelo grupo. Eles citam bois para designar cocaína, segundo a PF:[10]

— O pessoal já negociou os bois com outro aí. O que o cara queria, já tirou os melhor. Fala que... esse lote não tem mais jeito — disse Faria.

— Vou descartar, vou sair fora — respondeu Zaqueu.

Em fevereiro do ano seguinte, uma operação policial próxima da fazenda de Toninho em Mato Grosso do Sul deixou o grupo alarmado:

— Eu queria ir ali, né [fazenda], mas diz que não [pode] — disse para Faria.

— Por quê?

— Os "homi" [policiais] tá por ali, né.

— Nada, é conversa.

— Vou dar uma verificada amanhã, né, passar disfarçado.

— Não se preocupa não, tá tudo lá dentro guardado.

Mas, passado o receio, o tráfico retornou com força. No dia 5 de março, Faria disse que um comprador o pressionava para comprar "um resto" — de acordo com a PF, eram 27 quilos de cocaína:

— O outro negócio, o cara tá me cutucando lá — disse Faria.

— Dentro de uns trinta, quarenta dias nós tem outro "dindim" — respondeu Zaqueu.

— Vai dar certo do rapaz pegar esse resto?

— O rapaz ficou de dar uma resposta hoje ou amanhã.

— Porque o rapaz tá me ligando e diz que paga no dinheiro. Eu conheço ele — segundo a PF, era um comprador apelidado de "Don Lucho". — Se fosse o caso, mandava o rapaz ir falar c'ocê e mostrar o "dindim" primeiro. Quanto que tem lá?

— 27... mil reais.

Em 14 de março de 2003, as escutas flagraram a chegada de um novo carregamento de cocaína na fazenda em Cassilândia. Os policiais armaram então uma campana na rodovia que liga Iturama, em Minas, a Ouroeste, do lado paulista. Sabiam que a droga passaria por lá. Já era fim da manhã quando os agentes avistaram, com seus binóculos, uma Peugeot branca nas margens da pista, próxima a um canavial. Hora de dar o bote. Quem dirigia o veículo era João Batista Coradini, irmão de Toninho e um dos comparsas do fazendeiro. Escondidos na caçamba, dezenas de tabletes com 90 quilos de cocaína. Mas faltava capturar Faria. Ele e Zaqueu estavam a alguns metros da Peugeot. Ao notarem os policiais parando o veículo, deram meia-volta. Dois dos policiais tentaram persegui-los, sem sucesso. Durante a fuga, Faria telefonou para Toninho — as escutas do esquema foram as únicas da Base Fênix que acabaram reveladas no processo judicial:

— Toninho, eu não sei não, mas acho que deu uma zebra, hein, nós tava no meio das canas e o ET [João Batista] vinha chegando, mas só que nós tava fora das canas, né, fora da cerca, chegou uma caminhonete branca, meteu na frente dele e deu uma parada e eu vi de longe que alguém apontou alguma coisa, eu e o Zaqueu vazô, nós tamos na Limeira [d'Oeste, MG], não sei o que tá acontecendo, polícia não era porque lá não tinha ninguém, né.

— Hã? — Toninho parecia não entender.

— Polícia não sei se é, mas você precisa prepará, e se deu zebra vai pra Iturama, precisava mandar um advogado rápido lá, hein, eu acho que a casa caiu.

— Barbaridade.

— Será que ele segura?

Diante do silêncio atônito de Toninho, Faria continuou.

— Esse que é o problema, hein.

— Não devia ter ido lá, hein, né, João? — repreendeu Toninho, irritado.

— Mas naquele lugar não tem problema, ninguém sabe, rapaz, um lugar daquele lá é brincadeira, era uma viatura branca, não sei se é da usina, só se estava muito no pé, mas parô lá em Fernandópolis, parô tudo.

COCAÍNA: A ROTA CAIPIRA 243

Faria, de acordo com o Ministério Público, deu a entender que negociaria a droga em São Paulo:

— Eu estava acertando com os filho da puta de São Paulo lá, nós não parou para conversar, só passamos no posto, tava parado, eu tô te avisando porque, eu não sei, tô com mais medo do que tudo, nós demos no pé, porque não sabe o que que é, se ele te ligar que não é [...], manda ele ir embora pra sua casa.

— Mas já tinha tirado? — perguntou Toninho.

— Não, ele tava andando fechado normal, não tinha chegado lá no local ainda, tava lá pertinho, entendeu e nós que tava fora, quando eu vi eu falei, sai fora, nós saímos fora, né? Eu tô com medo que ele dá todo mundo e fodeu, né.

— Mas então cê não viu nada?

— Não, não vi nada, não sei o que tá acontecendo, só tô te avisando pra podê ficar de campana, você também sair fora e mandar um advogado.

— Avisar a mulher dele...

— Pode ser que não tenha nada, entendeu? Pode ser que foi só pra dar uma vasculhada. [...] Eu não posso falar mais nada, eu tô... Se não for nada, nada, ele vai ficar tranquilo e acabou, né, mas cê leva esse trem pra Iturama e abre o trem e acha, entendeu? Esse que é o problema e aí precisaria chegar com advogado rápido pra ele não conversar, cê entendeu, segura.

— E o que que vai fazer?

— Eu acho que o certo é [inaudível] advogado e ir pra Iturama, porque se for problema vai para Iturama, tá entendendo? Agora não posso falar nada pra você [...] Não deu pra ver se é viatura, é uma caminhonete branca, S-10 branca... nós passou na frente, nós fomos na frente, não paramos, fomos na frente, então nós entramos na beira da cerca, e ele indo pra estrada, nós ia pro outro de cima, né, pro outro mato de cima, aí os... [incompreensível] parou, eu falei vamos sair fora, ninguém sabe o que que é, como que cê faz?

— Mas parou ele então?

— Parou ele, para ele parou... [incompreensível] Tipo a polícia para os outros, só que não dá pra ver se é polícia o que que é, e aí nós assustamos e eu tô longe, entendeu, tô preocupado [sobre] o que pode acontecer, pode pegar nós também, porque se deu o carro dá a placa e tudo, cê entendeu?

— Cê tá aonde agora?

— Eu tô em Limeira d'Oeste, mas eu não posso ficar aqui na cidade, porque a polícia de Iturama é o cão, eu tenho que cair fora, para sair fora do estado o mais rápido possível, então se você chegar junto com o advogado, porque muitas vezes segura muita coisa, ele tem que segurá, porque se segura ele entrega pra um Zé Mané aí e acabou, né, entendeu, aí não dá nada pra mim nem pra você, agora o problema é o seguinte, se ele entregar, filho, minha vida acabou, então fim de papo, ninguém viu nós conversando, não tem nada, mas eu não sei o que que é, tomara Deus que não seja nada, mas não deu pra gente ver, e quem parou ele não viu nós, [...] nós tava na beira da cerca e ele na estrada, questão de 100 metros, mas eles não deve ter escutado o carro sair, porque ele estava lá naquela de parar o cara, né... daqui um pouco o celular não fala mais, eu vou ligar pra Cida pra prevenir, que minha mulher está lá, entendeu? Eu tô fudido, cara, eu tô numa situação aqui...

Faria conseguiu despistar a polícia, mas acabou preso dois meses depois em Rondônia. O sol estava a pino na tarde de Vilhena quando os agentes da PF encontraram o fazendeiro estirado na rede, na varanda da casa de um comparsa. Faria ficou lívido ao ver os policiais no portão. Parecia não acreditar que havia sido localizado tão longe de casa...

Em 2005, o então juiz da 4ª Vara Criminal de Rio Preto, Emilio Migliano Neto, condenou Faria a vinte anos e quatro meses de prisão por tráfico de drogas e associação para o tráfico. Mas ele recorreu da sentença e conseguiu sucessivos benefícios, até a anulação de todo o processo. Primeiro, o Tribunal de Justiça reduziu sua pena para dezessete anos de reclusão. Depois, decisão do STJ permitiu que ele deixasse o regime fechado com apenas um sexto da pena cumprida, e não dois quintos, conforme a lei 11.343, de 2006. Por último, em outubro de 2008, o STF concedeu habeas corpus anulando a condenação imposta

COCAÍNA: A ROTA CAIPIRA 245

pela Justiça de Rio Preto. Os ministros do STF entenderam que houve cerceamento de defesa, já que o fazendeiro não pôde se manifestar antes do recebimento da denúncia do Ministério Público pela Justiça. Com a decisão, o processo voltou à estaca zero, e Faria aguarda em liberdade novo julgamento, que não havia ocorrido em agosto de 2016.

Antes disso, em maio de 2008, entrevistei Faria[11] em uma pequena fábrica de reciclagem de latas de alumínio e garrafas pet em Araçatuba onde era sócio e trabalhava, como parte do cumprimento da pena em regime semiaberto no centro de ressocialização local. Ele reciclava 90 toneladas de lixo por mês e empregava dezesseis pessoas. O fazendeiro, com camisa de grife e relógio no braço, disse ter investido R$ 40 mil no negócio. Dinheiro, segundo ele, proveniente dos negócios com gado em Mato Grosso.

A conversa foi cheia de contradições. Faria negou ter sido traficante, mas admitiu que a grande lição tirada do tempo na cadeia foi que "o crime não vale a pena". Casado pela terceira vez e pai de seis filhos, Faria é um homem de muitas posses. Tem uma fábrica de refrigerantes desativada em Mirassol d'Oeste e ainda mantém fazendas em Porto Esperidião, em Mato Grosso.

— Quantas fazendas o senhor tem?

— Uns sitinhos pequenos [gargalhadas]. Não vou falar. Me batizaram como fazendeiro no jornal, não me batizaram errado, não [risos].

— O senhor conseguiu essas propriedades como? Foi beneficiado com alguma herança?

— Não, comprei fazenda no Mato Grosso trabalhando, não teve herança de ninguém.

— E o senhor enriqueceu da noite para o dia como?

— Enriquecendo, filho. Trabalhando. Sou muito seguro. Se ganho 10 reais, guardo 8. Talvez eu tenha um pouco de terra porque comprei onde ninguém queria. Na fronteira com a Bolívia, comprei uma propriedade a 180 o alqueire.

O sucesso foi interrompido com a prisão, em 2003. A Justiça confiscou o avião e bloqueou as fazendas de Faria. Sem curso superior, o fazendeiro passou a dividir uma cela no CDP de Rio Preto com outros vinte detentos.

— Para mim, o mundo acabou. Eu queria que naquela hora Deus tivesse tirado a minha vida para não passar a humilhação que eu passei.

Depois de ficar dois anos e três meses no CDP e 24 dias na Penitenciária de Riolândia, Faria passou mais três anos no CR de Araçatuba. Nesse período, lavou banheiro de cela, aprendeu a cortar cabelo — "sou o barbeiro dos presos", disse ele — e roçou o mato das calçadas de Araçatuba para remissão de pena.

— Eu tive humildade.

Faria alegou que só foi preso por ser muito próximo de Manente e Coradini, dono de uma retífica em Catanduva (SP).

— Comigo foi perseguição [da polícia]. Eu não imaginava que ele [Coradini] ia para o Mato Grosso levar motor para mim e voltava com droga. Infelizmente, dentro da Peugeot tinha uma nota do motor que ele levou e constava o meu nome. Aí, por eu estar em Fernandópolis, me associaram com o caso.

Ele disse que, quando a PF apreendeu a cocaína em Ouroeste, estava "comprando um barracão em Cassilândia". O fazendeiro admitiu ter fugido quando soube que havia um mandado de prisão contra ele — pouco antes, durante a entrevista, ele negara a fuga.

— Por que eu fugi? Já sabia que tinha o mandado. Ia entrar com o habeas corpus para não ser preso. É lógico. Todo mundo faria isso.

Argumento parecido foi usado para justificar a condenação anterior, no início dos anos 1990, também por tráfico: Faria jurou que estava no lugar errado, na hora errada.

— Eu dei carona para o Valdenor Marchezan, meu amigo na época, até Santo André. Não imaginava que ele mexia com droga. Aí, quando prenderam ele, eu fui junto.

Faria, que, segundo a Polícia Federal, esteve ligado a cartéis do narcotráfico da Colômbia e da Bolívia, disse só ter visto cocaína na prisão.

— O senhor nunca mexeu com tráfico de drogas? — perguntei.

— Não. Como podem dizer que mexo com droga se não me pegaram com nada, se não houve flagrante?

— O senhor já viu cocaína alguma vez?

— Já. Na cadeia [risos].

COCAÍNA: A ROTA CAIPIRA                    247

— Que lição o senhor tirou desse período em que ficou na cadeia?

— Que crime, seja ele qual for, não vale a pena. O homem deve ser honesto, trabalhador.

Solto, Faria retornou a Mirassol d'Oeste, onde mora atualmente. Chegou a reativar sua fábrica de refrigerantes, mas voltou a encerrar as atividades da firma poucos meses depois, em 2011. Na última vez que falei com ele, por telefone, Faria articulava sua candidatura a prefeito de Porto Esperidião.

— Se for a vontade do povo, posso me candidatar, sim.

Não levou adiante a ideia.

Enquanto isso, em Rio Preto, o Gaeco pediu à Justiça o sequestro dos bens pertencentes a João Faria e a envolvidos na quadrilha que seria chefiada por ele, acusada de lavagem de dinheiro proveniente do tráfico de drogas. No total, os promotores ofereceram denúncia contra nove pessoas, incluindo o fazendeiro e seu filho, Odirlei Queiroz Faria. O patrimônio, que inclui fazendas, imóveis, uma aeronave e veículos, teria sido adquirido pela quadrilha no período compreendido entre o começo da década de 1990 até o início do processo em que o fazendeiro responde por tráfico de drogas, de 2003, segundo informações do Gaeco. Além dos bens, o Ministério Público estima que os acusados tenham movimentado em diversas contas correntes cerca de R$ 30 milhões nesse intervalo. A ação penal tramita na 4ª Vara Criminal de Rio Preto, ainda sem julgamento em agosto de 2016.[12]

Faria perdeu seu bimotor Sêneca. A aeronave foi confiscada pelo juiz Emilio Migliano Neto e cedida pela Senad à Secretaria de Justiça e Segurança Pública de Mato Grosso. Curiosamente, é utilizada em ações de inteligência no combate ao tráfico de cocaína na fronteira de Mato Grosso com a Bolívia, mesma área onde, segundo a PF, Faria buscava a droga que seria distribuída na região de Rio Preto.

A conexão Mato Grosso–interior paulista conta com um exército de "mulas da boleia", caminhoneiros dispostos a ganhar muito dinheiro em troca de fretes com cocaína boliviana para entrepostos no estado de São Paulo. Só na Cadeia Pública de Cáceres, 170 dos 320 detentos foram flagrados no transporte de droga. Cerca de quarenta são do interior paulista. Um deles é Cláudio Roberto de Oliveira, 36 anos, de Tupã (SP). Ele não titubeou ao receber a proposta tentadora no estacionamento de um posto de combustível de Mirassol d'Oeste (MT), em junho de 2010: ganharia R$ 70 mil, em dinheiro vivo, para transportar 140 quilos de pasta-base de cocaína até o interior paulista. Como ganhava só R$ 1 mil por mês e sua mulher queria fazer tratamento para engravidar, Cláudio decidiu arriscar. Era a primeira vez que ele viajava para Mato Grosso. Foi com um caminhão frigorífico, buscar carne. Antes, transportava móveis na região de Marília.

— Sempre tive uma vida humilde, sofrida. Quando você se depara com uma proposta dessas, teu olho cresce, não tem jeito.

Oliveira levou o caminhão até um galpão, onde a cocaína em tabletes foi escondida por dois homens entre as lâminas da porta traseira do baú. Ele entregaria a cocaína em um posto de Ilha Solteira (SP), onde receberia o pagamento.

Mas o que o caminhoneiro não imaginava é que a quadrilha estava sendo monitorada pela PF. No primeiro posto da Polícia Rodoviária Federal, o veículo foi abordado. Os policiais diziam saber que ele estava com droga. Levaram o veículo para uma borracharia e acharam o carregamento. Cláudio foi detido em flagrante.

— Muitos caminhoneiros do estado de São Paulo são arregimentados pelas quadrilhas para transportar droga. Na maior parte dos casos, o negócio é fechado ainda em território paulista, antes do início da viagem. A ligação das duas regiões no tráfico é grande — diz o juiz da 3ª Vara Criminal de Cáceres e corregedor da cadeia, Carlos Roberto Barros de Campos.

No início de 2011, Cláudio foi condenado a sete anos e quatro meses de prisão, pena que depois foi confirmada pelo Tribunal de Justiça de Mato Grosso. Na época, ele dividia a cela com outros doze detentos, metade acusada de tráfico. Dizia sentir falta da mulher, garçonete que mora em Tupã.

— Ela só veio uma vez, porque fica muito longe e a passagem de ônibus é cara.

COCAÍNA: A ROTA CAIPIRA 249

Quando o entrevistei na cadeia, em setembro de 2011, seu maior desejo era ser transferido para uma penitenciária no interior paulista. Assim ficaria mais perto da família. Não conseguiu.

Na Cadeia Pública de Mirassol d'Oeste, um dos detentos é o caminhoneiro Juscelino Martins Ribeiro, de Jales (SP). Em 22 de abril de 2010, ele e um comparsa foram flagrados pela PF preparando esconderijo na carroceria de um caminhão para esconder 185 quilos de pasta-base de cocaína. A droga seria entregue em Limeira (SP), e Ribeiro receberia R$ 50 mil pelo transporte. Tentei falar com ele na cadeia, mas o caminhoneiro não quis conversa.

No "país do crime", território formado pelas fronteiras do Brasil — Mato Grosso, Mato Grosso do Sul, Rondônia e Paraná — com o Paraguai e a Bolívia, a cultura da violência perdura por décadas. Nesse território sem lei, as pessoas costumam resolver suas pendengas na bala. Dias antes da minha visita a San Matías, Bolívia, em 2011, nove traficantes brasileiros haviam sido alvo de chacina na cidade. Juízes e promotores costumam andar armados ou com escolta. Já perderam as contas das ameaças de morte que receberam. Na vizinha São José dos Quatro Marcos, a casa da juíza Hanae Yamamura de Oliveira Gabriel foi metralhada na madrugada do dia 18 de abril de 2008. Ela dormia com a mãe e o filho de sete meses quando ouviu o barulho de tiros. Parecia uma bomba, diria depois.[13] Foram seis tiros de pistola calibre .9 mm, direcionados a um dos quartos do andar superior do imóvel, justamente o quarto de Hanae. No entanto, desde que ficara grávida, a juíza passara a dormir em um quarto do térreo para evitar as escadas. Quando os tiros cessaram, ela pegou o bebê no colo e se escondeu em um dos cômodos.

Após o atentado, a polícia passou a analisar todos os processos em que a juíza atuava na comarca, até chegar a um em que havia uma carta de seis páginas com ameaças a ela assinada por Jair Ribeiro de Souza — o Bira —, preso em novembro do ano anterior por tráfico. Na carta, Bira afirmava que as investigações contra ele "foram promovidas por ódio dessa autoridade policial e do promotor de Justiça da comarca". O pistoleiro contratado por Bira também acabou identificado e preso.

Depois do episódio, Hanae passou a contar com escolta policial, até ser transferida, meses depois, para a capital de Mato Grosso.

A precaução se repete na fronteira com o Paraguai. Os dois promotores criminais de Amambai, cidade de Mato Grosso do Sul vizinha à paraguaia Capitán Bado, costumam carregar um revólver debaixo do paletó. É preciso se precaver, afirmam. Toda semana chegam ameaças, a maior parte de narcotraficantes.

Mas nenhum representante do poder de repressão do Estado brasileiro encarna tanto o papel de "dom Quixote" na luta contra o terror do narcotráfico quanto o juiz titular da 3ª Vara Federal de Campo Grande, Odilon de Oliveira, entrevistado por mim em fevereiro de 2008 para reportagem especial sobre o crime organizado no país.[14] O magistrado de corpo franzino e fala mansa pagou um preço alto por ter condenado os principais narcotraficantes da fronteira do Brasil com o Paraguai. Vive encastelado entre sua residência em Campo Grande e o Fórum da Justiça Federal da capital de Mato Grosso do Sul. Três policiais federais fortemente armados o protegem 24 horas por dia. Só anda em carro blindado e com colete à prova de balas.

O juiz abriu mão da liberdade para se dedicar de corpo e alma ao combate ao crime organizado. Por isso, perdeu as contas de quantas vezes foi ameaçado. A Polícia Federal descobriu quatro planos distintos para assassiná-lo. Na cidade paraguaia de Pedro Juan Caballero, chegou a circular um folheto entre os pistoleiros com a foto de Odilon e a recompensa por sua cabeça: US$ 300 mil.

— Em 2006, valia US$ 100 mil. Meu passe está valorizado — ironiza.

Nascido em Exu, no sertão pernambucano, filho de lavradores analfabetos, Odilon é autodidata e se tornou juiz nos anos 1980. Desde 2004, quando inaugurou o Fórum da Justiça Federal de Ponta Porã (MS), próximo de Pedro Juan, condenou mais de uma centena de traficantes a penas que, somadas, ultrapassam mil anos de cadeia. E prejudicou o negócio do tráfico na fronteira ao confiscar mansões, fazendas, apartamentos, aviões e carros de luxo. Foram noventa propriedades rurais, 250 imóveis urbanos, entre casas e terrenos, 25 aeronaves, 20 mil cabeças de gado e R$ 15 milhões. Parte desses bens foi leiloada por R$ 10,5 milhões.

COCAÍNA: A ROTA CAIPIRA                    251

Sobre a mesa dele tramitam processos envolvendo grandes traficantes, como Luís Fernando da Costa, o Fernandinho Beira-Mar, Luiz Carlos da Rocha, o Cabeça Branca, e Erineu Domingos Soligo, o Pingo. As sentenças são disparadas quase semanalmente, para a irritação dos traficantes. Cabeça Branca, condenado pelo juiz, teria dito a comparsas no Paraguai, no início dos anos 2000: "ele pode andar escoltado, de colete, mas não tem capacete de aço."[15] Odilon respondeu com naturalidade à reação violenta do tráfico contra ele.

— É normal que essas pessoas reajam com agressividade, porque tiveram os seus interesses contrariados.

Em Campo Grande (MS), acompanhei um dia de trabalho do juiz. Antes de chegar até ele, fui obrigado a entregar o documento de identidade e a passar por uma revista rigorosa na roupa e nas bolsas. Os policiais federais moram nos fundos da casa do magistrado e portam desde pistolas .45 até metralhadoras e fuzis. Por volta das 9 horas, Odilon avisou pelo interfone que iria sair de casa. Enquanto um dos policiais dava a partida no automóvel Mercedes-Benz blindado, outro fazia um reconhecimento em torno de todo o quarteirão. Só depois é que a Mercedes arrancou da garagem, dirigida por um dos policiais, seguido de uma escolta formada por outros dois policiais em carro também blindado. No Fórum, o trio fica na antessala do gabinete de Odilon. Um dos agentes não desgruda os olhos de um monitor de computador, de onde vê simultaneamente sete câmeras instaladas em pontos estratégicos do imóvel. Às 18 horas, nova ronda nas imediações antes de o magistrado sair do fórum e voltar para casa.

A rotina já foi pior para Odilon. Entre maio de 2004 e julho de 2005, ele viveu enclausurado no quartel do Exército em Ponta Porã (MT). Não saía para nada, e sua alimentação era proveniente de restaurantes variados, para evitar envenenamento. Mesmo assim, durante a madrugada, um pistoleiro escalou um muro de 2,5 metros do quartel para tentar assassiná-lo. Os soldados revidaram e, na troca de tiros, um sargento ficou ferido. O pistoleiro fugiu.

Por falta de segurança na fronteira, em 2005, o Conselho Nacional de Justiça transferiu Odilon para Campo Grande, onde é o responsável pela 3ª Vara, que cuida de crimes financeiros, incluindo evasão de divisas e lavagem de dinheiro.

— Não mudou em nada a minha atuação contra o crime organizado, porque trouxe todos os processos contra os traficantes para a capital — diz.

E como ficam a mulher, os três filhos e o neto? Odilon diz não se arrepender de qualquer sentença proferida contra os traficantes, ainda que isso lhe tenha custado horas de lazer com a família no shopping ou no cinema, atividades impensáveis para ele — o único divertimento são as caminhadas matinais dentro do Pelotão do Exército, em Campo Grande.

— Se pudesse voltar no tempo, faria tudo do mesmo jeito que fiz. Sofro porque mal vejo os meus filhos e o meu netinho, mas escolhi ser juiz e a sociedade cobra de mim essa postura contra as organizações criminosas. Não posso me acovardar.

A Polícia Federal chegou a solicitar à Justiça a transferência de Odilon para outro estado, sob a alegação de que a sua segurança tem um ônus financeiro pesado para a corporação. O juiz rejeitou a mudança.

— Eles precisam ver o custo-benefício da minha atuação. Será que o preço da minha segurança é maior do que os bens que já confisquei do tráfico? Quero permanecer aqui, porque essa é a minha vocação, a de lutar contra o narcotráfico.

Outros juízes no Brasil já ficaram sob proteção policial. Mas nenhum durante tanto tempo como Odilon. Com a experiência de quem participou pessoalmente de operações para a destruição de plantações de maconha no país vizinho, ele prega uma atuação mais ativa dos magistrados contra as organizações criminosas.

— Todo bom juiz deve conhecer a onça, não só a fotografia da onça. E ser um doutor não só no direito, mas um doutor nos fatos que julga.

Não há juiz no Brasil, porém, que consiga parar por completo as engrenagens do tráfico, especialmente quando seus artífices estão do outro lado da fronteira, como Lourival Máximo da Fonseca, o ex-boia-fria que, graças aos fabulosos lucros do narcotráfico, se tornou um milionário empresário em terras bolivianas.

# 11

## De boia-fria a barão do tráfico

Há tempos a paisagem rural caipira ficou monótona, um imenso tapete verde, brilhante e levemente ondulado quando a cana-de-açúcar atinge pouco mais de dois metros de altura e chega o período do corte. É quando ponteiam aqui e lá pequenas manchas escuras: corpos cobertos de fuligem dos cortadores mineiros, baianos, pernambucanos, paraibanos e maranhenses, exército que todo ano mira o interior paulista em busca de um salário melhor. A cana alta é o ápice da indústria sucro-alcooleira e também do narcotráfico, que vê no macilento cobertor das folhas grandes a garantia de um esconderijo perfeito para seus aviões carregados com cocaína.

A vida de Lourival Máximo da Fonseca está intimamente ligada a esse cenário. Primeiro no trabalho duro do eito, encardido pela grossa fuligem preta, depois no comando a distância de suas aeronaves a serviço do tráfico. No início dos anos 1980, sua mãe, recém-divorciada do marido, tomou nas mãos os oito filhos ainda crianças e disse adeus à minúscula Cristália, no Vale do Jequitinhonha, norte mineiro. Decidiram deixar para trás a vida miserável e tentar melhor sorte no corte da cana em Guariba, norte paulista. A cidade, com 35 mil habitantes, foi uma das pioneiras no estado de São Paulo a receber levas de migrantes em busca de uma vaga no eito da cana-de-açúcar, que, na época, tomava o lugar dos cafezais na região de Ribeirão Preto.

254                    ALLAN DE ABREU

O crime entrou na família Fonseca pelos irmãos mais novos de Lourival, o primogênito. Em 1989, Valdisin, apelidado de Dilson ou Manquinho, foi preso pela primeira vez, acusado de homicídio em Guariba. Dois anos depois, seria a vez de Ivan, o Manga, ser flagrado por roubo na vizinha Taquaritinga — nos anos seguintes, ele seria condenado por esse e outros cinco assaltos no interior paulista.

Lourival não ficaria imune à vida criminosa dos irmãos.

Mas seus planos eram outros.

Garoto franzino de bochechas salientes e olhos caídos, ele ganhou apelidos: Tião, Louro, Papagaio. Ainda adolescente, era trabalhador eficiente no meio do canavial. Nas horas de folga, relaxava nos bares da periferia de Guariba. Em um deles, o dono comprava e vendia maconha. Certo dia, veio o convite, e Tião passou a vender maconha e cocaína. Virou "corre" do bar transformado em boca de fumo. Nunca mais abandonaria o tráfico, crime em que se especializou a ponto de ser considerado pela Polícia Federal um dos dez maiores traficantes em atuação no Brasil.[1]

Em poucos anos, Tião já dominava o tráfico em Guariba. Não demorou para que chamasse a atenção da polícia. O primeiro flagrante ocorreu em 1991. Ele e mais dois comparsas foram flagrados em um Ford Escort com 820 gramas de maconha na estrada entre Guariba e Ribeirão. Detido pela Polícia Militar, foi condenado a três anos de prisão por tráfico.[2] Deixou a cadeia dois anos depois, em livramento condicional, e novamente foi flagrado com drogas. Acabou condenado a dois anos e quatro meses, desta vez pela 3ª Vara Criminal de Jaboticabal.

Era briga de gato e rato. Tião versus PM. Em 1996, ele ganharia as ruas novamente. Os policiais militares sabiam que não tardaria para que o traficante retornasse ao seu velho métier, o tráfico. Por isso passaram a planejar flagrantes na quadrilha de Tião. Mas ninguém era flagrado com drogas. Até que o comando da PM descobriu que parte da tropa em Guariba dedurava as blitz para Tião com antecedência de um dia. Ele só seria preso naquele ano quando os militares convocaram apenas soldados de outros municípios. "O fato é que a polícia resolveu pôr um paradeiro naquela situação já insuportável, atentatória da ordem pública

COCAÍNA: A ROTA CAIPIRA                                           255

e que já se tornara fato público e notório", escreve o desembargador Sinésio de Souza na sentença que condenou Lourival a quatro anos e oito meses de reclusão por tráfico.[3] Na mesma época, outra sentença, também do TJ, condenou Tião a outros quatro anos e dois meses de prisão pelo mesmo crime.

O traficante iniciaria um périplo de cinco anos pelas penitenciárias paulistas de Presidente Venceslau, Araraquara e Hortolândia. Na cadeia, aprendeu todos os macetes do tráfico em larga escala. Mas, para virar um atacadista das drogas, Tião precisava estar do lado de fora das grades, livre para fiscalizar de perto seus subordinados. Ele então decidiu fugir. E conseguiu, no dia 2 de fevereiro de 2001.

De Hortolândia, refugiou-se em Cáceres, porta de entrada para a cocaína vinda da Bolívia. Trocou de nome e documentos, em nome de Sebastião Miranda Cardoso, e aliou-se aos irmãos para criar uma rede de transporte e refino de pasta-base, transformada em cloridrato de cocaína e pedras de crack. O primeiro laboratório foi montado em uma chácara de São Carlos, interior paulista. O segundo, também em uma propriedade rural, ficou sob a responsabilidade de Ivan em Engenheiro Navarro, norte de Minas, próximo à terra natal dos irmãos. Parte dos lucros na revenda do crack era remetida a Lourival em Mato Grosso, que reaplicava o dinheiro na compra de mais pasta-base. A outra era lavada em uma revendedora de veículos de Ivan em Montes Claros, principal cidade do Vale do Jequitinhonha. A droga era distribuída nas regiões de Ribeirão Preto, Campinas e Belo Horizonte.

Em setembro de 2002, o laboratório de São Carlos foi descoberto pela polícia. Três comparsas de Tião foram presos. No ano seguinte, a Polícia Federal descobriria o esquema dos Fonseca no norte de Minas e passaria a monitorar todos os passos da quadrilha. Algumas semanas depois, Ivan seria preso em flagrante com mais de 1 quilo de cocaína em Sumaré, região de Campinas. Mas, mesmo preso em Hortolândia — a penitenciária de onde o irmão Lourival fugira dois anos antes —, continuaria no comando do laboratório:

— Não tem nada lá pra nós mais lá, não? — perguntou a um funcionário da chácara. Para a PF, ele se referia a drogas no laboratório.[4]

— Brita? Nada — respondeu o homem do outro lado da linha, com uma metáfora para o crack.

— Nada, nada, nada?

— Nada, nada.

— Achou aquela lá, não? [Ivan se referia à droga enterrada na chácara]. [...] Mexe aquilo lá que o trem deve tá lá. Não tem nada, nada, nada?

— Nada.

— Tem F [farinha, cocaína]?

— 5 reais [5 quilos].

Com a prisão de Ivan, coube ao irmão Valdisin, o Dilson, assumir o negócio. Mas por pouco tempo.

O sol ainda raiava na manhã do dia 21 de novembro de 2003 quando os policiais federais decidiram invadir a chácara em Engenheiro Navarro. Encontraram 20 quilos de cocaína, um de crack, balança de precisão, prensa hidráulica, armas. Dois funcionários dos Fonseca foram presos em flagrante. Na mesma hora, Lourival era preso em Cuiabá. Ivan foi absolvido no flagrante de Sumaré, mas os três irmãos foram condenados pelo Tribunal de Justiça mineiro por tráfico e associação — Lourival ainda seria condenado por uso de documento falso em Mato Grosso, já que a PF encontrou com ele várias carteiras de identidade falsificadas. Os Fonseca voltaram para a cadeia, mas por pouco tempo. Ivan e Lourival foram os primeiros a escapar da prisão, em 2007. Dilson fugiria no ano seguinte.

Desta vez, não havia alternativa para os irmãos a não ser buscar refúgio fora do Brasil. Lourival se aproveitou dos contatos com cartéis do tráfico boliviano e decidiu fincar base em Santa Cruz de la Sierra, cidade mais rica do país — responde por 30% do PIB da Bolívia —, ambiente ideal para lavar o dinheiro do narcotráfico. Do país vizinho, com a ajuda dos irmãos, passaria a enviar grandes quantidades de cocaína para o estado de São Paulo por via aérea, passando pela rota caipira, inclusive na Guariba onde ele residiu por duas décadas. Era de lá a mulher com quem se casaria e que teria papel vital na lavagem do dinheiro das drogas: Andreza de Oliveira Russo, uma morena de olhos grandes, bem vivos.

COCAÍNA: A ROTA CAIPIRA     257

Com o tráfico no atacado, Lourival fez fortuna. Comprou três fazendas em Vila Bela da Santíssima Trindade (MT), próximas à fronteira boliviana, todas em nome de acólitos, inclusive a mulher, outras três em San Ignacio de Velasco, na Bolívia, e duas aeronaves Cessna que, juntas, valiam mais de R$ 1 milhão. Em Guariba, a polícia suspeita que seria dono de pelo menos dez casas, todas em nome de parentes. Na Bolívia, frequentava a alta sociedade na condição de grande empresário e fazendeiro do Brasil. Chegou a ter um caso com uma ex-miss Bolívia, embora continuasse a contar com os serviços de Andreza, no Brasil. Além de lavar dinheiro para o marido, ela enviava grandes somas para ele no país vizinho. As notas de reais e dólares atravessavam a fronteira escondidas no corpo de mulas contratadas por Andreza.

— É para levar esses documentos? — perguntou a Tião em outubro de 2007. — É porque tô achando perigoso passar em Vila Bela [MT] com isso aí.

— Assina os papéis, deixa acertado com o João pra pegar, ir lá na fazenda e pegar [o dinheiro] e sair depois de amanhã. Fala pra ele arrumar umas três pessoas e trazer no corpo.

A essa altura, a Guariba da adolescência ficara no passado dos irmãos. Eles nunca mais seriam vistos na cidade paulista. Em 2008, quando a mãe deles morreu, a polícia chegou a montar uma operação para prender Lourival, Ivan e Dilson, crente de que iriam ao velório. Mas eles não apareceram.

Em janeiro de 2009, a quadrilha comandada por Lourival foi alvo da Operação Alfa,[5] da Polícia Federal, que investigou 99 pessoas em seis estados brasileiros por tráfico internacional. Desse grupo, 66 foram detidos naquele mês em São José do Rio Preto, Ribeirão Preto, Guariba, Salto de Pirapora e Sumaré, no estado de São Paulo. Houve também 23 detenções em Mato Grosso, nove em Goiás, oito em Minas Gerais e uma no Distrito Federal. A PF apreendeu 42 veículos, entre eles caminhonetes de luxo, de modelo Hilux. Dos três núcleos de traficantes investigados, o maior era, de longe, o liderado por Lourival.

Quem primeiro identificou a sua movimentação na fronteira foi a Polícia Federal de Goiânia. Isso em outubro de 2007. Descobriram que um avião de Lourival, pilotado por Carlos Donizetti Paiva Rezende, iria a San Ignacio de Velasco, região de Santa Cruz, buscar 300 quilos de cocaína pura. A PF contatou a DEA, que na época ainda atuava em território boliviano, e o órgão norte-americano armou uma operação para flagrar o grupo.[6] Na manhã do dia 12, a aeronave surgiu nos céus da pequena San Ignacio, de 23 mil habitantes. Sobrevoou uma área rural próxima à cidade — certamente para se certificar de que não haveria nenhum policial por perto — até descer em uma pista clandestina. Rezende e outro brasileiro desceram do avião, sob escolta de três bolivianos armados com fuzis. Os agentes da DEA e a polícia boliviana decidiram dar o bote. Um pouco cedo, talvez, porque, ao notar a blitz, uma caminhonete que rondava o local fugiu em disparada. Provavelmente estava com os 300 quilos que seriam embarcados na aeronave. Os cinco foram detidos em flagrante, mas ficaram pouco tempo atrás das grades. Meses depois, Rezende retornou ao Brasil e se pôs a serviço do chefe, Lourival.

Durante a fase de investigações da Alfa, além do piloto, a PF identificou trinta integrantes da quadrilha e apreendeu 414 quilos de pasta-base que pertenciam a Lourival. De Santa Cruz, ele utilizava seus dois aviões para transportar pasta-base de cocaína até a região de Cáceres, Mato Grosso, ou a uma fazenda em Britânia, Goiás, pertencente a Benjamin Wercelens Neto, gerente-geral da quadrilha e parceiro de Vano Cândido Pimenta, responsável pela logística do grupo.

Cada viagem aérea trazia a Goiás e Mato Grosso grandes quantidades de pasta-base. Em setembro de 2007, um integrante da quadrilha repassou a Tião as coordenadas do pouso, próximo à fronteira com a Bolívia:

— Acho que não tem problema — disse Tião, sobre o local escolhido.

— Aqui é igual onde te assaltaram; é do mesmo tipo de terreno e vai ter uma F1000, uma caminhonete com carroceria de madeira. [...] As peças podem ser muito grandes para carregar, tô colocando dois carros pra carregar. Vão ser um com carroceria de madeira e uma branca.

Tião reforçou então a senha para que os atravessadores em solo sinalizassem o local do pouso ao piloto do avião:

— É pra usar um pano branco pra balançar, na hora.

COCAÍNA: A ROTA CAIPIRA                                    259

Na fazenda em Britânia, a droga era escondida, refinada e pulveriza-da para diversas regiões do país. Uma delas, o interior paulista. Em julho de 2007, Lourival vendeu 200 quilos de cocaína para Sebastião Lages Souza, o Xará, traficante de São Carlos (SP). A droga saiu da Bolívia em um dos dois aviões Cessna e foi deixada na fazenda de Britânia. De lá, seguiu de caminhão até São Carlos. O veículo foi conduzido por José Carlos Romero. Como se tratava de funcionário novo da quadrilha, Lourival pediu para um comparsa, Sidinei Medina de Lima, acompa-nhar o carregamento.

— É a primeira vez que ele tá indo. [...] Não sei o que se passa na cabeça dele — justificou.

O que eles não sabiam é que a PF acompanhava toda a ação do grupo, e tanto Romero quanto Lima terminaram presos em flagrante em um posto de combustível na rodovia Washington Luís, em Uchoa, em 5 de agosto de 2007. Com eles, a PF encontrou 203 quilos de cocaína, escon-didos dentro de queijos transportados por um caminhão refrigerado. Romero e Lima foram condenados pelo Tribunal de Justiça por tráfico e associação para o tráfico.[7]

A apreensão, porém, esteve longe de enfraquecer o grupo de Lourival, e nem mesmo abalou as relações comerciais entre o megatraficante e Xará. Em junho de 2008, ele conversou com um comparsa sobre a qualidade da cocaína vendida ao exigente traficante de São Carlos:

— Acabei de falar com o Xará e ele falou que desta última carga de cocaína já tem 120 quilos que foi refugada [de má qualidade]. Acho que toda a carga tem qualidade ruim — disse o comparsa.

— Qual carga?

— A última carga que veio para o Xará.

— Acho que o Xará tá falando da carga que veio antes quando você tava junto, e não a carga que veio no último fim de semana. A última não chegou na mão do Xará ainda, vê certinho com ele. Essa última é pro Xará escolher a parte dele. O resto manda pra outro.

Houve pelo menos outras quatro apreensões de droga de Tião entre 2007 e 2008. Em 7 de junho desse último ano, 38 quilos de cocaína fo-ram apreendidos pela PF em Jundiaí. A droga era parte dos 276 quilos trazidos da Bolívia para Britânia pelo piloto Carlos Donizetti Paiva Resende e pelo copiloto e mecânico de aeronaves Manoel Abadia da Silva Neto. Abadia é de Birigui (SP), de onde ele e Resende partiram em direção à Bolívia no segundo dia de junho. Na volta, no entanto, o carregamento atrasou e eles saíram um pouco tarde do território boliviano. O céu escureceu antes de chegarem a Britânia, o que obrigou a dupla a pousar cem quilômetros ao sul, no chapadão da zona rural de Piranhas (GO).

— Que houve, [o piloto] machucou [foi preso]? — perguntou Benjamin a um rapaz que descarregaria a droga em Britânia.

— Não, é que ficou de noite.

Uma equipe de apoio foi então até a cidade vizinha e resgatou o piloto e o copiloto, além da droga. Foram mais rápidos que a polícia — ao ouvir no grampo a localização do aeroporto, os agentes da PF contataram a PM de Piranhas, mas quando os soldados chegaram à fazenda havia apenas o avião, vazio.

Dos 276 quilos de pasta-base, 156 ficariam em Goiás e os 120 quilos restantes seriam encaminhados para um traficante em Jundiaí, conforme ordem expressa pelo capo Tião:

— Foi 276 folhas [quilos], não?

— Foi — confirmou Benjamin.

— É pra ele [traficante de Goiânia] ficar com 156 folhas e passar 120 folhas para o menino [de Jundiaí].

A carga foi fracionada e levada para o interior paulista escondida em automóveis. A PF conseguiu rastrear e apreender apenas 38,5 quilos, ocultos no para-choque de um Fusca.

Cinco meses mais tarde, em outubro, quatro integrantes da quadrilha, incluindo Abadia e o piloto Resende, se reuniram no hangar de uma empresa de táxi aéreo de Birigui para discutir o transporte, por via aérea, de mais 150 quilos de cocaína da Bolívia para o Brasil. O hangar, ao que tudo indica, era uma espécie de quartel-general do grupo — lá também era feita a manutenção nas duas aeronaves de Lourival.

Estabelecido o roteiro, em 20 de outubro Vano e Resende transportaram a droga até a fazenda em Britânia. Parte dela, 52 quilos, havia sido ne-

COCAÍNA: A ROTA CAIPIRA 261

gociada por Tião com Sebastião Lages, e seria entregue em Guariba. O entorpecente acabou apreendido em 1º de novembro de 2008, próximo à rodoviária da cidade. À paisana, agentes da PF sentaram-se em uma pequena praça em frente, conversando, quando surgiu uma Saveiro branca. O motorista passou devagarzinho, fitando os agentes. Ele descobriu, pensaram os policiais. Rapidamente, dispersaram-se, mas continuaram vigiando o cenário, a distância. O homem estacionou a Saveiro e foi até um caminhão parado bem em frente à rodoviária. Os policiais aceleraram o passo e renderam a dupla. Escondida na carroceria, a droga, em tabletes de 1 quilo.

Naquele mês, outros 600 quilos da droga foram flagrados pela PF em São Paulo. Um pouco antes, em julho, a pedido de Lourival, 232 quilos de cocaína foram guardados em Guariba por José Natal Ferreira Cardoso, comparsa da quadrilha no município. Dessa droga, 16 quilos acabaram apreendidos em Belo Horizonte.

Pelos diálogos captados pela PF, as quantias financeiras movimentadas pelo esquema de Tião eram vultosas: chegavam facilmente a meio milhão de reais. Tanto dinheiro escapava da contabilidade do líder, que admitiu:

— Não tem controle [das contas], vai passando o dinheiro e a gente vai pagando.

Além de pasta-base de cocaína, a quadrilha também traficava armas bolivianas, conforme conversa de junho de 2008 entre Tião e Vagner da Silva Fernandes, cuja função era recolher a droga lançada por pilotos bolivianos próximo à fronteira:

— Tá tudo acertado para amanhã, no mesmo lugar e horário. Pode ir que é certeza — disse Lourival.

— Da outra vez ele [avião] chegou bem no horário combinado. Vai vir aquela outra coisa, o "falador"? — perguntou Vagner, em referência à metralhadora.

— Vou ligar lá e pedir pra vir junto.

Todos os principais comparsas de Lourival foram presos pela Operação Alfa em janeiro de 2008. Dois anos depois, a Justiça Federal condenou Vano Cândido Pimenta a 33 anos e seis meses de prisão por tráfico e associação para o tráfico, além de multa de R$ 540 mil, e Xará acabou condenado a vinte anos e dez meses por tráfico e associação, mais R$ 418,7 mil de multa. Além da pena de prisão, a Justiça confiscou de Xará um terreno em São Carlos (SP), cinco carros, quatro motos e uma farta coleção de joias: doze pulseiras, dez pingentes, 27 anéis, cinco colares e 36 brincos. Tudo, conforme a sentença, adquirido com recursos do tráfico internacional.[8] Em novembro de 2016, o recurso ao TRF não havia sido julgado.

Em outro processo, outros onze condenados pelo TRF, todos por tráfico e associação para o tráfico, entre eles Benjamin (quinze anos), Manoel Abadia (sete anos e nove meses) e Carlos Donizetti (23 anos). José Natal e Vagner Fernandes foram condenados a cinco anos e quatro meses cada por associação para o tráfico.[9] Em novembro de 2016, havia recursos ao STJ não julgados.

Lourival é réu em duas ações penais na Justiça Federal de Rio Preto decorrentes da Operação Alfa, mas os processos estão suspensos, já que ele é considerado foragido da Justiça brasileira.[10]

Com apoio da Polícia Federal brasileira, a Felcn montou uma operação para prender Lourival no início de 2012 em Santa Cruz de la Sierra. O que nem a PF nem a Felcn sabiam é que outro braço da polícia da cidade investigava um sequestro praticado por Tião contra um traficante que havia desviado US$ 2 milhões em drogas do brasileiro na região de Cáceres. Foram eles quem primeiro prenderam o megatraficante — na mansão onde ele morava em Santa Cruz havia onze documentos de identidade falsos usados por Tião. Mas o brasileiro pagou propina aos policiais e fugiu para o Paraguai. Voltaria à Bolívia meses depois, de onde continua a remeter pasta-base para o Brasil pela rota caipira, agora por novos esquemas, a partir de Corumbá e Ponta Porã.

O acaso colocaria novamente os mesmos policiais envolvidos na Operação Alfa no caminho de Lourival em 2013. Os agentes investigavam uma conexão do tráfico entre Ponta Porã e Rio de Janeiro, passando por Catanduva (SP),[11] quando notaram conversas ao telefone entre o alvo principal da investigação, Rogério Gois dos Santos, e um

COCAÍNA: A ROTA CAIPIRA     263

sujeito apelidado de Tigo. Era o mesmo nome da empresa de telefonia celular que opera na Bolívia. Além disso, aquela voz fina e calma era familiar aos agentes. Era Tião.

Ele fornecia pasta-base para Rogério em Catanduva, onde a droga era armazenada em barracões na zona rural, refinada e reenviada para a favela Cidade Alta, no bairro Cordovil, zona norte carioca, dominada pelo Comando Vermelho. Quem dava as cartas na área era Carlos Henrique dos Santos Gravini, rapaz na casa dos 30 anos, moreno e alto, responsável pela contabilidade do CV. Mesmo preso desde 2008 na penitenciária de Bangu 3, onde cumpria pena pelo assassinato de dois policiais militares com tiros de fuzil,[12] Gravini comandava com mão de ferro o lucrativo comércio de maconha, cocaína e crack na Cidade Alta.

Em agosto de 2013, Lourival vendeu para Rogério 40 quilos de pasta-base. A droga saiu de Puerto Quijarro, Bolívia, passou por Catanduva e Ribeirão Preto e foi entregue no dia 15 daquele mês a Joacy José Gomes Santana, o "Jojo Smith", liderança do CV e aliado de Gravini. Jojo enriqueceu abastecendo a favela da Rocinha com cocaína boliviana. Tanto que tinha apartamentos no Leme e na avenida Atlântica, Copacabana, endereços nobres na capital fluminense.[13] O pagamento a Lourival foi feito em automóveis. Os agentes tentaram aprofundar a investigação contra o megatraficante, sem sucesso. Como o aparelho celular dele era da Bolívia, não poderia ser grampeado a partir do Brasil. Por isso, logo ele sairia do radar da PF, com o fim da parceria com Rogério. Semanas depois, um desentendimento quanto à qualidade da pasta-base levaria este último a buscar outros fornecedores. Os principais eram Deivi Maclin Rodrigues e Rosivelto Batista da Silva, comerciantes de pneus reciclados radicados em Ponta Porã, e Celso Rodrigo Carneiro, acusado de homicídio e sequestros-relâmpago no interior paulista, que fugiu para o Paraguai em 2012.

Rogério era dono de uma empreiteira em Catanduva e tinha mais de 20 imóveis, incluindo uma fazenda em Tocantins. Chegou a iniciar a construção de um condomínio de casas avaliado em R$ 2 milhões em Tanabi (SP), erguido, segundo a PF, com o dinheiro do narcotráfico.[14] O empresário recebia havia tempos pequenos carregamentos de cocaína e maconha vindos da fronteira para distribuição no interior paulista. Mas seu esquema cresceria a partir de 2012, quando se aliou a Warlen Pereira Matos, outro traficante ligado ao CV que, perseguido pela polícia do Rio, decidiu refugiar-se em Catanduva. Carioca, como passou a ser conhecido na cidade paulista, tinha longa amizade com Gravini. Assim, serviu de elo entre Rogério e o colega, unindo as duas pontas do lucrativo esquema de tráfico, desde o fornecimento no Paraguai até a ponta final, na Cidade Alta, onde o narcotráfico adquiria feições empresariais, expressas em cartas apreendidas pela PF na casa de Júlio César Maximiano, aliado de Gravini. O remetente era um primo, preso no complexo de Bangu. Em uma delas, o homem, que assina apenas com a letra G, orienta Maximiano a vender sempre cocaína de qualidade, chamada "escama de peixe". "Só quem quiser qualidade compra com nós", escreveu. Para isso, dá a receita do preparo da droga: 1 quilo de cloridrato de cocaína puro misturado a 500 gramas de cafeína. Também orienta a comprar mais armamento ("O que aparecer de arma compra e guarda") e ordena que o tráfico seja retomado imediatamente. "Agora eu quero colocar o pó para rolar novamente." G fornece dicas para aliciar crianças e adolescentes, chamados "vapor", a quem caberia vender a cocaína na Cidade Alta. "Arruma uns menor e vamos lapidar os menor. Ninguém aprende nada se não tiver bom professor. Temos que colocar o ritmo, nós ensina como funciona o crime. Os menor aí são puro, tem que ensinar, ter paciência, deixar eles afiados."

Em dez meses de investigações na operação batizada de São Domingos, rio que corta Catanduva, a PF apreenderia 6 toneladas de maconha, 350 quilos de cocaína e 360 balas de fuzil. A munição e 155 quilos de maconha foram interceptados pela PM ainda na região de Catanduva, em uma caminhonete a caminho do Rio, em 14 de julho de 2013. A ordem do fornecedor da droga e da munição, Celso Carneiro, era encaminhar tudo para Gravini. O grupo só se comunicava por meio de mensagens no celular, criptografadas, para dificultar o rastreamento pela polícia:

"Vai tira algo aki, ou vai seguir td pra la"?, perguntou Warlen, em típico "internetês".

COCAÍNA: A ROTA CAIPIRA 265

"E tudo pra laaaa", respondeu Celso.

"Firmeza pos [pois] vou ali atras do meu [batedor] pra ele ir na frente dele e fazer meu caminho ate la na frente, pos [pois] o meu caminho e [é] suave."

Os agentes acionaram a PM, que encontrou a caminhonete e o carro no acostamento de uma rodovia no interior paulista, rumo ao Rio. Havia quatro rapazes, duas moças e uma criança — estratégia comum para evitar suspeitas. Um dos soldados notou que o assoalho da caminhonete tinha marcas de graxa, enquanto a parte de baixo, normalmente mais suja, estava limpa, com jeito de nova. Bastou um furo para que a maconha começasse a aparecer. Eram 147 tijolos, um deles recheado com as balas de fuzil.

Quatro dias depois, outra mula do esquema seria flagrada em Três Rios (RJ) com 25 quilos de maconha, 15 de pasta-base e quatro frascos de solvente para batizar a cocaína. O carregamento estava escondido nos para-choques de um automóvel. Fora remetido por Rogério e Warlen para os sócios Jojo Smith e Júlio César.

"Ele meteu o pe", escreveu Júlio César para Rogério. "E tento passa na barreira" / "E os kras grudo [prendeu] ele" / "E nos nem iria passar na barreira pq tinha um amigo aq [aqui] antes da barreira. Esperando nos ja, ai ele deve q acho q [pensou] era o tal, e foi so" / "A fita agora e nos pagar e correr atras, pos [pois] esse cara da vontade de da um tiro na cara dele, mas não vai adiantar... nem sei o q falar irmao."

As apreensões em sequência não assustaram a quadrilha. Na semana seguinte, Deivi e Rosivelto encaminharam 500 quilos de maconha e 120 de cocaína para Rogério em Catanduva. Dessa vez a PF não conseguiu apreender a carga, que chegou ao Rio, nas mãos de Jojo Smith e Júlio César. O sucesso da remessa encorajou Rogério a encomendar mais droga da dupla de Ponta Porã. No dia 19, Deivi enviou mensagem no celular de Rogério:

"To com a fita na mao" / "Cheque de 125 [quilos de cocaína] e o cheque de 500 [quilos de maconha] q eu tinha pedido ja ta aqui tbem."

"E quanto q vai sai o preço aqui dos 2", perguntou Rogério.

"Do cheque de 125 te vou fazer 7 real [R$ 7 mil o quilo]" / "E dos 500" / "Te faço 500 [R$ o quilo]".

Rogério se empolgou:

"Ate o caminhão pedi para desce" / "Nao tem risco nenhum parsa [parceiro]" / "Quando eu falo q vai chega[r] a coisa chega."

A cocaína, segundo Deivi, viera de avião do Peru até Pedro Juan Caballero. Junto à maconha, foi escondida dentro de pneus no interior do Paraguai e levada até Antônio João (MS), cidade vizinha a Ponta Porã, a uma das recauchutadoras de Rosivelto. Os pneus foram embarcados em uma carreta com destino a Catanduva. Parte do frete de R$ 15 mil, pago por Rogério, serviria para pagar policiais no caminho, segundo Deivi:

"Parsa amanha vc deposita [...] E [é] q pago as duas policias para sair tranquilo entendeu ne."

Deivi também pediu que Rogério providenciasse um barracão para esconder a grande quantidade de droga.

"O baracao parsa isso q te falei" / "E [é] carreta".

Novamente acionados pela PF, policiais militares flagraram a carreta no pedágio da rodovia Washington Luís, a poucos quilômetros de Catanduva. O caminhoneiro foi preso e condenado por tráfico.

Dessa vez, as três apreensões em um único mês assustaram Rogério, que passou a evitar novas conversas no celular. Deivi também sentiu o baque. Só voltaria a encaminhar entorpecente para o estado de São Paulo em setembro daquele ano. No início do mês, acionou outros fornecedores na fronteira para somar um grande carregamento de maconha:

"Quantos o Julio tem?", perguntou a um deles.

"1 mil [uma tonelada]."

"Pega tudo."

Mas as 5 toneladas da droga foram apreendidas ainda em Ponta Porã, misturadas a uma carga de feijão em um caminhão graneleiro. O prejuízo deixou Deivi desesperado, a ponto de tomar uma decisão arriscada para um grande traficante — aproximar-se da droga. Em novembro de 2013, ele mesmo decidiu levar 65 quilos de crack e 144

COCAÍNA: A ROTA CAIPIRA

de cocaína para o interior paulista em uma caminhonete. O cloridrato foi escondido dentro do para-lama. Faltava um compartimento para ocultar a maconha:

"Queria ver um jeito para leva esses 64 [quilos de maconha]", escreveu para um mecânico de Ponta Porã.

"Tranquilo aqui não tem poblema."

"Mais vai caber os 64 [?]", perguntou Deivi.

"Cabe eu colquei [coloquei] num savero 120 d mato [maconha]."

O traficante deu uma sugestão ao mecânico:

"Vou fazer outra caixa no fundo ai fika melhor" / "Pq duas caixas os cara [policiais] nao disconfia" / "Pq o cara vê a primeira" / "Mais so a do fundo vai carregado."

A viagem de Deivi com a droga contrariou a namorada:

"Qdo vc viaja pra levar as drogas de novo?", perguntou ela.

Deivi tentou se justificar:

"Isso tudo q to construindo e para nois."

Mas a namorada ficou irritada:

"Ta construindo o q?!" / "Indo levar droga pra pagar conta de outro [?]" / "Quase 1 milhão" / "So jogado fora!" / "Vc so já não morreu pq todos os dias pesso [peço] pra minha mãe rezar por vc" / "Sei q vc ainda tem q fazer mais umas 2 ou 3 viajens" / "Pra terminar de pagar os caras" / "E vc ainda se arrisca" / "Pra ganhar uma mixaria" / "A hilux? [caminhonete]" / "Devem estar enxendo de droga dentro" / "Já deixam preparado e vc leva."

Deivi tentou encerrar a discussão. Não conseguiu:

"Eu podia bem te denunciar pra policia" / "Eu so to deixando vc fazer ainda suas viagens" / "Pq vc tem q pagar esses caras."

O temor da namorada se confirmaria na noite do dia 12 de novembro, quando a Polícia Rodoviária Federal em Três Lagoas (MS) ordenou que a caminhonete de Deivi parasse no posto policial da BR-262. Ele acabou preso em flagrante.

Com Deivi na cadeia, o grupo voltou as atenções para outros fornecedores, como Fermino Morales. Em dezembro, começou-se a tramar nova partida de maconha para Catanduva.

"Depois q for a primeira vai ser que nem aquela vez [,] demorei p ir mas quando fui se viu neh [,] q ia quase toda semana", escreveu Fermino para Warlen. O fornecedor continuou:

"Esse que ta aqui comigo e [é] bom hein."

"E [É] limpinha e cheirosa [?]", perguntou Warlen.

"Ela tem semente mas o Br falou q muito boa [,] ele fumou dela."

Uma semana depois Firmino voltou a enviar mensagens para o comparsa em Catanduva:

"Aqui ta muito embaçado" / "Tem q esperar a melhor hora pois tem muita gente cuidando da vida dos outros" / "Todo santo dia cai um aqui."

Os motoristas que levariam a droga, segundo ele, estavam receosos. Por isso Firmino cogitou levá-los à igreja:

"Tao achando muito sinistro, vo leva eles na oração p dar uma protegida neles Tb."

Warlen achou graça:

"Kkkkkkkkkkkkkk."

"O que foi [?]", perguntou o traficante da fronteira.

"Deles ir na oracao."

A reza, se de fato ocorreu, não ajudou. A droga, quase meia tonelada de maconha, seria apreendida em dois automóveis pela Polícia Rodoviária Federal de Ponta Porã. Os motoristas abandonaram o carro e fugiram.

A violência atingiria em cheio um dos cabeças do esquema. Na manhã do dia 24 de fevereiro de 2014, Rosivelto estava em uma borracharia em Pedro Juan Caballero quando dois rapazes se aproximaram de moto. Um deles desceu e imediatamente tirou da cintura uma pistola calibre .9 mm. O traficante ainda tentou correr, mas não houve tempo. Rosivelto morreu com doze tiros na cabeça e no tórax.[15] O motivo do crime não foi esclarecido pela polícia paraguaia.

Diante de tantos reveses, o grupo decidiu se armar. Rogério e Warlen cogitaram a compra de dois fuzis para reforçar a segurança da droga armazenada em Catanduva. A ideia não prosperou, mas a dupla aliciaria Henrique Baltazar Almeida Alvarenga, suspeito de integrar um grupo

COCAÍNA: A ROTA CAIPIRA 269

de extermínio em Uberlândia (MG) que estava foragido na cidade paulista. Alertada pela PF, a Polícia Militar apreenderia Alvarenga na manhã de 12 de março de 2014. Já no dia seguinte, funcionários de Rogério passaram a tramar um plano para resgatar Henrique da cadeia da cidade. A ideia era invadir a delegacia, render os carcereiros de plantão e levar o mineiro. O próprio Rogério colaborou, ao fornecer três pistolas automáticas e uma espingarda calibre .12 para a invasão do presídio.

"Tira ai as q ta embalada", escreveu o líder para um comparsa.

"Vc sabe coloca[r] as azeitonas ai [?]", perguntou.

"Não brinca com isso e nem aponta na reta de ninguém. Quando tiver mexendo" / "Pega as azeitona [balas] da caixinha" / "Essa ai e [é] pra sua guerra" / "Vai treinando com ela."

A ação toda, prevista para o dia 14, só não foi adiante porque a PM apreendeu o armamento.

"Não vo mais ajuda[r] ninguém", reclamou Rogério. E enumerou o prejuízo financeiro:

"Mais de 30 conto [mil reais] de arma" / "Tinha logo a glok zera. A [ponto] 45. 2 [de] 9 [milímetros] 1 [calibre] .380. E a grandona."

O chefão decidiu então que era hora de fugir.

"Vo sumi", escreveu.

Rogério mudou-se para São José do Rio Preto, cidade vizinha. Só retornaria no dia 19 de março, para o aniversário do filho. O traficante convidou cinco comparsas para a festa. Só Warlen recusou o convite. Temia que a presença do grupo chamasse a atenção da polícia. Sua intuição estava correta. Como ele e Rogério viajariam para Ponta Porã no dia seguinte, a PF decidiu antecipar a deflagração da operação, prevista para o dia 20. Rogério e os outros cinco foram rendidos no meio da festa. Ao mesmo tempo, Warlen era detido em casa. O mandado de prisão preventiva impediu que Gravini, chefão da Cidade Alta, voltasse às ruas — ele seria solto no dia 21 de março, beneficiado por livramento condicional. No total, 31 pessoas foram denunciadas à Justiça pelo Ministério Público por narcotráfico internacional, associação para o tráfico, tráfico internacional de armas e associação criminosa. Foram condenados, por tráfico e associação para o tráfico: Deivi (doze anos),[16] Gravini (nove anos), Jojo Smith (oito anos),[17] Henrique (doze anos),[18] Rogério (53 anos) e Warlen (43 anos); por tráfico, Fermino recebeu pena de oito anos.[19] Em agosto de 2016, uma última ação judicial decorrente da Operação São Domingos estava pendente de julgamento.[20] Naquela data, Celso Carneiro e Júlio César Maximiano permaneciam foragidos.

Vale tudo para despistar a polícia na rota caipira do narcotráfico. Até diluir a pasta-base de cocaína em óleo diesel, algo aparentemente impossível pelas leis da química. Márcio José Omito, que, assim como Lourival, foi investigado na Operação Alfa, aprendeu a técnica com bolivianos de Puerto Suárez, cidade vizinha a Corumbá. Comprou uma carreta Scania amarela abastecida com dois tanques de óleo diesel, mas adaptou o veículo para receber o combustível somente de um dos tanques. No outro, o óleo diesel era misturado à pasta-base de cocaína. Como os dois produtos são indissolúveis, a mistura só era possível com o uso de um terceiro produto com baixo pH, como cal virgem.

Sem chamar a atenção nos postos de fiscalização da polícia rodoviária, o caminhão seguia sem problemas até uma chácara na região de São José do Rio Preto, onde a cocaína era novamente separada do diesel com a adição de ácido bórico. Depois de refinada, a droga era revendida tanto no interior quanto na capital paulista.

O esquema chamou a atenção da Polícia Federal nas investigações que resultaram na operação. "A forma que a quadrilha adotou para viabilizar suas ações escusas e transportar a droga para o estado de São Paulo foi criativa e inusitada para nós, investigadores", escreveu o delegado André Previato Kodjaoglanian, coordenador da Alfa.

A PF não sabe ao certo quando o engenhoso esquema começou. Mas descobriu, no início de 2007, que o quartel-general da quadrilha liderada por Omito era a Estância Tarumã, chácara de Uchoa (SP) que servia, ao mesmo tempo, de depósito e laboratório da droga. Na época, Joel Custódio Alves Filho, dono da propriedade, cumpria pena na Suíça por tráfico de drogas. Em 2005, ele e o suíço Peter Stephan Schweizer foram presos em flagrante pela polícia suíça com cocaína

COCAÍNA: A ROTA CAIPIRA 271

escondida em cápsulas no estômago. A dupla atuava como mula do tráfico internacional, levando pó para a Europa e trazendo ecstasy. No Brasil, o traficante respondeu a uma representação criminal do Ministério Público Federal por lavagem de dinheiro.[21] Nesse processo, a Justiça Federal leiloou em 2008 um carro importado de Alves apreendido pela Polícia Civil.

Mas a chácara em Uchoa escapou da representação do MPF e passou a ser administrada pela irmã de Joel, Célia Maria Alves. Não demorou para que ela se associasse a Omito, mentor do esquema aparentemente à prova de blitz.

Toda a logística da quadrilha, formada por oito pessoas no total, ficava a cargo de Célia, responsável pelo fornecimento de dólares para a compra do entorpecente, o custo das viagens para a Bolívia e o monitoramento da carga, via telefone. A mulher também arregimentou outro irmão, Sérgio Custódio Alves, para dirigir a carreta carregada com cocaína boliviana. As funções no grupo eram bem estratificadas: abaixo do chefe, Omito, e de Célia, seu braço direito, vinha Ezequiel Júlio Gonçalves, o Kia, o "químico" da quadrilha, que separava a cocaína do diesel.

Em julho de 2007, Omito negociou a compra de cocaína diretamente com um traficante boliviano:

— Se for ficar com 40 real [40 quilos de cocaína, segundo a PF], vou pagar tudo amanhã à vista.

— Beleza, vou ficar mais tranquilo agora.

Dias depois, em 27 de julho de 2007, a droga, 41,4 quilos, acabou apreendida na região de Araraquara (SP). Segundo a polícia, Omito havia revendido a cocaína para outros traficantes, que levavam o entorpecente para a capital.

Dois meses depois, Omito foi quem terminou preso em flagrante pela PF em Itajobi (SP), também na região de Rio Preto, com o tio e sócio no esquema Juraci Marques de Souza, além de Sérgio Custódio. O trio transportava na carreta 130 quilos de cocaína diluídos no diesel. No mesmo dia, a polícia apreendeu na chácara de Uchoa uma prensa hidráulica e o ácido bórico utilizado para separar a cocaína do óleo.

Horas após a ação da PF, Célia passou a ter constantes diálogos com Kia. Intimada a depor na Polícia Federal, ela pediu ao comparsa dicas de possíveis álibis:

— Em que a prensa pode ser usada? — perguntou Célia.

— Pra tirar rolamento — respondeu Kia.

— Tinha uma firma que fechou faz um ano e tinha torno, tinha tudo. Vou falar que era dela [empresa].

— Tem que argumentar bem argumentado pra não ter problema.

— A gente tá estudando o que vai ser feito porque alguém vai ter que aparecer como dono dessa máquina.

— Se falar que é do Márcio, ele vai falar o quê?

— A gente não vai ter prova concreta.

— E o ácido bórico, pra que serve? Pra lavar pedra ou alguma coisa?

— Diz que é pra matar formiga no cafezal.

— Mas lá não tem café.

— Então fala que só tava guardado no sítio. [...] Pode falar que pode ser usado em folhagem de café e pé de coqueiro. E uma prensa não incrimina ninguém.

— Se eles fizerem uma geral, passar produto, não vai ter vestígio de nada?

— Não, um galão azul tá vazio e outro é só água.

Omito ganhou liberdade em 10 de setembro de 2008, beneficiado por habeas corpus do Tribunal de Justiça. Mas voltou a ser detido preventivamente em janeiro de 2009, quando foi desencadeada a fase ostensiva da Operação Alfa. No ano seguinte, acabou condenado pela Justiça Federal de Rio Preto a vinte anos e nove meses de prisão por tráfico internacional de cocaína no flagrante dos 130 quilos de cocaína. Os demais membros também foram condenados: Sérgio, dezesseis anos e três meses, e Juraci Marques de Souza, quinze anos e dois meses.[22] Seus advogados recorreram ao TRF, que até novembro de 2016 ainda não havia julgado o caso. Em outras duas apelações ao TRF, Omito recebeu mais sete anos e nove meses de prisão por tráfico internacional em decorrência do flagrante de Araraquara, e Célia foi condenada a dezesseis anos de reclusão por disponibilizar maquinário para o refino de droga.[23]

COCAÍNA: A ROTA CAIPIRA 273

Kia, o "químico", ficou três anos foragido, até ser capturado em novembro de 2012 na Grande São Paulo. Em junho do ano seguinte, ele foi condenado a catorze anos de prisão por associação para o tráfico[24] e por manter petrechos destinados à preparação da cocaína na estância Tarumã, onde as leis da química estiveram a serviço do narcotráfico.

Kia era a ponta especializada na cadeia industrial do comércio de drogas. Porque, por trás das grandes quadrilhas de traficantes, muitas vezes há uma sofisticada organização criminosa voltada apenas ao refino da pasta-base de cocaína. Além de rota para o tráfico internacional da droga, o Brasil oferece farta quantidade de produtos químicos para o refino da pasta-base devido a falhas no controle da indústria química nacional.[25]

Entre outubro de 2007 e fevereiro de 2008, a Polícia Federal se debruçou sobre um grande esquema de venda ilegal de lidocaína, benzocaína, acetona, cafeína e éter etílico para traficantes.[26] Por meio de celulares de São José do Rio Preto, Sorocaba, Campinas e Rio de Janeiro, cujos números eram sempre trocados, o empresário Júlio César Andaló e seus sócios compraram e venderam produtos químicos de uso veterinário para "batizar" a cocaína durante pelo menos três anos. Graças a esses produtos, os traficantes, entre eles Kia, conseguiam triplicar o peso da droga.

O esquema começou em março de 2005, quando Andaló abriu a 1000VET Indústria Veterinária. Mas a fábrica nunca produziu nada em larga escala. Servia apenas para mascarar a venda de insumos ao narcotráfico. Tanto que, ao contrário de uma empresa regular de produtos veterinários, Andaló não tinha funcionários. Apenas ele e a mulher trabalhavam na 1000VET. Investigadores que estiveram na empresa quando foi deflagrada a Operação São José, em fevereiro de 2008, relataram não ter visto máquinas usadas na elaboração de produtos veterinários. Em compensação, na casa e na empresa de Andaló a PF apreendeu 124 quilos de benzocaína, cafeína e carbonato de cálcio, além de 109 litros de acetona, hexano e álcool etílico, produtos necessários ao refino da pasta-base.

Por meio de documentos falsos, Andaló conseguiu licença junto ao departamento de produtos químicos da Polícia Federal para comprar material controlado necessário para a elaboração de produtos veterinários. Na época, policiais federais suspeitaram do empresário, mas preferiram não prendê-lo para que pudessem descobrir quem eram os traficantes que negociavam produtos com ele. Instalada ao lado de um salão de cabeleireiro e um estacionamento no centro de Rio Preto, a 1000VET não tinha movimento de clientes, de acordo com investigadores. Os produtos eram vendidos por telefone e, em alguns casos, entregues pessoalmente por Andaló em postos de combustíveis às margens de rodovias e em cidades próximas à capital paulista, sempre com o cuidado de não revelar a exata localização por telefone.

As gravações telefônicas da PF, feitas com autorização da Justiça, revelam que, para despistar os policiais, os integrantes usavam códigos e o nome de produtos veterinários supostamente fabricados pela 1000VET para designar produtos como cafeína e lidocaína, por exemplo. Quando queriam comprar cafeína, os traficantes encomendavam Conforten, produto supostamente fabricado pela empresa de Andaló. Miolin era o nome usado para adquirir lidocaína. Traficantes como os irmãos Kia e Moisés Júlio Gonçalves encomendavam os produtos de Andaló. Os envolvidos na venda dos produtos trocavam os códigos com frequência para não ser descobertos.

— Você tem carrapaticida? — perguntou Wilson Martins Ferreira a Andaló, em conversa de 29 de outubro de 2007.

— Pra mula, não. Aquele "carrapaticida pra égua prenha" [lidocaína, conforme a PF] não tem, porque tem que fazer com mais cuidado. O outro, "pra cavalo" [cafeína], tem normal.

— Preciso de pelo menos uns dez frascos de carrapaticida — disse Ferreira.

— Quantos você vai precisar pra égua, pra prenhez? — perguntou Andaló.

— Uns quatro.

Mas não foi a Polícia Federal quem colocou as mãos em Andaló. Em janeiro de 2008, um mês antes da Operação, batizada de São José devido

COCAÍNA: A ROTA CAIPIRA

ao nome da cidade-base do esquema, chegou ao Denarc em São Paulo a informação de que o veterinário estaria negociando com traficantes grandes quantidades de produtos controlados para o refino da cocaína. Dois tiras se passaram por traficantes e procuraram Andaló em Rio Preto, interessados na compra de 5 litros de acetona e 7 litros de éter etílico. Andaló fechou negócio a R$ 100 o litro e levou a dupla até sua casa, onde estavam as substâncias. Ao notarem os galões de acetona e éter, anunciaram a prisão em flagrante. No laboratório do veterinário, os investigadores encontraram mais dois galões de álcool etílico, com 20 litros cada.

Em fevereiro, já com Andaló na cadeia, a PF desencadeou a fase ostensiva da Operação São José. Em depoimento, o veterinário confessou que revendia produtos químicos de uso controlado a narcotraficantes para que fossem misturados à cocaína. Mensalmente, o comerciante afirmou receber cerca de R$ 6 mil em dinheiro. Disse ainda ter repassado em uma ocasião 25 litros de acetato de etila a Kia, por R$ 2 mil. Além disso, Andaló também entregou ao traficante sulfato de magnésio, cloreto de magnésio, acetona, acetato de etila e manitol. Todos os produtos eram misturados à cocaína pura para aumentar a quantidade da droga. Por 2 quilos de lidocaína e 2 quilos de cafeína, um traficante chegou a pagar R$ 800 para Andaló. O preço da cafeína, segundo o comerciante disse aos policiais, era de R$ 35 o quilo.

Parte dos produtos químicos negociados ilegalmente pelo comerciante Júlio César Andaló com narcotraficantes era paga com carros. No dia em que foi deflagrada a operação, foram apreendidos doze veículos com Andaló, entre eles uma BMW, uma picape Ford F-250 e três motos. Dos carros apreendidos, apenas dois foram confiscados pela Justiça, que encontrou provas de que os veículos haviam sido repassados ao comerciante como pagamento por produtos químicos.

Em fevereiro de 2009, o juiz Roberto Cristiano Tamantini, da 2ª Vara Federal de Rio Preto, condenou Andaló e outras oito pessoas por fornecer produtos químicos para refino de cocaína, por associação para o tráfico de drogas e falsidade ideológica. Apontado nas investigações como o líder da quadrilha, Andaló foi condenado a dezoito anos e nove meses de prisão. Também foram condenados Moisés Júlio Gonçalves (cinco anos e seis meses), Ezequiel, o Kia (seis anos e cinco meses), e Wilson Martins Ferreira (quatro anos e oito meses).[27] Os réus recorreram ao TRF da 3ª região, que manteve a condenação — apenas houve redução da pena de Ferreira. No flagrante do Denarc, Andaló recebeu outra condenação do Tribunal de Justiça: cinco anos de prisão.[28]

Em abril de 2013, a PF voltaria a se deparar com um grande esquema de desvio de produtos controlados para o refino da pasta-base de cocaína. No total, dezenove pessoas foram presas na Baixada Santista, na Grande São Paulo e nas regiões de Jundiaí e Piracicaba, acusadas de abrir empresas em nome de laranjas para comercializar produtos químicos controlados, como cafeína, acetona, éter, benzocaína, lidocaína e manitol, além de ácidos clorídrico, sulfúrico e bórico. Nos três anos de duração do esquema, a polícia estima que foram refinadas pelo menos 100 toneladas de cocaína, o que rendeu ao grupo um faturamento bruto de R$ 1 bilhão. A operação policial teve o nome de Opus Magna ("grande obra"), em homenagem ao modo como os alquimistas da Idade Média denominavam a busca pela pedra filosofal, substância capaz de transformar qualquer metal em ouro.

Foi no rastro de um laboratório semelhante na região de Ponta Porã (MS) que a Polícia Federal encontrou a ponta do novelo de um dos maiores esquemas de tráfico de cocaína pela rota caipira, comandado por dois "coronéis" da fronteira: Jorge Rafaat Toumani, o Sadam, e Luiz Carlos da Rocha, ou Cabeça Branca.

# 12
## Cabeça Branca S.A.

Brancos são os fios de cabelo e alvas, alvíssimas, são as toneladas de cocaína que todos os meses um certo Luiz Carlos da Rocha importa da Colômbia para exportar à Europa via interior paulista. O cloridrato mais puro possível, que sempre impressiona os agentes da Polícia Federal pelo brilho intenso do pó.

Por isso o apelido de Cabeça Branca soa tão apropriado para esse paranaense de Londrina, com cabelos grisalhos e espetados, que cedo mergulhou no contrabando de produtos paraguaios na fronteira para tempos depois fincar laços com poderosos cartéis do tráfico nos países vizinhos. Na segunda década do século XXI, Cabeça Branca é considerado pela PF o maior barão do tráfico em atuação no Brasil. Dono de um império no Paraguai, onde se esconde subornando autoridades, tem pelo menos três fazendas em nome de laranjas no país vizinho que somam 5,5 mil hectares e abrigam 26 mil cabeças de gado.[1]

Cabeça Branca é o que é hoje porque soube muito bem escolher seus parceiros no comércio atacadista de cocaína. Por anos, o principal deles foi um careca gorducho, com bigode à PC Farias e nariz protuberante a denunciar a origem árabe. Jorge Rafaat Toumani, o Sadam, sempre foi conhecido e respeitado na combalida fronteira entre Ponta Porã e Pedro Juan Caballero, separadas apenas por uma avenida. Empresário, dono de uma loja de materiais de construção e outra de pneus, uma em

278 ALLAN DE ABREU

cada cidade, Sadam fez fama e fortuna com o contrabando de café do Paraguai para o Brasil nos anos 1980. Em 1986, o "rei da fronteira", ou "padrinho", como é chamado na região, foi indiciado por contrabando e corrupção ativa. Absolvido, seria indiciado novamente por contrabando no ano seguinte — dessa vez, a punição prescreveu. Novo revés viria em 1994, ao ser preso em flagrante no interior de Alagoas com um pesado arsenal — onze revólveres, 35 pistolas, quatro espingardas, quatro fuzis, três submetralhadoras e 75 caixas de munições —, vindo do Paraguai com destino a traficantes do polígono da maconha no Nordeste. Acabou absolvido pela Justiça, que considerou ilegais os grampos telefônicos da polícia.

Não demorou para que Sadam usasse sua expertise para traficar cocaína. Esse conhecimento passou a ser compartilhado com Cabeça Branca no início de 1999, quando ambos se reuniram em Ponta Porã e firmaram sociedade no tráfico. Notícias da recém-formada Cabeça Branca S.A. se espalhariam pela fronteira até chegar à delegacia da PF em Ponta Porã. Mas faltava achar a ponta do novelo dos negócios da dupla.[2]

Em uma tarde de terça-feira ensolarada, dia 13 de abril de 1999, agentes da PF decididos a encontrar esses fios soltos do esquema abordaram um jipe que saía de uma das casas de Sadam em Ponta Porã — os policiais viram o próprio Jorge Rafaat abrir o portão eletrônico para a saída do veículo. Dentro, um colombiano e um brasileiro, e, no porta-malas, fita crepe, bacia, peneira, lanternas, papel celofane e lona preta. Os policiais sabiam que cada um daqueles materiais tinha função bem definida em laboratórios de refino de cocaína, tanto para processar a droga quanto para embalá-la. Aos agentes, o colombiano disse trabalhar em uma fazenda de Sadam, mas não informou onde a propriedade se localizava — tempos depois, o homem seria morto na Colômbia ao ter o avião que pilotava, abarrotado de cocaína, abatido pelo exército em pleno ar. O próprio Sadam foi à delegacia da PF e, na tentativa de liberar o jipe, admitiu que o veículo era dele. O veículo continuou na delegacia, mas as provas contra o coronel da fronteira eram frágeis demais. Faltava aos agentes localizar a fazenda-laboratório de Sadam. Passado mais

COCAÍNA: A ROTA CAIPIRA 279

de um ano do episódio do jipe, os policiais não conseguiam avançar nas investigações. Mas um moreno de cabelos desgrenhados e fala acelerada mudaria o rumo da história. Em uma manhã de junho de 2000, ele entrou na delegacia em Ponta Porã. Queria uma reunião com o delegado Lázaro Moreira da Silva, que investigava Sadam. O que tinha a falar não era pouco.

Segundo o homem, até o episódio do jipe o laboratório de refino de Sadam ficava na fazenda São Rafael, em Ponta Porã. Na noite daquele mesmo dia, temeroso de que os policiais descobrissem o local, o empresário decidiu transferir toda a estrutura de processamento da cocaína para outra fazenda de sua posse, no Paraguai. Mas parte da cocaína ficou escondida em algum local dentro da São Rafael que ele desconhecia, porque Sadam e seus asseclas temiam o risco de a droga ser apreendida durante o trajeto.

Diante da informação, o delegado decidiu organizar uma operação contra Sadam. O sol nem bem raiara no dia 21 de junho de 2000 quando uma equipe de dez agentes e dois delegados da PF invadiu a fazenda São Rafael. No local, encontraram apenas o caseiro, que acompanhou tudo. Os policiais fizeram uma varredura no imóvel e não encontraram nenhum vestígio de droga. Até que o agente Fernando Caldas, no meio da sala da casa-sede, mirou o forro do telhado. Pegou uma escada no galpão e alcançou o alçapão. Embaixo, um dos delegados segurava a escada, rodeado pelos outros policiais em silenciosa expectativa. Caldas vasculhou a penumbra até encontrar uma sacola plástica, que entregou ao delegado. Dentro, quase 2 quilos de cloridrato de cocaína, 170 gramas de pasta-base e quase 1 quilo de bicarbonato de sódio, substância usada para "batizar" a droga.

Ao mesmo tempo, outra equipe ingressava na loja de material de construção de Sadam no centro de Ponta Porã. Lá, os agentes encontraram comprovantes de despesas com a manutenção de aviões que anos depois seriam apreendidos com cocaína e um caderno com curiosas anotações sobre armas, substâncias e materiais típicos de um laboratório de refino da coca, incluindo solvente, soda cáustica, ácido sulfúrico, galões, luvas, micro-ondas, ventiladores, secadores, funis, 37 lençóis, sete cobertores, 31 fronhas, 30 travesseiros e dez colchões. Tecido de sobra para impedir o contato da pasta-base com o solo durante a secagem.

O caderno revelava todo o conhecimento técnico da equipe de Sadam. Segundo a PF, o laboratório transformava a pasta-base vinda da Bolívia e Colômbia em cocaína-base, produto intermediário obtido com a adição de etanol, amônia e ureia. Em seguida, a cocaína-base era dissolvida em éter, filtrada e misturada a uma solução de ácido clorídrico e acetona. No líquido precipitava-se um sal branco, que era filtrado e seco. O cloridrato de cocaína.

Devido à apreensão da cocaína na São Rafael, a Justiça Federal decretaria a prisão temporária de Sadam nove dias depois. Mas a essa altura o empresário já havia fugido para o Paraguai. E não deixaria barato. Dias depois da operação policial, o informante da PF foi assassinado com dezenas de tiros em um hotel de Pedro Juan. Um claro recado do "padrinho" para outros que se aventurassem a delatar seus negócios à polícia.

O empresário decidiu ir além, intimidando também a Polícia Federal. Na tarde do dia 2 de maio, dois agentes da PF aproveitavam a folga para fazer compras em um shopping de Pedro Juan quando se depararam com Sadam e dois de seus seguranças, ambos com as mãos agarradas nas camisas, a esconder as pistolas. Quando um dos policiais pôs a mão no bolso para pegar seu celular, o próprio Sadam levou a mão direita à cintura e bandeou de lado a jaqueta de brim escuro para mostrar o cabo da pistola.

— Se mexer, vai levar — disse o empresário, pensando que o agente sacaria uma arma. — Aqui quem manda sou eu. Admiro o trabalho de vocês no Brasil, mas aqui não.

Assim que Sadam e seus capangas saíram do shopping, os agentes entraram em uma caminhonete e tomaram o rumo de Ponta Porã. Foram à delegacia da PF comunicar o ocorrido e solicitar reforços para levar os três à delegacia. Quando uma das viaturas da polícia trafegava pela avenida que divide os dois países, veio o estrondo do tiro.

Do lado paraguaio, Sadam disparava contra os policiais. Imediatamente, os agentes saíram da caminhonete, esconderam-se

COCAÍNA: A ROTA CAIPIRA    281

atrás do veículo e revidaram. Na troca de tiros, três disparos de Sadam atingiram a caminhonete, antes que ele fugisse pelas ruas de Pedro Juan. O episódio renderia a ele condenação a um ano e meio de prisão por dano qualificado.[3] E serviria de lição para a PF. Para combater o capo, seria necessário muito mais do que meia dúzia de agentes. Por isso, em 2001, a Polícia Federal organizou a Operação Fronteira. O objetivo era dizimar a organização criminosa de Sadam e Cabeça Branca, colocando atrás das grades tanto os dois quanto seus subordinados.

A primeira providência foi solicitar à Justiça a interceptação dos telefones de Eduardo Charbel, peça-chave no esquema de Sadam por dois motivos: era amigo de infância do empresário e piloto de aviões. Em grandes operações contra o tráfico, é comum a PF iniciar a investigação grampeando o telefone do piloto: é ele quem leva a polícia aos demais. Pelas escutas, os agentes souberam que, em 2000, Cabeça Branca comprara por meio de laranjas a fazenda Santa Maria, em Tapurah, Mato Grosso, para servir de entreposto para a cocaína que o capo adquiria dos cartéis colombianos, muitas vezes em sociedade com outros grandes traficantes brasileiros, entre eles Carlos Ivan Mendes Mesquita. Naquele mesmo ano, passaram pela fazenda 800 quilos de cocaína apreendida pela PF em São Vicente, litoral paulista.[4] Preso em flagrante, Mesquita foi condenado a 25 anos de prisão por tráfico, mas fugiu da cadeia no ano seguinte e refugiou-se no Paraguai, de onde passou a mandar, por mês, uma média de 1 tonelada de cocaína para o Brasil.[5]

Pela importância da fazenda na logística de Cabeça Branca, a Polícia Federal passou a vigiá-la diuturnamente. Luiz Pinelli, policial que coordenava a Operação Fronteira, chegou a sobrevoar a fazenda para identificar suas três pistas de pouso ativas.

No dia 17 de outubro de 2001, Charbel decolou com o avião Beechcraft Baron 58, matrícula PT-WSA, de Pedro Juan Caballero com destino ao interior da Colômbia. A aeronave, segundo o Ministério Público Federal, pertencia a Sadam e Cabeça Branca, mas estava em nome de um laranja. Documentos do avião haviam sido apreendidos no ano anterior nas empresas de Sadam em Ponta Porã. Por isso, sua matrícula fora toscamente adulterada com adesivos para PT-ISA.

Na Colômbia, Charbel pousou no meio da mata, ao lado de um rio, onde havia um barco com três pessoas. Na manhã do dia 25, o trio carregou a aeronave com pesados fardos de pasta-base de cocaína e o piloto partiu rumo à fazenda em Tapurah. Ele não sabia, mas a pista de destino estava cercada por policiais federais camuflados na mata. Por volta das 15 horas, os agentes viram José Carlos da Silva, gerente de Cabeça Branca, e mais dois subalternos chegarem à pista com uma caminhonete preta do capo paranaense. Na carroceria, doze galões plásticos com combustível para aviação. Era a pista de que os agentes precisavam para ter certeza de que o avião desceria exatamente naquele ponto. E desceu, minutos depois. O Beechcraft taxiou em uma das pontas da pista, seguido pela caminhonete. De imediato, um dos homens subiu no avião e começou a descarregar a droga na caçamba do veículo. Os agentes saíram da mata e correram na direção do avião, armas em punho. Mas o trio de traficantes revidou e passou a atirar. Na confusão, todos conseguiram fugir, inclusive José Carlos, que foi para o Paraguai. O único que não conseguiu escapar foi Charbel, ferido com um tiro de raspão na perna. Na carroceria da caminhonete, os agentes encontraram 488 quilos de cocaína.

Para o piloto, era a certeza da prisão por muitos anos. Mas, para os patrões Sadam e Cabeça Branca, só um pequeno revés. Reuniões entre fornecedores colombianos e compradores europeus se repetiam com frequência em Campo Grande e São Paulo. No dia 21 de julho de 2002, Sadam, vestindo blazer escuro, com uma maleta preta em uma das mãos, cruzou a avenida internacional em Pedro Juan e, na cidade vizinha, entrou em uma de suas aeronaves com destino ao Campo de Marte, São Paulo. Pousou às 11 horas, foi para um hotel no Morumbi e no meio da tarde para um shopping no bairro, onde se encontrou com o colombiano William Miguel Herrera Garcia. Meia hora de conversa e retornaram ao hotel do Morumbi, onde Garcia também estava hospedado desde o dia anterior. Conversaram no quarto de Sadam até as 21 horas, e depois voltaram ao shopping, onde a reunião continuou. Os agentes perceberam que os dois sempre se deslocavam separadamente, com um intervalo de pelo menos 5 minutos.

COCAÍNA: A ROTA CAIPIRA

Dois dias depois, Sadam e o colombiano se encontraram com Cabeça Branca no mesmo shopping. Foi uma hora de conversa intensa do trio. No dia seguinte, 24, Sadam retornou a Ponta Porã. Em fevereiro do ano seguinte, os agentes acompanhariam novo deslocamento do empresário até a capital paulista. Após se encontrar mais uma vez com William e seu acólito Jesus Humberto Garcia na rua Augusta, todos rumaram para o mesmo shopping no Morumbi, onde almoçaram juntos. Em seguida, Sadam despediu-se dos colombianos e pegou um táxi até outro shopping, onde Cabeça Branca o esperava — possivelmente o empresário de Ponta Porã fora repassar ao sócio o resultado da reunião. No dia seguinte, em novo encontro no mesmo shopping, Sadam entregou a Cabeça Branca um pedaço de papel. Os quatro voltariam a se encontrar no mês seguinte em um hotel de Campo Grande. A PF não tinha dúvida: estavam negociando mais um grande carregamento de cocaína.

Haveria ainda, na mesma época, vários outros encontros, a maioria em São Paulo, entre Cabeça Branca, Sadam e compradores de cocaína na Europa, entre eles dois italianos e um jordaniano, Walled Issa Khmays, ligado ao italiano Rocco Morabito, preso na região da Calábria em março de 2013. Rocco era um dos expoentes da 'Ndrangheta, a máfia calabresa que domina boa parte do tráfico no sul da Europa, uma história narrada em detalhes no capítulo 8.

Sadam só seria detido em 16 de abril de 2003, em Marília (SP), quando os policiais federais cumpriram mandado de prisão em ação penal por lavagem de dinheiro. Por volta das 10h30, pousou no aeroporto da cidade paulista o avião Baron PT-WFO, que, embora em nome de Carlos Roberto da Silva, laranja de São José do Rio Preto (SP), pertencia de fato a Sadam e Cabeça Branca — fotografias feitas por agentes meses antes mostravam Cabeça Branca embarcando na aeronave no Campo de Marte, São Paulo.

Dentro do Baron, Sadam e os pilotos Eduardo Charbel — recém--saído da cadeia, depois de cumprir pena pelo flagrante em Tapurah — e Nélio Alves de Oliveira, que já fora vice-prefeito de Ponta Porã nos anos 1980 e era amigo de longa data de Sadam. De Marília, o trio seguiu de carro até o escritório do também empresário Fausto Jorge na cidade vizinha de Vera Cruz, onde Fausto tinha uma oficina de manutenção de aviões. Sadam era cliente e amigo de longa data de Fausto. Entre os documentos apreendidos pela PF três anos antes na Pauliceia, de Sadam, estavam recibos de consertos de aviões feitos por Fausto em aviões do empresário de Ponta Porã.

Como Sadam, Fausto tinha um currículo mais do que suspeito, com várias passagens policiais por contrabando nas décadas de 1980 e 1990. Em 2000, foi indiciado por tráfico pela CPI do Narcotráfico da Câmara dos Deputados, mas o processo não foi adiante. Anos depois, seu nome surgiria nas investigações da PF decorrentes da apreensão de 780 quilos de cocaína no Pará. A droga toda foi transportada em um avião Carajá, da Embraer, cujos bancos haviam sido retirados e deixados na sua empresa em Vera Cruz. Apesar das fortes suspeitas, nada ficou provado contra ele.

Na manhã daquele dia 16 de abril, Sadam queria comprar um avião de Fausto. O empresário de Ponta Porã e seus pilotos foram recebidos por Fausto na empresa de Vera Cruz. Após alguns minutos de conversa, Sadam, Charbel e Fausto foram até o aeroporto da cidade ver algumas aeronaves. Nesse momento, os agentes da PF, que já vigiavam o local, decidiram invadir o aeroporto e prender Sadam. Enquanto isso, outra equipe de policiais entrava no hangar em Marília onde o Baron PT-WFO estava estacionado. No GPS da aeronave havia dezessete coordenadas geográficas no Paraguai, Bolívia, Colômbia e interior de São Paulo, incluindo a fazenda em Tapurah, onde o avião estivera dezenove dias antes da apreensão dos 488 quilos de cocaína em outubro de 2001, e a Estância Suíça, uma das fazendas de Cabeça Branca em solo paraguaio.

Sadam foi levado ao Instituto Penal de Campo Grande. Mas nem por isso ficaria impedido de seguir no comando do esquema de tráfico no atacado. No dia 16 de junho de 2003, agentes da PF seguiam os passos de Cabeça Branca na capital de Mato Grosso do Sul quando registraram um vídeo da entrada dele na penitenciária. O paranaense carregava uma sacola de plástico branco que parecia conter papéis. Ficou mais de uma hora dentro do presídio. Saiu sem a sacola. A Polícia Federal não tem dúvida de que Cabeça Branca fora discutir com o sócio preso uma nova remessa de cocaína a partir da Colômbia.

COCAÍNA: A ROTA CAIPIRA 285

A movimentação da quadrilha nas semanas seguintes confirmaria a suspeita. Por meio de um informante paraguaio, a PF descobriria que Cabeça Branca vinha se reunindo com seu gerente José Carlos da Silva em Pedro Juan. Em agosto de 2003, um subordinado a José Carlos comprou a mando do chefe uma carreta Volvo e dois semirreboques na região de Sorocaba. Na mesma época, por ordem de Cabeça Branca, José Carlos comprara a fazenda Bigo Rill, em Marcelândia, norte de Mato Grosso, por R$ 1,7 milhão, em valores da época — a primeira parcela, de R$ 600 mil, foi paga à vista, em dinheiro vivo, levado em um dos aviões do grupo. Outra fazenda, Bonsucesso, havia sido adquirida semanas antes na cidade vizinha de Matupá. Estava assim montada a nova logística de Cabeça Branca e Sadam: a cocaína viria de avião da Colômbia até a fazenda e de lá seguiria do bitrem até o Rio de Janeiro, passando pelo norte paulista. A aeronave utilizada era um Cessna 210, matrícula PT-OUK, em nome de Nélio, mas pertencente de fato a Cabeça Branca. A certeza da PF sobre o real dono do avião veio em julho de 2003. Nélio voava no Cessna de Vera Cruz, onde a aeronave passara por manutenção, para Campo Grande quando, já próximo ao destino, o motor começou a trepidar. Quase em pânico, o piloto avistou do alto a rodovia BR-262. Era a única alternativa de pouso. Inclinou com dificuldade as asas do avião, que tremiam muito, abaixou o trem de pouso. O Cessna tinha pouca estabilidade e muita aceleração. Descontrolado, o avião se aproximava do solo. Nélio viu a copa de uma grande árvore. Espremeu os olhos para não ver a asa direita se espatifar contra os galhos. O Cessna girou e caiu de barriga na rodovia. Com o trem de pouso quebrado, o aço riscava o asfalto quente. O piloto desmaiou. Não viu a carreta que vinha em sentido contrário na estrada. Sorte de Nélio que a batida foi na asa esquerda. O Cessna rodopiou. Quando ele acordou, estava sendo retirado pelos bombeiros vindos de Campo Grande.

Apesar do susto, o piloto não se feriu com gravidade. Já o Cessna ficou completamente destruído e foi levado até uma oficina de aeronaves. Dez meses depois, o dono viu o piloto Nélio e um homem de cabelos grisalhos e espetados entrarem na oficina. Era Cabeça Branca.

— Vim buscar aquele Cessna — disse, apontando para o avião recém-reformado.

Em setembro daquele ano a Polícia Federal deslocaria uma equipe de agentes até o norte de Mato Grosso para descobrir a localização das fazendas de Cabeça Branca e suas pistas de pouso. Primeiro, pediram mapas da zona rural de Matupá na prefeitura local. Sem sucesso. Passaram-se alguns dias, os policiais souberam da presença de José Carlos na região, acompanhado de um subalterno apelidado de Bigode. O homenzinho mirrado seria localizado pouco depois no centro de Matupá, dirigindo uma caminhonete. Os agentes decidiram segui-lo. Naquele mesmo dia, Bigode tomou uma estrada de terra. Foram 142 quilômetros até a entrada da Bonsucesso. Logo na estrada de acesso à sede da fazenda, um grande corredor. Era a pista de pouso dos aviões de Cabeça Branca e Sadam carregados com cocaína.

Os agentes decidiram montar um ponto de campana permanente nas imediações. Após alguns dias, viram a carreta Volvo branca entrar na fazenda. O mesmo veículo seria visto em várias ocasiões na Bonsucesso. Em pelo menos uma saiu abarrotado de cocaína. Era março de 2004. Tempos depois, em depoimento à polícia, o administrador da fazenda daria detalhes do carregamento. Minutos antes do pouso do avião — provavelmente o mesmo Cessna PT-OUK —, José Carlos e dois capangas correram armados para o meio da pista. Imediatamente após o pouso, entraram em uma caminhonete e foram ao encontro da aeronave. Puseram os fardos de cocaína na caminhonete e rumaram para os fundos da fazenda, onde a droga era escondida no meio da mata à espera da carreta. Os agentes tentaram seguir o bitrem, mas perderam contato com o veículo nos confins de Mato Grosso.

Um novo carregamento começou a ser preparado na metade daquele ano. Para não fracassar na apreensão da droga, a PF decidiu seguir todos os passos do motorista da carreta, Vandeir da Silva Domingos, um baixinho de bigode que adorava beber cachaça enquanto jogava sinuca com o chefe José Carlos no bar de um posto em Matupá. No dia 3 de agosto, Vandeir carregou o bitrem com calcário e rumou para a Bonsucesso. No mesmo dia, descia na fazenda o Cessna pilotado por Nélio. Vinha carregado com quase meia tonelada de cocaína embarcada na selva colombiana. No fim da tarde, Vandeir chegou com a carreta, descarregou o calcário próximo à sede e foi para uma clareira na mata, na cabeceira da pista. Lá, havia quinze fardos grandes, que foram abertos para que os tijolos de cocaína fossem dispostos lado a lado no fundo falso da carroceria do Volvo. Vandeir dormiu na fazenda e no dia seguinte pegou a estrada. Começava aí o périplo dos agentes para não perderem de vista a carreta.

Foram 28 dias de campana 24 horas, em esquema de revezamento, lembra o agente Edson Aparecido Rosa, de bigode e cabelos grisalhos, com muitos anos de experiência no combate ao tráfico. Para o caminhoneiro não desconfiar, era seguido por três caminhonetes descaracterizadas.

— Ele era imprevisível, não tinha hora para parar nem para pegar a estrada. Isso arrebentava com a equipe.

Vandeir foi até Sinop (MT), onde carregou a carreta com arroz. Depois, rumou para Rondonópolis (MT). Problemas no motor do Volvo fizeram o caminhoneiro ficar uma semana na cidade, à espera do conserto do veículo.

— Para a gente foi uma semana de alívio, para repor o sono — lembra Edson.

No dia 18, Vandeir retomou a viagem até Itápolis (SP), onde descarregou o arroz. No dia 20, foi para São José do Rio Preto, onde morava um irmão. Às 6h30 do dia 21, o caminhoneiro seguiu pela rodovia BR-153 até uma usina de cana-de-açúcar em Orindiúva (SP), já na divisa com o Triângulo Mineiro. Vandeir estacionou a carreta no pátio da usina, à espera de um carregamento de açúcar. Enquanto isso, os agentes foram até o escritório da empresa.

— Para onde aquele bitrem Volvo vai com a carga de açúcar? — perguntou Edson ao gerente da usina.

— Para o porto do Rio de Janeiro. De lá o açúcar segue para a Europa.

Os agentes sabiam do risco de perder a carreta de vista dentro do Rio. Por isso decidiram que era a hora da apreensão. Vandeir não reagiu.

288 ALLAN DE ABREU

Os policiais estouraram a madeira do fundo falso da carroceria e deram de cara com os tijolos de cocaína. Em cada um, a inscrição "Toto 100% pureza". Um total de 492 quilos. O brilho do branco intenso do pó impressionou tanto os agentes quanto o promotor Antonio Ganacin, de Rio Preto, para onde a carga foi levada.

— Em anos de atuação contra o tráfico, nunca havia visto uma cocaína tão pura — disse o promotor.

Naquele mesmo dia, a PF decidiu desencadear a fase ostensiva da Operação Fronteira e prender o capo Cabeça Branca. Os agentes sabiam que o megatraficante estava escondido no interior do Paraguai. Mas, na noite daquele dia, tiveram a informação de que ele iria até Londrina, onde comemoraria o aniversário da mãe em uma pizzaria. O local foi cercado de policiais à paisana, disfarçados de clientes e funcionários. Por volta das 20 horas, chegou a mãe do traficante, cercada de parentes, menos do alvo principal. Os minutos se passavam e nada de Cabeça Branca aparecer. No dia seguinte, os agentes souberam que um surto de febre aftosa em uma das fazendas do traficante no Paraguai impedira a viagem. Decidiram então cumprir mandados de busca no apartamento dele em Ponta Porã. Lá, foram apreendidas fotos dele e do seu gerente José Carlos, que àquela altura já era considerado foragido. Nélio também fugiu. Ao saber da apreensão no interior de São Paulo, o piloto, que estava em Campo Grande, decolou com o Cessna e mergulhou em território paraguaio. Só seria capturado três meses depois, quando a polícia do país vizinho apreendeu 262 quilos de cocaína com ele, além de Ivan Carlos Mendes Mesquita. Este último foi extraditado para os Estados Unidos, onde respondia a um processo judicial por tráfico de drogas e armas. Condenado, teve a pena reduzida para cinco anos e meio em troca do compromisso de, regressando ao Brasil, colaborar com o combate ao tráfico na terra natal, dividindo com a polícia seu amplo conhecimento de traficantes e rotas. Mesquita retornou em 2010 e cumpriu dois anos da pena resultante do flagrante uma década antes. Ao sair da cadeia, em vez de procurar a polícia, o capo regressou ao seu velho métier. Mudou-se para Ponta Porã (MS), para de lá gerenciar a remessa de 300 a 400 quilos de droga via rota caipira até São Paulo. Mas os norte-americanos não se esqueceram dele. Agentes da DEA souberam do seu retorno ao tráfico e acionaram a PF. O traficante foi preso em junho de 2015 na Operação Mosaico.

Ao pôr as mãos na meia tonelada de cocaína pura na usina de açúcar e álcool do interior paulista em agosto de 2004, a Polícia Federal esbarraria nela mesma. E não é difícil entender por quê. Antes da chamada fase ostensiva, operações dentro da PF são sempre compartimentadas — pouquíssimos agentes e delegados detêm as informações e dela guardam sigilo total, inclusive em relação aos outros integrantes da corporação. A estratégia é fundamental para evitar o vazamento de informações. Foi assim na Operação Caravelas,[6] iniciada em 2003 a partir de um relatório da polícia portuguesa que descrevia grandes apreensões de cocaína no país escondida em cargas de carne, bucho e tripas de boi congelados, importados por um distinto empresário português, Antônio dos Santos Dâmaso — homem sério e elegante na casa dos 60 anos, de cabelos muito negros, entremeados por um ou outro fio grisalho; irrefreável apreciador de charutos e dono de 20 milhões de euros em espécie, distribuídos pelo Brasil e Europa. As suspeitas da polícia de Portugal contra Dâmaso vinham de longa data. Em 1995, um açougueiro de Lisboa desossava uma peça de carne importada do Brasil quando encontrou dentro dela um pacote com 15 quilos de cocaína. Assustado, entregou tudo à polícia. Os investigadores descobriram que a carne havia sido fornecida por uma empresa de Dâmaso, a Transcontinental. Mas as investigações não avançaram. Após tantos anos de suspeitas sem provas, os policiais portugueses concluíram que a única maneira de prender o empresário era investigando-o a partir do Brasil.

Como Dâmaso era dono de uma megafazenda de 6 mil alqueires em Goiás, a Quinta da Bicuda, adquirida em 2002 por R$ 2 milhões para a criação de 3 mil cabeças de gado de corte, as investigações ficaram a cargo da Superintendência da PF em Goiânia. Dois agentes ficaram na cola do português por oito meses. Com autorização da Justiça, seu celular e o telefone da fazenda foram grampeados. Pelas ligações, eles perceberam que um dos interlocutores mais frequentes de Dâmaso era Tob, que sempre telefonava para o português de um orelhão em Londrina. Nas conversas, nada de comprometedor, mas, sempre que era acionado por Tob, Dâmaso viajava para o Rio de Janeiro. Com o auxílio da PF do Paraná, descobriu-se que Tob era Carlos Roberto da Rocha, irmão de Cabeça Branca. Obviamente o megatraficante era o fornecedor da cocaína que Dâmaso remetia à Europa. Por estar foragido da Justiça após a Operação Fronteira, ele designara o irmão para representá-lo nas negociações, embora haja indícios de que tenha se reunido algumas vezes com Dâmaso em São Paulo.

Pelas viagens constantes do português ao Rio, os agentes concluíram que as investigações só avançariam se a equipe se mudasse para a capital fluminense, base da quadrilha. Assim foi feito. Sem comunicar nada à Superintendência da PF no Rio, os agentes goianos alugaram um apartamento minúsculo próximo ao Centro, onde montaram uma central de escutas telefônicas. Apenas dois policiais do setor de inteligência da PF carioca foram convocados.

De fato, as apurações avançaram rapidamente no Rio. Os policiais descobriram que o parceiro de Dâmaso no Brasil era o compatriota José Antônio de Palinhos, homem de grossas sobrancelhas e cabelos levemente encaracolados, radicado na zona sul carioca desde a década de 1970, quando havia desertado do exército português na guerra que o país travava em suas colônias na África. Palinhos se valia muito do codinome Jorge Cohen, de origem judaica, tanto que o incorporou ao seu próprio nome de batismo e ao dos filhos. Ele dizia aos amigos que o sobrenome lhe dava status diante de doleiros do Rio, muitos deles judeus. Cohen era dono de uma rede de sofisticados restaurantes no Rio, que os agentes da PF, disfarçados, passaram a frequentar, na tentativa de acompanhar todos os passos do empresário. As diárias da polícia não davam conta do sofisticado e caro cardápio, em que um simples copo de suco de laranja custava R$ 15, em valores da época.

Foram dezoito meses de campana ininterrupta, em que agentes flagraram Dâmaso e Palinhos em reuniões na praça de alimentação do BarraShopping e instalaram câmeras escondidas em quartos de hotéis luxuosos onde a dupla se reunia. Eles acompanhavam integrantes da

COCAÍNA: A ROTA CAIPIRA          291

quadrilha até lojas de celulares e pediam ao dono o número do aparelho adquirido para posterior monitoramento. Já no fim de 2004, a PF tinha o mapa completo da organização e a função de cada um.

Sob a coordenação de Dâmaso, Cohen cuidava da exportação da carne com a cocaína para Portugal por meio de firmas abertas em nome de laranjas. O grupo sabia que contêineres refrigerados eram pouco fiscalizados nas aduanas devido ao risco de estragar a carne. No país europeu, a carga era recebida por um irmão de Cohen, Antônio de Palinhos, e entregue a outro português, Jorge Manoel Rosa Monteiro, encarregado de distribuí-la ao restante da Europa. O dinheiro do tráfico chegava ao Brasil por meio de doleiros, em operações dólar-cabo, irregulares, em que o doleiro recebe o dinheiro em uma conta dele na Europa e deposita igual quantia no país desejado — Cohen costumava usar uma offshore no Panamá. Era sempre muito dinheiro. Em junho de 2004, Cohen recebeu telefonema de uma mulher em Portugal:

— O dinheiro está disponível — disse. — Mas não podemos transferir de uma só vez 15 milhões de euros.

A quadrilha tinha no Brasil dezoito automóveis de luxo. A maioria de Cohen, fã de Porsches, Mercedes e caminhonetes importadas, que gostava de exibir pela avenida Vieira Souto, em Ipanema. O português comprou uma mansão em Búzios por US$ 7,2 milhões e várias coberturas na Barra da Tijuca — pagaria por uma delas US$ 4 milhões, em espécie. Certo dia, o filho telefonou dizendo a Cohen que iria para Búzios. O pai consentiu, mas alertou-o de que no porta-malas do carro havia uma pasta com mais de US$ 500 mil em dinheiro vivo.

A família sempre suspeitou da origem suja do dinheiro de Cohen. Em agosto de 2004, sua ex-mulher comentou com o filho mais velho do casal que o português entregara um carro blindado para que ela levasse o outro filho, ainda criança, à escola.

— Minha mãe tem medo é de onde vem isso tudo. Eu tenho medo é dele.

O organograma pronto, faltava à PF a prova do crime — apreensões da droga movimentada pelo grupo. Os agentes suspeitavam haver cocaína escondida em um gigantesco galpão frigorífico que ocupava um quarteirão inteiro no Mercado São Sebastião, na Penha, zona norte do Rio. O imóvel pertencia a Rocine Galdino de Souza, paraibano gordo e peludo que cuidava de exportação de carne e principalmente bucho bovino. Rocine telefonava com frequência para Cohen. Aflito, pedia que dessem "um jeito no negócio", que "estava demorando demais". O português pedia calma. No início de 2005, os agentes acompanharam um encontro de Rocine com Tob no aeroporto de Congonhas. Em um canto, o paraibano exibiu ao irmão de Cabeça Branca um papel com as despesas do galpão: R$ 30 mil só naquele mês. Tob entregou uma mala de couro a Rocine, com maços de notas de US$ 100. Total de R$ 300 mil — a diferença, concluíram os policiais, era a comissão de Rocine.

No primeiro semestre de 2005, Tob pressionava Dâmaso a exportar logo a cocaína:

— Falou com o Velho? — perguntou o irmão de Cabeça Branca, referindo-se a Rocine.

— Falei dias atrás.

— Não tem previsão nenhuma?

— Por enquanto está-se a tentar, as coisas vão indo.

— Então tá bom.

— Fica tranquilo. É o nosso emprego.

Semanas depois, Tob telefonou novamente para o empresário:

— Alguma novidade?

— Não. As coisas ainda não estão... Fica descansado porque eu vou cumprir com aquilo que eu falei que tem que ser feito.

— Você acha que naquele prazo mais ou menos vai dar?

— Talvez mais um pouquinho.

O próprio Cabeça Branca também acompanhava a exportação da cocaína, conforme diálogo cifrado com Rocine, captado pela PF em março de 2005:

— E daí, resolveu aquele negócio do banco lá? — perguntou o capo.

— Nada, rapaz, eu já não tô acreditando em mais nada não. E eu preciso conversar contigo e com o seu irmão.

— Pois é, rapaz, vamos falar, então, porque [Cohen] disse que esse financiamento ia ser liberado e até agora nada.

COCAÍNA: A ROTA CAIPIRA

Tudo indica que os irmãos Rocha só receberiam o pagamento pela cocaína fornecida aos portugueses depois que a droga fosse exportada e distribuída na Europa. Por isso pressionavam pelo desfecho rápido do negócio. Não era pouco dinheiro: 4 milhões de euros, conforme diálogo entre Cohen e o irmão. Cohen estava contrariado por intermediar o pagamento a Cabeça Branca. E chegou a esnobar a quantia envolvida no negócio:

— A Mariazinha [Dâmaso] fala pra mim "porra, que é que tu queres, se não receberes o dinheiro aqui, ninguém mais recebe o dinheiro, que não tem mais como pagar porra nenhuma". E eu falei "mas não vou receber dinheiro que é dos outros, caralho". "Não, mas se tu [não]* mandares o dinheiro, quem é que vai mandar o dinheiro?" [Cohen imita a voz do patrão]. Eu falei assim: "foda-se, 4 mil reais qualquer um leva no bolso, caralho."

Cohen repassou ao irmão a exigência de Cabeça Branca quanto ao pagamento: precisava ser à vista.

— A Teresa [Cabeça Branca] disse que também só recebe quatro mil de uma vez, senão também não ia receber porra nenhuma. E ele [Dâmaso] falou "não, não, é isso mesmo, senão não tem papo, [...] não vamos nem dividir em prestações".

Em outra conversa com o irmão em Portugal, Cohen, contrariado com o atraso na exportação da carne com cocaína, escorregou nas palavras:

— Não quero mais envolvimento em pó nenhum.

Apesar das conversas comprometedoras, passados dois anos da investigação ainda não havia movimentação de carregamentos de cocaína, para preocupação dos agentes. Como eles não estavam certos se a droga já estava no galpão ou se seria levada para lá, consideravam precipitada uma invasão ao imóvel — se não encontrassem a cocaína no local, a investigação estaria arruinada.

Integrante da equipe de investigação, o agente Roberto de Araújo estava especialmente desapontado. Decidiu então ouvir mais uma vez as centenas

---

* Segundo original da Polícia Federal.

de horas de escutas telefônicas captadas. Parou em um diálogo entre Rocine e um integrante da quadrilha chamado Capixaba, ligado a Tob.

— O menino lá foi hospitalizado, viu — informou Capixaba.

— Hein?

— O menino foi hospitalizado sexta-feira.

— Foi?

A conversa tinha ocorrido no fim da tarde do dia 25 de agosto de 2004. No dia seguinte, nova ligação de Capixaba para Rocine. Pedia para o paraibano "ficar de olho lá, né", uma referência ao galpão. No dia 27, um funcionário de Rocine repassou recado de Dâmaso:

— Ele falou pra você tratar de arrumar um espaço em outro lugar lá.

Araújo pesquisou nos arquivos da Polícia Federal se havia tido alguma apreensão de droga na tal sexta-feira anterior ao dia 25. Descobriu que sim: era justamente o carregamento flagrado na usina em Orindiúva. O agente não escondeu o sorriso de uma descoberta surpreendente — aqueles 492 quilos de cocaína iriam até o galpão de Rocine. Chamou os demais policiais e refizeram a trajetória das apurações. A conclusão era óbvia — não havia movimentação de droga porque toda ela já estava dentro do galpão, após cruzar a rota caipira. A quadrilha só esperava repor o carregamento apreendido para despachar tudo de uma vez para Portugal. A conclusão foi reforçada por telefonema de Cohen de outubro daquele ano:

— A comadre aí, vai ter que deixar lá mesmo.

Mas, ao que tudo indica, a nova carga de droga ficou só na intenção. O grupo abriu uma empresa fantasma de exportação e no fim de agosto de 2005 recebeu no galpão da Penha 50 toneladas de bucho de boi de um frigorífico de Fernandópolis (SP) — o descarregamento foi filmado pelos policiais federais. A chegada do bucho deixou Rocine apreensivo, mas, por telefone, Dâmaso procurava tranquilizá-lo.

— Tá preocupado, é? — perguntou o português.

— Porra! Tu vai vir quando?

— Fica calmo. Até dia 5 eu tô aí perto de você, tá.

A prisão da quadrilha foi marcada para o dia 19 de setembro, quando Dâmaso chegaria ao Brasil após uma temporada em Portugal. Mas no

COCAÍNA: A ROTA CAIPIRA                                          295

início daquele mês uma outra equipe da PF do Rio que não fazia parte da operação foi até o galpão. Os policiais queriam que Rocine explicasse uma operação de fechamento de câmbio. Quando os agentes saíram, o paraibano, preocupado, telefonou para Cohen, que acionou Dâmaso. Apreensivo, o empresário português antecipou sua vinda ao Brasil para o dia 14. Na noite daquele mesmo dia, convocou uma reunião com Cohen e Rocine no restaurante de um hotel da Barra. No horário combinado, agentes da PF já estavam distribuídos pelo local, disfarçados de turistas, executivos e funcionários do hotel. Um deles sentou-se a uma mesa ao lado do trio. Deu para ouvir todo o diálogo. Irritado, Dâmaso perguntou a Rocine onde estava "o negócio". "Na buchada", respondeu o dono do galpão. O português ordenou então que a droga fosse retirada do galpão no alvorecer do dia seguinte. Uma reunião foi marcada para 10h30 no BarraShopping.

A PF tinha de correr contra o relógio para adiantar toda a operação naquela madrugada, sob a coordenação do delegado Ronaldo Magalhães Botero Martins. Às 10h30, conforme o combinado, Dâmaso, Cohen e Rocine sentaram-se em uma das mesas da praça de alimentação do shopping, àquela hora ainda vazias. Minutos depois, também chegou Tob, vindo de Londrina. Um grupo de agentes à paisana se aproximou da mesa.

— Bom dia. Sou Samuel Reis, da Polícia Federal. Vocês estão presos.

Dos dezenove integrantes da organização, dezessete seriam presos naquela manhã. Dois escaparam, incluindo Cabeça Branca. Nos imóveis do grupo, foram apreendidos R$ 2 milhões em notas de real, euro e dólar. No galpão, os agentes encontraram 1,69 tonelada de cocaína em tabletes, escondidos no interior de 50 toneladas de bucho de boi. Nos tabletes, a marca "Toto 100% pureza", a mesma daquela apreendida um ano antes no interior paulista.

Era o fim de uma das maiores quadrilhas que operou na rota caipira — em depoimento à Justiça tempos depois, Rocine diria que só em 2003 a organização enviou a Portugal mais de 20 toneladas de cocaína, divididas em três grandes carregamentos. A PF não tem dúvida de que toda essa droga tinha origem na Colômbia, fornecida aos portugueses por Cabeça Branca.

A Operação Caravelas tinha tudo para ser a glória para a Polícia Federal. Mas não foi. E um indício do que viria surgiu ainda naquela manhã do dia 14. Quando chegaram ao galpão na Penha, logo após prender os líderes da quadrilha, os agentes que haviam participado das investigações desde os primórdios em Goiás encontraram um circo midiático. Mais de cinquenta policiais com uniforme preto e distintivo posavam para as câmeras de TV diante das toneladas de bucho. Na manhã do dia seguinte, quando o delegado Martins retornou ao galpão, constatou que toneladas de carnes nobres, além de mesas e computadores, haviam sumido.

A desgraça maior da Operação Caravelas, no entanto, estava por vir. Os R$ 2 milhões apreendidos foram levados para a sala-cofre, fechada por uma porta de ferro e outra de madeira, no quarto andar da Superintendência da PF no Rio. A ideia do delegado Martins era encaminhar dinheiro e veículos para a PF de Goiânia dali a quatro dias, numa segunda-feira. Os automóveis iriam em dois caminhões cegonha alugados, e o dinheiro, em um avião da PF.

Na noite de sexta-feira, o agente Marcos Paulo da Silva Rocha, homem com fama de truculento entre os próprios colegas, procurou o escrivão Fábio Marot Kair, responsável pela guarda da dinheirama na sala-cofre. Rocha queria convencer Fábio a lhe entregar as chaves da sala para furtar o dinheiro. O escrivão aquiesceu. Entregou as chaves e ainda fez um mapa da localização do saco com as notas dentro da sala. Na manhã seguinte, Rocha convidou um amigo, apelidado de Bira, para participar do crime. Um "serviço mole" em troca de R$ 200 mil. Às 6 horas de domingo, Rocha seguiu para a Superintendência levando Bira escondido no porta-malas. No estacionamento vazio, o comparsa foi para o banco da frente do carro enquanto Rocha entrava no prédio. Bira ficou no automóvel até o início da madrugada de segunda. Era pouco mais de uma 1 hora quando o agente foi buscá-lo. Com uma mochila e um pé de cabra, subiram até o quarto andar. Em um banheiro, Rocha entregou as chaves e repassou os planos.

Bira atravessou uma porta de vidro, aberta. Passou pela segunda após digitar uma senha fornecida por Fábio a Rocha. Seguiu por um

COCAÍNA: A ROTA CAIPIRA 297

longo corredor até a sala do escrivão. Simulou o arrombamento dos armários, pôs na mochila uma pistola de Fábio — para despistar as suspeitas contra o escrivão — e seguiu para a sala-cofre. Abriu as duas portas e tirou do bolso um pedaço de papel. Era o mapa da sala feito pelo escrivão. Seguindo as instruções, deu um passo à frente, virou o corpo para a esquerda e inclinou a cabeça para cima. Viu um saco plástico sobre um armário de ferro. Colocou o dinheiro na mochila, deixou a porta de ferro encostada e jogou as chaves debaixo de um sofá, conforme previamente combinado. Às 2h30, Bira voltou ao carro de Rocha. Ficaria até 5h30, quando o agente encerrou o plantão.

Três horas depois, o delegado Martins entrou no prédio. Chegara mais cedo decidido a despachar logo o dinheiro para Goiânia. Mas ainda no corredor foi abordado por uma escrivã aos prantos.

— Doutor, roubaram todo o dinheiro da operação.

Antes do almoço, uma equipe de corregedores da PF vinda de Brasília já estava no Rio para apurar o caso. Desde o início, as suspeitas recaíram sobre Fábio. Ele negou, mas, dez dias depois, diante de um vídeo em que aparecia ao lado do agente Rocha assassinando dois homens à queima-roupa, o escrivão cedeu, admitiu o furto e decidiu colaborar com as investigações. Os três foram presos. Faltava localizar o dinheiro levado pelo trio. Rocha admitiu o crime, mas se negava a dizer o paradeiro do montante. Até a manhã do dia 14 de outubro, quando uma ligação anônima à PF levou um grupo de agentes até a praça Afonso Pena, na Tijuca, onde uma sacola com parte do dinheiro fora abandonada dentro de uma lata de lixo. Dentro, R$ 670 mil. O restante, mais de R$ 1 milhão, nunca seria recuperado. Rocha, Bira e Fábio foram condenados por peculato e expulsos da Polícia Federal. Em novembro de 2016, havia recursos pendentes de julgamento no STF.

Quanto ao grupo chefiado por Cabeça Branca e pelos portugueses, todos foram condenados por tráfico e associação para o tráfico internacional. Dâmaso, Tob, Cohen e Rocine tiveram culpa reconhecida tanto pela 11ª Vara Federal de Goiânia quanto pelo TRF.[7] Mesmo foragidos, Cabeça Branca, Antônio Palinhos e Jorge Monteiro foram condenados a dezenove anos cada pelos mesmos crimes.[8] A megafazenda de Dâmaso foi doada ao Incra para abrigar 68 famílias sem-terra. Os automóveis de luxo acabaram leiloados. Em novembro de 2009, Cohen conquistou o direito de migrar para o regime semiaberto e trocou o Complexo Prisional de Aparecida de Goiânia pelo trabalho em uma fábrica. No primeiro dia de serviço, fugiu para Portugal. Em Aveiro, norte do país, montou uma empresa sediada em paraíso fiscal e passou a atuar no ramo imobiliário. Em maio de 2011, após seu nome ingressar na lista vermelha da Interpol, foi preso pela polícia portuguesa durante a inauguração de uma pizzaria dele na cidade. Um mês depois, no entanto, acabou libertado pela Justiça de Portugal, que não recebeu o pedido de extradição do traficante do governo brasileiro.[9]

Na ação penal decorrente da Operação Fronteira, em Campo Grande, Sadam conseguiria habeas corpus no TRF e deixaria a prisão em 2006. Em abril de 2014, o juiz da 3ª Vara Federal Criminal de Campo Grande, Odilon de Oliveira, condenou Cabeça Branca a 34 anos de prisão, Sadam a 47 anos, Carlos Roberto da Silva a dezenove anos, Nélio Alves de Oliveira a 21 anos, Eduardo Charbel a doze anos e o caminhoneiro Vandeir da Silva Domingos a dezesseis anos por tráfico, associação para o tráfico e lavagem de dinheiro. O juiz ainda determinou o envio de pedido de extradição de Cabeça Branca ao governo paraguaio e confiscou bens do paranaense e de Sadam avaliados em R$ 35 milhões, entre eles sete aviões e seis fazendas, três delas no Paraguai, onde Cabeça Branca vive cercado de seguranças armados. Na sentença de 744 páginas, Odilon justificou a necessidade do arresto:

"O confisco atinge a espinha dorsal do crime organizado, que, sem estrutura, se senta imediatamente no chão. Descapitalizada a organização, sua recuperação depende da edificação de nova estrutura, o que demanda tempo. Sem sua descapitalização, seus membros, ainda que presos, tendo em vista a ineficiência do sistema penitenciário brasileiro, continuam comandando o crime. É o dito pelo não dito e o feito pelo não feito. Em outras palavras, é o faz de conta que faz."

Não seria tarefa simples. Em março de 2016, Sadam escapou de uma emboscada em Pedro Juan planejada por pistoleiros contratados pelo PCC. Seguranças do capo perseguiram a caminhonete até a vizinha

COCAÍNA: A ROTA CAIPIRA

Ponta Porã, onde abandonaram o veículo com metralhadoras e fuzis. Após o episódio, Sadam reforçou ainda mais sua segurança e passou a trafegar pelas ruas da cidade paraguaia com uma caminhonete Hummer blindada.

Era preciso mais para acabar com o "rei da fronteira". Com um investimento estimado pela PF em R$ 500 mil, o PCC montou um novo plano de combate, com mais veículos, mais homens e armamentos mais potentes. A noite caía no dia 15 de junho de 2016 em Pedro Juan Caballero quando Sadam deixou uma de suas empresas na cidade. Dirigia sua Hummer, escoltado por capangas em outras duas caminhonetes, uma à frente do seu veículo e outra logo atrás. Na avenida Teniente Herrero, esquina com a rua Elisa Alicia Lynch, área central, Sadam decidiu ultrapassar a caminhonete da frente e parar no sinal vermelho do semáforo do cruzamento. Foi seu grande erro: naquele momento, o traficante ficou totalmente exposto a um ataque de frente. Foi o que aconteceu. Uma caminhonete Toyota Hilux SW4 fechou a passagem da Hummer e, do vidro traseiro lateral, aberto, uma metralhadora Browning M2, calibre .50, capaz de derrubar um helicóptero, começou a cuspir dezenas de balas sobre o vidro dianteiro blindado da Hummer, incapaz de segurar armamento tão pesado. Dezesseis tiros abriram rombos no tórax e no crânio de Rafaat, que teve morte instantânea.

O que se seguiu foi um intenso tiroteio por dezenove quadras de Pedro Juan, entre as duas quadrilhas rivais. Moradores da cidade entraram em pânico:

— ¡Por favor, alguien llame a la policía! — gritou, aos prantos, uma mulher pelo aplicativo WhatsApp, com o barulho dos tiros ao fundo.

Nove pessoas ficaram feridas, incluindo o autor dos disparos que mataram Sadam e oito sicários do capo. Uma das lojas de pneus do traficante assassinado em Pedro Juan foi metralhada e incendiada. A caminhonete Toyota com a metralhadora calibre .50 acabou abandonada em um imóvel em construção administrado por uma imobiliária de propriedade de parentes de Jarvis Chimenes Pavao, o que, para a polícia paraguaia, reforça as suspeitas do seu envolvimento com o atentado que sacudiu a fronteira.[10]

Centros de inteligência antitráfico da Polícia Federal captariam outras negociações de Cabeça Branca ao longo dos anos. Boa parte na rota caipira. No principal deles, a PF descobriu que, no dia 6 de fevereiro de 2013, um avião decolou da região de Marília com destino à zona rural de Porto Feliz, região de Sorocaba (SP), carregado de cocaína colombiana, marca do capo paranaense. O plano dos agentes era esperar a droga ser descarregada e anunciar o flagrante quando a caminhonete que aguardava a aeronave deixasse o canavial — o avião seria apreendido no aeroporto de Americana (SP), onde iria descer para reabastecimento.

No entanto, no dia marcado, chovia muito forte e o avião não conseguia decolar na pista embarreada. Quando conseguiu, subiu apenas 50 metros e caiu. Nesse momento, os policiais decidiram agir. Com uma caminhonete, foram em direção à picape dos traficantes, já carregada com 400 quilos de cocaína. Mas os traficantes não se renderam. Começaram a atirar e aceleraram a picape em direção aos policiais. A colisão foi frontal. Um policial ficou ferido. Após a batida, os três que estavam na picape fugiram pelo canavial. Um foi baleado de raspão em uma das pernas e acabou detido. Os demais sumiram. O avião, destruído, foi encontrado abandonado a poucos metros. Aventuras semelhantes se repetem de tempos em tempos, protagonizadas por agentes em sofisticados centros de inteligência no interior paulista. Um deles fez história no combate ao tráfico: a Base Fênix.

# 13

# Tudo em família

Os Penariol sucumbiram.

O canto da sereia do narcotráfico arrastou Tarcísio, Debrail e Laércio Penariol, seduzidos pelo dinheiro fácil das drogas. Os três irmãos estão entre os pioneiros na tarefa de rasgar a rota caipira por terra com dezenas de quilos de cocaína ou maconha na bagagem. Para lamento do chefe da família, José Abel, lavrador itinerante pelo centro-sul do país nos anos 1950 e 1960. Naquela época, os Penariol não tinham parada, e os nove filhos nasceram cada um em uma cidade diferente. Na década de 1970, mudaram-se para Fernandópolis (SP), e anos depois para Iturama, no Triângulo Mineiro. Foi aí, quando a família firmou chão, que parte dela se corrompeu.

Debrail, terceiro na escala dos irmãos mais novos, abriu caminho no crime para os demais. Rebelde e sedutor, começou a beber ainda na adolescência. Expulso de casa pelo pai severo, mudou-se para São José do Rio Preto, onde, aos 24 anos, foi preso pela primeira vez, acusado de roubo. Absolvido, caiu no mundo, até ser preso novamente pelo Denarc em 1992, desta vez com drogas, em São Paulo. A notícia veio como uma bomba para os pais e os demais irmãos. Porque, até então, José Abel acreditava que Debrail, chamado na família de Lé, tomaria juízo com a idade. Acabou condenado a cinco anos por tráfico.[1] Solto, foi preso novamente em 1998, desta vez por roubo, em São Joaquim da Barra (SP). Mais sete anos e sete meses atrás das grades.[2]

O que Abel não imaginava é que, a essa altura, o filho mais velho, Tarcísio, além de Laércio, também estava mergulhado no tráfico. Tarcísio conheceu dinheiro e fama pelas vias legais, no início da década de 1980, quando chegou a ser dono de uma concessionária de veículos em Iturama. Mas veio a crise do Plano Cruzado e ele não resistiu. Voltou sem nada para a casa dos pais, que nesta época haviam trocado um sítio de 12 alqueires em Iturama por outro de 50 em Mirassol d'Oeste (MT). Na fronteira com a Bolívia, Tarcísio e Laércio acabaram tragados pelos cartéis do país vizinho.

Nos anos 1990, Laércio aproveitou-se dos contatos na fronteira e criou sua própria ponte do tráfico até o interior paulista. Retornou para Fernandópolis e passou a trazer cocaína boliviana para a região, entreposto para a posterior distribuição em São Paulo e Nordeste. Em 1992, foi flagrado transportando 600 quilos de cloridrato puro em Fortaleza, Ceará. Preso, acabou solto meses depois e foi absolvido por prescrição do crime. Retornou ao interior do estado de São Paulo e seis anos mais tarde caiu novamente nas mãos da polícia, desta vez com 2 quilos de cocaína e um de crack, em Nhandeara (SP). Foi condenado pelo Tribunal de Justiça a seis anos e quatro meses de prisão.[3]

Na cadeia, Laércio estava temporariamente fora do negócio das drogas. Mas não Tarcísio e Debrail. Em 2000, quando o mais novo havia acabado de deixar a cadeia, os dois decidiram investir na rota caipira. Montaram um laboratório de refino da cocaína em uma fazenda entre União de Minas e Iturama arrendada por um terceiro irmão, José Lairto Penariol, o Fuscão. A pasta-base saía da região de Santa Cruz de la Sierra, entrava no Brasil por Corumbá (MS) e era transportada em caminhão até a fazenda, passando pelo interior paulista. O que os irmãos não sabiam é que toda a movimentação do grupo estava sendo acompanhada pela Polícia Federal por meio de grampos telefônicos autorizados pela Justiça.

Era março de 2001 quando agentes da PF começaram a sondar a movimentação na fazenda. No dia 6, notaram a chegada de um novo integrante do esquema até a propriedade. Era o boliviano Erasmo Martinez Ortiz, químico contratado pelos Penariol para melhorar a

COCAÍNA: A ROTA CAIPIRA     303

qualidade do refino da droga. Cinco dias depois, os policiais decidiram invadir a fazenda, que já sabiam ser local para o manuseio e batismo da cocaína. Os agentes se aproximavam da sede da fazenda Vertente Grande com todo cuidado e silêncio, para não despertar suspeita. Mas os cães que vigiavam a casa notaram a aproximação de gente estranha e começaram a latir. Era o sinal de alerta para Tarcísio e Debrail.

— Sujou, sujou! Vambora! — gritou Tarcísio para o irmão.

Os dois fugiram pelos fundos da fazenda, onde havia uma área com mata nativa.

O boliviano e outro funcionário dos irmãos não tiveram a mesma sorte e foram presos em flagrante. Na casa, os policiais se depararam com uma grande infraestrutura para processar a pasta-base: 80 litros de acetona, éter, ácido clorídrico e bicarbonato de sódio. Como havia pouca droga no local — 900 gramas de cocaína já refinada e 8 litros de cocaína líquida —, a PF acredita que os irmãos aguardavam a chegada de uma grande remessa da Bolívia.

Fuscão acabou inocentado na Justiça mineira. Tarcísio e Debrail foram condenados a quatro anos e oito meses por tráfico.[4] Mas a dupla só seria presa no ano seguinte. Em julho, o mais velho atravessou a fronteira da Bolívia com 46 quilos de cocaína dentro de 23 garrafas pet escondidas no tanque de combustível de uma caminhonete. Foi preso em flagrante pela PF em Cáceres (MT). Cinco meses depois, foi a vez de Debrail, flagrado com drogas em Três Lagoas (MS) e condenado a onze anos e quatro meses de prisão.[5] Em fevereiro de 2005, fugiu da penitenciária de Paranaíba (MS) depois de fazer dois agentes reféns, armado com um revólver .38 mm. E bastou deixar as grades para retomar a atividade em que se tornou especialista, o tráfico de drogas. Agora, contava com a ajuda de Youssef Rahal, o Turcão, amigo dos tempos de Iturama, e do filho, Fernando — o tráfico parece estar no sangue dos Penariol. Em novembro de 2005, o trio comandou, de Iturama, o transporte de 538 quilos de maconha de Ponta Porã até o Triângulo Mineiro. Mas a Polícia Federal já monitorava os passos dos Penariol. Na noite do dia 12, o caminhão que levava a droga em um fundo falso da carroceria foi abordado por policiais rodoviários em Presidente Epitácio

(SP). Ao mesmo tempo, policiais prendiam o trio em Iturama. Em 2007, Debrail, Fernando e Youssef foram condenados a cinco anos e quatro meses de prisão pela 1ª Vara de Presidente Epitácio, pena mantida pelo Tribunal de Justiça.[6]

Com os irmãos na cadeia, foi a vez de Laércio, já livre, seguir em suas errâncias pelo tráfico. Em março de 2010, foi preso em flagrante na cidade de Goiás dirigindo um caminhão-baú carregado com 418 quilos de cocaína pura. A droga foi arremessada de avião em uma fazenda e seguiria para o interior de São Paulo. Laércio era um dos alvos da Operação Araguaia da PF, que investigou esquema de tráfico que usava fazendas de Barra do Garças (MT) como entreposto para o envio de drogas para várias regiões do país, inclusive o estado de São Paulo. Acabaria condenado pelo TJ goiano a sete anos de reclusão por tráfico.[7]

O ataque ao laboratório dos irmãos Penariol em Minas foi um dos vários flagrantes decorrentes da Base Fênix, como foi apelidada a central de escutas legalmente autorizadas montada pela Polícia Federal em São José do Rio Preto (SP), em 2000. Sua existência sempre foi um segredo mantido a sete chaves por juízes e policiais — aqui é revelada pela primeira vez.

Bases como essa surgiram no Brasil na segunda metade dos anos 1990, quando o narcotráfico crescia e não havia estrutura suficiente nas unidades da PF para combater as quadrilhas. Criaram-se então bases operacionais em cidades estratégicas para a logística do tráfico, com equipes que mapeavam a ação dos grupos e obtinham mandados judiciais para as prisões, entregues às delegacias da PF. Tudo sob absoluto sigilo — apenas a sede da corporação em Brasília e alguns juízes sabiam da existência da base.[8]

Rio Preto foi escolhida pela sua localização estratégica: ao lado da região de Ribeirão Preto, é rota obrigatória da cocaína que sai de Mato Grosso com destino a São Paulo e ao Rio de Janeiro. Quatro anos antes, a CGPRE havia tentado implantar base semelhante em Ribeirão, mas a experiência durou apenas oito meses. Faltou confiança nos policiais da

## COCAÍNA: A ROTA CAIPIRA

delegacia. Já em Rio Preto, os agentes encontraram um ambiente mais favorável, com o apoio de juízes dispostos a autorizar as escutas e do setor de inteligência da Polícia Militar, para as investigações de campo. A Base Fênix seria decisiva na mudança de estratégia da PF no combate às drogas, antes voltada apenas para a fronteira, em ações aleatórias que inevitavelmente resultavam em apreensões, mas nunca alcançavam os líderes do esquema. Agora, no coração da rota caipira, o foco era a inteligência policial, monitorando as ligações dos principais pilotos e motoristas a serviço do narcotráfico. Inevitavelmente, eles levariam a PF até aqueles que os contratavam, os patrões.

A central foi instalada em uma casa comum de Rio Preto, acima de qualquer suspeita, primeiro no bairro Santa Cruz, depois no Nova Redentora. Os primeiros equipamentos, vinte no total, gravavam os telefonemas em fita cassete. Quando chegavam ao fim, era necessário trocar as fitas. Um trabalho ininterrupto, 24 horas por dia, em que se revezavam vinte agentes da Polícia Federal, vindos de todas as partes do Brasil, entre eles Luiz Pinelli e José Mariano Beltrame, que depois se tornaria delegado e implantaria política parecida no Rio de Janeiro. A competência no combate ao tráfico faria de Beltrame secretário de Segurança Pública do Estado do Rio de Janeiro, onde ganhou fama ao implantar as UPPs nas favelas cariocas dominadas pelo livre comércio de drogas.

Além das escutas, os agentes rodavam por todo o interior paulista, Mato Grosso do Sul, Goiás e Triângulo Mineiro, seguindo os passos dos traficantes grampeados. Nesse trabalho, tinham o auxílio de dois policiais do serviço reservado da PM paulista, os irmãos gêmeos Cláudio e Claudemir Teixeira. No trabalho de campana, andavam sempre à paisana, fantasiados de pescadores, operários da construção civil e até de fiscais antidengue da Sucen — um meio simples de se conseguir nome e RG dos alvos. Beltrame usava sempre um bornal a tiracolo, que ele tinha da época em que servira no Exército, além de bermuda, camiseta, boné e chinelo de dedo.

— Sentava em um bar de beira de estrada, tomava uma cerveja... sem desgrudar o olho do alvo. Fiquei com o olhar muito treinado — lembra

306 ALLAN DE ABREU

Pelo visual desleixado e os locais frequentados, eram alvos frequentes de blitz da Polícia Militar, desconfiada de que fossem traficantes. Ainda assim, raramente revelavam sua condição de agentes da PF. A ordem era não vazar a investigação, muito menos a existência da base. Nem mesmo os policiais federais da delegacia em Rio Preto sabiam o endereço dos agentes.

Paralelamente à campana, os agentes buscavam identificar, pelas escutas, o local aproximado do pouso das aeronaves com destino à rota caipira. Feita a localização, escondiam-se em meio à cana-de-açúcar ainda na madrugada e lá ficavam até o início da tarde, debaixo do sol inclemente do sertão paulista. Muitas vezes, o suprimento era insuficiente, e junto com o cansaço vinham a fome e a sede. Quando a ração acabava, apelavam para pequenos frutos do mato e talos de colonião, capim originário da África muito comum no interior.

Apesar do desgaste físico, os flagrantes sempre vinham em profusão. Nos cinco anos de funcionamento da base, a Polícia Federal apreendeu 2,25 toneladas de cloridrato de cocaína, 7,3 toneladas de maconha e 45 quilos de pasta-base, além de 112 veículos, entre carros e caminhões, e oito aviões. Nesses flagrantes, 173 foram presos — um deles, piloto, Beltrame algemou com sua própria cinta no aeroclube de Mirassol (SP), já que estava sozinho e se esquecera das algemas...

Entre os detidos estava Antônio de Souza, o Toninho Paraíba, um moreno baixinho e roliço ligado a Luiz Carlos Antunes, o Monobloco — ambos foram investigados pela CPI do Narcotráfico da Assembleia Legislativa, em 2000. Em junho de 2001, as escutas apontaram que um avião carregado com cocaína desceria na tarde do dia 11 com a droga em uma pista clandestina de Monte Azul Paulista (SP).[9] Pela manhã, os policiais localizaram a pista, às margens de uma rodovia. Era pouco mais de meio-dia quando a aeronave pousou. Sem desligar o motor, como é costume nessa situação, piloto e dois tripulantes descarregaram vários sacos com a droga no chão. A poucos metros, Paraíba se preparava para se aproximar do avião com uma picape pequena quando um dos passageiros do avião notou um policial escondido na cana-de-açúcar. Assustado, começou a atirar contra os agentes da PF, que

COCAÍNA: A ROTA CAIPIRA 307

revidaram com tiros contra o motor do avião. Dos seis pistões, só um foi danificado. Por isso, mesmo avariado, o aparelho conseguiu decolar com o trio, e Paraíba, dono da droga, fugiu. Os 86 quilos de cocaína e 6 de crack foram apreendidos.

Duas horas depois, os policiais foram informados de que o avião havia feito um pouso de emergência no pasto de uma fazenda em Meridiano (SP), a 200 quilômetros dali. O piloto foi então a pé até a sede da propriedade e disse que havia batido o carro na rodovia. Ganhou carona até um posto de combustível e pegou um táxi até Araçatuba. De lá, tomou um ônibus para Mato Grosso do Sul. Mas acabou detido por agentes da PF em Três Lagoas. Quatro dias depois, os agentes descobriram que os outros dois passageiros do avião estavam escondidos em uma pousada na região. Ambos foram flagrados no quarto, feridos na perna e na barriga pelas balas do tiroteio.

Toninho Paraíba só seria preso cinco meses depois, quando os agentes da Polícia Federal na Base Fênix descobriram que o traficante havia comprado um avião monomotor para buscar droga no Paraguai e na Bolívia. Pelas escutas, os policiais descobriram que a aeronave pousaria em Panamá, sul de Goiás, no dia 27 de novembro, onde o grupo tinha um sítio que servia de base de apoio para receber a droga e despachá-la em caminhonetes e caminhões até a região de Rio Preto. O esquema era comandado por Paraíba, que tinha o avião, e José Aguiar Rocha Filho, o dono da cocaína.

Campana montada, durante a tarde Pinelli viu o avião, vindo da Bolívia, sobrevoando a região por cerca de 40 minutos. Com um binóculo, confirmou pelo prefixo que o aparelho era mesmo de Toninho Paraíba. Como a localização exata da pista era desconhecida, a expectativa era apreender a droga quando já estivesse sendo transportada por via terrestre. Menos de 15 minutos após o avião retomar o céu, uma picape com dois comparsas de Paraíba e Rocha foi abordada na estrada pelos agentes. Os traficantes reagiram, segundo a PF, e houve troca de tiros. Baleado, um deles morreu no hospital municipal de Goiatuba (GO). Na carroceria do veículo, 149 quilos de cocaína.

Ao mesmo tempo, outra equipe de agentes da PF acompanhava todos os passos de Paraíba e Rocha em Severínia (SP), onde moravam. Em dois hotéis de Olímpia, Rocha e dois comparsas foram presos, entre eles Victor Souza Rivarola, piloto que desembarcara a droga horas antes em Goiás. Até então, os agentes não sabiam o seu nome, apenas que usava fraldões devido a um problema intestinal. Vasculharam todos os quartos do hotel até encontrarem, no armário de um deles, fraldas e mapas de navegação aérea. Minutos depois, Paraíba foi algemado em Severínia. Aos policiais ele admitiu ser o dono do avião que estava guardado em um hangar do aeroporto de Bebedouro, cidade vizinha. Todos foram transferidos para presídios goianos e condenados pela Justiça Federal por tráfico e associação para o tráfico internacional — Paraíba recebeu pena de 28 anos de prisão; Rocha, oito, e Rivarola, quatro.[10]

O sul de Goiás também serviu como base de apoio para outro grupo de traficantes paulistas. Em junho de 2001, a PF passou a desconfiar que André Luiz Garcia Munhoz — o Muca —, um ex-goleiro de Tanabi (SP), gerenciava o transporte de drogas para um preso no Carandiru, em São Paulo.[11] No começo do mês de agosto, policiais militares que integravam a Base Fênix começaram a seguir Muca pelo interior paulista e notaram encontros constantes dele com o motorista de uma caminhonete. Os PMs passaram então a seguir o veículo, que deixou o território paulista e rasgou o Triângulo Mineiro até uma fazenda em Caçu (GO). No dia seguinte os militares voltaram à região, dessa vez com agentes da PF, e descobriram várias pistas de pouso de aviões na região. Foram duas semanas seguidas de campana até o fim da tarde do dia 12, quando os policiais notaram um avião descendo em uma das pistas. Rapidamente a caminhonete encostou na aeronave e o homem visto com Muca dias antes despejou três sacos do avião para a carroceria. Os agentes passaram a seguir a caminhonete e notaram quando o veículo entrou em uma carvoaria. Era o momento do bote.

O homem tentou fugir por uma mata, mas acabou capturado em uma cena curiosa: o elástico da bermuda que vestia se rompeu, e ele, ao ser rendido, não sabia se erguia as mãos, conforme a ordem dos policiais, ou se evitava que a bermuda caísse até os tornozelos... Ele admitiu ter

COCAÍNA: A ROTA CAIPIRA 309

escondido entre as árvores os três sacos, que continham 91 quilos de cocaína. Também disse que a droga era de Muca, e mais — como o avião tinha ficado com pouco combustível, teria de fazer novo pouso no aeroporto de São Simão, cidade goiana vizinha. Ao chegarem ao local, os policiais viram a distância Muca transportando combustível até a aeronave. Ele acabou preso em flagrante. O piloto, boliviano, e o copiloto foram detidos em um hotel da cidade. Com eles, um aparelho GPS com as coordenadas da pista usada para o desembarque da droga, horas antes. Todos foram condenados por tráfico.[12]

Seis dias depois, a PF localizou o laboratório do esquema, para onde a cocaína era levada e "batizada" com outros produtos químicos. Ficava em um sítio modesto na zona rural de Barretos (SP), gerenciado por José Alberto Junqueira Santos, o Zé Passarinho.[13] Além de receber droga de Goiás, o traficante também tinha seus próprios meios de transportá-la. No dia 8 de agosto de 2001, um caminhão deixou Barretos com destino a Cuiabá, onde seria carregado com pasta-base. Dez dias depois, retornou, e logo que chegou à cidade o motorista foi recepcionado por Zé Passarinho, que passou a seguir o veículo até o sítio.

No meio do trajeto, porém, o traficante notou que estava sendo seguido por uma caminhonete vermelha e um carro branco — ambos carros frios da Polícia Federal. Zé Passarinho pisou fundo no acelerador. Na estrada de chão batido, o carro levantava poeira espessa, o que dificultava a perseguição da polícia. O solo irregular chacoalhava o carro da PF, até o motor fundir. A outra equipe prosseguiu no rastro do traficante e viu quando o carro de Zé Passarinho também quebrou ao passar em um buraco na pista. O traficante ainda teve tempo de sair do carro e desaparecer.

Enquanto isso, policiais militares apreenderam a droga no caminhão e invadiram o sítio. Próximo à casa, desenterraram quatro galões cheios de cloridrato de cocaína. No quintal, frascos e baldes com vários produtos usados no refino da droga. No total, foram apreendidos 143 quilos de cocaína. Zé Passarinho só seria preso anos depois, em Mato Grosso. Ficou pouco tempo atrás das grades — foi assassinado dentro de um presídio em Cuiabá.

310       ALLAN DE ABREU

Entre os dois flagrantes do grupo chefiado por Toninho Paraíba e a descoberta da logística de Muca e Zé Passarinho, a Polícia Federal se deparou com outro esquema, comandado por Adriano Wilson Faccin, cunhado do boliviano Willian Rosales Suarez.[14] Os agentes já vinham monitorando Willian, que aguçou o faro dos policiais ao ostentar um alto padrão de vida em Jales (SP), onde passou a morar no fim dos anos 1990. Com a prisão de Willian por tráfico na Bolívia, em 2000, coube a Adriano assumir a frente dos negócios ilícitos do cunhado com o auxílio de outro boliviano, Jesus Geraldo Ardaya Tellez, padrasto de Adriano. Mesmo preso, Willian cuidava de tudo, por telefone.

Policiais federais e militares começaram então a seguir todos os passos de Adriano pela região de Rio Preto. Até que, no dia 18 de agosto, um sábado, descobriram pelas interceptações telefônicas que o rapaz receberia grande quantidade de drogas naquele fim de semana e que alugara um rancho em Santa Fé do Sul (SP) para armazenar o entorpecente. Por volta das 11 horas do dia seguinte, o PM Claudemir localizou o rancho e iniciou campana em um rancho em frente, convidado por um grupo de amigos para comer churrasco. Três horas depois, ele notou a chegada de um carro e em seguida uma caminhonete com o pneu traseiro do lado direito estourado e a suspensão rebaixada, indício de que levava algo bastante pesado. Claudemir ligou o rádio e acionou Pinelli, que estava em Jales, cidade vizinha.

— Eles chegaram, estão com a droga.

— Mas não é possível, ainda não foi feito o arremesso — respondeu Pinelli. Pelas escutas, a droga seria despejada de avião dali a duas horas.

A incerteza adiou o bote. Nisso, Adriano deixou o rancho e seguiu para Jales, onde os agentes o perderam de vista — depois, a polícia saberia que ele fora atrás de um veículo maior para distribuir a droga.

A certeza de que a caminhonete levava cocaína só veio no fim da tarde, quando a base da PM de Santa Fé recebeu telegrama do dono de uma fazenda em Ilha Solteira (SP), distante apenas 30 quilômetros, informando que, por volta do meio-dia, um avião dera três voos rasantes na propriedade, onde também funcionava um pesqueiro. Nesse momento, o homem notou que um ex-funcionário da fazenda, que

COCAÍNA: A ROTA CAIPIRA 311

pescava, deixou o imóvel às pressas e saiu em uma caminhonete com as mesmas características daquela vista no rancho. Era a hora de invadir o esconderijo da quadrilha em Santa Fé.

Dois comparsas de Adriano tentaram fugir do cerco policial, mas acabaram rendidos. Dentro do rancho, empilhados, vários pacotes com 116,5 quilos de cocaína. Faltava prender o dono da droga. Os policiais decidiram preparar a armadilha. Adriano retornou ao rancho às 16 horas do dia seguinte. Mal pisou no imóvel, foi rendido e algemado. Depois, a PF descobriria que, diferentemente do que fora ordenado pelo chefe Willian a partir da Bolívia, a droga não seguiria de caminhão para São Paulo. Logo que o entorpecente chegou ao interior paulista, Adriano disse que toda a cocaína havia sido pega pela polícia. Ele tinha planos de desviar o entorpecente, revendê-lo e ficar com o dinheiro apenas para si. Mas Willian logo desconfiou da armação e passou a ameaçar o cunhado de morte. Só quando a notícia da blitz policial chegou ao boliviano foi que os ânimos se acalmaram. Ao prendê-lo, sem querer os policiais salvaram a vida de Adriano.

Após cumprir pena, Willian voltou para o Brasil em 2005 e passou a morar em São Paulo. Mas já no ano seguinte retornou ao seu país. Em maio de 2010, foi sequestrado por um cartel de narcotraficantes rivais em San Ramón, próximo a Rondônia, após seis de seus guarda-costas, três deles mercenários sérvios, serem assassinados em uma emboscada. Até novembro de 2016, seu paradeiro era desconhecido — a polícia boliviana suspeita de assassinato, mas seu corpo nunca foi encontrado.

A equipe da Base Fênix também se depararia com grandes carregamentos de maconha na rota caipira, inclusive em aviões, o que é pouco usual, diante do menor valor da droga — R$ 100 o quilo, em média — e do alto custo do frete — entre R$ 15 mil e R$ 20 mil. Em junho de 2001, a central de escutas em Rio Preto flagrou conversas de traficantes da região de Araçatuba (SP).[15] Pelos diálogos, no dia 1º de julho uma aeronave sairia do aeroporto de Ibitinga (SP) com destino ao Paraguai, onde seria carregada com maconha. A droga seria arremessada no município de Penápolis (SP) e o avião pousaria novamente em Ibitinga.

No dia anterior, o policial militar Cláudio e um agente da PF seguiram viagem para Ibitinga, enquanto Luiz Pinelli e os demais agentes montaram campana no local onde o entorpecente seria jogado — dessa vez, a polícia captou nas escutas a coordenada exata do local, bem no meio de uma espessa plantação de cana-de-açúcar.

Por volta das 6h30, o avião, modelo Cessna, decolou com destino ao país vizinho — os dois policiais gravaram a cena em vídeo, para comprovar a viagem. Por rádio, foram orientados a ficar para prender o piloto em flagrante assim que pousasse novamente no aeroporto. Era pouco mais de 14 horas, com o sol a pino tão típico do interior paulista, quando a equipe de Pinelli visualizou a aeronave no céu. Arremessar a droga do alto é uma estratégia que só favorece o piloto. Primeiro, porque os galões com a droga, mesmo emborrachados, podem se romper na queda e abrir. Depois, porque chama muito a atenção. E também porque nem sempre o entorpecente cai no local combinado, o que, em uma região com cana ou mato alto, pode dificultar o seu encontro. O aparelho passou a dar rasantes no solo, e era possível ver o copiloto pronto para derrubar os galões a 300 metros de uma caminhonete com outros três ocupantes, dois deles já em pé, na carroceria. Mas Pinelli e a equipe não sabiam por que a carga não era descarregada. O avião retomou altura, desapareceu.

Mesmo sem a droga, a polícia tinha de dar o flagrante. O motorista sacou uma pistola da cintura e iniciou uma troca de tiros contra o carro da PF. No tiroteio, levou um tiro de raspão nas costas e se rendeu. Os outros dois tentaram fugir pelo canavial, mas acabaram rendidos metros depois por policiais militares. Enquanto isso, a outra equipe cercava o avião em Ibitinga. Dentro, nenhum sinal da maconha.

A situação preocupava os federais — sem droga, não haveria crime.

— Onde tá a maconha? — perguntou o policial ao piloto.

— A gente viu de cima umas sombras escondidas na mata, logo pensamos que fosse a polícia. Aí jogamos os nove sacos em outro lugar.

Mas faltava saber que ponto era esse. Na manhã seguinte, vasculhando o GPS do avião, Pinelli descobriu outra coordenada. Só podia ser o ponto da desova. Mergulharam no canavial já alto até que, na

COCAÍNA: A ROTA CAIPIRA 313

coordenada, encontraram sete sacos. Faltavam dois. Depois de três horas de busca, nada da droga. Até que o agente teve uma ideia. Procurou um grupo de mulheres boias-frias, cortadoras de cana, e ofereceu R$ 50 para aquela que achasse os dois sacos de maconha — ninguém para conhecer melhor o terreno do que aquelas que trabalhavam nele, pensou Pinelli. Meia hora depois, uma delas apareceu com os dois sacos nas costas. No total, a polícia apreendeu 353 quilos da droga.

A segunda e maior apreensão de maconha pela Base Fênix veio quatro meses depois, quando os agentes suspeitaram que uma central de reciclagem em Barretos acobertaria um depósito de drogas.[16] O entorpecente era comprado no Paraguai e transportado oculto debaixo de uma carga de papelão. A PF decidiu então montar duas campanas, uma em Barretos e outra na empresa onde o grupo comprava o papelão, em Ponta Porã (MS). O veículo entrou em Pedro Juan Caballero, Paraguai, e, horas depois, na empresa do lado brasileiro. A PF optou por seguir o caminhão até o destino, para prender em flagrante os receptadores da droga em Barretos. Em três carros, Claudemir, Pinelli e Beltrame se revezavam atrás do caminhão — uma estratégia para que o motorista não desconfiasse da vigilância. No segundo dia de viagem, eram 14 horas quando o caminhão parou na longa fila de carretas da Receita de Mato Grosso do Sul em Três Lagoas, já na divisa com o estado de São Paulo, onde veículos de carga são parados para fiscalização. Sem café da manhã nem almoço, os três policiais calcularam que o caminhão com a droga demoraria algum tempo no local e aproveitaram para almoçar em um restaurante na beira da estrada, alguns metros à frente do posto da Receita. Claudemir se lembra bem da imagem da bisteca bovina grande, suculenta, assando na chapa. Quando o cozinheiro virou a carne e todos ainda comiam a salada, prato de entrada, Beltrame viu o caminhão seguindo viagem. Só deu tempo de pagar pela refeição que não comeriam e comprar alguns pacotes de bolacha. Dali em diante, a operação foi batizada de Bisteca...

No dia 21 de novembro de 2001, pela manhã, o carregamento chegou à cidade e foi recepcionado por outros três homens. Naquele instante, os policiais anunciaram o flagrante. O caminhão foi levado até a central de reciclagem e os agentes começaram a retirar o papelão e a maconha. No total, havia 3,1 toneladas do entorpecente. Na época, foi a segunda maior apreensão da droga no estado.

A memória dos agentes da Polícia Federal guarda situações inusitadas vividas no interior paulista. Em dezembro de 2003, era notória a presença de Nelson Vicente Palchetti Júnior, um foragido da Justiça, pelas ruas de Mirassol (SP), onde seu irmão era prefeito. Fazendeiro e ex-gerente do Banco Interior, na vizinha São José do Rio Preto, Palchetti escapara por pouco de um flagrante da PF no aeroporto de Paranaíba (MS), em agosto de 2000. Ele era dono do posto de combustível do aeroporto e, segundo a PF, cuidou de todos os preparativos para recepcionar um avião vindo de Mirassol d'Oeste (MT) com 138 quilos de cocaína. Ajudou um funcionário a retirar outra aeronave do hangar para dar espaço ao Cessna carregado com droga, reservou vaga em hotel para piloto e copiloto, cuidou do reabastecimento do monomotor e contratou um motorista de caminhão por R$ 2,4 mil para levar a droga até São Paulo.

Quando os agentes da PF invadiram o hangar, piloto, copiloto e motorista transferiam os tabletes de cocaína da aeronave para a carroceria do caminhão. Ao saber da blitz policial, Palchetti, que estava em outro ponto do aeroporto, fugiu. Seus advogados tentaram vários pedidos de habeas corpus para revogar o mandado de prisão, mas todos foram rejeitados pela Justiça. Seu paradeiro tornou-se um mistério para a PF até aquele dezembro, quando ele decidiu passar alguns dias na casa da mãe em Mirassol.

Era tarde de domingo quando os policiais decidiram prender Palchetti. O problema é que naquele dia havia apenas dois agentes na base em Rio Preto. Mesmo assim, foram até a casa da mãe do fazendeiro. Invadiram o imóvel e encontraram Palchetti sozinho, no sofá da sala, assistindo à TV. Ele não resistiu, mas, minutos depois, sua mãe — uma senhora septuagenária — chegou. Ao ver o filho algemado na sala, ficou furiosa.

COCAÍNA: A ROTA CAIPIRA 315

— Seus canalhas, prendem o meu filho enquanto tem tanto bandido perigoso solto por aí! — berrou.

A idosa não titubeou. Pegou uma bolsa na mesa da sala de jantar e foi com tudo para cima dos agentes. Impossível frear a senhora ensandecida e seus golpes de bolsa. O jeito foi suportar até que a senhora, esbaforida, largasse o objeto, em prantos.

Palchetti foi condenado a nove anos por tráfico, pena que depois seria reduzida para cinco anos.[17] Só deixaria a cadeia em julho de 2008.

As investigações da Base Fênix alcançariam grandes esquemas de tráfico que abasteciam os morros cariocas e também a Europa. Em abril de 2002, os agentes da base descobriram que Antonio Carlos de Oliveira, o Carlinhos, um rapaz de cabelos crespos e suíças que lhe davam um aspecto típico de homem mau, assumiu as rédeas do tráfico capitaneado por Gilmar Queiroz Pereira após a prisão deste último em uma chácara de Itapira, próximo a Mogi-Guaçu (SP), com 100 quilos de pasta-base de cocaína. Os policiais decidiram então seguir todos os passos de Carlinhos por semanas, até que, em 29 de maio, ele deixou Santa Rita do Passa Quatro, região de Ribeirão Preto, e seguiu com uma picape até São Paulo.[18] A PF já sabia pelas escutas que ele iria buscar uma prensa e dois pistões hidráulicos para incrementar seu laboratório de refino. De fato, ao retornar da capital, Carlinhos trazia uma prensa na carroceria do veículo, que deixou em uma chácara na zona rural de Santa Rita, depois de passar na sua casa na cidade.

Na manhã do dia seguinte, os policiais federais e militares já montavam vigilância na casa e na chácara de Carlinhos. O policial Claudemir procurou o dono de uma chácara vizinha, que estava em reforma. Disse estar à toa, de férias na casa de um parente ali perto, e se ofereceu para ajudar a assentar as lajes do teto. Uma desculpa perfeita para acompanhar o movimento na propriedade vizinha. Por volta das 8 horas, o PM viu Carlinhos aparecer na chácara, sair novamente e retornar minutos depois com outras duas pessoas — o traficante precisava de ajuda para retirar a prensa da picape. Nesse momento, os policiais — entre eles Claudemir, sujo de cimento — invadiram o imóvel e renderam todos.

316 ALLAN DE ABREU

Na sala, encontraram quatro sacos plásticos cheios de pasta-base pronta para o refino, dentro de caixas de papelão. Carlinhos e os dois comparsas foram presos em flagrante. No mesmo instante, Beltrame e outros agentes, que vigiavam a casa do traficante, invadiram o imóvel. Dentro da edícula que ficava nos fundos, encontraram, sobre um fogão, uma panela e uma forma retangular esbranquiçadas de cocaína. No chão, duas bacias plásticas, uma com a droga petrificada e outra já na forma de pó — no total, eram 6,8 quilos. No carro estacionado na garagem, mais dois pacotes recheados com o entorpecente. A mulher que cuidava da casa, comparsa de Carlinhos, também foi presa em flagrante. À polícia, o traficante disse que comprava a pasta-base em Cochabamba, Bolívia, e trazia a droga de avião até o interior paulista. No laboratório em Santa Rita, fazia até 6 quilos de cloridrato com 1 quilo de pasta-base, e revendia 100 quilos por semana para o Comando Vermelho distribuir nos morros da Mangueira e do Alemão, no Rio de Janeiro. Como Carlinhos vendia o quilo a R$ 6 mil, tinha um faturamento bruto mensal de R$ 2,4 milhões. Em outubro de 2006, ele foi condenado pelo TRF a sete anos de prisão por tráfico e associação para o tráfico internacional.[19]

Pouco mais de um ano depois, a base alcançaria um esquema de tráfico mantido pelo braço direito de Fernandinho Beira-Mar, Sandro Mendonça do Nascimento, no interior paulista. Sandro, que gerenciava a venda de drogas de Beira-Mar na favela da Rocinha, alugou uma casa em nome de laranjas em Votuporanga (SP) que servia de quartel-general do grupo. Na manhã do dia 20 de outubro de 2003, um dos agentes acionou Claudemir pelo rádio: um caminhão de Sandro estava em Rio Preto e seria carregado com cocaína na cidade. Pelas escutas, foi possível identificar apenas a placa do veículo. Com o número, Claudemir passou a vasculhar de moto avenidas e postos de combustível até encontrar a carreta. Seguiu o caminhão até um distrito do município e, já com outros agentes, passou a observar, a distância, no meio da rua, em plena luz do dia, o caminhoneiro e mais quatro homens abrirem a lateral do tanque de combustível do caminhão e inserirem tijolos de cocaína. Todos foram presos, e a droga — 76 quilos dela —, apreendida. Sandro

COCAÍNA: A ROTA CAIPIRA 317

não foi encontrado na casa em Votuporanga, onde a PF encontrou US$ 50 mil, joias, armas e documentos de um avião monomotor. O braço direito de Beira-Mar seria preso um ano depois no Paraguai e deportado para o Brasil.[20]

Um velho índio da região do Chapare, interior boliviano, foi decisivo para o destino de Edson Ferreira no tráfico. Com ele, Pequeno, como era conhecido o brasileiro de Sumaré, na região de Campinas, aprendeu a produzir cloridrato de cocaína de alta qualidade. Ao estabelecer vínculos com um fornecedor no país vizinho, Pequeno passou a trazer grandes quantidades da droga até um sítio em Altinópolis, região de Ribeirão Preto, onde aplicava todo o conhecimento adquirido na Bolívia. Depois, o cloridrato era vendido em Campinas.

Pequeno cercou-se de vários cuidados. Comprou uma propriedade rural distante da cidade e sem vizinhos próximos, e lá construiu uma pequena casa de madeira vizinha a uma mata fechada e um riacho, cuja água era bombeada para o laboratório. Para evitar traições ou vazamentos à polícia, empregou gente de confiança, todos familiares seus: a mulher Rosaine, o sobrinho Eldes e a mulher dele, Josiane.

Foram quatro meses, em 2002, seguindo os passos da família em Sumaré. No dia 18 de outubro, os agentes chegaram ao "ninho" em Altinópolis ao seguir uma caminhonete em nome de Josiane desde a região de Campinas. De um pequeno morro, com binóculos, o policial Claudemir vigiava a movimentação no casebre. Em um dia em que não havia ninguém na propriedade, ele e o irmão Cláudio foram até o imóvel. Aparentemente, não havia sinal de droga nem de que ali funcionava um laboratório de refino, exceto por uma prensa industrial. A cocaína só poderia estar enterrada. Claudemir retirou da mochila uma barra de ferro circular, usada na construção civil, e passou a afundá-la no solo nos trechos em que a terra parecia mexida recentemente. O ferro mergulhado na terra parou em um obstáculo. Meio metro abaixo da superfície havia um latão forrado com cocaína até a tampa.

Era a prova de que os policiais precisavam. Só faltava flagrar a quadrilha com a droga. O latão foi fechado e enterrado novamente, sem deixar vestígios.

No dia seguinte, os PMs, já com o reforço dos agentes federais, viram Eudes entrar no sítio com uma caminhonete. Os demais já estavam lá. Era o momento perfeito para o flagrante, mas eram poucos policiais e havia o risco de os traficantes fugirem pela mata. Por isso, esperaram Eudes carregar a caminhonete com droga e pará-lo a caminho de Altinópolis. Na lateral, havia cinco pacotes com cocaína. Horas depois, Edson, Josiane e Rosaine também deixaram o sítio e foram presos na estrada. No casebre, enterrados, o latão com mais cocaína e produtos químicos para o refino da droga, adquiridos em Rio Preto. Todos foram condenados pelo TJ por tráfico e associação para o tráfico.[21] Em novembro de 2016, um pedido de revisão criminal feito pelos réus tramitava no Tribunal, sem julgamento.

Luiz Pinelli faz um balanço positivo da Base Fênix. Além da grande quantidade de droga apreendida, a PF colheu informações vitais sobre os grandes grupos do tráfico no país, usadas até hoje. Mariano Beltrame, que pouco depois se tornaria secretário de Segurança Pública do Rio de Janeiro, guarda boas lembranças da base caipira:

— Sinto saudade desse trabalho de campo. Hoje os policiais federais não têm mais vocação para esse tipo de trabalho. Ninguém está mais disposto a ficar horas em um pedágio, porque tem que ir na academia, buscar o filho na creche.

A base duraria até 2004. Mas seu fim foi decretado um pouco antes, em 2003, quando dois oficiais do setor de inteligência do Exército procuraram um dos juízes que costumavam autorizar as escutas telefônicas da base em Rio Preto:

— Doutor, viemos oferecer escolta permanente ao senhor, porque as Farc na Colômbia estão à caça dos juízes que estão autorizando as escutas para a Polícia Federal no interior de São Paulo.

Era hora de desligar os aparelhos.

A inteligência policial desenvolvida na Base Fênix seria herdada pelos grupos de investigações sensíveis (Gise) da Polícia Federal espalhados pela rota caipira — o principal deles em Ribeirão Preto, considerado o mais especializado do país em tráfico aéreo. De 2006, quando foi

COCAÍNA: A ROTA CAIPIRA 319

criado, até 2014, e equipe de Ribeirão, que conta com o apoio da DEA, flagrou 25 aviões com entorpecente, prendeu 600 traficantes e confiscou 30 toneladas de droga, metade disso cocaína. A exemplo da Fênix, os agentes mantêm base em endereço secreto, de onde monitoram centenas de telefones, com autorização judicial. Um dos alvos prioritários da base é Gilberto Aparecido dos Santos, o Fuminho, braço direito de Marco Williams Herbas Camacho, o Marcola, número um do PCC.

"Ele e filho do home", escreveu um "irmão" do PCC sobre Fuminho, em 2014. "Ele poe os cara da final [comando da facção] pa ir em cima d nois" / "Se ele pedi algo pa você q você nao conseguir fazer jaaaja você arruma pa kbca [cabeça]."

Foi seguindo seus passos que o Gise de Ribeirão chegou a um grande esquema de refino de cocaína dentro de bunkers mantido pela facção criminosa no interior paulista. Primeiro, os agentes identificaram o automóvel usado por Fuminho e passaram a segui-lo. Em meados de fevereiro de 2013, o traficante entrou com o carro em uma chácara na zona rural de Juquitiba, na Grande São Paulo. No dia 23, o homem forte do PCC deixou a chácara seguido por um caminhão Ford. Os dois veículos seguiram até um posto de combustível em Capivari, região de Piracicaba. Lá, Fuminho e o motorista do caminhão encontraram-se com os irmãos Vanderlei e Dirnei José Ramos, conhecidos traficantes da região, presos na Operação Kolibra, narrada no capítulo 2. O caminhão passou então a seguir a caminhonete conduzida pelos Ramos até uma outra chácara em Tanquã, bairro rural de Piracicaba.

Duas semanas mais tarde, policiais da Rota paulistana invadiram a chácara em Juquitiba e encontraram, no subsolo de um galpão, um bunker do PCC onde havia oito fuzis, onze pistolas, duas submetralhadoras e 468 quilos de cocaína. Surgiu a suspeita de que havia outro esconderijo idêntico na chácara de Piracicaba, onde fora construído um galpão semelhante, escondido no meio de uma plantação de eucaliptos. Embora não integrassem o PCC, Dirnei e Vanderlei estariam comprando pasta-base e fabricando cocaína para a facção.

Após a blitz da Rota em Juquitiba, os irmãos Ramos fugiram e a chácara restou abandonada. Agentes do Gise foram até a casa do motorista do caminhão visto com Fuminho em Piracicaba e apreenderam o veículo. Na delegacia da PF, peritos vasculharam o caminhão Ford até descobrir um compartimento oculto ao lado do tanque de combustível com forte cheiro de cocaína. Era o mocó, usado para transportar drogas e armas.

Não havia mais dúvidas de que um laboratório de refino da cocaína funcionava na chácara do Tanquã. No dia 30 de maio, com mandado judicial, policiais federais, PMs da Rota, bombeiros e funcionários da Prefeitura de Piracicaba entraram no galpão. Dentro, nada indicava que no local funcionasse um depósito de drogas. O segredo estava no chão de cimento. Peritos da PF observaram uma pequena saliência no piso. Era a tampa de acesso ao bunker, acionada por um pistão hidráulico utilizado em elevadores comerciais. Com uma retroescavadeira, a tampa de 3,2 toneladas foi levantada. Surgiu uma escada de metal, que dava acesso a um cômodo de 60 m² e 2,5 metros de altura, recoberto com pisos e azulejos brancos e climatizado com sistema de ar-condicionado. À esquerda, uma geladeira horizontal para resfriar a cocaína e estocar materiais voláteis. No canto à direita, um fogão industrial e panelas grossas com resquícios de cocaína, além de uma prensa hidráulica, uma centrífuga e várias lâmpadas. À frente, em tabletes e sacolas plásticas, 472 quilos de cocaína, nas formas de pasta-base e cloridrato, ao lado de galões com 900 litros de gasolina, 350 quilos de ácido sulfúrico concentrado, 2,2 mil litros de acetona, 450 litros de etanol, 30 quilos de ácido clorídrico concentrado e 15 litros de soda cáustica.

Apesar do sucesso da operação, faltavam provas para vincular os irmãos Ramos ao bunker do pó. A chácara estava em nome de Sérgio Ramos, primo de Dirnei e Vanderlei que, diferentemente dos irmãos, não tinha antecedentes criminais e foi cooptado pela dupla, a exemplo da saga dos irmãos Penariol. A propriedade fora comprada em 2011 por R$ 150 mil, pagos em dinheiro vivo e pequenos depósitos de R$ 1 mil, estratégia para fugir do radar do Coaf, órgão de inteligência financeira do governo federal. O negócio foi fechado com Sérgio e Dirnei, segundo depoimento do antigo proprietário ao Gaeco, braço do Ministério Público que investiga o crime organizado. Também foi Dirnei quem comprou o fogão industrial, em uma loja de Piracicaba.

COCAÍNA: A ROTA CAIPIRA 321

Só depois da compra da chácara é que foi construído o galpão com o bunker e plantados os eucaliptos, para proteger o imóvel da curiosidade de estranhos. Quando o caminhão entrava no galpão e os portões eram cerrados, ninguém conseguia ver o que acontecia lá dentro. Um esquema quase perfeito.

O trio acabou denunciado pelo Gaeco por tráfico, associação para o tráfico e fabricação de drogas. Dirnei e Sérgio foram condenados a 22 anos de prisão cada um. Já Vanderlei foi absolvido.[22] Em novembro de 2016, Dirnei seguia foragido— a PF acredita que estejam com Fuminho no Paraguai, que, com a Bolívia, são os principais destinos de traficantes brasileiros foragidos e carros roubados no Brasil, a grande moeda do crime na fronteira.

# 14

## Carro, moeda do tráfico

Uma cena no mínimo exótica. Automóveis luxuosos, como caminhonetes Hilux e carros Ford Fusion, combinam pouco com as ruas poeirentas e casas miseráveis da Bolívia ou do Paraguai, na fronteira com o Brasil. Esse cenário só é possível porque, nos porões do narcotráfico, carro e caminhonete são moeda valiosa para a aquisição de cocaína ou maconha, principalmente nos dois países vizinhos, nações pobres carcomidas pelo poder do comércio da droga.

Na tabela informal do tráfico, carro popular, como um Gol seminovo, vale R$ 4 mil tanto em solo boliviano quanto paraguaio. Pode ser trocado por 80 quilos de maconha ou 1 quilo de pasta-base de cocaína, que, refinada e "batizada", vira 5 quilos de pó nas bocas de fumo paulistas.

O lucro para o traficante é total, porque não paga nada pelo veículo — o carro ou a caminhonete são furtados, roubados ou financiados fraudulentamente no Brasil. Uma vez nos países vizinhos, os veículos circulam livremente, sem serem abordados pela polícia.

— O Estado faz vista grossa. Aqui é raro alguém ser preso por andar com carro roubado — afirma o promotor paraguaio Arnaldo Giuzzio.

As prisões, quando ocorrem, são sempre do lado brasileiro da fronteira. Em 20 de setembro de 2009, a Polícia Federal flagrou uma casa na periferia de Dourados (MS) que servia de depósito para carros roubados ou furtados no estado de São Paulo. Do "quartel-general" da quadrilha, os veículos seguiam para o Paraguai, onde eram trocados por droga. Na casa, os policiais encontraram uma caminhonete roubada dias antes na capital paulista. Entre os presos em flagrante estavam os primos Leonardo Pereira Toldo e Giovane Toldo de Oliveira, alvos da Operação Arremesso, em que a PF apreendeu 8 toneladas de maconha destinadas a São Paulo via rota caipira. A dupla, outros dois homens e uma mulher acabaram condenados por receptação e formação de quadrilha.[1]

Fiz duas reportagens sobre o comércio de veículos por drogas na fronteira. A primeira foi em 2006, no Paraguai. É em Pedro Juan Caballero e Capitán Bado, cidades paraguaias na fronteira com Mato Grosso do Sul, que circula parte da frota brasileira, a maioria do estado de São Paulo. Em Pedro Juan, município de 114 mil habitantes, metade da frota de veículos é de modelos fabricados no Brasil — boa parte deles foi furtada aqui e reemplacada no país vizinho. Com as motocicletas, os sinais de roubo são mais nítidos: nenhuma das que rodam no país vizinho tem placa.

Já em Capitán Bado, cidadezinha de infraestrutura precária com apenas 7,5 mil habitantes, os rastros do golpe criminoso são ainda mais gritantes: há mais carros com placas brasileiras do que paraguaias. Contei mais de cem originários do Brasil, quase todos ilegais. De cada dez veículos que circulam por lá, apenas três têm placa do Paraguai. Os demais preservam as placas do Brasil, principalmente paulistas.

Um deles pertenceu ao técnico em agronomia Admilson, de Itápolis (SP). Ele teve o Gol ano 2001 furtado em fevereiro de 2006 em Piraju, região de Bauru (SP).

— Não sei como conseguiram furtar. O carro tinha alarme — disse.

Durante várias semanas após o furto, Admilson vasculhou por diversos desmanches de veículos em cidades próximas, com a ajuda da polícia. Sem sucesso. Ele nem desconfiava que seu carro estava no Paraguai, circulando livremente.

Dois fatores contribuem para a manutenção do esquema de troca de carros roubados por droga na região de fronteira. Primeiro, a fragilidade da legislação paraguaia. Ironicamente apelidada de "cochemal" (carro roubado), a lei 608, de 1995, previu dois períodos de doze meses, em 1995 e 2001, para legalizar carros furtados ou roubados no Brasil: se, naquele período, ninguém reclamasse a origem do veículo roubado em outro país, o carro ganharia um registro permanente em nome do dono paraguaio.

Do lado brasileiro, o problema é o pouco efetivo policial. O DOF de Mato Grosso do Sul reconhece a impossibilidade de vigiar permanentemente 438 quilômetros de fronteira seca com o Paraguai. A Polícia Militar de Sapucaia possui apenas seis homens, que se revezam em turnos alternados.

O tráfico impõe uma rotina de medo permanente na fronteira. Dirigir pelas ruas de Capitán Bado é como andar em um campo minado. Todo cuidado é pouco quando se entra na cidade paraguaia: em cada esquina há olheiros a serviço do narcotráfico que comunicam aos chefes por rádio ou celular qualquer movimentação suspeita de estranhos.

Como o uso de armas é livre no país vizinho, quase todos os estabelecimentos comerciais — principalmente supermercados e casas de câmbio — são resguardados por seguranças armados com escopetas e até fuzis. Estive por lá nos dias 10 e 11 de julho de 2006, com carro descaracterizado, placa de Curitiba (PR). Em Pedro Juan, o intenso comércio de produtos pirateados diluía a minha presença. Mas em Capitán Bado, cidade bem menor e com menos contrabando endereçado ao Brasil, a presença de forasteiros é rapidamente notada pelos "olheiros" do narcotráfico. No segundo dia em Capitán Bado, um motoqueiro notou a câmera fotográfica do repórter José Carlos Moreira e passou a seguir o nosso carro pelas ruas do município. Para evitar problemas, a saída foi deixar rapidamente a cidade e voltar para Amambai, cidade distante cerca de 40 quilômetros da fronteira.

Tranquilidade, só para os traficantes brasileiros que se refugiam no país vizinho. Para Carlos Arías Cabral, um dos líderes no narcotráfico local, o Paraguai é o paraíso para quem quer planejar crimes como sequestros e assaltos a bancos sem ser incomodado.

"O que mais atrai os bandidos brasileiros não é a maconha, mas poder viver tranquilamente, subornando policiais e autoridades. Aqui se podem comprar e levar para o Brasil fuzis, metralhadoras e todo tipo de armas. Enquanto esse paraíso estiver intocado, não adianta a PF render 30 bandidos. Imediatamente vão surgir outros novos 60", disse ele em entrevista à revista *IstoÉ*.[2]

A disputa pelo controle do tráfico de drogas na fronteira do Brasil com o Paraguai gera um alto grau de violência na região, principalmente em Capitán Bado e Coronel Sapucaia. Não há estatísticas oficiais, mas a média de homicídios na região é de dois a três por semana. Quase todos são assassinados em tocaias, com armas de grosso calibre e de uso proibido no Brasil, como metralhadoras, fuzis AR-15 e escopetas. É comum as vítimas serem torturadas antes de morrer. Duas semanas antes de chegar à cidade, eu soube pela polícia local que um caminhoneiro recebera 25 tiros no corpo em uma emboscada. Outros 38 furaram a lataria do caminhão.

Na tarde do dia 4 de outubro de 2012, Luiz Henrique Georges, dono do *Jornal da Praça*, em Ponta Porã (MS), morreu fuzilado por trinta tiros de fuzil. Ele havia assumido o jornal após o assassinato do ex-dono, Paulo Roberto Cardoso Rodrigues, em fevereiro do mesmo ano. Com os dois homicídios, o jornal deixou de circular.[3]

Quase sempre os cadáveres são despejados em um imponente obelisco que marca a fronteira do Brasil com o Paraguai na saída de Ponta Porã para a vizinha Antônio João, chamado "marco grande". Nos anos 1990, toda manhã a polícia encontrava pelo menos um corpo estirado ao lado do marco, um desafeto do tráfico assassinado na noite anterior.

Para sobreviver à violência cotidiana, os moradores adotam o silêncio.

— Aqui ninguém sabe de nada, não vê nada, não ouve nada — afirma um morador de Coronel Sapucaia.

Em maio de 2006, a base da Polícia Militar de Sapucaia foi metralhada a partir do outro lado da rua, em solo paraguaio. Por sorte, ninguém ficou ferido.

COCAÍNA: A ROTA CAIPIRA 327

A cultura da bala chega a flexibilizar leis, mesmo do lado brasileiro. Nenhum motociclista na região de Mato Grosso do Sul usa capacete. O acessório só é utilizado para fazer execuções de rivais a mando do tráfico.

— Pedimos para a polícia parar de multar as pessoas por falta de capacete. Diante do narcotráfico, esse é um crime menor — diz o promotor Ricardo Rotunno.

A violência na fronteira remonta à disputa de território por contrabandistas como Nelson Rossati, morto em junho de 1978 com um tiro na cabeça de espingarda calibre .12 enquanto caminhava pela avenida Internacional, que separa Ponta Porã de Pedro Juan. Três anos depois, o também contrabandista Augusto Coelho Nunes Sobrinho, o Boy, suspeito de ser o mandante do crime, também foi morto em sua mansão no Morumbi, em São Paulo.[4]

Mas foi o tráfico que elevou a violência na fronteira a níveis insuportáveis, principalmente quando surgiu em cena o megatraficante carioca Fernandinho Beira-Mar. Nos anos 1990, ele se associou à família Morel, que na época controlava todo o narcotráfico na fronteira, para lucrar com a remessa de maconha e cocaína para o Brasil. O traficante carioca utilizava casas de câmbio paraguaias para enviar os lucros com o comércio da droga para paraísos fiscais — foram R$ 12 milhões, segundo o Ministério Público. Foragido da Justiça brasileira, Beira-Mar recebeu guarida dos Morel por muitos anos em Pedro Juan Caballero.

Mas, em 2001, o traficante carioca passou a desconfiar que os irmãos Ramón e Mauro Morel estariam fornecendo informações privilegiadas sobre os seus esquemas criminosos para a Polícia Federal brasileira em troca da redução da pena do pai, João, preso por tráfico desde maio de 2000. E armou a vingança que desencadearia a maior onda de violência na região.

No dia 13 de janeiro de 2001, Mauro e Ramón foram executados, juntamente com um segurança, por quatro pistoleiros no próprio escritório da família, que ficava em uma chácara a 3 quilômetros do centro de Capitán Bado. Participaram do triplo homicídio parceiros de Beira-Mar e pistoleiros contratados pelo carioca.

328 ALLAN DE ABREU

Dois dias depois, Beira-Mar telefonou para o repórter Cândido Figueiredo, do jornal paraguaio *ABC Color*, e, numa entrevista de 45 minutos, assumiu a morte dos irmãos Morel. Disse que os havia matado porque se sentiu traído. Chegou a elogiar João Morel, chefão do clã e pai dos dois rapazes mortos:

— Respeito o senhor Morel, mas sei que ele não vai me perdoar por eu ter matado seus filhos — declarou.[5]

Palavras em vão.

No dia 21, semana seguinte à morte dos irmãos, o patriarca da família, João Morel, foi assassinado a golpe de "chucho", uma faca artesanal, na cela 38 da Penitenciária de Campo Grande.

Quatro meses depois, Beira-Mar acabou detido pelo Exército colombiano na selva do país vizinho, onde mantinha contato com as Farc. Desde então, segue atrás das grades. Mas sua detenção não impediu que continuasse semeando a violência na fronteira com o Paraguai. O paraguaio Carlos Cabral, conhecido como Líder Cabral, aproveitou a prisão de Beira-Mar e o fim dos Morel para assumir o comando do tráfico de maconha na região. Não demorou para que também entrasse na lista de desafetos do capo carioca, que o acusava de, assim como os Morel, colaborar com a PF na prisão de Leomar Barbosa, braço direito de Beira-Mar em Mato Grosso do Sul, e assim assumir a liderança do comércio de drogas na área.

No dia 8 de janeiro de 2002, Cabral estava na sua casa, uma fortaleza fortemente armada a um quilômetro de Capitán Bado, quando recebeu um telefonema de policiais da já extinta Dinar, corrompidos por ele, recomendando que reduzisse sua segurança e retirasse os fuzis AR-15 e as metralhadoras do imóvel porque, no dia seguinte, haveria uma blitz da polícia no local, sob a coordenação do Ministério Público. Com a confiança de quem tinha policiais da Dinar em sua folha de pagamento, o traficante não duvidou da recomendação. Acompanhado por apenas quatro seguranças, aguardou a batida. A visita se confirmou no dia seguinte, mas a polícia não chegou sozinha.

Cabral tomava tereré (bebida feita com erva-mate, típica do Paraguai) com amigos quando viu o portão de sua casa ser perfurado por tiros.

COCAÍNA: A ROTA CAIPIRA 329

Sob o comando do líder do PCC, Douglas Ribeiro Cunha, um fugitivo da Penitenciária de Ribeirão Preto que se transformou no homem forte de Beira-Mar na fronteira, vinte homens encapuzados invadiram o QG do Líder Cabral. Armado com granadas, fuzis AR-15 e M-16 e metralhadoras Uzi, o esquadrão de Douglas arrombou os portões da casa de Cabral enquanto os agentes policiais da Dinar agiam pelas portas dos fundos, matando os seguranças. Um terceiro agente dava retaguarda numa Toyota do lado de fora. Em lugar de uma blitz, houve um massacre. Com o apoio policial, os traficantes lançaram granadas em direção aos capangas de Cabral. Seu filho, Leonardo, de 3 anos, foi morto com um tiro de fuzil. Pulando um muro lateral, o chefe escapou do tiroteio. O ataque durou 15 minutos e deixou onze mortos.

— Foi uma cilada que contou com a participação da alta cúpula da Dinar, que estava do meu lado e se vendeu para o outro grupo de traficantes — afirmou Cabral à revista *IstoÉ*.[6] O preço, segundo ele, seriam US$ 650 mil.

O contra-ataque de Cabral não tardou. Nas três semanas seguintes, ele ordenou o assassinato de 22 integrantes do grupo de Beira-Mar na região e consolidou de vez sua liderança no tráfico fronteiriço. Passou a residir em Andresito, na Argentina, usando a identidade falsa de Nicolas Ferreira Duarte, e fez parceria com o também paraguaio Juan Carlos Portillo, um dos principais fornecedores de maconha, cocaína e armas do país. A dupla manteve a tensão na região: chegou a planejar o assassinato de Jorge Samudio, secretário do traficante Carlos Ruben Sanchez, que teria invadido o território de ambos em Pedro Juan Caballero. Outro na lista negra de Cabral era Carlos Antonio Caballero, o Capilo, paraguaio "embaixador" do PCC no país vizinho retratado no capítulo 16.

Com o tempo, Cabral passou a se relacionar com moradores de Planalto, no extremo oeste do Paraná. Foi na cidadezinha de 15 mil habitantes, fronteira com a Argentina, que o traficante foi preso pela Polícia Federal na manhã do dia 14 de julho de 2010. Dois anos depois, foi condenado pela Justiça Federal no Paraná a 43 anos e oito meses de prisão por tráfico.

Um pouco antes, em novembro de 2009, Beira-Mar foi condenado pelo Tribunal do Júri de Campo Grande a quinze anos de prisão pela morte de João Morel na capital de Mato Grosso do Sul. Todos os crimes cometidos pela guerra do tráfico em solo paraguaio ficaram impunes.

Além de carros furtados ou roubados, o esquema de troca de veículos por droga na fronteira também opera com veículos "quentes", financiados fraudulentamente no Brasil. Trata-se do "esquema finan", em que o veículo é financiado em nome de laranjas ou por meio de documentos falsificados. Não se pagam as prestações e o veículo acaba em Mato Grosso ou Mato Grosso do Sul, onde é vendido para traficantes e em seguida trocado por droga na fronteira.

Um Fiat Uno de São José do Rio Preto (SP), por exemplo, registrado em um endereço inexistente na cidade brasileira, circulava normalmente em Pedro Juan Caballero em 2006. No Brasil, o Uno estava bloqueado pela Justiça a pedido dos bancos e financiadoras por falta de pagamento.

Tanto o "esquema finan" quanto o de veículos furtados ou roubados também prosperam na Bolívia. San Matías, cidade de 10 mil habitantes, na fronteira com Mato Grosso, é porta de entrada para o narcotráfico e toda sorte de crimes no país vizinho. Pobre, não tem nenhuma rua asfaltada, muito menos rede de esgoto. A economia local se move em três pilares: o tráfico da pasta-base, o comércio de produtos de grife falsificados e a compra e venda de veículos "finan".

— É uma terra sem lei, que serve de abrigo para criminosos foragidos da Justiça brasileira — diz o juiz Emerson Cajango, de Mirassol d'Oeste (MT), cidade próxima a San Matías.

Como na fronteira paraguaia, a região também é assolada pela violência. No dia 13 de agosto de 2012, por volta das 23 horas, os brasileiros Rafael Max Dias e Jefferson Castro Lima procuraram os bolivianos Pablo Parabá Ramos, Vanderley Costa Parabá e Edgar Suárez Rojas na periferia de San Matías. Foram cobrar o pagamento pelas motos roubadas por Dias e Lima no Brasil, dias antes, e entregues ao trio. Houve discussão sobre o preço dos veículos, e os bolivianos se negaram a pagar pelas motos. Dias não deixou por menos. Sacou um revólver da cintura e matou os três, à queima-roupa.

COCAÍNA: A ROTA CAIPIRA 331

Após a chacina, a dupla fugiu pela zona rural do município no carro de uma das vítimas. Na tarde do dia seguinte, Dias e Lima, cansados e com sede, pediram água a um sitiante. Desconfiado, o morador acionou a polícia, que prendeu a dupla. Os brasileiros foram levados para a carceragem da delegacia da cidade. Revoltados, cerca de trezentos moradores de San Matías, incluindo familiares dos três bolivianos mortos, invadiram a delegacia, resguardada por apenas sete policiais, arrombaram a cela onde estavam Dias e Lima e levaram ambos até a rua. Após dar uma surra com socos, chutes e pauladas, a multidão amarrou os dois com uma corda, jogou gasolina e ateou fogo nos corpos. A polícia assistiu a tudo, impassível.[7]

É na praça central de San Matías que traficantes, na maioria brasileiros, aliciam mulas para atravessar a fronteira com droga. Nas ruas do entorno, a maioria dos veículos veio do Brasil — alguns ainda preservam as placas brasileiras, enquanto outros nem isso têm. Uma lei antiga permitia que carros circulassem sem placas em um raio de 150 quilômetros a partir da fronteira. A norma foi derrubada faz tempo, mas não o hábito de circular sem placas. Na periferia da cidade, há vários desmanches, nenhum legalizado.

O narcotráfico alcança as mais altas instâncias de poder matieñas. Entre 2007 e 2010, a prefeitura de San Matías esteve nas mãos de Huber Velardi Rivero, homem de feições indígenas e passado obscuro. Em meio aos casebres pobres em ruas de terra, destaca-se na paisagem do município de 14,7 mil habitantes a mansão de Huber, que ocupa quase uma quadra inteira, com uma grande piscina escondida atrás de um muro com 3 metros de altura. A Polícia Federal o considera um barão boliviano do tráfico. Huber e um irmão mais novo, Adan Ademilson, o Pintcho, foram investigados pela PF, a partir de Cáceres, por comandarem um esquema de tráfico de cocaína da Bolívia para Mato Grosso e em seguida Brasil afora, inclusive São Paulo.

— Eu tenho uma novilha lá na sua cidade [Cuiabá], tem jeito de você fazer alguma coisa? — perguntou Pintcho a um cliente brasileiro.

— Uma novilha?

— Não, sete a oito novilha [7 a 8 quilos de cocaína].

— Você tá querendo a quanto?

— A oito [R$ 8 mil o quilo].

Pintcho era muito procurado por traficantes da capital mato-grossense interessados em cocaína com pureza máxima para remeter à Europa:

— Deixa eu te falar: é difícil arrumar o cristal exportação? — perguntou um deles.

— Não é difícil — respondeu Pintcho. — Eu encomendo para os meninos lá em cima e ela vem.

— Não tem como arrumar, tipo assim, 10, 20 gramas só pra mim mandar pelo Sedex pros caras lá?

— Tá bom, tem como arrumar.

— Você tá entendendo? Negócio de cem peças [100 quilos].

Na ausência do irmão, o próprio Huber cuidava das negociações escusas. Como no diálogo com outro traficante de Cuiabá, Carlos Roberto Ruiz, em março de 2007, já na condição de prefeito de San Matías:

— Pegou seu dinheiro [cocaína] aí já? — perguntou ao brasileiro.

— Já recebi.

— Tá bom então, né?

Mas dois dias mais tarde Ruiz acabou preso com a droga — 11,5 quilos — em Alto Garças (MT). Mesmo na cadeia, o brasileiro telefonou para Huber:

— Que foi, patrão? — perguntou o boliviano.

— Alguém com inveja da gente aí botou meu nome na boca dos homem. Aí eles me cercaram aqui em Rondonópolis, revistaram tudo, tudo, tudo e não acharam nada. Aí me liberaram. Aí eu andei mais 150 quilômetro, pararam outra vez. Aí continuaram rebentando o carro até achar, cara.

— E agora, patrão? Como que a gente faz? Tem que pagar aqui o pessoal? — Huber tinha de quitar a carga com seus fornecedores na Bolívia.

— Você me espera aí, eu tô resolvendo o que eu faço. Saindo a gente continua, entendeu?

— Mas vai sair quando?

— Talvez demore um pouco. Eu não sei ainda. [...] Eu saindo a gente dá sequência.

COCAÍNA: A ROTA CAIPIRA          333

Mas os negócios não foram adiante.

O que não seria problema para os irmãos Velardi. Havia vários outros contatos no submundo do tráfico no Brasil.

Na maior parte das vezes, essa relação comercial era construída na base do escambo: carros "finan" brasileiros em troca de alguns quilos de pasta-base.

— Eu queria saber quanto que vale um Corolla, desses modelo 2006/2007, prata — perguntou Francisco da Rosa Castro, o Chico Preto, para Jesus, boliviano funcionário dos Velardi não identificado pela PF.

— Cinco.

— Cinco o quê?

— Verde [US$ 5 mil].

— Eu precisava de outro dinheiro, de outra moeda [cocaína]. Isso que eu queria saber, quanto você me paga. Mas tem que ser cheque cinco estrela [droga de qualidade].

— Peraí. Nosso dá 3 [quilos de cocaína].

Negócio fechado, Chico mandou sua mulher levar o carro de Cuiabá até a praça central de San Matías, cenário das principais negociações do tráfico na cidade. Três dias depois, o brasileiro telefonou para Adan oferecendo mais um automóvel:

— Ei, Pintcho, quanto vale uma Parati 97, com ar-condicionado? Só que ela é só duas portas. Tem ar e trava. Ela é branca.

— Você fala no dinheiro ou no...

Chico interrompeu.

— Não, não. No mesmo aí do carro que eu mandei pra você [Corolla].

— Nesse dá pra dar 1,5 mil [1,5 quilo de cocaína].

Os dois carros foram entregues aos Velardi. Mas o pagamento em droga custava a ser feito, o que irritou Chico Preto. Pressionado pelos donos do Corolla em Cuiabá, ele acionou o prefeito Huber:

— É o seguinte, meu camarada, igual eu já falei pra você, por mim eu esperava até um mês, só que é o seguinte, eu preciso... O menino me ligou hoje e falou: "Chico, eu comprei outra caminhonete pra mandar pra fazenda [Bolívia]. Como? Falta me pagar ainda." Daí eu falei: "Calma, meu filho." Ele tá com a caminhonete pronta, me esperando pra eu pegar e levar pra fazenda.

— Eu vou ligar agora para o menino para ver o que está acontecendo.

Adan, Huber, Ruiz e Chico Preto respondem a ações penais por tráfico internacional de drogas e associação para o tráfico, não julgadas em agosto de 2016.[8] O processo é decorrente da Operação Fronteira Branca, desencadeada em agosto de 2009, quando Huber ainda era prefeito de San Matías. Ele chegou a ter um mandado de prisão preventiva decretado pela Justiça brasileira, mas a ordem acabou revogada. Seis meses mais tarde, ainda no cargo, Huber foi o alvo central de uma operação da Felcn e do Ministério Público boliviano por lavagem de dinheiro do tráfico. Segundo os promotores, o prefeito não tinha como justificar patrimônio tão elevado, que incluía fazendas e centenas de cabeças de gado. Ele chegou a ser detido, mas acabou solto horas depois por ordem da Justiça, que considerou as provas contra o prefeito insuficientes.[9] Ainda conseguiria eleger seu sucessor, o sobrinho Denny Velarde Villaroel, com quem acabaria rompendo. Cinco anos mais tarde, em 2015, Huber candidatou-se novamente à prefeitura, inclusive contra Denny e outros dois. Ficou em último lugar e viu o sobrinho reeleger-se.

Mesmo quando o poder político na Bolívia não se embebeda no crime, é conivente com ele. Assim como no Paraguai, o comércio de carros objeto de crime do lado brasileiro ganhou incentivo do governo boliviano em junho de 2011, quando Evo Morales autorizou a legalização de carros sem documentação. De 120 mil automóveis inscritos, 4,5 mil haviam sido roubados no Brasil. Mas apenas quinhentos foram localizados pela polícia boliviana e devolvidos ao Brasil. O restante permanece circulando normalmente pelas ruas e estradas do país vizinho.

As feiras de carros de Challapata, na região central do país, e de Santa Cruz de la Sierra, principal cidade da Bolívia, com 1,7 milhão de habitantes, são a face mais visível da complacência do governo com o comércio de veículos furtados ou roubados nos países vizinhos, incluindo o Brasil. Na feira de Challapata, que acontece nos fins de semana, chama a atenção a fila quilométrica de carros e caminhonetes, cerca de 17 mil, a maioria sem placas e documentos — é raro encontrar algum legalizado. A compra e venda de automóveis é feita às claras, sem qualquer fiscalização.[10]

COCAÍNA: A ROTA CAIPIRA          335

Na de Santa Cruz não é diferente. A maior e mais cosmopolita cidade do país foi planejada em forma circular, com a praça 24 de Septiembre e sua famosa catedral de tijolos marrons ao centro, a partir do qual se expandem, feito anéis de cebola, grandes avenidas circulares — os "anillos" — pelas quais circulam no trânsito caótico carros Toyota e Suzuki dos anos 1970 e 1980, semissucatas desovadas pela indústria japonesa. Às margens do terceiro "anillo" está a conhecida feira de autos de La Playa, aberta diariamente. São cerca de 2 mil carros, parte deles roubada no Brasil e esquentada em despachantes bolivianos, os chamados "autos chutos". Devido à origem ilegal, os preços são mais do que atrativos: uma caminhonete Pajero não sai por mais do que US$ 8 mil. Por mais US$ 200, os vendedores se encarregam de providenciar documentação falsa para o veículo, enquanto não há uma nova legalização de automóveis sem documentos pelo governo de Evo Morales. A polícia sabe, me confidenciou um taxista em julho de 2013, mas cobre os olhos diante da ilegalidade de La Playa, a feira que fomenta a economia de Santa Cruz ao despejar dezenas de carros no caótico trânsito da capital econômica da Bolívia.

O pátio da Delegacia de Cáceres (MT), cidade a 80 quilômetros de San Matías, espelha a frequência com que veículos de todo o Brasil são usados como moeda pelo narcotráfico em áreas de fronteira. Em setembro de 2011, quando estive por lá, havia no local 350 carros e caminhonetes e 280 motos, roubados, furtados ou financiados fraudulentamente. Pelo menos dez deles são do interior paulista, entre os quais um Fiat Strada ano 2008, placa EFP 6151, de São José do Rio Preto. O carro foi adquirido zero-quilômetro por um empresário da cidade que não quis ser identificado, financiado em sessenta parcelas. Mas apenas nove foram quitadas, e o veículo foi revendido para um terceiro.

— Ele não pagou nenhuma parcela, nem transferiu o carro para o nome dele. Passou para a frente e ficamos com o nome sujo — afirma o filho da vítima.

Segundo a Polícia Civil de Cáceres, o destino do veículo seria a Bolívia. Só não ultrapassou a fronteira porque capotou em uma rua da cidade em janeiro de 2010 — o motorista aparentava embriaguez.

336 ALLAN DE ABREU

Outro carro que apodrece no pátio de Cáceres é um Verona, ano 1994, placa BZD 4232, de Riolândia (SP). Em 2005, o automóvel foi vendido por um funcionário público para uma concessionária de veículos de Rio Preto. A empresa, por sua vez, revendeu o Verona para uma garagem. Lá, ele foi adquirido por Alessandro Martins dos Santos, financiado. Mas Alessandro não pagou as prestações e o banco Itaú ingressou com ação na 8ª Vara Cível de Rio Preto para reaver o veículo. O automóvel acabou apreendido pela polícia de Cáceres em novembro de 2008. Como não retirou o veículo do seu nome, o servidor acabou sendo inscrito no Cadastro de Inadimplentes por dívida de IPVA.

Segundo o delegado Rogers Elizandro Jarbas, uma vez apreendidos, os veículos só podem ser retirados pelas empresas que os financiaram.

— O problema é que nem todas se interessam pelos carros, e eles ficam aqui, debaixo de sol e chuva, apodrecendo.

O abandono é ainda maior quando só partes do carro são recuperadas pela polícia. Foi o que ocorreu com o Fiat Strada ano 2007, placa DWA 0433, de Catanduva (SP). Em 26 de março de 2009, ele foi furtado na periferia da cidade.

— Parei em frente ao meu escritório, e quando voltei, meia hora depois, não encontrei mais nada — diz o dono, que quis ter a identidade preservada.

Três meses depois, o veículo foi encontrado depenado na periferia de Cáceres: não tinha rodas, bancos, nem aparelho de som.

— É provável que esse veículo fosse para a Bolívia, mas por algum motivo preferiram retirar as peças e deixá-lo aqui — diz o delegado Jarbas, ao lado da carcaça esquecida no pátio.

A poucos metros da picape, constatei outro carro furtado no interior paulista, um Gol vermelho com placa de Votuporanga (SP). Trata-se de um veículo dublê: a placa, NFN 0532, é de uma moto legalizada que circula nas ruas de Inhumas, Goiás. Segundo o delegado, roubaram o carro em São Paulo e clonaram a placa da moto.

Essa clonagem, porém, costuma ser mais sofisticada. O veículo furtado é "esquentado" com a numeração de chassi e documentos de um carro legalizado, na maior parte das vezes batido, e volta a circular normalmente. Um empresário de Mirassol d'Oeste (MT), que não quis ser identificado, foi vítima do esquema. Em 2009, uma Hilux dele foi destruída em um acidente em Mato Grosso. O dono levou o veículo a uma funilaria da cidade, cujo proprietário é de São José do Rio Preto (SP).

— Ele me disse que não havia jeito de recuperar a caminhonete, mas quis comprar o veículo para usar as peças — disse.

Quase um ano depois, o empresário levou um susto quando recebeu ligação telefônica de um investigador da Polícia Civil paulista. A Hilux fora encontrada em um desmanche de Rio Preto, onde seu número de chassi seria enxertado em outra caminhonete idêntica, roubada.

— Levei um susto. Em uma dessas, meu nome poderia ser envolvido em esquema de roubo de caminhonete à toa.

A Hilux foi destruída.

Assim como San Matías, as cidades bolivianas de Puerto Quijarro e Puerto Suárez são igualmente pobres e tomadas pela criminalidade. Em ruas de terra e casas depauperadas moram, em ambas as cidades, cerca de 37 mil habitantes. A economia legal é pautada pelo escoamento de grãos nos seus portos, às margens do rio Paraguai, e pelo comércio de produtos importados da China. Mas o que realmente impulsiona a região é o tráfico de cocaína.

No início dos anos 1990, começaram a pipocar farmácias por Corumbá, cidade de Mato Grosso do Sul na fronteira com Quijarro. Não devido à demanda de moradores por remédios, mas para remeter aos traficantes bolivianos a acetona, o éter e o ácido sulfúrico de que precisavam para refinar a pasta-base vinda da região do Chapare. A venda desses produtos era tão intensa que, na época, um juiz da comarca escreveu, em sentença que condenou traficantes da cidade, que a quantidade de acetona negociada em um único dia seria mais do que suficiente para fazer e desfazer as unhas de todas as mulheres corumbaenses. Por mês, as 34 drogarias da cidade na época adquiriam 2 mil litros de éter e acetona de fábricas no interior paulista. Uma única farmácia chegou a vender, por dia, 66 litros de acetona.[11] Na metade da década, a Polícia Federal e o Conselho Regional de Farmácia passaram a atuar com mais rigor na fiscalização dos estabelecimentos e a maioria foi fechada.

Mas o fim das farmácias de fachada em Corumbá não deu cabo do tráfico intenso na região, e de sua mais conhecida moeda de troca, carros e veículos furtados. Um comércio que levou a violência a um grau extremo em 2005 e 2006, capitaneada pelo boliviano Miguel Ángel Limpias Cabral e o brasileiro Laudelino Ferreira Vieira, o Lino. No dia 11 de janeiro de 2004, a dupla invadiu um hangar no aeroporto de Corumbá. Roubou três aviões Cessna e assassinou o piloto e empresário Luiz Fernandes de Carvalho, dono das aeronaves.

Duas semanas depois, Cabral, Lino e um comparsa foram flagrados pela polícia da Bolívia com um dos aviões no aeroporto de San Ignacio de Velasco, cidade próxima a Santa Cruz de la Sierra. A numeração da aeronave estava raspada, mas ainda era possível enxergar vestígios do prefixo de um dos aviões roubados em Corumbá. Os três foram para a cadeia, mas acabaram libertados pela Justiça boliviana ainda no primeiro semestre de 2004. Soltos, mergulharam no roubo de carros e motos na fronteira. Em um período de dezoito meses, entre Janeiro de 2005 e Junho de 2006, a quadrilha teria roubado 36 veículos em Corumbá e outros 31 em Puerto Suárez, Puerto Quijarro e Arroyo Concepción, no lado boliviano. Os carros e motos eram imediatamente trocados por droga na região de Santa Cruz de la Sierra, onde um automóvel em bom estado valia cerca de 2 quilos de pasta-base, ou US$ 4 mil.

Em Corumbá, a quadrilha costumava agir na estrada de acesso ao distrito de Jacadigo. São 50 quilômetros de terra esburacada, que serpenteia entre Brasil e Bolívia. Em maio de 2005, quando era repórter do jornal *O Estado*, estive na "cabriteira do Jacadigo", como é chamada. A quadrilha de Lino e Cabral aproveitou a ausência quase absoluta de policiamento na região para transformar o caminho em uma terra sem lei. Com medo, vários sitiantes abandonaram suas propriedades na região. Os que permaneceram só se arriscavam a trafegar pela estrada em comboios de três a cinco veículos. Taxistas como César Camilo Fernandes se negavam a fazer corridas até o Jacadigo.

COCAÍNA: A ROTA CAIPIRA 339

— Um morador chegou a me oferecer 100 reais para levá-lo até o distrito, mas recusei. Não quero morrer.

Os assaltantes agiam sempre durante o dia — à noite, temiam deparar-se com alguma viatura do DOF, braço da Polícia Militar de Mato Grosso do Sul. A vítima era surpreendida por três ou quatro homens encapuzados e armados com espingardas calibre .12 e metralhadoras que saíam do meio da mata. Rendida, era amordaçada e amarrada em troncos de árvores, enquanto os ladrões fugiam com o veículo até a Bolívia. Se houvesse resistência, a quadrilha não hesitava em abrir fogo. No início daquele mês, maio de 2005, um mototaxista que conseguiu fugir do cerco dos bandidos foi metralhado em um dos braços. No ano seguinte, o cabo da Polícia Militar Rudy Mendonça foi assassinado na "cabriteira" durante ofensiva policial contra o grupo.

Poderoso, o esquema da dupla Lino-Cabral infiltrou-se no poder público. No início de maio de 2005, o governo boliviano demitiu um fiscal da aduana que integrava a quadrilha. Ele recebia propina para fazer vista grossa aos carros roubados que cruzavam a fronteira. Do lado brasileiro, o então chefe da Delegacia Regional de Corumbá, Rilton Alexandre Araújo, deu a dimensão das dificuldades em se combater a quadrilha:

— A influência do esquema é tão grande que basta comunicar a um policial da minha equipe que farei uma blitz na cabriteira que os assaltantes se mandam assim que eu puser os pés para fora da delegacia. Eles são como um polvo, têm olheiros para todo canto.

Com o fotógrafo Izaías Medeiros, percorri 35 dos 50 quilômetros da "cabriteira". A miséria é visível por todos os cantos: casebres cobertos com sapé, botecos imundos e pequenos sitiantes brasileiros que se misturam com bolivianos descendentes de índios. A conselho do DOF, não poderíamos parar o carro em momento algum — o Fiat Uno em que viajamos era um dos preferidos da quadrilha. A partir do quilômetro 10, as condições da estrada pioravam. Surgiam buracos e valetas que obrigavam o motorista a reduzir a marcha. Logo percebemos uma movimentação estranha na mata que cobria todo o lado esquerdo da pista.

Ao notar nosso carro, um homem correu e se escondeu nas árvores — possivelmente um "olheiro" dos assaltantes. Grupos de bolivianos não tiravam os olhos do veículo.

Só paramos na altura do quilômetro 35, nosso ponto final na "cabriteira". Lá, encontrei José Gomes Borges, um dos assentados rurais nas antigas fazendas Tamarineiro 1 e 2. Ele conta que três famílias haviam devolvido seus lotes ao Incra por medo. E que desde o início daquele ano os assentados estavam sem tratores, já que três máquinas financiadas pelo governo federal haviam sido roubadas.

— Se alguém aqui fica doente, pode até morrer, porque não temos condução e os taxistas não vêm mais até aqui — diz.

No retorno a Corumbá, os "olheiros" dos ladrões haviam desaparecido da estrada. Não dava para esconder o alívio ao avistar novamente a cidade pantaneira.

A prisão sucessiva de vários membros da quadrilha enfraqueceu Cabral e Lino. Aos poucos, acabaram os roubos de veículos na estrada do Jacadigo. A polícia de Corumbá chegou a espalhar cartazes da dupla pela região, mas não conseguiu prendê-los. Na manhã do dia 12 de julho de 2010, Lino seguia de moto pela BR-262, próximo a Campo Grande, quando dois policiais rodoviários solicitaram que parasse no acostamento. Em vez de obedecer à ordem, o condutor, Lauro Moreira dos Santos, acelerou a moto e fugiu. Começava uma perseguição que duraria pelo menos 20 quilômetros. No trajeto, Lino teria disparado uma pistola contra os policiais, que revidaram e atingiram a dupla. Feridos, ambos foram encaminhados à Santa Casa de Campo Grande, e em seguida à cadeia.

Com Lino e Santos os policiais encontraram 5,6 quilos de cocaína e uma pistola com dois carregadores. Logo que rendeu a dupla, a Polícia Rodoviária Federal identificou na mesma rodovia, em um trevo próximo a Campo Grande, uma caminhonete parada. O motorista, José Aparecido Ferreira Vieira, irmão de Lino, aguardava a chegada da droga, e também foi detido. Em 2010, o governo brasileiro solicitou formalmente a extradição de Cabral à Justiça boliviana,[12] o que não havia ocorrido em agosto de 2016.

COCAÍNA: A ROTA CAIPIRA            341

— Provavelmente está na Bolívia, e continua negociando veículos roubados no Brasil. Isso aqui é fronteira, o crime nunca acaba — afirma o delegado do 1º Distrito Policial de Corumbá, Gustavo Vieira.

Na fronteira com o Paraguai, a quadrilha comandada por Luís Dinei Almirão dos Santos especializou-se na troca de veículos furtados, roubados ou "finan" por cocaína e maconha. Dinei era um traficante experiente. Em 2003, fora flagrado em São Paulo com 700 quilos de cocaína. Preso na Penitenciária de Martinópolis, oeste paulista, conheceu Ivan Aparecido de Oliveira, o Shaolin, criminoso com passagens policiais por roubo e homicídio, e Dorival Aparecido Moreno, o 51. Os três decidiram que, quando saíssem, montariam um esquema de tráfico em conjunto.

Funcionava assim: Dinei, a mulher e Jair José dos Santos, o Naim, amigo do casal, compravam pasta-base de fornecedores bolivianos estabelecidos em Pedro Juan Caballero e remetiam a droga escondida em veículos e caminhões até o "Camping Cascata", em Cabreúva (SP), cidadezinha entre Itu e Jundiaí. Lá, Dorival refinava a droga, misturando-a com diversos produtos para aumentar a sua quantidade, como xilocaína e cafeína. Dividia a cocaína batizada em partes menores e distribuía para o Rio de Janeiro e interior de São Paulo com a ajuda de Shaolin. Como pagamento pela droga, Dinei recebia veículos obtidos ilegalmente em várias partes do Brasil. O grupo chegou a criar um ponto para receber os automóveis, próximo a um camelódromo de Dourados (MS). De lá, os veículos eram levados até Ponta Porã, com destino ao Paraguai.

Em setembro de 2009, Dorival combinou a entrega de um carro para Dinei no rio Paraná, divisa entre São Paulo e Mato Grosso do Sul:

— Será que essa semana dá pra gente se vê lá no rio? — perguntou Dinei.

— Dá sim, porque o rapaz já tá polindo o capô lá e vai colocar o capô e nós vamos descer com o carro.

Naim, segundo a PF, mantinha ainda um esquema paralelo de fornecimento de droga para Vanderlan Pereira Nunes, traficante ligado ao PCC em São José do Rio Preto (SP). Pelos cálculos da polícia, ele remetia uma média mensal de 30 quilos de pasta-base de cocaína e 8 toneladas de maconha para Nunes no interior paulista, de onde o entorpecente seguia com destino ao Rio de Janeiro. Não era uma maconha comum, mas o sumo da planta, com princípio ativo ainda mais potente. A droga vinha camuflada em esconderijos feitos por funileiros, em carros "finan":

— Carro ele não tinha nenhum financiado lá, entendeu? Ele só tinha quitado... 15 mil [...] é muito puxado — disse Nunes para Marcelo Soares Duarte, o Louco, que mesmo cumprindo pena em penitenciária de Dourados (MS) mantinha sociedade com Nunes para levar droga até o interior paulista.

— Tem que ser carrinho financiadinho, baratinho, irmão.

— Vou vê o seguinte. Nós marcamos na parte da manhã aí... esse Corsa aí... dá uma olhada nele, entendeu? [...] Eu tô pensando como é que vai fazer esse trampo.

— Não, ele é especialista, ele sabe o lugar, irmão. [...] Na frente ali, tá ligado? É um bom lugar, irmão.

— No amigo meu tem um Corsa só pra isso. [...] Rumo do para--choque, entra 22 peças.

A dupla chegou a combinar o transporte de 3 toneladas de maconha para São Paulo. Mas havia esquemas de transporte mais prosaicos. Marcelo cogitou levar 250 quilos de maconha distribuídos em dezenas de bicicletas conduzidas por mulas de Ponta Porã a Dourados, uma distância de 120 quilômetros. Afinal, mulas nunca eram problema para Nunes e Marcelo — até março de 2009, quando Jeferson Martins Flores e a namorada Giselly foram contratados por Nunes e Marcelo para levar maconha de Pedro Juan Caballero a Rio Preto, em troca de R$ 3 mil. Jeferson imaginava que a droga seria escondida dentro do carro. Mas, quando chegou à cidade paraguaia, soube que levariam o entorpecente em duas bolsas no porta-malas. Ele não gostou da falta de cuidado. Na sua versão, telefonou para Nunes e ameaçou desistir do negócio. Mas foi ameaçado: caso não levasse a droga, o traficante em Rio Preto "iria dar baixa nos filhos do casal".

COCAÍNA: A ROTA CAIPIRA    343

Jeferson e Giselly saíram de Ponta Porã na madrugada do dia 30. Na noite anterior, às 22h16, receberam mensagens de Nunes pelo celular: "Peço a vocês que só saia na certeza. Veio vê com o irmão o batedor para ir na frente. Ai para sair daí a noite é as 7:00 da noite e depois da meia-noite."

Minutos depois, nova mensagem:

"Giz e Jef, já esperou até agora tenham um pouco de paciência. Já ta tudo certo só esperando a melhor hora para passar na barreira ai próximo não parece mas é a mais arriscada."

O casal acabou detido pela Polícia Rodoviária Federal logo no início da viagem, em Dourados (MS). Irritado, Jeferson decidiu contar tudo o que sabia de Nunes e Marcelo ao delegado da Polícia Federal. Ele e Giselly seriam condenados, respectivamente, a três anos[13] e a sete,[14] ambos por tráfico de drogas.

Mas nem por isso a dupla de traficantes interrompeu o negócio. Muitas vezes, para despistar a polícia, usavam mulas como "bois de piranha", como Celso Roberto Villas Boas de Oliveira Júnior. Em setembro de 2009, ele foi detido pela PF ainda em Ponta Porã. Acabara de carregar, em esconderijo na parte da frente de um Corsa, 13,8 quilos de um pó branco que acreditava ser cocaína, para levar até Rio Preto. Quando veio o relatório da perícia na droga, no entanto, a surpresa: não era cloridrato de cocaína, mas cafeína, substância que não é proscrita no Brasil. Para o juiz federal de Ponta Porã, Érico Antonini, é provável que Celso tenha sido usado, sem saber, para desviar a atenção dos órgãos de repressão enquanto outra carga, muito maior, passava sem ser incomodada. Um estratagema comum na fronteira.

Parte da droga adquirida tanto por Dinei quanto pela dupla Nunes-Marcelo vinha de dois fornecedores do Paraguai. Um deles, conhecido por Titan, chegou a ser investigado pela PF como fornecedor de um carregamento de 250 quilos de maconha apreendido em Rio Preto em 2008, mas nada ficou provado contra ele. Titan também foi investigado pelo Ministério Público paraguaio como mandante do assassinato de Rolando Fleitas Ferreira, morto com 34 tiros de fuzil em uma lan house de Pedro Juan em 8 de junho de 2009, num acerto de contas do narcotráfico.[15] Mas, novamente, acabaria inocentado por falta de provas. Solto, três meses depois do crime telefonou para outro paraguaio. Queria negociar um carro "finan" por droga. O diálogo em espanhol foi captado e traduzido pela PF:

— Eu estou juntando uns 2 ou 3 quilos de [pasta] base, vou dar um jeito de tirar um pouco pra gente — disse Titan.

— Seria bom, amigo, porque o cara aqui fica me cobrando. Outra coisa: eles têm um veículo Celta 2003, querem fazer negócio com a mercadoria, financiado, já está ali em Dourados, a placa é de São Paulo.

— Manda esse carro pra mim — ordenou Titan —, eu quero para o meu uso. Fala pra ele que eu tenho base, branca e até pedra.

— Beleza, eu vou ver com o cara aqui, o rolo do carro e 1 quilo de pó da pura.

— Pode fechar.

No mês seguinte, outubro, um comparsa de Titan, também paraguaio, negociaria com o representante de um traficante carioca a remessa de 2 toneladas de maconha por mês, em quatro caminhões, para abastecer as favelas do Rio.

— Ele [chefe do traficante carioca] disse que vai querer um desse, nesse valor de 500 [quilos], por semana, meu patrão. [...] Na hora que você botar a cabeça no travesseiro hoje, você pensa na sacanagem que eu tô te falando. Vão ser quatro caminhões desses por mês, meu patrão. Eu tô dando a minha palavra. [...] Mas olha só, tem que ser de qualidade superior, meu camarada, daquela qualidade pra melhor. Não pode ser coisa ruim não porque senão não vamos fazer negócio. Tranquilo?

— Eu tô ligado nisso aí.

Dias depois, o carioca foi até Ponta Porã entregar parte do dinheiro da droga para o paraguaio e receber uma amostra da maconha. Nesse momento, agentes da PF deram o bote na dupla e apreenderam as tais amostras: 13 gramas de maconha e 3 de cocaína. Devido à pouca quantidade de entorpecente, porém, ambos acabaram absolvidos pela Justiça.

No total, a operação da PF, batizada de Sede Campestre devido ao camping de Cabreúva, apreendeu mais de 5 toneladas de maconha, 16 quilos de cocaína e 8 quilos de crack. Com o crescimento dos negócios,

COCAÍNA: A ROTA CAIPIRA                                            345

Dinei chegou a cogitar o transporte da droga por avião, com a contratação de um piloto. Mas não houve tempo. A fase ostensiva da operação foi desencadeada em outubro de 2009, quando dezesseis foram presos, incluindo os cabeças do esquema, Dinei e a mulher. No Camping Cascata, os policiais encontraram 3,3 quilos de maconha, 6 de crack e 1,6 de cocaína. Naquele dia, Nunes foi o único que conseguiu fugir — ele só seria preso pela PM seis meses depois, em Rio Preto. No total, dezoito foram denunciados à Justiça pelo Ministério Público, mas apenas cinco foram condenados: Dinei (dez anos por tráfico e associação para o tráfico internacional), a mulher Maria Edilma (idem), Shaolin (doze anos pelos mesmos crimes), Dorival (seis anos por associação) e um funcionário do camping. Nunes e Marcelo foram absolvidos nessa ação por falta de materialidade do crime, no caso da apreensão de cafeína — sem droga, não haveria como puni-los, entendeu o juiz. Houve recurso dos procuradores, e o caso foi para o TRF, mas, até agosto de 2016, não havia decisão do Tribunal.[16]

Nunes e o sócio Marcelo acabariam condenados pela Justiça Federal de Dourados no flagrante da mula Jeferson. O primeiro teve pena de doze anos de reclusão no TRF por tráfico e associação,[17] enquanto Marcelo foi condenado a oito anos por tráfico.[18]

O esquema de trocar carros furtados ou roubados por droga na fronteira foi aperfeiçoado por Marcos Caetano.[19] Filho de uma família classe média de Tupã (SP), em 2009, Japa, como é conhecido, foi estudar enfermagem e fisioterapia na Universidade del Norte, Uninorte, em Pedro Juan Caballero, Paraguai. A Polícia Federal não sabe se Marcos fez contatos no mundo do tráfico depois de se mudar para o país vizinho para estudar ou se a faculdade era apenas fachada para facilitar contatos já estabelecidos com traficantes paraguaios. Fato é que, naquele ano, Japa começou a transportar pequenas quantidades de droga do Paraguai até sua terra natal. No início da noite do dia 16 de julho de 2009, policiais rodoviários de Ivinhema (MS) encontraram 3,1 quilos de cocaína escondidos no tanque de combustível do carro dirigido por Marcos. À polícia, ele disse que entregaria o veículo para um amigo em Presidente Prudente (SP). Acabou solto meses depois e, dessa vez, deixou de ser simples motorista para comandar um esquema de tráfico de maconha e cocaína entre Pedro Juan e as regiões de Tupã, Marília e Presidente Prudente, no sudoeste do estado de São Paulo — parte da droga seguia depois para a capital, Rio de Janeiro e Bahia.

A droga continuava sendo transportada em carros, ou até em motos — em novembro de 2011, um motoqueiro foi preso em flagrante em Presidente Epitácio (SP) porque, escondidos no veículo, havia 4,6 quilos de cocaína pura. Mas, agora, no caso dos automóveis, a maioria era roubada de muambeiros nas rodovias SP-457 e SP-294, próximo a Tupã. Integrantes do grupo ficavam em um ponto inicial das duas estradas, em borracharias ou postos de combustível. Ao avistarem carros carregados com mercadorias paraguaias, avisavam outras equipes mais à frente, escondidas nas laterais da pista. Quando o automóvel se aproximava, rendiam as vítimas com armas de grosso calibre, como metralhadoras e pistolas, e levavam o veículo e a muamba, depositados em um galpão de Pompeia (SP).

A estratégia, coordenada por Geovane Cardoso de Sá, braço direito de Japa, parecia perfeita: como levavam mercadorias ilegais, as vítimas não davam queixa do roubo do veículo à polícia. Além disso, os produtos contrabandeados eram revendidos no interior paulista, e o dinheiro, gasto na compra de droga no Paraguai. Já o carro virava moeda na troca por entorpecente no país vizinho, ou era "esquentado" com documentos falsificados, tarefa que cabia a um despachante do Rio de Janeiro, e servia para trazer cocaína e maconha até o interior paulista.

O prejuízo era zero.

"Apesar de Marcos Caetano não comparecer fisicamente na rodovia e praticar os assaltos diretamente, é um dos integrantes mais importantes da organização criminosa, pois é ele quem negocia os veículos obtidos por Geovane para serem trocados por drogas. Assim que um veículo é roubado, a informação é imediatamente passada a Marcos para a verificação da troca por drogas ou a venda do mesmo", escreve o delegado da PF João Marcus Rossafa Correia no relatório final das investigações sobre os métodos de operação do grupo.[20]

O esquema foi beneficiado com a inauguração, em 2009, de uma ponte no rio Paraná, entre as cidades de Brasilândia (MS) e Panorama (SP). Em pouco tempo o acesso se tornaria a nova rota do contrabando, entre Pedro Juan Caballero e São Paulo, devido à fiscalização policial deficiente ao longo do trajeto: entre a divisa de Mato Grosso do Sul e Marília, um trecho de 230 quilômetros, há apenas duas bases da Polícia Rodoviária, nenhuma com equipes do TOR, especializadas em apreensão de muamba e drogas.

O grupo comandado por Japa tinha também outras estratégias engenhosas para conseguir veículos que pudessem ser transformados em droga. Em 3 de janeiro de 2012, três rapazes foram a uma concessionária de veículos em Marília e pediram para fazer um test-drive em uma caminhonete, ano 2006, avaliada em R$ 60 mil. Entregaram seus documentos, todos falsos, e saíram com o veículo. O trio dirigiu até Pedro Juan, onde trocou a caminhonete por R$ 8 mil. Rafael comprou meio quilo de cocaína e por R$ 2 mil contratou a mula Selmo Borges do Nascimento para levar a droga dentro do estômago.

Selmo começou a engolir as 51 cápsulas, vedadas por quatro camadas de luvas cirúrgicas, às 13 horas do dia 9 de janeiro. Só terminou às 20 horas. Em seguida, embarcou com Rafael Wesley da Silva André em um ônibus em Ponta Porã (MS), vizinha a Pedro Juan. Ao descer do ônibus em Marília, a dupla foi presa por policiais civis da cidade. Selmo confessou estar com cocaína na barriga. Levado a um hospital, expeliu todas. Ambos foram condenados pela Justiça Federal a sete anos de prisão por tráfico internacional, pena mantida pelo TRF.[21]

As mulas também levavam cocaína na bagagem, igual a Mara Lúcia Alves, presa em 13 de novembro de 2011 quando carregava 4 quilos de cocaína na mala dentro de um táxi, entre Presidente Prudente e Tupã. A droga seria dividida entre Marcos e Emerson Gomes da Silva, traficante de Iacri (SP):

— E agora? Não tem mais jeito, não? — perguntou Emerson, diante da apreensão da droga.

— Tem que correr atrás de outra situação ali, né — resignou-se Japa.

— Não tem ninguém aqui perto que empresta um pouquinho até vir esse negócio aí?

— Não tem, os que tinha tá tudo guardado.

Mas nem sempre a polícia conseguia flagrar as mulas do esquema. No dia 11 de outubro de 2011, Flávio Henrique Nascimento Falvo levou cocaína no estômago do Paraguai até Tupã, no carro dirigido por Marcos Caetano. A polícia, que acreditava que a droga estaria escondida no veículo, chegou a montar barreira em Presidente Epitácio (SP) para prendê-los, mas não encontrou entorpecente e os dois foram liberados. Naquele mesmo dia, um comparsa de Japa telefonou para Flávio:

— Encosta aqui embaixo — disse.

— Beleza, mas depois que o negócio [laxante] fizer efeito — respondeu a mula.

Ao ouvir a gravação, a PF decidiu ir até a casa de Flávio para apreender a droga, mas nada foi encontrado. Levado ao hospital, o raios X não apontou cápsulas no seu estômago. Já havia expelido todas.

Além de cocaína, o grupo de Japa também trazia maconha paraguaia. No final de janeiro de 2012, o traficante coordenou o transporte de 80 quilos de maconha dentro de um carro.

— O teu menino — disse Japa ao comparsa identificado como Djou — tá acompanhando a situação. Ele fumou da situação que vai. A única coisa que tá atrapalhando essa caminhada é o dinheiro do mocó, que não tem como mandar o bagulho solto.

— Eu mesmo não quero solto — reforçou Djou. — Quero o bagulho guardado. É forro de porta, é lateral.

— É bagulho feito em assoalho, porque na porta não cabe. [...] Tudo lugar que tiver que colocar tem que colocar.

A maconha foi apreendida no primeiro dia de fevereiro, em Ponta Porã. Estava nos lugares indicados por Japa.

Com o passar do tempo, o grupo agregou produtos à sua rota criminosa e passou a trazer armas do Paraguai para criminosos da região de Marília. Em dezembro de 2011, Japa telefonou para Josias Dionisio, representante do grupo no Paraguai:

— Cê não acha uma nove [pistola .9 mm] usada?

COCAÍNA: A ROTA CAIPIRA                                    349

— É difícil, hein!

— O menino quer uma que tem que ser de marca, uma Cherokee ou uma Glock. Se aparecer uma, me avisa.

— Pode deixar que eu aviso.

Horas depois, mandou uma mensagem via celular para o comprador, o China, de Bastos (SP):

"Aí aquela que combinamos ta custando 2.500 dolar e o que eu consegui foi a cherock nervosa vc vai gostar."

Marcos foi até o Paraguai e mandou a pistola, de fabricação israelense, um carregador com capacidade para dezessete balas e um tablete com 1 quilo de cocaína em carro dirigido por um adolescente. China também mandou um menor de idade para receber a encomenda. Ambos foram flagrados próximo a um restaurante em Parapuã (SP).

No total, a Polícia Federal apreendeu, durante as investigações da Operação Trovão (o nome remete a Tupã, deus do trovão na mitologia tupi-guarani), 1 tonelada de maconha, 10 quilos de cocaína e 11 pessoas em flagrante. No dia 19 de abril de 2012, foram presas preventivamente sete pessoas, incluindo todos os líderes do esquema. Em março de 2013, a 1ª Vara da Justiça Federal de Tupã condenou todo o grupo por tráfico e associação para o tráfico. A sentença seria mantida pelo TRF, exceto as penas, reduzidas em sua maioria. Marcos foi condenado a 29 anos e nove meses por tráfico internacional de drogas e armas e associação para o tráfico de drogas; Geovane e Josias, a dezessete anos, todos pelos mesmos crimes; Flávio, a quatro anos por associação para o tráfico.

Chamam a atenção, nos armários de uma das salas da DIG de Rio Preto, os 25 volumes do inquérito resultante da Operação Clone, que desvendou um grande esquema de furtos e roubos de carros, caminhonetes e caminhões no interior paulista. Desencadeada em maio de 2010, a operação policial prendeu doze pessoas e apreendeu 23 veículos. Na época, foram cumpridos 184 mandados de busca e apreensão em 22 estados.

No total, 25 pessoas foram indiciadas por formação de quadrilha, receptação, furto, roubo, estelionato e fraude no sinal de identificação de veículo. O grupo é classificado pelo delegado José Augusto Fernandes, chefe da investigação, como "verdadeira organização criminosa, como se fosse uma empresa voltada não só a roubos e furtos, mas também apta à consumação de golpes do seguro, de financiamento e estelionato, contando ainda com uma extensão ligada à mercancia de entorpecentes e, como não poderia ser diferente, crimes de lavagem de dinheiro e fiscais".

De acordo com a polícia, o grupo roubava ou furtava carros, caminhões e caminhonetes, principalmente do modelo Hilux. Em parte deles, inseria numeração de chassi de veículos legalizados. O passo seguinte era solicitar aos órgãos de trânsito a segunda via dos documentos, o que era feito por despachantes do Paraná. "Esquentada", parte dos veículos era comercializada em garagens. Outra parte era trocada por droga na Bolívia.

A quadrilha, conforme a polícia, era chefiada por Márcio Fernandes de Oliveira, 40 anos, o Márcio Rato, qualificado como "um dos maiores receptadores de caminhonetes e caminhões do estado", e que "demonstra uma visão fortemente empreendedora quanto ao negócio ilícito desenvolvido". Segundo a DIG de Ribeirão Preto, que prendeu Rato em abril de 2010, semanas antes da Operação Clone ser desencadeada o grupo teria furtado e roubado ao menos duzentas caminhonetes Hilux nas regiões de Rio Preto e Ribeirão, causando um prejuízo estimado de R$ 30 milhões. Rato responde a sete processos na Justiça de Ribeirão por estelionato, furto, roubo e extorsão.

O braço direito dele no esquema era Alexandre Keller Guimarães Valarini, condenado por estelionato e receptação.[22] Segundo a polícia, por meio de Alexandre a quadrilha manteve negócios com o empresário de Birigui (SP) Renato Teruo Kassama, chefe de outra quadrilha de roubo de veículos e suspeito de integrar a máfia japonesa Yakuza.[23] Kassama morou dezesseis anos no Japão, período no qual, acredita a polícia, estreitou laços com a máfia. Ao regressar ao Brasil, montou um grande esquema de furto e roubo de veículos, "esquentados" em sua oficina de Birigui.

O negócio ilícito de Kassama ruiu em novembro de 2009, quando ele e mais quatro pessoas foram presos pela Polícia Civil; 23 veículos

COCAÍNA: A ROTA CAIPIRA 351

sem comprovação de numeração de chassi, incluindo uma Mercedes-Benz S-500, avaliada em R$ 200 mil, foram apreendidos na oficina do empresário. Na mansão de Kassama, onde se destacava o símbolo da Yakuza, pintado nos portões de acesso ao imóvel, foram apreendidas quatro espadas de samurais.

Com a prisão de Kassama, o grupo de Rato voltou as atenções para a Bolívia. As escutas apontam que Alexandre Valarini esteve no país em setembro de 2009 e manteve diálogos com um integrante do grupo de Mato Grosso chamado Adriano. Em conversa captada em 2 de setembro de 2009, Alexandre negociou veículos com o comparsa:

— Não deu certo, mas já encomendei outra mercadoria com os moleques.

— Desenrola amanhã — respondeu Adriano, e perguntou: — Cê vai dar conta?

— Tô atrás de outro [veículo].

Por cinco anos, o inquérito ficou paralisado à espera de laudos da Polícia Científica sobre os chassis dos veículos roubados. Somente em 2015, Rato, Alexandre e mais dezenove foram denunciados pelo Ministério Público por formação de quadrilha.[24] No fim daquele ano, porém, a Justiça declarou a prescrição do crime e a ação penal acabou arquivada.

Com ou sem carros como moeda de troca, a fronteira com Bolívia e Paraguai tem sido aos poucos dominada pelo Primeiro Comando da Capital (PCC), de longe a maior facção criminosa brasileira. Com o PCC, o narcotráfico atingiu feições empresariais.

# 15

# Cocaína para os "irmãos"

É assim que eles se chamam. "Irmãos." Como em uma seita, são batizados, e desde então obrigados a contribuir com o "partido", com dinheiro ou serviços no crime, e obedecer às suas ordens, sob pena de serem torturados e até mortos. Em troca, recebem proteção e status. Impossível escrever sobre a rota caipira sem mencionar o PCC, a máfia paulista. Nascido em 1993 na Casa de Custódia de Taubaté, o Primeiro Comando da Capital é a maior facção criminosa brasileira e faz do narcotráfico seu principal negócio. Para isso, comanda a maior parte dos esquemas de escoamento da cocaína a partir das veias rodoviárias do estado de São Paulo.

"Nós revolucionamos o crime", orgulham-se os que integram o Comando no estatuto da facção.

Os métodos de atuação do "partido" foram minuciosamente destrinchados pelo Gaeco entre outubro de 2009 e janeiro de 2013, no maior mapeamento da história do crime organizado no país, que culminou com a denúncia de 175 de seus "irmãos" mais célebres à Justiça por formação de quadrilha armada.[1]

Foi a partir de 2006, ano em que a facção liderou uma megarrebelião dentro e fora dos presídios paulistas, que o PCC se estruturou como organização criminosa, com hierarquia definida, corrupção de autoridades, lobby no Judiciário e na política e uso de empresas de fachada para lavagem de dinheiro. Naquele ano, a facção parecia antever o futuro em letras de funk feitas especialmente para o "partido":

> *O importante é que ninguém nos deterá nessa luta*
> *Revolução criminosa, cega, surda e muda*
> *Estamos caminhando em todas as penicas do Estado*
> *E nos estruturando do lado de fora, bem armados*
> *Por enquanto, nos consideramos em nível estadual*
> *A médio e longo prazo,*
> *Organização nacional.*

O crescimento coincide com o período em que Marco Willians Herbas Camacho, o sagaz e violento Marcola, assumiu o comando do PCC, em 2002, e passou a controlar todos os passos da facção com mão de ferro, apesar de encarcerado há muitos anos:

— Rapaz, eu tô com cinquenta homicídios e sumariando, se liga... Acabou, mataram eu em vida — disse por telefone a um comparsa em março de 2011.

Como se percebe, as rígidas normas de um presídio de segurança máxima como a P2, como é chamada a Penitenciária 2 em Presidente Venceslau (SP), não são suficientes para impedir a comunicação de Marcola — sempre a voz final nas decisões do "partido" — com seus comparsas. Os celulares dentro das celas são vitais para os negócios ilícitos da facção, e foi por eles que os promotores do Gaeco radiografaram em minúcias todos os métodos de atuação do PCC. Três anos de escutas a partir de equipamentos instalados no quartel da Polícia Militar em Presidente Prudente, oeste paulista, identificaram uma longa rotina de crimes: assassinatos, planos ousados de resgate de presos, lobby na política e no Judiciário e atentados contra policiais militares e autoridades, incluindo o governador paulista Geraldo Alckmin:

— Depois que esse governador entrou aí o bagulho ficou doido mesmo. Você sabe de tudo o que aconteceu, cara, na época que nóis decretou [de morte] ele [governador], então, hoje em dia, secretário de

COCAÍNA: A ROTA CAIPIRA 355

Segurança Pública, secretário de Administração, comandante dos vermes [PM], tá tudo contra nóis — disse em uma das escutas LH, apelido de Luis Henrique Fernandes, membro da facção, em agosto de 2011.

Bem que LH poderia estar blefando, ou dando à "família", outro dos apelidos do PCC, um poder que ela não tem.

Mas é melhor não duvidar.

A facção domina 90% dos presídios paulistas e está presente em 22 dos 27 estados brasileiros. São mais de 10 mil filiados no país, 7,8 mil só no estado de São Paulo, dos quais 6 mil estão detidos, e outros 1,8 mil, em liberdade. Todo esse contingente manipula uma grandiosa máquina de ganhar dinheiro, principalmente com o narcotráfico, não à toa chamado de "progresso" pelos "irmãos", já que garante o crescimento da facção. O Gaeco estima que o PCC fature cerca de R$ 8 milhões por mês com o comércio de drogas e outros R$ 2 milhões com suas rifas e contribuições obrigatórias, a "caixinha" ou "cebola" — R$ 800 mensais, apenas aos que estão em liberdade. O faturamento anual de R$ 120 milhões coloca a facção entre as 1.150 maiores empresas do país.[2]

Esse volume de dinheiro circula tanto em contas bancárias em nome de laranjas quanto em espécie, enterrado em imóveis estratégicos na Grande São Paulo. Para facilitar a contabilidade, os líderes da facção criaram o termo "mineral", que significa 1 milhão de reais enterrados, como fica claro neste diálogo captado em 25 de outubro de 2010 entre Roberto Soriano e Abel Pacheco de Andrade, membros da "sintonia final geral", a cúpula do PCC presa na P2 de Venceslau:

— A 1 [mineral — caixa] tem 1.033.000 [R$]; mineral 2 tem 1 milhão; mineral 3 tem 335 mil; mineral 4 tem 1 milhão; mineral 5 tem 1 milhão; mineral 6, que começou agora, tem 222 mil. Pelo menos 350 ou 400 [mil] por mês tem que pôr [na mineral] — disse Soriano.

— De dois a três meses zera [completa 1 milhão de reais] — respondeu Abel.

O material apreendido em decorrência da investigação do Gaeco comprova o poderio do PCC. Entre outubro de 2009 e janeiro de 2013, 144 integrantes da facção foram presos em flagrante. Nessas ocorrências, a polícia apreendeu R$ 1 milhão em dinheiro e cheques e 82 armas, incluindo 47 fuzis, além de 4,8 toneladas de droga.

O tráfico, afinal, sempre foi a coqueluche da facção.

Clientes não faltam. O PCC monopoliza o comércio de drogas nos presídios paulistas e comanda a maioria das bocas de fumo no estado. Há um setor específico do "partido" para tratar do tráfico, a "sintonia geral do progresso", subdividida em "progresso FM", responsável pela venda de drogas nas biqueiras da facção, e "progresso 100% interno", que arrecada dinheiro com o tráfico dentro dos presídios, inclusive cocaína de alta qualidade, também chamada "100%":

— Tava aqui pensando em umas ideias — disse Rogério Jeremias de Simone, o Gegê do Mangue, da cúpula do PCC — pra gente fazer o trabalho do 100% em todas as unidades que estão no ar. O 100% é solto a 28 reais [R$ 28 mil o quilo], vou reduzir esse valor pra 23 [R$ 23 mil], pelo menos cada unidade pega uma peça. [...] Eu soube que tem 33 unidades do sistema no ar, tem mais vinte e poucos CDPs [Centros de Detenção Provisória]. [...] Vamos ver se a gente consegue soltar esse cinquenta original [cinquenta peças da "100%"].

Como em uma empresa, há planejamento na compra e venda de drogas, inclusive levando em conta os hábitos dos viciados, que geralmente se valem da maconha como porta de entrada para o crack:

— Se a caminhada [maconha] for boa e o preço for bom, demorou, vamos pra luta [pode comprar] — ordenou Fabiano Alves de Souza, o Pescoço, em conversa com Donizete Apolinário da Silva, o Prata, captada pelos promotores em novembro de 2012. Prata é o responsável pelo "progresso FM", nas biqueiras.

— O preço é bom sim, nós mandamos o Magrelo fechar umas com o parceiro dele lá e a qualidade é a mesma e a dele é 900 pau [R$ 900 o quilo], é caro pra caralho, mas nós não tinha nada [de maconha nas bocas] e uma fita puxa a outra, a número 3 [maconha] puxa a número 1 [crack], sem ela [maconha] é foda. [...] Nós fechou mil [mil quilos] — argumentou Prata.

Assim como as armas, o PCC conta com galpões na Grande São Paulo, chamados de "padaria", onde a pasta-base de cocaína é batizada com outros produtos e embalada para a venda no varejo:

COCAÍNA: A ROTA CAIPIRA                                    357

— O que eu quero de vocês, que são responsáveis pela padaria, é não deixar faltar mercadoria — ordenou Gegê do Mangue em julho de 2012.

Com tamanha infraestrutura, não demorou para que a facção dominasse a rota caipira, a partir de meados dos anos 2000. Com a diferença de que o PCC vende o grosso da droga no Brasil, principalmente São Paulo, depois de rasgar o interior paulista com toneladas de maconha e cocaína escondidas em caminhões, o meio preferido de transporte do "partido", mais barato e com maior capacidade de carga do que os aviões. Para isso, além de fincar raízes em todo o estado de São Paulo, a facção focou sua expansão em Mato Grosso do Sul, onde conta com 793 integrantes, e Mato Grosso, com 155 filiados.

— É preciso implantar a ideologia [da facção] nos outros estados. Tem que implantar uma filosofia de progresso, pois a família [PCC] tem condições e estrutura para fortalecê-los — disse Gegê do Mangue a um comparsa em fevereiro de 2012.

As escutas do Gaeco comprovam que, semanalmente, a facção despeja na capital centenas de quilos de maconha e pasta-base de cocaína, usando a região de Campinas como entreposto. Em 19 de julho de 2011, Adriano Carlos de Camargo, o Iago, "sintonia" da facção em Americana, telefonou para João Carlos Bastos de Oliveira, o Itália:

— Os 100 real [100 quilos de cocaína] dos parceiros [líderes da facção] estão parados ali [na região de Campinas], já subiu uma caminhada [remessa] para o outro lado [São Paulo], ficou uma cota [no interior], que vai ser solta por aqui mesmo, devido o cara que havia levado 147 na segunda [levou 147 quilos de cocaína na segunda-feira para São Paulo], tomaram um "peguei" dos caras da R [foram abordados pela Rota, da Polícia Militar] na pista, na Anhanguera... Então não tem ninguém para levar [de Limeira para São Paulo] a caminhada, por isso os 100 real [100 quilos de cocaína] tão parados na mão do Amiguinho.

Iago se referia a Rodrigo Felício, o Tico ou Amiguinho, moreno de bochechas arredondadas e inteligência muito acima da média, radicado em Limeira, a maior liderança do PCC no interior paulista. O rapaz devotava ao tráfico a mesma paixão que tinha por cavalos de raça e pelo hipismo, praticado pelos filhos. Foi pelo comércio de drogas nas ruas de Limeira que o PCC entrou na vida de Tico. Preso pela primeira vez em 1996, aos 19 anos, foi batizado e acompanhou o crescimento da facção no cárcere. O vínculo só se reforçou a partir de 2001, quando seria detido outras três vezes em flagrante, sempre por tráfico.

"Eu convivi 8 anos na prisao com varias pessoas varios tipos d gente varias mentalidade dferentes pude [...] analiza um pouco o ser humano", escreveria a um amigo em 2013.

Entre 2010 e 2014, Tico ocuparia postos na cúpula do PCC, primeiro como "sintonia geral do interior", responsável pela coordenação dos "irmãos" em todo o interior paulista, depois como "sintonia geral do progresso", coordenando a compra de cocaína e maconha no atacado para a facção criminosa. Tico era o pistão da grande máquina do tráfico articulada pelo PCC. Ele sabia disso, e se gabava:

"Todos la no py [Paraguai] se fortaleceram comigo", escreveu. "Em 4 anos eu vendi + d 10 mil k [10 toneladas de droga]" / "Nao tenho o q fala deles [traficantes paraguaios] tao quanto nao tem o q fala d mim" / "So q todo espaco q abriu foi com fruto do meu trabalho" / "Pois nunca mexeram com isso [cloridrato e pasta-base]" / "A corrida deles era so fumo [maconha]" / "E eu fiz cresce no ramo e ser visto e reconhecido como uma firma forte e sadia" / "Teve mes d eu manda daki 3500 d dolar [para a PF, US$ 3,5 milhões para a compra de drogas]".

Tico tinha o compromisso de um fornecedor de Mato Grosso para receber em Limeira 200 quilos de pasta-base para a "família" a cada quarenta dias:

"Irmao a cada 40 dias 200" / "E o suficient" / "Pa tarmos d boa".[3]

Em fevereiro de 2011, ele forneceu 1,5 tonelada de maconha para a facção em São Paulo. A droga foi apreendida pela Rota em Carapicuíba, escondida em um lava-rápido. Duas semanas após perderem a maconha, Tico cobrou o valor da droga dos "irmãos", já que estava sendo pressionado a pagar seus fornecedores:

— O valor da droga apreendida é de R$ 1.125.000, então ele [vendedor] disse pra mandar 1 milhão redondo e deixar 125 mil pra lá. O prazo que ele deu foi de trinta, 45 dias — disse Tico.

COCAÍNA: A ROTA CAIPIRA 359

Quando veio à tona a denúncia do Gaeco contra si, o próprio Tico desabafou com seu advogado em mensagens de celular:

"Porra eu faco 1000 coisas nao arrumo problema" / "Numa fita q nao deixei rabo e q nao ganho nada" / "Eh por fita dos outros [PCC]" / "Me sobra foguet" / "Mai[o]r investigacao na historia" / "Ta o otario la pa se fode" / "Eu sou muito lazarento msm [mesmo]".

Tico parecia cansado do PCC. Desejava sair da facção. Mas Rodrigo Felício foi traído pelo tempo. Compromissos e responsabilidades empresariais enlaçavam-no aos "irmãos". Mais do que despejar toneladas de cocaína e maconha na capital paulista, o traficante controlava a maior central de distribuição de drogas da facção em solo caipira, além de lucrar alto exportando cloridrato puríssimo, histórias narradas em detalhes nos capítulos 18 e 25.

Até 2008, porém, a facção dependia de vários intermediários para importar droga boliviana e paraguaia até solo paulista. Naquele ano, os "irmãos" decidiram controlar toda a rota da droga, desde o país vizinho até a Grande São Paulo, sua principal clientela, passando pelo interior paulista. Assim, reduziriam custos e maximizariam lucros.

"O comando não tem limite territorial", consta no estatuto do PCC.

Os planos foram arquitetados por Marcos Paulo Nunes da Silva, o Vietnã, e Edilson Borges Nogueira, o Biroska, da cúpula da facção.[4] A primeira etapa seria negociar as remessas diretamente com os cartéis da Bolívia. Tarefa que coube a Wagner Roberto Raposo Olzon, o Fusca, e Jaquemar Bernardino da Silva, o Cabeludo. O primeiro viajou a Santa Cruz de la Sierra para acertar os detalhes do novo negócio e fez um relatório das tratativas para a cúpula da facção. O documento acabou apreendido em 28 de fevereiro de 2008 pela Polícia Federal, que desde setembro de 2007 investigava o esquema na operação batizada de Aracne,[5] referência à lenda grega da fiadora que se tornou aranha, cujas patas foram fincadas pelo PCC em Mato Grosso.

Jaquemar era um moreno de olhos vesgos que por muito tempo usou o cabelo até os ombros — daí a alcunha. Coube a ele abrir caminho para a facção no estado, entreposto estratégico para as remessas de cocaína até São Paulo. Em poucas semanas, o "irmão" cuidou da compra de várias fazendas na região de fronteira com a Bolívia. As propriedades se espalhavam por cinco cidades: Cáceres, Porto Esperidião, Lambari d'Oeste, Tangará da Serra e Campo Novo do Parecis. Tantas fazendas tinham, basicamente, três funções. Parte delas abrigava pistas clandestinas para receber aviões carregados com pasta-base vindos da Bolívia, enquanto outras serviam de depósitos da droga ou simplesmente para lavar dinheiro, principalmente por meio da criação de gado.

Pelo acordo com os bolivianos, caberia aos cartéis do país vizinho o transporte aéreo até as fazendas. O transporte terrestre, em caminhões, até a capital paulista ficaria a cargo do PCC. Pelo acordo, seria remetida via rota caipira mais de 1 tonelada de cocaína por mês, além de "canetas", como a facção denomina os fuzis, nos valores de US$ 4 mil a US$ 6 mil, e explosivos, como granadas. Em seu próprio nome, Jaquemar registrou a fazenda LG, de 847 hectares, adquirida por R$ 3,5 milhões. A localização da propriedade era estratégica: apenas uma cerca separa os fundos da LG da Bolívia.

Mas o novo esquema do PCC contrariou os interesses de Ademilson Domingos Tazzo, que até então era o maior "atravessador" da facção nas negociações com os bolivianos a partir de Mato Grosso. Na época, Tazzo era um dos traficantes mais temidos na área de fronteira. Ele galgou posição no submundo do crime nos anos 1990, como pistoleiro de uma família de traficantes locais. Nos anos 2000, comprou duas aeronaves e montou seu próprio esquema de tráfico. Para a polícia, era o Pablo Escobar de Mato Grosso. O traficante gostava de desfilar pelas ruas de Mirassol d'Oeste com seus carros de luxo — caminhonetes Hilux, Mitsubishi e Land Rover — e não titubeava em matar quem contrariasse seus interesses. Quando seu avião foi furtado do aeroporto de Mirassol d'Oeste e levado para a Bolívia, identificou o ladrão e resolveu se vingar. Amarrou o homem ainda vivo em um motor de caminhão e o jogou em um rio da região. Tazzo responde a dez homicídios nas Justiças de Mato Grosso e Bahia, e ainda é suspeito de outros dez, segundo a Polícia Civil de Mato Grosso.

COCAÍNA: A ROTA CAIPIRA          361

Não demorou para que fosse procurado pelo PCC para intermediar a compra de cocaína com os cartéis bolivianos. Os negócios deram tão certo que Tazzo acabou batizado como "irmão". Para a facção, ele parecia o parceiro ideal, até porque contava com a cumplicidade da polícia local. Por isso, apesar de notoriamente mexer com tráfico, nunca foi investigado pelo crime.

A lua de mel, no entanto, acabou no verão de 2008 com a mudança de planos do PCC e a chegada de Jaquemar. Tazzo enxergou no rapaz caolho a personificação do prejuízo milionário após o fim do seu monopólio com a facção paulista. As discussões e ameaças de morte entre ambos passaram a ser frequentes. Até que, em maio daquele ano, a Polícia Federal, que monitorava todos os passos da quadrilha comandada por Jaquemar, interceptou 737 quilos de pasta-base na ponte rodoferroviária em Rubineia (SP), divisa entre Mato Grosso do Sul e São Paulo. A droga havia sido enviada por Jaquemar com destino à capital paulista.

O prejuízo dos "irmãos" seria ainda maior dois meses depois, quando a PF apreenderia 1,2 tonelada de pasta-base em um comboio de três caminhões-baú interceptados em Várzea Grande (MT). Novamente, a droga havia sido remetida por Jaquemar de Tangará da Serra até São Paulo. O novo "embaixador" da facção em Mato Grosso começou a ser pressionado pela facção após o prejuízo, que alcançava R$ 12 milhões. Logo, passou a suspeitar que Tazzo teria dedurado o carregamento para a PF e armou vingança. Contratou dois ex-PMs da região de Santa Fé do Sul (SP), onde morava a sua família, para executar o rival. Os sicários chegaram a Mirassol d'Oeste em agosto de 2008 e pediram informações de Tazzo para policiais da cidade. Não imaginavam que os tiras de lá estavam mancomunados com seu oponente.

Tazzo foi avisado dos planos da dupla e acabou sequestrando os ex--PMs. Levados até um canavial, foram torturados até revelar o mandante da emboscada. Em seguida, acabaram mortos a pauladas e enterrados em meio à cana-de-açúcar. Faltava encontrar Jaquemar. No dia 15 de agosto, Tazzo rendeu o integrante do PCC na fazenda LG e o levou para um descampado na propriedade. Lá, Jaquemar foi queimado vivo, e morto a tiros. Seu corpo acabou enterrado em cova rasa, e no dia seguinte os comparsas de Tazzo ainda passaram arado sobre o cadáver.

O irmão de Jaquemar, Nezimatos Bernardino Silva, chegou a organizar um grupo em Santa Fé para vingar a morte do irmão, mas terminou dissuadido pela cúpula da facção, que não queria chamar a atenção da polícia para o novo esquema do tráfico do PCC e levar ainda mais prejuízos com novas apreensões de droga. Em conversa telefônica captada pela PF, Tazzo discutiu com o irmão de Jaquemar, e disse que teve autorização de "torres" do PCC para executar o rival. Alertada pela PF, a Polícia Civil de Mirassol d'Oeste prendeu treze pessoas, inclusive Tazzo, envolvidas nas três mortes.

Até o assassinato do irmão, Nezimatos cuidava da contabilidade do esquema, incluindo o transporte de dinheiro vivo à Bolívia para pagar os cartéis, e o acerto com outros fornecedores do esquema em Mato Grosso. Após o crime, ele tentou assumir a liderança dos negócios, mas o grupo perdeu força. Caía um tentáculo do PCC na rota caipira. Mas havia outros esquemas para abastecer de cocaína os "irmãos" da facção.

Um deles era Valmir Matias da Silva, o Alemão, traficante baseado em São Paulo. Alemão, integrante da facção, adquiria pasta-base de cocaína diretamente de Adalto Aparecido Lemes, o Fininho, dono de fazendas usadas pelo PCC em Campo Novo do Parecis, Tangará da Serra e Nova Maringá, todas na região de fronteira. Adalto era vital para os interesses dos "irmãos". Ele negociava a pasta-base com dois cartéis bolivianos, comandados por William e Compadre Luís. O entorpecente era despejado de avião em uma das fazendas e ficava escondido em máquinas agrícolas até Adalto negociar o produto com traficantes paulistas, destino final da droga — ele contava com vários caminhões para o longo transporte entre Mato Grosso e São Paulo.

A primeira remessa de cocaína de Adalto para Alemão identificada pela Polícia Federal ocorreu no início de julho de 2008. A PF apreendeu em Alto Araguaia (MT) 388,2 quilos de pasta-base escondida debaixo da carga de milho de um caminhão. Outro carregamento do esquema

COCAÍNA: A ROTA CAIPIRA     363

seria apreendido três meses depois, em Ouroeste (SP), divisa com Minas Gerais. A droga, meia tonelada de pasta-base, fora adquirida de Adalto em consórcio por Alemão e pela dupla de traficantes Hermenegildo Tomaz Souto, o Bigode, e Marcos Antônio Fernandes Louzada, o Ceará, ambos estabelecidos na região de Fernandópolis (SP).

Os policiais começaram a mobilização para apreender a carga no início de outubro de 2008, quando, no dia 5, um comparsa de Alemão telefonou para Adalto e, em linguagem cifrada, inquiriu por mais um carregamento de droga — tudo monitorado pela PF:

— E o meu tio, veio embora?

— Vai sair amanhã cedo.

— Ah, tá bom. Ele tá aí ainda, né?

— Tá aqui ainda, vai amanhã cedo.

No dia seguinte, porém, Adalto informou outro comparsa que a chuva tinha atrapalhado o transporte da cocaína da Bolívia para Mato Grosso.

— Ontem era um dia bom, né, mas não deu; chuva demais.

— Será que vai, pra amanhã, dar certo, amanhã ou depois?

— Não sei. Depende, tem que ver a estrada lá... tá esperando o tempo limpar lá. Tá com quatro ou cinco dias lá que tá embaçado.

Alemão se impacientou com a demora. Naquele mesmo dia 6, conversou com Adalto, sempre com o uso de metáforas para se referir à cocaína:

— E a tia, teve alta, já saiu do hospital?

— Não, acho que talvez, é... vamos ver, conforme for, amanhã vai dar alta nela.

— Tá bom. Mas ela já chegou aí, do hospital aí, né?

— Aqui, não.

Segundo a PF, a droga seria transportada da Bolívia até Campo Novo do Parecis em um avião monomotor. O transporte foi coordenado pelo cartel de Compadre Luís — um funcionário dele, identificado apenas como Cebolinha, chegou a ser enviado à fazenda mato--grossense para acompanhar a chegada da droga e a posterior remessa para São Paulo. Em telefonema, Cebolinha deu a entender que nem toda a pasta-base remetida seria enviada a Alemão e Bigode. Os sacos com a palavra "terra" ficariam em Mato Grosso, para envio posterior.

No dia 7, enquanto ainda aguardava a droga em São Paulo, Alemão fez novo contato com Adalto para discutir o pagamento pela cocaína. Alemão sugeriu enviar R$ 600 mil em automóveis e caminhonetes de luxo:

— Eu queria mandar uns 600 mil de carro aí, pô. Pra você.

— De carro?

— É. Hilux, Hilux... tudo, só picape.

Adalto ficou contrariado. Preferia dinheiro vivo.

— Ah, mas aí, o que é que vou fazer com isso lá, você sabe que eu preciso de... de dinheiro, né.

— Eu sei, pô, mas é pra nós dar uma adiantada aí. E além disso daí, eu vou mandar um dinheiro aí, você entendeu? [...] Dá essa força pra nós aí, pô. Eu pegava aqui, já mandava com os recibos, tudo certinho. Umas três caminhonetes aí, pra você. Tem uma SW, entendeu? Dessa daí sua, tem o que seu irmão quer, uma Hilux, também...

— O duro é que tem que chegar aqui e vender, eu vou ter que vender, né?

— Não, mas aí é... esses carros é bom de vender, pô.

Adalto acabou cedendo.

— Pode ser, com recibo, tudo certinho, que, chegar aqui, vou ter que vender. [...] Pode fazer aí, que eu tenho um amigo meu aqui, de uma garagem aqui, eu já ponho aqui, nós dá um jeito de fazer um dinheiro com eles.

Eles voltaram a falar dos veículos no dia seguinte:

— Como é que faz, que eu levo esse trem aqui, mete na cegonha e deixo aí? — perguntou Alemão.

— Isso.

— Aí deixa lá em... até Tangará, lá, né?

— É, pode vir até Tangará.

Alemão não era o único a demonstrar ansiedade pela chegada da cocaína. Na manhã do dia 12 de outubro, Bigode contatou Adalto e perguntou pela "menina". Foi informado de que a pasta-base já estava a caminho:

COCAÍNA: A ROTA CAIPIRA          365

— E a menina, deu notícia?

— Tá na estrada. [...] A hora que ela chegar aí ela vai ligar pra você, e... aí você pega ela na rodoviária, aí.

Minutos depois, foi Adalto quem telefonou para Bigode. Disse que iria enviar um emissário, Antonio Paulo Tinoco, para conferir a quantidade de droga e a correta divisão entre o que era de Bigode e o que era de Alemão.

— O menino vai aí, esse que eu vou mandar ele ir aí, pra encontrar com você, é porque ele sabe qual que é os pagamentos do fulano e do sicrano. Entendeu? Então, vai primeiro tirar o seu da... primeiro vai fazer o pagamento aí da... da... da... dos peão seus aí.

— Ah, tá.

— Aí os dois que vai pra lá, então por isso que eu tô mandando ele ir aí, pra não ter descontrole, lá na frente.

A essa altura, a Polícia Federal já sabia todas as características do caminhão: um Volvo branco, basculante. Faltava desvendar a rota do veículo. Na manhã do dia 15, os agentes interceptaram ligação entre Paulo Tinoco, o enviado de Adalto que já estava na região de Fernandópolis, e o motorista do caminhão:

— Eu vou descer aqui por Iturama, né?

— É, é.

Era o que bastava para a PF montar a campana e apreender o carregamento. Uma equipe de agentes foi deslocada até a ponte sobre o rio Grande, divisa entre Minas Gerais e São Paulo, na rodovia SP-543, por onde o caminhão passaria. Outra se postou discretamente próxima a um posto de combustível na entrada da cidade de Ouroeste, onde Bigode, Ceará e Paulo Tinoco encontrariam o caminhoneiro.

Eram 9h45 quando os agentes avistaram o caminhão passar direto no posto fiscal próximo à ponte, parada obrigatória para caminhões que atravessam a divisa. Os policiais, em carros frios, começaram a seguir o veículo a distância. Em poucos minutos, notaram que um veículo Gol deu sinal de luz ao cruzar com o caminhão. Bigode dirigia o automóvel, com Ceará e Paulo Tinoco de passageiros. Rapidamente Bigode fez o retorno no meio da rodovia e seguiu

366 ALLAN DE ABREU

lentamente na frente do caminhão, servindo de batedor da pista. O carro e o caminhão entraram na cidade de Ouroeste e pararam a uma quadra do centro. O caminhoneiro e os três ocupantes do Gol deixaram os veículos e começaram a conversar. Nesse instante, os agentes estacionaram o carro a poucos metros do grupo e, passo apressado, anunciaram a blitz. O motorista do caminhão não ofereceu resistência, mas Bigode, Ceará e Tinoco entraram no carro e tentaram fugir. Desta vez, Bigode assumiu o volante. Dois dos agentes, Paulo César da Silva e Wladimilson Gouveia, tentaram, do lado de fora, impedir a fuga. Mesmo com a pistola na mão, Paulo César segurou o volante do Gol e gritou para que o traficante parasse o carro, que já estava em movimento. Na disputa pelo controle do automóvel, o agente apertou o gatilho. O barulho chamou a atenção dos vizinhos na cidade de 10 mil habitantes. A bala atravessou a porta do veículo, desviou a trajetória, e atingiu o pescoço do agente Gouveia, que tentava retirar Ceará do banco de trás. Por sorte, o policial foi ferido de raspão. Assustados, todos se renderam.

Faltava localizar a cocaína no caminhão. Antonio Maria de Jesus Filho, o terceiro agente da PF, vasculhou cuidadosamente toda a carroceria do veículo. Até notar um remendo, com pintura recente, na parte de baixo do basculante. O agente removeu a massa plástica e os parafusos, e os tabletes de cocaína começaram a cair. Eram 412 embalagens, que somavam 438,3 quilos de pasta-base. Todos foram presos em flagrante. A droga foi levada até a sede da PF em Jales na caçamba da caminhonete com que Paulo Tinoco viajara de Mato Grosso e que, segundo a PF, transportaria parte da droga até São Paulo.

Mas nem toda a cocaína trazida pela quadrilha havia sido apreendida. Oito dias após o flagrante, o telefone tocou na delegacia da PF em Jales. Do outro lado da linha, de um telefone público, um homem não identificado disse que havia mais droga escondida no pneu do caminhão. Os policiais foram até o pátio da delegacia e retiraram as rodas do veículo. Mais 54 quilos de pasta-base estavam dentro das câmaras de ar.

Com a apreensão, Adalto decidiu fugir de casa. Antes, porém, telefonou para Alemão. Queria comunicar a perda da cocaína e dizer

COCAÍNA: A ROTA CAIPIRA

que a droga encomendada pelo traficante de São Paulo não estava no caminhão, e que havia sido despachada em outra viagem:

— Pra tua alegria, vou te falar um negócio pra você.

— Hã.

— A sorte é que eu desviei o... o nosso.

— Ah, o nosso tomaram não, né?

— Não, eu desviei. Ia junto, né? Mas aí [...] eu desviei a rota, senão nós tava fudido.

Em 21 de outubro, seis dias depois da apreensão no interior paulista, Alemão voltou a falar com Adalto e perguntou da sua encomenda de cocaína:

— Deixa eu te falar, tem como mandar a coisa ainda?

— Hein?

— Tem como mandar ainda?

— A coisa? Tô indo lá agora dar a resposta pro cara.

— Ah, tá bom, faz esse favor, porque não adianta, né? Não adianta porque vai atrasar mais ainda, né?

— Se der alguma coisa, nós recupera lá na frente, nós corre junto, nós trabalha.

— Tá bom.

Desta vez, a Polícia Federal não conseguiu apreender a droga. A cocaína do PCC chegou ao seu destino.

As investigações da Operação Aracne desvendaram um terceiro esquema de tráfico ligado à facção, desta vez no interior paulista, liderado por Juraci Alves Duarte, o Patrão. De janeiro a setembro de 2008, Patrão adquiriu em Mato Grosso 46 quilos de pasta-base de cocaína, revendidos para integrantes do PCC na região de São José do Rio Preto (SP). Um negócio bem mais modesto do que os de Jaquemar e Alemão, já que ele procurava se reerguer no narcotráfico. Mato-grossense de Tangará da Serra, Patrão ganhou fama no submundo do tráfico a partir de esquemas próprios de distribuição de cocaína da Colômbia e Bolívia até o estado de São Paulo. Uma conquista e tanto para quem teve uma infância humilde e penosa: estudou só até o quinto ano do ensino fundamental para ajudar os pais na lida da roça. Na adolescência, passou a praticar pequenos furtos em Tangará até ser apresentado ao narcotráfico por colegas do crime. Nos anos 1990, especializou-se no transporte de cocaína adquirida em Mato Grosso e Bolívia até Vila Velha, Espírito Santo.

Com o negócio ilícito, fez fortuna rápido. Quando foi preso em solo capixaba, em 2002, tinha R$ 2 milhões em dinheiro vivo e 21 carros zero quilômetro. Mas tudo acabou confiscado pela Justiça Federal, e Patrão foi condenado a onze anos de prisão. Menos de dois anos depois, porém, o traficante conseguiu fugir da cadeia e voltou para Mato Grosso. Com identidade falsa, mudou-se em 2006 para São José do Rio Preto, onde morava um primo. Retomou os contatos com o narcotráfico, segundo a PF, e tornou-se em pouco tempo o "chefão" do comércio de cocaína na cidade.

Mas, desta vez, para não chamar a atenção da polícia, em vez de comprar uma frota de veículos, Patrão começou a diluir o dinheiro do tráfico em contas bancárias abertas em nome de laranjas, sob controle da mulher dele, Maria Lúcia. O casal morava em uma casa humilde na periferia da cidade, mas, segundo a PF, ele mantinha em nome de terceiros quatro caminhonetes, entre elas uma Toyota Hilux.

Em Rio Preto, a droga adquirida por Patrão era refinada em uma chácara. Para aumentar a quantidade de droga, seu grupo acrescentava substâncias químicas à pasta-base, como acetona, bicarbonato de sódio e éter, além de anestésicos para animais. Depois disso a cocaína era comprimida e comercializada nas bocas de fumo da região por traficantes do PCC. Patrão contava com o auxílio do filho, Júlio César, e da mulher, Maria Lúcia. Além de caminhões, a droga era transportada até o interior paulista escondida no corpo de mulas. Com o crescimento do negócio, ele confidenciou a um comparsa, segundo PF, que queria expandir seus negócios para Ribeirão Preto (SP), onde pretendia investir R$ 100 mil mensais na compra e distribuição de cocaína.

Mas, antes disso, em 17 de janeiro de 2007, o laboratório clandestino em Rio Preto acabou sendo alvo de blitz da Polícia Civil. Seis pessoas foram presas, entre elas Patrão. O "barão do pó", porém, passou apenas um dia atrás das grades. Foi beneficiado com um habeas corpus concedido

COCAÍNA: A ROTA CAIPIRA 369

pela Justiça, e depois inocentado no processo criminal. Juraci só acabaria atrás das grades novamente em dezembro de 2008, quando foi deflagrada a Operação Aracne. Também foram presos Alemão, Adalto e Nezimatos, em um total de 41 pessoas em sete estados. Durante as investigações, a PF apreendeu 2,8 toneladas de pasta-base de cocaína.

O grupo acabou denunciado à Justiça pelo Ministério Público Federal por tráfico e associação para o tráfico internacional. Os processos ainda não haviam sido julgados em novembro de 2016.[6]

Entrevistei Patrão na carceragem da DIG de Rio Preto.[7] Ele me disse que, entre 2006 e 2008, trouxe ao interior paulista cocaína das Farc, a guerrilha colombiana. Um dos contatos do traficante na guerrilha, segundo o próprio Patrão, é conhecido por Joaquín, baseado em Pedro Juan Caballero.

— O senhor pegava droga onde para trazer para Rio Preto? — perguntei.

— Em Cáceres.

— E a cocaína, vinha de onde até Cáceres?

— Da Bolívia, do Paraguai.

— De quem? A Polícia Federal lista vários nomes de quem o senhor comprava droga: Coco, Compadre Luís...

— Joaquín, das Farc. Um colombiano que conheci em Mato Grosso, numa fazenda. Nós tivemos muitos negócios.

Em agosto de 2008, Patrão coordenou um dos últimos estoques de coca adquiridos de Joaquín até o noroeste paulista. A droga chegou a Rio Preto de caminhão, no meio de um carregamento de madeira. Pelas escutas, a PF soube que o entorpecente foi distribuído na cidade.

Patrão não veio com o caminhão. Tomou um ônibus regular em Mato Grosso do Sul com documento de identidade falso, em nome de Juraci Alves Naques. O novo sobrenome, inventado por ele, era uma tentativa de limpar o nome — Patrão carregava a condição de foragido da Justiça de Mato Grosso e do Espírito Santo, onde tinha condenação por furto qualificado e tráfico internacional de drogas, respectivamente.

Quando o veículo foi parado em uma fiscalização de rotina da Polícia Rodoviária Federal em Ponta Porã (MS), os policiais descobriram a farsa. Patrão, segundo a PF, que já o monitorava na ocasião, pagou propina a policiais civis da cidade e foi liberado. Patrão admitiu o suborno — segundo a PF, foram R$ 20 mil.

À primeira vista, fica difícil acreditar que Patrão seja um traficante de renome. A baixa estatura, o corpo magro, os dentes careados e a barba por fazer passavam a impressão de um trabalhador humilde da periferia, como ele próprio garante ser. Mas poucos minutos de conversa bastaram para desfazer a impressão inicial. Patrão demonstrou conhecimento do submundo do narcotráfico. E escorregou nas palavras, entrando em contradição ao negar ter traficado em Rio Preto para, em seguida, revelar detalhes do narcotráfico desde Mato Grosso até o interior paulista, como o ponto onde pegava a droga que seria distribuída no estado de São Paulo e até o lucro obtido na atividade ilícita.

— Por que você acredita que foi preso?

— Pelo meu passado. Sou fugitivo da Justiça do Espírito Santo. Caí no tráfico.

— Que tipo de droga você traficava?

— Pasta-base. De Cáceres levava para o Espírito Santo. Lá, eu fui preso em 12 de novembro de 2002, e fugi. Fui para Cuiabá e fiquei oito meses lá, quieto. Depois um primo meu que morava em Rio Preto me chamou para morar aqui, e eu vim. Aqui no estado de São Paulo, achava que seria mais difícil ser descoberto pela polícia.

— E o que você fazia aqui?

— Trabalhava de pintor, e fazia "rolo" com carro. Levava para Mato Grosso para vender, e trazia de lá também.

— Mas a Polícia Federal tem escutas que apontam para o seu envolvimento com o narcotráfico em Rio Preto.

— Tem 221 escutas no inquérito que citam o meu nome. Algumas são verídicas. O problema é que houve um mal-entendido da polícia. Eu falava 180 peças, mas queria dizer reais. Não era droga. Eu ficava sem dinheiro, ligava para o meu filho em Mato Grosso e pedia 150 peças, mas era dinheiro, não droga.

— Você nunca trouxe um grama de cocaína para cá?

COCAÍNA: A ROTA CAIPIRA 371

— Não. Mas tenho um passado que pesou contra mim. Em 2002, fui preso com 2 milhões de reais em dinheiro vivo, e mais 21 carros zero quilômetro, no Espírito Santo. Comprei tudo isso com o tráfico. Agora, vou pagar com cadeia.

— O senhor chegou a traficar maconha alguma vez?

— Nunca mexi com maconha, nem outra droga. Só cocaína mesmo, pasta-base. Você sabe, cada um tem seu ramo.

— Quando você começou no tráfico?

— Faz uns quinze anos. Emprestei dinheiro para um rapaz que traficava, tipo uma agiotagem. Ele me chamou, e eu entrei de cabeça. Ganhei muito dinheiro, mas perdi tudo. Não compensa.

— Para, como o senhor mesmo diz, uma pessoa que já teve 2 milhões de reais e 21 carros virar pintor em Rio Preto, não é um choque muito grande?

— É. Mas foi muito rápido. Pego 10 quilos de pasta-base na Bolívia, em Mato Grosso, em um dia, e no outro eu estou aqui [em Rio Preto]. Nesse caminho, transformo 50 mil reais que levo em Cáceres em 200 mil aqui. Eu fui milionário, mas não tinha usufruto da riqueza. Só trabalhava, só queria juntar mais e mais dinheiro. E era muito. Posso dizer que, em seis meses, dá para faturar 1 milhão nessa atividade.

Da carceragem da DIG de Rio Preto, Patrão foi transferido para a Penitenciária Central do Estado em Cuiabá. Mas, no segundo semestre de 2010, acabou beneficiado com o regime semiaberto e sumiu — ele continuava foragido em agosto de 2016.

Apesar do número de presos e da grande quantidade de droga apreendida, a Operação Aracne não eliminou a estratégia do PCC para garantir o fluxo de cocaína na fronteira: em 2012, a Polícia Civil de Mato Grosso estimava que existissem pelo menos quinze fazendas próximas à Bolívia em nome de integrantes da facção criminosa. A maior parte dos veículos onde a droga é escondida são baús frigoríficos carregados de carne, uma estratégia para dificultar o trabalho policial.

— Como a cocaína é escondida no fundo do baú, é necessário retirar toda a carga refrigerada antes, que estraga. Então, só abrimos caminhões desse tipo se temos absoluta certeza de que há droga dentro — afirma o delegado Mário Demerval Aravechia de Resende.

O esquema desova no norte paulista, por mês, entre 100 e 400 quilos de pasta-base. A estimativa era dos delegados em Mato Grosso Resende e Walfrido Nascimento, com base em interceptações telefônicas.[8] O faturamento bruto mensal do esquema chegava a R$ 6,5 milhões. A conexão Bolívia–Mato Grosso–interior paulista, operada pelo PCC, tornava-se, assim, permanente. Cada integrante preso ou morto era imediatamente substituído pela facção, tal qual a Hidra de Lerna, dragão da mitologia grega, cujas nove cabeças em forma de serpente se regeneravam após cortadas. Ao mesmo tempo que se prolongava no tempo a partir da Bolívia, o esquema dos "irmãos" crescia no país vizinho, também fornecedor de droga, o Paraguai. Hoje, os dois países estão dominados pela facção criminosa, com 53 integrantes "batizados" em território paraguaio e outros 26 na Bolívia.

A presença ostensiva do PCC nos dois países produtores de droga foi novamente intensificada a partir de maio de 2010, quando Samuel Augustino Roque dos Santos, o Tio Pec, elaborou um "salve" para os "irmãos" no Paraguai — "salve", na gíria peculiar da facção, é um documento com orientações da cúpula do "partido". Mesmo preso, Tio Pec era o responsável por difundir a "família" nas duas nações vizinhas. Naquele mês, ele recebeu ligação de um "sintonia" do PCC no Paraguai com o rascunho do documento, que antes de ser divulgado deveria ser submetido aos líderes presos em Presidente Venceslau. O papel tinha como título "Salve de fortalecimento do PCC no Paraguai, através da conscientização de companheiros e outros criminosos". De acordo com transcrição do diálogo entre Tio Pec e o "sintonia" pelo Gaeco, "a orientação aos 'irmãos' daquela região era de que a meta era conquistar não só a faixa de fronteira mas também todo o país [Paraguai], mas para que isso ocorresse deveriam dar uma atenção especial na faixa de fronteira".

Em março de 2011, Ilson Rodrigues de Oliveira, o Téia, viajou para o Paraguai a mando da cúpula da facção. Caberia a ele estabelecer contatos no país para eliminar intermediários na compra de

COCAÍNA: A ROTA CAIPIRA 373

drogas e armas, conforme disse por telefone para Abel Pacheco de Andrade, da "sintonia final geral", no dia 30 daquele mês:

— Tô naquela quebrada [Paraguai] pra pôr um projeto pra andar. Troca umas ideias com os Tchuchucos [demais líderes] no sentido de investirem um grande [R$ 1 milhão] pra pôr esse projeto pra andar [iniciar com um grande investimento em compra de drogas] e não depender mais de ninguém [intermediários].

Abel perguntou então se o investimento era de imediato. Téia disse que sim:

— Vamo colocar esse dinheiro numa situação só, coloca metade [R$ 500 mil para a compra de uma remessa de droga] e a outra metade seria para se organizar melhor [montar a estrutura].

Em seguida, Téia enumerou as vantagens do novo negócio:

— O que frita o peixe [pasta-base de cocaína] vai chegar entre 4,6 mil e 4,8 mil [reais], aquela caminhada [fuzil] que pagam 33 [mil reais], agora vai chegar de 16 a 18 [mil reais]. Vamo precisar [em média] mensalmente 30 grande [300 quilos de cocaína] para a "família" e 30 grande para o particular [dividir entre a cúpula].

Téia morreria dois meses depois, em Itatiba (SP), durante confronto com policiais da Rota. Mas o projeto de expansão do PCC em terras paraguaias permaneceu firme. Ainda naquele mês, Abel comentou com Luís Henrique Fernandes, o LH, que a facção deveria providenciar um substituto para Téia a fim de difundir sua "ideologia" no país vizinho:

— A gente tem que fazer um trabalho lá [no Paraguai] agora, porque se a gente não fizer um trabalho lá agora, tanto pra ganhar um espaço como pra dar prosseguimento na nossa ideologia, nada disso vai valer, tudo que fez até agora nada vai valer, então o nosso entendimento é de que a gente tem que pegar um de vocês e fazer um trabalho lá pra ganhar aquele campo ali o máximo que puder.

LH concordou:

— É uma situação que envolve dinheiro, envolve investimento, envolve risco. Nóis tem condições de comprar lá o nosso material [droga], a gente tem condições de ter lá o nosso asa [avião] mesmo e trabalhar pra nós mesmos.

Rodrigo Felício entrou na conversa e disse que LH substituiria Téia na função de "sintonia" no Paraguai:

— O Magrelo [LH] esteve lá [Paraguai] e já tem uma rapaziada que tá fortalecendo a gente uns dias, com a mente pra frente, é tudo amigão. A gente vai ter um apoio de pessoas realmente que enxerga o crime como ele é.

— Nosso propósito é ganhar um espaço lá sim pra estruturar cada vez mais a "família" — respondeu Abel —, montar nossa base, montar toda nossa estrutura e xeque [ganhar espaço], mas sem causar pânico, terror e intimidar, sem nada disso, somente com o nosso respeito e nossa ideologia.

Para a Bolívia, maior fornecedora de cocaína para a rota caipira, os planos eram semelhantes. Em abril de 2012, um traficante apelidado de Chapa, cujo nome não foi identificado pelo Gaeco, foi para a região de Santa Cruz de la Sierra comprar 100 quilos de cocaína para a facção. Ele telefonou para Gegê do Mangue, da liderança do PCC, para pôr o chefe a par da negociata:

— Tem cara grande aqui, tem cara grandão, que a gente não vai citar o nome, você sabe quem; os caras estão em fila de espera para sair daqui — disse Chapa.

— É, né, irmão.

— Fila de espera, porque por baixo [por terra] caiu os baratos todos [polícia apreendeu droga], entendeu? [...] Aí agora tem fila de espera pra sair por cima [de avião].

— É, né, parceiro. Aquela fita que você deu um salve lá, na moeda lá, você vai precisar dela pra puxar essa caminhada aí [vai precisar de dinheiro para comprar a droga]?

— Se você mandar, nós agiliza, porque com moeda nós consegue encaixar, porque aqui é assim, os caras que trazem por cima querem levar pacote fechado.

— Então nós vamos mandar 20 grandes [R$ 200 mil] aí, né.

— 200 [mil reais], aí eu mando cem [peças] pra vocês [...], aí você fica devendo para um mês o resto.

COCAÍNA: A ROTA CAIPIRA

Não eram só brasileiros os "irmãos" estabelecidos na Bolívia e no Paraguai. A "ideologia" do PCC cativou algumas dezenas de nativos nos dois países. Em janeiro de 2013, a Felcn flagrou um laboratório de refino de coca no meio da selva em Santa Rosa del Sara, Bolívia.[9] No comando, dois bolivianos ligados ao PCC. Dois meses depois, nova operação policial, desta vez em Santa Cruz de la Sierra, deteve oito brasileiros, três bolivianos e dois paraguaios filiados à facção. O grupo foi acusado de remeter ao Brasil dois carregamentos de cocaína, via rota caipira.[10]

Nenhum deles, porém, atingiria a fama de Carlos Antonio Caballero, o Capilo, grande fornecedor de armas e drogas para a facção que gostava de se autodeclarar "embaixador do PCC" em terras paraguaias. Até o dia em que decidiu usar o epíteto para suas próprias negociatas no submundo das drogas. Marcola não perdoaria.

# 16

## Carga pesada

As duas mãos de Moisés estão grudadas no volante. O velocímetro alcança 140 km/h, e rapidamente pula para 150 km/h. O ponteiro treme, enlouquecido. O motor do Ford Escort preto atinge a rotação máxima e ronca forte. Moisés transpira, apesar do vento que invade o carro pelos vidros das portas, completamente abertos. Os olhos atentos, esbugalhados, se concentram no zigue-zague frenético pelos carros e caminhões na rodovia Anhanguera, movimentada no início da tarde. Sem se esquecer do retrovisor direito, de onde avista, cada vez mais próximo, o Astra dirigido pelo delegado Fernando Augusto Battaus.

— Não vou ser preso, não vou ser preso — repete, como um mantra, sem perceber, no céu claro, o helicóptero da Polícia Federal.

Os dois automóveis haviam se cruzado cerca de 30 quilômetros antes, na rodovia Mário Donegá, que liga Ribeirão Preto a Pradópolis, interior paulista. Um acaso para o dr. Battaus, que rumava em direção aos extensos canaviais onde a PF acompanhava a descida de um avião abarrotado de pasta-base de cocaína.

Battaus acordou cedo naquele dia, 20 de setembro de 2007. Mal escondia a ansiedade. Havia cinco meses que ele coordenava as investigações de um megaesquema de tráfico de cocaína comandado, de dentro da cadeia, por Almir Rodrigues Ferreira, o Nenê do Simioni, uma das maiores lideranças da facção criminosa PCC no estado de São Paulo. Era chegada a hora do flagrante na aeronave que abasteceria de droga tanto o interior quanto a capital.

Por duas semanas os policiais federais acompanharam todos os passos de Moisés Stein, o 171, e Gualter Luiz de Andrade, o Capitão do Mato. Braços direitos de Nenê, os dois eram os responsáveis por recolher a droga despejada pelo avião no meio da cana-de-açúcar. Nos dias que antecederam a entrega, estiveram por três vezes no canavial analisando o melhor local para o pouso. Escolheram local de planta alta, sem movimento de trabalhadores, cenário ideal para camuflar a aeronave no solo. Tudo era acompanhado a distância por agentes da PF.

Battaus estava próximo do bote decisivo na quadrilha. Faltava descobrir, no verde uniforme da cana, qual clareira seria escolhida para o pouso. O delegado selecionou sete delas, e postou, perto de cada uma, quatro policiais de campana, camuflados entre as folhas da cana alta. Eles notaram a aproximação de um Gol branco, dirigido por Gualter, com mais duas pessoas que os agentes não reconheceram de pronto, além do Escort de Moisés com outros dois ocupantes, um deles Adenilson Aparecido Ferreira da Silva, o Toquinho, que, a mando de Nenê, gerenciava o tráfico na favela do Simioni, periferia de Ribeirão.

Da delegacia, o dr. Battaus pediu auxílio dos radares da FAB para localizar a aeronave, enquanto ouvia a conversa de Gualter com o piloto do Cessna, via rádio. Três horas antes do pouso, ele comunicou ao piloto que a pista de pouso seria a número 41.

Mas, pouco depois, às 10h41, mudou os planos e indicou a vizinha, 42, mais larga:

— Vê aí o correio aí, mudou aqui, viu?

— Hã?

— Olha o correio...

— Beleza, já vi, já vi, tá tudo certo. 42.

Minutos depois, reforçou o recado:

— Oba. Você viu que é a comprida? — disse Gualter.

— Oi? O quê?

— Você viu, você viu que é a comprida, né?

— Positivo. Tô te esperando, nós tá chegando.

— Oi, vai pular o carro que você anda, aquele carro preto [avião], vai pular ele e parar o mais rápido possível, não vai virar não. [...] A hora que parar, cê vai tirando tudo lá, positivo? Quanto tempo falta?

— 20, 20, 20 [minutos].

Para guiar o avião, o Escort de Moisés foi estacionado na cabeceira da pista improvisada. Na delegacia, Battaus se alarmava: a pista não estava entre as vigiadas pelos policiais. Os minutos seguintes foram de apreensão. O avião sumiu dos radares da Aeronáutica e os agentes em vigília ficaram atônitos. Até que, às 11h36, com o avião novamente no ar, Capitão do Mato voltou a se comunicar com o piloto:

— Capitão, chama o piloto.

— Oi.

— Certinho aí, véi?

— 150.

— Tá tudo beleza, né?

— Vai com Deus.

— Então tá bom.

— Falou, tchau.

Não havia sinal dos carros de Gualter e Moisés. Até que um dos agentes cruzou com o Gol branco de Capitão do Mato, já sem os dois ocupantes, que ficaram no canavial, armados com fuzis, fazendo guarda da droga até a noite, quando o carregamento seria levado, sob escolta, até Ribeirão. Começava a perseguição. Gualter acelerava, e batia constantemente o para-choque dianteiro na estrada de terra esburacada. Os agentes vinham logo atrás. Mas o traficante conhecia bem a área, e logo pegou uma estrada secundária, estreita. O carro esbarrava nas folhas e bastões da cana. Quando percebeu que havia despistado os agentes, abandonou o veículo e correu no meio do canavial. Conseguiu fugir, mas deixou no veículo três radiocomunicadores. Só seria preso um mês depois. Naquele mesmo dia, a PF invadiu a sua casa, na periferia de Ribeirão. Encontrou radiotransmissores, celulares, um binóculo. Equipamentos indispensáveis a quem espera por aeronaves recheadas de droga.

Ainda no canavial, Moisés deu mais sorte. Com o Escort, despistou com facilidade os policiais, e em poucos minutos estava na estrada que liga Pradópolis a Ribeirão. Dirigia devagar, parecia aliviado. Até cruzar com o Astra do delegado, já perto de Ribeirão.

— Para, para, Polícia Federal! — gritou, cabeça para fora da porta, o delegado Edson Geraldo de Souza, passageiro do automóvel da PF.

Moisés pisou fundo no acelerador, enquanto o carro da polícia dava meia-volta. Começava a perseguição, que durou 50 minutos. O traficante tomou o anel viário de Ribeirão e logo pegou nova estrada, rumo a Araraquara. Alguns quilômetros depois, pareceu mudar de planos, e entrou na rodovia Anhanguera. Nem o pedágio perto de Cravinhos parou Moisés. O Escort quebrou a cancela com facilidade, acionando o alarme. Ele não reduziu a velocidade nem para entrar no trevo da rodovia SP-253, em direção à cidade de Luiz Antônio. Battaus estava na cola. Mas, quando as ruas da cidadezinha de 8 mil habitantes se aproximavam, pisou no freio. Não valeria a pena, naquela velocidade, arriscar um atropelamento. Moisés escapava.

O delegado se aborreceu. Mas não entregou os pontos. Voltou à delegacia e conseguiu rastrear as antenas de celular acionadas pelo traficante na fuga. Constatou que Moisés dirigia a toda velocidade em direção a Minas Gerais. Acionou policiais militares em Altinópolis (SP), que localizaram o Escort na rodovia próxima à cidade. Se não fosse preso em flagrante com droga, 171 seria detido por um mandado de prisão em aberto por contrabando. Os PMs acionaram o giroflex da viatura, pediram para Moisés parar. Mas o fugitivo acelerou e rumou para São Sebastião do Paraíso, cidade mineira na divisa com São Paulo. Avisados, os policiais militares montaram barreira na rodovia MG-050. No fim de tarde, Moisés notou as sirenes, a cerca de 500 metros, e acelerou novamente. Chegou a bater na lateral de uma das viaturas e escapou. Nova perseguição. Mas, dessa vez, a polícia levou a melhor. Um tiro atingiu em cheio o pneu traseiro esquerdo do carro. O traficante, sujo e suado, saiu do carro com as mãos para cima. No banco do veículo, binóculos para avistar de longe tanto o avião quanto eventual aproximação da polícia, além de um aparelho de GPS para posicionar o pouso da aeronave.

COCAÍNA: A ROTA CAIPIRA     381

A essa altura, o carregamento deixado pelo avião já havia sido localizado, camuflado debaixo de palhas da cana a poucos metros da pista de terra. Eram 421 quilos de pasta-base de cocaína, avaliados em R$ 5 milhões — a maior apreensão da droga feita pela PF em 2007. Desse total, 308 quilos seriam distribuídos em São Paulo — integrantes do PCC da capital aguardavam pela droga escondidos na favela do Simioni, em Ribeirão. Ao lado do entorpecente, a PF encontrou um arsenal: 2,5 quilos de dinamite, onze granadas, três fuzis calibre .762, uma metralhadora antiaérea, .30; um lançador de granadas e outro de foguetes.

A droga e o armamento pesado eram encomenda especial feita por Nenê ao comparsa paraguaio Carlos Antonio Caballero, o Capilo, "embaixador" do PCC no país vizinho. Nenê era uma das principais lideranças da facção no interior do estado, e tinha planos ambiciosos: prosperar no narcotráfico via rota caipira e atacar quem ameaçasse seus negócios, inclusive a polícia e o Ministério Público.

Um ano antes, em maio de 2006, Nenê havia comandado, na região de Ribeirão, os ataques planejados pelo PCC contra a polícia. Foram feitos nove reféns na penitenciária da cidade. Na região, sete pessoas foram assassinadas, e cinco ônibus, incendiados. Logo em seguida, a Polícia Civil apreendeu um "vapor" no Simioni, um pequeno vendedor de entorpecente, menor de idade. Colocou nele um capuz e levou-o de volta à favela para que apontasse os locais onde a droga estava escondida. Diversos tambores recheados com maconha e cocaína foram desenterrados. Nenê não deixou por menos. O garoto foi solto e, dias depois, seu corpo apareceu todo retalhado. No velório, o enterro foi adiado para que Nenê pudesse ver o corpo no caixão. A suspeita do assassinato recaiu sobre a quadrilha dele, mas o crime nunca foi esclarecido.

Até um dos cães do canil da PM de Ribeirão virou inimigo do chefão do PCC. Como o faro apurado do cachorro sempre encontrava entorpecente no meio da favela, Nenê chegou a oferecer R$ 100 mil para quem assassinasse o animal. Desta vez, não conseguiu.

Mas Nenê, um rapaz temperamental, de olhos grandes e sorriso irônico, queria mais. Naquele setembro de 2007, o traficante planejava derrubar o helicóptero Águia da PM, que diariamente sobrevoava a favela do Simioni no mapeamento das bocas de fumo. Por isso encomendara a metralhadora antiaérea, com tripé.

O capo vivia o apogeu no submundo do crime. Algo incomum para um jovem, ainda na casa dos 30 anos. Nascido em Marialva, interior do Paraná, Nenê se mudou ainda criança com a família para Ribeirão Preto. Foi morar nos casebres mal instalados do bairro Adelino Simioni, periferia da cidade. Cresceu rodeado por assaltantes, homicidas e traficantes. Até se tornar um deles. Ainda menor, ingressou em uma das gangues de adolescentes do bairro. Em 1996, logo que completou 18 anos, foi preso em flagrante por roubo em Ribeirão. Passou por várias penitenciárias do estado e conheceu as lideranças do PCC, entre elas Marcos Willians Herbas Camacho, o Marcola, e Wanderson Newton de Paula Lima, o Andinho, condenado pelo assassinato do prefeito de Campinas Antonio da Costa Santos, o Toninho do PT, em setembro de 2001.

Nenê fugiu da cadeia em agosto de 1998 e dois anos depois foi acusado de participar de um assassinato, crime do qual acabou inocentado. Recapturado em julho de 2002, cumpriu pena até 2004, quando o rapaz já era uma liderança incontestável entre os criminosos de Ribeirão Preto. Inteligente, construiu patrimônio considerável por meio do tráfico: morava em bairro de classe média alta da cidade, tinha carros e caminhonetes de luxo, um lava-jato em nome de laranjas, uma chácara e pelo menos duas lanchas. Para movimentar o dinheiro das drogas, usava contas de outros laranjas — em uma delas, segundo relatório confidencial da Polícia Federal, movimentava entre R$ 30 mil e R$ 40 mil por mês. Apesar de violento, sabia que era importante cooptar a simpatia dos moradores do Simioni. De tempos em tempos, distribuía cestas básicas e, no Natal, mandava entregar brinquedos às crianças em uma quadra da favela.

Em abril de 2007, Nenê investiu alto no negócio das drogas. Comprou um avião Corisco de um empresário de Brodowski (SP) por cerca de R$ 200 mil e levou a aeronave para Ponta Porã (MS), cidade vizinha à paraguaia Pedro Juan Caballero, base de atuação do comparsa Capilo, elemento-chave para o PCC: segundo o Ministério Público Federal,

COCAÍNA: A ROTA CAIPIRA 383

cabia a ele defender os interesses da facção no Paraguai, dando proteção aos "irmãos" procurados pela Justiça brasileira que se refugiavam no país vizinho. Paralelamente, Capilo, careca e mal-encarado, organizava a pistolagem na região de Pedro Juan e, frequentemente, enviava pistoleiros para matar desafetos do PCC em São Paulo.

A primeira passagem do paraguaio pela prisão viria em 1994, quando foi flagrado com drogas em Pedro Juan. Fugiu meses depois e foi detido no ano seguinte na posse de drogas. Novamente conseguiu escapar das grades e refugiou-se em São Paulo. Preso de novo por tráfico, cumpriu pena até 2001. Nesse período, foi "batizado" como membro do PCC e, ao retornar ao Paraguai, passou a enviar drogas para integrantes da facção em São Paulo, primeiro no fundo falso de carros, e depois por aviões bimotores. Preso em dezembro de 2009, na região de Pedro Juan, com o traficante brasileiro Jarvis Chimenez Pavão, Capilo confessou à polícia paraguaia que remetia, por mês, 500 quilos de cocaína para São Paulo, via rota caipira, sempre a mando de lideranças do PCC paulista. Para cada quilo seu lucro era de US$ 1 mil, o que representava, no mês, faturamento de R$ 500 mil. Uma pequena parte disso, US$ 15 mil, comprava o silêncio da polícia, admitiu o traficante, no depoimento dele a que tive acesso:

"Para no tener inconvenientes con la policía dá un total de US$ 15 mil en forma mensual en las comisarías de la ciudad de Pedro Juan Caballero."

Com tanto dinheiro em mãos, Capilo construiu um império, com cerca de vinte casas no Paraguai e na Bolívia, e duas casas de câmbio usadas para lavar dinheiro do tráfico em São Paulo e Santa Cruz de la Sierra. Ao ser detido, morava em uma mansão avaliada por ele mesmo em US$ 800 mil, protegida por muralhas de seis metros de altura. Para se deslocar com mais facilidade em solo boliviano e paraguaio, "el embaixador" usava um avião adquirido no início da década. Nem a prisão por tráfico na Bolívia, em outubro de 2008, serviu para frear sua atuação criminosa. Mesmo sob prisão domiciliar no país, o traficante viajava clandestinamente para o Paraguai, conforme ele mesmo disse à polícia paraguaia.

Capilo se gabava do título recebido da facção criminosa paulista. Assegurou à polícia ser o único representante do PCC "de primeiro escalão" no Paraguai. "Señaló que hasta hoy solo existen tres miembros paraguayos del PCC, uno es él, del primer escalón, y los otros dos son soldados." Para o Ministério Público Federal brasileiro, "trata-se de pessoa da mais alta periculosidade".

Esse era o parceiro de Nenê no Paraguai desde 2002, suspeitava o delegado Fernando Battaus. Por meio de Capilo, o esquema transportava cocaína da Bolívia e da Colômbia até o Paraguai, de onde era levada, por avião, até os canaviais da região de Ribeirão Preto. Parte da droga ficava no interior e parte seguia de carro até a capital. Nenê contava com uma rede de comparsas para distribuir o entorpecente pela periferia de Ribeirão, entre eles Marcelo Rodrigues de Souza, o Nego. Primo de Nenê, Marcelo era tido como "irmão de criação" de Nenê e gerenciava a distribuição da droga com o apoio de Adenilson, o Toquinho. Danilo Lorenceti Borges, o Paçoca, era o químico do grupo, responsável por transformar a pasta-base em cocaína pronta para o uso. Para fechar a equipe, Moisés e Gualter eram os pisteiros, responsáveis por recepcionar os aviões com droga no meio da cana.

Transportar mercadoria ilegal em aviões era rotina antiga para Moisés. Na década de 1980, ele chegou a ter três aviões só para carregar produtos eletrônicos contrabandeados do Paraguai até a região de Ribeirão. Depois, migrou para a gestão de máquinas caça-níqueis, onde conheceu Nenê. Daí para o narcotráfico foi questão de tempo.

Em 2007, Nenê passou a operar com seu próprio avião e o negócio foi turbinado. Em julho, três meses após a aquisição do bimotor, a quadrilha levou 85 quilos de cocaína para a região de Ribeirão. A polícia não conseguiu interceptar a droga, mas acompanhou o acerto da remessa entre Capilo e Toquinho, por telefone:[1]

— 35, 35 e 15 foi, entendeu? — afiançou o paraguaio.

— Mas não veio nenhuma com 15. Veio uma com 24 e outra com 17 — respondeu Toquinho.

Um mês antes, Nenê havia sido preso em flagrante com 5 quilos de maconha e 2 de crack, em Ribeirão. Para não ser preso, falou em tom baixo aos policiais militares que o flagraram com a droga:

COCAÍNA: A ROTA CAIPIRA 385

— Sei que vocês não é de aceitar, mas tenho 300 mil reais na mão, mais uma AR-15 [fuzil] e dez granadas, em troca da minha liberdade.

A estratégia não funcionou e ele acabou condenado a oito anos por tráfico e corrupção ativa.[2] Mas as grades não impediram os negócios de Nenê. De dentro de uma cela do CDP de Ribeirão, ele continuou a comandar com mão de ferro o tráfico de drogas no Simioni. Em conversas repletas de gírias e siglas, em que "f" é farinha, cocaína; "bastião", pasta-base; "b" é Bolívia e "c", Colômbia.

— E lá, vingou, irmão? — perguntou pelo telefone um homem não identificado pela PF.

— Ô, irmão, vingou a caminhada [remessa de droga] lá, mas só a "f" lá veio, hein...

— Quanto que tá essa "f", irmão?

— Essa "f", 11 reais.

— E é quantos por cento, irmão?

— Ah! Eu ainda não testei não, mas os meninos falaram que é original, entendeu? — disse Nenê.

— Original mas a quanto eles fala?

— Fala que é 90%, viu?

— É, irmão?

— É.

— Ela é "b" ou "c"?

— É a "b".

— Vê a porcentagem dela lá, se pá pego uma, mas pra trabalhar com meus meninos, é a outra mesmo.

— É, "bastião" trabalha com "bastião". [...] Eu vou ver a porcentagem, mas é destas porcentagens que eu tô te falando.

— Caralho, ninguém tem esse barato não, moleque!

Violento, Nenê prometia vingança contra aqueles que queriam vê-lo atrás das grades. Em 19 de setembro, Toquinho informou o patrão de que o Ministério Público pedira a condenação dele por tráfico e corrupção ativa decorrente do flagrante de junho. Como retaliação, Toquinho sugeriu o assassinato de promotores:

— Ô loco, ficá cinco anos aí na prisão aí eu tô lascado — lamentou Nenê.

— Ixi, aí o baguio fica desgovernado, hein?

— É...

— Aí nóis tem que tomar um... Tem que acertar logo uns dois pra acreditar e pá, pôr o baguio no ritmo de novo — disse Toquinho.

"Dentro do contexto criminoso envolvendo o PCC, tais assertivas estão longe de ser meras inferências", afirma o Ministério Público no pedido de prorrogação das prisões preventivas da quadrilha.

Em meados de agosto, Nenê negociou com Capilo, também chamado de Da Kaiser, o transporte até Ribeirão dos 430 quilos de cocaína e do armamento pesado. A droga e o arsenal dariam ao grupo um poder incomparável no interior paulista. A previsão inicial era de que o carregamento chegasse no início de setembro. Mas um contratempo atrasou a remessa: no dia 2 daquele mês, um integrante do PCC que servia de intermediário entre Capilo e Marcola foi vítima de latrocínio na capital paulista em que os assaltantes levaram US$ 600 mil. Capilo prometeu vingança. Nos dias 3 ou 4, usou o avião de Nenê para chegar até Ibitinga, interior paulista. De lá, seguiu de carro até a capital do estado, onde coordenou o assassinato dos três autores do latrocínio. Em 11 de agosto, esteve em Ribeirão, onde foi seguido por agentes da PF, para negociar a remessa da droga e das armas. Um dia depois, voltou a Pedro Juan Caballero com o Corisco de Nenê, de onde confirmou ao sócio de Ribeirão que havia matado o trio, e que ainda faltavam mais três.

— Mas cê conseguiu resolver todas batida lá?

— É três, já resolvi três [...], agora falta só três, entendeu?

— Entendeu.

Na mesma conversa, a dupla retomou a negociação da remessa da cocaína e das armas. O paraguaio perguntou para Nenê se o preço da carga, repassado para o comparsa Toquinho dias antes em Pedro Juan, agradava:

— Então, esse preço que eu passei pro Romário, será que vai compensar pra você ou cê acha que...?

— Não, não, não, nós vamo pra cima, eu também tô querendo ir embora agora, cara, tô precisando de ir embora, tô indo lá pra cima de tudo essas caminhada.

— Hummm. Tranquilo, então já era.

Na noite do dia 17 de setembro, um comparsa de Capilo telefonou para Gualter, o Capitão do Mato, e passou a senha: "Amanhã não tem suco, viu." Sinal de que o entorpecente não chegaria no dia previsto, 18. Para Moisés, eles utilizavam código para informar o dia em que a remessa chegaria: cada fruta era um dia da semana.

— Depois da melancia o quê que vem? — perguntou o copiloto.

— Já te falo. Peraí, peraí, peraí... morango.

— Morango?

— É.

— E depois do morango, o que que vem?

— Manga?

— É.

— Então nóis vai pegar o suco de manga, entendeu?

Em 18 de setembro, Nenê telefonou para Toquinho. Ele parecia contrariado com a intenção de Moisés e Gualter de receberem a parte deles em droga. O líder ameaçava suspender a vinda da droga:

— Já chama eles na ideia, já fala que que tá acontecendo, que se eles começar com palhaçada, vai brecar tudo, tio. Já pode avisar a eles, mano. Já procura o Do Mato agora, fala pra ele: eu falei com o menino, o menino falou, cê pergunta pra ele: que que tá acontecendo pra eles tá recebendo em CD [droga]?

— Não, mas eu já chamei na ideia — afirmou Toquinho. Nenê pediu o telefone de 171 e ordenou ao aliado que transmitisse um recado à dupla:

— Vai pra lá e acelera eles dessa forma aí, tio, fala: ó, se começar com essa palhaçada, já era a caminhada, cêis vai sair fora. Se nós descolá que cêis tá trampando, cêis vai se fuder, cêis vai morrer, seus pilantra.

No dia seguinte, o grupo se reuniu em uma sorveteria de Ribeirão e acertou os detalhes finais da chegada do avião, marcado para pousar na região de Ribeirão no dia seguinte. Gualter e Moisés acordaram cedo, ansiosos pela chegada da droga. Poucas horas depois, estariam atrás das grades, como alvos da Operação Argus, referência ao gigante de cem olhos da mitologia grega. Nenê e Capilo não poderiam escapar daquele que tudo vê.

Após a operação da PF, Nenê foi transferido para a Penitenciária 2 de Presidente Venceslau — a famosa P2 —, um presídio de segurança máxima a oeste do estado, o mesmo do "irmão" Marcola. Em setembro de 2008, a 4ª Vara da Justiça Federal de Ribeirão Preto condenou Nenê a trinta anos e 21 dias de prisão por tráfico, associação para o tráfico, posse de arma de fogo de uso restrito e tráfico internacional de armas. Também foram condenados, pelos mesmos crimes, Gualter Luiz de Andrade, o Capitão do Mato (27 anos e quatro meses), Marcelo Rodrigues de Souza, o Nego, primo de Nenê (27 anos e quatro meses), Moisés Stein (28 anos e dezoito dias), Adenilson Aparecido Ferreira, o Toquinho (25 anos e seis meses). Danilo recebeu três anos e meio por associação para o tráfico internacional.

As defesas de Nenê e dos demais réus recorreram e chegaram a anular a sentença de primeiro grau com o argumento de que o interrogatório do líder do esquema fora feito por videoconferência antes da lei que prevê esse tipo de procedimento entrar em vigor, em 2009. Mas a decisão acabou mantida, e, em março de 2011, o TRF da 3ª Região manteve a condenação de primeira instância, aumentando a pena de Marcelo, o Nego, e de Moisés, o 171, para 29 anos e nove meses de reclusão.[3] Não cabem mais recursos na ação penal. Nenê também seria condenado pelo TRF a dezessete anos de prisão por lavagem de dinheiro do tráfico.[4]

Como Carlos Antonio Caballero, o Capilo, tinha mandado de prisão preventiva na Justiça Federal em Ribeirão Preto decorrente da Operação Argus, quando ele foi preso no Paraguai, em dezembro de 2009, o governo brasileiro pediu sua extradição, para que ele respondesse ao processo em Ribeirão por tráfico e associação para o tráfico. Um ano depois, a Suprema Corte paraguaia determinou sua extradição, mas somente após cumprir pena na sua terra natal por lavagem de dinheiro, violação

COCAÍNA: A ROTA CAIPIRA     389

à lei de armas e associação criminal na Agrupación Especializada de la Policía, presídio classificado como de segurança máxima de Assunção. A extradição só ocorreria em Janeiro de 2017.[5]

Em outubro de 2011, o jornal paraguaio *ABC Color* revelou que Capilo contava com diversas regalias dentro do presídio, como visitas a qualquer hora do dia, e que havia transformado sua cela em "escritório" para continuar com o tráfico de drogas e armas para o Brasil.[6] Em troca, pagaria propina milionária a funcionários do presídio. A direção da penitenciária negou as acusações. Mas a megainvestigação do Gaeco contra 175 integrantes do PCC, entre 2009 e 2013,[7] provou que as suspeitas da imprensa paraguaia tinham fundamento. Mesmo preso, o "embaixador" continuou a enviar toneladas de cocaína para a facção via rota caipira. Agora, as negociações eram intermediadas por Samuel Augustino Roque dos Santos, o Tio Pec. No dia 14 de maio de 2010, Capilo pediu para Tio Pec falar para o irmão do Bonitão, Marcola, que "estava mandando mais 200 quilos [de cocaína]", e que precisava de um adiantamento de 350 mil dólares. Um dia depois, foi Tio Pec quem telefonou para o paraguaio para negociar três fuzis para a facção, a R$ 33 mil cada. No dia 28 de maio, o mesmo traficante do PCC disse para Bili, apelido de Rodrigo Boschini, "sintonia" no interior paulista que coordenava a rota caipira, que Capilo "vai mandar mais uma remessa de 400 quilos de droga [cocaína] para a 'família' a 6 mil reais o quilo".

E as remessas não paravam. No dia 8 de junho, o "embaixador" fez novo contato com Tio Pec e disse que iria mandar mais 200 quilos de cocaína para a facção e 50 quilos para Marcola. A droga, afirmou, estaria "lá no Nenê", em Ribeirão Preto, aos cuidados do velho parceiro. Na semana seguinte, ele informou ao comparsa Tio Pec que mais 400 quilos de pó estavam a caminho, além de três fuzis.

Há fortes indícios de que Capilo, mesmo preso, se reunia na cela com "irmãos" brasileiros da facção. O PCC chegou a enviar um representante a Assunção para tratar pessoalmente com o paraguaio sobre o envio, para o Brasil, de armas e drogas.

Em julho de 2010, mais remessas ao interior paulista. Tio Pec repassou à cúpula do PCC um recado de Capilo:

390 ALLAN DE ABREU

— Ele mandou avisar que tem uma caminhada [remessa de cocaína] que está próxima [de São Paulo, no interior], mas precisa vender no preço de 6 mil [o quilo] e à vista.

Os chefões fecharam negócio.

Nova remessa foi negociada em setembro de 2010. Tio Pec perguntou ao paraguaio "a quantidade que veio para a 'família'". Capilo disse ter enviado 125 quilos para a "FM", setor que vende o entorpecente diretamente nas biqueiras do PCC, e 124 quilos para o Bonitão, Marcola.

No ano seguinte, os promotores do Gaeco captaram ligação entre os velhos parceiros Capilo e Nenê do Simioni. No dia 2 de março de 2011, da P2 de Venceslau, Nenê acionou o comparsa por telefone:

— Daquela situação já comecei a receber dinheiro, se precisar da moeda já tenho 500 real [R$ 500 mil] pra mandar.

— Meu gerente é o Lelo [Wellington Carlos de Oliveira, de Presidente Prudente], o irmão que tava com vocês aí [em Venceslau], é ele quem tá contabilizando o dinheiro... lá [possivelmente na Bolívia] tá escasseando o bum [cocaína] e subiu 100 dólares [o quilo]... Não vou mandar porcaria, não, vou mandar daquele [cocaína] universitário [...] Vou mandar também o cigarro [maconha].

O próprio Nenê também mantinha negócios particulares na rota caipira. Em abril de 2011, ele recebeu ligação de Bonitinho, um comparsa de Araraquara, dizendo que havia mandado uma carta, e adiantando seu conteúdo:

— Tem um cara que tem uma boa estrutura, tem três asas [aviões], inclusive deixa [as aeronaves] junto com o seu pai [padrinho de Nenê]. O tio do cara é coronel. Se você tivesse o motorista [piloto] ele venderia um [avião] pra mim pra pagar em um ano.

— Tenho dois motoristas [pilotos] e tenho os caras do chão [para receber a droga].

— Então passa um pano [leia com carinho] na carta e depois dá um retorno.

O Gaeco não conseguiu apurar se o negócio foi concretizado.

Quanto a Capilo, sua lua de mel com o PCC durou até abril de 2011, quando a cúpula da facção descobriu que o "embaixador" estava usando

# COCAÍNA: A ROTA CAIPIRA

o nome da "família" para traficar drogas e armas em proveito próprio. Durante seu julgamento pelos líderes do "partido", o paraguaio pediu socorro a Nenê:

— Tão falando que sou malandrão e tal; fui acusado de um monte de caminhada e não tive chance de provar o contrário.

Nenê orientou o comparsa a reunir testemunhas e provas, mas não adiantou. Capilo acabou expulso do "partido".

— Foi decidido pela exclusão e o resto a natureza cuida. Se fosse levar ao pé da letra, era xeque [morte] — disse Abel Pacheco de Andrade para Roberto Soriano, ambos da cúpula do PCC.

Assim como a Bolívia, o Paraguai é território-chave para o narcotráfico. De acordo com o Unodc, ligado à ONU, o país vizinho é o maior produtor de maconha da América do Sul, responsável por mais de metade da produção total do subcontinente e de cerca de 15% em todo o mundo.[8] A Senad estima que o país produza 5,9 mil toneladas anuais de maconha — são 19,7 mil hectares —, das quais cerca de 80% são levadas ao Brasil.

Na tentativa de combater o problema, o governo norte-americano repassa US$ 400 mil por ano para a Senad erradicar as plantações. Entre 2008 e 2012, a polícia paraguaia destruiu 5,4 mil hectares da planta e apreendeu 874 toneladas do entorpecente já pronto para o consumo. Mas Arnaldo Giuzzio, então promotor paraguaio, reconhece que a erradicação é mínima perto do volume cultivado:

— É um problema antigo no nosso país, e de difícil solução — disse.

A maior parte das plantações é feita em locais de difícil acesso, no cume de morros em meio à mata nativa, em áreas como as do Parque Nacional de Cerro Corá. Só podem ser detectadas de avião ou helicóptero.

A maconha rege o desenvolvimento econômico de quase toda a faixa de fronteira entre Brasil e Paraguai, principalmente em Coronel Sapucaia e Capitán Bado, onde não há indústrias nem atividades comerciais lícitas significativas. Na cidade paraguaia, de ruas de terra e casebres miseráveis, o destaque visual logo na chegada é a enorme quantidade de antenas de rádio nos telhados das casas. Todas usadas pelos traficantes.

O quilo da maconha em Capitán Bado é negociado a R$ 30. Mas, nos períodos de entressafra, ou de grande procura da droga, como no Carnaval, o preço chega a R$ 80, e capitaliza os demais setores da economia local, como a pecuária. Já durante a colheita, há um significativo aumento no número de empregos temporários, conforme me disseram moradores de Sapucaia, sob a condição de anonimato.

Somente a Operação Arremesso, desencadeada pela Polícia Federal de Ponta Porã em maio de 2010, apreendeu 8 toneladas de maconha e 88 quilos de cocaína durante pouco mais de um ano de investigações. O esquema era comandado de Capitán Bado pelo brasileiro Júlio Dênis Barbosa, o Ique, que negociava remessas de maconha diretamente com compradores no interior paulista. A droga atravessava a fronteira em aviões e, do alto, era arremessada em descampados do lado brasileiro, em Mato Grosso do Sul, de onde seguia em caminhões até o estado de São Paulo. Daí o nome da operação.

Coube a um aliado de Ique, Leonardo Pereira Toldo, fazer a entrega da droga em São Paulo. Leonardo, por sua vez, delegou o serviço para seu primo, Giovane Toldo de Oliveira, que foi até Ribeirão Preto, cidade dos compradores, para fornecer a eles as coordenadas para a entrega de 5,2 toneladas de maconha em São Paulo. A droga foi apreendida em 14 de setembro de 2009 em Jundiaí (SP). Doze dias depois, a PF faria nova apreensão de droga do grupo, em Ponta Porã: 1 tonelada de maconha e 12 quilos de cocaína escondidos na carroceria de um caminhão. O motorista, preso em flagrante, foi contratado para levar o entorpecente de Ponta Porã até Teodoro Sampaio, no oeste paulista. Leonardo e Giovane foram presos preventivamente em maio de 2010. Quatro anos depois, cada um acabaria condenado pelo TRF a treze anos de prisão por tráfico internacional e associação para o tráfico.[9] Barbosa não chegou a ser preso. Ficou cerca de um ano foragido até ser assassinado em Capitán Bado, em 2011.

COCAÍNA: A ROTA CAIPIRA                                      393

Além da capital e do interior paulistas, o Paraguai alimenta de drogas o Rio Janeiro. Aqui, novamente, a rota caipira tem papel fundamental. Em dezembro de 2009, a Polícia Federal deflagrou a Operação Litoral contra uma quadrilha sediada em Mato Grosso do Sul que abastecia os morros cariocas com drogas — no decorrer da operação, a PF apreendeu 4,8 toneladas de maconha. O esquema era comandado a partir de Campo Grande (MS) por Robinson Roberto Ortega, e de Ponta Porã por Francisco Humberto Winckler Benites. No Rio de Janeiro, Raquel dos Santos Brites era uma espécie de "representante comercial" da organização criminosa no Rio. Cabia a ela negociar a maconha com traficantes do complexo do Jacaré, subúrbio carioca.

A PF começou a monitorar a quadrilha em março de 2009. A primeira apreensão de droga do grupo veio logo naquele mês — 1 tonelada de maconha. Diante do prejuízo, Robinson decidiu acompanhar a próxima remessa: 770 quilos da droga, escondidos no fundo falso de um caminhão-baú. Ele seguia na frente de carro, como "batedor", para avisar o caminhoneiro de eventual presença da polícia na estrada. Os federais, que acompanhavam todos os passos do líder, acionaram a Polícia Rodoviária Federal em Nova Andradina (MS), próximo da divisa com São Paulo. O caminhão foi parado já durante a noite de 27 de março. A escuridão parecia favorecer o caminhoneiro, mas, quando os policiais iluminaram com o farolete o fundo do baú, notaram a tinta nova, ainda brilhante. Com um pé de cabra, romperam a madeira e encontraram vários fardos de maconha. O motorista acabou preso em flagrante.

Os policiais haviam sido avisados da presença de Robinson nos arredores. E decidiram vasculhar a região até que encontraram o carro dele parado em um posto de combustível logo à frente na pista. Ao notar a viatura, Robinson deu partida no carro e acelerou bruscamente, a namorada ao lado. A polícia seguiu na cola. Robinson pisava no acelerador, mas o carro, de motor pouco potente, não obedecia. E, pelo retrovisor, notou a viatura, que se aproximava cada vez mais. Jogou o carro com violência no acostamento de terra, abriu a porta e fugiu pelo mato. Deixou para trás a namorada e todos os documentos. Robinson, a partir de então, passou a ser um foragido da Justiça.

394 ALLAN DE ABREU

Mas, ainda assim, não abandonou o narcotráfico. Conseguiu documentos falsos e começou as tratativas para o envio de nova remessa de maconha ao Rio, sua especialidade. Dessa vez, contou com o apoio do "sócio" em Ponta Porã, Francisco Benites, que viajou de avião até o Rio para acompanhar a entrega da droga aos clientes do Jacaré. Robinson, novamente, foi de carro, na frente do caminhão, como "batedor". Mas o cuidado restou inútil: a maconha, 1,6 tonelada, foi novamente apreendida, em Volta Redonda (RJ).

— Perdimo tudo... Perdimo tudo, tudo, tudo, tudo — desesperou-se Francisco, em conversa por telefone com a mulher.

O grupo não suportaria mais prejuízos com apreensões. Foi aí que Robinson arriscou nova estratégia: esconder a droga em caminhões frigoríficos, mesma artimanha dos grupos que traficam cocaína boliviana a partir de Mato Grosso. "Como a carga perecível não pode ficar muito tempo exposta às condições climáticas, a fiscalização dentro do compartimento de carga teria que ser mais célere, a fim de se evitar o comprometimento do produto. Isso, por óbvio, dificultava a atuação da polícia e beneficiava a associação criminosa", escreveu o juiz Deyvis Ecco na sentença que condenou parte da quadrilha.

É aqui que entra na história Antonio Navarro da Silva Júnior, o Juninho, dono de uma transportadora em Andradina (SP). Foi nos caminhões frigoríficos de sua empresa que a quadrilha passou a esconder a droga transportada de Ponta Porã (MS) até o Rio de Janeiro, via rota caipira. No dia 15 de junho, o caminhão foi carregado com 11 toneladas de carne bovina — mais 1 tonelada de maconha foi escondida em fundo falso no baú do caminhão. Mas a carga restou apreendida pela polícia no mesmo dia. Preso, o motorista delatou o esquema. Um advogado telefonou para Robinson. Queria dar a notícia:

— Piá caguetou tudo, tudo, nome, endereço, Juninho, você, caminhão, carro, esquema, barulho, tudo, tudo, tudo, tudo.

Robinson terminou preso semanas depois, acusado de tráfico de drogas no flagrante em Nova Andradina. Mas, mesmo atrás das grades, em penitenciária de segurança máxima de Campo Grande, ainda comandava a compra e venda de maconha, até a deflagração da Operação

Litoral, em dezembro de 2009. Francisco, Raquel, Juninho e outros cinco integrantes do grupo foram presos preventivamente. Em junho de 2010, Robinson foi condenado a sete anos de prisão por tráfico devido ao flagrante em Nova Andradina, pena mantida pelo Tribunal de Justiça.[10] Pouco mais de um ano depois, sofreu nova condenação, por associação para o tráfico: nove anos de reclusão, pena mantida pelo TJ.[11] Francisco Benites e Raquel tiveram sua sentença judicial em junho de 2012. Ele, nove anos de prisão; ela, cinco anos. Todos em regime fechado.[12] Os três apelaram das decisões ao TJ de Mato Grosso do Sul, que em novembro de 2016 não havia julgado a ação. O processo de Juninho, desmembrado dos demais, ainda tramita na 2ª Vara Criminal de Campo Grande, sem sentença até novembro de 2016.[13]

As maiores apreensões de maconha no eixo Paraguai–Paraná–São Paulo viriam ao longo de 2013, quando a PF desencadeou a Operação Piloto. Em apenas sete meses investigando simultaneamente quinze quadrilhas, os policiais federais apreenderam 49 toneladas da droga, recorde em uma única operação. Uma das principais bases do esquema ficava em Umuarama, noroeste paranaense, cidade-chave para o comércio da maconha por estar a pouco mais de cem quilômetros de Guaíra (PR) e Mundo Novo (MS), que fazem fronteira com o país vizinho. De Umuarama vinha o principal grupo investigado na operação. Seu líder era João Batista Gonçalves, um senhor na altura dos 60 anos, loiro de olhos esverdeados, empresário dono de uma transportadora na cidade. O juiz Daniel Luis Spegiorin, responsável pelos julgamentos dos 67 réus presos na operação, suspeita que a primeira incursão de Batista, como era chamado, no mundo do crime tenha sido nos anos 1990, quando começou a transportar cigarros contrabandeados do Paraguai. Tempos depois, usou seu know-how para transportar toneladas de maconha de traficantes brasileiros radicados no país vizinho, principalmente Ailton Gonçalves da Silva, um moreno de 40 anos que gostava de usar bonés, e Hélio Bispo, um pouco mais novo, ambos baseados em Eldorado (MS). O empresário alugava seus caminhões para transportar a maconha até

396 ALLAN DE ABREU

compradores do Rio de Janeiro, São Paulo e Campinas. O quilo da droga era adquirido de produtores paraguaios por R$ 30 e revendido nos grandes centros por R$ 700.

A droga atravessava a fronteira pelo sul de Mato Grosso do Sul, era estocada em uma fábrica de blocos de concreto de Mundo Novo e em seguida levada até a transportadora de Batista. Lá, era escondida em fundos falsos de caminhões-baú carregados de sofás e cadeiras de cana-da-índia e despachada para São Paulo e Rio. O empresário tinha o auxílio direto do filho, Humberto Emanoel Gomes Gonçalves, que pela calvície acentuada ganhou o apelido de Careca, do genro, Hugo Moreira, não à toa chamado de Gerente, e de Wilson Correia. Cabia aos três subalternos contatar fornecedores, motoristas e batedores, além de conseguir notas fiscais frias para justificar o transporte dos sofás. O organograma da quadrilha foi montado pelos nove agentes do Gise em Londrina (PR) a partir de escutas telefônicas autorizadas pela Justiça. O primeiro telefone monitorado foi o de Batista — a partir das conversas dele é que se descobriram os demais membros do grupo. Do grupo de agentes, seis cuidavam da transcrição dos telefonemas relevantes à investigação, enquanto os demais faziam o trabalho de vigilância dos investigados.

Em menos de um mês viria a primeira apreensão. No dia 19 de maio de 2013, Batista afirmou ao genro Hugo que Correia tinha novos planos para "transportar milho" — metáfora para maconha, conforme a PF, já que a empresa não trabalhava com produto agropecuário:

— Rapaz, o Correia tá com uma ideia, ele falou pra você de um negócio de um milho para puxar numa fazenda sei lá o quê.

Dois dias depois, um funcionário do empresário recebeu telefonema de um fornecedor paraguaio — nenhum dos dois foi identificado pelos agentes. O funcionário avisou o traficante sobre barreiras policiais na rodovia entre Guaíra e Umuarama. Toda a conversa foi captada pela PF, com autorização da Justiça:

— Então tem duas barreiras, mas tá ruim de subir.

— Não! Tem, mas ela é fraca então, por isso mesmo que aquele outro dia eu passei por aqueles outros e não tem nem conversa, pega e vai e não tá nem aí, é para todas as barreiras tem desvio.

COCAÍNA: A ROTA CAIPIRA 397

Enquanto isso, Correia explicava para um subalterno como abria o compartimento oculto no baú do caminhão:

— É arrebitado aí tem que arrancar com o ribite, tem que arrancar o ribite mesmo.

— Então vou meter a marreta nela.

— Não vai meter a marreta assim, né.

— Mas cê tem certeza naquela tábua lá em cima então, não é no assoalho então.

Correia se irritou com a indiscrição:

— Ô fi, pelo amor de Deus, nós tá no telefone, minha Nossa Senhora da Aparecida.

A droga, 2,1 toneladas de maconha, foi apreendida no dia 31 de maio em Naviraí (MS). Segundo a PF, abasteceria os morros cariocas. Seis dias mais tarde, um rapaz apelidado de Bida, não identificado na investigação, provavelmente representante dos traficantes no Paraguai, cobrou de Correia o pagamento pela droga apreendida:

— Ô Correia, eu vou ligar a real pra você, esse dinheiro tem que chegar hoje, tá ligado, negócio não é pra amanhã não, eu vou aí na sua casa. O combinado foi o quê: se não chegasse o dinheiro [droga] você passava até o carro. Eu vou segurar o seu carro, porque negócio certo é o certo, cê já tá fugindo do combinado. Como é que você quer que eu ajeite outro negócio procê se você não acertou nem esse.

— Não, mas eu vou acertar esse aí. [...] Eu tô esperando os meninos do Paraguai vir aqui.

Já em 15 de junho Batista reiniciou as conversas para transportar mais 680 quilos de maconha para São Paulo. Naquele dia, ele telefonou para o genro Hugo:

— Ninguém deu posição nenhuma não, né.

O genro então cometeu um ato falho:

— Não, não, o carinha só perguntou quantos quilos de sofá, quantos sofás cabia no caminhão e coisa e tal.

Como não se utiliza quilo como unidade de medida de sofás, só poderia ser droga, concluíram os agentes...

Mas quem organizou diretamente todo o transporte, nesse caso, foi Humberto. O filho de Batista foi um dos alvos mais ariscos da operação. Com medo de ter o telefone grampeado, fez um acordo com um camelô de Umuarama: por R$ 200 mensais, alugava aparelhos celulares por uma semana. Depois, devolvia e pegava outro. Também usava o BlackBerry, crente de que sua interceptação era impossível — estava errado, como se veria. Pelo aparelho, negociou com um rapaz chamado Júnior o pagamento do motorista e do batedor que levariam a maconha até a capital paulista:

"Quanto ficou combinado do motora e do batedor."

"20 [mil reais]" / "15 do mot e 5 o bat".

A carga foi apreendida no dia 20 de junho, também em Naviraí, em barreira montada na estrada.

Já no dia seguinte, para recuperar o prejuízo, Batista teimou em levar mais 2,7 toneladas de maconha para o estado de São Paulo. Pelas escutas e campanas, os agentes descobriram que a carga sairia do sul de Mato Grosso do Sul no dia 6 de julho. Mas a presença dos agentes na região de Mundo Novo, além de policiais do DOF, foi detectada por olheiros dos traficantes, conforme mensagens de celular trocadas por Bruno Gabriel Barreto, fornecedor da droga, um brasileiro radicado no Paraguai, com o comprador da maconha na capital paulista, identificado pela PF apenas pelo apelido de Terrorista, usado no BBM:

"Mano esa madrugada tava torado tava cheio d pf a paizana", escreveu Bruno. "Tinha pf e dof na pista" / "Vo bota oje si a pista tive limpa."

Um subordinado de Hugo, apelidado de Coyote, escreveu para outro traficante que os olheiros eram ligados a um sujeito chamado por eles de Alemão:

"Os matero do alemao q sauvo nois em."

Ao mesmo tempo, Bruno procurava tranquilizar Hugo, dizendo que a região estava cheia de olheiros:

"To com batedor si trombando."

No dia seguinte, os agentes trocaram os carros utilizados na vigilância e se mantiveram mais escondidos. A carga foi apreendida.

Mais um prejuízo para o grupo de Batista.

COCAÍNA: A ROTA CAIPIRA                                      399

Mas ele não desistia.

Um mês depois, articulou-se para levar 1,8 tonelada de maconha para Campinas. Parte da droga, acredita a PF, veio de Salto del Guairá, Paraguai, e atravessou o rio Paraná em barcos clandestinos, conforme mensagens trocadas entre Hugo e o fornecedor Bruno:

"Vc nao consegui arruma ums. 500 kg pra tira pelo rio e nois deva dak [daqui — Umuarama]", perguntou Hugo.

"Rapaz. Da para tenta."

"Se leva no salto [del Guairá] eu arrumo o barco e tiro por ak."

"Ate no salto axo q t[e]m um loko q leva."

"Entao arruma ai q vou ver o barco ak e os carro pra tira", concluiu Hugo, que tentava se mostrar otimista: "Nao vamo des[a]nima não[,] vamo trabaia se nao da dum jeito da de outro."

A maconha, de acordo com a PF, foi embarcada em um caminhão-baú de Batista em Umuarama. O motorista seguiu então pelas rodovias PR-323 e BR-369, rumo a Campinas. Na base em Londrina, os agentes ouviam com atenção os alvos envolvidos, à espera de alguma pista da localização do caminhão. No início da tarde do dia 20 de agosto, a mulher do caminhoneiro telefonou para Correia:

— Ele [motorista] falou que parou pra almoçar e o caminhão agora não quer pegar, começou a fazer um barulho [...]. É pra você ligar pra ele.

— Manda ele levar pra oficina — respondeu Correia.

Em seguida, o próprio caminhoneiro conversou com o chefe em Umuarama. Pelas antenas de celular que captaram a conversa, os agentes descobriram que o caminhão estava em Andirá (PR), na BR-369. Em contato com a concessionária da rodovia, foram informados de que um caminhão com defeito havia sido guinchado horas antes e levado para uma oficina. Os agentes acionaram então uma equipe da Polícia Rodoviária Federal, que encontrou o caminhão com a droga e prendeu o motorista em flagrante.

Em 2014, todos foram condenados pela 1ª Vara Federal de Umuarama por tráfico internacional e associação para o tráfico: Batista (25 anos), Hugo, Humberto e Correia (dezoito anos cada), Ailton e Hélio (dezessete anos cada) e Bruno (onze anos).[14] Todos recorreram ao TRF, que manteve as penas.

Outra quadrilha baseada em Umuarama investigada na Operação Piloto era liderada por Luciano Pedroso Primo, um rapaz de pouco mais de trinta anos, cabelos ralos no rosto arredondado. Ele adquiria maconha em Capitán Bado, Paraguai, e revendia para compradores em Sorocaba e São Paulo. A droga era transportada em compartimentos secretos de caminhões com gaiolas na carroceria, próprios para transportar cargas leves, como mudas de flor:

"Compra umas flor muda pra joga em cima do car[r]o pra min", escreveu Luciano no BBM para seu braço direito, Edivan Alexandre de Souza, o Fixiz.

"A carga cheia", perguntou o subalterno.

"Nao umas 600 [quilos] so."

Edivan parecia preocupado com a fiscalização na rodovia:

"Quero pasa pelas base [policiais] sem ser visto."

"Mais hoje solta o soriso [apelido do caminhoneiro] com certeza", mandou o chefe.

"Sim mais vo solta d domingo."

"Porq vim bate a br [espreitar a rodovia] nao gostei."

O caminhão, carregado com mudas exóticas, foi abordado pela Polícia Rodoviária no dia 10 de setembro. Escondidos na carroceria, 662 quilos de maconha.

Em apenas um mês, as escutas da Operação Piloto levaram à apreensão de 2,2 toneladas de maconha do esquema de Luciano, em três flagrantes.

"Agora o irmao de sp ligaram loco comigo", escreveu para um comparsa na primeira apreensão. Os compradores culpavam Luciano pelas perdas de droga.

"Não quero saber de nada mais um bo seu quero meu dinheiro", escreveu um deles, apelidado de Coringa.

Luciano e Edivan foram presos no dia em que foi deflagrada a operação, 2 de dezembro de 2013 (cada um foi condenado a catorze anos de prisão por tráfico internacional e associação, penas mantidas pelo TRF).[15] No mesmo dia, seria preso em Foz do Iguaçu (PR) outro capo investigado na Piloto, Sidnei de Souza Santos, paranaense que vendia

COCAÍNA: A ROTA CAIPIRA     401

mercadorias do Paraguai na região do Brás, em São Paulo, e aproveitava para, entre uma e outra viagem, levar droga à capital paulista. Um carregamento de 1,1 tonelada de maconha pertencente a ele seria apreendido em 12 de julho, no decorrer das investigações. Oito dias antes, um traficante apelidado George enviou uma mensagem no celular de Sidnei. Ele tinha uma proposta:

"Si nois compra um caminha[o] bau. E fazer um fundo falso e trazer cigarro [contrabandeado] e no fundo falso mato [maconha]."

"Se o fundo falso for bom ta [dá] pra dar umas viagens...", respondeu Sidnei. "Tem uns frete bom aqui..." — provavelmente ele estava na fronteira.

O caminhão foi carregado com tampas de garrafas pet em Assunção e rumou para Foz. Lá, parte da carga foi retirada. Em seguida, o motorista retornou para a ponte da Amizade e ocultou a droga no meio das tampas em Ciudad del Este, Paraguai. Eram 46 fardos, conforme o fornecedor da droga, não identificado pela PF, informou a Sidnei via BBM:

"Vai t entrega 46 volume", disse o fornecedor.

"Qtos kg mais ou menos em cada um..."

"Ta indo 1208 K total 46 volume" / "Ele vai por anhanguera", orientou o fornecedor, em referência à rodovia que liga a região de Campinas a São Paulo.

Um dia antes da viagem do caminhão, Sidnei passou ao fornecedor o telefone do caminhoneiro, para que este último pudesse acompanhar a viagem até a entrega em São Paulo. Era do que os agentes, que monitoravam as conversas em Londrina, precisavam para iniciar a identificação do veículo. As ligações do motorista apontavam para uma antena de celular em Maringá (PR). Um grupo de agentes percorreu as imediações em busca de caminhões. Havia dezenas deles. Impossível abordar todos ao mesmo tempo.

Era a hora da inteligência policial.

A equipe do Gise em Londrina analisou o extrato das ligações feitas pelo telefone do caminhoneiro nos últimos trinta dias — nesse período, ele estivera em Foz do Iguaçu e no porto de Paranaguá. O passo seguinte foi ingressar no Sistema Integrado Nacional de Identificação de Veículos em Movimento (Sinivem), que capta imagens de veículos em portos e áreas de fronteira, e verificar quantos caminhões haviam sido registrados nos horários em que o caminhoneiro permanecera em Foz. Surgiram cinquenta placas de caminhões. Como o motorista havia estado também em Paranaguá, onde o Sinivem também está instalado, foi feito um cruzamento das cinquenta placas com as que passaram pelo porto no horário dos telefonemas. Restaram duas placas, que foram repassadas aos agentes em Maringá. Uma delas era de um caminhão parado em um posto de combustível. Os policiais esperaram o caminhoneiro chegar na madrugada do dia seguinte para abordá-lo e apreender a droga. Mentor do esquema, Sidnei seria condenado a doze anos de prisão por tráfico internacional e associação, pena mantida pelo TRF.[16]

Não é apenas a maconha que capitaliza o narcotráfico no Paraguai. O país também é rota de passagem para a cocaína colombiana, peruana e boliviana. A poucos metros da linha imaginária que divide Pedro Juan Caballero de Ponta Porã, um hotel imponente transformou-se em quartel-general dos pilotos do tráfico. É lá que, feito caminhoneiros em busca de fretes, se reúnem à espera de traficantes dispostos a lhes pagar de R$ 10 mil a R$ 20 mil para que busquem cocaína na vizinha Bolívia e a levem até o interior paulista. Entre os pilotos, há aqueles especializados em voos noturnos, estratégia cada vez mais comum para dificultar abordagens policiais.

A ONU estima que, a cada ano, entre 30 e 40 toneladas de cocaína passem pelo Paraguai com destino ao Brasil e à Argentina, uma tarefa fácil diante do precário controle do espaço aéreo paraguaio e do alto grau de corrupção na polícia local. Em novembro de 2012, a Senad paraguaia apreendeu 1,7 tonelada de cocaína em um laboratório improvisado no meio da mata, a apenas 15 quilômetros da fronteira com o Brasil, na província de Canindeyú, próximo à cidade de Salto del Guairá. Foi o maior carregamento da droga já apreendido no país vizinho. De lá, a cocaína era transportada em aviões até o interior paulista. Quem descobriu o esquema foi o Gise em Ribeirão Preto, ao apreender 400

COCAÍNA: A ROTA CAIPIRA 403

quilos de cocaína vindos de Canindeyú em Altinópolis (SP). Os agentes passaram as informações à Senad, que preparou uma megaoperação para invadir o QG do tráfico no interior paraguaio. Foram presas em flagrante vinte pessoas: dez paraguaios, cinco brasileiros, quatro bolivianos e um peruano. Entre eles estava um integrante da polícia paraguaia, indício claro de que o esquema contava com a conivência da polícia local. Também foram apreendidas cinco aeronaves, que serviam para buscar a cocaína na Bolívia e transportá-la até o Brasil, e dois fuzis AK-47. Dois dias após a operação, toda a cúpula da polícia do departamento foi afastada pelo governo paraguaio.

A influência do narcotráfico chega às mais altas instâncias do Paraguai. Corrói o país de alto a baixo. Em dezembro de 2014, Victor Núnez, ministro da Suprema Corte, a principal instância judicial do país, renunciou ao cargo em meio às suspeitas de que teria ligação com traficantes.[17]

A conexão Paraguai–Ribeirão não era exclusividade da dupla Nenê-Capilo nem do esquema investigado na Operação Arremesso. Um ano antes, em dezembro de 2006, a Polícia Federal iniciava, a partir da apreensão de 10,5 quilos de cocaína em Ribeirão, outra investigação que iria desvendar um esquema de envio de cocaína de Pedro Juan Caballero para seis estados brasileiros, a partir da rota caipira. O negócio era comandado pelo brasileiro de ascendência paraguaia Luiz Carlos Román, o Carlinhos Paraguaio, e seu comparsa, Edmar dos Reis de Almeida. A operação, batizada de Guarani — em alusão à moeda do país vizinho —, descobriu que Carlinhos e Edmar adquiriam cocaína na Bolívia e levavam a droga de avião até Paranhos (MS), na fronteira com o Paraguai. De lá, a droga seguia por terra até Ribeirão Preto, onde o esquema era gerenciado por Cleiton da Silva Rodrigues, o Caveira, que, segundo a PF, administrava as encomendas de droga e os respectivos pagamentos. O principal comprador da cocaína na cidade era Alexandre Arantes de Assis Couto, o Zoio, dono de uma loja de balcões refrigerados. De acordo com a polícia, a loja era usada para lavar os lucros do tráfico.

Mas a maior parte do entorpecente tinha como destino as cidades de São Paulo e Rio de Janeiro, além dos estados de Minas Gerais, Paraná, Santa Catarina e Rio Grande do Sul. No dia 11 de janeiro, Geraldo Pereira Campos, motorista da quadrilha, telefonou para Carlinhos e disse que havia acabado de entregar um carro recheado de droga para traficantes do Rio de Janeiro, e estava esperando para buscar o veículo:

— Deu tudo certo já, é que eu só tô esperando a tarde pra ir lá ver, buscar o carro — disse.

A quadrilha movimentava uma média de 200 quilos de cocaína por mês, estima a Polícia Federal.

Naquela época, Carlinhos já acumulava larga experiência no narcotráfico. Filho de paraguaios, de quem herdou a pele morena característica, ele nasceu em março de 1975 em Amambai (MS), cidade na fronteira com o país vizinho. Na adolescência, mudou-se com a mãe para Ribeirão Preto, onde foi preso pela primeira vez em fevereiro de 1995, por tráfico. Condenado, ficou três anos na cadeia, e saiu em liberdade condicional em fevereiro de 1998. Conheceu Edmar dos Reis de Almeida e ampliou o comércio de drogas a partir do Paraguai. Não demorou para que voltasse a ser alvo de investigação da polícia.

Em março de 2000, a Polícia Civil invadiu um rancho em Sertãozinho (SP), cidade vizinha a Ribeirão, e flagrou meia tonelada de maconha, acondicionada em onze fardos, cada um com trinta tijolos prensados e embalados em papel. A droga, de acordo com escutas telefônicas feitas com autorização judicial, veio do Paraguai e foi arremessada de avião nos canaviais da região. Pertencia a Carlinhos e Edmar. Dois comparsas da dupla foram presos em flagrante. Acuados, Carlinhos e Edmar decidiram fugir para Pedro Juan Caballero. Condenados pelo Tribunal de Justiça a doze anos de prisão por tráfico,[18] nunca cumpriram a pena. E permaneceram no tráfico.

O novo esquema de envio de drogas pela rota caipira passou a envolver vinte pessoas. Seus líderes chegaram a elaborar uma escalação de seus membros, semelhante a um time de futebol, para, entre eles, revezarem e trocarem constantemente seus telefones celulares e, assim, dificultar uma possível interceptação policial.

COCAÍNA: A ROTA CAIPIRA                                    405

No dia 29 de janeiro de 2007, Edmar e Carlinhos telefonaram para o piloto da quadrilha, Jonas Pires Ribeiro, para acertar os detalhes da viagem de Marechal Cândido Rondon (PR) — onde o Cessna da quadrilha ficava baseado —, até o sul da Bolívia, para buscar pasta-base de cocaína. Para cada viagem, Jonas ganhava R$ 10 mil, conforme confessou posteriormente à polícia. Em conversa com Carlinhos, o piloto, já em Bela Vista (MS), se mostrou preocupado com o mau tempo:

— Vou ficar por aqui, não dá pra ir hoje, não — disse.

— Não, né?

— Não.

— Aqui tá colado [tempo ruim], e aí? — perguntou Carlinhos.

— Pelado, solzão...

— E lá no homem [Bolívia]?

— Lá, não.

No dia seguinte, Jonas prosseguiu viagem e retornou com droga entre os dias 10 e 13 de fevereiro. A pasta-base foi deixada em Amambai (MS), terra natal de Carlinhos. Começava a segunda etapa do transporte da pasta-base, via terrestre, até o estado de São Paulo. O entorpecente era acondicionado em garrafas pet e escondido dentro do tanque de combustível de caminhonetes.

A pasta-base, 94 quilos, foi dividida em duas remessas. A primeira, 54 quilos, foi levada em uma F-250 até Ribeirão Preto, onde seria recebida por Cleiton, que se encarregaria de distribuí-la na região, inclusive para Zoio. A outra, 40 quilos, seria entregue a Vantuir Lemos da Silva na Grande São Paulo. Os dois carregamentos, no entanto, foram apreendidos pela PF em 15 e 16 de fevereiro de 2007.

A apreensão frustrou a expectativa dos compradores paulistas da droga, principalmente Zoio. Dez dias antes, em 5 de fevereiro, Edmar telefonou para o cliente e, cheio de códigos, pediu calma, porque estava em curso uma operação da polícia paraguaia na região onde o grupo adquiria a pasta-base e seria arriscado viajar até a região naqueles dias:

— O pessoal tá ali cortando uns pé de laranja, tá ruim [...], vai acabar só no fim de semana...

Zoio então reclamou da falta de droga:

— Vixe, tá foda, mano, me virando aqui. Pagando, vixe, pagando caro. [...] Tá todo mundo desesperado, tá pingando só, tio, tô falando procê.

Após a apreensão da droga em Ribeirão, Zoio telefonou para um homem não identificado pela PF e comentou o prejuízo, que só não foi maior porque havia outros compradores [sócios].

— Aquele problema lá foi seu? — perguntou o homem.

— É, uai, é.

— Daquele carrinho grandinho lá, né?

— Isso.

— Nossa, que ideia misturada [...]. Muito dinheiro. [...] Não, vai tentar de novo, tio. Fazer o quê?

— Nossa, depois de uma daquela lá eu não guento, eu morro enforcado aqui.

— Não, mas tinha, tinha sócio, né — comenta Zoio.

— Nossa senhora, ainda bem, hein? Graças a Deus, hein?

Dias antes, o grupo havia vivido outra crise, decorrente do calote de um comprador de cocaína de São Paulo, apelidado de Bola. Cleiton, o gerente do grupo em Ribeirão, relatou ao patrão Edmar que havia pressionado o cliente para pagar a dívida:

— Falei com o pessoal do Bola lá, dei, dei, dei uma prensa nele lá, entendeu?

— E aí? — perguntou Edmar.

— Falei pra ele: ó, meu, do jeito que tá não dá, cês tão precisando, nós também tá, mas do jeito que tá parece que tá segurando o dinheiro aí, entendeu? Nós tá precisando de dinheiro pra despesa, cês sabe que a situação não tá boa.

A pressão deu certo, segundo Cleiton:

— [Ele] falou que vai pôr 10 conto [R$ 10 mil] amanhã no banco, no mínimo, que ele falou que vai arrumar.

Para movimentar o dinheiro decorrente do narcotráfico, Carlinhos e Edmar se valiam de um doleiro em Paranhos (MS). Era ele quem agenciava laranjas para que a dupla depositasse o dinheiro em suas contas bancárias, além de trocar os reais recebidos pelos clientes brasileiros por dólares ou guaranis.

COCAÍNA: A ROTA CAIPIRA 407

Em uma conversa interceptada pela PF, uma funcionária da casa de câmbio do doleiro perguntou a ele se havia alguma conta para Carlinhos depositar R$ 14,5 mil:

— O Carlinhos tem 14,5 mil reais pra passar, Bradesco ou Banco do Brasil, informou a funcionária. [...] Aí ele vai pegar um pouquinho em real, um pouquinho em guarani.

— Hã.

— É, ele falou que não precisa tudo hoje.

— Hã.

— Ele só precisa mandar o dinheiro porque é um cara que tá devendo pra ele e ele tá aqui.

Em outra conversa, Edmar pediu para a funcionária lhe enviar R$ 10 mil depositados na conta de um laranja em guarani ou real:

— Arruma um pouquinho só em guarani e um pouco só de real. Aí cê cobra uma porcentaginha do real. Não tem problema não.

Além de dinheiro vivo, Carlinhos e Edmar também recebiam pagamentos em veículos. Novamente, cabia a Cleiton receber os carros, vendê-los em Ribeirão Preto e encaminhar o dinheiro para a conta de laranjas. Um exemplo é a caminhonete F-250 apreendida pela PF em 16 de fevereiro com 54 quilos de cocaína. O automóvel foi repassado por Vantuir à dupla como pagamento de droga.

Desencadeada em 31 de maio de 2007, a Operação Guarani prendeu os vinte integrantes do grupo de Carlinhos e Edmar. Naquele dia, a Polícia Federal e a Senad invadiram as casas de ambos em Pedro Juan. Mas Carlinhos não estava no imóvel, e nunca foi encontrado. Seu paradeiro é ignorado tanto pelas autoridades brasileiras quanto paraguaias. Já Edmar foi detido, mas novamente escapou das grades, dessa vez por determinação da Suprema Corte de Justiça paraguaia. É que o traficante apresentou às autoridades do país vizinho uma cédula de identidade do Paraguai com o nome de Carlos Espíndola Rodríguez, e negou ser Edmar. Para dirimir a dúvida, o governo paraguaio solicitou à Polícia Federal brasileira a ficha datiloscópica de Edmar. Foi enviada uma cópia do documento, e suas impressões digitais eram idênticas às do traficante brasileiro, mas a prova não bastou para a Justiça paraguaia, que solicitou a ficha original com o argumento de que tanto a identidade do Brasil quanto a do Paraguai eram autênticas. Como, obviamente, seria impossível enviar o documento original, a Justiça do país vizinho negou a extradição e, em março de 2009, colocou Edmar/Carlos em liberdade, sob protestos do Ministério Público paraguaio, que defendia o envio do traficante ao Brasil. "A certeza desta conclusão se apoia em prova documental contundente. Baseou-se em uma cédula de identidade do nosso país, e uma célula de identidade expedida na República Federativa do Brasil. Ditos documentos são instrumentos públicos não questionados quanto à sua presunção de legitimidade. Significa, em consequência, confirmar a negativa de extradição", disse em seu voto o ministro da Suprema Corte, Sindulfo Blanco, argumento seguido pelo também ministro Oscar Bajac. Nove meses depois, no fim de 2008, o senador paraguaio Robert Acevedo acusou Bajac de proteger narcotraficantes no país.[19]

O piloto Jonas foi condenado em dois processos a 24 anos de prisão por tráfico e associação para o tráfico.[20] Cleiton foi sentenciado a doze anos e três meses por tráfico e associação e a mais oito anos e nove meses por lavagem de dinheiro, pena mantida pelo TRF.[21] Vantuir, o comprador da cocaína em São Paulo, foi condenado a dezoito anos e quatro meses por tráfico, associação e lavagem de recursos — morreria na cadeia, em 2015. Zoio recebeu pena de dezesseis anos por tráfico e associação.[22] Os processos contra Carlinhos Paraguaio e Edmar por tráfico e associação seguiam suspensos em novembro de 2016. Em janeiro de 2013, a Justiça Federal de Ribeirão condenou Carlinhos a quatro anos e oito meses de prisão por lavagem de dinheiro proveniente do narcotráfico.[23] Segundo a PF, ele mora em uma mansão em Pedro Juan, cercada de seguranças. Anos após a Operação Guarani, um desses capangas notou quando um agente da PF em Ribeirão, acompanhado de policiais da Senad, todos à paisana, vigiava o imóvel. Dias depois, já de volta ao interior paulista, o agente foi procurado pelo advogado de Carlinhos:

— Ele pediu pra te dizer que se você voltar lá, vai te matar.

Em junho de 2010, três anos depois da prisão de Nenê do Simioni e do fim do esquema da dupla Luiz Carlos Roman e Edmar Alves de Almeida, a Polícia Federal voltaria a se deparar com nova conexão entre Ribeirão Preto e Paraguai, via aérea, dessa vez envolvendo tam-

Luciano Geraldo Daniel, o Tio Patinhas, que construiu patrimônio milionário no narcotráfico.

A modelo Lucinéia Capra, que trocou as passarelas pelo narcotráfico. Em 2003, ela escapou da polícia e desapareceu.

A mansão de Joseph Nasrallah, localizada em um condomínio de luxo de Valinhos (SP), é revestida com mármore italiano e foi avaliada em R$ 6,6 milhões pela Justiça Federal.

O libanês Hicham Mohamad Safie, que se gabava de contatos na polícia e também na política.

Arsenal no quarto de Luciano Geraldo Daniel, na sede da fazenda em Gália (SP) que servia de laboratório para o refino da cocaína.

Policial Federal contabiliza dinheiro e relógios de luxo apreendidos na casa do libanês Mohamed Ali Jaber em São Paulo.

Israel Dias de Oliveira, que registrou em um diário a agonia de Lucas, mula vítima de overdose.

Preparo das cápsulas com cocaína que serão ingeridas por mulas em Puerto Quijarro, Bolívia.

Mula ingere cápsulas de cocaína entre goles d'água em Puerto Quijarro, Bolívia.

Cordão e pulseira de ouro dezoito quilates com detalhes em diamante e esmeralda, além de um relógio Rolex avaliado em R$ 15 mil, apreendidos pela Polícia Federal na casa de Eurico Augusto Pereira em Cassilândia (MS).

A Polícia Federal apreendeu 138 quilos de cocaína pura da quadrilha de Igor Christea, escondidos na carga de portas de contêiner no porto de Santos (SP).

Mário Sérgio Machado Nunes, "broker" do tráfico, logo após ser preso pelo Denarc em 2015.

Caixas recheadas com cocaína que seriam acopladas aos cascos do navio boiam no porto de Munguba, Amapá.

João Faria na sede da Polícia Federal de São José do Rio Preto (SP).

Valdenor Marchezan com o filho Alessandro, nos anos 1980.

Cessna do peruano Rafael Plejo Zevallos flagrado com 350 quilos de cocaína em Guararapes (SP).

O juiz federal Odilon de Oliveira deixa sua casa em Campo Grande escoltado por policiais federais.

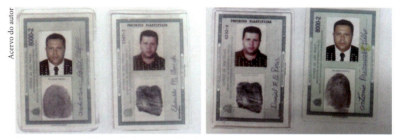

Documentos falsos de Lourival Máximo da Fonseca apreendidos na casa dele em Santa Cruz de la Sierra, Bolívia.

Luiz Carlos da Rocha, o Cabeça Branca.

Cocaína misturada no óleo diesel do caminhão de Márcio José Omito.

Carga de bucho de boi escondia 1,7 tonelada de cocaína pura, que seria exportada pela quadrilha de Cabeça Branca com portugueses.

Avião apreendido em Tapurah (MT) em 2001 com 488 quilos de cocaína.

Metralhadora Browning M2, calibre .50, cujas balas atravessaram o vidro blindado da caminhonete dirigida por Jorge Rafaat.

Equipe da PF em São José do Rio Preto (SP), logo após a apreensão de 143 quilos de cocaína na vizinha Barretos; na fileira em pé, Luiz Pinelli é o primeiro da esquerda e Mariano Beltrame, o último, de camiseta azul.

Policial da Senad, Secretaria Nacional Antidrogas do Paraguai, caminha por plantação de maconha descoberta no departamento de Amambay, em dezembro de 2012.

Policial serra caçamba de caminhão na qual quadrilha escondia 438 quilos de cocaína vindos de Mato Grosso.

Funcionários do porto do Rio de Janeiro abrem contêiner em navio com destino à Espanha: dentro, 109 quilos de cocaína pura.

Carlos Antonio Caballero, o Capilo, "embaixador" do PCC no Paraguai.

Almir Rodrigues Ferreira, o Nenê do Simioni, líder do PCC em Ribeirão Preto (SP).

Rodrigo Felício, o Tico, maior liderança do PCC no interior paulista, em um de seus cavalos de raça.

Cessna 210 destruído por incêndio após tentativa frustrada de decolagem em canavial de Bocaina (SP).

Cessna de Adalto Martins Ferreira flagrado com 360 quilos de cocaína na zona rural de Santa Helena de Goiás (GO).

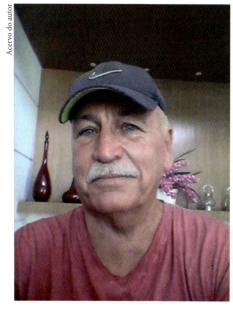

O piloto norte-americano Pierre Hernandez Jacques Dellanoy.

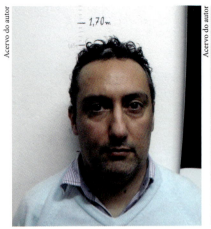

Marcelo Athiê, "ganso" aliado à banda podre do Denarc.

Anotação encontrada na caminhonete de Alexandre Lages no dia em que foi flagrado com 133 quilos de cocaína: para a PF, siglas identificam policiais do Denarc na divisão da droga.

Alexandre Lages conversa com traficantes Donizetti de Paula Junior e Rodrigo Siqueira Sousa, representantes do "capo" boliviano Mitcho.

O jovem Rafael exibe marcas de facadas na mão, durante briga com traficantes de Mirassol (SP).

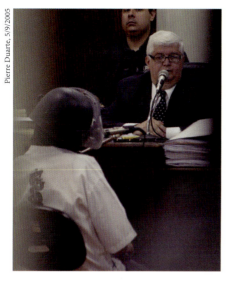

Juiz Emilio Migliano Neto ouve testemunha-chave da Operação Desmonte, protegida por capacete, na maior audiência da história do Judiciário paulista.

Lucio Rueda Bustos, traficante mexicano do cartel de Juárez condenado por lavar dinheiro das drogas no Paraná e interior paulista.

Helicóptero flagrado com quase meia tonelada de cocaína no interior capixaba.

Claudio Fuentes, cocaleiro em Ivirgarzama, na região do Chapare, Bolívia.

Cocaleira seca as folhas de coca ao sol em Ivirgarzama.

Galpão em Ivirgarzama para onde a safra dos cocaleiros da região é levada; parte da produção é desviada para o narcotráfico.

bém o sul de Minas Gerais. Centenas de quilos de cocaína e maconha, além de armamento pesado, eram transportados em aviões alugados do país vizinho até pistas clandestinas entre os municípios de Passos e Capitólio, Minas. De lá, a droga era levada em carros e caminhonetes até Ribeirão, centro de distribuição para o estado mineiro, o interior paulista e o Rio de Janeiro. Para o juiz da 7ª Vara da Justiça Federal de Ribeirão, Roberto Modesto Jeuken, o modus operandi do grupo "funciona para que não se chegue aos proprietários verdadeiros da droga, tal o profissionalismo a que se chegou".

Mais uma vez o esquema era capitaneado pelo PCC, a quem José de Paula Cintra Júnior, chefe do novo esquema, prestava serviços, embora não fosse diretamente ligado ao grupo.

Não se sabe a data exata em que Cintra Júnior começou a operar a nova rota do tráfico. Morador de Ribeirão, ele chegou a ter uma oficina mecânica na cidade, e pouco antes de ser preso começou a trabalhar na manutenção de alarmes em agências bancárias da região. Não tinha passagens pela polícia, o que servia para tirá-lo do foco de eventual investigação policial.

Mas ela veio, em junho de 2010, após a Polícia Federal de Ribeirão receber denúncia anônima sobre o esquema. A operação de combate ao esquema ocorreu em duas fases. Na primeira, em 16 de junho, a PF armou campana para flagrar os traficantes ainda em Passos, logo após o recebimento da droga via aérea. Os irmãos Tiago e Ricardo Bucalon seguiam pela rodovia MG-050, em direção a Ribeirão, dentro de um carro Fiat Doblô carregado de droga. À frente deles, Cintra Júnior dirigia uma caminhonete S-10, e atuava como batedor — cabia a ele avisar a dupla, por rádio, de eventual presença da polícia na pista. Posteriormente, a polícia constatou 374 chamadas no rádio de Cintra para Ricardo e outras 271 para Tiago.

Os Bucalon eram traficantes menores do sul de Minas, embora fossem integrantes do PCC, segundo a PF. Quatro anos antes, haviam sido flagrados com pequenas porções de haxixe. Logo depois, teriam sido cooptados por Cintra Júnior para operar a nova rota.

A PF preparou campana em um pedágio da rodovia, ainda em solo mineiro, e também seguia o Doblô. Poucos quilômetros antes do pedágio, porém, o veículo entrou bruscamente em um retorno e acelerou. A perseguição não durou muito. Na carroceria do carro dos Bucalon, a polícia encontrou 500 quilos de maconha e 45 de cocaína. Os irmãos acabaram presos em flagrante. Cintra Júnior escapou, embora agentes da PF tenham visto sua caminhonete passando pelo pedágio. Os policiais asseguram que Cintra avisou seus subordinados da campana montada no local, daí a tentativa de fuga dos Bucalon. Com a placa da S-10, a PF logo descobriu a identidade do líder. E retomou a fase de diligências secretas.

Em contato com a Polícia Civil paulista, a Polícia Federal ficou sabendo que o grupo já vinha tendo as conversas ao telefone monitoradas com autorização da Justiça. Em 27 de abril de 2010, dois meses antes do flagrante em Passos, Cintra Júnior havia feito as vezes de batedor para os Bucalon:

— Tô te vendo, hein — brincou Cintra.

— É só a traseira, ô maluco — respondeu Thiago.

— Se liga, maluco, tá rindo à toa hoje.

— Tem que tá, quem que não ia tá, fala pra mim — disse Bucalon, satisfeito com o sucesso do transporte.

— Depois do pá, né, todo mundo ri, né.

Além das escutas, os agentes da PF passaram a seguir os passos de Cintra Júnior e aos poucos descobriram outros dois integrantes da quadrilha, Ricardo Mattos Rossini e Luís Gustavo Galvão Fernandes. Era na chácara de Rossini no Portal dos Ipês, periferia de Ribeirão, que o grupo armazenava a droga para posterior distribuição. Mas, com o flagrante em Passos, os traficantes decidiram esconder a caminhonete de Cintra, "queimada" na blitz, e transferir a droga para uma casa no residencial Cândido Portinari, também em Ribeirão Preto, que pertencia a Alex de Carvalho Francisco.

No dia 23 de junho, o grupo recebeu um possível comprador vindo de Londrina (PR). A PF decidiu monitorar tudo, com o auxílio de agentes vindos de Brasília, portanto desconhecidos na cidade. Ele foi

COCAÍNA: A ROTA CAIPIRA 411

recepcionado, já na rodoviária, por Cintra e Luís Gustavo. Tomaram café em uma padaria e seguiram para a chácara no Portal dos Ipês. Ficaram lá até o meio-dia. Foram ao encontro de Alex e seguiram para uma churrascaria, tudo gravado em vídeo pela PF.

Os quatro sentaram-se a uma mesa do lado de dentro do restaurante, próximo a uma janela. Do lado de fora, separado apenas por uma grade, o policial Luís Antonio da Cruz Pinelli puxou uma cadeira e passou a ouvir atentamente os diálogos da mesa ao lado. Segundo seu relato à Justiça Federal, o grupo falou claramente em "cinquenta peças" e se "caberiam". O jovem paranaense disse "meu menino tá chegando", indicando que um comparsa viria de carro para buscar o entorpecente. Provavelmente o rapaz de Londrina fora ver a droga e comprar parte dela.

Após colocar um rastreador no carro de Alex, a Polícia Federal localizou sua casa, onde, supunham os policiais, a cocaína estava escondida, e passou a fazer campana em frente ao imóvel 24 horas. Até que, em 30 de junho, sete dias após a visita do traficante do Paraná, chegaram na casa Alex, James e uma mulher. Como os dois agentes da PF de campana estavam bem próximos, o trio ficou desconfiado — além de a rua onde ficava o imóvel não ter saída, o bairro, segundo a polícia, contava com várias bocas de fumo, o que dificultava a vigilância por muitos dias. Pinelli, um dos policiais da campana, decidiu sair do local para trocar de carro e deixou o outro agente na rua. Quando retornou, o trio viu o agente que ficara por lá entrando no novo veículo, e os três fugiram correndo. Os agentes deixaram o veículo às pressas e foram no encalço. Dois foram detidos — só a mulher conseguiu fugir. Na casa, os agentes não tiveram dificuldade para localizar os tabletes de cocaína, guardados nos armários da cozinha, em um maleiro da sala e até em um quarto de criança, um total de 455 quilos da droga. Também se depararam com três fuzis semiautomáticos, dois deles de origem norte-americana, e um terceiro com características semelhantes a kits vendidos nos Estados Unidos para a montagem de um AR-15.

Não havia mais como esperar: era necessário deflagrar a operação e prender o resto do grupo. Quando Ricardo, dirigindo seu carro, abriu o portão para entrar na chácara, dois policiais desceram de um veículo descaracterizado nas imediações e deram voz de prisão a ele. Bruscamente, Ricardo deu ré e fugiu em alta velocidade. Os policiais entraram no carro e foram atrás. A perseguição foi curta — ainda no bairro, Ricardo foi rendido ao entrar em uma rua sem saída. Na chácara dele havia tambores com resquícios de droga, além de dois radiocomunicadores, um deles adulterado para captar faixas exclusivas da polícia.

Cintra Júnior e Luís Gustavo foram detidos em Jardinópolis (SP), cidade vizinha a Ribeirão. No celular de Cintra, havia pelo menos três ligações para o Paraguai, possivelmente o telefone do fornecedor da droga e do armamento pesado.

Denunciados à Justiça Federal, os cinco presos foram condenados pelo TRF.[24] Cintra Júnior recebeu a maior pena: 27 anos e seis meses de prisão por tráfico, associação para o tráfico e comércio ilegal de arma de fogo, além de desenvolvimento de atividades clandestinas de comunicação. Pelos mesmos crimes foram condenados Luís Gustavo e Ricardo Rossini (25 anos cada). Alex recebeu pena de dezenove anos por tráfico, associação e comércio ilegal de armamentos; James Willian, três anos e meio por tráfico. O avião usado no esquema acabou apreendido em março de 2011 na cidade de Lucélia (SP), região de Marília, carregado com maconha e cocaína.

Seja no esquema de Nenê, seja no de Carlinhos ou no de Cintra, todos buscavam locais discretos, isolados, como depósito para suas cargas de droga rumo aos grandes centros. Já um certo Elias Ferreira da Silva, de Matão (SP), preferiu esquema oposto — quanto mais gente ao redor, mais seguro para os seus negócios escusos.

# 17

# (In)Vulnerável

Em vez de isolar seu esquema criminoso em sítios ou fazendas longe dos olhos do mundo, Elias Ferreira da Silva, fiel integrante do PCC, preferiu fincar seu QG do tráfico em local cercado de gente — todos, claro, da sua estrita confiança. No lote número 14 da Agrovila 3, assentamento rural entre Matão e Araraquara, interior paulista, Elias montou laboratório para refinar a pasta-base da cocaína vinda da Bolívia. Novamente pela rota caipira, o PCC perdurava seu lucrativo comércio de drogas. Somente em fevereiro de 2011 o esquema trouxe até o interior paulista 700 quilos de pasta-base, que, refinada e "batizada" com outros produtos, atingiria 2 toneladas. Um faturamento bruto de R$ 8 milhões, nos cálculos do Ministério Público Federal. Bem sedimentado, o esquema operava havia algum tempo.

A família de Elias, um jovem magro de queixo fino e pele morena, morava no lote número 14 desde 1992, quando o padrasto sem-terra ganhou do Instituto de Terras do Estado de São Paulo, Itesp, uma gleba da fazenda Monte Alegre, antigo horto produtor de eucalipto que se tornou assentamento rural em 1985. O local parecia à prova de blitz policial: qualquer movimentação estranha no assentamento logo chegava ao conhecimento de Elias, o que parecia um obstáculo intransponível para a Polícia Federal, que investigava os passos do traficante desde 2009 na Operação Planária, referência a um verme que vive em ambientes úmidos.

414 ALLAN DE ABREU

"Dada a localização 'sui generis' da chácara de Elias, é extremamente difícil a vigilância aproximada. Seus vizinhos, por razões desconhecidas, o protegem e ajudam, informando-lhe cada movimento suspeito no local", informou a PF em relatório sigiloso da operação.[1]

Em 21 de agosto de 2010, um comparsa telefonou para Eliseu, irmão de Elias. Disse ter ficado receoso por causa "daquele rapaz que ficou andando de Falcon por aí, ele é muito chato".

O motoqueiro em questão era um policial federal à paisana.

Quatro meses depois, no dia 18 de janeiro de 2011, dois agentes da PF estacionaram um Ford Ecosport descaracterizado no assentamento para observar a movimentação do grupo de Elias. Eva, dona de um lote na Agrovila, amiga da família Silva, notou o veículo havia algumas horas parado na estrada de terra e decidiu abordar a dupla:

— Vocês querem alguma coisa?

— Como a gente faz para ir até Silvânia? — devolveram os agentes, simulando o desejo de seguir viagem até um distrito de Matão.

Eva explicou o caminho, mas não deixou de procurar Wilza Penha Dutra, mulher de Elias, e relatar a situação. Imediatamente, Wilza telefonou para o marido:

— A tia Eva viu uma Ecosport parada um tempão lá na rua deles... Ela foi lá no carro e tinha dois caras que disse que tava perdido, querendo saber o caminho pra Silvânia.

— Vou dar um pulo aí — disse Elias. — Pega a placa do carro.

Prender Elias era um desejo antigo da polícia local. Ele até foi detido — coleciona passagens por receptação, falsificação de documento, uso de documento falso e adulteração de chassi de veículo automotor. Mas em todos os casos acabou inocentado pela Justiça por falta de provas.

— Sempre recebíamos denúncias contra ele, mas nunca conseguíamos prendê-lo em flagrante por tráfico, porque o Elias sempre foi muito articulado, não punha a mão na droga — diz o delegado titular da Dise de Araraquara, Gustavo Maio.

A PF estava certa de que Elias do Horto, como era conhecido, mantinha um laboratório para refino da cocaína dentro do assenta-

COCAÍNA: A ROTA CAIPIRA    415

mento. Mas nunca conseguiu chegar até ele. Seria preciso reunir provas contra o chefão do PCC na região por outros meios, um desafio que motivava os agentes.

O jovem "irmão" do PCC nasceu em Rolândia (PR), mas ainda criança mudou-se com a família para Matão. De família humilde, trabalhou como carpinteiro, marceneiro e servente. Quando o padrasto conseguiu o lote de terra na fazenda Monte Alegre, mudou-se para lá. Doente, o padrasto delegou a administração do lote a Elias. O enteado plantou cana-de-açúcar e eucalipto e destinou parte da área à criação de cavalos e gado em sistema de confinamento. Construiu mais duas casas na gleba, uma para ele e outra para o irmão Eliseu, até mergulhar no tráfico e transformar o assentamento em sede de um grande esquema de transporte e refino de cocaína. Em pouco tempo, começou a exibir sinais de enriquecimento. Passou a criar gado de corte na Agrovila, montou uma transportadora, comprou um posto de combustível em nome de laranja. E passou a se exibir pela cidade com caminhonetes de luxo. Tornou-se assim alvo preferencial da Polícia Federal de Araraquara.

O primeiro inquérito da PF contra Elias foi instaurado em outubro de 2009. Mas acabou encerrado sem colher prova alguma contra o esquema do traficante. Em abril do ano seguinte, a PF reiniciou as investigações e passou a monitorar os telefones do grupo, com autorização judicial.

Em poucos meses de grampo, os agentes descobriram que Elias tinha um sócio: Paulo Alexandre Muniz Antônio, o Pinguim, conhecido traficante de Ribeirão Preto. Careca e corpulento, Pinguim era um garagista que já atuara como vendedor de automóveis e agente de seguros. Tinha duas lojas de motos em Ribeirão Preto e na vizinha Pontal, ambas em nome de um testa de ferro. Paulo Alexandre foi preso em flagrante pela primeira vez em 2002, com 4 quilos de droga, em Ribeirão. Cumpriu três anos de prisão, mas logo que deixou a cadeia, em agosto de 2005, foi preso novamente, desta vez na BR-463, em Ponta Porã (MS). Pinguim e mais dois homens foram flagrados pela Polícia Rodoviária Federal com 42 quilos de maconha escondidos em uma Saveiro — ele e um dos comparsas seguiam de táxi na frente, como batedores. À polícia, o traficante disse que pagaria R$ 1,5 mil para o

416 ALLAN DE ABREU

motorista da Saveiro deixar a droga em Dourados (MS). Em seguida, contrataria outra mula para levar a maconha até Ribeirão. Paulo Alexandre acabou condenado em junho de 2006 pela Vara Criminal de Ponta Porã a seis anos de prisão por tráfico.

Quatro anos depois, em liberdade condicional, voltou a ser preso, desta vez pela Polícia Federal, com 5 quilos de cocaína escondidos em um automóvel no estacionamento de um shopping de Ribeirão Preto. Novamente, o flagrante foi relaxado pela Justiça. E Pinguim cresceu no submundo do tráfico.

O traficante surgiu nas investigações da Operação Planária em agosto de 2010, quando Elias enviou uma mensagem do seu celular para o de Pinguim:

"Eu preciso saber quando vai ter novidade", escreveu Elias.

"Blz! Vem depois do almoço ta."

Um mês depois, nova troca de mensagens, sempre cifradas — "peças de caminhão", segundo a PF, é cocaína:

"Bom dia meu amigo. Tem novidade hj?"

"Fique tranquilo agora esta andando tudo certo. Chegou as pecas do caminhão, esta tudo ok", respondeu Paulo Alexandre.

"Mais ainda hoje", perguntou Elias.

"Vou poder te dar certeza daqui umas 2 hs."

"Mais me passa a certeza."

A droga era adquirida em Puerto Quijarro, cidade boliviana vizinha a Corumbá (MS). Escondido em barcos e navios, o entorpecente subia o rio Paraguai até Cáceres (MT), de onde seguia por caminhão até Rondonópolis (MT), entroncamento rodoviário que servia de entreposto para o grupo. De lá, rumava para Matão, onde era refinado e distribuído para integrantes do PCC em São Paulo, além de Minas Gerais, Goiás e até o Nordeste. Eventualmente, a droga vinha de avião — a PF recolheu indícios de que um carregamento de 250 quilos de cocaína teria chegado por aeronave até a zona rural de Motuca, cidade vizinha a Matão.

A quadrilha evitava o uso de telefones, preferindo sempre encontros pessoais. Quando conversavam por celulares, se valiam sempre de lin-

COCAÍNA: A ROTA CAIPIRA 417

guagem dissimulada e vaga, na tentativa, segundo a Polícia Federal, de iludir possível interceptação. No início das investigações, em meados de 2010, a PF constatou que Pinguim era quem comandava as negociações com os fornecedores bolivianos, e em seguida remetia parte da droga para Elias em Matão.

No dia 29 de novembro de 2010, Elias telefonou para Pinguim.

— Tô quase morrendo, com a língua preta. Preciso trabalhar — disse. Para os federais, o pedido, cifrado, só tinha um significado: o chefão do PCC em Matão e Araraquara queria mais droga.

Pinguim contava com uma extensa lista de colaboradores diretos. O principal deles era Haroldo César Tavares, o Tuchê, a quem cabia intermediar os contatos tanto com os fornecedores bolivianos quanto com os compradores na capital e no interior, inclusive Elias. Também era ele, conforme a PF, quem recolhia os lucros com o narcotráfico em larga escala e repassava para os líderes do PCC em São Paulo.

No dia 22 de novembro de 2010, Paulo Alexandre disse ao telefone que compradores de São Paulo tinham vindo até Ribeirão Preto buscar droga, mas que o transporte não foi possível por causa das características do caminhão utilizado:

— O caminhão do cara da cidade grande não aguenta carregar tijolo — disse.

Para a polícia, o veículo não tinha compartimento oculto para transportar a cocaína.

Violento, com passagens policiais por tráfico, porte ilegal de arma e roubo, Tuchê não titubeava em ameaçar de morte aqueles que prejudicassem seus negócios. No dia 3 de setembro, telefonou para Pinguim enfurecido com um comprador de droga que lhe dera um calote:

— Ô fera, cê vai me arrumar só 10 real [R$ 10 mil], não é? — perguntou Tuchê.

— Cara, eu vou ver se arrumo mais, eu tô chegando aqui no menino agora, mas eu passei pra ele lá, o meu amigo lá, me arrumar mais e ficava de você confirmar a conta — respondeu Paulo Alexandre, que estava na Bolívia.

— Ô fera, fala pra ele assim que eu não quero receber mais isso aí não, tio, que ele já tá me tirando, mano, cê fala pra ele se armar, que na hora que eu trombar [com] ele vai ser daquele jeito, viu, mano. Eu não quero mais receber essa desgraça, não, cê já tá é me tirando, cara, eu tô escutando bosta por causa dessa desgraça aí, eu nem quero receber isso aí mais não. Cê entendeu? Eu vou naquela desgraça da Bolívia, lá na hora que eu trombar [com] ele lá, se eu não matar ele na bala eu vou matar ele na faca, mano. Porque já tá é me tirando, eu tô perdendo a minha paciência já, cê entendeu, cara. [...] Se fosse aqui em Ribeirão, tio, eu ia segurar ele de sequestro e ocê ia fazer o corre do dinheiro, escuta o que eu tô te falando, cara, eu vou perder a linha, cara, vou perder a razão, mas eu arrasto aquele filha da puta comigo, véio. Pode falar pra ele, viu, eu não quero receber mais essa merda aí não, agora eu vou receber de outro jeito, tá bom? Eu já tô cansado.

No mesmo dia, Tuchê voltou a telefonar para Paulo Alexandre e pediu o endereço do seu devedor em Santa Cruz de la Sierra, Bolívia.

— Vou comprar uma passagem de jato e baixar lá. Fala pra ele se preparar — avisou Tuchê.

No entanto, segundo a PF, dias depois o traficante entrou em contato com o boliviano e ambos chegaram a um acordo.

Naquele mesmo mês, Tuchê pressionou Paulo Alexandre para receber uma dívida de drogas de Elias, a quem se refere como "os crentes", e poder pagar um dos fornecedores de cocaína do grupo.

— O cara lá quer receber tudo, cê precisa ir conversar com os crentes pra resolver isso — disse Tuchê.

Elias era o principal comprador da cocaína trazida da Bolívia por Pinguim. Quando a droga chegava até ele em Matão, compradores ligados à facção se apressavam em contatar o traficante:

— Já tirou os leitinhos da vaca? — perguntou um homem não identificado pela polícia.

— Já.

— Pode pegar o leite aí?

— Pode vir. Mas traz o açúcar [dinheiro, segundo a PF].

Para receber os compradores e negociar o entorpecente refinado no assentamento, Elias contava com Dênis Rogério Pazello, o Juruna, seu

COCAÍNA: A ROTA CAIPIRA 419

principal assecla. Em setembro de 2010, um integrante do PCC que se identificou como "Irmão Pequeno" telefonou para a mulher de Juruna e cobrou o envio de droga.

— Fala pro Juruna ir lá pro moleque "Do Mato" [Elias], que tô até agora esperando um parecer deles lá, tô com dinheiro na mão aqui, e não peguei nada esperando a situação deles. Vê se chegou as caminhadas [droga] lá, [...] que vou levar o dinheiro pra fechar... Cê sabe se chegou alguma coisa?

— Eu acho que sim. Escutei comentário que sim.

As cifras movimentadas pela quadrilha, sempre altas, revelam a amplitude do esquema. Em agosto de 2010, uma pessoa não identifica-da telefonou para Juruna e perguntou se tinha "alguma coisa pra ele":

— Ué, mas não subiu nada pra você? — rebateu o gerente de Elias.

— Subiu, mas foi só um tira-gosto.

Juruna aproveitou para cobrar o cliente:

— Cê ficou de colocar os 70 [mil reais] e colocou apenas 36 [mil]. Tá faltando o restante.

Em dezembro daquele ano, Elias recebeu nova remessa de cocaína de Pinguim e se comprometeu a pagar pela droga. Pinguim telefonou para Elias e perguntou qual o valor que o traficante de Matão lhe devia. Elias disse que eram R$ 140 mil. Pinguim ficou então de repassar a ele duas contas para depositar o dinheiro.

O traficante não escondia dos clientes sua condição de líder do PCC na região de Araraquara. Em janeiro de 2011, um interlocutor não iden-tificado telefonou para ele e perguntou "quem é o gerente" da facção em Matão. Elias disse que Marciano era o "jet" do comando na cidade.

— Achava que você fosse chefe do Marciano — disse o homem.

— Sou chefe do Marciano. Ele trabalha pra mim — confirmou Elias.

Marciano Alves Gregório exercia o papel de "disciplina" do PCC em Matão. Cabia a ele solucionar conflitos e aplicar penalidades àqueles que não observassem as regras da facção criminosa, além de auxiliar Elias na distribuição de drogas na cidade.

Naquele mesmo mês, Marciano manteve conversa por telefone com um integrante do PCC sobre o pagamento da mensalidade imposta pela organização aos membros em Matão e também valores relativos à droga.

— A dívida da cidade é mais de 10 mil [reais], só o Daniel, o Tiago e o Bruno são 1.650 cada um, fora o ML [cocaína supostamente entregue ao trio].

Uma pequena parte da droga refinada por Elias era revendida nas regiões de Araraquara e Bauru. Essa tarefa cabia a traficantes menores como Genilda Aparecida Luís, também ligada à facção. Nas vendas a varejo, não havia pudores ao se referir à droga negociada em troca de armas:

— Tem cocaína aí? — perguntou um viciado para Genilda, no telefone.

— Tem, por quê?

— O cara lá de Iacanga [região de Bauru] quer 25.

— 25 grama?

— É.

— Ele tá aí?

— Nós vai levar amanhã. E nós já vai ver a responsa do 38 lá [revólver .38 mm]. O cara de Iacanga é cheio de revólver lá... que já faz negócio.

— É, já faz negócio na farinha — disse Genilda, empolgada.

Em outro grampo da PF, outro usuário afirmou que "tá precisando agora" de cocaína.

— Todo mundo lá em casa tá precisando de uma "coquinha".

Além de abastecer a capital do estado e o interior, Elias também fornecia cocaína refinada para o Triângulo Mineiro, parte de Goiás e até o Nordeste. Um dos clientes preferenciais do traficante de Matão era Amarildo de Almeida Rodovalho, de Uberlândia (MG). Era comum Amarildo pagar Elias com automóveis e caminhonetes. Ele passou a ser alvo da Polícia Federal quando participou de reunião no sítio de Elias em Matão, no dia 28 de outubro de 2010, e combinou de depositar R$ 40 mil para o traficante do PCC e de repassar a ele um Vectra em pagamento por 10 quilos de cocaína.

No mês seguinte, Elias telefonou para Amarildo e disse que a droga que este precisava "já tá no pente". O traficante mineiro se comprometeu a ir até Matão buscar o "negócio". Em outra ocasião, Amarildo perguntou a Elias se "a carne já tá assando", o que, para a polícia, indicava que

COCAÍNA: A ROTA CAIPIRA 421

o primeiro perguntara ao fornecedor se havia droga à venda. Parte do entorpecente que Amarildo comprava em Matão era repassada para outros traficantes em Alagoas, Sergipe e Rio Grande do Norte, segundo a PF. Um desses carregamentos, de 13,6 quilos de crack, foi apreendido na BR-101, em Sergipe, no dia 9 de dezembro de 2010. A droga saiu de Uberlândia e seria entregue em Maceió.

Outro que, segundo a Polícia Federal, comprava cocaína de Elias com frequência era um traficante goiano. Certo dia, ele manteve diálogo franco sobre o tráfico com Juruna, gerente de Elias em Matão:

— Tem que trabalhar porque do jeito que tá não tem jeito não... tá feio — reclamou o comparsa de Elias.

— Vamo buscar isso [droga, segundo a PF] lá [na Bolívia] — sugeriu o goiano.

— E quem tem peito?

— Já busquei uma vez.

— É difícil.

— Tô equipado pra ir buscar esse trem. [...] Já fui uma vez lá e jogaram numa bolsa um dia lá e veio. Tem que ter um carro que tem os trem [esconderijo] já beleza. [...] Conversa com o outro aí [Elias] e a gente vai lá e busca pelo menos um pouquinho... uns 10 [quilos] de cada vez.

A partir de outubro de 2010, o comprador de Goiás passou a tratar da compra de droga diretamente com Elias:

— Na hora que você quiser mandar o menino aparecer, já tem novidade já, viu? — disse Elias.

O cliente perguntou se poderia dar um veículo como pagamento:

— Pode levar o carro que tinha acertado?

Elias assentiu, mas pediu uma parte em dinheiro.

— Se você puder me mandar uma coisinha [dinheiro] cê vai me ajudar demais, viu, meu rei. Vem embora que é nóis.

O comprador de Goiás também mantinha negócios ilícitos com Amarildo. Em conversa captada pela PF no dia 16 de fevereiro de 2011, conversaram despreocupadamente sobre o preparo e a manipulação da droga, descrevendo em detalhes características da cocaína, como cor e aspecto:

— Amanhã tem um negócio lá — disse Amarildo.

— Vou querer duas.

— Tem um pedaço ali que já faz uns quarenta dias, e tá branquinho.

— A minha tá amarela. Como eu faço pra ficar branca de novo?

— É que eu carrego dentro da peça do motor.

Paulo Alexandre, o Pinguim, e Elias sempre mantiveram esquemas paralelos de tráfico — o primeiro ligeiramente acima na escala, já que fornecia drogas ao traficante de Matão. Mas, não raro, os dois grupos trocavam "funcionários" e conhecimentos técnicos sobre o refino da pasta-base. Os irmãos Marcelo e Alexandre de Carvalho eram os "químicos" de Pinguim. Eram eles quem refinavam a pasta-base de Paulo Alexandre em laboratórios clandestinos de Ribeirão Preto.

Em dezembro de 2010, Alexandre foi até o sítio de Elias auxiliar o irmão deste, Eliseu, a transformar a pasta-base em cloridrato, a coca refinada. Marcelo, mais experiente que Alexandre, acionou o celular de Eliseu e falou com o irmão sobre o refino:

— Como tá por aí?

— Tá começando a ir.

— Dá pra trazer 2 [quilos da droga] até a tarde?

— Tá devagar, ainda não tá no sol, tá tudo no micro-ondas.

— Tira de lá, não pode ficar lá, não pode ficar fechado, tem que dar um jeito de tirar. [...] Tira do tambor. Qual a distância que tá? — perguntou Marcelo. Ele se referia à engenhoca apelidada de "bombita", recipiente com ácido sulfúrico, ácido clorídrico e álcool usado no refino. A técnica permitia transformar 1 quilo de pasta-base em até 7 quilos de cocaína com qualidade aceitável no mercado.

— Um palmo e meio — respondeu um interlocutor, não identificado pelos policiais. — Te ligo daqui duas horas.

No tempo combinado, Alexandre voltou a discar para o irmão em Ribeirão.

— Tá chovendo, o tempo tá feio — disse Alexandre. — O que a gente faz?

— Tá tudo no micro-ondas?

COCAÍNA: A ROTA CAIPIRA 423

— Tá. [...] Já falei com o menino [Eliseu] de trancar e ir embora, largar do jeito que tá.

— Então coloca numa caixa, senão pode sumir.

Mas a dependência de Elias em relação a Pinguim não durou muito. Em janeiro de 2011, o traficante de Matão passou a negociar diretamente com os fornecedores da Bolívia, e foi ele quem começou a repassar parte do entorpecente para a quadrilha de Paulo Alexandre. No dia 11, Elias viajou para a Bolívia para negociar a vinda de remessa de cocaína até Matão. Três dias depois, o traficante retornou a Matão na companhia do brasileiro Paulo César Postigo Moraes, emissário dos fornecedores bolivianos que também se tornou responsável por contratar caminhoneiros para transportar a pasta-base de Mato Grosso até o estado de São Paulo. Em diálogo captado pela Polícia Federal, Elias disse a Paulo César ter conversado com Pinguim a respeito da mudança nos negócios e que este "entendeu".

Em 14 de janeiro, Elias disse a Paulo César que iria depositar R$ 90 mil ao fornecedor boliviano e mais R$ 10 mil para pagar Paulo pelo transporte da droga. Além disso, uma caminhonete Hilux que estava com Pinguim em Ribeirão seria entregue para completar o valor de duas remessas futuras de pasta-base até o interior paulista. A primeira delas chegou a Cáceres no dia 1º de fevereiro de 2011. Paulo César, que acompanhava o transporte de perto, recebeu instruções de um homem não identificado para apagar todas as ligações do seu celular, olhar embaixo do veículo para verificar se não estava com algum tipo de rastreador e tirar a bateria do celular durante a viagem, para dificultar eventual rastreamento por meio de antenas de captação do sinal do aparelho.

A PF não conseguiu apreender o primeiro carregamento — cerca de 350 quilos de pasta-base —, que chegou até o sítio em Matão no primeiro fim de semana de fevereiro. A dificuldade da polícia se agravou quando, no fim daquele mês, a Justiça Federal negou nova prorrogação das interceptações telefônicas. Como o delegado Alexandre Eustáquio Perpétuo Braga, coordenador da operação, tinha a informação de que Rondonópolis (MT) era um entreposto do esquema, decidiu enviar os agentes Domingos Taciano Lepri Gomes e Leandro Sciarreta Segato até lá na tentativa de flagrar o carregamento.

424 ALLAN DE ABREU

A dupla chegou à cidade no dia 1º de março e investiu na única pista disponível — em ligações monitoradas no mês anterior, o grupo se referira a um posto de combustível da cidade às margens da rodovia BR-163. Pesquisando nos hotéis próximos ao posto, os agentes encontraram a Hilux que Elias recebera como pagamento pelo entorpecente. Nos dias seguintes, Taciano e Leandro passaram a fazer vigilância constante no caminho entre o posto e o hotel até que, no dia 6, notaram que Paulo César, de camiseta escura e boné e calça jeans azuis, saiu do hotel e caminhou a pé até o posto, onde entrou na boleia de um caminhão. O veículo seguiu até outro posto, na saída para a BR-364. Paulo César e o caminhoneiro almoçaram no local e em seguida retornaram até o hotel onde o primeiro estava hospedado. Paulo César desceu do veículo e se despediu, entrando no hotel. O caminhão voltou para a BR-364 e foi parado pelos agentes. Em compartimento oculto na carreta, a PF encontrou 155 quilos de cocaína e prendeu em flagrante o motorista e Paulo César. Segundos depois, outra equipe da PF de Mato Grosso invadiu o hotel onde havia estado Paulo César e vasculhou a caminhonete até encontrar, escondidos na caçamba, mais 206 quilos de pasta-base. Informalmente, Paulo César disse aos agentes que a droga era de Elias Ferreira da Silva.

Ao saber do flagrante em Mato Grosso, a PF de Araraquara foi acionada e no mesmo dia prendeu Elias em flagrante na sua casa, em Matão. No imóvel, os policiais apreenderam uma lista de integrantes do PCC no interior do estado, extratos bancários e a prova que a polícia julgou cabal contra o traficante: a tarjeta que provava seu ingresso na Bolívia em 11 de janeiro justamente para negociar a droga apreendida naquele dia.

As investigações contra os outros integrantes do esquema prosseguiram até o dia 14 de julho de 2011, quando foi deflagrada a fase ostensiva da Operação Planária. Foram presas dezesseis pessoas e apreendidos sessenta veículos da quadrilha, além de 400 quilos de pasta-base.[2]

A primeira sentença contra o grupo veio em novembro de 2011. Elias foi condenado a dezesseis anos de prisão, e Paulo César e Carlos Morales, a dezoito anos, todos em regime fechado por tráfico e associação para o tráfico internacional. O Ministério Público Federal recorreu, e em julho de 2012 o TRF aumentou a pena de Elias para 24 anos e seis meses de reclusão e reduziu as penas dos outros dois para doze anos e oito dias.[3] Posteriormente, o STJ reduziu a pena de Elias para catorze anos de prisão.

Todos os demais envolvidos no esquema foram condenados por associação para o tráfico internacional. A Justiça Federal condenou Wilza Penha Dutra, mulher de Elias, a oito anos de reclusão, em regime semiaberto; Dênis Pazello, o Juruna, a sete anos e nove meses, em regime fechado; e Marciano Alves Gregório a sete anos e quatro meses, também em regime fechado.[4] Amarildo Rodovalho recebeu pena de quatro anos e oito meses no semiaberto,[5] e Genilda, de sete anos e nove meses em regime fechado.[6] Haroldo Tavares, o Tuchê, foi sentenciado a oito anos e seis meses de prisão, em regime fechado, Marcelo de Carvalho a cinco anos e quatro meses, e seu irmão Alexandre a seis anos, ambos em regime semiaberto. Paulo Alexandre, o Pinguim, recebeu pena de nove anos e quatro meses de reclusão, em regime fechado.[7] As penas foram todas mantidas pelo TRF.

Paulo Alexandre foi um alvo duplo da Polícia Federal. Ao mesmo tempo que era investigado pela delegacia de Araraquara dentro da Operação Planária, também entrou na mira da unidade em Ribeirão Preto. Em 13 de abril de 2011, agentes da PF descobriram que um grande carregamento de cocaína seria despachado da cidade até São Paulo por um homem que dirigia um Passat. Os agentes montaram campana na rodovia Anhanguera, saída para a capital, e, por volta de 12h30, notaram o veículo na pista — o carro, souberam depois, era dirigido por Adriano Fim. Na entrada de Ribeirão, em um posto de combustível, Adriano se encontrou com um comparsa em um Fiat Strada e ambos seguiram até a avenida Caramuru. Pararam, desceram do carro e esperaram a chegada de Pinguim. Minutos depois, cada um entrou no seu veículo e, em comitiva, seguiram até outro ponto da cidade, na avenida Independência. Nova conversa, e os três terminaram por seguir em direção a um rancho nas margens do rio Mogi-Guaçu, em Serrana, para que Adriano abastecesse o carro com droga. Nesse ponto, a PF perdeu contato com o grupo e decidiu montar campana na Anhanguera, altura do município de Cravinhos, com apoio da Polícia Militar.

No fim da tarde, os policiais avistaram novamente o Passat na rodovia e reiniciaram a campana. Adriano entrou em Cravinhos, estacionou o carro em uma praça e se dirigiu até um orelhão. Uma hora depois, ressurgiu a caminhonete Fiat Strada e ambos seguiram novamente pela Anhanguera em direção a São Paulo, Adriano à frente, como batedor — ele avistaria com antecedência qualquer blitz policial na pista e avisaria o colega na caminhonete; 4 quilômetros depois, os dois veículos reduziram a velocidade, dando a entender que iriam parar no acostamento. Nesse momento, agentes da PF em carros frios abordaram a dupla e pediram para que parassem. Em vez de obedecer à ordem, Adriano acelerou o veículo e fugiu em direção à capital. Mas foi parado alguns quilômetros adiante pela PM, que montara barreira na rodovia, na altura do pedágio de São Simão. Os policiais ordenaram que Adriano saísse do veículo, mas ele resistiu. Acabou retirado à força e algemado.

O outro carro, o Fiat Strada, rapidamente cruzou a pista, entrou no canteiro central da pista dupla e em seguida ganhou a pista contrária, sentido Ribeirão. Os agentes da PF seguiram no encalço dele. Mas, instantes depois, perderam a caminhonete de vista. Decidiram então entrar na rodovia SP-255, em direção a Araraquara. Logo na alça de acesso da estrada, mesmo na escuridão da noite, um dos agentes viu a Fiat Strada no final de uma ribanceira de cerca de 7 metros. O veículo fora abandonado. Na caçamba, a PF encontrou 297 quilos de pasta-base de cocaína, embalada em tabletes.

O delegado Fernando Augusto Battaus, da Polícia Federal, suspeitava que Adriano fosse laranja de um grande traficante de São Paulo, e que o capo seria o dono de fato de uma conta bancária em São Bernardo do Campo com R$ 4 milhões, dinheiro proveniente do narcotráfico. Tanto o sigilo bancário de Adriano quanto o da conta foram quebrados. A Receita Federal constatou que Adriano tinha movimentação financeira muito maior do que os rendimentos declarados — em 2010,

COCAÍNA: A ROTA CAIPIRA                    427

movimentara R$ 1,27 milhão, mas declarara rendimentos de apenas R$ 61 mil. No entanto, na conta alvo, havia míseros R$ 11,71. Mesmo assim, a PF solicitou à Justiça o monitoramento telefônico dos envolvidos no episódio da apreensão dos 297 quilos de droga, e em poucos dias chegou a um grande esquema de tráfico gerenciado por Paulo Alexandre Muniz Antonio.[8]

A prisão de Elias, ex-sócio que havia virado chefe de Pinguim em janeiro daquele ano, fortaleceu novamente o esquema criminoso do garagista de Ribeirão. Além da presença dele nas tratativas do carregamento de cocaína apreendido em Cravinhos, Pinguim deu a entender, nas conversas ao telefone, que a droga era dele. Em 20 de abril, sete dias após a apreensão, o traficante conversou com Marciano, comparsa de Elias que seria preso em julho, e disse que o prejuízo com a apreensão seria ressarcido:

— Deixa eu te falar, o Índio me ligou hoje, aquele negócio lá que perdeu aqueles 300 mil [quilos de droga] que foram roubados, tá ligado?

— Sei.

— É o seguinte: que coisa de mais uns quinze, vinte dias que ele vai mandar lá o dinheiro dele aí pra pagar tudo ali, inclusive a caminhonete que roubaram também... tudinho, entendeu?

— Sei, sei.

Logo em seguida, Marciano telefonou para o chefe Elias, que mesmo preso na Penitenciária de Araraquara tinha celular para se comunicar com seu grupo.

— Aí, ele ligou agora...

— Ah, sim, então tá bom. Teve notícia boa?

— É boa, pra quinze, vinte dias no máximo porque teve uma "perca" lá, entendeu?

— Ah, entendi.

Em seguida, Marciano pediu para que Elias evitasse usar o celular dentro da cela.

— Desliga esse telefone. [...] Não fica falando muito não, cara.

Fábio Fernandes da Silva, o Bim, responsável por montar toda a infraestrutura de recebimento da droga em Ribeirão e distribuição na

428         ALLAN DE ABREU

capital e no interior, era sócio de Pinguim no carregamento, conforme declarou em conversa de 10 de maio de 2011 com Márcio Bueno Antônio de Oliveira, traficante de Bauru que adquiria droga do grupo:

— Ixi, eu tô chapado. [...] Primeiro aconteceu minha fita, aconteceu aquela fita lá, nós tomou o desacerto, legal, nós vai pra cima, não vai ficar no prejuízo não, aí ontem os caras tavam aqui, de São Paulo. Aí eu troquei uma ideia com eles. [...] Nóis tá com aquela fita que eu ofereci pra você, que a gente tá com 30 mil. Ô, eles tão com a fita até hoje, eles querem 70 mil na mão e me dá quinze dias pra pagar o restante. Oh, tá foda pra trabalhar aqui, pô. Que vergonha, velho! Vixe, tô desanimado, mermão.

— Tá foda, não, mas o dinheiro é forte. Se não tiver dinheiro o barato fica louco mesmo. Tem que ter um dinheiro mesmo, entendeu — respondeu Márcio.

— Pus um dinheiro na fita e agora tomei prejuízo. O cara falou que vai ressarcir, não vai ficar parado, mas agora também não consigo fazer nada aqui.

Apesar do prejuízo com a apreensão, Pinguim não se abalou. No dia 29 de abril, contatou Marcelo Henrique de Paula, o Neguinho, braço operacional da quadrilha que participou da entrega dos 297 quilos de cocaína para Adriano Fim. Disse que foi ao advogado "pra ver aquele negócio do acidente do carro, uai". E deu uma notícia boa ao comparsa:

— O negócio do acidente, eles [policiais] nem te viram. [...] Senta numa Coca pet bem cheia pra você comemorar.

Os dois riram.

Para facilitar o transporte da droga de Mato Grosso do Sul até a região de Ribeirão Preto, segundo a polícia, Pinguim decidiu comprar um avião. No dia 5 de maio de 2011, ele e Aluísio Paes de Barros Filho, o Fuscão, paraquedista, adquiriram um Cessna 180, prefixo PT-CDQ, em Vera Cruz, região de Marília (SP). O avião foi levado até o aeroporto de Araraquara e em seguida para o hangar de uma empresa particular em Ribeirão Preto.

O passo seguinte era conseguir um piloto, tarefa que coube a Leandro Rafael de Carvalho, o Burrinho, encarregado de armazenar o entor-

## COCAÍNA: A ROTA CAIPIRA 429

pecente na região de Ribeirão. O primeiro procurado foi um piloto apelidado de Betinho. Mas ele não atendeu as ligações de Burrinho. Dias antes, Betinho havia sido alertado por um investigador da Polícia Civil para "não atender o telefone daquele povo (Pinguim), que eles estão tudo rastreados pela Federal". Mas o grupo de Paulo Alexandre jogou duro. No dia 6 de maio, Burrinho enviou uma mensagem ao celular de Betinho: "perdi minha paciência c o Betinho não voa pra mim no 12 vo estermina sua familia inteira já falei cm o nirlei na cadeia." Ele se refere a Nirlei Ribeiro Maria, líder do PCC em Ribeirão, ao lado de Nenê do Simioni.

Paralelamente, o grupo negociava com outros pilotos. No dia 25 de maio, Burrinho conversou com Pinguim por telefone:

— Ainda bem que cê me ligou, eu fui na casa do menino [piloto] lá sabe? — disse Burrinho.

— Sei.

— Aí falou que assim que entra em contato comigo hoje, sem falta...

— Ah, você fala o motorista?

— É...

— Cê falou com a mulher dele ontem? — se empolgou Pinguim.

— Falei.

— Que a proposta é boa tudo, tem que dar uma esgueirada, né, porque...

— Falei, falei.

Pinguim se entusiasmou tanto que rompeu os códigos da quadrilha e falou claramente em pagamento ao piloto por "tonelada", possivelmente de droga, segundo a polícia:

— A proposta é a seguinte, eu vou te falar, deixar bem claro pra você, cê sabe que quando é por tonelada quanto que o cara ganha com...

Burrinho interrompeu bruscamente:

— Não, depois cê me fala isso aí, uai.

Mas o chefe continuou:

— Cê é loco, só se não gostar mesmo, só se tiver doido, uai.

A Polícia Federal, no entanto, não conseguiu flagrar o carregamento aéreo da droga. Sobretudo em razão de uma campana malsucedida em

São Paulo no dia 15 de junho, quando Pinguim, Bim e um comprador de droga do grupo na capital notaram a presença dos policiais e fugiram.

Os cuidados redobrados da quadrilha deixaram o esquema de Pinguim sem droga por alguns dias. Um de seus compradores, Reginaldo Lima Câmara, de Ribeirão, resolveu então adquirir cocaína diretamente de fornecedores de Mato Grosso do Sul, sem o intermédio do grupo de Pinguim. No início de maio, ele comprou 26,4 quilos de pasta-base. A droga chegou a Ribeirão no dia 17 daquele mês. O fornecedor telefonou para o traficante e deu orientações sobre a entrega:

— Tem que pôr o cara num lugarzinho quieto... pro cara ficar tranquilo... levar toda... fazer toda a operação... tirar o dinheiro [droga] todo... é isso memo... o que é seu é seu... o que é de fulano é de fulano... brigado... toma seu dinheirinho aí... vai embora... é isso aí que tem que fazer, mano...

O motorista, Gustavo Belmont da Silveira, chegou a Ribeirão com a cocaína no início da noite daquele dia. A droga estava escondida no parachoque do automóvel, um Toyota Corolla. Gustavo parou em um posto de combustível, e minutos depois chegou André Pucci de Paula, ligado a Reginaldo. A PF, que seguia André, rendeu a dupla e encontrou o entorpecente. No dia seguinte, Reginaldo ligou para o fornecedor de Mato Grosso do Sul, identificado apenas como Baixinho:

— Eu tô apavorado, ó Baixinho, eu vou te falar, ó, passou na televisão lá o barato, entendeu?

— Passou?

— É, a PF falou que tá há três meses já na averiguação, três meses, e por isso que pegou e que o seguinte, que vai ter mais investigação, que tem mais coisa pra vim ainda [...]. Fecharam a avenida dos dois lados, a PF com a Militar, [...] e a PF entrou no posto e não deixou ninguém entrar mais e quebrou lá mesmo pra mostrar pra todo mundo, chamou a televisão e passou na televisão.

— Cê viu quanto que tava? — perguntou Baixinho.

— Vinte e seis.

A Operação Antártica, alusão ao apelido do líder do grupo, Pinguim, foi deflagrada em 9 de fevereiro de 2012. Oito pessoas foram presas —

COCAÍNA: A ROTA CAIPIRA                                    431

Paulo Alexandre, o chefe do esquema, já estava detido na Penitenciária de Araraquara desde julho do ano anterior, pela Operação Planária. A PF apreendeu seis automóveis, uma moto e o avião de Pinguim.[9] A 2ª Vara de Cravinhos condenou por tráfico e associação para o tráfico Paulo Alexandre (catorze anos), Fábio Fernandes (doze anos), Marcelo (nove anos) e Reginaldo (catorze anos). Foram condenados por tráfico Gustavo Belmont (cinco anos) e por associação Leandro (seis anos) e Aluisio (quatro anos). Adriano Fim, cujo processo foi desmembrado dos demais réus, acabou condenado a quinze anos de prisão, em regime fechado, por tráfico de drogas — no Tribunal de Justiça, a pena foi reduzida para dez anos.[10]

Nenhuma das operações policiais contra o PCC abalou a estrutura da facção para o tráfico no atacado. Prova disso foi quando a PF descobriu o passo mais ousado do "partido" de Marcola: a exportação de toneladas de cocaína para o exterior, via porto de Santos.

# 18

# Made in PCC

Fábio Ricardo Paiva Luciano sempre apreciou boas doses de adrenalina. Após alguns anos na advocacia, decidiu tornar-se agente da Polícia Federal, lotado em Bauru (SP). Era a chance de o jovem esguio pôr em prática seu espírito aventureiro. Por essa inquietude, Luciano vibrou com um leve soco no ar ao saber da missão naquela tarde de 25 de setembro de 2013, às vésperas de completar 39 anos. Ele e um colega da delegacia fariam o reconhecimento de uma pista de pouso clandestina, no meio de um denso canavial da zona rural de Bocaina, município próximo. Naquele exato local, à noite, desceria um avião carregado com 450 quilos de pasta-base de cocaína, conforme investigação da base do Gise em Ribeirão Preto. A superintendência da PF havia determinado que a equipe da base, especializada no tráfico aéreo, abordasse a aeronave. Mas, como o risco de uma abordagem à noite era imenso, principalmente diante da carência de equipamentos básicos, como binóculos de visão noturna, os agentes, em protesto, negaram-se a participar da operação. Diante do impasse, agentes de São Paulo, Araraquara e Bauru, chefiados pelo delegado Alexandre Custódio Neto, assumiram a operação, entre eles Luciano e o colega.

Em poucos minutos, a dupla havia localizado a pista, às margens da rodovia SP-255, próxima a um posto de combustível. Primeiro, certificaram-se de que não havia ninguém por perto. Fotografaram em vários ângulos a pista larga, com quase 800 metros de comprimento, analisaram os acessos por estradas de terra batida, copiaram as coordenadas geográficas. Em pouco mais de uma hora, todo o trabalho estava encerrado. A dupla deveria voltar à base em Bauru, mas Luciano decidiu ficar. Queria acompanhar o trabalho das equipes seguintes, vindas de Araraquara e São Paulo, que entrariam na plantação de cana-de-açúcar e ficariam na espreita da quadrilha que receberia a droga do avião no início da noite. No total, eram dezesseis policiais federais, cada um com uma função definida previamente pelo delegado Custódio. Havia a equipe da contenção, com quatro agentes, que deveria render o piloto e os traficantes de solo, chamados "pisteiros". Dois desses policiais portavam fuzis para atirar no motor do avião e impedir que houvesse nova decolagem. Eles ficariam a alguns metros da pista, escondidos no canavial, e só se aproximariam às 20h30, perto do horário em que a aeronave pousaria, para evitar serem notados pela quadrilha. Outra equipe ficaria na retaguarda, próximo ao posto de combustível, e os demais bloqueariam os quatro acessos à pista pela rodovia.

Mesmo sem colete à prova de bala e com apenas uma pistola Glock, Luciano insistiu em participar da ação. A ele coube vigiar um desses acessos entre a pista de pouso e a rodovia, na companhia de outro agente, Vladimir Rodrigues, vindo da capital. Eram pouco mais de 20 horas quando os "pisteiros" chegaram em três veículos, dois automóveis e uma caminhonete, vindos por acessos do lado oposto da rodovia. Os dois carros foram estacionados nas extremidades da pista, os faróis acesos. A caminhonete ficou no meio, para receber o carregamento de droga. Nos três veículos havia armamento pesado, uma estratégia de contenção que a quadrilha costumava empregar nas explosões de caixas eletrônicos, especialidade do grupo — em um dos carros, a PF encontraria um fuzil .50, capaz de derrubar um helicóptero, duas pistolas e um binóculo com visão noturna. Latas com querosene dispostas nas laterais completavam a tarefa de orientar o piloto no breu do canavial. A escuridão era total, o que impedia os agentes camuflados de identificar quem e quantos aguardavam a aeronave.

# COCAÍNA: A ROTA CAIPIRA

Perto das 21 horas, o céu roncou. O Cessna 210 se aproximava, conduzido por Evandro dos Santos, que com pouco mais de 30 anos era piloto experiente — mesmo sem brevê, ele aprendera com colegas de profissão a conduzir aeronaves pequenas nas piores condições possíveis, incluindo o pouso no breu. Tudo indicava que o Cessna viesse abarrotado de droga — só havia o banco do piloto e, ao lado, um tanque de querosene para abastecer o avião ainda no ar e, assim, permitir que voltasse ao Paraguai. Os agentes só viram o avião quando o trem de pouso levantou poeira na pista improvisada. Com o Cessna ainda taxiando, um dos ocupantes da caminhonete pulou no avião já com a porta aberta e começou a transferir os sacos com os tabletes de cocaína.

Quando Evandro fez a meia-volta com o avião, os policiais invadiram a pista, giroflex das quatro viaturas ligados — uma estratégia pré-combinada para evitar fogo amigo no escuro. Começou o tiroteio. Evandro acelerou o avião ao máximo. No sentido contrário, uma caminhonete da PF, com o agente Dagoberto Fracassi Pereira na direção. Queria obrigar o piloto a abortar o voo, por isso acelerou em rota de colisão com a aeronave. Mas Evandro continuou, o motor em potência máxima. A poucos segundos de bater na aeronave, Dagoberto desviou a caminhonete. O Cessna ganhou o ar, mas, trôpego, caiu 200 metros depois e pegou fogo. Ao bater a cabeça no painel, Evandro ganhou um galo no meio da testa.

Enquanto isso, os "pisteiros" tentavam fugir. Dois dos seus carros sumiram pelas saídas opostas à rodovia. O carro que iluminava a pista, um Jetta, caiu em uma valeta poucos metros depois e foi abandonado. A caminhonete com a droga seguiu para o acesso onde estavam Luciano e Vladimir. Fora do carro atravessado na pista, a dupla de agentes viu apenas o vulto de um veículo que se aproximava. Abrigados atrás do automóvel, Vladimir e Luciano pensaram ser uma viatura da PF. Veio uma rajada de tiros de fuzil. Um deles entrou no lado esquerdo do peito de Luciano, pouco abaixo do coração, atravessou o pulmão e as costas — mesmo se estivesse de colete, o equipamento não suportaria o impacto da bala. Ao lado, Vladimir revidou, saiu do carro e escondeu-se no canavial, enquanto os traficantes passavam a toda velocidade. Quando voltou ao automóvel, viu o colega caído de bruços sobre uma poça de sangue.

— O Luciano tá baleado, o Luciano tá baleado! — gritou.

Dagoberto aproximou-se. Ele e Vladimir colocaram Luciano no banco traseiro do carro.

— Corre pra Santa Casa de Jaú — ordenou Dagoberto, esbaforido.

No caminho, Luciano estava consciente, as mãos no peito ensanguentado. Sentou-se, abaixou o vidro da porta, reclamando da falta de ar.

Chegou morto ao hospital.

Faltava capturar os fugitivos. O primeiro a ser encontrado foi o piloto Evandro. Um agente viu o homem todo ensanguentado caminhando por uma rodovia da região. No hospital, os médicos não deixaram de notar nos raios X que Evandro tinha uma enorme placa de metal sob a pele, resultado de outro acidente de avião. Enquanto era socorrido e levado a um hospital de Bauru, o piloto teria confirmado aos agentes que toda a cocaína fora embarcada na caminhonete antes de os policiais invadirem a cena. Diálogos via BBM captados horas depois reforçariam essa convicção:

"+não queimpo [queimou] não eles tiraram a carga", escreveu um deles.

"Quem flo [falou] que perdeu", assegurou outro. "Já deve te vendido tudo" / "Perdeu a maquina so".

Minutos depois de capturar Evandro, outra equipe de agentes se deparava com um carro a baixa velocidade em uma estrada vicinal das redondezas. Um deles notou quando o automóvel parou para apanhar um rapaz que saíra do matagal. A equipe acelerou e cercou o veículo. Dele saíram Adriano Martins Castro, Simone da Silva Jesuíno e Natalin de Freitas Júnior. Já no início da manhã, Marcos da Silva Soares foi localizado por uma equipe da Polícia Rodoviária. Com eles a PF apreendeu seis pistolas Glock. Os quatro homens foram condenados pela Justiça Federal de Jaú a sete anos de prisão, em regime fechado, por associação criminosa. Marcos e Adriano Castro também foram condenados a oito anos de cadeia por tráfico,[1] enquanto Natalin recebeu pena de dezessete anos de reclusão por participação em organização criminosa e tráfico internacional de drogas. Simone foi absolvida.[2]

COCAÍNA: A ROTA CAIPIRA 437

Pelo menos setenta pessoas, entre parentes e policiais federais, estiveram no velório de Luciano. Seu corpo foi enterrado no dia seguinte em Bauru. Não se sabe quem estava na caminhonete em fuga, nem quem atirou contra o policial.

— É a lei do silêncio. Quem disser, morre — diz o delegado Ênio Bianospino.

Coube a ele prosseguir com a investigação. Era preciso saber quem estava por trás da quadrilha tão bem organizada. Uma pista surgiu quando ele pesquisou o passado criminoso de um dos presos naquela noite, Natalin, apontado como líder dos "pisteiros". Condenado por tentativa de homicídio, o homem era um dos líderes do PCC na região de Campinas. Subordinado a ele vinha Márcio dos Santos, coordenador dos "pisteiros", fortemente armados — a polícia chegou até o coordenador ao periciar o celular que ele esquecera no carro Jetta, no meio da pista em Bocaina, durante a fuga. Márcio seria condenado a catorze anos de prisão por tráfico e participação em organização criminosa.[3] O grupo, segundo a PF, ganhava de R$ 60 mil a R$ 70 mil cada vez que recebia aviões abarrotados de cocaína no interior paulista. O que viria a seguir nos radares da PF seria um inédito e tentacular esquema da facção para exportar cocaína à Europa.

Até então o dr. Ênio não sabia, mas a delegacia da Polícia Federal em Santos também investigava o esquema na Operação Oversea. Do litoral, os agentes captaram, naquela noite, diálogos via BlackBerry de um dos alvos da operação, Gilmar Flores, o Peres, sobre o incidente em Bocaina. Quem deu a notícia, na manhã seguinte ao homicídio do policial, foi Adriano Aparecido Mena Lugo, de Ponta Porã (MS). Adriano disse a ele que, por sorte, a droga não era a que Gilmar havia encomendado:

"Ainda bem que nao mandei a sua", escreveu. "Nao era pra se mesmo eim."

"Caralho. Coitados.", lamentou Gilmar. "Muita. Vezes [pouso] no mesmo lugar. Ne."

"Entao. Pode ser ne."

"E agora como vamos fazer p chegar a minha. La. Vcs tem outra turma", perguntou Gilmar.

438 ALLAN DE ABREU

"Tem sim", respondeu Adriano. "Mais vamu espera um poco agora" / "Abacha" / "Essa fita" / "Ta aqui guardada".

Adriano disse ainda que os "pisteiros" estavam com armas pesadas para um eventual confronto com a polícia.

"Eles tava pesado la ne [...] Pa troca [tiros]."[4]

Semanas depois, com o avanço das investigações, a Polícia Federal descobriria que aquele carregamento de cocaína — quase 500 quilos — deixado pelo avião em Bocaina era de um traficante do PCC em Campinas apelidado de Jota. Para a PF, tratava-se de Alex Chervenhak. Ele e Gilmar, acreditavam os agentes, estavam entre os principais clientes do paraguaio José Luís Bogado Quevedo, rapaz na altura dos 30 anos, de rosto protuberante e olhos miúdos — daí o apelido de Kurê, "porco" na língua guarani. O paraguaio era parente próximo de Pedro Pablo Quevedo Medina, ou Peter Quevedo, traficante que fez fortuna na fronteira até ser brutalmente torturado e assassinado a mando do PCC em dezembro de 2010 — seu corpo foi encontrado decapitado na sala de sua mansão em Pedro Juan.[5]

Kurê tinha motivos de sobra para odiar a facção paulista. Mas não há mágoa que o lucro fácil das drogas não esvaeça.

O traficante tomou o lugar de Peter e tornou-se um importante fornecedor tanto do PCC quanto de Gilmar e, segundo a PF, de outros famosos traficantes baseados na fronteira do Brasil com o Paraguai, como Jorge Rafaat Toumani, retratado no capítulo 12, e Jarvis Chimenes Pavão. Para isso, Kurê contava com um gerente, Adriano, alguns pilotos experientes, entre eles Evandro dos Santos, e aviões adaptados para carregar perto de 500 quilos de pasta-base e cloridrato de cocaína. A base dos negócios de Kurê era o próprio aeroporto de Pedro Juan. De lá, buscava a droga na Bolívia e também remetia semanalmente aviões com a droga para o interior paulista, incluindo o que caiu em Bocaina. Assim que o piloto entregava a cocaína, Kurê recebia o pagamento em contas de laranjas no Paraguai ou no Brasil.

É provável que Gilmar tenha conhecido Kurê em suas muitas viagens para Ponta Porã (MS), fronteira com o Paraguai. Era lá que o paranaense Gilmar, um homem de cabelos grisalhos e pescoço largo, buscava

COCAÍNA: A ROTA CAIPIRA 439

cocaína para revender na Grande São Paulo, onde acabaria preso pela primeira vez em 1999 por tráfico e condenado a quase cinco anos de prisão pela Justiça em Diadema. Onze anos mais tarde, foi flagrado pelo Denarc com 600 quilos de cocaína na região de Sorocaba — Gilmar estava com Mohamad Ali Jaber, libanês retratado no capítulo 3. Solto meses depois graças a um habeas corpus, mudou-se para o litoral catarinense e passou a comandar a distância o destino da droga enviada por Kurê via rota caipira.

Treze dias depois do tiroteio em Bocaina, Adriano reiniciou as tratativas com Gilmar para enviar um novo carregamento de pasta-base — àquela altura, já era vigiado, com autorização judicial, pela PF de Bauru, na Operação Paiva Luz:[6]

"O cure pediu pa te avisa que so segundo o terca que vai poder fase [o envio da droga]", escreveu no BBM. "Que ja tao c[o]m otra equipe" / "Pa trabalha" / "E fim de semana vai trase o numero da pista" / "I eles e bao que ja pegam ai perto da capital tbm" / "Fka mais facio pa vc tbm" / "[Kurê] pediu pa vc. Te um poco de paciência" / "Que se nao tivesse eses beo ele ja tinha cumprido c[o]m vc fais dias."

Gilmar, traficante calejado, irritou-se com a demora:

"Estou te avisando tem[nho] 25 anos de fronteira e isso nao vai longe deste jeito. [...] Eu ja fiz muito fret. + com este maluco nao da. P trabalhar muito de vagar. [...] A questão. E q tenho q pagar. Oque devo. Q ja venceu. E ele [Kurê] não ta Nei ai com esta porra."

Apesar da reclamação, Gilmar ganhava muito dinheiro com a coca fornecida pelo paraguaio. Dono de ao menos um avião e uma lancha, no dia 11 de outubro de 2013 ele pagou R$ 800 mil por um iate, que levou naquela mesma noite de Ubatuba, no litoral paulista, para Santa Catarina:

"To em alto mar", escreveu para um comparsa. "Levando. Esta belezura. P nos. De umbatuba. P sc." E enviou pelo celular uma foto dele no iate ao lado de uma lata de cerveja. Dois dias depois, recebeu de outro traficante a foto de um fuzil todo banhado em ouro. Seria, disse o homem, um singelo presente para o capo.

Enquanto aguardava a droga de Kurê, Gilmar negociava com outros traficantes. Um deles, paulistano, tinha apelido de Zeus — não chegou a ser identificado pela PF. Ele propôs a Gilmar arremessar pasta-base no pantanal mato-grossense:

"Sabe que quero na real, que vc joga uma ou metade d oil [óleo, pasta-base] pra mim fazer um corre e de la eu carrego ate aq; La onde eu te falei MT; Joga la no pantanal."

"Ok. + so me passar as cordenadas. Q mando. Jogar la."

A droga adquirida por Gilmar no Paraguai ficava estocada na região de Campinas, onde a PF suspeita que ele controlasse um laboratório de refino da pasta-base, e de lá era distribuída na capital paulista, inclusive para o PCC, ou exportada para a Europa com o auxílio de Maik, um nigeriano não identificado pela PF. Em novembro de 2013, Maik intermediou a venda de 96 quilos de cocaína de Gilmar para um esloveno, Boris Sever. A droga foi levada em um pequeno caminhão-baú de Campinas para o Guarujá. Quando chegou ao litoral, a carga foi apreendida pela polícia, e Boris, preso em flagrante junto com o motorista. Inconformado com a perda da carga, Gilmar obrigou o nigeriano a lhe pagar pela droga, um total de 354 mil euros, o equivalente a pouco mais de R$ 1 milhão. Maik enviou o dinheiro em espécie por meio de um médico amigo de Gilmar, que contratou duas mulas, uma delas PM, para o transporte do dinheiro da capital paulista até Foz do Iguaçu (PR). A dupla acabaria detida em flagrante com o dinheiro no interior paranaense.

"Tem que fazer acerto", sugeriu o médico, referindo-se ao pagamento de propina aos policiais.

"Nao tem. Prf [Polícia Rodoviária Federal]. Ja ta levando eles p cascavel."

"Vai ter que arrumar uma origem pro dinheiro e pagar o imposto!" / "Tem como fazer isso?."

"Nao tenho" / "Fudeu mesmo."

Não bastasse tanto prejuízo com as apreensões, a cocaína que Gilmar adquirira de Kurê, que por sorte não estava no avião abatido em Bocaina, demorava a chegar ao interior paulista. Devido à morte

COCAÍNA: A ROTA CAIPIRA          441

do agente Paiva, o paraguaio vinha tendo dificuldade em aliciar um piloto disposto a levar a droga até o estado de São Paulo:

"O veio me comeu o rabo", disse a ele seu braço direito Adriano. "Mais flou [falou] que vai sim" / "Mais q[uer] o pagamento avista" / "Senao ele nao vai nao."

No dia seguinte, porém, o piloto mudou de ideia. Nem com pagamento adiantado aceitou enfrentar o risco de uma possível revanche da PF ao agente morto. Ao mesmo tempo, aumentava a pressão de Gilmar:

"Porque vcs fizeram isso comigo", perguntou a Kurê.

O paraguaio procurava justificar-se — além do medo dos pilotos, faltava tempo bom no céu de Pedro Juan e também dinheiro, já que Kurê confessara que vinha pagando altas somas à polícia do país vizinho para não ser preso:

"Eles tao atrás de mim" / "Aki" / "To gastando tudo que tenho pa nao ir preso."

Gilmar insistiu. Aventou a hipótese de o avião pousar no Triângulo Mineiro:

"Nao e [é] em minas. O lugar da festa[?]"

Mas Kurê também eliminou essa possibilidade: "Patrao passando parana ninguen vai ir pa vc esa e a realidade." E admitiu que a redução no embarque de droga para o estado de São Paulo vinha lhe causando um prejuízo milionário: "En 20 dias perdi 2 millao [de dólares] cara."

O paraguaio deu a opção de enviar a droga por terra. No início, Gilmar rechaçou a opção: "Por baixo tenho medo." E disse ter um piloto em Ponta Porã para fazer o frete com um dos aviões de Kurê. Mas em seguida, diante do impasse, Gilmar passou a considerar a hipótese do transporte terrestre:

"Este esquema bor [por] baixo e [é] seguro e quanto custa[?]", perguntou.

"Por debaxo eu pago", entusiasmou-se o paraguaio, ansioso por livrar-se do compromisso com um dos seus maiores clientes. "Seguro seguro patraoi vc sabe nada nao e [é] 100 por sento" / "Mais vo te fala uma coisa por sima nao ta do jeito que era antes."

A droga só chegaria à região de Campinas no dia 21 de novembro, quase um mês após o incidente em Bocaina.

442 ALLAN DE ABREU

"Ja ta la os 446 [quilos de cocaína] vai tudo pa sua mao", escreveu Adriano.

Dessa vez o carregamento não foi apreendido.

Foi um dos poucos fretes de Kurê que chegaram ao destino sem problemas naquele ano. Definitivamente, 2013 não fora nada bom para os negócios escusos do traficante. Mas, passado o Ano-Novo, o paraguaio procurava demonstrar otimismo diante de Adriano:

"Esse ano vamos ta bem denovo", escreveu. "Vos so[só] espera eu da uma virada pa nois comesa [começar] a aterrorisa o aero denovo", concluiu, em relação ao uso do aeroporto de Pedro Juan para os voos com droga.

Adriano entusiasmou-se e ofereceu outras opções de transporte:

"Se vc presisa [precisar] pa leva pa sp eu levo pa vc" / "De carreta."

"Ta certo mais to con un esquema bom tambem", respondeu Kurê. "E po riu [Rio de Janeiro]."

Seu acólito aceitou a proposta. E ofereceu estrutura para uma grande remessa de cocaína:

"Tem 4 carreta" / "Vai tudo no radio batendo."

Não se sabe se a ideia foi adiante. Fato é que os grandes fornecedores de cocaína de Gilmar demonstravam que, apesar de tantos percalços, preservavam sua força.

Para exportar droga à Europa, Gilmar contava com um importante aliado em Santos: André do Rap, apelido pelo qual André Oliveira Macedo era conhecido em toda a periferia da Baixada Santista. Moreno, ligeiramente gordo, André do Rap se valia de diferentes facetas para expandir seus lucros no crime. Figurava na mídia em eventos sociais, organizava shows de funk, exibia-se como empresário ligado ao surfe profissional, preocupado com o social — financiava uma ONG voltada ao atendimento de crianças e adolescentes pobres da periferia de Santos. Mas sua principal atividade era liderar o PCC na baixada e, em nome da facção, exportar grandes quantidades de cocaína via porto de Santos. Em pouco mais de um ano de investigação na Operação Oversea, a polícia iria apreender 3,7 toneladas do mais puro cloridrato de cocaína, voltado ao exigente público europeu e norte-americano.

COCAÍNA: A ROTA CAIPIRA 443

Com a ajuda de uma rede de comparsas, André do Rap conseguia com antecedência informações sobre navios, cargas e destinos de dezenas de navios que todos os dias atracam no porto. Para isso, corrompia funcionários das empresas:

"Ele consegue informasao atecipada", escreveu um aliado, Fábio Dias dos Santos, o Matrix, ao aliciar mais um trabalhador do porto.

"C e loko 30 dias e lindo de maisss", empolgou-se André.

"Se liga esse cara sabe ate o dia q vai chega la quando chega a mensagem chega no aparelho dele."

"Se ave [houver] um emprevisto na hora e for muda de porto" / "Ele avisa nois com 8 dia pra ve se nois tem o corre nesse porto" / "Pra retira [a droga] tend" / "Ele ate sabe se chego la tudo certo."

"Bom isso ai emmm."

"Ai fica suaveee" / "Tem q amarra ele com noss" / "Demorooo pooo vamo trampa pesado logo logoooo."

Os tabletes de cocaína, cada um com 1 quilo da droga, em média, eram colocados dentro de mochilas, e estas, por sua vez, inseridas no meio de cargas lícitas dentro dos contêineres. Para garantir que a cocaína chegasse ao destino, André subornava os servidores da Receita Federal que operavam o scanner do porto:

"Vamos sai do riscoo" / "Do scannes" / "Por q não pode caii" / "E nos vamo pagaa 150 mil dolarr" / "Que vai ser umas 300 [quilos]."

Essa era a média de cocaína que o PCC exportava por vez. Entre um e outro carregamento, a facção fazia testes de rotas marítimas. Um deles foi para o porto de Veracruz, o maior do México, local de forte atuação de poderosos cartéis do tráfico, como o Los Zetas, do Golfo e Nueva Generación, que disputam o controle do vaivém de drogas no local.[7] Em agosto de 2013, o PCC enviou 22 tabletes com cocaína em meio a uma carga de papel no navio *Cap Domingo*, com destino a Veracruz. Na manhã de 3 de setembro, dois subordinados de André do Rap discutiram o carregamento via mensagens de celular:

"Entao busao [navio, na gíria do grupo] sai daqui entre o dia 24 ou 25 [...] Busao e cap domingo. Nois fez no dia 19 certo ele ainda ta pra chega la manda ele monitora esse busao aii porq não fez 15 dias ainda tend."

444                ALLAN DE ABREU

Uma semana depois, Matrix procurou saber com o chefe André do Rap se o carregamento havia chegado ao México:

"Vera cruz você sabe se chegou tudo ok la", perguntou. "Aquele teste."

"Po ainda nao sei", respondeu o chefe.

Com o nome do navio onde estava a cocaína, a PF acionou a DEA. Agentes norte-americanos vasculharam os contêineres do *Cap Domingo* em Veracruz, mas não encontraram a droga. Os tabletes dentro de uma bolsa preta só seriam localizados dois dias depois, no porto de Havana, para onde a carga de papel fora levada, em outra embarcação. A Polícia Federal não constatou ao longo da Oversea outras tentativas do PCC em enviar droga para seus "hermanos" no México.

Mas os contatos das quadrilhas do tráfico enraizadas no porto de Santos com o crime organizado mundo afora não se limitavam aos mexicanos. Além do grupo de André, a PF descobriria outras três quadrilhas no porto. Uma delas era comandada por Anderson Lacerda Pereira, o Dido. Outra, por Ricardo dos Santos Santana, o MC. Ambas recebiam droga diretamente de dois fornecedores colombianos — no início de 2014, um deles remeteu 330 quilos da droga para a dupla. Em conversa com Dido, Ricardo revelou como inseria a cocaína nos contêineres. Antes de chegar ao porto, os caminhões eram desviados para galpões do esquema. Lá, em vez de romper o lacre do contêiner, eles abriam as dobradiças das portas e colocavam as bolsas sob a carga com um lacre clonado. Na Europa, os compradores rompiam o lacre do contêiner, pegavam a droga e fechavam a carga com o lacre clonado. Foi assim com um carregamento de açúcar, em janeiro de 2014:

"Como e acucar saco de 50kl nos tira os sacos e coloca as bolsas em baixo", disse Ricardo. "Tenta esconder o maximo possivel" / "Porque agora nos tamos fazendo diferente nos carrega a lata no nosso caminhao para no gaupao abre sem meche no lacre e bota dentro as bolsas."

Ricardo e Dido usaram essa estratégia para enviar uma carga de cocaína para a máfia 'Ndrangheta, baseada no sul da Itália, considerada a mais globalizada das máfias italianas e a que mais investe no narcotráfico, como narrado no capítulo 8. Ricardo encarregou-se de embarcar 29 tabletes, cada um com cerca de 1 quilo de cocaína. Um teste.

COCAÍNA: A ROTA CAIPIRA 445

"Amigo me da 2 informacoes: qual eh o destino final e qual eh a carga?", perguntou Dido.

"A carga e couro o final ja te passo", respondeu Ricardo.

Minutos depois, nova mensagem de Ricardo no BBM:

"O transbordo e em gioia [Tauro, porto do sul da Itália] e o final e napoli" / "Navio MSC abidjam."

Ricardo também passou ao sócio o número do contêiner onde estava a droga, além de fotos do lacre. Dido parecia empolgado:

"Se der certo amigo os caras [da máfia] querem por toda semana."

Mais uma vez a PF tinha todos os dados para apreender a droga ainda no porto de Santos. Mas optou pela ação controlada, em que propositadamente se retarda a apreensão da droga para se descobrir e prender o maior número possível de pessoas. Tudo com autorização judicial. A PF brasileira e a Direzione Centrale Per I Servizi Antidroga, polícia antinarcóticos da Itália, queriam saber quem resgataria a cocaína em Gioia Tauro. Por isso, com o aval da Justiça de Santos, três agentes da PF disfarçados de fiscais alfandegários foram até o porto, abriram o contêiner e acoplaram um rastreador a um dos tabletes. Assim, acompanhariam passo a passo todo o itinerário, facilitando o flagrante no sul da Itália. Cinco dias depois o contêiner partiu no navio MSC *Abidjan*. Dido enviou um representante até a Itália para acompanhar a chegada da droga. Em espanhol, via mensagem de celular, um representante da 'Ndrangheta, apelidado de Pablo, revelou sua satisfação com os negócios ilícitos no Brasil:

"Amigo yo estoy muy contento con ustedes."

A droga, 32 quilos no total, foi apreendida na tarde do dia 13 de março em Gioia Tauro. Ninguém foi preso.[8]

João dos Santos Rosa é um jovem preocupado com a aparência. Gostava de malhar, fazia limpeza de pele com frequência e sempre exibia suíças impecáveis nas "selfies" postadas nas redes sociais on-line. Chamado de Gold pelos comparsas, liderava a logística que trazia uma média mensal de 2 toneladas de cloridrato de cocaína puro, tipo exportação, do Triângulo Mineiro e interior paulista até São Paulo, e de lá para o porto de Santos, onde mantinha contato regular com quadrilhas da baixada, inclusive com a de André do Rap, para exportar a droga. Os embarques eram semanais, sempre com mais de 100 quilos de cocaína por vez. No fim de 2013, Gold disse a um comparsa ter 750 quilos de cloridrato puro estocados em Santos, à espera de embarque:

"So pra você entender estou 750 la esperando destinos diferentes."

Para evitar apreensões, assim como André do Rap, corrompia funcionários da Receita responsáveis pelos raios X nos contêineres:

"Meu amigo eu tenho tudo na mao inclusive o scaner", disse a um comparsa. "Eles nao tem que se preocupar com isso."

Dinheiro para isso não faltava. Os altos lucros da narcoexportação eram aplicados em contas bancárias no Brasil e na Europa e depois investidos em imóveis e carros de luxo.

Gold mantinha contato direto com quatro fornecedores de cocaína na Bolívia. O principal deles era o fazendeiro boliviano Rolin Gonzalo Parada Gutierrez, o Federi, um legítimo "camba", como são designados no país os descendentes de europeus, em oposição aos indígenas típicos do altiplano, descendentes dos aimarás, chamados "collas". Federi, um homem de meia-idade baixo e gordo, de cabelos grisalhos e sobrancelhas retesadas, integra a elite econômica em Santa Cruz. Mas a base de sua fortuna está em outra atividade no campo: a produção de pasta-base em larga escala. Já em 1995, fora preso em flagrante em um laboratório de refino de cocaína na selva boliviana. Quase vinte anos depois, Federi se tornara um dos maiores fornecedores de cocaína na Bolívia ao controlar dezenas de laboratórios, como deixou claro em diálogo via BBM com Gold, quando o brasileiro pediu a ele cloridrato de alta pureza:

"As toyotas [selo de qualidade] você consegue agilizar rapido o quanto que tiver", perguntou Gold.

"Amigo te[n]ho q chegar ala y mandar facer y despois mandar."

"Quanto tempo você acha?"

"20 dias."

O braço direito de Gold no esquema era Angelo Marcos Canuto da Silva, moreno de estatura média que no BBM usava o apelido de Juliana. Policial militar, Angelo chegou a trabalhar no 2º Batalhão de Choque em São Paulo até ser expulso da corporação em 1997, acusado de roubo. Tornou-se empresário de jogadores de futebol de grandes clubes, como Corinthians e Flamengo, e dono de firmas de locação de veículos e peças para automóveis. Meios, segundo a PF, de lavar o dinheiro oriundo das drogas. Atento ao rigoroso mercado europeu, era sempre dele o aval sobre comprar ou não algum lote da droga, conforme a qualidade:

"Chegando la me manda uma foto, e ja avisa o fiot que vou olhar antes de seguir", escreveu para Rita, apelido de Rodrigo Gomes da Silva, coordenador do transporte e estocagem da cocaína.

Profundo conhecedor do refino da droga, Angelo era capaz de avaliar a cocaína apenas pelo seu aspecto em fotografias:

"Pela foto ja vi que nao e boa", escreveu para Rodrigo. "O que vc achou?"

Rodrigo concordou com o chefe:

"Parece ser boa mas tem umas manchas."

No dia seguinte, Angelo analisou a cocaína in loco e reprovou a qualidade:

"Esse que vc levou vai retornar e vamos devolver tudo."

Ele também se gabava de corromper funcionários do porto de Santos:

"O patio, o seguranca, o raio x tudo e pago ta ligado amigo?"

"Seu trabalho ta d parabens", respondeu o outro traficante.

"Eu que agradeco a visao e responsabilidade em entender o nosso trabalho..."

Quem primeiro captou os passos de Gold e Angelo no tráfico foi o setor de inteligência da PF em Ribeirão Preto. Por lá passavam todo mês pelo menos 200 quilos de cocaína vindos do Triângulo Mineiro e sul de Goiás com destino a São Paulo. Droga fornecida por Federi e estocada em território mineiro por Adalto Martins Ferreira, o Navajo, em esquema relatado no próximo capítulo. Cabia a Adalto cuidar do transporte da cocaína. Ao contratar o motorista que levaria a droga de Federi para Gold, Adalto nunca informava o endereço de entrega via telefone, correndo o risco de ter a conversa captada pela polícia e a droga apreendida. Dias antes, o caminhoneiro viajava de avião de Uberlândia (MG) até a capital paulista e conhecia pessoalmente o local do depósito.

Assim foi feito no fim de junho de 2013. A droga foi transportada escondida em uma carga de pneus. Com tantos cuidados da quadrilha, os agentes não conseguiram localizar o caminhão. A certeza de que a cocaína chegou ao destino viria no dia 6 de junho, quando Federi acionou Gold pelo BlackBerry:

"Ya pego o minino meu", perguntou o boliviano, em bom portunhol.

"Tudo certo meu primo ja liberou ontem as meninas [cocaína]", retrucou Gold.

"Pregunto agora por q por tudu tia 204 [quilos]" — eram 101 quilos de cloridrato para exportação e o restante pasta-base, para distribuição em São Paulo.

Animado com o sucesso do transporte, Gold cogitou trabalhar exclusivamente com a cocaína fornecida por Federi:

"Entenda bem", escreveu ao boliviano. "Estou montando uma nova estrutura so para trabalhar com você."

Mas os planos de Gold duraram pouco. Duas semanas depois, a PF iria apreender meia tonelada de cocaína de Federi, Adalto e outros fornecedores na região de Ribeirão Preto. Assustado com o flagrante, Adalto não quis mais transportar a droga para Gold:

"Amigo infelizment não tem como eu levar as meninas pra você", escreveu no BBM. "Você tera que pegar elas aqui [em Minas]" / "Porque não tenho o motora [caminhoneiro]" / "E eu tenho compromisso aqui de receber outras meninas."

"Entao o feder vai ter que dar um jeito", respondeu Gold.

E deu.

Mesmo sem o intermédio de Adalto, Federi permaneceu fornecendo cocaína para Gold a partir de um entreposto na região de Ribeirão. No dia 29 de agosto de 2013, o boliviano narrou sua nova logística para Raimundo Carlos Trindade, que ao lado de Rodrigo cuidava da logística do tráfico no grupo de Gold.

"Amigo estoy mudando a outra rejiao", escreveu Federi.

"Nao vai ser mais aquela q me falou q estava mais proxima de mim", perguntou Raimundo.

"Sin ali onde fale amigo."

COCAÍNA: A ROTA CAIPIRA

"Em Ribeirão", inquiriu novamente Raimundo.

"Si mas estoi organisando amigo" / "Para que fique ali" / "Regiao de san ca[r]los."

Como parte do pagamento pela cocaína, Gold ofereceu a Federi carros com esconderijo para transportar a droga, todos de luxo, que, segundo Gold, não chamavam a atenção da polícia:

"Tenha[o] uma lande rover defender super nova e com uma [...] impossível de achar 85 [quilos] e o preto que você viu 55 [quilos]" / "A land leva 140 e o preto 115 [quilos]" / "Meus carros sao todos assim aqui carro mais simples toma geral facil" / "Carro deste porte eles nao para."

Federi também se valia da logística de Gold para exportar sua cocaína. Em setembro, o boliviano acionou o sócio brasileiro para enviar um carregamento para a Espanha:

"Amigo queria ber para comprar pasaje a las mininas", escreveu. "Pra valencia amigo".

"Pra la eu mando amigo", respondeu Gold. "Quantas."

"70 amigo", afirmou Federi.

"Vou verificar e ja te falo. Mas melhor 100 meu amigo para conversar aqui e dizer que e um teste", aconselhou o brasileiro.

"Amigo seria en cualquier cacha [contêiner] menos en alcohool y tabaco."

"Ok, vou ver as datas e te aviso. Para este local tem sempre e e rapido meu amigo."

Paralelamente aos negócios com Federi, o grupo de Gold mantinha contato estreito com outro fornecedor: Rodrigo Felício, o Tico, líder do PCC em Limeira, já retratado no capítulo 15. Quem fazia a ponte entre os dois era Antônio Carlos Rodrigues, a Valeska, que já fora da facção mas agora trabalhava para Gold. A venda de cloridrato puro de Tico para Gold chegava a ser diária. Como em julho de 2013: 67 quilos dia 17, 62 quilos dia 18, e a promessa de outra para o dia seguinte, após o pagamento:

"Amigo fala pa ele me kita urgente" / "Q tenho outra pa desce".

Essa outra eram 200 quilos.

450 ALLAN DE ABREU

A essa altura, a "família", como ele se referia ao PCC, vinha se tornando um fardo cada vez mais pesado para o traficante. Ao mesmo tempo que cobravam dele dedicação nas negociações com fornecedores de droga, ofereciam retorno financeiro mínimo. Ou seja: Tico vinha trabalhando quase de graça para satisfazer os interesses do "partido". Era hora de investir em seu próprio esquema de tráfico, dessa vez com os olhos voltados à Europa, a rota mais lucrativa possível. A "família" até permite que seus líderes mantenham esquemas criminosos paralelos, desde que informem seus passos aos "irmãos" e não abandonem os interesses da facção.

Era o grito de independência de Tico.

Sua chance de dominar a rota do tráfico de ponta a ponta, da produção à distribuição final, e tornar-se ainda mais rico.

Tico era o verdadeiro dono de uma transportadora, a Barros & Felício Transportes, segundo a PF, embora a empresa estivesse em nome do seu irmão onze anos mais velho, Levi Adriano Felício, mentor e principal testa de ferro do traficante. Levi, homem com mais quilos no corpo e menos cabelos na cabeça do que Tico, só conversava com o irmão em circuitos fechados de telefonia, com celulares que só faziam e recebiam chamadas entre si. O empresário levava uma vida de luxo em São Pedro (SP): morava em uma mansão avaliada pela Polícia Federal em R$ 3 milhões e investia alto em uma grande coleção de armas e cursos de tiro. Levi dividia com o irmão mais novo dezenas de veículos e uma loja de conveniência. Com Tico era diferente. Ele nunca ostentara riqueza, estratégia para permanecer longe de olhares curiosos e gerir seus negócios escusos. De sandália e bermuda, rodava a cidade em uma pequena picape. Como um pequeno empresário qualquer.

Foi assim por quatro anos.

Até a DEA entrar no seu caminho.

Foram os norte-americanos que primeiro auscultaram os movimentos de Tico na rota caipira. Um memorando à coordenação da CGPRE em Brasília seria o início da Operação Gaiola.[9]

Quem mais fornecia cocaína para Tico era Eudes Casarin da Silva, um mulato que carrega o apelido de Branco, como a cor da droga que

COCAÍNA: A ROTA CAIPIRA 451

se especializou em comprar e vender. De Cuiabá ou Santa Cruz de la Sierra, Eudes coordenava o envio da droga para Tico em Limeira a partir de Mato Grosso ou do Paraguai, usando aviões pilotados por Wilson Carvalho Yamamoto, filho de um japonês com uma brasileira, que reunia muitas horas de voo a serviço do narcotráfico, experiência que compartilhava com Tico:

"Geralmente leva [combustível] dentro em galao e abastece com bomba" / "400 [litros] vai nos tanques" / "Leva uns 5 [galões] dentro."

Quando Tico intentou comprar um avião Sêneca para trazer cocaína até o interior paulista, foi desaconselhado por Wilson:

"Para te carrega para passear serve para trabalha ja fica difícil" / "Usa muita pista."

O piloto sugeriu o tradicional Cessna 210 com a porta adaptada para arremessar a droga sem necessidade de pousar:

"Irmao compra um 210 ai nois coloca porta que abre para cima" / "E uma passada so" / "Coisa linda" / "Nem barulho faz" / "E tem uns 210 nervoso aki no jeito" / "Te mandei umas fotos já."

Mas Eudes preferia alternar os céus com o asfalto. Caminhões.

"Eu tenho gente e estrutura pa isso", escreveu para Tico. "Vou por ele com uma caminhonete e ele vai ter que aprender desviar de onde eu saio ate ai em vc [Limeira]" / "Ce chegar da algo foi fatalidade" / "No asfalto tem" / "Tudo quanto e merda" / "No mato e so nos" / "Vou meter radio e eles vao na frente batendo."

Em Limeira, Tico contava com os serviços de Alex Araújo Claudino, o Frango, rapaz que gozava da confiança absoluta do chefe. Alex estocava a droga à espera de um navio que atracasse no porto de Santos com destino ao continente europeu. Em setembro de 2013, Tico e Valeska iniciaram movimentação para exportar 109 quilos de cocaína pura para Valência, Espanha, com a ajuda de Angelo.

"Pergunte aos amigos se exemplo indo pra valen e ficando dois dias e seguindo pra outro lugar se pode?" / "Ou se term que ser valencia destino final?", perguntou Valeska.

"Tem q ser direto", escreveu Tico.

A escolha da Espanha não era aleatória. Lá, Tico mantinha contato com Miguel Ángel Sola Martín, um madrilenho à beira dos 60 anos, de lábios finos e olhar pacato, que um desavisado jamais confundiria com um poderoso traficante. Miguel, apelidado de Merlin, alternava viagens a Limeira, ao Paraguai e ao Peru, sempre em reuniões para combinar a rota da coca até o interior paulista e em seguida à Europa. "O passaporte do coroa eh mais sujo q pau de galinheiro", escreveu um advogado para Tico.

Na capital peruana, Miguel mantinha contato frequente com Pepe, um indígena que se tornara um grande fornecedor de cocaína mundo afora, inclusive para Tico — a PF não conseguiu identificá-lo.

"Ese indio es buena gente amigo", escreveu Miguel para Tico. "Ele va trabajar con nos ele va nos facer fuertes."

"Uno diamante q precisa ser lapidado", concordou o rapaz de Limeira.

"El indio tiene poder en peru!!!!"

Tico preservava a todo custo seus negócios com o espanhol no tráfico. Sabia que Miguel era o passaporte para seus planos rumo à Europa:

"Ermano tu es = a min somos lutchador serios e responsables, pero q mi queres muitcho trabajar com este indio, e no voy deja q nada abale esta sintonia q estamos a facer" / "Quero muitcho gana plata em euro."

Outro contato de Miguel no Peru era Monica Marin Loayza, dona de uma loja de veículos usados que, segundo a DEA, mantinha um poderoso esquema de tráfico de cocaína para a Europa — um dos seus irmãos fora subordinado a Luís Amado Pacheco Abraham, o Barbacochas, megatraficante boliviano preso em 1995 com 4,1 toneladas de cocaína escondidas em um avião com destino aos Estados Unidos. Um narcoavião.

"Y entonces lo que habimaos [habíamos] hablado para enviar a europa no quereeis hacerlo ????", perguntou Miguel.

"Y las medidas", devolveu Monica. "La marca va ser H", disse ela, possivelmente em referência à marca dos tabletes.

"En cuanto al molde, simplemente q sea rectangular", respondeu o espanhol.

COCAÍNA: A ROTA CAIPIRA 453

Para dar continuidade ao plano, Tico se associou a outros dois traficantes de Campinas, velhos conhecidos seus: Sérgio Luiz de Freitas, o Mijão, maior liderança do PCC na cidade depois de Andinho, e Leandro Guimarães Deodato, o LMZ. Olhando a fotografia de LMZ, fica difícil acreditar que o rapaz de olhos apalermados fosse tão articulado a ponto de planejar o transporte de cocaína de helicóptero, negócio oferecido por um acólito:

"To arrumando transp[orte] helicop 600 coloca na mao entendeu..."

"Ai depois vamos falar."

Estranha a ética de um traficante. Ao cobrar uma dívida por repasse de cocaína, LMZ revelou seu conceito de honestidade criminosa:

"Da uma palavra ai [aí] de criminoso" / "Nao palavra de malandro."

LMZ havia galgado muitos postos no submundo do crime. Chegou a comprar uma fazenda na fronteira do Paraguai com a Bolívia para servir de depósito de drogas. Cabeças de gado serviriam de despiste:

"Vo fica la" / "E toca a terra" / "Enxe aql trem la de gado" / "Pa nois" / "Pelo menos no pasto ninguim vai sabe o q você tem ne."

Na tarde do dia 25 de agosto de 2013, Tico, Sérgio e LMZ embarcaram em um voo no aeroporto de Viracopos, em Campinas, com destino a Corumbá (MS) e em seguida atravessaram a fronteira boliviana para conversar com Eudes e acertar os detalhes finais da exportação do cloridrato à Europa. Assim que embarcaram, o agente Philipe Roters foi até a Hilux de LMZ deixada pelo trio no estacionamento do aeroporto e notou, no assoalho do banco traseiro, uma pequena capanga de couro marrom. A mesma que o agente já vira com Tico, em campanas recentes. Com autorização da Justiça, peritos abriram a porta, Philipe pegou a bolsa e se deparou com um pedaço de papel onde estava anotada uma coordenada geográfica, celulares do circuito fechado entre Tico e o irmão Levi e aparelhos BBM. Tudo foi fotografado, colocado de volta na capanga e devolvido à caminhonete, para não levantar suspeitas.

Tico, Sérgio e LMZ voltaram de Corumbá três dias mais tarde. Tico não sabia, mas seu canal de comunicação com o irmão estava grampeado pela PF. Nas conversas, Levi deixava clarividente a lavagem de dinheiro do tráfico ao expor ao irmão planos para comprar uma loja de tapetes:

454 ALLAN DE ABREU

— Então, porque vai movimentando, vai esquentando um dinheiro, vai justificando as coisas, aparecendo, não fecha não, deixa ali parado, se tiver que pagar imposto você me fala, eu pago, depois nós vê o que faz com ela, CNPJ antigo qualquer um compra — explicou Levi.

— Hum.

— Então tá bom, vamos ver o que vai virar. Se for do jeito que você estava mostrando ontem ali pra mim, é um negócio que vira, né? Quanto mais dinheiro injetado, mais você vai ganhar; mas só que é o seguinte, não pode injetar um monte de uma vez, temos que abrir uma firma, tem que ir começando aos poucos, aí vai ganhando, vai ganhando, "da onde que apareceu dinheiro pra pôr lá", nós tem que ir esquentando, né? Um pouco daqui um pouco de lá. Entendeu?

— Entendi.

O monitoramento duraria pouco. Duas semanas depois, Tico passou a desconfiar dos telefones:

— Ah, mais, vamos trocar esse telefone, tá estranho.

— Tá demorando pra chamar, né — disse Frango.

Os números foram todos substituídos.

Enquanto isso, no BBM, a negociação para exportar cocaína caminhava célere. Na primeira semana de setembro, foi a vez de Eudes, Pepe e Miguel viajarem a Limeira — Pepe e Eudes também se encontrariam com o piloto Wilson no aeroporto de Sorocaba. Os planos eram ambiciosos, envolvendo remessas de 500 quilos de cloridrato, conforme disse LMZ ao procurar quem conseguisse embarcar a droga em Santos:

"Pk falo q você tem esqm [esquema]" / "Para sairmos dai ageitado pq [para] europa."

"Tenho chegada belgica espanh[a] port [Portugal] e holan[da]", respondeu o rapaz de Santos.

"Tenho uns amigo junto" / "Temos q dividir a operação" / "E [É] 27 mil euro [custo do frete]" / "Tem alguma lata ai indo pa Espanha" / "Q ta no geito", perguntou LMZ.

"Da para gente combinar[,] do teu vai quanto por vez."

"Qr [Quero] faze uma de pouco" / "Ver como faz" / "Ms la ate de 500 [quilos] ele paga".

Tico chegou a cogitar exportar cocaína diluída em líquidos como molho de shoyu e água de palmitos em conserva:

"Essas fotos q te mandei", disse a ele um traficante radicado no Paraguai. "E [É] shoio" / "E palmito" / "Mas qualquer liquido o mano faz esse trampo."

O plano não foi adiante.

Eudes queria enviar a cocaína de avião até o interior paulista — possivelmente na coordenada encontrada pela PF na capanga de Tico, zona rural de Brotas (SP), mas o traficante de Limeira não tinha equipe para recepcionar a droga.

"Aquilo que eu te falei de receber", escreveu Eudes para LMZ. "Que ele nao tem equipe."

A última experiência de Tico no tráfico aéreo não fora nada agradável. No fim de janeiro de 2013, ele se preparava para receber pessoalmente um avião com 440 quilos de pó em um canavial de Santa Bárbara d'Oeste (SP) quando notou uma caminhonete suspeita nas proximidades — eram agentes da PF. Desconfiado, fugiu. Quando o avião se aproximou, carros no chão batido em meio ao canavial indicavam com os faróis acesos as dimensões da pista. Mas, quando o Cessna se aproximava, as luzes foram todas apagadas — tudo para dificultar o trabalho da polícia, que o grupo desconfiava estar nas proximidades. A droga foi descarregada e a aeronave retomou voo. Tico escapou por pouco. Do mato, veria o braço direito Alex ser abordado pelos policiais:

"Os cara e [é] brabo", relembrou. "Eu e o bi do outro lado se cagando todo" / "Vendo os cara tudo d cara no asfalto."

Como os agentes não conseguiram abordar a aeronave, fizeram um bloqueio na rodovia próxima. Já era noite e o motorista da caminhonete com a droga tomou uma decisão radical: apagou todas as luzes do veículo e acelerou. Passou pela barreira a 200 km/h — os policiais só perceberam o vulto negro a toda velocidade. Tico escapou, mas perdeu sua equipe de solo para receber os aviões, todos com medo de nova blitz policial. Mesmo assim, o traficante providenciou a pista em Brotas e acionou um comparsa para auxiliar na logística. Ele também solicitou a Valeska que o embarque fosse feito depois do dia 26, para

456       ALLAN DE ABREU

que a droga chegasse a Valência após o dia 10, quando Miguel teria funcionários seus no porto. A exigência irritou Valeska:

"Estou vendo que essa situacao vai dar problema e vai ser por parte de vcs" / "Vcs estao parecendo amadores" / "Estao falando demais la em cima e em todo lugar[,] esse eh um trampo de silencio."

O tempo daria razão a ele.

A investigação da PF caminhava bem até que um atraso burocrático da Justiça em renovar o monitoramento dos telefones da quadrilha impediu que os agentes acompanhassem o transporte da cocaína do Peru até o interior paulista, passando por Bolívia ou Paraguai. Quando voltaram as escutas da PF, no dia 28, a droga havia sido embarcada às 9 horas no navio MSC *Cadiz*, em Santos, com destino à Espanha e escala no porto do Rio de Janeiro.

No dia seguinte, Valeska mandou um subordinado, Fábio Fernandes de Morais, o Timão, levar até Limeira um pen drive com todas as informações da carga (número do contêiner, nome do navio e fotos das mochilas com droga) para Tico entregar a Miguel, que repassaria os dados aos seus funcionários no porto espanhol responsáveis por retirar as bolsas do contêiner.

Ao chegarem a Limeira, no posto de combustível combinado com Tico, Timão foi abordado pela Polícia Rodoviária:

— Aí, PCC! A casa caiu.

De lá, Timão foi levado até a delegacia da PF em Piracicaba — o pen drive estava escondido debaixo de um dos tapetes do automóvel que ele conduzia; 10 minutos depois, Tico chegou ao posto. Sem saber da prisão, o traficante aguardou duas horas enquanto enviava mensagens no BBM do comparsa:

"Responde essa praga" / "Iai caraio" / "Responde essa merda."

Ao deixar o posto sem encontrar Timão, Tico, preocupado, acionou Valeska:

"To ate vomitando" / "D tanto nervoso" / "Desse cara não responde", escreveu.

Também preocupado, Rodrigo Gomes, a Rita, acionou Gold pelo BBM:

COCAÍNA: A ROTA CAIPIRA 457

"[Valeska] ta achando muito estranho pq ele falou q estava a 5 minuto do local [combinado, um posto de combustível em Limeira] e nao chega e nao atende mais."

Já na madrugada do dia seguinte, Timão avisou Valeska que havia sido abordado pela PM e levado à PF:

"Sai da mao dos cara agora."

Sem se dar conta de que o pen drive fora apreendido, Valeska mandou Timão levar o pen drive para Tico no dia seguinte:

"Temos q mandar a informacao p meu amg amanha cedo."

"Vai la na federal pega."

Valeska parecia não acreditar:

"Como você deixou cair um papel seu loko" / "Eles pegou o pen drive tambem", perguntou.

"Tudo."

"E agora."

"Ta todo mundo fudido."

Imediatamente Valeska chamou Tico no BlackBerry:

"Nao sei mais o que pensar", disse Valeska.

"Amigo com qual fundamento esses cara ia segura papel", cogitou Tico, tentando antecipar os passos da PF.

"Se cair la os cara vai pegar eles aqui [apreender a cocaína no porto]", afirmou Valeska.

Ele estava certo.

A essa altura, ainda na madrugada, os policiais federais e agentes da Receita Federal abordaram o navio onde estava a droga no porto do Rio de Janeiro. Ao abrir o contêiner, os agentes se depararam com uma cena idêntica à das fotos contidas nos pen drive: tabletes com 109 quilos de cocaína dentro de uma bolsa de nylon preta. Ao saber por um advogado da ação da PF no Rio, Tico parecia não acreditar:

"Amigo eu nunca vi um cidadao ser abordado nada encontrado e ser conduzido pa PF."

"Os caras pegaram ele [Timão] do nada acho q eles tava atraz de alguem e pegaram ele por engano" / "Deram um tiro no que viram e acertaram o que nao viram", respondeu Valeska.

458    ALLAN DE ABREU

Mas, nesse ponto, ele estava errado.

Silenciosamente, a PF acompanhava todos os passos da quadrilha, à espera do bote final. Se havia grampo, pensava Tico, ele não entendia por que a polícia não esperara alguns minutos para prendê-lo também, no posto: "Tenho certeza q se to numa fita dessa com o meu nome em alta do jeito q ta" / "Os cara ia espera eu encosta", escreveu para Valeska.

O susto durou pouco. Já no dia 30, após acertarem o pagamento ao fornecedor Pepe e aos trabalhadores do porto envolvidos no embarque da droga em Santos, Tico e Eudes já planejavam nova remessa à Espanha:

"Vamos junta + um pouco d material" / "E vamos soca" / "Nem q for 50 [quilos]", escreveu Tico.

"Irmao o sucesso so vem com a persistencia", aquiesceu Eudes.

"Agora q eu vi sai" / "Eu quero v xega".

"Irmao essa e [é] nossa profissão" / "Fazer o que da vidaa" / "Ce o que nos [nós] sabe e [é] isso."

Eles até divagaram sobre como lavariam o dinheiro do tráfico:

"O que o sr pensa", perguntou Eudes.

"Restaurant" / "Pizzaria" / "Lanxonet" / "Tudo do bom".

"Padaria"/ "Ai faz $$", completou Eudes.

Em novembro daquele ano, o grupo combinou o envio de 150 quilos de cocaína de Pepe e Miguel do Peru para Pedro Juan Caballero, de onde a droga seria levada por Wilson de avião até a pista de Brotas no distrito de São Sebastião da Serra, próximo a um grande lago formado pelo rio Jacaré Pepira:

"Amigo deixa eu t fala lembra q t falei" / "Da agua [Tico se refere ao lago]."

"Sim."

"Vc ja viu a distancia" / "Da uma olhada."

"Vo ve jaja."

"Ve e me fala" / "Nem precisa ver distancia irmao ali vai fofo."

Ele chegou a negociar com Miguel a compra de 500 quilos de cocaína pura a cada quinzena, que seriam transportados do Peru à Bolívia e em seguida até Limeira. Depois, avaliou ser melhor levar a droga ao interior paulista parceladamente, em carros de passeio, que ele acreditava chamariam menos a atenção da polícia:

"Nem q eu tiver d compra ali no py e por uns carrinho com 30 20 [quilos]" / "esses pekeninos ai" / "Os cara nem liga muito."

Havia ainda o canal com Gold. Naquele mesmo mês, Tico forneceu para o traficante 100 quilos de cocaína por US$ 500 mil. Uma droga de alta qualidade, endereçada a traficantes russos, que seria apreciada por Angelo. Tico chamava o ex-PM de chato devido ao rigor dele na avaliação do cloridrato:

"Vc entendeu", escreveu o traficante de Limeira. "O símbolo q ta vindo" / "Os xatos vao ama."

O símbolo citado, gravado em cada tablete, era a famosa imagem da maçã mordida de Steve Jobs:

"Todas ai tem. O simbolo da apple?", perguntou Tico.

"Sim."

No dia seguinte, Valeska comunicou a Tico que Angelo havia aprovado a compra da droga:

"O xato me passou q gostou da escama gostou do cheiro mais nao gostou do brilho."

"+ ele gostou", inquiriu Tico.

"Gosto mais disse p melhorar o brilho" / "E se você nao tem 400 [quilos] dela para essa semana."

"Nao."

Em Cuiabá, Eudes parecia ansioso pelo resultado da avaliação dos "chatos":

"Ai + vc viu eles gosto", perguntou a Tico.

"So pediu pa melhora o bri[lho]."

"O que ele quer que melhora" / "+ ou menos" / "Depois vc ve com ele la" / "Queremos clientes 100 por cento satisfeitos."

Duas semanas depois, Timão forneceu a Gold mais 302 quilos de cocaína:

"137 [quilos] la", escreveu Timão para o capo. "Vai vim mais 165."

A droga adquirida de Tico e Timão foi armazenada na casa de Rodrigo Gomes, a Rita, em Bertioga, Baixada Santista. No início da

460      ALLAN DE ABREU

noite do dia 6 de janeiro de 2014, Rita levava outros 49 tabletes de cocaína para o depósito pela estrada Mogi–Bertioga — alguns metros à frente, Gold dirigia outro carro, na função de batedor. Próximo da cidade litorânea, o automóvel de Rita foi parado por policiais militares e agentes da PF. Pressionado, Rita acabou revelando o esconderijo da droga: ao acionar a marcha a ré, ligar o carro e apertar um botão debaixo do banco do motorista, o banco traseiro tombou, revelando o fundo falso do porta-malas com os tabletes. Gold, Rita e um terceiro integrante do grupo foram presos. No carro de Rita, os policiais encontraram uma conta de luz com o endereço dele em Bertioga. Foram até lá e encontraram, debaixo do colchão do quarto do traficante, 393 quilos de cocaína, parte com o logo da Apple.

"Perderam 450 [quilos]", avisou Valeska a Tico, cinco dias depois. "Perderam Tb o cofre [depósito das drogas]."

"Nossa aonde", perguntou o traficante de Limeira.

"Caminho da praia onde era o cofre."

Com Gold atrás das grades, Angelo assumiu a frente da quadrilha dos "chatos".

Mas não por muito tempo.

Na manhã do dia 31 de março de 2014, policiais federais prenderam 69 pessoas envolvidas no esquema, tanto no núcleo de Gold/Angelo quanto no de André do Rap. Angelo estava em sua casa, em São Paulo. Nela, os policiais encontraram R$ 1,2 milhão em folhas de cheque, US$ 90 mil, joias e dois automóveis de luxo. Também foram presos Raimundo Trindade, Fabio Fernandes de Morais, Ricardo dos Santos Santana e Anderson Lacerda Pereira. Antônio Carlos foi localizado em sua casa, dentro de um condomínio de luxo em Mogi das Cruzes, Grande São Paulo — Ricardo foi condenado a dezesseis anos de prisão por tráfico internacional e associação. Até novembro de 2016, André do Rap e Federi estavam foragidos. André e Fábio foram condenados, cada um, a doze anos de prisão por tráfico internacional,[10] ambos seriam inocentados em um outro processo.[11] Já Gold, Antônio Carlos, Canuto, Rodrigo e Raimundo foram condenados, cada um, a sete anos e meio de prisão por participação em organização criminosa.[12] Ricardo Santana foi condenado a dezesseis anos por tráfico e associação[13] e absolvido em uma segunda ação penal.[14] Em novembro de 2016, havia uma última ação penal decorrente da Operação Oversea ainda não julgada em primeiro grau.[15]

Gilmar Flores não foi localizado naquele dia 31. Horas depois, vazariam para a imprensa fotos dos foragidos, inclusive de Gilmar. Ao ver a imagem do paranaense na internet, o delegado Bianospino se desesperou, já que ele era um dos principais alvos da Operação Paiva Luz, que seria deflagrada dali a dois dias. Ele correu ao telefone e acionou a delegacia da PF em Itajaí, litoral catarinense, vizinha a Itapema, onde Gilmar morava. Foram mobilizadas duas equipes: uma para o apartamento dele e outra para o aeroporto, onde os agentes sabiam que ele tinha um avião. O traficante chegou logo depois da PF. Notou os policiais e decidiu voltar para casa. Avisado pelos agentes, o porteiro nada disse. Ao abrir a porta do apartamento, lá estavam os policiais com suas roupas pretas e o indefectível colete da Polícia Federal:

— Quem são vocês?

Não houve resposta. No imóvel, coleção de relógios e joias. No porta-malas do carro dirigido por Gilmar até o aeroporto, 243 tubos de lança-perfume, pontos de LSD e duas pistolas. No início da manhã do dia 2, conforme o combinado, a operação foi deflagrada. Adriano Mena Lugo foi detido em Ponta Porã. Kurê seguia foragido em novembro de 2016. Gilmar, Adriano, Kurê, Alex e o piloto Evandro foram denunciados por formação de organização criminosa e associação para o tráfico. Kurê e Adriano foram condenados a dezenove anos de prisão cada um por tráfico internacional e participação em organização criminosa.[16] Evandro, a oito anos por tráfico[17], e Gilmar, a seis anos e oito meses por integrar organização criminosa.[18] Alex foi absolvido pela Justiça Federal em Jaú. "Associar o propalado cognome [JR ou Jota] ao réu é passo demasiadamente largo, que, por falta de suporte probatório idôneo, recuso-me a dar", escreveu o juiz Danilo Guerreiro de Moraes na sentença. O Ministério Público recorreu.[19]

No caso de Tico, tudo seria mais complicado para a Polícia Federal. O traficante tinha Limeira nas mãos, inclusive a polícia local. O que tornava a cidade um gueto quase impenetrável aos agentes.

462 ALLAN DE ABREU

Para iniciar a investigação contra a quadrilha de Tico, a PF tratou de alugar uma casa na periferia da cidade, que serviria de QG para os policiais envolvidos na operação. Mas já no dia 25 de junho de 2013, quando o trabalho dos policiais federais mal começara, alguém tocou a campainha. Por sorte, naquele momento, havia policiais da Rota no imóvel. Para preservar a identidade dos agentes, os PMs abriram a porta. Do lado de fora, vários policiais da DIG de Limeira:

— A gente recebeu denúncia de que aqui tá funcionando uma boca de fumo. Podemos entrar? — perguntou um policial civil.

O PM estranhou a pergunta: a casa era de alto padrão, com muros altos, em avenida movimentada. Dificilmente poderia abrigar um ponto de venda de drogas.

Os policiais da Rota se identificaram e os policiais da DIG foram embora. A PF suspeita que algum veículo frio dos agentes tenha sido seguido pela quadrilha de Tico, que acionou seus conhecidos na DIG para verificar o que havia naquela casa.

Exatamente um mês depois, no dia 24 de julho, novo encontro mais que suspeito dos agentes com policiais civis. Naquele dia, uma equipe da PF montou campana em frente a um cemitério da cidade para registrar em fotos e vídeos a entrega de dinheiro a Tico por um comparsa. Era a oportunidade para também acompanhar a movimentação na transportadora registrada em nome do irmão dele, Levi, que era vizinha ao cemitério. Após alguns minutos de vigilância, dentro de um Pollo preto, carro frio da PF, os dois agentes notaram que um rapaz se aproximou, mirou os olhos na placa do automóvel, tentou disfarçar e retornou. Meia hora depois, um carro dourado cruzou lentamente com o veículo dos agentes. Desconfiada, a dupla achou melhor alterar o local da vigilância. O motorista se preparava para dar a partida no Pollo quando o mesmo carro dourado surgiu abruptamente na esquina e parou de frente com o veículo da PF. De dentro dele saíram dois homens com pistolas em punho. Disseram ser policiais da Dise de Limeira. Não havia outra alternativa aos agentes a não ser se identificarem. Os investigadores da Dise pediram desculpas e foram embora, mas antes fixaram bem os olhos no banco traseiro do carro, onde havia filmadoras e câmeras fotográficas espalhadas.

COCAÍNA: A ROTA CAIPIRA 463

Minutos depois, um advogado acionou Tico pelo BBM e o traficante demonstrou saber da presença da PF próximo à transportadora do irmão:

"Precisei sai urg[ente]" / "Pois todos vazo" / "Abelha no ar", escreveu Tico, em alusão às cores preta e dourada das viaturas da PF.

Em seguida, a um comparsa, o traficante detalhou sua contravigilância:

"As abelhas tavam la perto d mim" / "Filmando" / "Fotograg[f]ando" / "E ai eu vi eles" / "Eu tava em outro carro sem ser o meu" / "Eles fico + d 3 hrs la" / "Filmando" / "E eu campanando eles" / "Ai fiz uma corrida levantei a placa" / "Pela minha felicidade eu q vi algo e nao els."

Tico deu detalhes do que havia dentro do automóvel da PF que somente os policiais civis da Dise haviam visto:

"Os cara com makina d filma" / "Foto" / "Tudo dentro do carro."

De fato, o traficante não entregaria os pontos facilmente à PF. Zeloso, disciplinado, sagaz, Tico seria um alvo trabalhoso para os agentes:

"Eu aqui", escreveu a outro traficante. "Pode ter certeza. Que me cuido. De 13 black. Fechado."

Comunicar-se em circuitos fechados de celulares era um costume que Tico repassou a outros integrantes do grupo, como Eudes. Preocupado com a possibilidade de a PF monitorar as conversas em BBM, o traficante de Cuiabá decidiu contratar um hacker para desenvolver um software protegido por criptografia, com servidor na Bolívia:

"Nivel militar", gabava-se Eudes. "Cada letra que vc escreve manda 4048 simbolo de criptografia" / "Quero ver esses merda grampia[r]".

Mas tamanha segurança e disciplina acabariam corroídas pela ansiedade e distração dos próprios líderes do esquema na mercancia da droga. Quilômetros de diálogos suspeitos no BBM, dezenas de campanas bem-sucedidas da PF, identificação minuciosa de cada alvo. Após nove meses, a Operação Gaiola caminhava para a etapa final. Intuitivo, Tico sabia que o bote da PF estava próximo:

"Nunca me senti tao acoado do geito q to", confidenciou a um amigo.

"E um suicídio lento isso viu", concordou o colega.

"irmao vc ja penso no q esses cara devem ter na mao."

"Sim tudo q nois sabe e + um pouco do q nem nois sabe ou imagina !!!"

"Nos vai morre ow se infia d cadeia."

Tico estava certo. Era fevereiro de 2014, e a PF tinha provas de sobra contra todos do esquema. Era chegado o momento de colocar Tico e seus asseclas na cadeia. Faltava apenas a caneta certeira do juiz autorizando as prisões. Mas, na hora H, ela não funcionou.

Em janeiro de 2014, entrou no radar da PF outro núcleo do PCC, em Piracicaba. Seu líder era Daniel Fernando Furlan Leite, rapaz corpulento de rosto arredondado e cabelos muito curtos. No ombro direito e nas costas, Daniel tatuou a figura da morte. Parecia um recado aos seus inimigos. O jovem na casa dos 30 anos faria da violência estratégia constante contra aqueles que atravancassem o seu caminho dentro da prioridade número um da facção, o narcotráfico. Surrar traficantes rivais ou devedores do PCC parecia simples, a ele e seus acólitos. Bastava descarregar a adrenalina.

"Tem um truta aki q vai acha akele maldito madruga p nois", escreveu a um subordinado, Leonardo Gustavo Lopes, o Leo.

"Mais decha eu arancar a cabeca dele", pediu Leo. "Fala q e so pra seqestrar e nao por a mao pq qem vai estrangular ele vai ser eu" / "Vou mandar pedaco por pedaco o corpo dele por sedex pra familia dele."

Se não era possível se impor pelas armas e o medo, Daniel recorria à corrupção. Quando um dos seus funcionários foi preso pela DIG em Piracicaba, o traficante ficou atônito:

"Dig pega $$$$" / "E prendeee" / "Os cara sabe que e meu la [boca de fumo]" / "Viu nunca mais dou 1real" / "Paguei 25mil faiz 1mes".

Tudo ficava mais difícil quando não era possível comprar o silêncio da polícia.

Aí, o enredo ganharia tons poderosos de suspense.

Tarde do dia 28 de janeiro de 2014, Florisvaldo Neves, delegado federal, invadiu o galpão de uma perfuradora de poços artesianos em Piracicaba. Dentro, no baú de um caminhão, 1,7 tonelada de maconha em tabletes ocultos em ripas de madeira. Daniel estava no galpão. Por sorte, escapou minutos antes da invasão da PF, correndo por um matagal vizinho ao imóvel. Não sem antes ser visto de relance pelo dr. Neves.

COCAÍNA: A ROTA CAIPIRA 465

"Na terca fui la descareguei e sai" / "Nisso a federal invadiu" / "O delegado da pf" / "Falou q eu tava na mao dele e escapei pelos vao dos dedos."

Como a PF chegou até o galpão? Para Daniel, só havia uma explicação: exatamente seis meses antes, a Polícia Rodoviária apreendera 7,7 toneladas de maconha e 500 quilos de pasta-base escondidos em caixas de som em outro caminhão-baú em Bocaina (SP). A droga ia de Pedro Juan Caballero até o depósito de Tico em Limeira. No porta-luvas do caminhão, a nota fiscal da máquina que embalara a droga, adquirida em Ponta Porã (MS), com o telefone do dono do galpão no verso. Daniel não se conformava com o vacilo:

"Akele magrelo e lazarento" / "Aonde ja se viu dexa nota fiscal em portaa luva."

Perder a carga de maconha nem era um grande problema para Daniel. Ele tinha outras 5 ou 6 toneladas guardadas em Piracicaba e, dias após o flagrante no galpão, já oferecia droga ao PCC: "Vo ti fala uma fita temos 4tonelad chegano." Bastava alterar a localização do depósito — um "irmão" sugeriu Presidente Prudente, a meio caminho entre o Paraguai e a capital paulista:

"Vende tudo ne axa outro lugar pa receber mais ja to montando axo bom em prudente."

"Monta uma base em prudent, e vem aos pocos", concordou Daniel.

Sua preocupação maior era voltar para a cadeia. Por isso, tratou de conseguir um álibi para o argumento de que, no dia da blitz no galpão, estava no Guarujá. Aflito, ordenou à namorada que apagasse seus rastros nas redes sociais:

"Manda a ju todo mundo apaga la oq posta nas suas coisas la tbem."

"Blz nao veia [venha] chinga so eu."

Daniel explodiu:

"Filha da puta apaga essa porraaaaas" / "Sua desgracada" / "Nao toke no meu nome nessa poraaaa" / "Se qualquer um de vcs arrasta eu eu vo manda mata e ja era" / "Filha da puta vc vai apaga seu face" / "E quando der pa eu para numa alan house vo apaga o meu."

Quando o pai do dono do galpão em Piracicaba onde foi apreendida a maconha ameaçou dedurá-lo à PF, Daniel e um comparsa, Juliano Storer, trataram de recorrer aos velhos métodos:

"Fala a real com gordeco [dono do galpão]", escreveu Juliano no BBM.

"Eu ja mandei uma veiz da uma apavorada nele", respondeu Daniel. "Vo manda denovo" / "Que se ele fize abri o bico, nois pega ele e a familia dele" / "E manda explodi, tudo akelas empresa deles."

Daniel sabia estar na mira das polícias Militar e Federal. Se não poderia oferecer a PMs e agentes a sedução do dinheiro fácil do tráfico, a solução era impor-lhes o medo. *Plata o plomo*, como dizia Pablo Escobar. Dias depois da apreensão, Leandro Furlan, primo e faz-tudo de Daniel, enviou a ele fotos em que aparecia empunhando uma metralhadora e uma granada:

"Isso e o q ta teno pa pf."

"Tem pra pm e pra todos amiguinhos deless."

Daniel era insuflado por sua rede de parceiros no tráfico. Um deles era Bin Laden:

"Se eesses arronbodo [arrombados, policiais] ti atrasa pode descola a goma [endereço da casa] de um deles que vc vai ve se eu nao passo la corto td na bala."

Outro era Leo:

"Els sabe se forja [um flagrante] moremm", escreveu Daniel.

"Os caras tao ligado qem sao os pisicopatas", respondeu Leo.

"E se matarem as famílias dels moremmm."

A pressão aumentou quando a PM de Piracicaba invadiu uma boca de fumo de Daniel e apreendeu drogas, armas, dinheiro, veículos e celulares. Animal acuado, o traficante reagiu:

"Vermes maldito nao aguento mais to a ponto de passa amao no fuzil e acaba logo com isso" / "Vo mata tudo esses cara" / "Mais juro q todo mes vo la mata um pm" / "Maldita raca filha da puta."

O delegado Neves tratou de se armar. Sempre andando aqui e ali com pelo menos duas pistolas no coldre, ele e o procurador Daniel Fontenele Sampaio Cunha foram ao Fórum Federal de Limeira solicitar ao juiz Marcelo Jucá Lisboa as prisões preventivas de 31 alvos da Operação Gaiola. Mas o magistrado não queria decidir sozinho. Convocou um colegiado com outros dois juízes federais. Em 26 de março, enquanto o trio analisava o pedido, policiais militares e fede-

COCAÍNA: A ROTA CAIPIRA 467

rais prenderam Daniel em flagrante com quinze peças de cloridrato de cocaína na casa para onde se mudara recentemente, em Sorocaba. Três dias depois, os três juízes negaram as prisões temporárias da Gaiola. "Não se afigura presente a prisão dos investigados como meio imprescindível às investigações", justificaram, argumentando que o correto, para evitar a fuga dos alvos, seria que PF e MPF solicitassem suas prisões preventivas (sem prazo definido), e não temporárias (válidas por cinco dias).

Tanto o delegado quanto o procurador tinham pressa — as prisões da Operação Gaiola deveriam ser no mesmo dia da Oversea, marcada para o dia 31 de março, pois havia alvos em comum, como Valeska. Se Tico e sua quadrilha soubessem da investigação contra o grupo de Gold, fatalmente fugiriam.

No mesmo dia 28, Neves e Cunha fizeram um novo pedido à Justiça, dessa vez pelas prisões preventivas dos alvos da Gaiola, conforme sugerido pelos juízes. Mas o dr. Lisboa relutava em tomar uma decisão. Philipe Roters, agente que cuidou de toda a investigação, não se conformava. Para ele, Lisboa ficara com medo ao ler tantas ameaças contra policiais no inquérito. Em nota encaminhada a mim, o juiz deu sua versão: "O cuidado deste magistrado, e também do referido colegiado, na condução do processo em apreço, destinou-se a evitar a decretação de nulidades por parte dos tribunais superiores. [...] Não ocorreu a hipótese de ter sido indeferido qualquer pedido de prisão em razão de temor, e nem poderia ocorrê-lo, pois o juiz deve cumprir os preceitos legais. A formação do colegiado, legalmente prevista, vem, inclusive, para socorrer os magistrados quando presentes situações de risco."

No dia 31, com os policiais federais da Oversea nas ruas, o promotor do Gaeco de Piracicaba Richard Gantus Encinas procurou o juiz. Sugeriu a ele que compartilhasse o inquérito com a Justiça Estadual de Limeira, para que as prisões preventivas pudessem ser determinadas por um juiz do estado. Lisboa concordou imediatamente. Naquele mesmo dia, a prisão de Rodrigo Felício foi decretada pela 3ª Vara Criminal da comarca. Faltava uma estratégia para prender Tico, o alvo principal

468             ALLAN DE ABREU

da PF. Procurá-lo em sua casa ou nas suas empresas em Limeira seria pouco produtivo — o traficante andava arisco nas últimas semanas, temendo o retorno à cadeia.

O promotor do Gaeco solicitou então à Justiça de Carapicuíba que intimasse Tico para depor no dia seguinte no processo em que respondia em liberdade pelo tráfico de 1,5 tonelada de maconha apreendida no município três anos antes, conforme narrado no capítulo 15. Na tarde do dia 1º de abril, dois agentes da PF se posicionaram em frente ao Fórum local: um deles vestido com terno e gravata para passar-se por advogado e Philipe Roters sentado em um bar. O promotor Richard foi até a sala de audiência com o mandado de prisão escondido no bolso.

Tico chegou minutos depois em um automóvel, na companhia de dois advogados. Um deles ficou com o traficante dando voltas com o veículo nas imediações do Fórum, enquanto o outro subiu até o cartório para saber se havia algum mandado de prisão contra o traficante. Como não havia, telefonou para Tico dando o sinal para que fosse à sala de audiência. O traficante desceu do carro e foi em direção à entrada do prédio. Mas nem chegou a entrar. Ao passar por ele, rapidamente o agente disfarçado de advogado rendeu-o com uma gravata, imobilizando seus braços, enquanto Philipe apontou uma pistola para o seu peito.

— Fim da linha, Tico. Tá preso.

Imediatamente ele foi algemado e colocado em um carro frio da PF, a caminho da superintendência em São Paulo. Philipe telefonou para Richard, que então tirou o mandado de prisão do bolso e entregou à juíza de Carapicuíba. Na sala de audiências, o advogado ficou atônito, sem entender bem o que havia acontecido.

Já no elevador da superintendência, puxou conversa com os dois agentes:

— Tenho admiração pela PF. Vocês são show. Que pena que tô conhecendo vocês nessas circunstâncias.

Philipe, suspeitando de alguma intenção escusa, tratou de interromper o papo:

— Nós estamos vivos, você tá vivo. Que circunstância poderia ser melhor que essa?

COCAÍNA: A ROTA CAIPIRA 469

— É; pensando dessa maneira, até que tá bom.

Com Tico preso, as atenções se voltaram aos demais membros da quadrilha. Naquele mesmo dia 1º, em decisão solitária, o juiz Lisboa, de Limeira, voltou a negar os pedidos de prisão dos alvos da Gaiola, ao considerá-los vagos. "Torna-se imperiosa a demonstração dos fatos que, segundo os requerentes, ensejam a decretação de medida extrema", escreveu, dando prazo de dez dias para que delegado e procurador encaminhassem nova solicitação. A decisão pelas prisões só ocorreria no dia 14 de abril, decretada por outro juiz. No dia 16, os agentes saíram à caça da quadrilha. Mas Sérgio, Alex, Levi e o espanhol Miguel conseguiram escapar. Levi foi visto semanas depois em um hotel de Pedro Juan. Alex chegou a ser preso pela Polícia Rodoviária em Limeira com carteiras de identidade e de motorista falsas no dia 15 de setembro de 2014. As fotografias dos documentos falsificados eram quase idênticas às dos papéis verdadeiros. Além disso, Frango dirigia um carro em nome de sua mãe. Mesmo assim, a Polícia Civil, para onde ele foi levado, deixou de verificar a autenticidade do RG e da CNH e liberou o traficante. Frango saiu da delegacia pela porta da frente. A PF suspeita que os policiais civis tenham recebido propina — seriam R$ 200 mil — para liberar o acólito de Tico, conforme ofício encaminhado pelo delegado Florisvaldo Neves ao Gaeco.[20] Em agosto de 2016, a Corregedoria da Polícia Civil investigava o caso.[21] Alex só seria preso pela Polícia Militar em 2015. Sérgio, Levi e Miguel seguiam foragidos na metade de 2016.

Todos os alvos respondem a ações penais na Justiça Federal de Limeira, acusados de tráfico internacional, associação para o tráfico e participação em organização criminosa — nem sempre pelos três crimes ao mesmo tempo. Os processos[22] não haviam sido julgados em novembro de 2016.

Encerradas as operações Gaiola e Oversea, faltava desmontar o grupo de Adalto em Minas, e seus outros fornecedores e compradores. O que ocorreria em uma manhã cinzenta de 25 de setembro de 2014, exatamente um ano após a morte do agente Luciano Paiva.

# 19

# A rota se amplia

O cenário é o mesmo. Um imenso tapete verde avança no chão plano até se perder no horizonte, ponteado aqui e ali por estradas de terra batida e pistas para aviões agrícolas levantarem o poeirão vermelho a cada pouso ou decolagem. Parece o interior paulista, mas não é. Nos últimos anos, a rota caipira ganhou uma importante extensão mais ao norte, no Triângulo Mineiro e sudeste de Goiás. Lá, grandes traficantes encontraram um simulacro da paisagem do oeste de São Paulo, com distâncias parecidas até os grandes centros consumidores de cocaína e duas vantagens ao tráfico aéreo: é menos povoada do que o território paulista e pouco vigiada pelos radares da Aeronáutica. A Polícia Federal estima que todos os meses a região receba cem aviões carregados com 40 toneladas de cocaína.

Quando a PF decidiu intensificar o combate ao tráfico em solo mineiro, a partir de 2013, encontrou quadrilhas bem organizadas e com armamento pesado, dispostas a enfrentar os agentes com violência nas pistas de pouso. Entre fevereiro e maio daquele ano, foram três flagrantes na região, todos com cenas típicas do melhor blockbuster. O primeiro deles começou quando chegou aos policiais a informação de que traficantes de Uberaba (MG) recebiam aviões recheados de cocaína vinda do Paraguai, que em seguida remetiam para a capital paulista. O grupo era liderado pelo jovem negro Juliano Arruda Souza.

472 ALLAN DE ABREU

Um grupo de agentes da PF passou a seguir seus passos pela região. No dia 11 daquele mês, ele e outro rapaz foram para São Paulo buscar uma caminhonete. Dez dias mais tarde, o mesmo rapaz tomou um ônibus para Ponta Porã (MS) — possivelmente fora negociar mais uma remessa de cocaína. Voltou no dia seguinte, quando os policiais que seguiam Juliano e a caminhonete notaram que ele entrou em uma estrada de terra na BR-262, zona rural de Campo Florido (MG), vizinha a Uberaba. Como o traficante poderia notá-los naquele rincão ermo, decidiram abandonar o local. Retornaram horas mais tarde: após 23 quilômetros de chão batido, no meio do imenso tapete de sorgo ainda em crescimento, uma pista de pouso de 1 quilômetro de extensão por 15 metros de largura.

Era tudo o que os agentes precisavam saber.

Na tarde do dia 25, Juliano encontrou-se com comparsas de Campo Florido, entre eles Everson Rabelo Rodrigues. Queria ajuda para descarregar a droga que viria na manhã seguinte. Antes mesmo de o sol raiar, dezenas de policiais — entre eles Luiz Pinelli e Philipe Roters, os mais experientes do grupo — se encontraram em uma cidade vizinha, de onde partiram para as proximidades da pista. Lá, outros cinco policiais federais haviam varado a madrugada acompanhando a movimentação dos traficantes. Passava das seis e meia da tarde quando o avião surgiu no céu ainda claro devido ao horário de verão. Vinha abarrotado com 413 quilos de cocaína, dois fuzis — um deles com lança-granadas —, além de munições e três granadas.

Em segundos, a caminhonete encostou na asa e logo o grupo começou a descarregar a droga. Todo cuidado dos agentes era pouco, já que tinham a informação de que a quadrilha recebera treinamento de guerrilha com as Farc colombianas no interior do Paraguai. Dois policiais com fuzis, lado a lado, começaram a atirar no motor da aeronave. Os traficantes revidaram, também com fuzis. Nestor Gonzales Souza e Luís Carlos Saavedra Jara, piloto e copiloto paraguaios, feridos na troca de tiros, ainda tentaram decolar, mas seguiram apenas por 200 metros. O motor começou a pegar fogo e ambos pularam da aeronave. Em poucos segundos veio a explosão, causada pelas duas granadas.

COCAÍNA: A ROTA CAIPIRA 473

Juliano, Everson e Júlio César Feliciano Abrão tentaram fugir com a caminhonete, mas o veículo foi seguido de perto pelo helicóptero da PF. Ao notar a aeronave, Everson atirou e um agente lá de cima revidou. O veículo acabou cercado pelas viaturas da polícia. Juliano e Júlio César, feridos com gravidade, se renderam. Everson, atingido no peito, morreu no local.

Juliano e Júlio foram levados a um hospital de Uberaba. Mas Juliano também não resistiu. Júlio teve alta dias depois. Ele e os paraguaios seriam condenados por tráfico e associação para o tráfico internacional.[1] Os agentes só conseguiram apreender 113 quilos de pasta-base, que já haviam sido descarregados na caminhonete. O restante, cerca de 300 quilos, foi destruído pelo fogo.

Naquela mesma semana, escutas telefônicas do Gise de Ribeirão Preto captaram que outra quadrilha vinha descarregando grandes quantidades de droga na zona rural de Indianópolis, município vizinho a Uberlândia. Uma equipe de agentes começou então a fazer diligências na região até que, às 10h30 do dia 9 de março, um deles viu um avião pousar em um canavial próximo. Ao rumar para o local, a equipe cruzou com cinco homens em duas caminhonetes. Nas caçambas, vários galões com combustível para aviação. Àquela altura, o avião já decolara. Os agentes foram então até o local do pouso e renderam dois suspeitos. Minutos depois, notaram que outro avião bimotor se aproximava — os traficantes faziam comboios com duas aeronaves descendo em sequência, carregadas de cocaína.

Quando o avião taxiava na pista, o piloto Renato Antonio de Biasi, 56 anos, notou que duas caminhonetes vinham em sua direção, na outra ponta da pista, em alta velocidade. Só poderiam ser policiais, concluiu. Acelerou o motor e foi de encontro aos agentes. Escondido no canavial, armado com um fuzil, o agente Ricardo Matias Rodrigues mirou em um dos motores, mas os tiros não danificaram as engrenagens. Ele tinha de agir rápido. Mirou no piloto e atirou duas vezes. O avião desacelerou. Na cabine, Renato estava inconsciente, ferido com pelo menos dois tiros. Morreria minutos depois.

474 ALLAN DE ABREU

Faltava apreender a carga do primeiro avião. Outra equipe de agentes percorreu as ruas da pequena Indianópolis com fotos dos sete presos no canavial e informações da caminhonete que teria levado a droga. Na noite do dia 11, invadiram uma chácara e encontraram 542 quilos de cocaína. Um total de 989 quilos da droga.

Um dos presos em flagrante, Ubirajara Guedes Rodovalho, decidiu falar à PF tudo o que sabia. Disse que cabia a ele monitorar movimentos suspeitos nas três pistas utilizadas pela quadrilha na região, e que desde 2012 havia ocorrido cinco voos com drogas do grupo até o Triângulo Mineiro. Rodovalho e outros seis foram condenados por tráfico internacional de drogas.[2]

Apenas dois meses mais tarde, outro flagrante de tráfico aéreo em que os agentes tiveram de agir com violência para impedir a fuga do piloto. Foi em Santa Vitória, divisa entre Minas, Goiás e Mato Grosso do Sul. Chegou à PF de Uberlândia a informação de que um grupo de traficantes estaria atuando no município. Os agentes passaram a seguir uma caminhonete que seria do grupo até as proximidades de uma pista de pouso no meio do canavial. Três homens foram presos em flagrante. Na caçamba, galões de combustível para avião e um grande pano vermelho. Um dos detidos disse que o pano seria utilizado para sinalizar a pista ao piloto. Minutos mais tarde, surgiu no céu um Cessna 210, pilotado por Evandro Geraldo Rocha dos Reis. Dois dos agentes estenderam o pano no chão. O avião desceu. No meio da pista, Evandro deu meia-volta na aeronave enquanto Amauri Moura Silva, copiloto, abriu a porta do Cessna, desceu da aeronave e passou a descarregar os pacotes com cocaína. Depois do terceiro, porém, Amauri notou uma caminhonete vindo rapidamente na direção do avião. Havia algo de errado, já que o combinado era que os pacotes só seriam apanhados depois que o monomotor decolasse. Amauri pulou para dentro do avião e gritou:

— Polícia! Polícia! Vai! Vai!

Evandro acelerou. Mas a caminhonete da PF já estava muito próxima. Os agentes atiravam em vão. O motorista então tomou uma atitude radical: jogou a caminhonete contra o estabilizador do Cessna na cauda. No choque, o vidro do veículo estilhaçou. O avião perdeu o

COCAÍNA: A ROTA CAIPIRA                                        475

rumo, dobrou na pista. Os dois foram rendidos. No total, a PF apreendeu
230 quilos de cocaína. A droga viera da Colômbia ou Venezuela, com
escala no Pará. Os cinco foram condenados por tráfico internacional.[3]

Em poucos dias de investigação a PF chegaria aos supostos donos
da droga apreendida em Indianópolis e Santa Vitória: Adalto Martins
Ferreira e José Severino da Silva, o Cabecinha, respectivamente — embora eles não houvessem sido processados na Justiça nesses episódios.
Era necessário aprofundar as investigações contra os dois alvos. Equipes
da CGPRE de Brasília foram deslocadas para Uberlândia e Uberaba
para seguir os alvos, levantar seus patrimônios, acompanhar suas
reuniões. Uma delas, em um posto de combustível em Campina Verde
(MG), uniria Adalto, seu irmão Cleyton e Cabecinha. Era a ponta do
novelo para levar a PF a um dos maiores esquemas logísticos do tráfico na rota caipira, responsável por movimentar, em dez anos, mais
de 30 toneladas de cocaína, inclusive para o PCC — duas delas foram
diretamente para Marcola, líder máximo da facção. Para dar conta de
desmantelar o esquema, a PF precisou montar três operações distintas:
Navajo, Athos e Krull, narradas neste capítulo.[4]

Adalto, um moreno baixo e corpulento, com cerca de 40 anos, levava vida discreta de classe média em Uberlândia, embora apreciasse
caminhonetes caras e carros de luxo. Um contraste radical com sua
infância pobre em Palmeiras de Goiás (GO), onde nasceu e cresceu. O
avanço de Adalto no tráfico é desconhecido pela PF devido às poucas
vezes em que foi flagrado com drogas. Em maio de 2013, quando três
agentes começaram a seguir seus passos pelo Triângulo Mineiro e sul de
Goiás, Adalto só fora preso duas vezes por tráfico: a primeira em 1997,
em Uberlândia, quando acabou absolvido, e a segunda nove anos mais
tarde, quando se associou a Aguinaldo Garcia Marques para transportar
253 quilos de cocaína em dois caminhões, de Cáceres para sua terra
natal. A droga foi apreendida, mas ambos fugiram. Foram condenados, e a prisão de Adalto foi decretada em 2010, mas o mandado não
seria cumprido. O mesmo ocorreu com Aguinaldo, que àquela altura
já estava foragido na Bolívia.

476          ALLAN DE ABREU

A PF acredita que foi Aguinaldo, goiano de Panamá, quem indicou a Adalto os caminhos para crescer no narcotráfico em grande escala. Três anos mais velho, Aguinaldo tinha longa experiência no comércio atacadista de drogas. Em junho de 1992, foi alvo central da operação King Tango, feita pela PF e a Felcn, na Bolívia. Aguinaldo era acusado de usar sua fazenda em Santa Helena de Goiás como entreposto de uma carga de 598 quilos de cocaína vindos de avião de Santa Cruz de la Sierra com destino a Fortaleza e depois Europa — a mesma zona rural de Santa Helena seria a base futura do esquema de Adalto. Aguinaldo seria preso quatro meses depois no interior da Bolívia com o pecuarista Luiz Bernardo Salomon Soria, apontado como o fornecedor da droga. Cumpriu pena no país vizinho até 2001, quando já possuía fortes laços com os cartéis bolivianos. Adquiriu uma fazenda de 4 mil hectares em Puerto Suarez, na fronteira com Corumbá, que serviria para a criação de gado e entreposto para a cocaína com destino ao Brasil. Firmou-se então como um dos principais fornecedores da droga na Bolívia, ao lado de Rolin Gonzalo Parada Gutierrez, o Federi, outro fazendeiro da elite econômica de Santa Cruz, retratado no capítulo anterior, e Victoriano Mendieta Montaño, o Victor, "colla" também radicado em Santa Cruz, subordinado a Federi.

O trio se valia de um exímio piloto para levar a droga até o interior de Goiás. Ivan Fernandes de Carvalho, um senhor com mais de 60 anos, moreno de cabelos levemente grisalhos e olhos cavos, tinha décadas de atividade no ramo e por isso era grife para o narcotráfico, cobiçado por grandes traficantes. Ele era dono de uma empresa de táxi aéreo em Corumbá, sua terra natal, de onde partia para a Bolívia, carregava a aeronave e rumava para a rota caipira. Foi flagrado pela primeira vez em 2000, transportando 200 quilos de maconha em um Cessna que pousou na zona rural de Penápolis. Chegou a ser investigado pela CPI do Narcotráfico, sem ser indiciado. Mas, nove anos depois, acabou indiciado por tráfico em Goiás e lavagem de dinheiro em Mato Grosso do Sul.

Ivan cobrava R$ 30 mil para cada viagem a serviço do tráfico. Era sempre ele quem transportava cocaína para o trio de fornecedores na Bolívia, em aviões Cessna 210 equipados com bomba auxiliar de combustível e dois galões com 50 litros cada de querosene para aviação, estratégia para aumentar a autonomia de voo. A quadrilha trabalhava sempre com seis pistas, denominadas por Adalto de 1, 2, 3, 4, 5 e nova — as coordenadas geográficas, no sul de Goiás e Triângulo Mineiro, nunca eram informadas por telefone, só pessoalmente. Cabia a Adalto e Federi combinar as datas dos voos, conforme as condições meteorológicas, operações policiais na rota caipira ou pessoas consideradas suspeitas nas proximidades das pistas clandestinas. A preparação começava nos dias anteriores ao voo. Como em novembro de 2013, quando, no dia 15, Adalto acionou Ivan pelo BlackBerry:

"Amigo quando podemos almoçar", perguntou ao piloto.

"Eu estou aqui em Campo Grande pra pega o avião vou amanhã pra casa e no domingo vou almoça ai com você."

Três dias depois, combinaram a pista:

"Em qual estrada que vamos passa", perguntou Ivan.

"Na 1."

A essa altura, Adalto já havia confirmado com seus subordinados qual pista estava mais propícia ao pouso:

— Qual roça aí tá boa? — perguntou um deles.

— Uai, a 1 — respondeu outro.

— Ah, então tá bom.

Ivan informou então a Federi que sairia no dia seguinte ou naquela noite mesmo do seu aeródromo em Corumbá com destino às fazendas do boliviano na região de Santa Cruz, onde a cocaína estava estocada:

"Olá bom dia amigo. Hoje eu vou dormir no Bigode [fazenda na Bolívia] e amanhã almoço com o Jumento" — era assim que eles se referiam a Adalto.

Tudo passava pelo aval de Federi. No dia seguinte, o piloto avisava-o assim que decolava da Bolívia. O boliviano, por sua vez, informava Adalto que o avião estava a caminho. Ivan costumava pousar no destino por volta das 13 horas. Enquanto o grupo de Adalto descarregava os fardos de cocaína, Ivan avisava Federi que estava retornando a Corumbá — quase sempre com o pagamento de Adalto pela droga, em dólares:

"Olá amigo boa tarde já estou indo para casa."

478                     ALLAN DE ABREU

Por segurança, a equipe de Adalto acampava na pista escolhida um ou dois dias antes do pouso, atenta para qualquer movimentação suspeita nas proximidades. Quando o piloto questionou Adalto sobre uma casa próxima à cabeceira de uma pista nova, o goiano procurou tranquilizá-lo:

"Ficamos 1 ou 2 dias acampados" / "Pra sabermos [se] acontece movimentacao."

Quando se aproximavam das pistas, os auxiliares de Adalto eram obrigados a desligar todos os telefones, para evitar qualquer rastreamento pela polícia:

"Desliga [o celular]" / "E vai pro mato", ordenou Adalto certa vez.

O grupo usava armamento pesado, incluindo metralhadoras e fuzis, enviados por Federi:

"Em su churrasco que vce mande las ferramientas que combinamos amigo" / "Pois preciso muito" / "Por seguridad" / "Por mejor que esteja temos que estar seguro", escreveu Adalto ao boliviano.

Adalto era extremamente precavido quanto à segurança das pistas. Em julho de 2013, um subordinado chamado Leo sugeriu a mudança da pista 3 para a 4 ao notar, na primeira delas, sinais de boias-frias:

"Manda pra quatro", escreveu Leo. "Tem marmita nas cana."

O armamento pesado também servia para Adalto e sua gangue eliminarem inimigos. Foi assim no assassinato do jovem Thiago Ferreira em Itumbiara (GO), em agosto de 2013. O homicídio fora planejado para o dia 15 daquele mês — a PF não descobriu ao certo o que motivou o crime.

"Hoje ele viaja ta tudo arrumado", disse Cleyton para Milton Cândido Cardoso, um homem corpulento e vingativo, braço direito de Adalto. "Nao pode ficar rudiando o cara nao e [é] chegar e fazer."

Mas o homicídio, planejado por Adalto, só seria executado dois dias depois. Um integrante da quadrilha narrou os detalhes para Cleyton:

"O negao viajo."

"Quem foi o que deu a passagem."

"Nois."

COCAÍNA: A ROTA CAIPIRA

479

Segundo o rapaz, Adalto participou diretamente do assassinato, armado com uma espingarda calibre .12:

"O mano parece o rambo", disse o rapaz a Cleyton.

"Usou qual", perguntou esse último. "O fuzil."

"Com a 12. [...] O mano soltou 3 d 12."

O jovem chegou a detalhar o número de tiros que a vítima levou, e os calibres de cada um:

"Ele levo 29 castanha" / "Foi 6 d 12" / "9 d 9" / "8 d 38" / "E mais 6 d 38" / "29 kkkk."

Em janeiro de 2014, Adalto participaria do planejamento de outro assassinato na mesma cidade, conforme a PF — a vítima havia atirado contra o carro de Milton Cândido.

Mas matar era um passatempo bissexto.

Adalto sabia mesmo era traficar.

Nos doze meses de investigação sobre o seu esquema, a PF identificou vinte voos, três em uma única semana. Ainda assim era pouco, como o próprio Adalto disse para Federi em um tosco portunhol em setembro de 2013: "Aca no esta chegando pra os outros por isso tudo que chega és pouco."

A droga era estocada em uma fazenda de Adalto em Araporã (MG). Uma parte pequena ficava com o goiano como pagamento dos fornecedores pelos seus serviços. Essas partidas menores eram distribuídas em Goiás e Minas pelo irmão mais novo de Adalto, Cleyton, depois de batizadas com produtos químicos, o que ele chamava de "bruxaria".

"Vai fica top", gabou-se para um comparsa. "Hj fiz uns teste mais o meu mano" / "E so derreter aquele liquido baixa" / "Ai e [é] só por ela na agua gelada e depois colaca [colocar] uma soda pra qualhar."

"Vc ta virando quimico de carteirinha kkkkk", respondeu o outro rapaz. "O q vc ta aprontano", perguntou.

"To trampando" / "Brucharia."

Falastrão, muito diferente de Adalto, Cleyton gostava de ostentar poder e dinheiro.

"To com 150 mil no carro", disse para um colega. "To levando pro moco [esconderijo]" / "Vai explodir de t[a]nto din daki apouco."

Em setembro de 2013, ele vendeu uma lancha ao irmão Adalto. "Troquei em bois com ele", escreveu para outro comparsa. "Tem quarto banheiro [...] churrasqueira."

Cleyton também se gabava da liderança assumida pelo irmão mais velho na logística do tráfico, negociando cocaína até com o todo--poderoso do PCC Marco Williams Herbas Camacho:

"O Marcola mandou buscar 2 vezes ai hj ele ja quer q o mano manda pra ele" / "Esse cara comprou 2 mil unidade [2 toneladas]."

Mas havia momentos de preocupação com as conversas via BBM, expressos em conversas premonitórias com a namorada pelo aparelho:

"Eu nem aqui to confiando mais nesses blacks" / "E eles e [é] foda os federa [Polícia Federal] eles sao muito inteligente e tem muito equipamentos de ultima geracao" / "E eles sao como cascavel nao costuma errar o boti nao" / "Tenho que pensar na frente deles ter uns 3 passos na frente de vantagem preciso por minha cabeca pra funcionar".

Um plano era simular um trabalho lícito: "Eu quero montar algo pra trabalhar" / "Pra dar uma desfarcada."

Não houve tempo. Em dezembro de 2013, Cleyton foi preso em flagrante com 42 quilos de cocaína em Uberlândia. Em poucas semanas, mesmo preso, conseguiu um BBM e manteve conversas com o irmão Adalto. Numa delas, disse ter planos de fundar uma facção na cadeia:

"Eu o magrao e o douglinha e mais 10 tamos montando uma faccao monstra aqui" / "Nos vamos vender [droga] e ai de quem nao pagar" / "Sera sem perdao."

Já Adalto tinha outras preocupações. A principal era escoar a cocaína até São Paulo. Para isso, contava com a ajuda de Ednilson Rodrigues Caires, o Black, José Maria Machado e seu filho Attlas. Zé Machado, como é conhecido, foi identificado pela PF durante reunião em shopping de São Paulo entre ele e o boliviano Victor. Quando os agentes se depararam com aquele homem gordo e moreno, de barba cerrada, não tiveram dúvida de que se tratava do lendário traficante, homem de longo passado no crime. Fazendeiro em Mato Grosso, Zé Machado foi ouvido pela CPI do Narcotráfico em 2000 como chefe do comércio de drogas em Mirassol d'Oeste e São José dos Quatro Marcos, oeste

COCAÍNA: A ROTA CAIPIRA 481

mato-grossense, fronteira com a Bolívia, em conluio com policiais e até juízes. Dois anos depois, foi condenado a 25 anos de prisão por mandar matar os próprios sogros na década de 1990. Em 2003, nova condenação (doze anos de prisão) por outro assassinato — a ossada, nunca identificada, estava enterrada em um sítio dele. Anos depois, ao migrar para o regime semiaberto, mudou-se com o filho para São José do Rio Preto (SP), onde abriu uma loja de materiais para construção. Como o gerente do fornecedor Victor, o também boliviano Luiz Ricardo Suarez Nallar, um bigodudo chamado Tio Peco, esteve algumas vezes em Rio Preto conversando com Zé Machado, a PF suspeita que pai e filho mantivessem um depósito de drogas na região, o que nunca ficou provado.

No início de abril, Adalto repassou para Zé Machado 1,2 tonelada de cocaína, vinda em três voos consecutivos operados por Ivan Carvalho. Em linguagem cifrada, Zé Machado escreveu para Adalto que estava pronto para buscar o carregamento:

"To querendo fazer uma festa com as menina essa semana[,] que tal", perguntou Zé Machado.

"Beleza que dia?"

"Vou fala com aquele amigo veio e te falo mais quero ir na buat essa segunda ou tersa."

A essa altura, Adalto já estava ressabiado, pressentindo que a Polícia Federal estivesse em sua cola. E de fato estava.

No terceiro dos três voos da última semana de março de 2014, por pouco a PF não apreendeu a carga: cerca de 400 quilos de cocaína pura. Os agentes já haviam mapeado parte das pistas na zona rural de Santa Helena de Goiás. Um trabalho difícil, reconhece o agente Aldo Oliveira, que participou das investigações. Aldo, um experiente agente do setor de narcóticos da PF, retratado no capítulo 12, costumava peregrinar pelo Triângulo Mineiro e sul de Goiás perguntando aqui e ali a produtores rurais da região se haviam visto algum avião suspeito recentemente. Caso a resposta fosse positiva, verificava se havia pistas de pouso nas proximidades, no meio de canaviais. A primeira a ser descoberta foi a de número dois. Agentes do COT, grupo de elite da PF, posicionaram-

-se no entorno da pista, camuflados na cana-de-açúcar, à espera de um carregamento que chegaria no local no dia 28 de março. Mas, em cima da hora, sem justificativa aparente, Adalto mudou os planos e pediu ao piloto Ivan para descer na pista um, distante dez quilômetros. Os policiais do COT viram o Cessna sobrevoar suas cabeças sem reação — não haveria tempo de chegar à outra pista. O que eles não sabiam é que uma dupla de agentes que tentava identificar os demais locais de pouso de Ivan toparia sem querer com o próprio chefão Adalto na pista um. O traficante estava de caminhonete e passou a segui-los. Foram 30 quilômetros de perseguição até o traficante desistir.

O COT avisou o Gise de Uberlândia, que contatou a FAB. A baixa velocidade, dois caças seguiram o Cessna de Ivan no caminho de volta, obrigando-o a pousar no aeroporto de Campo Grande. O avião foi apreendido porque seu registro havia sido clonado na Bolívia.

A presença dos agentes na pista, chamados pela quadrilha de "gente estranha", e a abordagem da FAB geraram temor nos líderes, principalmente em Adalto e Milton:

"Como conseguiram chega nele [Ivan]?", perguntou Milton no BBM.

"Não sei não" / "Mas foi estranho" / "E chiparam ele [rastrearam seu telefone] certeza."

Milton também falou ao telefone com um subordinado:

— Eu tô achando que aquele dia que nós assou carne lá [recebeu a droga] [...] as meninas [policiais] pensou que nós não ia deixar eles ir lá... que nós não ia receber eles lá né [receber a droga na pista um].

Tio Peco procurou alertar Adalto do risco que a quadrilha corria daquele momento em diante.

"Vc tem que ter cuidado por que esa doenca pode ser contagiosa, ok?"

Apreensivo, Adalto cogitou com Federi operar com pistas no interior de São Paulo:

"Estoi conseguindo uno lugar en interior de sao Paulo" / "E de uno facendeiro e ele me aluga el lugar con la estrada" / "Pra desafogar nostra regiao."

O boliviano sugeriu que ele consultasse o piloto Ivan. A ideia não prosperou.

COCAÍNA: A ROTA CAIPIRA 483

Dias depois, Tio Peco contatou outro piloto para continuar com os voos, já que Ivan decidira interromper as viagens por algum tempo depois de ser abordado pelos aviões da FAB. O que o boliviano escreveu no BBM parecia sem sentido: "001 mgoeuoo ilriili" / "002 marroao icumoee" / "003 mamaioe igcaoum" / "004 mlccuei iouluma" / "005 mlrcuci emriccl."

Os agentes intuíram que aquela sucessão de letras eram códigos para as coordenadas geográficas das pistas utilizadas por Adalto no sul de Goiás. Foram dias tentando decifrar aqueles sinais até descobrirem a palavra-chave "murcielago", em que cada letra indica um número de 0 a 9.

Naquele momento das investigações, a PF havia coordenado vários flagrantes de droga transportada pela quadrilha. Os três primeiros seriam ao longo da rodovia Anhanguera, corredor no transporte de drogas utilizado por Adalto para escoar a cocaína do Triângulo Mineiro à capital paulista. Em 10 de maio, a Polícia Militar, acionada pela PF, apreendeu um carregamento de 413 quilos ocultos em uma carga de frutas na rodovia em Jundiaí (SP). A droga fora negociada por Adalto com duas lideranças importantes do PCC: José Severino da Silva, o Cabecinha, e José de Almeida Santana, o Pedro Bó. Durante algum tempo, ambos utilizaram a estrutura de Adalto para trazer cocaína pura da Bolívia até São Paulo, Santos e Europa, em nome da facção.

Cabecinha conhecia a rota caipira como ninguém. Nascido no fim dos anos 1960 em Bonito (MS), ainda jovem mudou-se para Campo Grande e mergulhou no tráfico. Mirrado, careca, ganhou o apelido entre pequenos ladrões e assaltantes da periferia da capital de Mato Grosso do Sul. Gente que o levou a praticar os primeiros crimes ainda nos anos 1980. A primeira prisão veio em 1993, em Campo Grande, justamente pelo comércio de cocaína. Naquele mesmo ano, foi condenado por homicídio na capital de Mato Grosso do Sul. Três anos mais tarde, em junho de 1996, foi flagrado pela PF em Ribeirão Preto com 188 quilos da droga. Levado para a Cadeia Pública de Vila Branca, periferia do município, tentou fugir por um túnel cavado a partir de uma casa vizinha ao presídio, alugada por sua então namorada. O plano acabou flagrado pela Polícia Civil, e Cabecinha, transferido para o CDP de Hortolândia, de onde fugiu em dezembro daquele mesmo ano. Mudou-se para a Bolívia, onde comprou fazendas na área de fronteira com o Brasil, uma delas com 800 hectares, e passou a remeter droga para São Paulo. Em 1997, foi preso em flagrante no país vizinho com 250 quilos de cocaína, em uma investigação da DEA — o órgão norte-americano o considera um traficante de "alta periculosidade".

No início dos anos 2000, retornou clandestinamente ao Brasil na companhia de Angelica Hurtado Aguilera, uma boliviana quinze anos mais nova, e passou a morar em Iturama, cidade-chave para o tráfico no Triângulo Mineiro. Da região viajava com frequência para Santana do Parnaíba, Grande São Paulo, a fim de encontrar-se com um parceiro de longa data no tráfico, seu xará baiano José Almeida Santana, o Pedro Bó, homem um pouco mais jovem, de olhos grandes e testa protuberante. De uma casa luxuosa em um condomínio fechado de Santana, Pedro Bó controlava o tráfico na favela de Paraisópolis, a maior de São Paulo. Dono de uma inteligência muito acima da média, foi dele, segundo a PF, o plano de assaltar a sede do Banco Central em Fortaleza, de onde os assaltantes levaram R$ 165 milhões em 2005. Para a PF, ele e Cabecinha teriam sido os mentores da construção de um túnel de 350 metros até uma transportadora de dinheiro em Ciudad del Este, Paraguai, nos mesmos moldes do assalto em Fortaleza. Mas, daquela vez, a ação acabou frustrada pelas polícias brasileira e paraguaia em julho de 2014.

A identificação da dupla com o PCC ficaria evidente naquele flagrante em Jundiaí. Os dois motoristas flagrados com a droga foram levados ao CDP 4 de Pinheiros, capital, controlado por facções rivais do PCC. Como esses detentos sabiam que os motoristas estavam "a serviço do comando", passaram a ameaçá-los de morte. Adalto teve de recorrer a Cabecinha e Pedro Bó:

"Amigo eles tao sendo hostilizado la pelos rivais."

Com o auxílio de advogados, as mulas acabaram transferidas para o CDP 3, controlado pelos "irmãos".

A segunda apreensão na rodovia Anhanguera, no início de julho de 2013, seria determinante para as investigações da PF. Dias antes do flagrante,

COCAÍNA: A ROTA CAIPIRA 485

Adalto fora pessoalmente até Ribeirão Preto comprar a carreta que levaria a droga para São Paulo. Os agentes instalaram um rastreador no veículo e passaram a seguir seu trajeto. Em Quirinópolis (GO), a carreta foi carregada com arroz e um dia depois parou em Araporã para esconder os tabletes de cocaína. Os caminhoneiros pernoitaram em Uberlândia e no início da manhã do dia 4 de julho rumaram para São Paulo. Assim que atravessaram a divisa com o estado de São Paulo, foram abordados pela Polícia Rodoviária — a PF não queria flagrar a droga em Minas para não levantar suspeitas na quadrilha de que eram alvos de monitoramento telefônico. No meio do açúcar, tabletes que somavam 503 quilos de cocaína, fornecida por Federi, Victor e Aguinaldo.

Adalto ficou perplexo:

"Eu nao posso acreditar", escreveu no BBM para o irmão Cleyton.

"Eles [polícia] deve ta vigiando o goias", arriscou Cleyton.

"Nao acho."

"Sera que e esses black."

"Nao" / "Se fosse investigacao eles iriam no destino ou pegariam com nos la."

Em seguida, Adalto contatou Federi:

"Eu nao aguento mais" / "Tudo certo trinta tonelada guiada [com veículos na função de batedores]."

E tomou uma decisão: daquele momento em diante, ele não cuidaria mais do transporte da cocaína até São Paulo e Rio de Janeiro; as quadrilhas compradoras teriam de buscá-la no Triângulo Mineiro. O conselho foi do irmão Cleyton:

"Esse trem vira nao viu[,] e [é] risco de mais vc pegar esses fretes pra fazer."

Adalto comunicou a decisão a Federi:

"Este tipo de trabalho no farei mas[,] de levar" / "Porque vce ve[,] eu ganho trabalhando com vce e perdo tudo em levando para la."

Cabecinha e Pedro Bó, então os principais compradores da cocaína de Adalto, passaram a enviar mulas para buscar a droga em Minas. Uma delas foi ao Triângulo em meados de agosto de 2013:

"O amigo foi p ai ok p pegar as meninas", escreveu Cabecinha para Adalto.

486 ALLAN DE ABREU

Como a PF já sabia que o depósito de cocaína de Adalto ficava em uma fazenda em Araporã, um grupo de agentes montou campana na vizinhança para observar a movimentação do grupo. Mas um dos subordinados de Adalto notou dois dos agentes em uma caminhonete. Alertado, o próprio chefão tratou de avisar Cabecinha:

"Olha eu falei com o rapa de Pedro [Bó] e quando fui ir falar com ele [h]avia uma toyota no posto com placa de sampa e 2 caras e eu andei atraz dela aqui na city do narizudo e mandei puxar a placa não existe."

Três horas mais tarde, Cabecinha voltou a se comunicar com Adalto. Pedro Bó, disse, dera a ideia de fazer um teste enviando um caminhão pela Anhanguera sem droga. Assim foi feito, com sucesso — nenhuma blitz na estrada. No dia 18 de agosto o veículo partiu, agora com 174 quilos de cocaína. A PF repassou a policiais rodoviários dados do caminhão, que foi apreendido em Leme (SP). A droga estava escondida em um compartimento revestido de chumbo.

"Esses fida[lha] da puta tao ganhando de nois sempre amigo", disse Adalto para Pedro Bó.

Cabecinha e Adalto passaram a especular o que estaria por trás das apreensões:

"Amigo si não foi escâner e dedo amigo", disse o traficante do PCC.

"E uma hora ou outra um motora desse fala com eles em la e quando a gente menos espera eles chega e na fonte aqui."

"Eles podem ter un informante junto de nos."

Também em Leme a Polícia Rodoviária, acionada pela PF, iria apreender novo carregamento em 16 de novembro daquele ano, um total de 72 quilos. A droga pertencia a Aguinaldo e era parte de grandes quantidades fornecidas por ele e armazenadas por Adalto em Araporã. Para minimizar prejuízos devido às apreensões sucessivas, Aguinaldo estava transportando pequenas quantidades em automóveis até São Paulo. Foram dez viagens à capital paulista, de acordo com a PF, cada uma levando entre 20 e 70 quilos da droga, até a apreensão em Leme.

Sete meses depois, na metade de 2014, foi a vez de Victor utilizar carros para levar droga a São Paulo — o boliviano assumiu a frente do fornecimento de droga depois que Federi teve prisão preventiva

COCAÍNA: A ROTA CAIPIRA 487

decretada pela Justiça Federal de Santos na Operação Oversea e, foragido, passou a figurar na lista vermelha da Interpol. As diretrizes de Victor, incluindo novos números de BBM, foram repassadas a Adalto em reunião ocorrida em hotel de Puerto Suarez.

A partir do encontro, foram quatro viagens, de até 38 quilos de pasta-base cada, organizadas por Victor e Adalto. A última delas, com 21 quilos, saiu de Araporã com destino a São Paulo. O grupo utilizava um batedor, que avisava o motorista do veículo com a droga sobre a presença de policiais na rodovia, chamados "feiosas":

"Tem uma feiosa", escreveu o batedor. "Mas ta sussa."

Tanto cuidado não valeu de nada. A carga foi apreendida em Prata (MG) em 14 de junho de 2014.

Naquele mês ocorreria o flagrante mais relevante da Operação Navajo — esse era um dos apelidos que Adalto usava no BBM. O boliviano Victor repassou a Adalto 360 quilos de cocaína. O transporte até Santa Helena de Goiás começou a se delinear no fim da tarde do dia 20, quando Ivan acionou Adalto:

"Amigo vamos almoça amanha."

"Sim no mesmo restaurante."

O piloto buscou o aval de Victor:

"Amigo o Jumento que almoça com nos."

"Como esta tu tienpo ba almorsar", perguntou o boliviano. O piloto tinha tempo, como deixou implícito na resposta:

"Avisa o Jumento pra nos."

Na manhã do dia 21, Victor confirmou o voo com Adalto — o avião utilizado, um Cessna 210, havia sido adquirido poucos dias antes pelo goiano e pelo boliviano:

"Bom dia amigo bra[n]c aba almorsar con oste."

Às 11 horas, Adalto confirmou o número da pista e disse que iria pessoalmente receber a droga junto aos seus subordinados:

"Meu pessoal ta e daqui uma hora eu to também" / "Na 1."

Adalto já havia acionado seu grupo — três homens fortemente armados — para se encaminharem à pista 1.

"Eles ja tao na 1 tele[fone] deles ta desligado."

488 ALLAN DE ABREU

Meio-dia em ponto o piloto enviou nova mensagem para Adalto: "Mais uma hora eu estou chegando."

O que nenhum deles desconfiava é que desde a madrugada equipes de elite da PM de Goiás estavam estrategicamente posicionadas na pista 1, à espera do Cessna. Para evitar vazamento de informação, os agentes não repassaram aos policiais militares nenhum dos nomes dos traficantes.

Um pouco depois das 13 horas, o avião pousou na pista. Uma caminhonete dirigida por Adalto se aproximou da porta lateral do Cessna e passou a transferir para a caçamba os fardos com a cocaína. Nesse momento, os policiais invadiram a pista. Os três comparsas de Adalto fugiram pelo canavial atirando com seus fuzis contra os PMs. Sem reagir, o chefão não esboçou reação. Já Ivan acelerou o avião na tentativa de decolar novamente. Policiais atiraram de fuzil no motor. Dois dos tiros atravessaram a fuselagem e atingiram o piloto de raspão. Ele desistiu da fuga.

Algemado, sujo de poeira, Adalto foi embarcado em um helicóptero da PM com destino a Araporã. Queriam saber se havia mais droga na fazenda dele. Adalto disse a eles que a propriedade escondia 350 quilos de cocaína enterrados, além de dois fuzis. Mas só foram encontrados seis tabletes da droga.

Preocupado, sem saber do flagrante, Victor continuou enviando mensagens para Adalto no BBM:

"Oi amigo como esta la setuacion", escreveu às 21 horas.

Enquanto isso, a mulher de Adalto, a morena Eriana Maria de Souza, orientava seu filho adolescente a tirar de casa qualquer objeto que pudesse ser apreendido pela PF, incriminando ainda mais o marido:

"Vai la em casa e pega uma arma do seu pai que ta dentro de uma caixa de sapato no quarto do marcinho[,] um saco de ouro dentro daquela poltrona amarela[,] cuidado" / "Pega todos os blacks e aquela caixa de celular e todos os papel da gaveta da sala" / "Tinha que abrir aquele comodo la do fundo e pegar uma maquina de contar dinheiro que esta la dentr de uma sacola."

A prisão de Adalto foi um duro golpe para os fornecedores na Bolívia. Mas não para Cabecinha. Sagaz, já no fim de 2013 ele desconfiou que o goiano era alvo da PF e passou a usar esquemas próprios para importar a droga boliviana até o Triângulo Mineiro, por aeronaves e também caminhões. Seu principal comprador era Peterson Pereira Monteiro, rapaz moreno e alto de Juiz de Fora (MG), considerado o maior traficante da zona da mata mineira, que ganhou o apelido de Zói pelos olhos salientes na infância. Zói, por sua vez, abastecia de cocaína e armas diversos morros no Rio de Janeiro total ou parcialmente controlados por Carlos Sandro Simen Poeis, o Abutre, como o complexo do Alemão, favela da Maré, Serrinha, Rocinha e Acari.

"To em jf [Juiz de Fora]", escreveu certa vez Zói para Abutre. "Esperando" / "Vai. Vim a grande [carga expressiva]."

"Ol$eo", perguntou Abutre, referindo-se à gíria para pasta-base. "Oleo."

Em outra ocasião, Abutre, em escrita truncada, disse ao sócio ter conseguido um comprador no subúrbio carioca para 100 quilos de cocaína batizada por mês:

"Arrumei. Um. Lugar para. Nois. Vender uma cacetada. Todo. Mês" / "O Po[ó] fabricado" / "Si ele. Gostar vai [pedir]. Ma[i]s. De 100. Todo mes" / "Ainda vai mandar para outras. Favelas."

A dupla teria exclusividade no fornecimento e batismo da cocaína: "Só. Fica. Nois trancado. Fasendo. Mas ninguém" / "E. Tudo. Nosso."

Abutre contava com o auxílio do filho Sávio Simen, o Tuchê, um jovem que gostava de exibir fotos de maços de dólares e carrões importados nas redes sociais. No BlackBerry, buscava impressionar os amigos dizendo ser íntimo dos maiores traficantes do Rio, como Antônio Francisco Bonfim Lopes, o Nem da Rocinha:

"Vc ficava na rocinha na época do nem?", perguntou a um colega. "Sim!! Claro."

"Fui o primeiro a vende [pasta] base pro nem."

Tuchê estudava medicina em Santa Cruz de la Sierra, de onde trazia armamento pesado para abastecer os morros cariocas, inclusive metralhadoras .50 mm, capazes de derrubar uma aeronave:

"A ponto 50" / "Tá aonde? Tem como ver?", perguntou a um fornecedor.

"Vem com 2 pentes", disse o vendedor. "E 20 balas" / "110 mil [reais]."

Zói, Abutre e o filho costumavam se reunir em um apartamento de luxo do chefão carioca em Ipanema para discutir as remessas de droga e armas. Não raro Zói passava longas temporadas no imóvel ou em um apartamento de sua propriedade na Barra da Tijuca. Queria escapar do cerco da polícia na terra natal. O tráfico lhe proporcionou uma vida mais do que confortável — no fim de 2013, comprou uma segunda lancha por R$ 331 mil, batizada de *As mina pira 2*:

"Você eh foda ja pego outra kkkkk", disse um amigo.

"Ja" / "Chego ontem."

O próprio Zói era popular nas bocas de fumo da Rocinha, segundo lhe escreveu um dos seus subordinados no BBM:

"Vc nao pode perde o controle[,] deixar bagunsar la[,] para o povo aqui quem controla a rocinha e [é] vc."

De fato, o rapaz de Juiz de Fora tinha o controle de muitas favelas, como o Morro do 18, na zona oeste do Rio. Isso ficou claro quando ele orientou um subordinado a subir o morro e recolher o pagamento por uma remessa de cocaína. Zói procurou tranquilizar o acólito sobre a presença de jovens armados com fuzis na favela:

"Qual quer um q vc ver armado" / "Pode fica tranquilo q la e tudo nosso."

A maior parte do pó que abastecia o subúrbio carioca vinha de Cabecinha. Em dezembro de 2012, o líder do PCC enviou do Triângulo para Zói em Juiz de Fora 400 quilos de pasta-base e cloridrato. E disse que enviaria mais 300 quilos em poucos dias. "Tudo cv [cavalo, cocaína de alta qualidade] original", escreveu Cabecinha. "Quero que você pegue tudo de uma vez." Parte desse carregamento, 30 quilos, foi apreendida pela PF. Zói ficou preocupado — temia ser dedurado pelo motorista que transportava a droga:

"Esse cara sabe meu nome?", perguntou a Cabecinha.

Mas o veterano traficante o tranquilizou:

"Nao" / "Não sabe nen o meu."

No início de 2014, Cabecinha investiu tudo o que pôde no tráfico aéreo. Comprou um Sêneca com capacidade para transportar até 1 tonelada de cocaína por viagem e contratou um piloto experiente,

COCAÍNA: A ROTA CAIPIRA                                             491

Gerson Palermo, homem loiro de sorriso largo e passagens épicas no submundo do crime, como em agosto de 2000, quando liderou o sequestro, em pleno ar, de um Boeing da Vasp que rumava de Curitiba para Foz do Iguaçu (PR) com 57 passageiros a bordo. Ele e os ladrões obrigaram o piloto a pousar no aeroporto de Porecatu, no norte paranaense, e levaram R$ 5 milhões, dinheiro do Banco do Brasil que era transportado no avião.[5]

O próprio Cabecinha acompanhou Palermo em uma viagem de avião com cocaína da Bolívia à região de Iturama. Ao se aproximar da droga, sabia do risco de ser preso em flagrante:

"Amor vou ir com o menino ok seja oque deus quiser", escreveu para a mulher Angélica no início de fevereiro de 2014.

"Pensa bem", repreendeu a esposa. "Se e [é] o correto vc ir" / "Para nao termos dores de cabeza" / "Pensa se compensa arriscar."

Cabecinha foi. Chegou a fazer uma *selfie* com Palermo e enviar no BBM para Angélica. No fim da conversa, pediu para ela pegá-lo à tarde no aeroporto de Paranaíba, onde o piloto iria deixá-lo depois de descarregarem os fardos de cocaína.

O traficante do PCC chegava a negociar a compra de 700 quilos de cloridrato de uma só vez com fornecedores na Bolívia. Nem a apreensão, em fevereiro, de um grande carregamento em Miranda (MS), 406 quilos escondidos sob a caçamba de um caminhão que, segundo a PF, eram de Cabecinha, nem a apreensão de R$ 1 milhão em dinheiro vivo que Zói mandara para ele, dois meses antes, inibiu seu apetite pelo tráfico.

"Vou empenhar minha fazenda" / "p pegar umas merca" / "Eu tenho 60 cavalo [quilos de cocaína pura]."

Naquele mês e no seguinte, segundo a PF, Cabecinha coordenou quatro voos com droga na rota caipira, média de um por semana. Isso mesmo depois de a PM de Mato Grosso do Sul, acionada pela PF, ter feito uma abordagem a ele e ao piloto em Paranaíba na tarde de 16 de março, logo após deixarem 300 quilos de cocaína na região de Iturama, conforme a polícia. Cabecinha foi até o local para pagar Palermo — o piloto cobrava R$ 10 mil a cada voo. Como não estavam mais com a droga, foram liberados.

No dia 29 de março, Palermo havia acabado de levantar voo de uma fazenda na Bolívia, carregado com droga, de acordo com a PF, quando o motor da aeronave falhou. Habilidoso, o piloto ainda conseguiu pousar o Sêneca e correr antes que o avião fosse consumido pelo incêndio. Sem se ferir, no dia seguinte embarcou em um Cessna de Cabecinha e levou ao Triângulo Mineiro uma nova partida de cocaína.

Muitos desses carregamentos eram recepcionados pelo próprio Cabecinha — ao entrar em contato com a droga e aumentar as chances de ser preso novamente, contrariava a mulher boliviana e os próprios instintos. O traficante intuiu a aproximação da Polícia Federal. Deixou isso claro para Zói:

"Fica esperto ai", escreveu. "Eles tao na nossa bota" / "Ja sabe que to traballando com os irmão [PCC]."

Ele tinha razão.

Era início de tarde, 8 de abril de 2014. O telefone tocou na base da PM em Iturama. O cabo João Carlos Parpinelli refestelava-se nos fundos do prédio, ainda digerindo o almoço de poucos minutos antes. Por isso, demorou alguns segundos para se levantar e rumar a passos vagarosos até o aparelho que estrilava. Do outro lado da linha, um policial do serviço reservado do batalhão dizia ter recebido a informação de que um avião desceria com droga no meio do canavial da fazenda Pioneira, na vizinha cidade de União de Minas. Parpinelli recobrou a atenção, crente de que estava diante de uma ocorrência relevante, muito diferente dos pequenos furtos e brigas de bar da pequena Iturama. Imediatamente acionou outros seis PMs de plantão, que se dividiram em duas viaturas e foram até a fazenda. Em uma pequena ponte de madeira, a dois quilômetros da pista de pouso, renderam Cabecinha, sozinho, a pé.

— O que você tá fazendo por aqui? — perguntou um dos policiais.

O traficante manteve a calma.

— Fui comprar uma máquina de picar capim em uma fazenda, mas me perdi e agora minha picape encravou no areião. Estava atrás de um trator para rebocar o carro.

Para confirmar seu relato, levou os policiais até uma baixada, onde de fato sua picape estava encravada. Uma das equipes da PM ficou com

COCAÍNA: A ROTA CAIPIRA 493

Cabecinha no local, enquanto Parpinelli e outros dois rumaram para a pista de pouso. Lá, depararam-se com mais dois homens, acólitos do traficante. No chão, rastros do pneu idênticos aos da picape de Cabecinha. Um pouco à frente, escondido entre os talos da cana--de-açúcar, um saco plástico lacrado com a inscrição "P". Dentro, 35 quilos de cocaína em tabletes. De acordo com a PF, era parte dos 230 quilos da droga descarregados minutos antes pelo piloto Palermo — boias-frias disseram ter visto outros dez sacos iguais ao apreendido pela PM, mas essa carga restante sumiu.

Em decorrência do flagrante, Cabecinha foi denunciado por tráfico e associação para o tráfico.[6] Finalmente voltaria a frequentar uma cadeia, depois de anos escapando das grades graças ao auxílio do juiz da Vara de Execuções Criminais de Juiz de Fora, Amaury de Lima e Souza. Desde 2005 o traficante cumpria pena em regime semiaberto na comarca pelo flagrante dos anos 1990 em Ribeirão Preto, com autorizações para viajar para onde quisesse de segunda a sábado. Depois, em troca de R$ 100 mil em propina, segundo a PF, dr. Amaury teria autorizado a transferência de sua execução penal para a comarca de Bandeirantes (MS). Lá, Cabecinha contava com o auxílio de um escrivão para simplesmente deixar de cumprir sua pena. Tudo intermediado por sua advogada, a mineira Andréa Elizabeth Leão Rodrigues, uma mulher na casa dos 40 anos, loira e vaidosa, que gostava de se comparar à apresentadora de TV Adriane Galisteu. Semanas antes da prisão de Cabecinha, em conversa com Elza, irmã dele, Andréa deu a entender que o traficante havia subornado o juiz, chamado por ela de Rei, e que faltava a parte da advogada no esquema:

"E ele nao lembra tb que eu dei aquele dinheiro pro Rei em dezembro e nao recebi nada de honorários lembra?"

Amaury, conforme a PF, também alertava Cabecinha quando sabia de investigações policiais em andamento. Como em fevereiro de 2014, quando Andréa contatou novamente a irmã do traficante:

"Nossa diz o Rei que vai ter uma mega operacao da Federal em marco la."

"Onde", perguntou Elza.

"Em Juiz de Fora."

"Verdade" / "Nossa que coiza em."

"[O juiz] Diz que eles estao atacados", finalizou a advogada. "Pra ele dar um tempo de la."

A irmã avisou Cabecinha, que informou o comparsa Zói:

"Amigo voce falou com a dra. Andreia? Ela mandou me avisar que o juiz pediu p mim não ir por ai que em marco vai ter uma grande operacao ai fala com ela p saber ok."

Alertados, os traficantes trocaram todos os seus telefones. A investigação da PF recomeçou praticamente do zero.

O veterano traficante não seria o único beneficiado pelas decisões do juiz Amaury. Para a Procuradoria-Geral de Justiça em Minas Gerais, o magistrado fundou na sua vara judicial uma "'indústria' de concessão de prisões domiciliares a traficantes". Naquele mesmo fevereiro de 2014, Zói entrou em contato com o magistrado por meio de Andréa e pediu ao dr. Amaury para transferir a Juiz de Fora a execução penal de um cunhado seu que havia oito anos cumpria pena por homicídio em Belo Horizonte, para em seguida conceder a ele prisão domiciliar.

"To com a dotora", escreveu Zói para o parente.

"Ela q[uer] 10 mil pra ir la e dece seu processo" / "Ela vai sesove [resolver] ai na ora q dece e mais 20 [mil reais] pro juiz."

"Ta bom sendo serto ta fechado."

Três meses mais tarde, a advogada telefonou para Amaury:

— Alô.

— Oi, você tá no Fórum ainda? — perguntou Andréa.

— Não, eu tô em casa...

— Eu não tô entendendo nada.

— O que você não tá entendendo, o que você me pediu?

— Tá, mas não tem alvará [determinando a prisão domiciliar para o réu], não tem nada.

— Hein?

— Não tem alvará.

— Não é isso que você me pediu não! — o juiz tentava despistar.

— Você me pediu pra enviar uma peça do carro pra você.

COCAÍNA: A ROTA CAIPIRA 495

— Foi.

— Eu arrumei pra você, agora espera a peça chegar.

— Ah, tá, entendi.

Conforme a Procuradoria mineira, a propina teria sido paga a ele por Andréa às margens da rodovia BR-040, em Juiz de Fora.

Dr. Amaury faria o mesmo com um antigo parceiro de Zói, o traficante Álvaro Daniel Roberto, o Caipira, um rapaz gorducho de bochechas e olhos sobressalentes, que se filiou ao PCC e passou a transportar droga, a mando da facção, de Mato Grosso do Sul até a região de Limeira (SP). Acabaria flagrado duas vezes pela polícia em Paulínia, a primeira em 2005, com 52 quilos de cocaína, e a segunda quatro anos mais tarde, com 35 quilos. Foi capturado em Fortaleza em 2013 e lá passou a cumprir sua pena pelos flagrantes no interior paulista.

Mesmo atrás das grades, Álvaro comandava um grande esquema de tráfico na rota caipira, que transportava em aviões de sua propriedade grandes quantidades de cocaína e armas da Bolívia até a zona rural de Aguaí (SP), onde eram estocadas e depois revendidas para Zói em Juiz de Fora. Um diálogo via BBM entre ele e um fornecedor boliviano dá a dimensão do negócio:

"Pa nao confundi pera ai vamos del comienzo ate donde nois combino antes de eu i la en beni [departamento da Bolívia] saca a [cocaína] peruana. Sobro seu 1467695 [R$ 1,46 milhão] certto?" / "465k de peruana a 2150 [dólares o quilo] da 999750 [R$ 1 milhão] + flete de py [Paraguai] 35000 suma 1034750 [R$ 1,03 milhão]."

Álvaro concordou e pediu informações de fuzis (bicos) recém-adquiridos:

"Quantos bico tem meu."

"10 bicos a 6500 [US$ 6,5 mil] cada suma 65mil."

Em outro momento, Álvaro enviou a um comparsa foto de um bilhete com movimentação de quase R$ 2,5 milhões...

Zói revendia uma pequena parte da droga e das armas na zona da mata mineira e o restante transportava em automóveis até o Rio de Janeiro. Semanas depois, recolhia o pagamento e enviava o dinheiro vivo para o grupo de Álvaro em Aguaí — eram pelo menos cinco acólitos, incluindo o piloto — para financiar novas partidas de cocaína e fuzis. Os agentes da PF apreenderam um desses veículos no trajeto Juiz de Fora–Rio, uma Kombi com 51 quilos de pasta-base, ao instalarem um rastreador debaixo do veículo quando ele estava estacionado na rua, sem ninguém por perto, antes de ser carregado com os tabletes da droga.

O flagrante não abalou os negócios de Zói. Semanas depois, ele ofereceu a Álvaro um Cessna Skylane, ano 83, que Cabecinha mandara Zói comprar, mas depois desistiu do negócio:

"Quanto c'que nele", perguntou o traficante de Aguaí.

"Paque [paguei] 300 pau [mil reais]", respondeu Zói, que também repassou ao colega a informação que realmente lhe interessava na aeronave: "Cabe 300 pesa [peças, ou quilos, de cocaína]."

"Fico com ela."

Não foi nada fácil para a Polícia Federal desvendar as engrenagens montadas por Álvaro em Aguaí. Pequena, com pouco mais de 30 mil habitantes, a cidade desnudava qualquer presença estranha, como os veículos frios da PF que zanzavam por suas ruas. Em pouco tempo, a presença dos agentes chegou até os comparsas de Álvaro:

"Eles estao la", escreveu um deles no BBM. "1 semana" / "Triton preta e doblo branca."

"Entao amigo! Eles queriam saber mais sobre a nossa investigação" / "Mais nao arrumaram nada" / "Mais eles comunicarao a militar amigo....alastro na cidade q eles tavao la."

"Eles sao foda."

Mesmo assim, a PF conseguiria apreender um carregamento de cocaína de Álvaro, no fim de fevereiro de 2014. A investigação começou um mês antes, quando os agentes conseguiram identificar um dos motoristas-mulas de Zói em Juiz de Fora. O chefe comprou uma pequena picape e registrou em nome do motorista — uma estratégia para não chamar a atenção para si, em caso de flagrante. Os policiais passaram a seguir discretamente o veículo e notaram que no dia 23 o motorista seguiu até Aguaí, onde se encontrou com um funcionário de Álvaro. Foram até uma chácara, onde ocultaram 71 quilos de cocaína na carroceria da picape. A abordagem foi no caminho de volta, na rodovia BR-267, já próximo de Juiz de Fora.

COCAÍNA: A ROTA CAIPIRA                                    497

Apesar do prejuízo, a parceria de Zói com Álvaro continuou estreita. Os negócios entre ambos iam tão bem que o rapaz de Juiz de Fora decidiu trazer Álvaro para perto de si. Para isso, só recorrendo aos préstimos escusos do dr. Amaury.

O primeiro passo foi forjar documentos para comprovar que a família de Álvaro — mulher e filhos — residia em Juiz de Fora. Assim foi feito. No dia 28 de novembro de 2013, dr. Amaury telefonou para um policial militar, seu segurança, também acusado de integrar o esquema:

— Ah, já fiz o negócio que você quis. [...] Eu queria conversar com você pessoalmente, você pode dar um pulo lá amanhã? [...] Tá tudo certinho, do jeito que você queria. Agora eu quero te dar uma dica pra fazer o negócio funcionar, porque senão... não vai funcionar.

O juiz se referia à liminar assinada por ele minutos antes determinando a transferência do traficante Álvaro do Ceará para Juiz de Fora. "Concedo a ordem em sede de liminar, como pleiteada, determinando a imediata transferência do nacional Álvaro Daniel Roberto para a Penitenciária Ariosvaldo Campos Pires [em Juiz de Fora], devendo ser aberta sua vaga [...] de imediato", ordenou.

Duas semanas depois, porém, o TJ suspendeu a execução da liminar. Andréa passou então a conjeturar com Amaury uma nova estratégia para transferir Álvaro para Juiz de Fora: com base em laudos médicos falsificados, a advogada faria novo pedido de transferência alegando que o traficante sofria de uma doença grave, e que precisava ficar perto da família, em prisão domiciliar na comarca de Juiz de Fora. Andréa narrou o plano para Zói:

"Ele vai a dar a domiciliar pela urgencia e risco de morte", escreveu a advogada. "Eu passei horas com ele [juiz] tentando uma solicao [solução]" / "E essa foi a única."

"O juiz de la vai ter q cumpri ne", perguntou Zói.

"Da pelo principio da dignidade da pessoa humana" / "Eu faco o pedido e ele abre vista pro MP que vai negar" / "Dai ele da e manda a precatória pro juiz de fortaleza cumprir."

Deu certo.

Na manhã do dia 21 de março de 2014, Andréa, Zói e um subordinado de Álvaro foram buscar o traficante em Fortaleza no avião do próprio Álvaro, sem nenhuma escolta policial.

Já na manhã do dia seguinte, Zói começou a se movimentar para conseguir o dinheiro da suposta propina que seria paga ao dr. Amaury pela transferência de Álvaro:

— Será que não arruma uns 500 mil até amanhã? Que tenho que pagar o juiz. Que o amigo saiu da cadeia. Mas tenho que pagar, amanhã, 600 mil.

No dia 23 de março, Amaury encontrou-se com Andréa no estacionamento de um hotel de Juiz de Fora. Às 18h30, a advogada deixou o carro na entrada lateral do hotel segurando duas bolsas — minutos antes ela havia estado no mesmo hotel com o recém-liberado traficante Álvaro. Na garagem, caminhou até um carro branco e guardou a bolsa maior no porta-malas. Depois subiu até o saguão do hotel. Onze minutos depois, Amaury entrou de carro no estacionamento e parou seu automóvel bem ao lado do veículo branco. Foi até o saguão e chamou a advogada. No elevador, de volta para o estacionamento, os dois se beijaram. Os carros foram destrancados. Naquele momento, segundo a PF, Andréa teria entregue ao magistrado a bolsa com R$ 600 mil em dinheiro vivo. Tudo foi registrado pelas câmeras de segurança do hotel.[7] Com o dinheiro, segundo denúncia da Procuradoria, o juiz teria comprado um apartamento por R$ 338 mil.

A "prisão domiciliar" de Álvaro era mais do que confortável. Uma mansão avaliada em R$ 1,2 milhão em condomínio de luxo de Juiz de Fora, com direito a churrasqueira, piscina e sauna, que pertencia a Zói e foi paga em cocaína. De lá, ele continuou a comandar seu lucrativo esquema de tráfico.

Mas a boa vida durou menos de três semanas. Já em abril o TJ cassou a decisão do dr. Amaury e Álvaro fugiu. Do seu esconderijo, cogitou com a mulher uma cirurgia plástica para mudar seu rosto em uma clínica de São Paulo da qual ela era cliente:

— Ele deu uma arrebitadinha no meu nariz — disse a esposa.

— Ok, fala que ele... se ele vai mexer no meu nariz aí.

COCAÍNA: A ROTA CAIPIRA 499

A mulher telefonou para o cirurgião e depois tornou a ligar para Álvaro:

— Eu conversei com ele, falei... falou assim "fala pra ele vim" e eu "tá". Álvaro não fez a cirurgia na clínica. Mas, até novembro de 2016, continuava foragido.

Na Operação Navajo, desencadeada no fim de setembro de 2014, foram presos Aguinaldo, Milton Cândido, Eriana e José Maria Machado. Todos os alvos da operação, incluindo aqueles que já haviam sido presos em flagrante, foram denunciados por tráfico internacional e associação para o tráfico, exceto Ednilson Caires, Attlas, José Machado e Eriana, réus por associação para o tráfico.[8] Em junho de 2016 a Justiça Federal de Uberlândia condenou, por tráfico de drogas e participação em organização criminosa, Adalto (24 anos) e o piloto Ivan (17 anos). Somente por participação em organização criminosa, foram condenados Cleyton, irmão de Adalto (8 anos), Milton Cândido (11 anos), Eriana, mulher de Adalto (9 anos), Aguinaldo (7 anos), Cabecinha (8 anos), Ednilson (7 anos) e Attlas (7 anos). Até novembro de 2016, os bolivianos Federi, Victor e Tio Peco, além do brasileiro Ednilson, estavam foragidos.

Exatamente dois meses após a fase ostensiva da Navajo, em 25 de novembro, a PF deflagrou a Operação Krull, voltada aos negócios de Cabecinha e Pedro Bó no tráfico. O nome da operação é fruto da imaginativa mente de um agente da PF em Uberaba, que comparou o assalto ao Banco Central de Fortaleza envolvendo Pedro Bó à saga do rei Colwyn para resgatar a rainha Lyssa, presa na Fortaleza Negra, no filme de ficção inglês *Krull*, de 1983. Foram presos Gerson Palermo, Angélica Aguilera, mulher de Cabecinha, e Pedro Bó. Em janeiro de 2015, Cabecinha, Ednilson Caires, Gerson Palermo e Pedro Bó foram denunciados por tráfico internacional, associação para o tráfico e participação em organização criminosa. Angelica Aguilera, Elza e Zói, por esses dois últimos crimes.[9]

Mas, quatro meses mais tarde, a denúncia foi integralmente rejeitada pelo juiz Alexandre Henry Alves. Para ele, faltava consistência na investigação da PF, que não conseguiu reunir provas contra os alvos. "A Operação Krull [...] nada de concreto apurou contra os denunciados, limitando-se a criar uma teoria conspiratória que basicamente se apoiou em informações não comprovadas ou que haviam sido apuradas em outras operações policiais. Fazendo sucessivas referências a essas informações, bem como a dados de alguns denunciados extraídos dos bancos de dados policiais, sustentou a existência de um conjunto de evidências que não resistiu a um exame mais acurado dos autos, pelo singelo fato de não existirem indícios minimamente confiáveis de tais evidências. Construiu, assim, um castelo de fumaça, e não se pode imputar acusações tão graves como as que se imputou aos denunciados com fundamento em um mero castelo de fumaça." O MPF optou por não recorrer da decisão.

Alguns meses antes a Polícia Federal havia desencadeado a fase ostensiva da Operação Athos, alusão a um dos três mosqueteiros de Alexandre Dumas: Cabecinha, Zói e Álvaro. Na manhã do dia 10 de junho de 2014, cerca de 250 policiais federais cumpriram 22 mandados de prisão preventiva. Foram detidos Zói, Andréa e o juiz Amaury — em sua casa foi apreendido um arsenal, incluindo dois fuzis. No total a Justiça apreendeu com a quadrilha um patrimônio estimado em R$ 70 milhões, incluindo aviões, lanchas e carros de luxo. Zói, Álvaro Daniel, Abutre, o filho Sávio são réus em ação penal por tráfico e associação para o tráfico internacional[10]. Em uma delas, Abutre e Sávio foram condenados a dez e doze anos, respectivamente, por tráfico de associação para o tráfico internacional. Os demais processos não haviam sido julgados em novembro de 2016.[11] Andréa foi denunciada pelo Ministério Público por participação em organização criminosa, corrupção passiva e colaboração com narcotraficantes.[12] No início de dezembro de 2014, o Órgão Especial do Tribunal de Justiça de Minas instaurou ação penal contra o juiz Amaury por participação em organização criminosa, corrupção passiva, lavagem de dinheiro, posse ilegal de arma de fogo de uso restrito, colaboração com o tráfico e conexão com órgãos criminosos.[13] Em 2015, ele foi aposentado compulsoriamente pelo TJ mineiro

COCAÍNA: A ROTA CAIPIRA 501

e posto em liberdade.[14] Os processos criminais retornaram então à comarca de Juiz de Fora, mas não haviam sido sentenciados em novembro de 2016.[15]

A saga da dra. Andréa não seria a primeira nem a última em que advogados mergulham no submundo do crime. Outros bacharéis em direito rumaram pelo mesmo caminho, incluindo o enigmático dr. Chino.

# 20

## As peripécias do dr. Chino

Filho de pai japonês, Massao Ribeiro Matuda leva consigo duas das características mais marcantes dos nipônicos: a discrição e a disciplina. Esses dois atributos permitiram a ele criar uma vida dupla. A primeira, de domínio público, era a do dr. Massao, advogado bem-sucedido, assessor jurídico da Câmara de Vereadores de Pereira Barreto, interior paulista, que ostentava no currículo clientes de peso, como a empreiteira Andrade Gutierrez. A outra, camuflada nos bastidores do crime, era a do dr. Chino, cérebro de uma das maiores quadrilhas de tráfico de cocaína em atuação no Brasil.

O esquema tinha sofisticação e operava sempre no atacado. A droga era adquirida de cartéis colombianos radicados na região de Santa Cruz de la Sierra, Bolívia, atravessava a fronteira em pequenas aeronaves e era descarregada em pistas clandestinas no meio de canaviais da região de São José do Rio Preto e leste de Mato Grosso do Sul, completando, mais uma vez, a típica rota caipira. Depois, seguia por terra até galpões da quadrilha na região de Campinas e em Arujá, cidade próxima da capital, onde era refinada e novamente embalada. A maior parte era camuflada em contêineres com grãos nos portos de Santos, Paranaguá (PR) e Rio Grande (RS) e seguia em navios de carga com destino à África e Europa. Certa vez, em setembro de 2010, 522 quilos de cocaína pura estavam em um caminhão no galpão do porto de Rio Grande, ao lado de um carregamento de farelo de soja. A droga, embalada em tabletes de 1 quilo cada, seria misturada à carga nos contêineres e transportada de navio até a Espanha. Mas a Polícia Federal conseguiu interceptar a carga a tempo.

Foi o acaso que colocou a PF a par de todo o esquema engendrado por dr. Chino. Ao analisar os extratos de um telefone via satélite operado por um traficante goiano, os agentes identificaram ligações para um croata, Vidomir Jovicic, o Simon. A intuição foi imediata: Simon só poderia ser comprador de cocaína com destino à Europa. Passaram a segui-lo diariamente pelas ruas de São Paulo, durante duas semanas. Nesse período, o croata comprou, de uma só vez, quinze chips para celular. Assim que saía da loja, os agentes entravam:

— Aqui é a Polícia Federal. Precisamos de todos os números que esse senhor que acabou de sair daqui comprou.

Na segunda semana seguindo Simon, identificaram o local onde ele costumava se reunir com o restante do grupo, inclusive dr. Chino: o bar Brahma, na esquina das avenidas Ipiranga e São João, centro da capital. Tudo foi gravado em vídeo pelos federais. Mas faltava a qualificação de todos. Para não chamar a atenção, os federais pediram ajuda para a Polícia Militar, que simulou uma fiscalização de rotina no bar e pediu os documentos dos investigados pelos agentes. Estava criada a raiz de mais uma grande investigação contra o narcotráfico na rota caipira.[1]

Segundo a Polícia Federal, em 2009 e 2010 a quadrilha teve um faturamento bruto estimado em pelo menos R$ 270 milhões, e movimentou cerca de 3,9 toneladas de cocaína, das quais 2,6 foram apreendidas no Brasil. Tudo coordenado pelo dr. Chino, como era chamado pelos outros integrantes do grupo — o homem magro de aspecto frio que nunca colocava as mãos na droga, mas acompanhava cuidadosamente cada carregamento que atravessava o país. O advogado, logo perceberiam os agentes, era peça-chave de todo o esquema. Ele servia de ponte entre os líderes dos cartéis do tráfico na Bolívia, principalmente os irmãos José Isauro e Jesus Antonio Andrade Pardo, que forneciam a cocaína, e os compradores, com destaque para o croata Simon e o nigeriano Christopher Izebkhale, o Tony, ambos radicados em São

Paulo. Tudo em segredo, até mesmo da família Matuda, que entrou em choque quando todo o negócio escuso veio abaixo.

Massao nasceu na pequena Pereira Barreto, cidade colonizada por japoneses no oeste paulista, em 13 de março de 1966. É o caçula dos dez filhos do lavrador japonês Yasutika Matuda e único fora do casamento. Criado pela mãe, a costureira brasileira Adelaide Ribeiro, Massao tornou-se um adolescente tímido e discreto. Nos anos 1980, tentou ganhar dinheiro como dekassegui no Japão, mas não se adaptou ao país e retornou um ano e meio depois. Decidiu cursar Direito em São José do Rio Preto (SP) e formou-se em 1990.

No início da carreira, trabalhou em Rio Preto, em um escritório de advocacia trabalhista, sua especialidade. Mas permaneceu residindo em Pereira Barreto, onde casou-se com uma advogada e prosperou.

— Ele é a parte rica da família. Nós, a pobre. Nunca tivemos muito contato — afiança o meio-irmão Yasuo Matuda.

Considerado acima de qualquer suspeita no município, Massao tinha vida social próxima de zero.

— Era muito raro ele ir a alguma festa — me disse em 2010 o então presidente da Câmara de Vereadores de Pereira, Fabrício Quaresma, que o manteve como assessor jurídico por quatro anos, até a PF jogar por terra o sorrateiro estratagema de dr. Chino no tráfico.

A PF desconhece detalhes do ingresso do advogado no submundo do crime. Mas suspeita que ele tenha tido o primeiro contato com traficantes na Bolívia no início dos anos 2000, por meio de Carlos Alberto Simões Júnior, o Carlinhos, um amigo de infância em Pereira Barreto. Em 2003, Massao advogou para a boliviana Cintya Lijeron Gomez, mulher de Carlinhos, presa em flagrante em novembro daquele ano com 48,8 quilos de cocaína em Americana (SP). O casal trazia cocaína da Bolívia para venda em São Paulo.[2] O advogado também atuaria na defesa de traficantes de Rio Preto, Araras e Presidente Prudente, no interior paulista.

Nessa época, Massao se tornaria alvo de interceptações telefônicas do Denarc, da Polícia Civil, na capital. Em um dos grampos, o advogado teria comandado, de Pereira Barreto, um carregamento de cocaína que saiu da Bolívia com destino a São Paulo. Em Itaquera, zona leste de São Paulo, no dia 7 de junho de 2007 os policiais apreenderam um total de 20,3 quilos de cocaína com um casal. No mesmo dia, uma equipe do departamento viajou até Pereira Barreto e prendeu o advogado em sua casa. A prisão só foi revogada treze dias depois, por meio de habeas corpus. O advogado foi denunciado à Justiça por associação para o tráfico, mas, em 2011, terminou absolvido.[3]

Ainda na metade de 2010, Massao decidiu vender a casa onde morava em Pereira e mudou-se para Rio Preto, alugando uma casa em um condomínio de luxo da cidade, por R$ 2,4 mil mensais. Dr. Chino planejava abrir uma escola de idiomas e cursos profissionalizantes na periferia da cidade. Segundo parentes, a mudança foi motivada por questões familiares — separado havia um ano e meio da mulher, queria ficar mais próximo dos filhos de 4 e 8 anos, que já viviam com a mãe em Rio Preto.

Mas a Polícia Federal acredita que o maior objetivo era "sair do foco": "Procura uma cidade maior, com emprego fixo, com nova conta bancária [...], porém mantendo seus escritórios de advocacia, o que lhe possibilita mobilidade sem levantar maiores suspeitas e também lhe confere facilidades para justificar ganhos", informa relatório sigiloso da PF.

Entre 2005 e 2010, Massao construiu um patrimônio invejável, avaliado em R$ 1,7 milhão, que inclui uma mansão em Pereira Barreto, um carro e uma caminhonete de luxo. Somente a casa em Pereira vale cerca de R$ 1,5 milhão, de acordo com corretores de imóveis da cidade. A mansão, com térreo e um andar, ocupa terreno de 607,3 m² em bairro nobre. De acordo com os registros do Detran, em 2010 constava em nome do advogado uma caminhonete Hilux, ano 2006, avaliada em R$ 100 mil. Também era dono de um Hyundai Azera zero quilômetro avaliado em R$ 100 mil, conforme a PF, embora o veículo não estivesse em seu nome.

Os diálogos captados em um ano e dez meses de investigação na Operação Deserto revelam que Massao era um homem cauteloso e extremamente organizado. Evitava conversar ao celular com o restante do bando — preferia telefones públicos ou a internet. Quando se valia de celulares, trocava os números com frequência, todos com cadastros frios. Tanta cautela dificultou as investigações da Polícia Federal. Mas seu envolvimento com o submundo do narcotráfico ficou claro nos seus diálogos de 2009 com a então mulher, também advogada, que não tinha envolvimento no esquema.

Em maio daquele ano, ela descobriu um invólucro de cocaína no paletó do advogado. Telefonou, irritada, para o marido.

— Onde você estava?

— Em Campo Grande.

— O que você estava fazendo?

— Você sabe o que eu estava fazendo.

— Não sei, não sei nada da sua vida — desabafa a mulher. — Você tava cheirando? Tava bebendo?

— Bebi, mas não estava cheirando — respondeu Massao.

— Achei droga nas suas coisas.

Aparentando tranquilidade, Massao tentou se explicar.

— Pode ter achado, sei que tem, tinha mesmo no meu paletó, mas tava fechado.

— E o que isso significa? — perguntou a mulher, nervosa.

— Significa que são amostras.

Em outra ocasião, resumiu para a esposa a face obscura de sua vida dupla:

— Não tenho dinheiro — reclamou a então mulher para Massao, em outra conversa naquele maio de 2009.

— Tô devendo muito — rebateu Massao, em tom ríspido. — Tô correndo atrás para pagar as minhas contas.

— Você se mete numas coisas que os familiares não têm nada a ver.

— Dinheiro é bom, não importa de onde vem — resumiu Massao.

E era sempre muito dinheiro movimentado pelo esquema, que o advogado pegava do croata Vidomir Jovicic, o Simon, ou do nigeriano Tony, em São Paulo, e fazia questão de entregar pessoalmente, de carro, aos irmãos colombianos José Isauro e Jesus Antonio Andrade Pardo, fornecedores de cocaína, em Corumbá (MS), fronteira com a Bolívia. Às vezes, também ia de avião, de Guarulhos a Santa Cruz de la Sierra, onde José Isauro morava em uma mansão no bairro Las Palmas, um dos mais ricos da cidade. Tudo, segundo a polícia, para "evitar a participação de terceiros que poderiam colocar em risco a operação". A PF acompanhou alguns desses encontros. As quantias entregues poderiam chegar a R$ 1,1 milhão, conforme conversa entre o advogado e José Isauro em julho de 2009:

— Estamos enrolados, mano... não tem dinheiro lá em cima [Europa] — desabafou o colombiano.

— Pode ser isso, pode ser que ele esteja ganhando tempo para entregar — respondeu Massao.

— Mas, doutor, você entregou todas as coisas [droga] para ele?

— Não.

— Não entrega mais nada para ele — sugeriu José Isauro.

— Eu só preciso que você veja pra mim quanto falta pra ele te entregar.

— Falta 360 mil vermelhos [euros] e mais 200 mil verdes [dólares] dele. [...] E sobra 91 [possivelmente R$ 91 mil] para nós.

— Entendi, pra mim poder cobrar ele então — justificou Massao.

— Enquanto ele não definir isso daí eu não resolvo [entrego mais droga], mais nada com ele então.

Quatro meses depois, em novembro, Isauro voltou a contatar o advogado para perguntar sobre o dinheiro movimentado pelo tráfico:

— Quanta prata tem?

— Vou pegar com Simon. Vou pegar com ele um e duzentos [R$ 1,2 milhão, segundo a PF].

— Quanto entregou a ele?

— 300 [quilos, conforme a polícia].

— Entrega 700 [mil] para Rabo de Cavalo [Pedro Juan Jinete Vargas, representante dos fornecedores colombianos no Brasil].

O dinheiro, segundo a PF, foi entregue a Vargas, e a diferença, levada pessoalmente por Massao até Corumbá.

Tudo indica que Massao lucrava alto na gerência do megaesquema. O inquérito da Polícia Federal não revela detalhes da movimentação financeira mais recente dele. Mas, de 2006 para 2007, dados da Receita

COCAÍNA: A ROTA CAIPIRA 509

que constam do inquérito informam que suas contas bancárias saltaram de R$ 41,5 mil para R$ 100 mil. Em 2009, altos depósitos em sua conta (não revelados na investigação) chamaram a atenção do Coaf, que chegou a pedir justificativas à agência bancária de Pereira Barreto onde ele era correntista.

Mas o aparente sucesso nos negócios ilícitos não impediu momentos de tensão. Em agosto de 2009, Massao estava em dívida com um fornecedor de cocaína na Bolívia e temia ser sequestrado no país vizinho, conforme conversa com José Isauro.

— Lembra daquele negócio lá com o Valdecir? — perguntou o advogado. — Eu acabei ficando pendente [devendo] aí com uns negócio e eu tô correndo pra acertar, mas se eu for aí o pessoal pode querer encrespar comigo. [...] Eu não sei, eu aqui tudo bem, mas aí eu não mando nada. Se eu tiver problema eu tô enrolado.

Na outra ponta da linha, José Isauro ria.

— Você dá risada... ri... é ruim, hein?

— Ih, mano, aqui tá com nós... — respondeu o colombiano, ainda rindo.

Massao ficou mais tranquilo e passou a rir também. José Isauro continuou:

— Aqui a gente também manda, a gente não é de brincadeira.

— Então você tem que me dar salvo-conduto, você tem que me dar garantia. [...] Depois esse povo quer me sequestrar aí e eu tô enrolado.

— Aqui não acontece nada com você — garantiu o colombiano.

Ao longo de 2009, Massao revelou nos poucos diálogos ao telefone que a quadrilha movimentava quantidade considerável de cocaína. No dia 24 de dezembro daquele ano, véspera do Natal, o dr. Chino contabilizou com José Isauro a quantia de droga negociada com os nigerianos Christopher Izebkhale, o Tony, e Vidomir Jovicic, o Simon, nos meses anteriores:

— Entreguei para o Rabo de Cavalo, mas ontem não encontrei o Negrito [Christopher Izebkhale], fiquei de encontrar hoje.

— E para a Loira [Vidomir Jovicic], entregou quanto? Entregou 300 [quilos]? — perguntou José Isauro.

510 ALLAN DE ABREU

Massao confirmou.

Em outro diálogo naquele mesmo dia com outro comparsa, o advogado disse que as últimas entregas somadas a Simon atingiam 954 quilos de cloridrato de cocaína:

— Vieram 200, 229, 300 e mais... 225 — contabilizou dr. Chino.

— Foram as quatro últimas aí — respondeu o funcionário.

— A gente vai se falando. Feliz Natal.

Meticuloso, o advogado seguia passo a passo, por telefone, todo o trajeto da droga via interior paulista, chamado pelo grupo de "caminho da roça", conforme conversa de novembro de 2009 entre Massao e Carlinhos, o amigo de infância do advogado que se tornara homem de confiança do dr. Chino no esquema.

— A coisa tá feia? — perguntou Massao.

— Deus me livre, em todo lugar — respondeu Carlinhos. — Não vem não, fica quietinho. Só naquele caminho da roça lá trombaram com três barcas, três comitivas grandes [apreendidas pela polícia].

Coube a Carlinhos negociar diretamente o transporte de 632 quilos de cocaína até Arujá. Quando a PF invadiu o galpão na cidade, em fevereiro de 2010, Massao não escondeu sua preocupação.

— Tomei uma porretada. Tô com as pernas quebradas — afirmou o advogado para o amigo. Isso porque, disse, havia "concentrado todas as economias" no entorpecente apreendido.

O dr. Chino nunca imaginou que a polícia chegaria ao seu quartel-general, gerenciado por Nelson Francisco de Lima e, por sinal, muito bem guardado. Além da droga, os agentes apreenderam no local dez granadas antitanque fabricadas na Argentina. Até porque não era qualquer cocaína. A droga tinha selo de qualidade, identificador do cartel produtor na Bolívia. No plástico das embalagens, sobressaía a marca "Totto". Seis meses depois, em agosto de 2010, a polícia boliviana apreenderia 852 quilos de cocaína com a mesma marca em um laboratório escondido em uma fazenda de San Ignácio de Velasco, departamento de Santa Cruz de la Sierra. Com a droga, os policiais encontraram 20,6 mil litros de produtos químicos, inclusive 1,7 mil litros de ácido sulfúrico.

Semanas mais tarde, outro depósito do esquema seria descoberto pela polícia, dessa vez em Sumaré, região de Campinas. Foram en-

COCAÍNA: A ROTA CAIPIRA 511

contrados mais 384 quilos de cocaína tipo exportação. Em Sumaré, o selo de qualidade era outro: um pequeno golfinho em alto-relevo. Em junho daquele ano, a polícia britânica apreenderia 300 quilos de cocaína embalados com símbolo idêntico na ilha de Wight, Inglaterra. A droga estava escondida em boias usadas para a pesca de lagosta.

Já o laboratório do esquema de Massao, onde a pasta-base era refinada e, na forma de cloridrato, exportada para a África e Europa, seria descoberto pela PF em maio de 2010, também em Arujá. Mais 225 quilos de cocaína foram apreendidos, além de produtos controlados e petrechos para o refino.

Em maio de 2009, o grupo liderado pelo dr. Chino quis inovar. Além de ocultar a droga nos grãos, o advogado pretendia instalar uma exportadora de frutas em Mogi-Guaçu (SP) para facilitar o envio de cocaína ao exterior. Chegou a providenciar a documentação necessária para o negócio. Dentro de 30 toneladas de latas de pêssego em calda, com a logomarca "Delícias da Vovó", seria exportada cocaína pura para a Europa, via porto de Santos. Em março de 2009, Massao explicou a Simon que o tamanho das latas seria alterado, de 15 para 5 quilos:

— O tamanho diminuiu, nós tínhamos falado de 15, né, a lata de 15, mas vai ser menor, é lata de 5.

Paralelamente, o grupo montou uma empresa exportadora de farelo de soja em Santa Cruz de la Sierra. A pasta-base, assim, chegaria ao estado de São Paulo escondida entre os grãos — chegou-se a contratar uma empresa transportadora de Corumbá — e em seguida seria refinada em Arujá e exportada no meio dos pêssegos em calda. O novo negócio só não foi adiante devido à apreensão, no início daquele ano, dos 632 quilos de cocaína em Arujá — no imóvel, havia rótulos da "Delícias da Vovó". A droga que seria exportada em meio ao pêssego acabou apreendida pela polícia boliviana em um galpão na periferia de Santa Cruz de la Sierra misturada com 24,4 toneladas de farelo de soja.

A quadrilha tentou driblar uma possível tentativa de monitoramento pela Polícia Federal com o uso de telefones públicos, trocas rotineiras de celular, encontros pessoais em São Paulo e conversas por Skype, sistema de telefonia pela internet. Estratégias que, segundo os relatórios da PF da Operação Deserto, demonstram um "alto grau de sofisticação e isolamento". "Geralmente as negociações e a estruturação da logística para as transações ilícitas são realizadas pelo alto escalão da organização criminosa via internet, por meio de programas de bate-papo na rede, com destaque para os contatos entre Massao e Simon. Este fator dificultou bastante os trabalhos policiais", informou o relatório final da operação da PF.

Cabia a Massao cuidar de toda a logística de comunicação do grupo. Segundo a PF, era ele quem trocava os números de celulares da quadrilha todos os meses, a maioria com cadastros frios. Além disso, conversavam em telefones públicos — o advogado usou orelhões em Rio Preto, Mirassol e Pereira Barreto — e combinavam encontros pessoais na capital, em hotéis de luxo, postos de combustível, shoppings e no velho bar na esquina da rua Ipiranga com avenida São João. Toda semana, Massao viajava 600 quilômetros de Pereira Barreto, onde morou até junho de 2010, a São Paulo, para se reunir com os demais.

Agentes da PF acompanharam boa parte desses encontros a distância, todos descritos em relatórios com fotos dos envolvidos. Em um deles, Massao entrou com uma mochila no banheiro de um shopping na companhia de Simon — suspeita-se que Massao tenha entregue dinheiro para o croata, que acabou preso em outubro de 2010 com 29 quilos de cocaína pronta para embarcar em navio no porto de Paranaguá (PR).

Além dos irmãos Pardo, o esquema se valia de outros dois irmãos no fornecimento de pasta-base a partir de Santa Cruz de la Sierra, os empresários bolivianos Ronald e Marvin Escalante Lozano. No estado de São Paulo, a dupla mantinha contatos frequentes com Antonio de Souza, o Toninho, traficante do interior paulista já detido anteriormente pela Polícia Federal nas investigações da Base Fênix, conforme narrado no capítulo 13. Toninho, por sua vez, se valia do piloto Aderval Guimarães da Silveira, o Chiquinho, e de Marco Antonio Lourenço Plaza, o Marquinho, para trazer a pasta-base da Bolívia até o interior paulista e leste de Mato Grosso do Sul, de onde seguia em caminhões

COCAÍNA: A ROTA CAIPIRA 513

até a Grande São Paulo, provavelmente o depósito de Arujá gerenciado por Nelson Francisco de Lima. Em março de 2010, os policiais federais interceptaram pela primeira vez uma mensagem de Aderval para Nelson. A partir daí, pediram à Justiça o monitoramento dos aparelhos telefônicos do piloto, mas sem muito sucesso. Aderval pouco falava ao telefone.

O piloto, um sujeito pacato de fala mansa, era gato escaldado. Nascido no interior goiano em 1942, já havia cumprido pena por tráfico internacional nos anos 1990, a grande mancha na biografia de um profissional dos ares bem-sucedido. Um pouco antes, na década de 1980, fora comandante da Varig na rota entre São Francisco, Califórnia e Tóquio. Fez pequena fortuna e comprou em território norte-americano dois aviões, um Cessna e um Baron 55. Mas, já no fim da década, deixou a Varig e mudou-se para Goiânia. Foi quando se envolveu com o tráfico aéreo de cocaína com destino aos Estados Unidos. Passou a frequentar uma escola de pilotos na capital de Goiás, onde fez amizade com um piloto da Vasp. Certo dia, em 1991, Aderval pediu para o colega levar uma mala para um amigo no Rio de Janeiro, que embarcaria com a valise para Miami. A Polícia Federal carioca, que monitorava os telefones de Aderval, abordou o homem logo que desembarcou no aeroporto do Galeão. Por dentro da costura da mala havia cerca de 1 quilo de cloridrato de cocaína. O piloto-mula acabou condenado, sorte diversa de Aderval, absolvido no processo.[4]

A PF, no entanto, continuou no rastro do piloto goiano até o ano seguinte, quando os agentes abordaram Aderval e seu avião Baron em Juína (MT), onde havia parado para abastecer, rumo aos Estados Unidos. Aparentemente, não havia nem vestígio de cocaína na aeronave, como os policiais acreditavam. Mas eles não desistiram. Em um hangar do pequeno aeroporto, começaram a desmontar a fuselagem. Dentro de cada asa havia 90 quilos de cocaína pura.

Aderval foi preso em flagrante. Na comarca de Juína, acabou condenado a dezoito anos de cadeia por tráfico internacional. Mas recorreu e, por ser réu primário, a pena foi drasticamente reduzida pelo Tribunal Regional Federal em Brasília para três anos.[5]

Solto, retomou as atividades no tráfico, mas redobrou os cuidados para evitar nova prisão. No fim da década de 1990, mudou-se para Santa Fé do Sul, cidadezinha estrategicamente localizada na divisa dos estados de São Paulo e Mato Grosso do Sul, onde se casou e passou a cuidar de um pequeno bar. Nessa época, a Base Fênix, instalada pela PF em São José do Rio Preto, chegou a investigá-lo, mas desistiu porque o piloto só usava um orelhão ao lado do bar para se comunicar. Os agentes até monitoraram o telefone público, mas as ligações feitas do aparelho por outras pessoas eram tantas que o grampo se tornou inviável.

Livre da polícia, Aderval associou-se a Marquinho, e ambos montaram um quartel-general numa casa alugada pela dupla em condomínio fechado de Rio Preto, onde passaram a se reunir com Toninho. Segundo vizinhos da casa, o entra e sai no local era intenso.

— Sempre tinha carrão, mas nunca conversavam fora da casa — disse um deles, que não quis se identificar.

Outro ponto de encontro do grupo, monitorado por agentes da PF, era a loja de conveniência de um posto de combustível na periferia de Rio Preto. Foi lá que Toninho se reuniu com outros integrantes do esquema em 11 de agosto de 2010 para discutir um possível novo piloto para o esquema, uma vez que Aderval se negava a viajar à Bolívia, temendo um possível flagrante. Em 26 de maio, ele escapara de uma blitz da PF ao arremeter voo no aeroporto de Paranaíba (MS) assim que notou a movimentação de policiais federais próximo à pista — a suspeita da PF era de que o avião estivesse carregado com droga.

O grupo tinha metas ambiciosas para aquele agosto. Planejava trazer um avião abarrotado com 270 quilos de pasta de cocaína até um canavial da região de Rio Preto. A pista, no meio da cana-de-açúcar, fora escolhida cuidadosamente por Toninho, responsável pela logística do bando. Em telefonema, ele chegou a temer a presença de cortadores de cana nas proximidades:

— Tem um pessoal de fora na fazenda, trabalhando de lado. Não dá pra trabalhar — disse Toninho ao boliviano Ronald. — Cortando cana de lado, muita máquina, muita gente. Não tem como fazer, podem ver. Acabando de cortar de lado, aí a gente faz o serviço.

COCAÍNA: A ROTA CAIPIRA 515

— Você tem que ligar pra mim, senão fica de mentiroso — rebateu Ronald, irritado com o atraso na definição da pista.

— Eu tava na fazenda esperando acabar o serviço e lá o telefone não pega. [...] No sábado tocaram fogo na cana [...], até amanhã acaba, aí vai todo mundo embora, aí a gente faz o serviço.

— Tá tudo pronto? — perguntou Ronald.

— Tá tudo pronto, não falta nada.

— Todo mundo fica desconfiado...

— Ninguém tá enrolando, fazer na dúvida não adianta, tem que fazer seguro pra não dá errado.

O empecilho dos cortadores foi logo resolvido, porque no dia 24 de agosto Toninho viajou a São Paulo para negociar pessoalmente com Marvin a vinda do carregamento de cocaína. Dois dias depois, Marvin foi a Rio Preto supervisionar os preparativos do voo até a Bolívia — ele também foi a Penápolis (SP), onde haviam comprado o avião do esquema. Os dois irmãos chegaram a comentar por telefone a possibilidade de não caber tanta droga no avião:

— O outro tem pinta de chofer [piloto]? — perguntou Ronald.

— Sim, são dois. Amanhã vou conhecer o outro e ver o auto [avião]... Aí me disse que se eu aceitar é pra dar dinheiro pra gasolina.

— Ah, sim.

— Pode ser que não caiba tudo [toda a droga no avião] — ressaltou Marvin. — Disseram que vão fazer o possível, mas com certeza cabe 250 [quilos de cocaína]. E aí eu disse "então, veja Gordo [Toninho], isso eu vou falar com o meu irmão e chegando aqui [região de Rio Preto] os 250 eu pego e te dou e o outro que supostamente trarão veremos, porque somente 20 são pra ele [Toninho]". Aí ele me disse que fariam o possível pra trazer tudo. Quer falar com o Gordo?

— Passa pra ele — ordenou Ronald. Toninho pegou o telefone.

— Agora vai.

— Rapaz, tem que pegar todo aquele dinheiro [toda aquela droga]... Todo aquele dinheiro, aquilo tudo.

— Não, fica tranquilo, a gente dá um jeito — afirmou Toninho.

Com a insistência, Aderval acabou por aceitar a empreitada, e no dia 28 de agosto ele e Marquinho embarcaram no avião em Penápolis.

516 ALLAN DE ABREU

Seguiram até Campina Verde, no Triângulo Mineiro, onde o piloto havia montado base operacional com assíduos voos até a Bolívia. De lá, rumaram para a região de Santa Cruz de la Sierra, com escala para reabastecimento em Coxim (MS). No dia seguinte, um domingo, retornaram para o Brasil, com nova parada prevista para Coxim. Foi quando a PF abordou o avião. Novamente, sem vestígios.

Mas, como os agentes asseguravam que, pelas escutas, deveria haver droga na aeronave, mantiveram Aderval e Marquinho detidos e levaram o monomotor para o aeroporto de Campo Grande (MS), onde o avião foi desmontado. Dentro da fuselagem, havia 252 quilos de cocaína. Piloto e copiloto foram presos em flagrante.

Mesmo detido em Mato Grosso do Sul, Marquinho telefonou para Toninho:

— Pelo amor de Deus, cara! — explodiu o primeiro.

— Puta merda!

— Mesma coisa, cara, tudo caguetado!

— Puta merda, o que tá acontecendo, hein, cara?

— Chegaram [PF] já sabendo de tudo, tudo entregue, tudo certinho.

Dias depois, a PF fez blitz no QG do grupo em Rio Preto e se deparou com uma caminhonete Hummer avaliada em R$ 250 mil, trazida da Bolívia por Aderval, provavelmente em pagamento por cocaína. Novo revés para o ex-comandante da Varig. O piloto foi condenado em dois processos criminais na Justiça Federal em Campo Grande a dezoito anos de cadeia por tráfico e associação para o tráfico internacional. Pelos mesmos crimes, Toninho recebeu pena de catorze anos de prisão, e Marquinho, treze anos.[6] Os irmãos Lozano seguem foragidos — o Ministério da Justiça brasileiro solicitou ao governo boliviano a extradição de ambos, mas em novembro de 2016 o caso não havia sido analisado pela Justiça da Bolívia.[7] Em 2013, tentei entrevistar o piloto no Instituto Penal de Campo Grande. Em princípio, Aderval concordou em conversar comigo. Mas, semanas depois, recuou.

O sol mal nascia na manhã do dia 17 de novembro de 2010 quando os policiais federais cercaram a casa do dr. Chino — era a fase ostensiva da Operação Deserto. Ao abrir a porta, Massao não disse uma palavra. Pôs as mãos na cabeça, deitou-se no chão. Fim da linha.

COCAÍNA: A ROTA CAIPIRA 517

A Justiça Federal desmembrou os denunciados na Operação Deserto em vários processos. Em São Paulo, o advogado foi indiciado por tráfico internacional de drogas, associação para o tráfico e tráfico de armas, devido às granadas apreendidas em Arujá, e tornou-se réu em três processos. Em janeiro de 2012, dr. Chino foi condenado em dois deles pela juíza substituta da 5ª Vara Federal Criminal Adriana Freisleben de Zanetti a 23 anos e quatro meses de prisão, em regime fechado, por tráfico internacional e associação para o tráfico. O croata Vidomir Jovicic, que remeteria a droga para a Europa, também foi condenado nos dois processos a dezesseis anos e quatro meses de prisão por tráfico internacional e associação para o tráfico, enquanto para Pedro Juan Vargas a pena foi de cinco anos e dez meses por associação para o tráfico. Todos os réus recorreram das sentenças. Nelson Francisco de Lima, gerente dos depósitos da droga em Arujá e Sumaré, recebeu trinta anos de pena por tráfico e associação para o tráfico internacional.[8] Em um dos três recursos, o TRF reduziu em quatro anos a pena de prisão do dr. Chino — as demais apelações não haviam sido julgadas em novembro de 2016. O nigeriano Christopher Izebkhale foi capturado em 2013, e em novembro de 2016 aguardava julgamento em liberdade.[9] Carlinhos, o amigo de infância do dr. Chino, não chegou a ser preso. Fugiu da polícia e se escondeu em uma fazenda de Coxim (MS), onde morreria em abril de 2011, de pneumonia e infecção generalizada.

Apesar das condenações judiciais, dr. Chino permaneceu detido na Penitenciária 2 de Tremembé (SP) só até abril de 2011. Naquele mês, o STF concedeu medida cautelar requerida pela OAB para que ele aguardasse o julgamento da ação penal em prisão domiciliar. A alegação é de que dispositivo do estatuto dos advogados garante ao profissional o direito de ser recolhido em sala de Estado-Maior ou, na falta desta, em prisão domiciliar, até eventual condenação definitiva.

Desde então, Massao voltou a morar de aluguel em uma casa de condomínio de luxo em Rio Preto e retomou a advocacia. Tentei por duas vezes entrevistar o misterioso e recatado advogado na sua residência. Nunca obtive retorno.

A saga de dr. Chino no submundo do tráfico não era a primeira nem seria a última protagonizada por advogados que, não raro, ultrapassam seus limites profissionais para se tornarem sócios dos crimes protagonizados pelos seus clientes.

# 21

# Advogados no crime

Para os grupos que fazem do narcotráfico um negócio milionário, não basta criar infraestrutura para transportar e comercializar drogas em larga escala. No permanente conflito que envolve a compra e venda de drogas, é necessário infiltrar-se no lado inimigo, conhecer suas estratégias, antecipar seus passos. Por isso, uma das principais características do crime organizado é seu alto poder corruptor — sempre que podem, as quadrilhas cooptam policiais, promotores, políticos e juízes. A ponto de, muitas vezes, estes serem considerados membros da quadrilha, dignos da maior confiança dos criminosos.

No Brasil, suspeitas de envolvimento de promotores e juízes com o narcotráfico perduram no tempo. No fim dos anos 1980, um juiz federal de Campo Grande (MS) inocentou um traficante flagrado com 1,2 tonelada de maconha alegando que o laudo pericial não apontava se a droga era "macho ou fêmea". Além disso, determinou a devolução do carregamento ao seu dono... O magistrado chegou a ser indiciado pela CPI do Narcotráfico em 1991, mas a investigação contra ele não foi adiante.

A ponte mais comum de que os criminosos se valem para se infiltrar no Estado — principalmente no Judiciário — é o advogado, profissional a quem cabe, pela Constituição Federal, garantir a ampla defesa daqueles a quem o poder público acusa de desrespeitar algum princípio

520 ALLAN DE ABREU

legal. Mas nem sempre é assim. Há aqueles que não se limitam a defender seus clientes em processos judiciais e, como o dr. Chino, terminam por transgredir as premissas éticas da advocacia, tornando-se peças importantes na engrenagem de uma organização criminosa.

— Há um limite claro de atuação do advogado que trabalha para um traficante. Mas em alguns casos essa barreira é transposta, e a ação do advogado se mescla à do criminoso — diz Carlos Roberto Mateucci, presidente do Tribunal de Ética e Disciplina da OAB em São Paulo.

Foi assim com Amaury Perez, de São José do Rio Preto (SP), advogado do goiano Leonardo Dias Mendonça, que se transformaria em importante braço de um megaesquema de tráfico comandado pelo seu cliente. Cabia a Amaury, segundo a Justiça, corromper o Estado na tentativa de livrar os membros do grupo, especialmente Leonardo, de qualquer responsabilidade penal decorrente do comércio de drogas em larga escala. "Prestava-se a papel baixo e desprezível para um advogado, como o oferecimento de promessas indecorosas a funcionários da Justiça", escreveu o juiz substituto da 5ª Vara da Justiça Federal de Goiânia José Godinho Filho, que julgou o caso em novembro de 2003.[1]

De 1997 a 2002, Leonardo foi considerado o maior traficante em atividade no Brasil. Seu esquema, internacional, surgiu ainda nos anos 1980, quando o ex-office boy em Goiânia e então garimpeiro abandonou as jazidas de ouro de Roraima para se arriscar nos garimpos do Suriname. No país vizinho, fez contatos com o então ditador surinamês, Dési Bouterse, e com seu filho, Dino Bouterse, na época funcionário da embaixada do Suriname em Brasília, e criou um megaesquema de tráfico de drogas e armas. Leonardo recolhia o pesado armamento que Bouterse e seus asseclas desviavam do Exército do Suriname e o levava até a selva colombiana. Lá, trocava as armas por cocaína com as Farc, e, com o tempo, passou a comprar droga também dos cartéis colombianos. A droga era levada por aeronaves até pistas de pouso clandestinas na Guiana e no Suriname, e de lá seguiam para a Europa e Estados Unidos. Outra parte da coca colombiana era destinada a São Paulo, via rota caipira, e Rio de Janeiro.

COCAÍNA: A ROTA CAIPIRA                521

A quantidade de cocaína movimentada por Leonardo no esquema era assombrosa. Emival Borges das Dores, o Goiano, comparsa do megatraficante a quem cabia negociar cocaína com as Farc, disse em depoimento à Polícia Federal que, apenas da facção colombiana, Leonardo adquiriu uma média de 200 quilos de cocaína por mês em 1998, número que cresceu para 400 quilos em 2001. Nesse período, conforme Emival, Leonardo enviou à Colômbia aproximadamente 500 fuzis, entre AR-15 e AK-47, além de milhares de pistolas.

Há indicativos de que esses números sejam bem maiores. Em abril de 2001, Leonardo disse a Emival que estava à procura de uma pista de pouso para fazer dez viagens e trazer para o Brasil 2 toneladas de cocaína. Meses depois, afirmou ter 3 toneladas de droga "paradas", que precisavam ser comercializadas.

O grupo tinha uma maneira toda peculiar de se comunicar por telefone. Usava vocabulário próprio, recheado de gírias, para se referir à atividade do tráfico, que depois seria imitada pela maioria dos outros grupos de traficantes Brasil afora:

Bezerros / boi / touro / motor = 50 quilos de cocaína
Caminhão trucado = avião bimotor
Caminhão ou carro = avião
Caminhonete = avião pequeno
Documento ou papel = dinheiro
Estrada = pista de pouso
Ferramentas = armas
Madeira de primeira = cloridrato de cocaína
Madeira de segunda = pasta-base de cocaína

Além dos códigos, Leonardo trocava de telefones constantemente — nos três anos em que foi investigado pela Polícia Federal, o capo utilizou pelo menos 31 aparelhos diferentes, incluindo telefones via satélite, que na época eram de difícil interceptação pela PF.

O transporte aéreo internacional de cocaína legou a Leonardo um patrimônio invejável, nunca calculado com exatidão, porque estava distribuído por mais de cem laranjas. Eram fazendas com milhares de cabeças de gado, principalmente no Pará e Mato Grosso, além de postos de combustível no Maranhão e mansões em Goiânia, base de atuação da quadrilha.

Os principais compradores da cocaína que Leonardo destinava ao Brasil eram Luiz Fernando da Costa, o Fernandinho Beira-Mar, e, em grau menor, Romilton Queiroz Hosi, um traficante que há tempos operava a rota caipira. Foi Leonardo quem apresentou Beira-Mar às Farc, no fim de 2000, quando ambos estavam escondidos na selva colombiana controlada por Tomas Molina-Caracas, o Negro Acácio, então líder da guerrilha. Leonardo vendia a cocaína com que Beira-Mar abastecia os morros cariocas. Mas a relação entre ambos azedou em 2002, quando Leonardo passou a dever US$ 1,35 milhão para Beira-Mar. Já preso em Bangu (RJ), o traficante carioca telefonou para um comparsa de Leonardo e, por meio de um colega de cela, transmitiu um recado ameaçador:

— Avisa o Leonardo que se ele não pagar pode tirar a família dele toda do país, porque só vamos liberar as crianças. Vamos pegar irmão, irmã, funcionário.

Posteriormente, o traficante goiano transferiu um imóvel de R$ 400 mil para pagar parte do passivo — a PF não apurou se toda a dívida foi quitada nos meses seguintes. As ameaças cessaram.

Com Romilton os negócios eram mais tranquilos.

Filho de pai japonês e mãe brasileira, o que lhe deu um rosto anguloso e levemente mestiço, Romilton passou a infância e adolescência na periferia de Três Lagoas (MS), sua terra natal. Foi flagrado pela primeira vez com drogas em 1991, aos 22 anos. Depois, mudou-se para Ribeirão Preto (SP), onde passou a operar na rota caipira e colecionou mais duas passagens policiais, por tráfico. Não se sabe quando Romilton conheceu Leonardo. Certo é que, já no fim dos anos 1990, ambos tinham uma estreita parceria no tráfico. Em abril de 2001, um piloto ligado a Leonardo viajou até São Paulo e negociou o transporte, pela rota caipira, de 195 quilos de cocaína a US$ 200 mil. Dias depois, Romilton foi a Goiânia para acertar os detalhes da remessa com um secretário de Leonardo. No mês seguinte, o próprio chefão esteve reunido em São Paulo com Romilton, segundo a PF, que acompanhou o encontro. A droga foi apreendida em 5 de maio de 2001 em Caldas Novas (GO). A PF chegou

## COCAÍNA: A ROTA CAIPIRA

a montar campana para prender Romilton e Leonardo em flagrante na capital paulista, mas não conseguiu localizar a dupla.

Livre, apesar do prejuízo da apreensão em Goiás, o traficante de Três Lagoas não se fez de rogado. Continuaria ativo na rota caipira.

Cinco meses depois, em outubro de 2001, contratou por R$ 10 mil o piloto Iram Tabô Faria para que transportasse 180 quilos de cocaína pura de Vilhena (RO) para Bariri, região de Bauru (SP). A viagem foi bem-sucedida e a droga chegou a São Paulo. Naquela época, Iram era o principal laranja de Romilton — o piloto o chamava de Toni. Estavam em nome de Iram dois aviões e uma fazenda de Romilton com mil hectares e 337 cabeças de gado em Mato Grosso do Sul, avaliada no fim dos anos 1990 em R$ 1,1 milhão.

A dupla só viria a ser presa em abril do ano seguinte. As suspeitas da PF contra Romilton voltaram com força logo no início de 2002, quando um dos seus aviões, com ele de tripulante, teve de fazer um pouso forçado na fazenda do ex-piloto de Fórmula 1 Emerson Fittipaldi em Araraquara (SP). Não havia droga na aeronave, mas, como os bancos traseiros haviam sido arrancados para liberar espaço, os agentes logo suspeitaram que o Cessna estava sendo usado para internar cocaína no estado de São Paulo. Romilton já era foragido na época, mas apresentou identidade falsa e conseguiu escapar da polícia.

No dia 16 de abril daquele ano, a PF soube que Iram decolara do aeroporto de Dourados (MS) com destino a Rondônia. Voava em um dos Cessnas de Romilton. Só poderia ser mais um transporte de cocaína até o interior paulista, concluíram os agentes federais. Como em outras ocasiões Iram costumava parar no aeródromo de Rio Verde (MS) para reabastecer, os policiais montaram campana no local. Foram 48 horas de vigilância ininterrupta, até que avistaram o avião de Romilton no céu nublado. Renderam o piloto já dentro do avião, pronto para retomar o voo. Dentro do Cessna, havia um grande volume de carga coberta com lona preta. Debaixo, 404 tabletes de cocaína, divididos em quinze fardos. Um total de 449 quilos de cocaína boliviana, avaliada em US$ 1 milhão. Alguns dos pacotes exibiam a inscrição em espanhol "nada les pasa" — nada acontece...

Iram confessou à PF que a droga era de Romilton e que receberia outros R$ 10 mil pelo transporte de Cacoal (RO) até o aeroporto de Bariri.

Faltava apreender o dono da droga, que receberia a carga no interior paulista. Imediatamente, os agentes telefonaram para Luiz Antonio da Cruz Pinelli, à época na Base Fênix, sobre a qual se falou no capítulo 13. Pinelli conhecia Romilton de longa data. O agente já havia flagrado o traficante com drogas seis anos antes, em 1996, também no interior paulista. Entrou no carro frio da PF e foi para Bariri. Já de tarde, encontrou o dono da droga dentro de um automóvel estacionado na cabeceira da pista do pequeno aeroporto da cidade. Ao avistar Pinelli, Romilton acelerou e conseguiu fugir. Ele só seria preso minutos depois, no pedágio da rodovia Washington Luís (SP-310) em São Carlos (SP). Estava na companhia de Osvaldo Altino Juliano Filho, o Finofo, cujo enredo no tráfico é narrado no capítulo 24.

Romilton foi condenado em 2005 a vinte anos e sete meses de prisão, e Iram, a treze anos, ambos por tráfico e associação para o tráfico internacional. Mas Romilton cumpriu apenas alguns meses da pena. Fugiria em 2003, após prestar depoimento no Fórum de Campo Grande (MS), e nunca mais seria capturado. Cinco policiais militares acabaram exonerados da corporação, acusados de facilitar a fuga do traficante.

Sete anos depois, em 2012, mesmo foragido, foi condenado à revelia por lavagem de dinheiro do tráfico: seis anos e meio de prisão.[2] Naquele mesmo ano, Iram foi encontrado morto às margens da estrada que liga Paranhos a Coronel Sapucaia, Mato Grosso do Sul, fronteira com o Paraguai. O corpo estava enrolado em uma lona, repleto de hematomas. Fora espancado até a morte. Para a polícia, uma vingança do tráfico: Iram sabia demais.

A Polícia Federal acredita que foi por meio de Romilton que Amaury conheceu Leonardo, ainda nos anos 1990. Na época, Romilton era cliente assíduo de um restaurante do advogado na periferia de São José do Rio Preto, alvo de monitoramento constante de agentes da Polícia Federal: a Porcada do Jabá. Uma vez no grupo, o advogado ganhou apelidos, entre eles Cabeção e Mensageiro da Desgraça, já que cabia a ele informar o

COCAÍNA: A ROTA CAIPIRA 525

grupo de eventuais condenações judiciais. Mas sua atuação ultrapassou, e muito, os limites da advocacia. Em março de 2002, ele teria intermediado o repasse de US$ 70 mil a uma juíza de Água Boa (MT) para que Leonardo fosse inocentado em ação penal decorrente da apreensão, em agosto de 1999, de 327 quilos de cocaína em uma fazenda de Cocalinho, município da comarca, que pertenceriam ao megatraficante.

Em telefonema para Leonardo naquele mês, Amaury tratou a juíza como "costureira", e sugeriu ter o controle de todas as ações da magistrada:

— Se ela [juíza] precisar de qualquer linha, de qualquer tipo de tecido, de qualquer coisa, vai falar comigo direto — disse o advogado. — Se chegar qualquer vendedor novo de roupa por ali, [...] eu fico sabendo na hora.

Em seguida, Amaury pediu, em linguagem cifrada, para Leonardo enviar dinheiro:

— Preciso de um sopro no olho.

Em setembro daquele ano, o advogado voltou a falar com Leonardo do processo de Água Boa. Segundo a transcrição da Polícia Federal, "Amaury diz que lá [Água Boa] está tudo tranquilo e ligando lá... Amaury diz que está sendo feito dessa maneira para não precisar adubar a terra, pois se quiser no adubo é só mandar [corrupção, segundo a PF], mas vai precisar de uma quantidade grande de adubo".

Amaury, afirma o juiz Godinho, na sentença que condenou o grupo, "possuía uma facilidade incrível em tomar conhecimento das decisões judiciais antes do seu cumprimento, demonstrando, em várias oportunidades, que mantinha contatos na polícia, no Judiciário e no Ministério Público." Um desses contatos era um funcionário do cartório do Fórum de Água Boa, tratado pelo advogado como "anjinho". Segundo Amaury, o servidor seria responsável por deixar "pontas" no processo para que depois o advogado pedisse a anulação da sentença. "Obviamente que os 'anjos protetores' não agiam por recompensa divina. A expectativa dessas pessoas era muito mais mundana, e para agradá-lo diversas transferências de dinheiro eram feitas a Amaury Perez, que dizia repassá-las aos respectivos interessados", escreveu o juiz.

O advogado demonstrava gostar de sua atuação no grupo, segundo Godinho. Ele disse isso ao patrão Leonardo:

— Tem coisas na vida que a gente acaba fazendo parte daquilo e que vai sentir falta desse barulho quando se aposentar ano que vem.

Não se pode negar que Amaury era um advogado dedicado ao seu cliente vip, ainda que com métodos nada honestos. Em novembro de 1998, a Polícia Federal flagrou uma testa de ferro de Leonardo no aeroporto do Galeão, no Rio, levando US$ 1,43 milhão na bagagem. A mulher, que desembarcara de um voo vindo de Belém, disse no momento do flagrante que o dinheiro seria utilizado para investir em imóveis na capital fluminense. Mas já no dia seguinte outro preposto de Leonardo apareceu na Delegacia de Prevenção e Repressão a Crimes Fazendários da PF no Rio com outra versão: o valor ingressara legalmente no Brasil, vindo de Miami. Como prova, ele apresentou um "termo de constatação de moeda estrangeira" assinado pelo auditor fiscal do Tesouro Nacional José Edmar Uchôa Junior, lotado em Manaus. O documento, no entanto, tinha vários sinais de que fora fraudado. Primeiro que o auditor não estava escalado para trabalhar no dia em que o papel foi lavrado. Além disso, no cabeçalho constava a alfândega do aeroporto de Guarulhos, embora o documento tenha sido expedido no aeroporto de Manaus. Para o juiz Tiago Pereira Macaciel, que julgou o caso, "não se deve excluir a possibilidade de que tenha sido corrompido para proceder dessa forma" — o auditor recebeu vários depósitos de origem não comprovada em sua conta bancária entre 2003 e 2005.

Na verdade, o dinheiro havia sido transportado do norte do país para o Rio de Janeiro para pagar outra dívida de Leonardo com Beira-Mar. Por isso a apreensão daqueles dólares era uma grande dor de cabeça para o goiano. Foi aí que Amaury entrou na história. Em setembro de 1999, o advogado ingressou com um mandado de segurança na Justiça, pedindo a liberação dos valores confiscados. Três anos depois, com o inquérito da apreensão dos dólares ainda em trâmite na Justiça, Amaury telefonou para Leonardo e disse que um delegado da PF relataria a investigação propondo o arquivamento do caso e a devolução do montante, mas para isso seria necessário "liberar uma verba", referindo-se ao adiantamento

COCAÍNA: A ROTA CAIPIRA 527

de propina ao delegado, que não foi identificado. Leonardo demonstrou ceticismo em relação à proposta do advogado. Para ele, era pouco provável que alguém fora do círculo de confiança do delegado fosse capaz de "cantar a cor da chita" — ou seja, corrompê-lo.

— Esse tipo de gente só confia em determinadas pessoas — disse o traficante.

Mas Amaury insistia. Sete meses mais tarde, contatou novamente Leonardo e disse que estava "subindo amanhã para lá" (indo para o Rio) em nova tentativa de liberar o valor. O advogado disse que vencera o mandado de segurança que mantinha os dólares apreendidos — o que não era verdade — e o dinheiro poderia ser liberado mediante propina. Leonardo então disse que depositaria R$ 20 mil na conta de Amaury. O advogado, por sua vez, assegurou ao traficante que o dinheiro seria liberado em até 30 dias após o pagamento do suborno ao delegado, chamado na conversa de "delta fox". Não se sabe se a propina foi ou não paga. Fato é que os dólares não foram liberados e Leonardo recorreu ao subordinado Sílvio Rodrigues da Silva, que conhecera em garimpo no sul do Pará nos anos 1980.

— Eu não tenho medo, eu vou em frente. Eu pego o cara, eu resolvo até coisa que nem advogado resolve. Não tenho medo de me expor e vou em cima. Agora, eu preciso sacar o bagaço [propina] na hora. [...] Você sabe disso, que sem dinheiro não se faz nada.

Desesperado, Leonardo disse a Sílvio que estava disposto a oferecer US$ 400 mil de suborno para que o montante fosse liberado na PF. Não conseguiu.

Perez não era o único advogado de Leonardo disposto a tentar corromper autoridades em favor do traficante. Em julho de 2002, o goiano temia que a Justiça do Rio de Janeiro instaurasse processo penal contra ele por conta das notícias veiculadas pela mídia de que estava associado a Beira-Mar. Telefonou então para um comparsa, que alertou o patrão de que R$ 30 mil não seriam suficientes para impedir a abertura da ação criminal. Na transcrição da PF, o subordinado "diz que acha que os R$ 30 mil não serão suficientes, pois ele [advogado carioca] vai ter que dar dinheiro para o pessoal lá. [...] Ele [advogado] lhe falou agora de manhã, que lhe disse que tentou segurar de todas as formas, que andou com o 'cara' para tudo quanto foi lado para dar o dinheiro, mas como não tem dinheiro na conta 'o pau quebrou'". Quatro meses antes, o mesmo acólito indicara ter corrompido um juiz do Rio de Janeiro para que liberasse R$ 1,42 milhão, dinheiro de Leonardo apreendido pela PF.

— Um camarada [juiz] vai entrar de férias e um outro vai assumir o lugar dele, e o que entrar vai soltar [o dinheiro].

Se o lobby criminoso não vingava com juízes de primeira instância, Leonardo partia para os altos escalões do Judiciário. Para livrar-se da cadeia, o megatraficante teria comprado decisões no TRF da 1ª Região e no STJ. Seu intermediário no suposto esquema de corrupção era o então deputado federal Pinheiro Landim, do PMDB cearense. Diálogos da quadrilha de Leonardo com o deputado e seus acólitos foram captados pela PF na Operação Diamante. São reveladores. Em um deles, Landim explicou a um subordinado de Leonardo por que o habeas corpus do capo não havia sido julgado naquela sessão do TRF da 1ª Região, em Brasília:

— O problema é o seguinte, era pra ter sido ontem, tá. [...] Mas tinha na mesma reunião, na mesma hora tinha vários outros assuntos parecidos com esse e até piores. Então pode contaminar. E os outros todos foram negados...

— Tudo bem. Esse daí é o caso do Pequeno, é?

— Do Pequeno, do Pequeno.[3]

Pequeno era como o grupo se referia a Leonardo. Na sessão seguinte, o Tribunal concedeu o habeas corpus ao traficante.

Tudo indica que o deputado, chamado de Cabeça Branca pela quadrilha de Leonardo, pagasse caro pelas decisões favoráveis:

— O Cabeça Branca tá numa linha aqui, no celular — disse a Leonardo um de seus funcionários. — Passou e disse que precisa de 100 mil verde [US$ 100 mil], procê dá um jeito de arrumar, né? [...] Que ele te paga depois que é pra ele vai... é... é... é... acertar o negócio e acertar o negócio do, do Amarildo.

Os valores chegavam a R$ 240 mil, em valores da época:

COCAÍNA: A ROTA CAIPIRA    529

— Terça-feira eu já tô mandando uma parte pra ele [deputado], cê tá entendendo? — disse o traficante para um subordinado. — Agora, fala com ele que se ele começar a me chantagear, que se for assim, chantagear também eu sei.

— Não, terça, né? O do Pinheiro é terça-feira. Cento e vinte mil na terça e 120 mil na quinta.

O próprio deputado conversava diretamente com Leonardo:

— Ou vocês deixam o assunto ser tratado com a pessoa que eu acertei, ou então tô fora — disse Landim.

— Eu faço, eu faço das tripas coração. Pego o que eu tenho, entrego pela metade do preço pra resolver meu negócio, entende? Acabo com o que eu tenho.

Entre os traficantes, Landim tinha fama de ganancioso:

— Aí, nós vamos fazer o seguinte: nós vamos pegar [...] chega lá no Cabeça Branca, fala ó: tá aqui. É tanto, cinquenta por cento é seu, cê se vira — disse Luiz Fernando, outro comparsa do traficante.

— Cês têm medo de conversar com ele? — perguntou do outro lado da linha uma mulher não identificada.

— Hã... é... que isso! Aquilo lá num guenta vê dinheiro não!

— Não? Cabeça Branca é ele. E tem o filho do homem lá também que é amigo nosso, né? Que é molecão novo que leva, que leva os trem lá.

É provável que Luiz Fernando estivesse se referindo a Igor Silveira, filho do então desembargador do TRF em Brasília, Eustáquio Silveira. Igor mantinha constante contato com o deputado, em conversas mais do que suspeitas — posteriormente, a interceptação telefônica da PF no celular dele foi anulada pelo STJ:[4]

— Tu prepara tudo que tiver aí, que eu achei... segunda-feira já sabe quem é a turma, num já? — perguntou Landim.

— Já, né? — devolveu Igor.

— Ah! Cê num sabe ainda não?

— Não, ainda não deu entrada.

— Não! [...] quem é que vai ficar.

— Ah... aí, provavelmente sim.

— Ah, ah... segunda a gente tem que vê tudo, a checada de tudo, viu?

Certa vez, Leonardo foi informado por seus acólitos de que estava tudo certo com o "Carequinha". Para a PF, é provável que eles se referissem ao então ministro do STJ, Vicente Leal.[5] O ministro julgou dois habeas corpus impetrados pelo traficante. Em um deles, após o voto contrário do relator, pediu vistas do processo e conseguiu decisão favorável a Leonardo. Em outro, foi o único ministro a votar favoravelmente ao traficante.[6]

Mas, quando as decisões judiciais prometidas pelo deputado tardavam, Leonardo enfurecia-se:

— Liga pra essa desgraça dessa cabeça chata, que esse filho da puta só serve pra botar dinheiro no bolso, entendeu? Então é pra se virar. Eu não quero nem conversa. Amanhã eu quero... é ou não é, se deixa de ser.

Apesar dos contratempos, o goiano indicou o esquema a outro traficante conterrâneo, Orlando Marques dos Santos. Ao saber dos valores cobrados — mais de R$ 1 milhão, o traficante indignou-se:

— É foda, né, meu. É ladrão em cima de ladrão. [...] Lá em Brasília, a máfia que lá, né? Até ministro no meio...[7]

Em 9 de dezembro de 2002, a PF desencadeou a Operação Diamante e prendeu 23 pessoas em oito estados, entre elas Leonardo, Amaury e Emival Borges das Dores. Em novembro do ano seguinte, o juiz José Godinho Filho condenou Leonardo a quinze anos e dois meses de prisão por tráfico e associação para o tráfico internacional, além de lavagem de dinheiro; Beira-Mar, a sete anos e onze meses de reclusão por associação para o tráfico internacional; Romilton, a dez anos e três meses de prisão por tráfico e associação para o tráfico internacional; Emival, a sete anos e cinco meses, e Amaury, a sete anos de reclusão, ambos por associação para o tráfico internacional. Posteriormente, o TRF retirou a internacionalidade do delito e reduziu parte das penas do grupo.

Amaury Perez cumpriu sua pena no Batalhão da Polícia Militar de Goiânia e voltou a São José do Rio Preto, onde retomou os trabalhos de advogado criminalista. Tentei por várias vezes entrevistá-lo sobre o episódio envolvendo Leonardo Dias Mendonça. Mas ele não quis conversa. No episódio do dinheiro apreendido no Rio de Janeiro, Amaury e Sílvio foram condenados em agosto de 2016 a quatro anos

COCAÍNA: A ROTA CAIPIRA                                                531

e meio de prisão em regime semiaberto, cada um, por tráfico de influência. José Edmar Uchôa foi exonerado do posto de auditor fiscal e teve a aposentadoria cassada. Na Justiça, ele foi condenado a quatro anos de reclusão por lavagem de dinheiro na mesma ação penal de Amaury e Sílvio.[8] O advogado também seria condenado por esse último crime na 2ª Vara Federal Criminal do Rio, mas ele recorreu e acabou absolvido.[9]

A juíza de Água Boa foi investigada por sindicância do Tribunal de Justiça de Mato Grosso, mas acabou absolvida por falta de provas. O mesmo ocorreu com o magistrado do Rio de Janeiro.

A revelação do envolvimento de um deputado e de magistrados da alta cúpula do Judiciário brasileiro com narcotraficantes escandalizou o país na época. Comissão de sindicância instaurada pela Câmara pediu a cassação do mandato de Landim por quebra de decoro. Mas, antes que o relatório fosse votado, o deputado renunciou, para não ter o mandato cassado. Depois disso, abandonou a política.

Em novembro de 2003, a Corte Especial do TRF da 1ª Região decidiu pelo afastamento, por meio de aposentadoria compulsória, do desembargador Eustáquio Silveira. A Corte não encontrou indícios de venda de decisões por parte do magistrado, mas considerou que ele infringiu a Lei Orgânica da Magistratura ao orientar um advogado sobre qual decisão tomar em um processo, além de indicar ao filho Igor um advogado para defender um traficante.[10] Eustáquio recorreu ao STF. Queria que o Supremo considerasse ilegal a sindicância que o condenou. Mas o pedido foi negado.[11] Em novembro de 2016 ainda havia um recurso do ex-desembargador pendente de julgamento.[12]

O STJ, em uma decisão inédita na corte, afastou temporariamente o ministro Vicente Leal até a conclusão de sindicância contra ele. A investigação encontrou 48 telefonemas entre os gabinetes de Leal e de Landim no período de três anos.[13] Em março de 2004, antes de seu caso ser julgado pelos demais ministros, Leal solicitou aposentadoria com proventos integrais. "Não quero mais reviver o martírio solitário da dor moral", escreveu em nota. "Deixo o Tribunal para evitar recíprocos constrangimentos."

Paralelamente, Leal e Eustáquio foram alvo de inquérito criminal. No início, a investigação tramitou no STF devido ao foro privilegiado dos magistrados. Com a aposentadoria de ambos, o caso passou para a Justiça Federal do Distrito Federal. Até que, dez anos mais tarde, o caso foi arquivado pelo juiz Ricardo Augusto Soares Leite, a pedido do Ministério Público. "Muitas diligências não foram concluídas e a investigação se encontra muito distante de sua eventual conclusão, [...] não havendo justa causa para prosseguimento das investigações", alegou o magistrado.[14]

Atualmente, tanto Leal quanto Eustáquio advogam na capital federal.

Maior facção criminosa brasileira, o PCC criou seus métodos de infiltração na Justiça paulista, inclusive no interior. Um deles veio à tona na Operação Desmonte,[15] em que mais de uma centena de pessoas acabou presa e condenada por tráfico e associação no início dos anos 2000 em São José do Rio Preto, esquema narrado no capítulo 25 deste livro.

— Ao que consta, eles não tiveram muita dificuldade em cooptar servidores do Fórum de Rio Preto, uma atitude típica do crime organizado — diz o promotor Fábio Miskulin, que na época participou das investigações.

Na denúncia do caso, Miskulin e Marcos Antonio Lelis Moreira tratam da infiltração do crime na Justiça. "Para lograr êxito nos negócios ilícitos efetuados pela organização, bem como para facilitar o acesso a informações sigilosas e obter favorecimentos na tramitação de pedidos, apurou-se que funcionário do Poder Judiciário passou a prestar serviços aos líderes da organização criminosa", escreveram.

O funcionário em questão é Hermes Rafael Herrero, auxiliar judiciário do 3º Ofício Criminal de Rio Preto. Hermes, na época usuário de droga, informava ao grupo sobre interceptações telefônicas sigilosas e liberação de veículos apreendidos com traficantes ligados ao esquema. No início de 2004, ele auxiliaria os advogados Thiago de Jesus Menezes Navarro e Naim Budaibes a liberar uma moto apreendida com o traficante utilizando documentação falsa, segundo o Gaeco. O veículo

COCAÍNA: A ROTA CAIPIRA 533

estava em nome de um laranja de Jair Carlos de Souza, o Jajá, um dos traficantes líderes do esquema. Thiago conversou ao telefone sobre a ajuda de Hermes:

— Quem tá vendo isso pra gente é um conhecido do Toninho, trabalha lá dentro — disse Thiago.

— Eu sei quem que é — respondeu o interlocutor, possivelmente o próprio Jajá.

— Eu não quero nem falar o nome.

Toninho é Antonio Barbosa Marques, ex-auxiliar do Serviço de Anexo Fiscal do Fórum cooptado pela quadrilha. Ele também falou sobre o caso com Jajá. No diálogo, o então servidor público ressaltou a "dedicação" de Herrero no Fórum:

— Cê deu a fita [cocaína] lá pro Hermes? — perguntou Jajá.

— O Hermes, cara, é o seguinte. Ele tinha umas caminhadinha [pequena porção de cocaína] que ele já tinha pego, cara. Ele pegou lá com o Xandi lá, mano.

Jajá riu, e perguntou novamente:

— O que que ele pegou?

— Ele pegou uma farinha, mano. Ele tá devendo cem conto lá. Aí ele falou pra mim falá com cê, mano.

— Pra mim pagá? — Jajá riu de novo.

— É... Só que é o seguinte, Nego. Ele fez o maior corre memo, cara, essa motoca aqui, cara, ele fez a maior corrida [empenho para obter liberação], cara. Eu falo pro Xandi descontá lá.

Jajá então decidiu recompensar o esforço do cartorário:

— Aí, cê pega e dá 5 grama pra ele depois. Fala pra ele que eu vou pagar o Xandi.

— Ele queria falar c'ocê de tudo jeito, mano. "Não, deixa eu falar com ele lá, quando tem grampo eu aviso ele." Eu disse "deixa quieto, mano". Ele disse "não, mas eu tô lado a lado docêis".

— Ele tá de carro ou não?

— Ele tá a pé, cara.

— Ele faz o quê, cara, que ele gasta tudo o dinheiro dele?

— Ele cheira tudo, cara.

Jajá deu gargalhadas.

— Ele cheira tudo, cara. Cheirou o salário e ficou devendo 100 lá ainda.

Jajá continuou rindo...

A participação dos advogados Naim e Thiago no esquema foi além da liberação da moto. De acordo com o Ministério Público, Thiago também cuidou de esconder R$ 20 mil da quadrilha, dinheiro resultante do tráfico, e ocultou da polícia a mulher de um dos comparsas de Jajá.

— A mulher dele eu vou esconder — disse Thiago para o traficante.

— Deixa eu falar uma coisa pra você: troca uma ideia com ele pra pegar o endereço onde tá a mulher dele lá que tem 20 conto [R$ 20 mil] com ela lá, entendeu?

— Entendi. A mulher dele me ligou agora. Eu vou esconder ela no meu escritório. [...] Quem dedou, dedou todo o esquema.

Já Naim, segundo a sentença judicial do caso, chegou a pedir R$ 50 mil a Jajá para tentar "obter uma decisão favorável para ele no Tribunal de Brasília [STJ]".

Outro advogado envolvido no esquema era João Soler Haro Júnior. De acordo com denúncia do Gaeco, o advogado ocultava celulares da quadrilha, muitos deles clonados. Em conversa captada pela polícia, Soler conversou com um técnico em clonagem de telefones:

— Oi, doutor. Nossa, agora chegou três aparelhos carne, mesmo.

— Deixa eu te contar um negócio. É dois, mas não chegou a colocar no outro.

— Não, mas já tava em dois, o senhor entendeu?

— Quando cê me passou já era de outro?

— Não, essa linha aí a gente vende pra três pessoas, doutor. Entendeu?

— Hã.

— Agora a gente vendeu pra três pessoas e caiu, doutor. Todas. A Vivo [operadora de telefonia] tá com um dispositivo lá que ela consegue pegar. Se tem três sinal trabalhando ao mesmo tempo, ela pega.

— É?

— Só com dois sinais ela não consegue pegar. [...] A Vivo tem um prejuízo muito grande, né, doutor. Mas não vai acabar nunca. Eles tão querendo mudar os telefone deles pra chip. Se mudar pra chip nós já tá com o programa desse chip, cê entendeu?

— É só mexer no chip?

— É.

— Tá brincando.

— E outra coisa. Esse telefone que o senhor tem aí, se o senhor quiser, recebe até duas pessoas a cobrar nele.

O advogado se entusiasmou:

— Isso aí é bom pra faculdade [prisão], né?

— Mas é, é pra lá que nós vamos ter novidade — rebateu o técnico.

Soler também teve envolvimento direto na tentativa de resgate de duas presas ligadas ao PCC na Cadeia Pública de Tanabi (SP). O advogado repassou aos integrantes da quadrilha detalhes da rotina da cadeia.

"É de fazer corar estátua de pedra", escreveu o desembargador Euvaldo Chaub no voto que resultou na condenação de Hermes, Thiago e João Soler, cada um, a quatro anos de prisão em regime fechado por associação para o tráfico. Naim, condenado em primeira instância, teve a pena prescrita no TJ por ter mais de 70 anos. Em 2016, o cartorário trabalhava no setor de malotes do Fórum de Rio Preto.

Por ter livre acesso aos presídios, o advogado pode ser o meio ideal para o traficante preso prosseguir com o comércio de drogas mesmo atrás das grades, sem o risco de ter conversas interceptadas pelo celular. Orlando Marques dos Santos, o Sarará, se valia de cinco deles como "pombos-correio", levando e trazendo mensagens dos comparsas soltos pelo interior paulista. Eram visitas quase diárias do grupo ao traficante, primeiro na Penitenciária de Avaré (SP), depois na de Araraquara (SP). Segundo o promotor Marcelo Freire Garcia, Ariane dos Anjos, Renata Marasca de Oliveira, Elvio Isamo Flushio, Simone Queiroz de Carvalho e Anna Maria Alves de Assis Meneguini, todos advogados criminalistas, recebiam "mesadas" para levar e trazer os recados, inclusive por meio de cartas e bilhetes, ao traficante ligado ao PCC. "Sem eles Orlando não teria como gerenciar seus negócios", escreveu Garcia no inquérito que investigou o grupo.[16]

De acordo com o Ministério Público, Anna Maria era a principal advogada de Orlando. Controlava parte dos negócios do traficante, dava ordens para Xande, apelido de Alexandre Mioto, braço direito de Orlando, fazer depósitos bancários e o alertou, certa vez, para não se encontrar com pessoas depois que essas visitassem Orlando na cadeia. "Com tal atitude Anna Maria provavelmente quer evitar que tais pessoas sejam seguidas e em eventual encontro com Xande o mesmo seja identificado", afirma o promotor Garcia no processo.

Em 18 de outubro de 2010, Anna Maria visitou Orlando na Penitenciária de Araraquara. A certa altura da conversa no parlatório, local onde os advogados têm contato com os presos nas penitenciárias, abaixou o interfone e se aproximou da janela para falar bem próximo ao traficante. Mas a conversa foi captada por aparelhos de escuta instalados no local com autorização da Justiça:

— Como que vai começar a pagar os duzentos que perdeu, porque o amigo tá cobrando — disse a advogada. Ela se referia, segundo a Promotoria, aos 200 quilos de cocaína apreendidos pelo Denarc com uma comparsa de Orlando em São Paulo.

— Ele [Xande, segundo a Promotoria] já sabe disso, Anna, tem que vender alguma coisa — mesmo com a perda da droga, o traficante tinha de pagar o fornecedor.

— Tá, era só isso. Dele [Xande] é só.

Um mês antes, em 10 de setembro, a advogada Ariane lera ao telefone uma carta de Orlando para uma das comparsas do traficante presa em flagrante pelo Denarc:

— Forte abraço, você sabe que pode sempre contar comigo com aquilo que tiver ao meu alcance... mas você tem certeza e tem consciência de quem está preso não ganha salário... o que eu faço por você e vou fazer é pagar advogado, sedex e se seu filho precisar de algo eu vou ajudar, mas não tem salário por mês, nem você nem a Tati [outra presa] e nenhum funcionário que esteja preso e trabalhava na firma...

A defesa da mulher que reclamava salário na cadeia ficou a cargo de Ariane.

COCAÍNA: A ROTA CAIPIRA                                    537

A operação, conduzida pelo Gaeco, braço do Ministério Público paulista que cuida do crime organizado, e pela Polícia Federal, foi batizada de Longa Manus, "mão longa" em latim, referência aos advogados, que serviam de "braços", fora da prisão, do traficante detido. Durante os seis meses de investigações foram apreendidos os 200 quilos de cocaína em São Paulo e mais 3 toneladas de maconha, escondida em peças de madeira ocas, vedadas com pregos e cola para dificultar o trabalho de cães farejadores, dentro de um caminhão na rodovia Castello Branco, em Sorocaba.[17]

A fase ostensiva da operação foi desencadeada em 23 de novembro de 2010. Além dos cinco advogados, foram presos temporariamente outros três comparsas de Orlando, dois deles com Ariane, em Pedro Juan Caballero, Paraguai. Policiais da Senad do país vizinho chegaram a cercar o hotel onde ela estava, mas a advogada não ofereceu resistência. No dia seguinte, ela chegou à PF de Marília, onde foi ouvida e indiciada.

— Não se sabe se ela estava na cidade como "funcionária" do esquema ou por questões pessoais — disse o promotor Garcia.

Não era a primeira vez que Ariane, que atua na advocacia desde 1998, era acusada de envolvimento com o crime organizado. Ex-advogada de Marcos Willians Herbas Camacho, o Marcola, líder da facção criminosa PCC, Ariane chegou a ser indiciada por homicídio qualificado pela CPI do Tráfico de Armas, na Câmara dos Deputados, em novembro de 2006, acusada de envolvimento direto no assassinato do juiz-corregedor da Vara de Execuções Penais de Presidente Prudente, Antônio José Machado Dias, ocorrido no dia 14 de março de 2003.

A convicção do relator da CPI, deputado Paulo Pimenta (PT-RS), baseou-se no cruzamento das datas das visitas de Ariane a presídios do estado com a quebra de seu sigilo telefônico. O cruzamento, conforme a CPI, mostrou o contato permanente de Ariane com Priscila Maria dos Santos, responsável pela operação de uma central telefônica do PCC em Araraquara no início dos anos 2000. Na véspera da morte do juiz, Ariane telefonou para Priscila. Poucas horas antes do crime, a advogada fez uma visita de duas horas a Marcola na penitenciária de Avaré. Um minuto após o crime, recebeu outra ligação de Priscila, de 8 segundos. Para a comissão parlamentar, Ariane repassou a ordem de Marcola para assassinar o juiz e a chamada telefônica seguinte serviu apenas para confirmar a morte de Machado.[18]

O indiciamento da advogada não foi adiante — acabou arquivado por falta de provas. Mas suas ligações com o PCC foram escancaradas pela CPI: além de Marcola, Ariane reconheceu, em depoimento na CPI, em setembro de 2006, ter como clientes os presos Luiz Fernandes, Valdeci dos Santos, Abel Andrade, Robson Ferreira, Adriano Caetano, Mário da Silva, José dos Santos, Moacir Corrêa e Evandro da Silva, todos acusados de serem da direção do PCC na época.[19]

Na CPI, foi confrontada pelo relator, deputado Paulo Pimenta, com um documento mostrando a contabilidade da facção em que consta pagamento à advogada:[20]

— A senhora sabia que na contabilidade do PCC consta, aqui, pagamento à dra. Ariane? — perguntou o deputado.

— Ariane dos Anjos? Dra. Ariane dos Anjos?

— Não, dra. Ariane.

— Hum. Eu fiquei sabendo pela imprensa, pelo *Fantástico*, inclusive. Pelo *Fantástico*, não, pelo SBT.

— 10 mil reais.

— Certo.

— Pagamento à dra. Ariane.

[...]

— Mas eu não advogo para o PCC.

— Como que não, doutora? A senhora está na contabilidade do PCC — disse o relator.

— Eu advogo para presos. Se eles são integrantes ou não, isso não me diz respeito.

[...]

— O PCC não tem personalidade jurídica, por isso a senhora não é advogada do PCC. A senhora... O número 1 [da facção], a senhora é advogada dele. Do número 2 a senhora é advogada. O número 3... [...] Inclusive nos chamou muito a atenção o fato de que os organogramas que são elaborados pelo serviço de inteligência, pela polícia...

# COCAÍNA: A ROTA CAIPIRA

— Eu gostaria de saber quem montou esse organograma.

— Normalmente, logo abaixo do Marcos Willians Camacho, no primeiro escalão do PCC, aparece Ariane dos Anjos.

— Um organograma de 2003.

— Antes mesmo de outros, não é? Isso leva a crer que há uma compreensão, um entendimento de que a senhora tem um papel eu diria até de destaque dentro da organização.[21]

Pouco antes de comparecer à CPI em Brasília, a casa de Ariane em Araraquara foi atingida por uma bomba caseira. Dois anos depois, em fevereiro de 2008, ela precisou de apenas 5 minutos para encerrar uma rebelião que já durava seis horas na cadeia de Pitangueiras (SP).

— Foi tudo muito tranquilo — disse na época a advogada, negando que o fato de ter advogado para Marcola tenha influenciado na decisão dos presos de encerrar o motim.[22]

Meses após serem presos na Operação Longa Manus, os cinco advogados conseguiram habeas corpus para deixar a cadeia, e desde então seguem em liberdade. Eles foram denunciados pelo Ministério Público por associação para o tráfico de drogas, mas o processo, que tramita na comarca de Cândido Mota, ainda não havia sido sentenciado em novembro de 2016. Tanto Ariane quanto os advogados dos demais réus negam envolvimento com o narcotráfico.

Outra investigação do Gaeco contra a cúpula do PCC no oeste paulista, entre setembro de 2009 e janeiro de 2013,[23] voltou a encontrar advogados na função de pombo-correio da facção. Quando não conseguiam subornar agentes penitenciários para obter um celular nas celas — um aparelho chega a custar R$ 25 mil na Penitenciária 2 de Presidente Venceslau, onde está a cúpula do "partido" —, se valiam de uma rede de advogados contratados para levar e trazer informações aos que estão na rua. O setor é tão importante para o PCC que seus membros criaram um setor especializado em contratar advogados, a "sintonia dos gravatas".

O principal deles, segundo o Gaeco, era Antonio Davi de Lara, advogado em Presidente Prudente (SP). Na madrugada de 24 de setembro de 2010, Roberto Soriano, o Tiriça, um dos líderes do PCC, preso na

Penitenciária 2 de Venceslau, mandou o dr. Davi enviar um recado a Orlando Motta Júnior, o Macarrão, e Erik Ferraz. Ambos estavam presos na Penitenciária de Presidente Prudente, e eram suspeitos de delatar à polícia "irmãos" da facção suspeitos do assassinato de um agente penitenciário no ano anterior:

— É para [Davi] perguntar pra ele [Erik] se ele tem condições de dizer o que está acontecendo lá [...]. Aquele Macarrão safado, pra mexer com nossa família, queria escutar da boca dele mesmo se tem envolvimento... já poderiam ir diretamente nesse cara [Erik ou Macarrão] e dizer que se ele ficar com essa palhaçada nós vamos derreter a família dele inteirinha.

Na noite daquele mesmo dia, Soriano narrou o retorno do advogado para outro líder preso do PCC:

— Mandei o gravata [Davi] lá, o gravata voltou com o retorno dele, falou diretamente com o Erik, falou que tá pedindo uma oportunidade, que aquele lugar onde ele estava é o inferno. [...] Fizemos um questionário aqui pro gravata e o gravata vai segunda-feira e vai fazer o questionário pra ele lá.

Dr. Davi chegou a oferecer um fornecedor de drogas para a facção, segundo o Gaeco. Foi em maio de 2010, conforme conversa de Soriano com Edilson Borges Nogueira, o Birosca, outro líder do "partido":

— O dr. Davi me chamou dizendo que tinha um mano que tava junto com o irmão do Língua [Birosca] lá naquela quebrada [...] falando que tá com umas caminhadas [droga] na mão e quer fazer umas caminhadas [negócios] com o compadre [Birosca]. [...] O gravata veio falar isso daí pra poder colocar em contato.

Advogados ligados à facção criminosa também tentaram se infiltrar no STF na tentativa de influenciar as decisões da mais alta corte judicial do país. Na madrugada do dia 28 de agosto de 2010, Daniel Vinícius Canônico, o Cego, membro da "sintonia final geral", a cúpula do PCC, reclamou com uma advogada que dificilmente um benefício legal era concedido aos presos da Penitenciária 2 de Presidente Venceslau, onde ele e os demais chefões do "partido" estavam. A advogada concordou, e propôs:

— Tava pensando em fazer alguma coisa coletiva para levar para algum ministro, porque falaram isso, que era problema do lugar mesmo. [...] Tô pensando em fazer isso, porque meu irmão foi chamado para trabalhar com um ministro.

Quatro dias antes, outra advogada disse ter conseguido agendar uma visita com um ministro do STF:

— Vou conversar legal com ele, vou contar tudo o que acontece naquele lugar horrível [Penitenciária 2 de Venceslau]. [...] Se der, sacode aquele lugar, hein? Sabe quem é esse homem que eu vou falar? É abaixo do Lula.

O Gaeco não conseguiu confirmar se as reuniões realmente ocorreram. As duas advogadas não foram denunciadas à Justiça. Já Davi foi denunciado com outros 174 integrantes do PCC por formação de quadrilha armada à 1ª Vara Criminal de Presidente Venceslau. O processo contra o advogado e os demais não havia sido julgado em novembro de 2016. Dr. Davi seria preso em novembro de 2016, quando o Gaeco e a Polícia Civil paulista fizeram um arrastão contra a "sintonia dos gravatas", rebatizada de "célula R", na Operação Ethos.[24] No total, 38 advogados cooptados pelo PCC, a maioria recém-formada em Direito, foram presos em todo o interior paulista e Baixada Santista. Segundo o Gaeco, em troca de mesadas entre R$ 5 mil e R$ 10 mil por mês, eles serviam de pombos-correio da facção, transformando seus escritórios de advocacia em pontos de apoio da facção criminosa e repassando ordens da cúpula presa em penitenciárias da região oeste do estado para o braço operacional do "partido" nas ruas. Também colaboravam na produção de uma lista de agentes penitenciários jurados de morte pelo PCC, subornavam policiais corruptos durante prisões em flagrante de integrantes da facção (o que denominavam pelo eufemismo de "liberdade alternativa") e intermediavam a contratação de médicos particulares para cirurgias em membros da cúpula. O Gaeco estima que a facção gastasse R$ 6 milhões por mês só com honorários e propinas a advogados "irmãos".

A "célula R" era comandada por Valdeci Francisco Costa, codinome Ariel, sujeito moreno de bochechas gordas e olhos miúdos, egresso da Penitenciária 2 de Presidente Venceslau. Abaixo dele vinham duas "gestoras": as advogadas Marcela Antunes Fortuna e Anna Fernandes Marques, ambas de São Paulo. A comunicação entre os membros do grupo era feita por e-mails cadastrados com nomes falsos. Para proteger a célula, foi criado um "protocolo fantasma" — se um dos advogados fosse identificado ou preso pela polícia ou pelo Ministério Público, os demais imediatamente deveriam se desfazer de todos os seus meios de comunicação. Afinal, como estudiosos do direito, eles sabiam da ilicitude de seus atos, como deixa claro dr. Davi em e-mail para Marcela e Anna:

> Numa investigação... busca.... é apreendido um computador.... conversações do HD com carta digitalizada e mudança de perfil ... não há defensor que absolva este advogado. Espero que a colega entenda.... para a segurança de todos.
>
> Atenciosamente
> Davi

Também por e-mail, outra advogada de Presidente Prudente, Simone de Araújo Alonso, uma das responsáveis pela contabilidade financeira dos procedimentos cirúrgicos da cúpula do PCC, também demonstra preocupação com possível investigação policial nas suas contas bancárias:

> Tenho pensado muito em como resolver essa questão para minha proteção na investigação que se inicia. Tenho certeza da legalidade do meu trabalho, e o modo que o realizo também é ético, justo e legal e me orgulho muito do que faço. Contudo, como vocês bem sabem, mesmo tendo contrato de honorários e procuração de todos, a forma como recebo esse dinheiro, não é legalmente correto, pq não é possível provar que existe individualização de pagamentos, e aí é que posso ser enquadrada na associação [criminosa], será fácil levantar a movimentação bancária minha e das outras contas as quais uso que são de parentes próximos e facilmente por óbvio todas serão investigadas. Quanto aos meus honorários e as despesas de reembolso, isso consigo ir dividindo entre algumas contas sem levantar suspeitas pq o valor não é alto. Contudo o da saúde que é fixo $20 [mil] mas sempre acabando vindo mais por conta das necessidades extras, não tem como continuar recebendo nas contas que tenho. Ir buscar em São Paulo é muito perigoso e a viagem é longa.

Na longa lista de advogados da "célula R" estavam os irmãos Vanila e Davi Gonçales, advogados criminalistas em Birigui, eram dos mais engajados e proativos. A mais velha da dupla, Vanila, era uma das encarregadas de pagar suborno a policiais corruptos para evitar prisões em flagrante de integrantes da facção. Em e-mail a Marcela, a advogada informou que já pagara R$ 10 mil e pediu para quitar a segunda parcela, no mesmo valor, já autorizada pela cúpula do PCC, que ela denomina "W2" (Penitenciária 2 de Presidente Venceslau):

"[...] quando o dr foi no flagrante a esposa dele já tinha saído deu 10 mil faltou 10 os amigos de w2 liberou mais quer saber a data que o mesmo quer para pagar os amigo só vai libera quando vim a data que ele vai pagar e os policial já esta querendo este dinheiro"

Vanila e Davi prometeram ao PCC ingressar no Condepe, Conselho Estadual de Defesa dos Direitos da Pessoa Humana. Assim, poderiam ter livre acesso a penitenciárias paulistas onde estava a cúpula da facção e fazer falsas denúncias contra a polícia e o sistema carcerário paulista. O objetivo, segundo o Gaeco, era desestabilizar a segurança pública no Estado. Como não conseguiram, decidiram cooptar o vice-presidente da entidade, Luiz Carlos dos Santos. Ele recebia entre R$ 5 mil e R$ 8 mil mensais do PCC para o trabalho sujo da facção, incluindo o possível suborno de delegados, conforme e-mail encaminhado por Davi Gonçales a Anna Fernandes. O advogado pede a ela que a mensagem seja encaminhada a um preso chamado Paulo:

Após o jantar, no dia seguinte o dh [direitos humanos, referência a Luiz Carlos] fez uma proposta que na minha opinião é vantajosa, como é sabido o dh tem muita influência na profissão, o dh pegou mais confiança em nós e abriu o jogo para mim no almoço, ele disse que o seu amigo delegado que também estava no jantar esta atuando em Sorocaba, este delegado é o que cuida cerca de 77 DPs de Sorocaba, ele era daqui de perto, conheci ele no jantar e minha irmã já conheceu ele através do dh quando ele estava aqui. Então, o que o dh ofereceu eu não dei resposta pois falei que iria consultar os clientes, ele pediu para perguntar para vocês se há interesse de modificar autos de inquérito daqueles DPs, se alguém for preso lá ele falou para eu acompanhar o inquérito e ele consegue modificar o escrito da conclusão do inquérito, por exemplo tráfico passa a ser consumo ou até mesmo pedir arquivamento, ele disse "o cliente sai da delegacia pela porta da frente"

544 ALLAN DE ABREU

Para outro preso, Airton, Davi Gonçales aborda uma estratégia para conseguir um habeas corpus diante do pagamento de suborno a um desembargador do Tribunal de Justiça:

> O dh também se abriu comigo e disse que se eu montar o HC contra essa decisão do Juiz ele consegue, através do desemb. reduzir a pena, mas isso gera custo para algumas pessoas, até mesmo o desemb. O DH disse que se eu não acreditar o cliente pode pagar depois que o dessem. reduzir a pena mas que tem que ser fiel em pagar depois.

A propina seria de R$ 150 mil. O nome do desembargador não é citado nos e-mails. Também não há informação no inquérito policial de que o valor tenha sido pago ao magistrado. O aliciamento de Luiz Carlos pelo PCC é comemorado pela cúpula da facção em um "salve geral" endereçado aos "irmãos":

> Os dois irmãos gravatas da 018 Vanila e Davi que estão no direitos humanos do CONDEPE, teve retorno do amigo lá, o Luis Carlos do CONDEPE, ele está trabalhando com nóis, já foi autorizado a inclusão do nome dele na folha de pagamento no quadro dos gravatas, ficou acertada da seguinte forma, vai ganhar R$ 5000,00 por mês e alguns trabalhos diferenciados vai ser acertado o bônus extra.
> Esse Luis Carlos ajudou a colocar o CONDEPE aqui em Venceslau ocupa o cargo de ouvidor do CONDEPE e tem grande influência no conselho que está dentro da secretaria da justiça, essa pessoa agora trabalhando para família, vai ser de grande importância, inclusive do projeto do restrito com as filmagens da opressão no sistema.
> O Luis Carlos vai poder ajudar não só com a questão dos direitos dos presos, mas também com relação alguns benefícios no fórum, conhece muitos juízes inclusive desembargadores.
> Hoje o objetivo principal é divulgar as opressões nas faculdades de todo sistema, e a ideia seria minar o governo e a SAP com as filmagens que foram feitas nas cadeias, é para dar um "salve geral" [...] para carregar nas imagens, se a cumbuca de boia vem cheia, é pra jogar pra fora e mostrar que é pouco, deixar lixo no pavilhão para mostrar que o local não tem condições para permanecer presos, tem que ser bem orquestra-

# COCAÍNA: A ROTA CAIPIRA

do, esse Luis Carlos do CONDEPE vai nos auxiliar como foi feito aqui em Presidente Venceslau em dezembro, reuniões, estamos organizando nas próximas audiências que vão ser no dia 29/05/2015 na Praia Grande e de 24/06/2015 em São Paulo, a locação de um telão bem grande para passar as filmagens, é importante deixar todas as equipes de reportagem avisadas, elas que não filmar os telões e divulgar as imagens para toda rede nacional, não será economizado moedas para essa situação, tudo que for necessário de dinheiro pode ser usado sem miséria, o quadro de gravatas também já foi avisado da prioridade deste projeto.

Obrigado pelo emprenho de todos, principalmente dos gravatas Vanila e Davi, que conseguiu esse novo integrante do quadro.

Ass Sintonia Final

Davi Gonçales se rejubilava diante dos pontos conquistados com o comando máximo do PCC. "Eu amo esses trabalhos, nasci para isso", escreveu para a advogada Anna Fernandes.

Já Luiz Carlos, em depoimento à polícia, disse que foi coagido por uma das advogadas do grupo a permanecer no esquema:

— Na primeira ela pagou em dinheiro. Na segunda parcela que foi depositada, eu tentei dizer pra ela que eu não queria mais receber. Aí ela falou: "Não tem volta mais."

Quando, em outra oportunidade, ameaçou deixar o esquema, as ameaças ficaram mais explícitas. Um motoqueiro lhe procurou com uma foto nas mãos:

— Você conhece essas crianças?

— Conheço, são meus filhos.

— Então você pensa bem, cara, na proposta da doutora.[25]

Tanto os advogados quanto a cúpula do PCC respondem a ação penal por participação em organização criminosa e corrupção ativa; Luiz Carlos é réu pelos crimes de organização criminosa e corrupção passiva. O processo não havia sido julgado em dezembro de 2016.

Quando se formou em Direito, em 2001, Priscilla Soraia Dib escolheu o caminho do crime. Assim como a mãe, quis ser advogada criminalista em Araçatuba (SP). Os longos cabelos loiros e o corpanzil bem delineado

546           ALLAN DE ABREU

sempre chamavam a atenção dos traficantes, assaltantes e homicidas que ela defendia nos tribunais. Não demorou para que dra. Priscilla, como era chamada, correspondesse aos tantos galanteios. E mergulhasse no mundo do crime, a ponto de fazer parte de sua principal sigla, o PCC. Embrenhou-se em bocas de fumo, tornou-se viciada em cocaína. A família perdeu a conta das vezes em que foi resgatá-la de motéis na cidade, onde se enfurnava para cheirar pó. Do vício, passou, literalmente, para o crime. Segundo o Gaeco, dra. Priscilla levava celulares para detentos em penitenciárias do interior paulista, ouvia rádios na frequência da polícia para avisar os "irmãos" de operações contra o tráfico, distribuía novas versões do estatuto da facção aos membros da sigla na cidade, encontrava-se frequentemente com a cúpula do "partido". Sabia como ninguém o organograma da facção.[26] Com isso ganhou respeito, mas também inimigos. O namoro de dra. Priscilla com o PCC não poderia acabar bem.

As relações da advogada com a facção estreitaram-se em outubro de 2009, quando ela se casou por procuração com Flávio Aparecido Custódio Cardoso, o Gordo ou Bruxo, um homem possessivo e violento, que mesmo preso comandava o tráfico no bairro São José, periferia de Araçatuba, e exercia a função de disciplina do PCC nas cadeias femininas do interior do estado, responsável por dirimir conflitos entre as detentas filiadas à facção criminosa. O casamento, no entanto, durou apenas um ano. Priscilla quis a separação. Mas Flávio não aceitou.

Em uma situação normal, bastaria procurar a Justiça. Mas no PCC não funciona assim. Quem é casada formalmente com um integrante da quadrilha torna-se "interditada" para outros homens e somente o ex-marido pode reverter essa condição. Priscilla quebrou a regra. Passou a namorar outros homens às escondidas, conforme diálogo com uma amiga, chamada de Tati, captado com autorização da Justiça pelo Gaeco, em investigação contra o PCC de Araçatuba em 2011:

— Quero alguém pra cuidar de mim, véio, não quero mais ficar assim, entendeu, preciso de alguém, o menino acabou de me pedir em casamento agora — diz a advogada em telefonema na madrugada do dia 18 de junho.

COCAÍNA: A ROTA CAIPIRA 547

— Que menino?

— O de Riolândia — Priscilla se referia a um preso na Penitenciária de Riolândia (SP), onde o ex-marido estava preso.

— Não acredito.

— É quando eu visitava o Gordo [ex-marido] lá. Ele já tava... pra mim, aí visitava o Gordo no sábado, aí no sábado eu saía de lá, sentava no bar, tomava cerveja, já arrastava, aí no domingo eu nem aparecia, te falei né, aí eu ficava com esse menino aí.

— Meu Deus!

— Tadinho, [...] tá me pedindo em casamento, que jeito, fia, falei "neguinho, meu naipe é de cinco mil, fio, não tem jeito".

Na mesma conversa, a advogada fala das ameaças que vinham partindo de Flávio:

— Nega, cê já pensou se aquele cão daquele homem sai nessa revisão [criminal] de quinta-feira agora?

— Posso te falar um negócio? Reza, fia, reza. [...] Porque aqui fora vai ser você ou ele — responde a amiga.

Priscilla começou então a desfiar as ocasiões em que ajudou o ex--marido:

— Eu falei pra ele hoje, "fio, o que eu fiz na minha vida só foi pra ajudar você, quando você foi preso eu atendi você lá", e o que eu fiz, a senhora mandou, a senhora deu um radinho [celular] pra mim levar, pra mim [ele] não ficar sem falar, ele sabe, Tati, o que eu fiz por ele, quantas vezes a polícia descia atrás dele e eu avisei ele, "ó, os caras tão descendo atrás de você".

Nessa época, Priscilla já mantinha um relacionamento amoroso com outro traficante, Davos Costa da Silva. Ele não pertencia ao PCC, mas tinha o respeito da facção pelo seu passado no crime. Davos, um homem moreno, baixo e forte, de rosto anguloso, nasceu no norte mineiro em 1958, mas ainda jovem mudou-se com a família para Araçatuba. Em 1986, foi preso em flagrante por tráfico na cidade e condenado. Saiu da cadeia anos depois e estreitou laços com fornecedores de pasta-base na Bolívia. A droga vinha de avião, era refinada em sítios do norte paulista e revendida em São Paulo. Com o esquema, Davos fez fortuna, e no fim dos anos 1990 era considerado um dos maiores traficantes do interior de São Paulo. Tinha fazendas em Mato Grosso do Sul, carros importados e uma mansão de mais de mil metros quadrados em bairro nobre de Araçatuba. Um patrimônio avaliado em mais de R$ 4 milhões, na época.[27]

O envolvimento de Davos com o narcotráfico era notório. Mas a polícia não conseguia chegar até o chefão porque ele nunca punha a mão na cocaína que comercializava. Sua sorte só mudaria por um mero acaso, quando, em junho de 2000, um sitiante procurou a Polícia Civil em Fernandópolis (SP). Disse que havia tempos notara algo de estranho em um sítio na zona rural de São João de Iracema, cidadezinha da região. A porteira sempre estava trancada com cadeado, apesar do entra e sai constante de carros.

O delegado Mailton Levy Bariani decidiu investigar. Disfarçados de pescadores, policiais passaram a vigiar a propriedade e confirmaram as suspeitas. Só poderia ser um laboratório de drogas ou desmanche de veículos, concluiu Bariani. No dia 18 de agosto, programou a invasão do sítio. Com dez policiais, cercou a área e começou a se aproximar da casa, ocultando-se no mato ligeiramente alto. Até o bote, não seria tarefa fácil passar despercebido, já que a sede ficava no alto de um pequeno outeiro, de onde era possível observar todo o entorno. O delegado não sabia, mas os traficantes tinham um olheiro, que com um binóculo, debaixo de uma árvore, observava toda a movimentação aos arredores. A sorte é que, exatamente naquele momento, o homem saíra para ir ao banheiro...

Quando faltavam poucos metros para alcançar a casa, Bariani notou três homens, incluindo o olheiro, fugindo pelos fundos, onde havia um matagal. Metade da equipe correu atrás deles, enquanto o restante invadiu a sede. Logo na porta, os policiais se depararam com Aldemar Costa da Silva, irmão de Davos, pronto para fugir. Depois de algemá-lo, foram até um barracão nos fundos da sede. Lá, encontraram uma betoneira impregnada de cocaína, uma prensa, um misturador, uma balança digital ainda ligada, tambores cheios de sacos plásticos com pó branco

COCAÍNA: A ROTA CAIPIRA 549

e tijolos de cocaína pura. Atrás da betoneira, escondidos em um fundo falso na parede, mais galões com produtos químicos para o refino da pasta-base, um fuzil AR-15 e uma submetralhadora.

A equipe seguiu então para a sede. Pressionado, Aldemar indicou outro esconderijo da droga. Em um dos quartos, debaixo da cama, os policiais quebraram o piso de ardósia e encontraram mais 25 sacos com pó branco. No total, havia 386 quilos de cocaína pura no sítio. Nesse momento, chegou a outra equipe com um dos homens que haviam tentado fugir, Jerônimo Antonio de Queiroz, cunhado de Davos. No porta-malas de um dos carros estacionados no sítio, os investigadores encontraram uma nota de culpa de Davos por porte ilegal de arma, meses antes, e um frasco de remédio com seu nome no rótulo. Só podia ser o laboratório de refino de coca de Davos Costa da Silva, concluíram os policiais. Um dos dois que conseguiram fugir, suspeitavam, era o próprio capo.

Imediatamente, outra equipe de policiais invadiu a mansão de Davos em Araçatuba. Encontraram as notas fiscais da betoneira e da prensa hidráulica. Mas o homem não estava. Ficou foragido por três anos na região de Campinas até ser preso pela Polícia Federal em dezembro de 2003, no Shopping Center Norte, em São Paulo. Foi condenado em primeira e segunda instâncias judiciais a 21 anos de prisão por tráfico e associação. No entanto, em fevereiro de 2010, Davos conseguiu no Tribunal de Justiça paulista o direito a uma revisão criminal. A decisão causou estranheza entre delegados e promotores de Araçatuba, já que a revisão só cabe quando surgem novas informações no processo, o que, dizem, não era o caso. Por seis votos a um, o traficante foi absolvido. Para o desembargador Aben-Athar, relator do caso, a condenação foi "baseada em meras conjecturas e presunções, o que é inadmissível".

Com a decisão, Davos foi solto e mudou-se para São Paulo. Ao que tudo indica, pelas escutas do Gaeco, não abandonou o tráfico. Em maio de 2011, ele disse para a namorada Priscilla que iria para a África, onde tinha "uns negócios bons pra resolver". Três meses mais tarde, Nivaldo José Tomaz, o Juninho, traficante do PCC em Araçatuba, disse ter comprado droga de Davos:

— Eu peguei cinco caminhada a 8 cruzeiro [5 quilos e R$ 8 mil o quilo], de um, lembra daquele cara aqui de Araçatuba, o Davos aqui?

— Hã.

— Então, ele saiu e tava ali em Três Lagoas, aí ligou pra mim, "ó, tô com cinco caminhada aí, faço procê a oito, taí dentro da sua cidade", aí eu peguei.

Quando descobriu que sua ex-mulher estava namorando Davos, Flávio ficou furioso e passou a ameaçá-la.

— O Gordo tá enchendo o saco ainda? — perguntou para Priscilla Nivaldo, o Juninho, em agosto.

— Tá, essa noite ele descobriu que eu tô ficando com o Davos. [...] Ele falou que vai esticar que nóis quebramo as regra, que agora ele vai esticar, eu vou falá pra você, se ninguém fizer nada por mim eu vou pedir proteção pra Justiça porque eu quero viver minha vida em paz.

As ameaças de Flávio vinham por meio de Fábio Ferreira de Souza, o Sassá, líder do PCC na região de Araçatuba, como ela confidenciou à amiga Tati:

— Eu falei pro Sassá hoje também, "olha aqui, o cara chegou pra minha mãe no mercado, investigador da Dise, falou que tava sabendo que a minha família tava sendo ameaçada por você e pelo Gordo".

— Que que ele [Sassá] falou?

— Foi na onde ele falou assim, "doutora, a senhora não vai amanhecer com um tiro, a senhora vai amanhecer com o nariz cheio de sangue de tanto cheirar, te dou 50 grama aí com uma [pistola] 380 na sua cabeça e a senhora vai ter que cheirar ou morre".

Davos sugeriu então que a namorada procurasse a ajuda de Marcola.

— Vai de cima pra baixo. [...] Chega lá e fala "ó, o menino tá assim, assim, a situação é assim, é meu amigo, gosto dele e ele gosta de mim".

No mesmo dia, à tarde, ela telefonou para o ex-marido Flávio:

— Eu marquei atendimento pro dia 15 lá em Venceslau dois [penitenciária]. [...] Atendimento adivinha com quem?

— Com quem?

— Marcos Willians Herbas Camacho!

COCAÍNA: A ROTA CAIPIRA 551

— Ave Maria.

— E agora você vai vê o que eu vou falá.

Ela ainda se encontraria com Wanderson Nilton Paula Lima, o Andinho, outra liderança do PCC no interior. Mas as ameaças não cessaram, principalmente por parte de Sassá.

— Eu já cheguei no Sassá e falei assim, assado, "ou você junta comigo ou você tá contra mim, e vamos virar inimigo mortal, porque eles vão jogar um contra o outro até o fim, até a hora que um morrer primeiro", disse para Davos. Isso foi em maio de 2011. Quatro meses depois, ela e outros sete integrantes do PCC em Araçatuba, incluindo Sassá, foram presos preventivamente, acusados de tráfico, financiamento ao tráfico e formação de quadrilha. Na casa da advogada, os policiais encontraram um rádio na frequência da PM, celulares e chips, além de procurações em nome de Marcola e Andinho. Dois meses depois, ela acabaria solta por decisão da Justiça — os demais continuaram detidos.

Desde então, Priscilla, mãe de uma menina então com 8 anos, passou a responder ao processo em liberdade. Foi denunciada pelo Ministério Público por formação de quadrilha e colaboração ao tráfico, como informante. Ela parecia pressentir que algo de ruim aconteceria consigo. Na tarde do dia 10 de novembro de 2012, virou-se para a mãe, diabética:

— Você precisa tomar seus remédios, para ficar bem e cuidar da minha filha. Eu vou morrer, mãe.

Naquele mesmo dia, de madrugada, a advogada estava com dois amigos sentada na caçamba de uma caminhonete em um posto de combustível de Araçatuba quando dois rapazes se aproximaram em uma moto, ambos de capacete. Priscilla arregalou os olhos:

— Mas o que que é isso? — perguntou.

Não houve resposta. O jovem da garupa sacou uma pistola e deu dez tiros contra a advogada. Sete acertaram seu corpo. Morte instantânea. Minutos depois, dois "irmãos" do PCC surgiram em meio aos curiosos que se aglomeravam em torno do corpo. Foram conferir se o trabalho dos pistoleiros fora bem-sucedido.

552 ALLAN DE ABREU

Para o delegado Marcelo Curi, que cuidou da investigação, há três hipóteses para o assassinato:

1) O ex-marido Flávio teria encomendado o assassinato da advogada, com o aval da cúpula do PCC;
2) Priscilla teria ameaçado contar na Justiça tudo o que sabia sobre a facção — seu depoimento em juízo estava marcado para dezembro daquele ano;
3) Ela poderia denunciar à polícia algum novo esquema do namorado Davos.

Mas a autoria do crime nunca foi esclarecida. Um ano depois, o inquérito que apurava o crime foi concluído sem apontar culpados.

Dionizio dos Santos Menino Neto é o advogado criminalista mais famoso de Catanduva (SP). De 2004 a 2012, dr. Neto, como é conhecido, amealhou patrimônio estimado em R$ 4 milhões, que inclui dezenove casas, entre as quais uma mansão no centro da cidade, além de carros de luxo. O que poucos na cidade sabiam eram as relações nada lícitas do advogado com o narcotráfico, o que só veio à tona a partir do início de 2011, quando a Polícia Federal iniciou investigação sigilosa sobre o comércio de drogas na cidade. Era o início da Operação Gravata, homenagem dos policiais ao modo como os traficantes da cidade se referiam a Neto.[28]

Como toda cidade de médio porte do interior paulista, Catanduva estava "loteada" entre vários traficantes. Rozeri César Valentim era um dos mais influentes. Morador de um sítio imponente na região, César controlava com mão de ferro dezenas de bocas de fumo no município, principalmente no conjunto de prédios da CDHU no bairro Gabriel Hernandes, ponto escancarado de venda de drogas e depósito de armas, retratado no capítulo 26. César também tinha pontos de venda de drogas em cidades no entorno de Catanduva. Em todas, negociava cocaína adquirida diretamente com um fornecedor em Ponta Porã (MS). Embora tenha sido preso por tráfico em Campo Grande (MS), em 2006, César

COCAÍNA: A ROTA CAIPIRA 553

primava pela discrição. A polícia sempre desconfiou do envolvimento dele com o tráfico na região, mas nunca conseguiu reunir provas. Até ele cair no monitoramento telefônico da PF, em 2011.

Em julho daquele ano, um rapaz não identificado telefonou para César e perguntou se ele "consegue comprar ácido sulfúrico que serve para limpar pedra e ácido clorídrico, porque ele tem uma receita boa, que aprendeu a fazer". A receita, no caso, era uma nova técnica de produção do cloridrato de cocaína, segundo a PF, uma vez que os dois tipos de ácido são usados no refino da droga. Quatro meses depois, chegou novo carregamento de droga para César, escondido na zona rural de Catanduva. Na manhã do dia 23 de novembro, um comparsa telefonou para ele e disse que outro dos seus funcionários queria buscar a droga, referida como "porco":

— O rapaz lá quer matar o porco cedo.

— Tranquilo — respondeu César.

— Vou falar pro rapaz ir buscar o porco.

Logo que chegou à cidade, a droga — 8,7 quilos de cocaína — foi apreendida pela polícia.

Outros traficantes de poder na cidade eram os irmãos Torres, Gilberto e Gilson, do PCC, o casal Márcio Aguinaldo Pereira e Daniela Paula Valentim, e Muller Ricardo Bezerra da Silva, o Batata. Todos eram abastecidos com cerca de 30 quilos mensais de pasta-base, enviados de Pontes e Lacerda (MT) pelo grupo de Adenilson Rodrigues da Silva. A droga, vinda da Bolívia, era armazenada em uma fazenda no município de Mato Grosso antes de ser remetida ao interior paulista. Em maio de 2012, um funcionário de Adenilson comentou com outro a quantidade de cocaína armazenada na propriedade:

— O trem tá bagunçado. O gado aqui, derramou tudo aqui, tem 217 novilhas — para a polícia, na verdade eram 217 quilos de pasta-base.

Dr. Neto era o grande elo entre todos esses grupos. O advogado promovia reuniões entre os traficantes no seu escritório, negociava drogas e, em caso de prisão em flagrante de algum dos subordinados dos chefões, cuidava para que o detido não delatasse os verdadeiros donos do entorpecente, segundo a Polícia Federal.

Em 31 de agosto de 2011, a PF flagrou um membro do grupo com 3,4 quilos de cocaína em Araçatuba (SP). A droga havia sido negociada na cidade por Gilberto Torres. Após a prisão, a namorada do preso ameaçou delatar à polícia o verdadeiro dono da droga. Foi quando Neto entrou em cena.

— O doutor tá fazendo a cabeça dela — disse Michele, mulher de Gilberto —, falando que não é pra ela dar ninguém... que não pode fazer... senão ele [Neto] vai sofrer mais.

— Ela tá querendo caguetar, né — disse um subordinado de Gilberto.

— É, o dr. Neto tá falando um monte aqui pra ela... E eu também.

O próprio advogado, segundo a Polícia Federal, deu a entender, pelas escutas, que comandava bocas de fumo em Catanduva. Em 11 de junho de 2012, um traficante que se identificou como Bocada telefonou para Neto. O rapaz estava irritado, disse que precisava de um ponto de venda de drogas em Catanduva para trabalhar, e indicou um local:

— Eu tô falando que do bar azul pra trás sempre foi meu, viu, doutor.

Mas o advogado rebateu de imediato — o ponto era dele:

— O bar... o bar do Alemão ali na esquina é meu... comprei com tudo! — respondeu Neto.

— É pra frente, certo. Só que do azul pra trás era meu, tá ligado... que que ele fez... ele jogou pra cima do cê, doutor, tá ligado... A gente também é merecedor, a gente também precisa... sabe disso, né.

Mas o advogado se mostrou irredutível:

— Mas eu... Eu respondo pelo meu comércio lá, né.

— Não tô pegando do cêis, tá ligado. Qual que é.

Neto se irritou:

— Não é "do cêis", é meu! Tanto é que não quero que faz lá.

— Então, só que o que é pra trás é meu... entendeu, doutor... entendeu como é que eu fico...

— Então, tá cadastrado, não tá?

— Tá cadastrado.

— Então, uai... se é teu... — Neto riu.

— Então troca ideia com esses caras aí, doutor.

— Eu não... não... não vou me meter nisso aí, compadre...

COCAÍNA: A ROTA CAIPIRA

— Mas não é seu?

— O bar é meu... o ponto ali é meu... o espaço inteiro ali inteiro, quando eu comprei do PC foi com tudo.

Neto afirmou então que estava vendendo seu ponto para Gilberto — para a PF, era Gilberto Torres:

— Inclusive o Gilberto tá comprando ele... vai comprar com tudo.

Neto servia ainda de ponte entre os traficantes e a banda podre da polícia local. No dia 26 de maio, conforme relatório da Polícia Federal, quatro pessoas, três homens e uma mulher, subordinados a Muller, o Batata, foram detidas por policiais civis de Catanduva. Minutos depois, Neto foi à delegacia e em seguida telefonou para Batata. Disse que, se fosse feito pagamento de R$ 5 mil, os três homens seriam liberados. Para a PF, "o dinheiro será destinado ao pagamento de propina aos policiais responsáveis pela prisão". O diálogo foi resumido pelos agentes da PF:

"Neto diz que está aqui no flagrante, fica só a mulher, mas não tem como fazer menos de 5 mil. HNI [identificado depois como Batata] pede pra ver se dá pra melhorar, fazer 4 mil. Neto diz que não dá. HNI pergunta para quando tem que ser isso aí. Neto diz que vai ver se pode ser pra segunda-feira, vai conversar com a esposa porque tem um monte de coisas para pagar. [...] HNI diz que pode ser."

Esposa, para a PF, eram os policiais. O negócio ilícito foi fechado em R$ 6 mil, em duas parcelas. Duas horas depois do flagrante, os três homens foram liberados.

A relação do advogado com a polícia era mais do que próxima. A ponto de ele ser informado constantemente das operações policiais contra o tráfico em Catanduva e logo em seguida avisar os traficantes da cidade, sempre em linguagem cifrada, em que blitz era tratada como "churrasco" ou "festa":

— À tarde o pessoal vai fazer um churrasco aí na chácara, até as 22 horas — afirmou Neto a Batata em 19 de maio de 2011.

Dias depois, a PF descobriu um dos informantes de Neto: o soldado da Polícia Militar de Catanduva Sérgio Faria, tratado nas conversas monitoradas como Maguiar. No dia 13 de julho de 2011, um pouco antes das 19 horas, Faria enviou mensagem de celular para o advogado:

"AMANHA TAO PLANEJANDO FAZER UM FECHA NO BAIRRO ASS. MORENO DO MERCADO."

Nos horários de folga, Faria fazia "bicos" como segurança em um posto de combustível e em um supermercado, daí a assinatura peculiar, segundo a PF.

Vinte minutos depois, Neto telefonou para Gilberto:

— O pessoal [polícia] vai tudo pra um churrasco [operação policial] amanhã aí pra cima, queimar uma carne pra comemorar.

De fato, no dia seguinte pela manhã a polícia invadiu a casa dos irmãos Torres. Nada foi encontrado.

Com o tempo, o próprio Faria passou a enviar os avisos diretamente aos traficantes, sem o intermédio de Neto, como em 4 de agosto, quando enviou novas mensagens via celular para uma traficante:

"AMANHÃ TEM CHURRASCO."

"QUE HORAS VAI SER A FESTA AMANHÃ", perguntou a mulher.

"Hoje as tres horas vai ter festa ass moreno."

Nove dias depois, o PM avisou Michele, mulher de Gilberto, que haveria operação policial. Faria disse que era ele quem iria na rua Frutal, periferia de Catanduva. Michele afirmou então que seu sobrinho estava traficando no local, mas o policial disse que era para o sobrinho dela "ficar de boa" que era "sem novidade". Em seguida, Michele telefonou para traficantes e disse que "podem continuar trabalhando [vendendo droga] que não dá nada". Ligou para outro e assegurou que "não é pra se preocupar, porque é ele [Maguiar] quem vai".

No fim daquele mês, o PM enviou mensagem no celular para Michele:

"AMANHA VAI TER FESTA A PARTIR DAS TRES HORAS E VAO NA SUA LOJA PROVAVELMENTE."

"OBRIGADO", agradeceu Michele.

As informações, claro, não eram gratuitas. Em 27 de agosto, a PF interceptou telefonema de Michele ordenando a um subordinado entregar R$ 300 para Faria no posto de combustível onde ele trabalhava.

A aliança de Neto e Faria ia além da troca de informações privilegiadas. No dia 5 de agosto de 2011, o advogado recebeu a informação de que um traficante apelidado de Tita escondia droga dentro de uma casa na

COCAÍNA: A ROTA CAIPIRA

periferia de Catanduva. Neto então pediu para o PM invadir o imóvel. Faria apresentou no plantão policial um revólver e quatro porções de maconha apreendidos. Mas não era toda a droga apreendida, segundo a Polícia Federal — parte foi desviada pelo soldado, "que, juntamente com o advogado Neto, está tentando a devolução para Tita em troca de algum valor", escreveram os agentes.

No dia 12 de julho de 2012, os federais desencadearam a chamada "fase ostensiva" da Operação Gravata. Neto, o soldado Faria e os líderes do tráfico em Catanduva foram presos preventivamente, com exceção dos irmãos Torres, que conseguiram fugir da polícia. Apenas Gilberto seria capturado um ano depois, em Ribeirão Preto. Gilson escondeu-se no Paraguai, mas em dezembro de 2016 decidiu passar as festas de fim de ano com a família em Catanduva e acabou detido. Ao todo, trinta pessoas em três estados terminaram atrás das grades. Três anos depois, todos seriam condenados pela 5ª Vara Criminal de Rio Preto: dr. Neto e Rozeri foram condenados a 72 anos de prisão cada; o advogado, por tráfico, associação para o tráfico, colaboração com o tráfico na condição de informante e peculato; Rozeri, por tráfico e associação. Gilberto Torres teve pena de 83 anos por tráfico, associação para o tráfico, corrupção ativa e formação de quadrilha, enquanto seu irmão foi condenado a quarenta anos por tráfico e associação, e a mulher de Gilberto, a 25 anos por tráfico, associação e corrupção ativa. Sérgio Faria recebeu pena de trinta anos por tráfico e colaboração com o tráfico como informante, Adenilson, outros 47 anos por tráfico e associação. Por fim, foram condenados por associação para o tráfico Márcio e Daniela (nove anos cada) e Muller (onze anos). Em novembro de 2016, a apelação ao TJ não havia sido julgada. Faria acabou expulso da PM.

Como se vê, nem os policiais escapam à sedução do narcotráfico. Quando cedem à tentação, se tornam tão ou mais criminosos do que os traficantes que deveriam combater.

# 22
## Polícia bandida

O tráfico é um mal em cadeia. Não só porque mobiliza milhares de pessoas na sua cadeia industrial e, na última ponta, destrói vidas, arrasa famílias. A sedução da cocaína ou da maconha vai muito além do "barato" na mente dos viciados. Os milhões mobilizados na compra e venda de drogas mundo afora atraem feito ímã todos os que, movidos pela ganância, estejam em busca de lucro fácil, a despeito dos riscos e consequências. Essas pessoas podem estar nos dois lados do balcão. Junto daqueles que operam diretamente o complexo mercado das drogas ou em meio ao grupo cuja tarefa é combater e exterminar esse comércio. Policiais corrompidos só reforçam a impressão de que, na sociedade atual, o tráfico é uma roda cada vez mais pesada, inexpugnável. Com o agravante de que, na disputa por dinheiro com traficantes, delegados, investigadores e PMs contam com a proteção da lei.

A relação promíscua entre policiais e narcotraficantes perdura no tempo. Documento sigiloso elaborado pelo Exército em 1972 acusava um delegado e cinco policiais militares de Araçatuba (SP), inclusive um capitão, de "dar cobertura a contrabandistas e traficantes".[1] Duas décadas depois, novo envolvimento de policiais com o tráfico, dessa vez um tira de alta patente: o major Sérgio Roberto de Carvalho, comandante da PM em Amambai, cidade de Mato Grosso do Sul na fronteira com o Paraguai. Para o juiz federal Fausto Martin de Sanctis, "Sérgio, sem dúvida, valendo-se da sua condição de policial, detendo poder de liderança, não encontrou maiores dificuldades para ingressar nesse rentável comércio. Cercou-se de pessoas entusiastas da obtenção de lucro fácil e acesso aos confortos que somente o dinheiro poderia propiciar".

Haja conforto. Nos anos 1990, o major de origem humilde tinha fazendas, empresa transportadora com uma frota de caminhões, aviões e um posto de combustível. Bens que o salário honesto de um policial jamais poderia comprar.

As suspeitas sobre o envolvimento de Carvalho com o narcotráfico internacional começaram em 1996, quando policiais da Dise de Ribeirão Preto (SP) especulavam que ele fosse um dos pilotos de um Corisco branco de listras azuis que descarregava pasta-base de cocaína boliviana em um sítio de Santa Rosa de Viterbo, norte paulista, onde funcionava o laboratório de refino de crack e cloridrato de cocaína de Douglas Kennedy Lisboa Jorge, o Biggie, descrito no capítulo 2 deste livro. Major Carvalho chegou a ser denunciado por tráfico e associação, mas acabou absolvido pela Justiça paulista. No ano seguinte, se tornaria alvo da Polícia Federal no seu estado natal. Agentes da PF passaram a montar campanas diárias nos arredores de uma de suas fazendas, a Nova Cordilheira, em Rio Verde de Mato Grosso (MS). A primeira tentativa de flagrar droga no local fracassaria. No dia 4 de abril, os policiais viram um Cessna se aproximando da pista de pouso da fazenda. Era o piloto Emerson de Carvalho, o Grilo, vindo de Campo Grande com o avião do major. Na manhã seguinte, Grilo levantou voo novamente, com destino à Bolívia. Os agentes permaneceram na espreita, à espera de que o Cessna abarrotado com cocaína pousasse na fazenda do major para reabastecer, no caminho para o interior paulista. Mas anoiteceu e nada do avião surgir. Só dias mais tarde a PF descobriu que a aeronave havia sofrido uma pane no motor e caído na selva boliviana. Grilo morreu na hora. Quando os policiais de Santa Cruz de la Sierra localizaram os destroços, notaram que pessoas haviam estado antes no local. E a droga misteriosamente sumira.

Em outubro de 1997, o major Carvalho perderia outro avião, dessa vez na Colômbia. Outra pane derrubou e matou o piloto Cornel Ramos,

COCAÍNA: A ROTA CAIPIRA 561

que já havia sido preso em flagrante, nos anos 1980, com 3,5 quilos de cocaína em Copacabana, Rio.[2] Para a PF, Ramos fazia outra rota do tráfico do major, a partir da Colômbia, passando por Roraima até Mato Grosso do Sul.

Nesse intervalo, conforme a PF, Carvalho teria orquestrado várias viagens à Bolívia e Colômbia em busca da pasta-base de cocaína. Todas escaparam de operações dos agentes. Na tarde do dia 6 de novembro, os agentes bisbilhotaram uma reunião do major com seus subordinados no tráfico na transportadora em Campo Grande. Possivelmente, acreditaram os policiais, estavam organizando uma nova remessa de droga. Nova campana nas imediações da fazenda do major em Rio Verde, e, no dia seguinte, às 11 horas, o Corisco se aproximou da pista de pouso. Bastou desligar os motores para que os agentes dessem o bote. Metralharam o motor do avião, para que não decolasse novamente, e renderam piloto e funcionários da fazenda. Dentro da aeronave, 237 quilos de pasta-base, avaliada na época em R$ 4,5 milhões, escondidos em sacos de farinha de trigo com a inscrição "indústria boliviana". No celular de um dos acólitos do major, os policiais encontraram ligações para a Guiana, Martinica, no Caribe, e São Tomé e Príncipe, África.

Ao saber da invasão de sua fazenda, Carvalho entrou em pânico. Fez dezenas de ligações para subordinados para se inteirar da apreensão e decidiu fugir. Só seria encontrado uma semana depois, em pleno feriadão da Proclamação da República, em um hotel do Guarujá, litoral paulista. Três anos depois, ele seria condenado a quinze anos de prisão por tráfico e associação para o tráfico internacional pelo TRF, processo relatado pelo juiz convocado Fausto de Sanctis.[3] Após recursos nos tribunais superiores, todos negados, o processo foi encerrado. O major acabaria expulso da PM de Mato Grosso do Sul. Em 2009, foi alvo de outra operação policial por envolvimento com a exploração de jogos caça-níqueis na capital do estado.

Nessa época, a corrupção policial no combate ao tráfico instalara--se com força pelos longos corredores do Denarc em São Paulo. Não que todos os seus tiras estivessem envolvidos em ações obscuras. De 2002 a 2012, a unidade de elite da Polícia Civil paulista no combate ao narcotráfico, inclusive interior, apreendeu pelo menos 3 toneladas de cocaína na rota caipira, em aviões, carros e caminhões. Mas, se no departamento criado em 1987 as apreensões de droga são muito maiores do que nas demais delegacias, a corrupção também costuma ser no atacado. A venalidade manchou a imagem do Denarc, admite Edison de Santi, delegado assistente do departamento.

Foi a partir do caso Abadía que a má fama do departamento se espalhou país afora. É do megatraficante colombiano Juan Carlos Ramírez Abadía a famosa frase que associaria o departamento à corrupção endêmica:

— Para acabar com o tráfico de drogas em São Paulo, basta fechar o Denarc — disse o colombiano aos promotores do Gaeco.[4]

Um dos maiores traficantes de droga do mundo, com patrimônio pessoal avaliado em US$ 1,8 bilhão, Abadía, um homem de rosto esticado pelas sucessivas plásticas, foi preso em 7 de agosto de 2007 pela Polícia Federal em sua mansão num condomínio de luxo em Aldeia da Serra, Barueri, Grande São Paulo. Ele era um dos chefes do cartel do Norte do Vale, na Colômbia, que está entre os maiores fornecedores de cocaína e heroína para os Estados Unidos — entre 1990 e 2004, segundo a DEA, Abadía teria enviado cerca de mil toneladas de cocaína para o país do hemisfério norte.[5]

Violento contra seus inimigos, o megatraficante é apontado como mandante da morte de 350 pessoas na Colômbia e quinze nos Estados Unidos. Por essa biografia, o Departamento de Estado norte-americano oferecia recompensa de US$ 5 milhões por informações que levassem à sua captura. Em 2004, já com mandado de extradição por tráfico expedido pelos Estados Unidos, Abadía deixou a Colômbia em meio à guerra entre facções dentro do cartel. Veio para o Brasil, onde morou em Curitiba, no Rio Grande do Sul e, por fim, em São Paulo. Aqui, passou a lavar o dinheiro do tráfico — o lucro da venda da droga enviada à Europa e aos Estados Unidos era trazido do México e da Espanha para o Uruguai e entrava no Brasil como se fosse resultado de exportações lícitas. Parte desse dinheiro, US$ 1,4 milhão, foi escondida no teto da cozinha de uma casa alugada

# COCAÍNA: A ROTA CAIPIRA 563

por comparsas colombianos de Abadía em um condomínio de luxo de Campinas (SP) somente para esse fim. A PF descobriu o endereço em setembro de 2006, quando acompanhou a distância o encontro do capo colombiano com comparsas do seu país na praça Carlos Gomes, centro de Campinas. De lá, seguiram para a casa que guardava o dinheiro sujo do tráfico.

No dia 7 de agosto de 2007, quando desencadeou a Operação Farrapos, contra Abadía, policiais federais invadiram a casa, acompanhados de agentes mal-encarados da DEA, em seus carrões de vidros fumê. Não encontraram nada. O dinheiro havia sido levado dias antes pelos colombianos à casa de um laranja na periferia de Campinas. O homem, motorista particular dos comparsas de Abadía, escondeu a caixa de papelão repleta de dólares no guarda-roupa do quarto. Mas a estratégia não deu certo. No dia seguinte, a PF invadiria a casa e encontraria a dinheirama.

Nos três anos em que ficou no Brasil, Abadía traficou para os EUA 122 toneladas de cocaína, que lhe renderam um lucro estimado de US$ 70 milhões, conforme atestaram planilhas apreendidas no computador do colombiano. Esses mesmos documentos listam mortes sob encomenda, com indicação do valor pago aos assassinos. No computador, também havia caminhos do tráfico da Colômbia para países vizinhos e os Estados Unidos. O equipamento registrava, inclusive, posições de fragatas americanas, para que barcos cheios de cocaína passassem longe da fiscalização.[6]

Preso, Abadía relatou ao Ministério Público ter comprado muita gente no Brasil para não ser incomodado. Ele e seus principais comparsas teriam sofrido cinco extorsões de policiais civis, que somavam R$ 2,7 milhões. Uma delas se refere à compra de um iate, avaliado em R$ 2 milhões, pelo colombiano. A embarcação foi registrada em nome de Daniel Maróstica, testa de ferro do traficante. Mas, como Daniel não tinha como justificar a compra à polícia, Abadía subornou os policiais com R$ 400 mil. Pouco tempo depois, em maio de 2006, outro comparsa do capo, Henry Edval Lagos, o Patcho, foi sequestrado por policiais do Denarc, e o colombiano desembolsou nova propina.

Os achaques não pararam por aí. Certo dia, ainda em 2006, Ana Maria Stein, mulher de Daniel, dirigia sua caminhonete Toyota Prado pela avenida dos Bandeirantes, zona sul de São Paulo, quando foi cercada por dois automóveis. Deles saíram dois homens agitados.

— Polícia, polícia!

Minutos mais tarde, chegou o chefe dos investigadores da equipe do Denarc, Hélio Basílio.

— Você tá encrencada. Sei que você é a mulher do Patcho — disse Hélio.

Só na sede do Denarc, para onde Ana foi levada, os policiais notaram o engano: lá estava Daniel, esse sim o marido dela, e para quem Ana havia telefonado a caminho da delegacia. Mas isso não aliviou a situação do casal. Daniel foi levado até uma sala para conversar com Pedro Pórrio, delegado no Denarc, e Hélio. Os policiais queriam saber de quem era a Toyota, cuja documentação estava irregular. Também ameaçavam prender Daniel por envolvimento com Patcho. Segundo Daniel diria depois à Corregedoria da Polícia Civil, o delegado e o investigador exigiram que ele vendesse a caminhonete e repassasse metade do valor aos policiais. Daniel concordou com a proposta e tanto o casal quanto a Toyota foram liberados.

Como o veículo estava em nome de um laranja, dias depois dois policiais do Detran procuraram Daniel e transferiram a caminhonete irregularmente para o aliado de Abadía, que então poderia vendê-la. Após Daniel negociar a Toyota com um amigo, os policiais exigiram R$ 100 mil, metade do valor do automóvel, conforme fora combinado com os policiais do Denarc. Mas o testa de ferro de Abadía negociou e reduziu o valor para R$ 70 mil. O dinheiro foi entregue aos dois servidores do Detran e repartido entre todos os policiais.

O caso chegou à Corregedoria da Polícia Civil, que instaurou quatro inquéritos para apurar os supostos achaques do Denarc à quadrilha de Abadía. Todos os inquéritos tornaram-se ações penais contra os policiais envolvidos. No caso da Toyota, os réus foram absolvidos pelo juiz Marcos Fleury Silveira de Alvarenga, da 12ª Vara Criminal de São Paulo. Mas o Ministério Público recorreu e,

COCAÍNA: A ROTA CAIPIRA 565

em setembro de 2016, dez anos após o caso, o grupo foi condenado pelo Tribunal de Justiça por extorsão e formação de quadrilha.

"Os réus se utilizaram de viaturas do Denarc e Detran e de informações restritas constantes da base de dados policial para planejar e executar os crimes, além do dolo intenso e da extrema gravidade das condutas, que se mostram tão ou mais criminosas do que as atividades que deveriam repreender, maculando a imagem dos demais integrantes daquela corporação e do próprio Estado, contribuindo para que a má reputação repercuta injustamente sobre todos os colegas de classe", escreveu a desembargadora Ivana David no acórdão aprovado por unanimidade pela 11ª Câmara de Direito Criminal do TJ.[7]

Pórrio teve a pena maior: nove anos e meio de reclusão. Hélio e os demais foram condenados a pena de prisão de oito anos e oito meses. Nos outros três processos judiciais decorrentes do caso, todos em segredo de Justiça, os policiais foram absolvidos na primeira instância por falta de provas. O TJ manteve as decisões de primeiro grau em dois casos — no outro, o recurso do Ministério Público ainda não foi julgado. No âmbito administrativo, todos foram demitidos da Polícia Civil a bem do serviço público.

Um ano após sua prisão, em agosto de 2008, Abadía foi extraditado para os Estados Unidos. Pouco depois, foi condenado pela Justiça brasileira a trinta anos de prisão por lavagem de dinheiro.[8] A extradição era um desejo do próprio Abadía, talvez cansado da corrupção policial no Brasil.

Entre agosto de 2010 e março de 2011, a PF suspeita que pelo menos doze policiais de dois braços da elite da polícia paulista, o Denarc e o Deic de São Paulo, tenham amealhado R$ 3 milhões em propina do megatraficante João Alves de Oliveira, o Batista, entre dólares, reais, carros e armas. Toda a movimentação dos policiais civis foi acompanhada de perto pela Polícia Federal dentro da Operação Semilla, narrada no capítulo 5 e detalhada em documento sigiloso do Gise da capital.[9]

Os tiras não são identificados nos papéis, mas as escutas telefônicas da PF, que havia meses investigava o grupo de Batista, revelam o modo de operação escuso dos policiais. Cinco traficantes, incluindo o chefe, foram feitos reféns e mantidos nas sedes do Denarc e do Deic sem qualquer registro oficial da presença deles no local. Após o acerto da propina, foram liberados.

O primeiro caso registrado pela PF começou na manhã de 25 de agosto de 2010, quando uma equipe do Denarc prendeu Sérgio Aparecido dos Reis, que, segundo os federais, gerenciava o depósito de drogas de Batista em São Paulo, além de outra comparsa de Batista. Na casa dele, os policiais encontraram US$ 450 mil, R$ 250 mil e quatro armas.

Meia hora depois, Batista foi avisado da prisão. Ele então acionou seu advogado, que foi até a sede do Denarc tomar pé da situação. Minutos depois, o advogado retornou a ligação para Batista:

— E aí, está muito "molhado" ou não? — perguntou Batista. Molhado, na gíria do crime, indica quando o esquema criminoso foi descoberto pela polícia.

— Tá, teve um grampo e que tem um monte de gente. Desembolou com uma pessoa e veio só agregando nomes...

— Tem o meu nome?

— Tem.

— O meu nome inteiro?

— Não, só...

— Só apelido.

— Somente o apelido.

— Vai ter conversa ou não? — indagou o traficante. Para a PF, o termo conversa significava propina.

— Tem, tem. Eu já estou... ele deu uma saída aqui, eu estou aqui por...

— Tá bom então.

Em outro telefonema para o advogado logo na sequência, Batista deu a entender que já vinha pagando propina para os policiais:

— Já levaram tudo o meu dinheiro, já levaram um caminhão de dinheiro, pode segurar aí e deixa correr atrás, eu já tô falando sério porque o que tinha para levar já levaram aí.

Os policiais pediram R$ 900 mil para não prender Sérgio e a comparsa em flagrante. Depois, reduziram o valor para R$ 650 mil. Batista ofereceu R$ 550 mil, em veículos e dinheiro vivo. Tudo intermediado pelo advogado:

— A caminhada é o seguinte, o senhor para não ficar de leva e trás, fala que o que dá para chegar... Nesse valor não dá, meia cinco zero [R$ 650 mil]. Nós vamos mandar cinco cinco zero, só que nós vamos mandar de início, certo, o seguinte: uma Ranger 2008, uma Ranger 2005, uma L200 2004 [todas caminhonetes]. Eu vou te passar os valores que são: a primeira é 60 real...

— Vou ver se eles pegam esse negócio.

— O que vai mandar de início, depois você passa o resumo que é, dois carros e uma moto. Duas caminhonetes e uma moto e depois de dez dias nós vamos mandar 100 reais em dinheiro, que vai sair no valor de 270. [...] Aí vai ficar faltando 230 e conforme for em quarenta dias paga tudo. Vê aí o que você fala e já me liga e aí nós damos um jeito de se encontrar.

Mas, 10 minutos mais tarde, o advogado telefonou para um comparsa de Batista e disse que os policiais do Denarc insistiam em R$ 650 mil, dos quais R$ 500 mil teriam de ser à vista, e que não tinham interesse nos carros:

— Eles querem saber o seguinte — disse o advogado. — Primeiro ele quer saber quanto vem hoje.

— Hoje eles já não estão com isso na mão.

— Não... quer mais.

O comparsa se irritou:

— Quer matar os outros! Amigo, hoje não tem nada, o que dá para arrumar para eles é na segunda-feira. Pode fazer um carnê dessa forma, que segunda-feira vai chegar cem reais, palavra de homem.

A negociação chegou a um impasse definitivo quando os policiais subiram o valor para R$ 900 mil para cada um dos presos, R$ 1,8 milhão no total, conforme o advogado informou a Batista:

— Eles estão falando desse número nove e estão falando que não vai baixar. Já conversei com um, com outro. Ele falou: "oh, doutor, o senhor tem que ver pra resolver isso aí, senão depois vamos começar a fazer o flagrante." Dentro de 15 minutos, se não resolver, eles vão começar a fazer o flagrante.

No fim do dia, segundo a PF, os policiais do Denarc subiram novamente o valor exigido para R$ 2 milhões. Os federais apuraram que não houve a prisão de Sérgio e da mulher, "o que reforça a versão de que o 'acerto' com os policiais, intermediado pelo advogado, efetivou-se com sucesso". A percepção da PF foi corroborada por telefonema do dia 17 de setembro, em que Batista se mostrou conformado em pagar a propina:

— Não vou ficar me desgastando não, vou pagar lá, o cara quer o dinheiro dia 5, e dia 5 vai estar lá, tenho que pagar mesmo e não vou ficar mais nervoso. Não quero nem saber e não quero mais comentar.

Em 29 de setembro, no entanto, Batista sofreu novo revés, quando a Polícia Federal apreendeu em Milagres, Ceará, R$ 350 mil escondidos na lataria de um automóvel. O dinheiro, segundo a PF, havia sido remetido por um traficante do Nordeste como pagamento pela cocaína vendida por Batista semanas antes. Quando um comparsa deu a notícia a Batista, de que os valores haviam sido apreendidos, o traficante se desesperou:

— Meu Deus do céu, eu estava contando com esse dinheiro. Eu tenho que dar 300 mil pra polícia essa semana — disse.

Batista não se livraria tão cedo dos policiais corruptos. Mal acabara de pagar a propina para evitar a prisão dos dois acólitos, em agosto de 2010, quando, no dia 8 de novembro daquele ano, ele e outro membro da quadrilha foram detidos por policiais do Deic. Batista acionou um motoboy e pediu para ele levar dinheiro até a sede do departamento. Também contatou o advogado e o orientou a procurá-lo em uma rua ao lado da delegacia.

— Não entra no prédio não, para na rua do córrego, tá?

O encontro entre o motoboy, o advogado e dois policiais do Deic, por volta das seis da tarde, foi registrado em fotos por agentes da PF. Foram pagos à vista R$ 250 mil, e outros R$ 250 mil parceladamente. Uma hora depois, Batista e o comparsa foram liberados. Mais aliviado, o traficante narrou a outro de seus funcionários no tráfico o momento da abordagem pelos policiais do Deic:

— Você sabe o que me aconteceu? Eu tava com um monte de telefone, telefone da Bolívia e os negócio, os negócio aqui tocando, você

# COCAÍNA: A ROTA CAIPIRA

tá entendendo? Que você sabe que eu tô numa pintada de mil graus, você tá entendendo? Botou a mão em mim: "nossa, a Federal também, meu!" Aí eu falei: "nossa, moeu, moeu, moeu, agora acabou a minha vida." Aí jogou eu pra dentro do carro lá, cara, falei, "nossa", aí ele só falando em ideia, tem ideia, tem ideia ou quer esculacho. Tem ideia? Eu falei: "mas não tô entendendo o que você quer falar tal, então fala você então. Eu não sei, eu não posso falar nada, quem tá com a faca e o queijo na mão é você, não é eu." [Batista repete a frase do policial]: "então tá bom, então nós vai pras ideia então, entendeu?" Aí começou a pedir dinheiro, pedir dinheiro, aí dei 500 pau.

— 500 mil?

— É, dei 250 hoje... vou dar mais...

O funcionário capturado também comentou o pagamento de propina com a namorada:

— Sabe quanto custou a brincadeira? Quinhentos mil contos. Deu 250 mil à vista e 250 mil em trinta dias. Pagar a polícia, de graça.

Em fevereiro de 2011, policiais do Denarc voltaram a extorquir Batista, segundo a PF. O traficante se mostrou contrariado com tantos achaques, em nova conversa com o advogado:

— Meu, não adianta, aqui não tem dinheiro, tá todo mundo duro, não adianta querer ir atrás de caminhão, véio, de carro, véio, que não vai arrumar dinheiro, certo?

— U-hum.

— Fala pra ele que eu tô viajando, tá entendendo? Amanhã eu vou atrás de arrumar dinheiro pra eles, tá entendendo?

Mas a reclamação de nada adiantou. No mês seguinte, Batista acionou novamente o advogado e pediu para ele ir ao Denarc para, de acordo com o relatório da PF, "oferecer propina aos policiais civis para livrar Gordão [Marco Antônio Santos] da prisão em flagrante".

— Sabe o Gordão, o Marcão lá? — disse o traficante para o advogado.

— Ah.

— Pegaram ele e tá levando ele lá pro prédio lá. Ele falou procê ir lá.

— Mas qual prédio?

— Denarc.

O advogado foi até a sede do departamento e voltou a telefonar para Batista. O traficante fez sua proposta:

— Então vê se ele tá com a S-10 [caminhonete]. Dinheiro eu não tenho. Conversa com o Gordão lá pra mandar uns 150 aí, três de 50, meu. Ou 200, quatro de 50. Pegaram ele agora à tarde, não foi?

— Foi. Ele não sabe como que os caras chegaram lá e tal. Pegaram ele dentro da casa dele. Tava dentro de casa, ele e a esposa. Chegou e já falou com ele que sabia de tudo. Olharam a casa e acharam lá esses 2 quilos e mais uma mistura, né.

— Tem que mandar uns 150, 200, ou mandar um carro pros caras lá. Dinheiro eu não tenho, doutor.

Minutos depois, o advogado repassou a proposta dos policiais:

— Os cara tão querendo fazer aqui o seguinte: 100 [mil] pra amanhã, daqui quinze dias 50 [mil], mais quinze dias 50 [mil], mais quinze dias 100 [mil], mais quinze dias 100 [mil]. 400 [mil, no total].

— Não tem. Não tem. Faz o que o senhor puder aí pra tirar o cara, pra não pagar mais eles, entendeu?

— Entendi.

— Sô [o sr.] sabe a ficha que eu tenho aí já. É arrumar 50 [mil] e dá um carro pra ele amanhã. Não tenho dinheiro.

Os policiais não foram presos pela Polícia Federal porque isso alertaria os traficantes e comprometeria a Operação Semilla. Seis meses depois, em outubro de 2011, a PF deflagrou a operação. Sérgio Reis foi condenado em março de 2012 pela Justiça Federal em Barretos a dezoito anos e oito meses de prisão por tráfico e associação para o tráfico, referente à prisão em flagrante quando ele, com outros três comparsas, tentava resgatar um carregamento de 360 quilos na região de Ribeirão Preto (SP). Marco Antônio, o Gordão, foi condenado pela Justiça Federal a oito anos e cinco meses de prisão por tráfico e associação para o tráfico. O advogado chegou a ser indiciado pela Polícia Federal, mas não foi denunciado à Justiça pelo Ministério Público. A Corregedoria da Polícia Civil em São Paulo instaurou inquérito para apurar o caso. A investigação foi concluída em 2014. Perguntei à Secretaria Estadual de Segurança Pública se algum policial havia sido identificado e punido. Mas a assessoria da pasta disse que não seria possível fornecer essa informação.

O interior paulista também foi palco de achaques a traficantes por policiais do Denarc. No fim de 2012, promotores do Gaeco investigavam traficantes ligados a Wanderson de Paula Lima, o Andinho, criminoso do PCC condenado pelo assassinato, em 2001, do então prefeito de Campinas, Toninho do PT. Mesmo encarcerado na penitenciária de segurança máxima de Presidente Venceslau, oeste paulista, Andinho comandava 24 horas por dia o comércio de drogas na terra natal, conforme ficou comprovado nas escutas do Gaeco, feitas com autorização da Justiça:

— Eu falo de dia aqui, até as 6 horas, entendeu? — explicou o chefe para Codorna, apelido de Agnaldo Aparecido da Silva Simão, braço direito de Andinho no comando das bocas de fumo da favela São Fernando.

— Certo.

— Até as 6h30, eu falo. Aí depois, o irmão vai lá fala das 6h30 até as 10h30, 11 horas, vamos colocar. Aí às 11 horas e eu tô na linha de novo.[10]

A base da quadrilha era a favela do Jardim São Fernando e outros sete bairros vizinhos na periferia de Campinas, área com cerca de 23 mil habitantes. A droga vinha, em sua maior parte, da região de Ribeirão Preto, fornecida por Flaviano de Lima de Oliveira, o Aquiles, e levada até chácaras em Capivari e Monte Mor, já na região de Campinas, onde a pasta-base era refinada e "batizada" com produtos químicos para aumentar a quantidade de droga e o lucro de Andinho. De lá, seguia para o São Fernando, de onde era negociada tanto no atacado para toda a cidade e também no varejo, nas bocas de fumo da favela.

O grande operador do esquema era Codorna, um rapaz moreno e magro considerado chefão do tráfico no São Fernando. Ele recebia ordens diretas de Andinho e cuidava de todas as etapas do comércio de drogas: negociação com os fornecedores, guarda do entorpecente e distribuição nos pontos de venda em Campinas. O traficante também se responsabilizava pela proteção do esquema contra a ação da polícia e de traficantes rivais na cidade, inclusive com o emprego de armas pesadas, especialmente fuzis.

Em janeiro de 2013, após três meses de investigações, o Gaeco já havia delineado todo o organograma da quadrilha de Andinho, com doze integrantes identificados, e mapeado os locais de depósito da droga. Os promotores preparavam a documentação necessária para pedir a prisão de todo o grupo quando, de repente, os promotores perceberam, pelas escutas, que policiais do Denarc iam com frequência a Campinas extorquir a quadrilha. Assustados, os traficantes passaram a alterar a logística de distribuição das drogas, mudando fornecedores, rotas, locais de depósito e bocas de fumo.

Todo o trabalho dos promotores foi posto por terra. Era necessário investigar mais.

A partir daí, no entanto, o Gaeco descobriria detalhes sórdidos de mais uma banda podre do Denarc.

O alvo preferencial dos policiais corruptos era Codorna. No dia 3 de janeiro de 2013, homens mal-encarados procuraram pelo traficante na favela. Não o encontraram, mas deixaram recado com a mãe dele. No mesmo dia, à noite, Codorna conversou com a namorada, Eliane, e deu a entender que se reunira com os policiais:

— Conversou com aqueles caras? — perguntou a mulher.

— Conversei. Tenho que soltar duzentinhos para os caras.

— É mês que vem?

— É.

Aqui, é necessário progredir no tempo. No dia 5 de maio de 2013, conversas de Codorna pelo telefone, captadas pelo Ministério Público, indicavam que ele e outros comparsas iriam até Ribeirão buscar drogas com Aquiles. A PM foi acionada e montou uma barreira na rodovia Anhanguera. O grupo estava em três automóveis, que transportavam 90 quilos de maconha. Codorna estava com um fuzil. Preso, foi procurado pelos promotores do Gaeco, que queriam saber detalhes dos achaques do Denarc. Codorna abriu o bico. Disse que, naquele 3 de janeiro, havia se encontrado em um shopping da cidade com Silvio Cesar de

COCAÍNA: A ROTA CAIPIRA          573

Carvalho Videira, o Pequeno, e Daniel Dreyer Bazzan, investigadores do departamento, além de Boca, um "ganso", informante da polícia que, mesmo não sendo policial, costumava portar distintivos, coletes e até armas — para o Gaeco, uma estratégia dos tiras corruptos para dificultar eventual investigação do Ministério Público e da Corregedoria.

— Logo no começo da conversa eles disseram que queriam R$ 200 mil para "reforçar a amizade". Eles disseram que, se eu não desse esse dinheiro, eles teriam que voltar, prender todo mundo e me mandar para a cadeia. Falei que eu tava quebrado e que não tinha como juntar tanto dinheiro. Mas eles não quiseram saber e me deram trinta dias pra cumprir o exigido — disse Codorna ao Gaeco.

Passou o tempo, e o braço direito de Andinho não entregou a grana aos policiais. Ordens de Andinho a Codorna:

— Eu vou falar pra você, cara, se quiser ficar dando dinheiro pra polícia, dá, só que meu dinheiro cê não vai ficar dando não, mano. O dinheiro que eu tinha eu dei. Aí agora tô devendo ainda. Procê vê, perdi meu dinheiro e ainda tô devendo, cara.

Os tiras do Denarc não deixariam barato. Era o início do terror na favela.

Em fevereiro, prazo já esgotado, os investigadores começaram a aparecer de supetão no São Fernando, à procura de Codorna. Em uma dessas visitas, no dia 18, pegaram Lucas Escotão, funcionário de Codorna responsável pela distribuição do entorpecente para as biqueiras da região do São Fernando, e foram atrás de Eliane, mulher de Codorna. Logo após a abordagem, ela narrou a conversa com os investigadores ao namorado Codorna:

— Me enquadraram na frente da escolinha.

— É. Cataram o moleque [Escotão] também.

— Eles falaram que cê tá de brincadeira, e só não me levaram porque eu tava com o Lucas [criança].

Codorna telefonou então para Escotão. Quando se identificou, um dos policiais tomou o telefone:

— Você sabe a minha pegada, você sabe como é que é. Certo? Só que você tá desacreditando — disse um dos policiais.

574 ALLAN DE ABREU

— Não é, senhor, não é. É que não tenho um real mesmo, eu tô sem nada. Eu tô tentando vender tudo ali e não tô conseguindo.

— Cê tá dando uma de moleque! — gritou o policial.

Magrelo pegou o celular de volta.

— Eles vão entrar em todo lugar, alguém deu tudo.

— Em trinta dias vou chegar [pagar] — prometeu Codorna.

— Eles falaram que não vão esperar.

Codorna mal terminou a ligação e fez outro telefonema. Assustado, o traficante temia que o Denarc sequestrasse sua família, e pediu para Silas, outro funcionário, preparar os fuzis da quadrilha:

— Pega os bicudos que vou dar uns tiros em uns caras.

Cinco minutos depois, fez nova ligação, desta vez para o chefão, Andinho.

— O que eles tão querendo? — perguntou o líder.

— Dinheiro. [...] Vou ver se pego os caras.

— É o mesmo cara que pegou da outra vez?

— É.

— Os caras ficam direto agora. A gente tá devendo pra eles?

— Eu paguei, mas eles querem mais 200 contos.

— Se cê continuar dando dinheiro pros caras, não vão parar.

Codorna voltou a ligar para o celular de Escotão. Quem atendeu, novamente, foi um policial:

— Vem aqui trocar uma ideia, daí cê já leva o moleque embora e acerta um prazo. [...] Aqui a conversa é de homem. Cê nunca tinha falhado na palavra. Não sei por que tá agora dando canseira.

— Não consegui cumprir o prazo.

— Cê tá fugindo do prazo, mas satisfação dada é meia dívida paga. A conversa vai ser sem crocodilagem.

Mas Codorna não foi. Temia ser sequestrado também. Sem o dinheiro, Escotão foi solto minutos depois.

Já era 7 de março e nada do grupo de Andinho pagar a propina. As investidas do Denarc na favela ficaram mais agressivas. À noite, invadiam as ruelas com os carros acelerados, atirando para o alto e invadindo casas aleatoriamente, sem mandado judicial. De uma delas, levaram R$ 20 mil, segundo o Gaeco.

## COCAÍNA: A ROTA CAIPIRA

Na manhã do dia seguinte, um dos policiais do Denarc telefonou para Escotão, irritado:

— Por que a gente não resolve isso agora?

— Quanto cês pegaram [na noite anterior]? Só pra saber se o menino não tá mentindo.

— A gente conversa pessoalmente. Como a gente faz pra se encontrar?

— Só preciso achar o neguinho [Codorna].

— O barato é que cês não vão trabalhar, a gente foi aí ontem, vai aí hoje e vai aí no sábado.

No mês seguinte, ainda sem o dinheiro, os policiais aumentaram o valor da propina de R$ 200 mil para R$ 300 mil e passaram a perseguir os funcionários de Andinho com violência. No dia 18 de março, uma equipe de policiais invadiu o São Fernando para prender Escotão. O traficante estava na casa da mãe, no coração da favela, quando duas amigas, Janaína de Souza Ribeiro e Monik Maria de Souza, chamaram no portão. Ao sair, Escotão espichou o olho e viu um carro estranho no bairro, os vidros cobertos por insulfilm. Só podia ser o Denarc, pensou. Sem dizer nada às duas, correu para dentro e pegou a chave do carro, estacionado na frente.

— Polícia, polícia! — gritou, os olhos estalados.

Quando viu Escotão correndo em direção ao carro, um dos policiais à paisana pôs a cabeça para fora do vidro:

— Perdeu!

O traficante acelerou fundo. Começou uma perseguição pelo São Fernando, com vários tiros. Adultos e crianças corriam para se proteger das balas. Mas o funcionário de Codorna entrou em uma viela sem saída do bairro. Ainda deu tempo de tirar a chave da ignição e correr abaixado, na tentativa de escapar da saraivada de tiros. Conseguiu.

Os tiras não deixariam por menos.

Voltaram e abordaram as amigas de Escotão dentro do carro de Janaína.

— Como ele fugiu, vocês duas vão presas — disse um deles.

Não sem antes passar por longas sessões de tortura. Dias depois, Janaína narrou em detalhes ao Gaeco toda a crueldade dos policiais:

— O policial Silvio [Cesar de Carvalho Videira, o Pequeno] começou a bater em mim. Fiquei no banquinho de trás da Saveiro. O policial Leonel [Rodrigues Santos] ficou sentado no banco de passageiros e ficou dando tapas na minha cara. Ele também deu socos na minha cara. Nesse momento, o policial Silvio trouxe uma bolsa, de onde tirou uma máquina. Ele ligou essa máquina em uma tomada do carro e aumentou o volume do som do veículo. Então, ele começou a me dar choques nos dedos das mãos. Ele queria que eu dissesse onde o Escotão estava escondido. Como eu não sabia, eles continuaram dando choques.

Nesse ponto, diante dos promotores, Janaína começou a chorar.

— Os policiais Silvio e Leonel colocaram a máquina de choques na minha vagina. Eu comecei a chorar de desespero. [...] Foi muito sofrimento. Eles ficaram horas lá nos torturando.

Já era noite e as duas continuavam apanhando. Do seu veículo, Janaína ouvia os gritos de Monik, torturada na viatura dos policiais. Em alguns momentos, segundo ela, Pequeno e Leonel a deixavam para bater na amiga. Só depois de muitas horas de sevícias é que as duas foram levadas à sede do Denarc, no Bom Retiro. Mesmo sem portar drogas naquele dia, segundo o Gaeco, Janaína e Monik foram autuadas pelo delegado Fábio do Amaral Alcântara por tráfico. No boletim de ocorrência constou que as duas estavam com 118 pinos de cocaína.

Três dias depois do flagrante forjado, de dentro da cadeia, Janaína comprou um celular de outras detentas por R$ 10 mil. Ligou para Codorna e contou a ele as sessões de pancadaria de que fora vítima:

— Colocaram uns anel de choque em mim. Colocaram até o volume cinco, mano, nossa! Precisa ver o que eles fizeram comigo, mano, acabaram comigo, acabaram comigo. E o baixinho me batendo, mano, o chefe do bagulho. Sabe, do Denarc? O chefe do Denarc é muito ruim, amigo, me bateu demais, mano.

No mesmo dia, Codorna repassou o caso a Andinho. O chefão se enfureceu:

— Desentoca os bico [fuzis] e vai pro regaço.

— Então manda uns pra mim — pediu Codorna.

COCAÍNA: A ROTA CAIPIRA                577

— Se quiser tem aqui. Os cara tem que fazer o serviço deles, que é achar o bagulho, e não mandar recado. [...] Eles tão fazendo papel de pilantra, são mais vagabundo que os vagabundo.

Mas toda a raiva de Andinho ficou só nas palavras. Os fuzis permaneceram nas tocas e os policiais do Denarc voltaram ao São Fernando, na tarde do dia 11 de abril.

Desta vez, Codorna não escaparia.

Ele estava saindo de casa quando os investigadores chegaram em um Astra preto. Boca, "ganso" do Denarc, ficou no volante, enquanto outros três, incluindo Silvio, o Pequeno, abordaram o traficante e Diego, amigo de Codorna que passava pelo local. Logo em seguida, Pequeno e outro policial subiram até o apartamento de Codorna. Reviraram tudo até encontrar R$ 30 mil na gaveta da cômoda de um dos quartos. Pegaram a mulher Eliane e a filha do casal de 5 anos, além de uma prima de Eliane e sua filha de 4 anos. Todos rumaram para um hipermercado de Campinas, onde se encontraram com outros policiais, e de lá para uma das chácaras da quadrilha de Andinho, em Monte Mor, exceto Diego, que ficaria encarregado de conseguir os R$ 200 mil que os tiras vinham exigindo de Codorna desde o início do ano.

O traficante e a família ficaram da noite do dia 11 até o início da manhã seguinte na propriedade. Os policiais reviraram a chácara, mas não encontraram droga. Então libertaram Eliane, a prima e as crianças na entrada de Campinas e levaram Codorna até o Denarc. Mas não entraram no prédio do departamento. Possivelmente com medo de que as câmeras do local captassem a presença de Codorna, deixaram-no dentro da viatura, com um celular, para que articulasse a arrecadação da propina. O dinheiro deveria ser entregue aos investigadores até as 16 horas, caso contrário o braço direito de Andinho seria preso. Começou então uma grande mobilização de todo o grupo de Codorna no São Fernando para levantar o dinheiro.

Passava pouco do meio-dia quando o telefone de Codorna tocou. Era Eliane:

— O Diego falou que ia ver se arrumava 100 mil com o tio dele. Tá meio embaçado, ninguém quer emprestar dinheiro. [...] Tô correndo aqui, fala pra eles esperar um pouco.

Já passava das 14h30, mas a soma ainda não havia sido arrecadada:

— Tem 120 lá — disse o refém para Marjorie, moradora do São Fernando. — Tem que arrumar mais 80 e tem que ser logo, porque senão não dá mais tempo.

Por fim, o grupo conseguiu os R$ 200 mil exigidos — os R$ 80 mil que faltavam foram emprestados por um agiota. Com o dinheiro nas mãos, Diego foi orientado a encontrar os policiais em um posto de combustível de Valinhos, cidade vizinha a Campinas. Os investigadores receberam a propina e libertaram Codorna.

— Pouco antes de me soltar, os policiais também disseram que no próximo ano voltariam. Aliás, esses policiais realmente vêm todo começo de ano extorquir dinheiro — disse Codorna ao Gaeco.

Calar a polícia fazia parte do negócio. Além da bolada anual que pagava ao Denarc, a quadrilha de Andinho também repassava R$ 5 mil mensais de propina a policiais do 10º Distrito Policial de Campinas e mais R$ 14 mil por mês à Dise local, de acordo com depoimento de Codorna ao Ministério Público. Tudo para que o negócio não fosse incomodado por operações policiais.

Naqueles dias do sequestro de Codorna, Andinho estava incomunicável na penitenciária de Presidente Venceslau, oeste paulista. O chefe só tomaria pé da situação no dia 23 de abril. Novamente, não escondeu a irritação. Com a voz alterada, disse já ter dado R$ 2 milhões em propina para a polícia somente naquele ano:

— Os caras falam que estão fazendo negócio com homem e os cara tá dando bote no moleque [Codorna] toda hora, mano. Só do final do ano pra cá o moleque já perdeu mais de 2 milhão pros cara, mano.

Mesmo assim, o esquema rendia muito dinheiro, segundo disse o próprio Andinho em outra conversa:

— Ele [Codorna] tem 1 milhão meu na mão, mas ele não pode ficar me afundando. Tem que fazer o negócio andar pra frente.

A corrupção no Denarc não se limitava às extorsões e aos sequestros de traficantes. No início de abril, o Gaeco preparava operação contra o milionário esquema de Andinho na favela São Fernando. O plano foi exposto ainda naquele mês em uma reunião da cúpula da

Secretaria de Segurança Pública do Estado — as prisões temporárias seriam cumpridas em um prazo de até vinte dias. O delegado Clemente Calvo Castilhone Júnior era o representante do Denarc no encontro. De acordo com o Gaeco, o dr. Clemente vazou a operação justamente para os investigadores do departamento que vinham extorquindo o grupo de Andinho.

"Por mais odioso e inacreditável que possa parecer, logo no dia seguinte, cerca de 24 horas depois da reunião no interior da Secretaria de Segurança Pública, policiais da 3ª Delegacia da Deap do Denarc vieram a Campinas, procuraram Codorna, chefe do tráfico na região, e o avisaram sobre a operação policial que estava sendo planejada", escreveram os promotores no relatório final da operação. A certeza veio da boca do próprio Codorna, em depoimento ao Ministério Público:

— O Pequeno [Silvio, investigador do Denarc] mandou que eu jogasse fora todos os telefones, que eu mudasse imediatamente da região e me desfizesse de meus veículos. Ele me disse que dentro de vinte dias o pessoal do Gaeco iria fazer uma operação na região e prender todo mundo.

Os grampos captaram toda a preocupação de Codorna quando foi informado da operação:

— Eu vou dá uma sumida. Esse telefone eu não posso falar, eu vou jogar fora. Esse seu aí, do mesmo jeito — disse para a namorada Eliane.

A operação teve de ser adiada em dois meses. Na manhã do dia 15 de julho de 2013, sete policiais civis, seis do Denarc, foram presos, incluindo os delegados Fábio do Amaral Alcântara, que, segundo o Gaeco, "aparece em todos os momentos da empreitada criminosa investigada", e Clemente Clavo Castilhone Júnior. Outros três investigadores do departamento seriam detidos nos dias subsequentes. Em setembro, o juiz da 6ª Vara Criminal de Campinas, José Guilherme Di Rienzo Marrey, aceitou denúncia contra 23 envolvidos no enredo macabro — onze policiais civis, entre eles os dois delegados, um "ganso" do Denarc e nove traficantes. Todos tiveram a prisão preventiva decretada, exceto o delegado Alcântara, solto pelo Tribunal de Justiça após tentar suicídio na prisão. Os policiais foram enquadrados por formação de quadrilha, extorsão mediante sequestro, roubo, falsidade ideológica, tortura e associação para o tráfico. O processo não havia sido julgado em novembro de 2016. Três meses antes, em Agosto, o TJ decidiu trancar a ação penal contra o delegado Castilhone Júnior "por falta de justa causa".[11]

Logo após a operação, os promotores do Gaeco de Campinas passaram a receber ameaças de morte. No dia 22 de julho, um deles, Amauri Silveira Filho, recebeu uma carta com o seu CPF e fotos da casa dele e de parentes. No envelope, um recado:

"Presta bastante atenção seu promotor de merda:

"Mais um policia do Denarc que voce sacanear, vamos mandar esquartejar a vaca da sua mãe. Voce vai acha-la em pedaços em cada canto de Campinas, e a hora que você estiver saindo na sua caranga nova, você vai levar tanto tiro de AR-15 que a perícia não vai nem conseguir contar as perfuraçoes.

"O mesmo se aplica ao outro promotor de merda que mora em Campo Limpo. Vamos mandar metralhar o carro que leva as crianças para a escola.

"Por um quilo de pó o PCC faz o trabalho pra nos.

"Tenta fazer so mais uma sacanagem. Só mais uma.

"Matamos você e sua familia toda, não necessariamente nessa ordem."

Para Amauri, não há dúvida da origem das ameaças:

— Usaram dados oficiais, de acesso restrito a servidores públicos. Só podem ser policiais.

Após a investigação do Gaeco, o Denarc foi impedido de atuar no interior do estado.

Campinas é cenário constante de corrupção policial desde o fim dos anos 1990, quando o comércio de drogas na região era dominado por uma morena baixa, de lábios finos e olhos penetrantes. Sônia Aparecida Rossi cresceu em meio às bocas de fumo da periferia de Americana (SP), onde nasceu. Inteligente e autoritária, tinha menos de 30 anos quando migrou do tráfico varejista para o comércio de cocaína em grande escala ao contatar fornecedores de pasta-base na Bolívia. Tinha

COCAÍNA: A ROTA CAIPIRA 581

profundo conhecimento das técnicas de refino e das diferentes qualidades do cloridrato de cocaína. Por isso, ganhou o apelido de Maria do Pó ou Professora.

Para a polícia da região, era questão de honra colocar Maria do Pó na cadeia. Em junho de 1998, após meses de investigação, policiais da Dise prenderam o marido dela, Claudio da Silva Santos, com 28 pacotes de cocaína na rodovia dos Bandeirantes, em Jundiaí. A mulher chegou a ser denunciada por tráfico e associação para o tráfico, mas acabou absolvida.

Ironicamente, sua prisão viria pouco tempo depois por um acaso. Policiais militares faziam buscas na zona rural de Indaiatuba à caça de ladrões de um carro-forte na tarde do dia 26 de janeiro de 1999 quando notaram intensa movimentação em uma chácara. Silenciosamente, cercaram o imóvel e o invadiram. Encontraram uma mulher e duas crianças na piscina e, na varanda, Maria do Pó e mais três comparsas, um deles peruano, todos fumando maconha. Em cima da mesa, um pacote da droga e uma submetralhadora. Ao perceber a entrada dos policiais, a traficante avançou na direção da arma, mas foi rendida a tempo. O marido dela, Claudio, estava em um dos quartos, onde um soldado encontrou, na gaveta da cômoda, uma pistola Glock, duas granadas e uma espingarda .12 mm. Na sala, balanças de precisão, duas prensas e mais duas formas de aço sujas de pó branco. Sinal de que um grande carregamento de cocaína havia sido embalado horas antes. A droga, 340 quilos, estava no porta-malas da caminhonete estacionada na garagem. Maria do Pó ficou em silêncio, mas Claudio narrou aos policiais todo o esquema. A cocaína, segundo ele, viera dias antes diretamente da Bolívia, e fora arremessada dentro de tambores em um canavial de Salto, município vizinho. Depois de embalada, iria para o Rio de Janeiro.

Os presos foram encaminhados para a Dise de Campinas. Maria do Pó chegou ao prédio algemada. Mas, estranhamente, figurou apenas como testemunha no boletim de ocorrência do flagrante e acabou liberada. A droga foi para uma sala do IML da cidade. Na tarde do dia 31 de janeiro, um domingo, por volta das 18 horas, uma caminhonete

582 ALLAN DE ABREU

estacionou na garagem do prédio e um grupo de homens não identificado até hoje entrou no IML e colocou na caçamba todos os tabletes
de cocaína. A droga nunca mais seria localizada.

O episódio provocou uma avalanche na polícia campineira. Três
delegados, entre eles o titular da Dise, Ricardo de Lima, responsável pelo
flagrante, foram afastados. Lima chegou a ficar um mês preso a mando
da CPI do Narcotráfico na Câmara dos Deputados. Um ex-motorista da
traficante depôs na CPI e disse que Lima teria devolvido a cocaína a ela
em troca de R$ 500 mil.[12] Mas a versão nunca foi comprovada. Em 2004,
o delegado foi exonerado da polícia pelo governo estadual.[13] Também
foi denunciado à Justiça pelo Gaeco por tráfico e por "omissão relevante
no dever de diligência" em relação à droga furtada. Mas acabaria absolvido tanto pela 1ª Vara Criminal de Campinas quanto pelo TJ por
falta de provas.[14] Em seguida, ele ingressou com mandado de segurança
no Tribunal para ser reintegrado ao cargo, mas o pedido foi negado.[15]

Maria do Pó só seria presa no mês seguinte, fevereiro de 1999. Pelo
flagrante em Indaiatuba, ela e o marido seriam condenados a 33 anos
de prisão por tráfico e associação para o tráfico internacional, tráfico de
armas e falsidade ideológica.[16] Mas ela não cumpriu nem um mês e meio
da pena. Em março de 1999, fugiu pela porta da frente da Penitenciária
do Tatuapé, São Paulo. Só seria detida novamente um ano depois, dessa vez pela Polícia Federal, em uma ação cinematográfica. Os agentes
acompanhavam os passos de um traficante em Mogi das Cruzes (SP)
quando viram o rapaz se reunindo com um casal em um posto de combustível. A fisionomia da mulher pareceu familiar a um dos agentes.

— Acho que é a Maria do Pó!

E era. Ela e o marido, Claudio. Os três foram até a casa do jovem,
e minutos depois o casal saiu com uma sacola branca. Entraram na
caminhonete Ford Ranger e seguiram em direção à rodovia Ayrton
Senna, Claudio ao volante. Os policiais foram logo atrás, em carro
descaracterizado. Quando se aproximavam de Taubaté, os agentes
notaram que Maria do Pó começou a olhar para trás, na direção
deles. De repente, a caminhonete acelerou. Muito atenta, a traficante
percebeu que estava sendo seguida. Um dos agentes acoplou uma

COCAÍNA: A ROTA CAIPIRA                                           583

sirene no capô do automóvel e também pisou no acelerador. Com um megafone, os agentes tentavam a rendição de Maria do Pó.

— Atenção, parem o carro, Polícia Federal! Parem o carro agora!

A traficante abriu o vidro traseiro da cabine e respondeu com um tiro, que acertou na lanterna direita do carro da PF. Os agentes revidaram. Uma bala acertou o pneu da caminhonete, que rodopiou e bateu na mureta de concreto que separa as duas pistas da rodovia. Maria do Pó levou um tiro no joelho. Foi levada ao hospital e, dias depois, à prisão. Na caminhonete, a PF encontrou 11 quilos de cocaína misturada a manitol, um tipo de açúcar usado para aumentar o volume da droga. O novo flagrante renderia a ela e ao marido mais cinco anos de prisão, por tráfico.[17] Na época, a pena total de Maria do Pó chegava a 54 anos de cadeia. Mas a mulher voltaria a escapar das grades seis anos depois, quando cumpria pena na Penitenciária de Sant'Anna, no Carandiru, zona norte de São Paulo. Na tarde do dia 9 de março de 2006, ela se misturou a um grupo de 35 detentas que reformava um dos pavilhões da penitenciária e mais uma vez fugiu pela porta da frente do presídio. O governo paulista anunciou recompensa de R$ 5 mil a quem desse informações que levassem à sua captura, mas até novembro de 2016 Maria do Pó permanecia foragida. A PF acredita que ela esteja longe, no interior da Bolívia, onde tinha dezenas de contatos no tráfico.

A chaga da corrupção na polícia campineira vem na forma de números. De 2007 a 2012, o Gaeco da cidade denunciou 157 policiais por corrupção passiva, roubo, tortura, extorsão mediante sequestro e concussão, quando servidores públicos exigem propina em razão do cargo que ocupam. A maioria deles foi condenada pela Justiça e exonerada do cargo. Nesse período, dois dos casos mais graves ocorreram em agosto e setembro de 2007, quando o Gaeco e a Polícia Federal investigavam uma quadrilha de traficantes do bairro Nova Veneza, periferia da cidade. Eram 9 horas do dia 22 de agosto quando o agente da PF ouviu uma conversa estranha de um dos alvos da investigação, o Beto Gordão, "rei da maconha", retratado no capítulo 25, com Wilson Balbino da Cruz, o JJ ou Japonês, que usava um orelhão:[18]

— Tá na mão? — perguntou Beto.

— Tô na mão, cara! Ó, cê entendeu o que eu falei procê? — perguntou o comparsa.

— Entendi.

— Tô precisando de 100 real pra onti, cara. [...] Carro não quero, tenho carro num qué, tenho chácara num qué...

— Os cara tá aí perto de você?

— Tá.

Imediatamente, o agente telefonou para o promotor do Gaeco, Amauri Silveira Júnior:

— Doutor, tô ouvindo aqui a conversa do Beto Gordão com o Japonês, e tá clara uma situação de extorsão da polícia.

Amauri agiu rápido. Pediu ao agente a localização do orelhão. Era próximo da sua casa. Acionou a Corregedoria da Polícia Civil e foi até lá. Não havia mais ninguém no telefone, mas o promotor notou, em uma padaria a poucos metros, quatro homens entrando em um carro. Um deles destoava dos demais, com bermuda e camiseta sujas de barro, sem algemas. Todos entraram no carro, que saiu em disparada. Amauri anotou a placa e quis segui-los, mas foi desaconselhado pelo delegado corregedor: eles poderiam estar armados e revidar. O promotor foi então até a padaria. Perguntou a um funcionário se havia câmeras no local. Não havia. Perguntou o que eles haviam feito:

— Tomaram café, tranquilo. Eu conheço os policiais, eles vêm aqui de vez em quando.

Japonês ainda fez outras ligações de outros orelhões, mas não foi mais possível acompanhar o grupo. A PF ainda captou conversas em que subordinados a Beto Gordão comentavam a prisão de JJ, e que o criminoso precisava de R$ 100 mil para ser solto. Ao consultar a placa, o promotor confirmou que o carro visto na padaria era da Polícia Civil. No dia seguinte, a corregedoria da polícia localizou boletim de ocorrência relatando a prisão de Japonês, por volta de 13 horas de 22 de agosto — o rapaz tinha um mandado de prisão judicial por roubo. A prisão havia sido feita pela equipe "Águia 2" da DIG de Campinas, formada pelos investigadores Volmir Donizete Santolin, Antonio Carlos

COCAÍNA: A ROTA CAIPIRA 585

Freire e Rogério Moreno de Souza. Amauri foi até o local onde JJ estava preso e imediatamente o reconheceu como o rapaz de roupa suja que vira no dia anterior. Perguntado sobre o que ocorrera na manhã do dia 22 de agosto, JJ silenciou. Disse que não diria nada porque tinha medo do que poderia ocorrer com a sua família.

À Corregedoria, o trio disse que não apresentou Japonês imediatamente na delegacia porque queria que ele indicasse o endereço de uma chácara onde, acreditavam os policiais, haveria armas. Mas a versão não convenceu o Ministério Público. Para Amauri, testemunha-chave e coautor da denúncia dos três, ao encontrar Japonês, por volta das 8 horas, os três investigadores exigiram R$ 100 mil em dinheiro para libertá-lo. Por isso o criminoso foi levado a vários orelhões, de onde telefonava para seus comparsas pedindo a quantia. Como não conseguiu o valor necessário, só então o trio decidiu levá-lo à delegacia, onde foi autuado e preso.

Não seria o único caso de corrupção policial flagrado pela operação da PF, batizada de Veneza. No mês seguinte, novo flagrante, desta vez contra uma equipe de policiais de Osasco, Grande São Paulo.[19] Na época, a Dise local investigava um grupo de traficantes da cidade, entre eles Wagner de Vargas Vieira, o Vavá. No dia 17 de setembro, os policiais acompanharam um encontro entre Vavá e José Silas Pereira em Campinas, para tratar da compra e venda de drogas. Em seguida, os investigadores seguiram Vavá até uma agência bancária. Decidiram abordá-lo. Encontraram, no seu bolso, recibo de um depósito de R$ 1,8 mil em conta de Silas. Levado à Dise de Osasco, Vavá confessou ter comprado drogas do colega campineiro, e disse que já havia pago parte do entorpecente encomendado.

Em vez de indiciar Vavá e requerer à Justiça a sua prisão, os investigadores repassaram a confissão do traficante ao delegado-chefe da Dise, Pedro Luiz Pórrio, o mesmo que fora acusado de achacar o megatraficante Abadía, nos tempos de Denarc. Se Silas tinha acabado de vender droga a Vavá, tinha muito dinheiro, raciocinou Pórrio, segundo o Ministério Público. O delegado então montou uma operação policial. Acionou Antonio Caballero Curci, chefe dos investigadores da Dise local, que formou uma equipe com oito policiais: além dele,

586            ALLAN DE ABREU

Sandro dos Santos e Regina dos Santos, da Dise, Daniel Ferreira Dutra e Pablo Ricardo Pereira Xavier, do setor de investigações gerais, SIG, de Osasco, e Eduardo da Silva Benevides, Francisco Nascélio Pessoa e Luís Cláudio de Oliveira, do 10º Distrito Policial de Osasco.

No início da manhã do dia 21 de setembro, o grupo rumou para Campinas em três carros descaracterizados. Minutos depois, Pórrio e Curci seguiram em outro veículo, para acompanhar a "operação" a distância. Na verdade, era o início de um plano macabro.

Sem saber o endereço exato de Silas, os policiais se posicionaram na entrada do bairro onde, sabiam, ele morava. Quando o traficante passou com seu carro, os policiais decidiram segui-lo. Silas só foi abordado alguns quilômetros depois, já na rodovia Dom Pedro 1º.

— Para, para, polícia — gritavam.

Silas mal desceu do automóvel quando veio o primeiro tapa no rosto. Os tiras queriam saber onde era a residência dele. Mas, em vez de levá-los à sua casa, Silas escolheu a casa da irmã dele, Jucileide — segundo ele disse depois, para poupar a mulher. O traficante parecia prever as cenas de horror que iria protagonizar.

Ao chegar à casa humilde, na periferia de Campinas, os policiais invadiram o imóvel. Renderam a irmã de Silas e algemaram ambos. Encontraram uma espingarda, e começaram então a dar socos e chutes no traficante, que se encolhia no chão para se proteger dos golpes.

— Cadê a grana? Cadê a droga? — perguntavam os tiras, aos berros.

Minutos depois, um dos policiais apareceu com um saco plástico.

— Agora ele fala.

Ao melhor estilo capitão Nascimento, um dos policiais colocou o saco na cabeça de Silas e apertou a boca do plástico na altura do pescoço do traficante. Sem ar, o rapaz se debatia, desesperado, e chegava a desmaiar por alguns minutos. Ao ver o desespero do irmão, o rosto todo desfigurado pelo plástico, Jucileide chorava. Mas, apesar da tortura, Silas não dizia nada. Então a investigadora Regina, única mulher entre os tiras, partiu para cima da irmã. Foram mais tapas, socos e chutes, seguidos pelas sessões com saco plástico. Silas cedeu. Disse onde era a casa dele, e os policiais foram para lá. A mulher foi logo rendida e trancada no banheiro, enquanto o grupo vasculhava os cômodos à procura de droga e dinheiro. Até encontrarem, no quarto, um pacote com R$ 34,9 mil. O dinheiro foi escondido debaixo do banco dianteiro de um dos carros da polícia. Os investigadores Pablo e Regina também pegaram o carro de Silas, com os R$ 5 mil que encontraram no porta--malas, e foram embora. Enquanto isso, os outros seis ficaram com Silas e passaram a exigir dele R$ 200 mil para que ele não fosse preso por porte ilegal de arma — a espingarda encontrada na casa da irmã.

Sobrou até para o eletricista Luiz César Alves, que fazia reparos na casa de Silas. Enquanto parte dos policiais negociava a propina com Silas, outros foram com Luiz até a casa dele, acreditando haver droga no local. Começava nova sessão de tortura. Os tiras o ameaçavam de morte e diziam que iriam estuprar a filha dele caso não contasse onde guardava a maconha e a cocaína. Luiz garantia não haver droga no imóvel. Os policiais não acreditavam e repetiam o mantra:

— Cadê a droga, porra?

Veio a violência física contra o eletricista. Chutes, socos, estrangulamento. Depois, golpes de enxada nas costelas e nos testículos. Luiz urrava de dor. Mesmo assim, foi obrigado a cavar dezenas de buracos no quintal à procura de entorpecente que, acreditava a polícia, estava escondido. Mas só encontraram três tambores vazios e um pacote com 180 gramas de um produto não identificado, mas que, segundo o Ministério Público, não era droga.

Cada ação dos policiais era relatada via rádio ou celular ao delegado Pórrio e ao investigador Curci, segundo o Ministério Público. Novamente, o Gaeco e a PF souberam do caso ao ouvirem, nos grampos, traficantes comentando as sessões de tortura na casa de Silas. O Gaeco acionou a Corregedoria. Delegados corregedores, promotores e policiais federais foram até o local e viram uma das viaturas de Osasco parada na frente do imóvel. Ao notar a presença da Corregedoria, Pórrio e Curci foram acionados e em minutos apareceram na casa. Os delegados corregedores perguntaram aos dois o resultado da "operação".

— Prendemos uma espingarda com ele — disse um dos policiais, apontando para Silas. Nada foi dito sobre os R$ 34,9 mil encontrados no imóvel e que estavam escondidos na viatura. Mas o pacote acabou localizado pelos policiais da Corregedoria, dentro do carro da polícia. O Gol também foi encontrado a alguns metros do local, já sem os R$ 5 mil que estavam no porta-malas.

Todos foram levados à Corregedoria. Silas seguiu na viatura de Osasco. No caminho, ordenaram que o rapaz silenciasse sobre a tortura e o pedido de R$ 200 mil. Mas, poucos dias depois, as vítimas voltaram à delegacia e contaram em detalhes as sessões de horror.

A Operação Veneza resultou em punição para todos os policiais envolvidos. Antônio Carlos Freire, Volmir Donizeti Santolin e Rogério Moreno de Souza, da DIG de Campinas, foram condenados em primeira e segunda instância a dois anos e oito meses de prisão, cada um, por extorsão mediante sequestro. O grupo de Osasco foi denunciado à Justiça por tortura, roubo e concussão, mas a ação não havia sido julgada pela 3ª Vara Criminal de Campinas em novembro de 2016. Em 2012, tanto os policiais da DIG quanto os de Osasco foram demitidos pelo governo paulista "a bem do serviço público".

Silas, uma das vítimas do grupo do doutor Pórrio, cumpriu pena por tráfico e, ao ganhar a liberdade, mudou-se para Fernandópolis (SP). Em setembro de 2010, o rapaz dirigia o seu carro quando foi abordado por um motoqueiro próximo a uma escola da cidade. Foram cinco tiros certeiros de pistola calibre .9 mm, na cabeça e no peito. Um empresário da cidade foi denunciado pelo Ministério Público como mandante e o pistoleiro segue foragido, possivelmente no Paraguai. O motivo do crime, segundo a polícia, foi um desacerto no comércio de drogas. Possível ligação do assassinato com os achaques da turma de Pórrio não ficou provada no inquérito.

David Martins, um jovem inteligente e bem-apessoado, aluno de Direito de uma faculdade em Campinas, prosperou rapidamente no submundo do tráfico. Em poucos anos, era dono de pelo menos quinze bocas de fumo em locais nobres da cidade, que movimentavam "milionárias quantias em dinheiro", segundo o Gaeco. Tamanho sucesso foi conquistado nem tanto pelo talento de David para o comércio de drogas, mas pelo silêncio comprado da polícia.[20]

Em abril de 2009, o traficante foi procurado pelos policiais Carlos André Ramos Borges, José Geraldo Batista Esteves e Pedro Faustino Dias, todos investigadores da Dise de Campinas. Não queriam prendê-lo, mas propor a David uma "parceria": o traficante pagaria ao trio R$ 5 mil para cada biqueira em operação. Em troca, poderia traficar livremente, sem intervenção da polícia. Além disso, o trio o manteria informado sobre operações policiais em seus pontos de venda e atuaria com rigor contra traficantes concorrentes.

Acordo fechado, David viveu o melhor dos mundos no tráfico até 17 de setembro daquele ano, quando os três investigadores flagraram uma biqueira na periferia da cidade que, segundo eles, vendia 130 quilos de drogas por mês, entre maconha e cocaína. A imprensa foi chamada para acompanhar de perto o flagrante policial, em que seis foram presos. O que Carlos, José Geraldo e Pedro não sabiam é que a boca também pertencia a David — para não pagar mais R$ 5 mil ao grupo, o rapaz escondera a propriedade do ponto. Irritado, o traficante procurou o trio e pediu explicações. Aos policiais, não havia como eliminar o flagrante já documentado. Então os três encontraram uma forma de arrancar mais dinheiro do traficante: para que ele também não fosse indiciado, teria de pagar R$ 100 mil em espécie, divididos em cinco parcelas. "Posaram como heróis perante a imprensa nacional, claramente ludibriada, e ainda receberam novos valores em dinheiro para macular o resultado final dos trabalhos, com a exclusão dos patrões do tráfico", argumenta o Ministério Público na denúncia do caso.

Dois meses depois, em 30 de novembro, novo revés para David. Policiais da DIG de Campinas localizaram um depósito e um laboratório de refino de cocaína do traficante. Foram apreendidos 22,5 quilos de cocaína e 4 quilos de maconha. A cunhada de David foi detida e levada à delegacia. O rapaz procurou novamente o trio da Dise e ameaçou contar o esquema para o Gaeco. Carlos, José Geraldo e Pedro foram à DIG e negociaram a liberação da mulher. Um inquérito foi instaurado, mas as investigações ficaram paralisadas até abril do ano seguinte, quando o trio deixou a Dise, e em seus lugares assumiram aqueles policiais da DIG do flagrante do ano anterior. As apurações contra David foram retomadas, e em 30 de abril de 2010, em nova operação contra o esquema do jovem, 19 quilos de cocaína e 26 de maconha foram apreendidos. David acabou preso. No computador dele, os policiais encontraram menção à propina paga aos policiais. Encaminharam os documentos à Corregedoria e ao Gaeco, que começaram a cuidar do caso. David foi procurado na prisão e decidiu contar tudo o que sabia em troca da redução da pena. Além do trio da Dise, disse que, desde janeiro de 2009, pagava mais R$ 2 mil por mês pela conivência de Pedro Leonel Klaitr, policial do 9º Distrito Policial de Campinas.

Denunciado à Justiça, o trio da Dise foi condenado pela 3ª Vara Criminal de Campinas a sete anos de prisão, em regime fechado, por associação para o tráfico. Já Pedro Leonel recebeu três anos de prisão, em regime aberto, por corrupção passiva. Todos foram exonerados da Polícia Civil em junho de 2013. David recebeu pena de dois anos e oito meses por tráfico. O TJ manteve as mesmas punições.

O Gaeco de Campinas voltaria a se deparar com policiais corruptos em 2011, desta vez na DIG.[21] Em agosto, chegou à delegacia a informação de que a casa do advogado Samoel Alves da Silva na cidade funcionaria como laboratório de refino da cocaína adquirida pelo traficante José Agripino Pires. Na manhã de 9 de agosto daquele ano, uma terça-feira, o investigador Hélio Pavan Filho, o agente policial Sérgio Carrara e o carcereiro Fábio Nunes Arruda Campos invadiram a casa. Samoel e Rozana, mulher que morava com ele, foram rendidos e algemados. Segundo o Ministério Público, o trio passou a exigir R$ 100 mil para não prendê--los. Sem sucesso na negociação, decidiram levar ambos para a DIG — as câmeras da delegacia captaram toda a movimentação. Em seguida, sob orientação do delegado Paulo Henrique Correia Alves, conforme o Gaeco, Sérgio e Fábio puseram Rozana em um carro da DIG e começaram um périplo por orelhões da cidade, para que ela contatasse Agripino e pedisse o dinheiro. Foram várias tentativas até que o traficante fosse localizado. Quando atendeu a ligação, o policial Sérgio tomou o telefone da mulher e pediu que ele fosse à delegacia, sem advogado, para "conversarem". O que ele fez uma hora depois. Agripino foi recebido por Fábio e Sérgio. Os três se cumprimentaram e entraram na DIG.

COCAÍNA: A ROTA CAIPIRA 591

Rozana assistiu à negociação e depois relatou tudo ao Gaeco e à Corregedoria. Agripino não concordava em pagar os R$ 100 mil, mas os policiais insistiam. Diziam que estavam em quatro — e não três — e que a parte do "doutor" seria maior. Para o Gaeco, doutor é o delegado Paulo Henrique. Até que se chegou a um acordo: o traficante pagaria R$ 60 mil naquele dia e mais R$ 20 mil no mês seguinte.

— O doutor quer assim pra não dar buchicho — teria dito um dos investigadores, segundo Rozana.

Os policiais deixaram Agripino e o advogado buscarem o dinheiro, enquanto Rozana permanecia na delegacia, como garantia do pagamento; sete horas depois de ser detida em casa, Rozana disse ter visto Fábio, Hélio e Sérgio receberem R$ 22 mil das mãos de Agripino. Imediatamente ela foi libertada, não sem antes ouvir de Fábio ordens para não fugir, "senão poderia ser morta por dois motoqueiros que a acompanhariam". Dias mais tarde, Rozana foi procurada pelo delegado, que, segundo ela, pediu que ela não depusesse contra os policiais "em hipótese alguma".

Diante do prejuízo, o traficante não deixaria barato. Achava que Samoel e Rozana haviam entregado o esquema do laboratório para a polícia. Na noite daquele mesmo dia, quatro comparsas dele, todos armados, invadiram a casa dos dois.

— Fala aí, caralho, quem é o X9 aqui? — gritava um deles.

Os dois foram colocados em dois carros — José Agripino estava em um deles. O grupo então rumou pela estrada até a cidade de Espírito Santo do Pinhal, ainda na região de Campinas. Na escuridão, o comboio parou. Um dos comparsas de Agripino empurrou o advogado para fora do veículo. Foram sete tiros: nos braços, barriga e peito. Samoel foi deixado no acostamento da rodovia, agonizando. Mas não morreu. Socorrido por um motorista que passava pelo local, foi para um hospital, pediu para chamar a Corregedoria da Polícia Civil. E contou toda a história. Ouvida, Rozana confirmou tudo e foi incluída no programa de proteção a testemunhas do governo estadual. Todos seriam condenados em 2014 por concussão, prevaricação e extorsão mediante sequestro:

Hélio e Fábio a treze anos e Paulo Henrique e Sérgio a catorze anos de prisão, todos em regime fechado. Em novembro de 2016, os réus recorriam ao TJ, enquanto José Agripino seguia foragido.

Policiais corruptos que tiram vantagens ilegais do submundo das drogas não se limitam a extorquir e violentar traficantes. Também desviam entorpecentes para vender depois — e se tornam assim tão traficantes quanto aqueles que deveriam prender. Foi assim no segundo semestre de 2009, quando a divisão de inteligência do Denarc apurou que um grupo de colombianos baseado em São Paulo trazia de avião grandes quantidades de cocaína até o interior paulista.[22] Em seguida, a droga seguia por terra até a capital, no esquema clássico da rota caipira. O departamento designou os investigadores Ismar José da Cruz e Dilson Claudino Bicudo Júnior para cuidar do caso. Ismar passou a frequentar o hotel onde dois dos colombianos, César Augusto Chaparro Nomesque e Hector Orlando Parrado Guateque, estavam hospedados, próximo à avenida Paulista, em São Paulo. Não demorou para que iniciasse contato com a dupla, ao mostrar interesse em adquirir cocaína colombiana, de boa qualidade — técnica de infiltração em quadrilhas que o meio policial denomina "puxada". Foram várias reuniões, acompanhadas a distância por Dilson. César e Hector ofereceram 200 quilos de cocaína a Ismar. Negócio fechado, no início da tarde do dia 27 de novembro, por volta das 14 horas, Ismar e Dilson tiveram a derradeira reunião. O local combinado foi um posto de combustível no quilômetro 62 da rodovia Castello Branco, em Itu (SP). Quando os dois colombianos, acompanhados do brasileiro Marcos Antonio Rodrigues, e a dupla de policiais disfarçados se encontraram no posto, César contatou um terceiro rapaz da Colômbia, José Miguel Lopes Matheus. Ismar e Dilson deveriam acompanhar Miguel até uma estrada próxima para confirmar a quantidade e a qualidade da droga. No caminho de terra batida, os policiais se depararam com uma caminhonete Hilux dirigida pelo brasileiro Marcelo Kuzuyama. Quando a lona sobre a caçamba foi retirada, havia dezenas de tabletes marrons

COCAÍNA: A ROTA CAIPIRA 593

dentro de caixas de papelão. A droga, segundo o Denarc, havia sido transportada na noite anterior de Bauru até um sítio de Marcos em Itu — a caminhonete também era dele:

— Vamos levar — disse Ismar para Dilson. Era a senha que ambos haviam combinado para dar o flagrante.

— Polícia, polícia, todo mundo com a mão pra cima! — gritou Dilson.

Por rádio, Ismar informou o flagrante a uma outra equipe do Denarc, que vigiava os três integrantes do grupo que haviam ficado no posto de combustível, na beira da rodovia. Todos foram presos em flagrante. Na caminhonete, havia 271 quilos de cocaína, atestados no dia seguinte pelo Instituto de Criminalística. A droga foi avaliada em R$ 3 milhões. Os cinco foram denunciados por tráfico e associação para o tráfico de drogas. A denúncia foi aceita pelo juiz da 2ª Vara Criminal de Itu, Hélio Villaça Furukawa.

O processo seguia seu rito normal, com os cinco réus presos preventivamente, até que, em agosto de 2011, houve discordância entre defesa e acusação sobre a quantidade da droga apreendida. Um dos advogados solicitou então nova perícia no entorpecente, armazenado no Denarc, e os peritos do IC constataram que a cocaína guardada estava a granel, e não em tabletes, prensada, como fora apreendida. Quando se analisou o grau de pureza da droga, nova surpresa: em vez de cocaína pura, o que havia era uma maçaroca formada por talco e pó de mármore. Dos 271 quilos apreendidos, apenas 10, ou 3,7% do total, eram cocaína. A droga verdadeira fora furtada de dentro do próprio departamento.

Com o laudo, a materialidade do crime de tráfico, que era a droga apreendida, caiu por terra.

— O que o Ministério Público iria alegar, que o meu cliente é traficante de talco? — questionou o advogado Francisco Assis Henrique Neto Rocha, que defendeu dois dos colombianos. Naquele mesmo mês, os cinco deixaram a prisão. Sem alternativa, o próprio Ministério Público, nas alegações finais do processo, pediu a absolvição dos cinco. "Trata-se de droga de baixíssima qualidade, o que causa estranheza. Pouco crível que a realização de mercancia de entorpecentes, envolvendo transportadores estrangeiros e grande quantidade de substância, tivesse por objeto cocaína de qualidade tão baixa", escreveu o promotor Luiz Carlos Ormeleze. Em junho de 2012, os cinco foram absolvidos, e o caso, encerrado.

A tal "puxada" como estratégia de flagrantes de tráfico, tão comum no Denarc, marcou a ruína do departamento, a ponto de sua sigla se tornar, nos meios policiais e judiciários, quase um sinônimo de corrupção.

# 23

# O golpe da "puxada"

Pierre Jacques Hernandez Delannoy sempre quis ser piloto. Aos 12 anos, o norte-americano lavava e abastecia os aviões de pulverização da fazenda do avô em Shreveport, Louisiana, onde nasceu e cresceu. Aos 15, começou a voar. Um ano depois conseguiu sua primeira licença como piloto.

Em 1964, com 17 anos, o adolescente loiro de grandes olhos azuis recebeu a proposta que definiria o rumo de sua vida. Foi procurado por um canadense para transportar 500 quilos de maconha do México até o sul dos Estados Unidos.

— Foi fácil demais, e ainda por cima ganhei 10 mil dólares de uma vez pelo voo. Viciei não na droga, mas no dinheiro.[1]

Daí em diante, seriam várias viagens com maconha a bordo. Em 1968, tinha 4 mil horas de voo e tornou-se instrutor. Mais dois anos e ingressou na Marinha norte-americana, que vivia o auge da guerra no Vietnã. Piloto de aviação naval, Pierre jogava bombas de napalm para queimar a selva vietnamita.

— Eles queriam gastar armamentos, porque me mandavam queimar três vezes a mesma selva. Muito chato.

Só deixaria a guerra em 1972. Decidido a voltar ao tráfico, mudou-se para a Colômbia. Na época, o país surgia como o maior produtor de cocaína do mundo, com grandes traficantes sedentos por pilotos que

se arriscassem a transportar a droga até os ricos consumidores norte-
-americanos. Pierre estava certo de que, uma vez em solo colombiano,
não ficaria desempregado.

Só não sabia que, pelos trinta anos seguintes, serviria aos maiores
barões da coca do mundo.

O primeiro foi Benjamin Herrera Zuleta, considerado o primeiro
grande traficante da Colômbia. Papa Negro, como ficou conhecido,
montou um laboratório de refino de cocaína no interior do país e passou
a enviar toneladas da droga para os Estados Unidos. Pierre conheceu
o barão por acaso, segundo ele, durante um voo comercial entre Cáli
e Bucaramanga. Em pouco tempo o norte-americano se tornaria um
dos principais pilotos de Papa Negro.

Com aviões de vários modelos e tamanhos, Pierre levava de uma
vez entre 500 e 1,5 mil quilos de cocaína para os Estados Unidos. Cada
viagem lhe rendia de US$ 50 mil a US$ 150 mil. Milionário do dia para
a noite, com fortuna estimada por ele mesmo em US$ 28 milhões, o
piloto gostava de investir em terrenos e fazendas na Flórida.

Em 1974, Pierre ganharia um segundo patrão. Em uma imobiliária
de Papa Negro em Medellín, ele conversava com o capo quando surgiu
Pablo Escobar. Na época, Pablo era mais conhecido como contrabandista, mas já se iniciava no tráfico pelas mãos do amigo poderoso.

— O Pablo parecia muito calmo e gentil. Naquela época ele cuidava
de rotas de transporte da cocaína para Papa Negro e os irmãos Ochoa
[fundadores do cartel de Medellín]. Mas começou a fabricar cocaína
por sua conta e me convidou para trabalhar para ele também.

Nos cinco anos seguintes, Pierre testemunharia a ascensão meteórica
de Pablo, o maior traficante de todos os tempos, a partir das rotas de
Papa Negro. Nesse período, chegou a ser preso em flagrante com um
avião carregado de cocaína, mas a pena foi mais do que suave.

— Minha vida foi cômoda na cadeia, muito cômoda mesmo, até saía
quando queria ou quando meu patrão precisava de mim.

A relação com Pablo seguiria até o início dos anos 1980, quando viria
o primeiro contratempo para o piloto. Em 1983, a DEA apreendeu um
carregamento de 500 quilos de cocaína que Pierre desembarcara dias

COCAÍNA: A ROTA CAIPIRA 597

antes no Tennessee. Ele escapou, mas outros sete comparsas a serviço de Pablo acabaram presos e dois deles delataram o piloto. Com mandado de prisão em aberto nos Estados Unidos, Pierre achou melhor dar um tempo no tráfico. Foi para a Austrália investir parte dos lucros da cocaína em terras na Oceania. Mas as férias duraram pouco. Meses depois, foi detido a pedido do governo norte-americano e deportado para o país natal. Foram cinco anos de cadeia. Quase todo o seu patrimônio na Flórida foi confiscado pela Justiça. Ao sair da prisão, em 1988, Pierre regressou à Colômbia disposto a retomar a vida no tráfico e recuperar seus milhões de dólares. E logo de cara viu seus antigos patrões em apuros. Papa Negro fora preso pela DEA no início daquele ano em Miami, onde vivia com uma identidade mexicana falsa. Na época, ele era acusado de exportar até 500 quilos de cocaína por semana para a Flórida e Nova York a partir da Amazônia brasileira, onde fincara bases para fugir da perseguição da DEA em território colombiano. Era o fim do seu narcoimpério. Nos anos seguintes, seria a vez de Pablo ser acossado pelos governos da Colômbia e dos Estados Unidos, principalmente após ser apontado como mandante do assassinato do candidato à presidência Luis Carlos Galán, em 1989.

Pierre mudou-se para a Bolívia. E continuou transportando cocaína pelos ares, desta vez até o Peru e a Colômbia, a serviço de traficantes menores.

Mas aí vieram as Farc.

O piloto reluta em dizer como conheceu um dos líderes da guerrilha, José María Corredor Ibagué, o Boyaco, já no início dos anos 1990. De acordo com relatório do agente da DEA Dominic Ricciardella a que tive acesso,[2] Boyaco supervisionava uma imensa rede de transporte aéreo de cocaína das Farc a partir de Caruru e Pacoa, vilarejos próximos à fronteira com o Brasil. Aviões leves levavam a droga para a Amazônia brasileira, Venezuela, Suriname e México, de onde era transportada em aeronaves maiores ou navios para os Estados Unidos e a Europa.

Pierre pilotava um desses aviões menores. Para despistar os radares da Colômbia, voava sempre em baixa altitude, ou corrompia as autoridades colombianas e viajava até com plano de voo. Ricciardella qualifica Pierre como "um piloto capaz e de confiança [de Boyaco], que tinha acesso a pistas de pouso clandestinas e era encarregado de fretes de cocaína no valor de múltiplos milhões de dólares". Ele também treinava jovens pilotos a serviço das Farc e também de capos como o mexicano Amado Carrillo-Fuentes, cujo enredo no tráfico é narrado no capítulo 27.

Em seu relatório, o agente Ricciardella cita um informante secreto da DEA, ex-traficante cujas informações repassadas ao serviço de inteligência norte-americano "provaram ser confiáveis e precisas". Segundo o informante, no início dos anos 1990 ele foi treinado por Pierre para o transporte, da Colômbia para o México, de quatro cargas com 300 quilos de cocaína cada pertencentes a Fuentes, em troca de US$ 25 mil por viagem. Na época, o piloto norte-americano teria dito ao jovem que fazia de duas a três viagens por mês para levar cocaína entre os dois países.

Pierre nega que tenha trabalhado para o capo mexicano. Mas admite que, no tempo em que esteve a serviço das Farc, também fez voos com cocaína para os inimigos número um da guerrilha marxista, os paramilitares das Autodefensas Unidas de Colombia, AUC. Quando a traição do piloto chegou ao conhecimento dos guerrilheiros, Pierre foi ameaçado de morte.

— Complicou um pouco a minha vida, mas nunca conseguiram provar nada, e continuei trabalhando com Boyaco.

No fim dos anos 1990, as Farc estreitaram laços com Carlos Ivan Mendes Mesquita, retratado no capítulo 12, e com Juan Carlos Parra Arcila, então uma jovem liderança do cartel de Cáli. Foi a serviço de Juan Carlos que, em outubro de 2002, Pierre viajou até São Paulo. Vinha disposto a encontrar compradores para 300 quilos de cocaína pura que o rapaz colombiano tinha à disposição na base de Boyaco em Caruru.

Nessa época, a DEA já monitorava todos os passos de Boyaco e Pierre na Colômbia. Desde 2001 os dois respondiam a ação criminal em Columbia, Estados Unidos, por conspiração para o tráfico, decorrente da apreensão de 5 quilos de cocaína na cidade norte-americana[3] — em 2006, Boyaco seria capturado no meio da selva pelo Exército e pela

COCAÍNA: A ROTA CAIPIRA 599

Polícia Nacional da Colômbia e extraditado para os Estados Unidos.[4] No Brasil, os agentes da DEA procuraram o delegado do Denarc Robert Leon Carrel, com quem já haviam trabalhado em outras investigações recentes. A parceria com os norte-americanos fez com que o Denarc mapeasse um grande esquema de distribuição de cocaína pelas Farc nas regiões de Sorocaba, Ribeirão Preto e São José do Rio Preto — no início de 2003, o departamento faria a apreensão de 400 quilos de cocaína em Itu e na capital paulista.[5] Grandes apreensões da droga em tão pouco tempo fizeram Carrel e sua equipe serem celebrados nos meios policiais. Mas, naquele fim de 2002, o delegado estava focado nas andanças do piloto Pierre pelo estado de São Paulo. Com autorização judicial, o Denarc interceptou os telefones do norte-americano e descobriu a droga de Juan Carlos parada na Colômbia. Só era preciso pensar em um plano para atrair Pierre e flagrar o piloto com a droga. Chegara a hora de Carrel exercer seu lado ator, em um filme de ação com final revelador.

Quem primeiro contatou Pierre foi o investigador Cleuber Gilson Bueno, da equipe de Carrel. Em mais uma "puxada" tão comum no Denarc, aproximou-se do piloto e se disse interessado em comprar cocaína de qualidade da Colômbia para um judeu paulistano chamado Robert — era o delegado disfarçado. O primeiro encontro com Cleuber, que dizia se chamar Hussein, foi em Belém, Pará, onde o piloto norte--americano morava. Os demais foram em São Paulo, onde Pierre conheceria o "judeu" Robert. Para dar veracidade ao personagem, o delegado usava sempre um quipá e falava com sotaque. Dizia ser um milionário interessado em comprar boa cocaína para exportar à Europa. Em alguns encontros, para impressionar Pierre, chegava de helicóptero, pilotado por Ricardo Ganzerla, outro investigador do Denarc disfarçado.

Pierre caiu na armadilha. Convencido dos propósitos do falso judeu e seus comparsas, trouxe Juan Carlos para uma reunião com a dupla em Sorocaba. Na versão do norte-americano, nesse encontro o delegado disfarçado teria acertado com o colombiano a compra de 450 quilos de cocaína por US$ 1,3 milhão. Como garantia de pagamento, Carrel fez questão de exibir, em uma maleta, maços de notas de US$ 100 e barras de ouro — um total de US$ 5 milhões, segundo Pierre.[6] Semanas depois, a droga foi embarcada em um avião na Colômbia, mas, segundo Pierre disse depois à Justiça, uma pane derrubou a aeronave minutos após decolar.

Nos meses seguintes, haveria um impasse, já que Juan Carlos, desconfiando que Robert e Hussein fossem policiais disfarçados, exigiu que um deles viajasse à Colômbia e permanecesse em poder do cartel de Cáli como garantia da venda da droga — uma estratégia comum entre traficantes colombianos. Mas a dupla rejeitou essa condição. Juan Carlos só cederia em setembro de 2003. Naquele mês, o colombiano viajou a São Paulo com o gorducho Carlos Alberto Paschoalin, de Ribeirão Preto, outro piloto ligado a Pierre. Ficou combinado que a droga seria entregue a Hussein no aeroporto de Itu e o pagamento seria feito pelo judeu Robert a Juan Carlos na chácara de Sorocaba. Em seguida, todos iriam a São Paulo se encontrar com Paschoalin em um hotel. Uma estratégia pensada pelo colombiano para evitar que, caso a polícia apreendesse a droga, todos fossem presos.

Negócio fechado, a droga — 300 quilos, segundo Pierre — saiu de Caruru, Colômbia, até o Paraguai, onde foi recebida por Mendes Mesquita, aliado de Juan Carlos e Boyaco. De lá, o carregamento seguiu por terra até Dourados (MS). Na manhã do dia 24 de setembro de 2003, Pierre e o piloto brasileiro Mário de Jesus Alves da Silva puseram os fardos com a cocaína em um Cessna adaptado com tanques de combustível maiores — estratégia comum no tráfico para garantir maior autonomia de voo — e rumaram de Mato Grosso do Sul para Itu.

Chegaram por volta das 13h30. Ao descer do avião, Hussein se aproximou. Pierre notou que, dessa vez, o suposto traficante estava acompanhado de mais uma dezena de pessoas. Sentiu um arrepio no corpo. Só poderiam ser policiais.

Armados, os investigadores do Denarc invadiram o avião e algemaram os dois pilotos. Abriram os fardos, veio o forte cheiro da cocaína.

Uma hora depois, Pierre viu Carrel e outra equipe de investigadores chegarem ao aeroporto com Juan Carlos algemado. Todos foram levados

COCAÍNA: A ROTA CAIPIRA                601

para a sede do Denarc na capital, onde Paschoalin já estava detido. Fim da linha para o grupo. Mas não o fim da história, que ainda teria muitos capítulos de suspense, agora sem o disfarce de Carrel.

Em dezembro de 2004, Pierre, Juan Carlos, Paschoalin e Mário seriam condenados por tráfico e associação para o tráfico pelo juiz Fábio Marcelo Holanda, da 5ª Vara de Itu.[7] Mas falhas na instrução do processo fizeram com que o TJ anulasse a decisão quatro anos depois. A ação penal recomeçou da estaca zero. Somente em abril de 2016 Pierre e Paschoalin seriam condenados a oito anos de reclusão por tráfico. Eles recorrem em liberdade. Pierre retornou ao Pará, onde casou-se e teve filhos com uma brasileira. A pedido do governo norte-americano, o STF determinou a extradição do piloto para que respondesse à ação por conspiração para o tráfico em Colúmbia.[8] Mas em maio de 2011 o Supremo foi informado pela embaixada dos Estados Unidos de que o país não tinha mais interesse na extradição de Pierre. Como não houve justificativa formal, nunca se soube o motivo da desistência.

No norte do país, Pierre chegou a trabalhar como piloto de garimpo e, em 2014, investia na criação de peixes às margens do rio Amazonas. Paschoalin voltou para Ribeirão Preto e retomou a pilotagem de aviões, até ser preso com 119 quilos de cocaína no Peru, em dezembro de 2013.[9] Juan Carlos regressou à Colômbia, onde ainda comanda o cartel de Cáli, segundo Pierre — ele tem um mandado de prisão em aberto no Brasil. Em 2013, Negro, como ficou conhecido o colombiano, foi acusado de subornar três oficiais do Exército da Colômbia para transportar cocaína em aviões no vale do rio Cauca, região de Cáli.[10]

O piloto Mário não foi sentenciado pela Justiça em 2016. Àquela altura, ele já estava morto. Havia sido assassinado na cadeia meses após ele e Pierre denunciarem à Justiça o desvio de parte do carregamento de cocaína apreendido pelo Denarc — a autoria do homicídio nunca foi esclarecida. Pierre e Mário foram categóricos em afirmar que o negócio fechado entre Juan Carlos e o judeu Robert envolvia 300 quilos de cocaína, e que naquele 24 de setembro de 2003 a dupla transportou até Itu trinta fardos com 10 quilos cada de cocaína. Mas apenas 98 quilos foram apresentados à sede do Denarc pela equipe de Carrel. Uma nota

602 ALLAN DE ABREU

distribuída à imprensa no dia da apreensão pela Secretaria de Segurança Pública informava a apreensão de 200 quilos da droga.

Para sanar a dúvida sobre a quantidade de cocaína que havia no avião, o Gaeco instaurou uma investigação e solicitou análise do caso ao perito Ricardo Molina. Pela análise de imagens do carregamento gravadas pela Rede Globo e por meio de simulações envolvendo pacotes com farinha de trigo para compor o cenário da apreensão, Molina concluiu que o Cessna levava 200 quilos de cocaína.[11] "É evidente que a carga no avião não poderia, em nenhuma hipótese, ser de apenas 100 quilogramas", escreveu o perito.[12]

Além da perícia, uma testemunha do Gaeco, identificada no processo apenas como Alfa, disse em depoimento aos promotores ter participado da operação do Denarc em Itu e confirmou que foram negociados 300 quilos de cocaína colombiana por US$ 6 mil o quilo. Ele também detalhou como teria ocorrido o desvio da droga. O conteúdo do seu depoimento foi resumido em despacho judicial do processo:

"Conversando com o denunciado Cleuber por ele foi explicado que antes da imprensa chegar eles haviam tirado 100 quilos da droga e colocado dentro de um carro e, após a cobertura da imprensa, retiraram mais 100 quilos, reclamando ainda de dois colegas da polícia que haviam sumido com mais 2 quilos a caminho do Denarc. Relatou ainda que Cleuber lhe contou que a droga desviada foi escondida em uma casa na cidade de Santos, onde morava sua amásia."[13]

Com base no depoimento do policial e nas conclusões da perícia, o Gaeco denunciou por tráfico e peculato Luís Henrique Mendes de Moraes, delegado do Denarc envolvido na apreensão, Robert Leon Carrel, Cleuber Gilson Bueno e Ricardo Ganzerla, além de pedir a prisão preventiva dos quatro. Para os promotores, os policiais "lançaram mão de sua estrutura concebida para o combate às organizações criminosas de narcotraficantes para interagir com eles, imiscuindo-se em infrações penais gravíssimas a tal ponto de não deixar fácil a tarefa de distinguir o fim da atividade policial legítima e o início da apropriação e do tráfico de cocaína".[14] O pedido foi aceito pela juíza Maria de Fátima dos Santos Gomes Muniz de Oliveira. "Restou patenteado que os indiciados

COCAÍNA: A ROTA CAIPIRA 603

estão devidamente estruturados com o escopo de praticarem crime de tráfico de droga, com evidente distribuição de tarefas e alto grau de organização, valendo-se para tanto dos cargos públicos que exercem."[15]

A cadeia durou 24 dias. Um habeas corpus do TJ libertou os quatro. Mas a ação criminal contra os policiais continuou em tramitação na 29ª Vara Criminal, além de procedimento administrativo na Corregedoria da Polícia Civil. A pedido dos corregedores, dois peritos do Instituto de Criminalística, Osvaldo Negrini e Marcelo Voloch, criticaram o trabalho de Molina. "Mensurações em imagens para comparar algo de tamanha seriedade são, no mínimo, irresponsáveis", escreveram.[16]

Para sanar a dúvida, a Justiça determinou um novo laudo, dessa vez pelo Núcleo de Criminalística da Polícia Federal de São Paulo. A técnica de comparação utilizada pela PF foi a mesma de Molina. Mas, em vez de farinha de trigo, os peritos tiveram autorização da Justiça para utilizar cem tijolos de cocaína. A droga serviu para confeccionar tijolos idênticos aos interceptados pelo Denarc naquele 24 de setembro. Foram feitas duas simulações para indicar o provável peso do carregamento, uma com a droga não compactada e outra com a cocaína prensada, como provavelmente tinha sido transportada. O primeiro teste concluiu "massa não menor que 128,4 kg", e o segundo, "massa não menor que 156 kg".

A PF analisou ainda se o Cessna teria condições de decolar com 200 quilos de cocaína, como anunciara a nota à imprensa do Denarc. "Diante de tal configuração da aeronave, o transporte de 200 kg de cocaína, distante ainda cerca de 70 kg do máximo comportado, é plenamente factível."[17]

A conclusão da perícia de que haveria pelo menos 30 quilos a mais de cocaína na aeronave fez com que, em maio de 2013, o juiz Fernando Bonfutti Izidoro condenasse três dos quatro policiais por tráfico — o delegado Luís Henrique morreu antes da decisão. Carrel teve pena de cinco anos e cinco meses de prisão, enquanto Cleuber e Ricardo receberam cinco anos cada.[18] Todos recorreram ao TJ, que em decisão unânime da 15ª Câmara de Direito Criminal absolveu os três policiais, em outubro de 2014. O presidente da Câmara e relator do processo no

Tribunal, desembargador Poças Leitão, chegou a cogitar, no seu voto, a possibilidade do desvio da droga, mas concluiu pela absoluta falta de prova. "É possível (e até provável) que a cocaína em questão esteja no mundo... mas não está nos autos!", escreveu o desembargador, para quem não há nem indícios de que a cocaína foi desviada pelos policiais. Leitão chegou a citar parecer do procurador Roberto Tardelli, com críticas veladas ao próprio Ministério Público: "A conclusão que levou seus doutos subscritores a afirmarem que havia 300 quilos [de cocaína na aeronave] é de baixíssima precisão: somaram-se, como conta de frios de uma padaria, peso do piloto (100 quilos), do acompanhante e então responsável pela droga transportada, Pierre (90 quilos), dois galões de combustível (120 quilos) e 330 quilos de cocaína, totalizando 640 quilos, peso considerado compatível com o pacote operacional da aeronave..." Para Tardelli, a denúncia do Gaeco, qualificada como "criação mental" dos promotores, não deveria nem ter sido recebida pela Justiça, dez anos antes.

Poças Leitão concluiu que as acusações eram vazias, sem "lastro". "Os laudos periciais não conseguiram chegar a uma segura conclusão sobre a quantidade supostamente existente no avião, não se podendo, por outro lado, de qualquer forma, dar crédito às palavras de perigosos traficantes [...], os quais, como se sabe, sempre que podem buscam comprometer policiais." Sobraram mais críticas ao Gaeco e à própria Justiça: "É lamentável! Onze anos se passaram, vinte e um volumes de papel para nada. Nem mesmo, como visto, a materialidade chegou a ser demonstrada."

Meses antes, em março de 2014, Cleuber e Ricardo foram demitidos a bem do serviço público e Carrel teve a aposentadoria cassada pelo governador Geraldo Alckmin.[19] A Corregedoria da Polícia Civil concluiu que a operação policial foi irregular. Houve falta de cautela na documentação da droga apreendida e na guarda do entorpecente, infiltração dos policiais na quadrilha de traficantes sem autorização da Justiça, "falta de lealdade à instituição policial", "uso do cargo para proveito pessoal" e "danos à imagem da instituição policial".[20] Cleuber tentou anular sua demissão na Justiça, mas o pedido foi negado por unanimidade.[21] Já o

COCAÍNA: A ROTA CAIPIRA    605

ex-delegado buscou no TJ retomar sua aposentadoria, o que também foi rejeitado por doze votos a oito. "Aquele que comete falta grave não faz jus à aposentadoria do serviço público", escreveu o desembargador Antonio Carlos Villen.

O piloto Pierre, depois de recuperar a liberdade, nunca mais pôs os pés no estado de São Paulo. Nem quer.

— Depois que o Mário foi assassinado, tenho muito medo de morrer também.

O norte-americano morreria no fim de 2016, vítima de câncer.

Antes mesmo da apreensão em Itu, policiais do Denarc comandados pelo dr. Carrel preparavam investida contra outro grupo de traficantes colombianos na região de Sorocaba. No início de 2003, a dona de uma chácara no bairro Monte Bianco, em Araçoiaba da Serra, foi procurada por um jovem de olhos miúdos e cabelos encaracolados, interessado em alugar o imóvel. Era Marcelo Athiê, empresário boa-pinta dono de uma videolocadora em Salto. Athiê, ou Turco, sempre quis ser policial. Prestou dois concursos para a Polícia Civil, mas não foi aprovado. Tornou-se detetive particular e informante da polícia, o chamado "ganso", elemento que, mesmo não sendo policial, participa ativamente da investigação de esquemas de narcotráfico, uma estratégia no limite da lei penal que, conforme se verá, permite todo tipo de irregularidade.

— Eu gosto de investigação, já prestei dois concursos e não passei; eu gosto de passar informação para a polícia — disse ele certa vez à Justiça.[22]

Athiê chegou a ser denunciado pelo Ministério Público por tráfico e associação, acusado de abastecer com drogas bocas de fumo de Itapetininga (SP). Mas alegou estar auxiliando a polícia na investigação de um grupo de traficantes do município. Acabou absolvido.[23]

Em 2004, o "ganso" seria incriminado novamente. Dessa vez, acusado de comandar um esquema de grampos telefônicos no comitê do então candidato à prefeitura de Sorocaba Vitor Lippi. Foi preso em flagrante com fitas cassete contendo as gravações das conversas e processado por interceptação clandestina e formação de quadrilha. Sete anos depois, a ação penal acabaria prescrita antes mesmo do julgamento.[24]

O leitor deve guardar bem o nome de Athiê. Ele será personagem comum de vários flagrantes de tráfico em larga escala na região de Sorocaba. Sempre do lado da polícia, mas nem sempre do lado da lei.

Uma vez alugada por Athiê, a chácara no Monte Bianco passou a ser frequentada pelos irmãos Sérgio e Sandro Saconi, ambos do Denarc. Quem primeiro desconfiou que algo errado ocorria dentro dos seus muros altos foi o sargento da Polícia Militar José Daniel Machado. Em depoimento à Corregedoria da Polícia Civil, o PM disse que desde o começo de 2003 vinha recebendo informes de moradores do bairro e outros policiais de que haveria irregularidades na chácara. "Os informes não traziam muitos fatos concretos, mas davam conta de que naquela chácara havia tráfico de entorpecentes." Segundo ele, no dia 20 de março daquele ano, a PM foi chamada para intervir em uma briga que estaria ocorrendo dentro do imóvel. Ao chegar, os policiais abordaram um rapaz em fuga, justamente o que havia telefonado para o 190. Com ele, os PMs encontraram pequena porção de cocaína e o prenderam por uso da droga. Inconformado, de acordo com o sargento, o jovem teria dito que "os responsáveis por aquela propriedade eram aqueles que na verdade praticavam o tráfico de entorpecentes".[25]

A PM denunciou o caso à Corregedoria da Polícia Civil de Sorocaba, que instaurou inquérito contra os irmãos Saconi em agosto de 2004. Nessa época, a dupla havia se mudado para outra chácara em Araçoiaba, no bairro Jundiaquara. E mais informes chegavam aos militares de que Sandro e Sérgio estariam traficando no novo imóvel. Robert Leon Carrel, chefe dos irmãos no Denarc, foi chamado para depor na Corregedoria. Diante do delegado Paulo César Martins Neves, disse que ele e os irmãos Saconi investigavam um esquema de tráfico por três colombianos, chefiados por Antonio Ortiz, identificado "com a ajuda de organismos internacionais de combate ao narcotráfico" — leia-se DEA —, e que a chácara havia sido alugada pelo Denarc para ser palco das negociações, conforme exigência de Julio Antonio Jimenez Manjarrez, braço direito de Ortiz. Na nova peça teatral encenada pelo grupo, Carrel se passava por um paraplégico interessado na compra de

# COCAÍNA: A ROTA CAIPIRA

cocaína dos colombianos — segundo ele, seriam entre 100 e 150 quilos —, Sérgio seria seu representante, Athiê, o tradutor, e César e Sandro, os seguranças dos demais.

Para provar a legalidade da operação, o delegado apresentou à Corregedoria cópias do inquérito, com fotos dos colombianos e vídeos da negociação entre os policiais disfarçados e os colombianos. E garantiu que a operação estava legalmente autorizada pela 8ª Vara Criminal de São Paulo. Por fim, reclamou da blitz da PM em frente à chácara no Monte Bianco, o que obrigou os policiais a hospedar os colombianos em outro imóvel.[26]

As palavras de Carrel não convenceram o delegado corregedor, que manteve a apuração. Por coincidência, nessa mesma época a informação de que traficantes da Colômbia circulavam em Araçoiaba chegou à Polícia Federal. Os agentes chegaram ao endereço da chácara e solicitaram à Justiça a relação das ligações telefônicas feitas a partir de um orelhão em frente ao imóvel. Com os números dos telefones, fizeram novo pedido à Justiça, para monitorar os telefones. Descobriram que as linhas eram utilizadas por Athiê e os irmãos Saconi.

Pelas interceptações, a PF chegaria a uma estranha negociação de cocaína envolvendo, de um lado, os Saconi e, de outro, um peruano que residia em Manaus chamado David Rengifo Bela. Para o Ministério Público, um esquema de tráfico comandado por Sérgio Saconi, que recebia a cocaína enviada por mulas de David em voos regulares da capital do Amazonas até o aeroporto de Viracopos, Campinas.

Ainda conforme o Ministério Público, caberia a Roberto Aparecido Batista Santos, subordinado de Sérgio, negociar a droga com David. Em julho de 2004, uma mula a serviço do peruano teria enviado para Campinas 2 quilos de cocaína. Dias depois, afirmam os promotores, Sérgio teria entregue à mula R$ 19 mil como pagamento pela droga. Uma nova remessa de 1,5 quilo ficou combinada para outubro. A PF, que monitorava as conversas do grupo, resolveu agir. Na tarde do dia 24 daquele mês, deslocou uma equipe até Viracopos para flagrar a chegada de David e da mula com a droga amarrada nas pernas — para não levantar suspeitas, eles viajaram em poltronas distantes da aeronave.

608 ALLAN DE ABREU

Pelos diálogos captados pelos agentes, apenas Roberto receberia a dupla no aeroporto. Mas, ao chegarem a Viracopos, os policiais federais depararam-se com os irmãos Saconi e outro investigador do Denarc, César Wesley Porcelli — segundo a PF, Sandro e Porcelli faziam a "segurança armada dos demais integrantes da associação, por ocasião da efetivação das transações e do transporte rodoviário do entorpecente".

Para evitar possível troca de tiros dentro de Viracopos, os agentes optaram por prender apenas David e a mula em flagrante no saguão de desembarque. Ao notar a ausência da dupla, Sérgio e Roberto se dirigiram ao balcão de atendimento da empresa aérea. Lá, foram informados de que o peruano e seu comparsa haviam sido presos pela PF. Imediatamente os irmãos Saconi, Porcelli e Roberto deixaram o aeroporto, como mostraram as câmeras de Viracopos. No retorno a Sorocaba, Sérgio telefonou para Carrel. O delegado mostrou-se surpreso com a operação da PF. Mas logo suspeitou de que os telefones de seus investigadores estivessem sendo monitorados:

— Agora, é o seguinte, é... eu tenho certeza de que você tá grampeado e o teu parceiro também tá grampeado, mas eu faço questão de derrubar essa parada com esse teu telefone.

— Hã? — Sérgio parecia não entender.

— Eu tenho certeza de que o teu telefone tá grampeado.

— Hã.

— E o do teu parceiro.

— Sei.

— Mas eu faço questão de derrubar essa parada com o teu telefone grampeado, pros filhos da puta que tão ouvindo saber que a gente é fudido.

— É... o senhor sabe quem tá fazendo isso.

— Eu imagino, né, caralho.[27]

Os três investigadores do Denarc e Roberto seriam presos preventivamente poucos dias depois pela PF, em 5 de novembro. Na época, o delegado federal Silvio César Fernandes Dias declarou ter sido procurado por delegados da Polícia Civil, que solicitaram que ele recuasse nos pedidos de prisão dos investigadores. Os delegados ainda teriam exibido a Dias

COCAÍNA: A ROTA CAIPIRA 609

relatórios do Denarc para justificar a suposta investigação do trio, mas, segundo Dias, os papéis não se referiam ao caso de Campinas.[28] À polícia e à Justiça, os três alegaram ter descoberto o esquema de tráfico do peruano David durante as investigações contra os colombianos na chácara em Araçoiaba. E que, para prender o grupo, haviam se passado por policiais corruptos, já que Roberto, ligado a David, já conhecia os irmãos Saconi dos tempos em que eram investigadores da Dise de Sorocaba. "Esclarece que quando estava na companhia de Beto, costumava conversar com amigos, isso já previamente combinado, acerca de negócios envolvendo a compra de drogas, para passar a Beto credibilidade acerca da sua versão de policial corrupto", diria Sérgio à Justiça.[29]

Os policiais do Denarc só não contavam com um acordo de delação feito por Roberto na Justiça. Em troca da redução da pena em provável condenação, Roberto decidiu contar tudo o que sabia à PF. E não era pouco. Segundo ele, "os policiais civis Sérgio Saconi, Sandro Saconi praticam o crime de tráfico de entorpecentes". A estratégia, conforme Roberto, era prender os traficantes e apreender apenas parte da cocaína, desviando parte dela para o tráfico. Quando a cocaína tinha boa qualidade, disse Roberto, era entregue para um nigeriano que a remetia à Europa, e, quando era ruim, acabava revendida em bocas de fumo de Sorocaba.

Roberto narrou em detalhes os supostos métodos de atuação dos policiais. A chave, disse, era uma grossa corrente de ouro que Sérgio usava no pescoço. Quando levava uma das mãos à corrente durante negociação com os fornecedores, os outros policiais ocultos nas redondezas entravam em cena e prendiam os traficantes. Sobre o flagrante de Campinas, Roberto disse que, duas semanas antes, David e Sérgio Saconi teriam se encontrado em uma churrascaria de Sorocaba para acertar os detalhes da remessa. Na versão dele, Sérgio queria negociar no mínimo 50 quilos de cocaína, mas contentou-se com três "para não perder a possibilidade de futuramente apossar-se de maior quantidade de entorpecente".[30] No dia em que o peruano e seu comparsa foram presos em Viracopos, ao saber da operação da PF, Sérgio teria dito a Roberto, na versão deste:

610 ALLAN DE ABREU

— Vamos embora, porque sujou.[31]

Denunciados pelo Ministério Público, os três investigadores do Denarc, David e Roberto foram condenados por tráfico e associação para o tráfico pela 4ª Vara Criminal de Campinas; os policiais, a doze anos de prisão; David, a treze; e Roberto, a seis. Todos recorreram aos desembargadores da 9ª Câmara Criminal do Tribunal de Justiça, que em junho de 2011 se reuniram para julgar o caso. O relator do processo, desembargador Souza Nery, deu um duro voto pela condenação dos policiais. "Ora, se fosse verdadeira a alegação dos policiais envolvidos, de que no dia do crime estavam investigando denúncia de tráfico, certamente se apresentariam aos policiais federais [logo após a prisão de David e seu comparsa] para melhor esclarecimento dos fatos. Mas, ao invés disso, optaram por fugir do aeroporto. Como bandidos. Logo em seguida, entraram em contato com o delegado Carrel, certamente para tentar 'forjar' uma ação policial. No primeiro momento, o delegado pareceu nada saber sobre a ação. Posteriormente, tentou justificar a ação dos policiais, dizendo que eles costumavam trabalhar 'infiltrados' em quadrilhas de traficantes. Mas na verdade, no presente caso, eles faziam parte do esquema de tráfico. Aliás, de acordo com as investigações, mesmo quando estavam em 'ação oficial', apreendiam parte da droga e ficavam com o restante", escreveu.[32]

Veio então o revisor, desembargador Francisco Bruno, e declarou voto diverso. Bruno concordava com a condenação de David e Roberto, mas defendia a absolvição dos três policiais do Denarc. "Parece-me que, mais do que merecer o benefício da dúvida, há evidências bastante claras de que estavam apenas cumprindo o dever, fazendo-se passar por policiais corruptos — com conhecimento e autorização de seus superiores, como se verá — para realizar uma investigação que, se não fosse a extemporânea intervenção da Polícia Federal, poderia ter sido muito mais bem-sucedida do que foi a (já extremamente significativa) apreensão realizada."

Bruno desqualificou o depoimento de Roberto ("palavra do delator, isolada, pouco ou nada vale: afinal, ele tem todo o interesse em dizer exatamente o que sabe — ou pensa que sabe — que as autoridades

COCAÍNA: A ROTA CAIPIRA 611

querem ouvir"), assegurou que Sérgio deixou o aeroporto de Viracopos "calmamente, e não fugindo", e citou o diálogo entre Sérgio e Carrel, transcrito anteriormente, como prova "que permite asseverar, com a segurança processual humanamente possível, a inocência dos policiais". O desembargador elogiou Carrel — "excelente policial" — e transcreveu parte do depoimento do delegado à Justiça: "Foi um caso absurdo. [...] Se eu tivesse, nesse período em que eu estava fazendo centenas de infiltrações, me passando por judeu, narcotraficante, usando cadeira de rodas, helicópteros, em que fiz grandes prisões, se eu tivesse sido interceptado nesse período, pela ideia desse delegado da Polícia Federal, que não tem experiência em narcóticos, certamente eu também estaria preso." Por fim, Bruno concluiu: "Nada encontrei nos autos que pudesse servir de prova conclusiva contra eles."[33]

O voto de minerva seria de Nuevo Campos. O desembargador ficou do lado de Bruno. Com isso, Porcelli e os irmãos Saconi foram absolvidos. Não houve recurso e o processo foi encerrado. Apesar das absolvições judiciais, os três foram demitidos a bem do serviço público pela Secretaria Estadual de Segurança Pública. Os irmãos Saconi tentaram reverter a demissão na Justiça, mas o pedido foi negado pelo TJ.[34]

Ainda faltava apurar o episódio dos colombianos na chácara do Monte Bianco. Em sua delação premiada, Roberto dera informações importantes sobre o caso. Segundo ele, Sérgio, Sandro e Porcelli negociaram por cinco meses com os traficantes da Colômbia, com todos os gastos pagos pelos três policiais e Marcelo Athiê, um total de R$ 130 mil que incluíam hospedagem, alimentação, bebida e prostitutas. Devido ao alto custo com os colombianos, Sérgio teria se aborrecido com o delegado Carrel, que, segundo a versão de Roberto, não investia dinheiro no caso.

— O homem quer que vire a parada, mas não põe nada. Só eu ponho dinheiro e o homem quer que virem as coisas e se não virar a parada eu vou ficar quebrado — teria dito, conforme Roberto.[35]

A negociação entre os policiais e Julio Manjarrez, representante de Antonio Ortiz — a essa altura, o capo colombiano havia retornado à terra natal —, envolvia 500 quilos de cocaína, que seriam entregues por um avião em uma pista de pouso clandestina na região de Registro, sul do estado de São Paulo. Parte dessa droga, de acordo com Roberto, seria desviada assim que fosse apreendida.[36]

Ouvido novamente pela Corregedoria da Polícia Civil em outubro de 2008, Carrel disse que o aluguel da chácara em Araçoiaba fora pago por um colombiano e não pelo Denarc, como dissera quatro anos antes. Disse desconhecer Athiê e não soube informar como chegou até os colombianos.[37]

Ouvida, a juíza Ivana David, titular da 8ª Vara Criminal de São Paulo, assegurou não ter autorizado a infiltração de agentes na quadrilha de colombianos e disse só ter autorizado interceptações telefônicas no caso porque era informada por Carrel de que a cocaína estaria depositada na capital, e não em Sorocaba. As interceptações, segundo o Ministério Público Federal, não aparecem no inquérito, e um DVD com o suposto vídeo das negociações dos policiais com os colombianos não pôde ser periciado por estar com defeito. Além disso, a procuradora Elaine Cristina de Sá Proença suspeitou de documento encaminhado pelo Denarc informando que, em junho de 2004, Manjarrez solicitara uma chácara para negociarem a cocaína. Para ela, o relatório "confirma o alegado por Roberto Aparecido Batista Santos, no sentido de que os policiais apresentavam relatórios com datas retroativas para legalizar seus atos". Os membros do Denarc alegaram que, devido à prisão dos irmãos Saconi e de Porcelli em novembro de 2004, as investigações contra os colombianos foram abortadas, o que foi criticado pela procuradora. "Estranhamente, nenhuma providência fora tomada com relação a tais estrangeiros, fato que seria perfeitamente possível e recomendado, já que, segundo os próprios policiais, não havia dúvidas acerca do motivo de sua estada no Brasil." Para ela, os policiais "utilizavam da máquina pública e de expedientes investigativos, tais como interceptação telefônica e infiltração — não autorizada — de agentes policiais em proveito próprio e para a prática de crimes".

O juiz federal Luís Antônio Zanluca também estranhou a participação de Athiê no caso. "A presença de Marcelo [...] demonstra, mais uma vez, que o grupo não praticava atos de escorreita 'investigação

COCAÍNA: A ROTA CAIPIRA          613

policial'; atuava com o propósito de traficar, com a intenção de aplicar o denominado 'golpe da puxada' nos traficantes colombianos." Em setembro de 2015, ele condenou Carrel, os irmãos Saconi e Porcelli, cada um, a quatro anos e oito meses de prisão, além da perda dos cargos públicos, por associação para o tráfico; Athiê teve pena de cinco anos pelo mesmo crime.[38]

Manjarrez havia sido preso em outra investida de Athiê, ainda em 2006, dessa vez em conluio com investigadores da Dise de Sorocaba. De acordo com depoimento de um desses policiais, Glauco Fernando Santos Fernandes, foi Athiê quem apresentou Manjarrez aos policiais, que mais uma vez se passavam por traficantes. Na manhã do dia 24 de fevereiro, Manjarrez e outros seis colombianos foram presos em flagrante com 5 quilos de cocaína em um hotel de Sorocaba e uma casa em São Paulo. Todos seriam condenados por tráfico e associação para o tráfico internacional. Manjarrez levou seis anos.[39] Não houve recurso. Tempos depois, ao migrar para o regime semiaberto, ele fugiu para a Colômbia.

Marcelo Athiê voltaria a colaborar com a Polícia Civil nos anos seguintes. Em setembro de 2007, investigadores da Dise de Sorocaba souberam que o boliviano José Omar Mendez Castro estaria na cidade oferecendo cocaína. Um dos policiais, Ricardo Schulze, passou-se por interessado na droga e reuniu-se com Castro em um hotel de São Paulo. O boliviano teria dito que tinha de 12 a 15 quilos de cocaína em Mato Grosso e pediu US$ 5 mil por quilo, além de R$ 10 mil pelo frete. Negócio fechado, uma mula trouxe a droga de carro até Sorocaba. Para fechar o negócio, Castro reuniu-se com o policial disfarçado em um shopping da cidade. Schulze pediu para conferir a qualidade da droga antes do pagamento e foi até o local onde estava o automóvel. Quando a mula mostrou os tabletes com 12 quilos de cocaína, foi detida em flagrante. Imediatamente, outra equipe da Dise invadiu o shopping e prendeu Castro.

À Justiça, o boliviano deu versão diferente. Morador de Santa Cruz de la Sierra, disse ter sido atraído para o Brasil pelo colombiano Bernando Castaño Estrada — outro produtivo "ganso" do Denarc —, que prometera apresentá-lo a um empresário interessado em comprar a fazenda de Castro na Bolívia. Era Athiê. O sorocabano teria prometido comprar as terras com uma condição: Castro deveria participar de uma compra de cocaína com Bernardo em São Paulo. No meio da conversa, surgiu a polícia, que o prendeu e o levou até Sorocaba. Mas a versão não convenceu o Ministério Público. "É certo que engendrou uma história para imputar o crime a terceiras pessoas que entendeu seriam conhecidamente envolvidas com o tráfico de entorpecentes", escreveu a promotora Marília Gasualdi Xavier de Freitas. Castro foi condenado pelo TJ a sete anos de reclusão por tráfico.[40]

Com a prisão de Castro, os policiais foram atrás de Theo Castillo Cortez, um colombiano negro e corpulento, traficante conhecido em sua terra natal. Em depoimento à Justiça, o investigador Schulze disse que, durante as negociações com Castro, o boliviano teria dito que um conhecido seu, Theo, traria um carregamento de cocaína muito maior em outubro daquele ano. Identificaram o colombiano e passaram a acompanhar seus passos em Sorocaba. Na mesma época, conforme Schulze, ele foi procurado por investigadores do Denarc, que também estariam investigando Theo. Em investigação conjunta, não detalhada no processo, eles descobriram que o colombiano aguardava a chegada de um grande carregamento de cocaína na região de Araçatuba entre os dias 2 e 16 de outubro de 2007. Os investigadores Schulze e Alexandre Cassimiro Lages, do Denarc, foram até Araçatuba e vasculharam hotéis, motéis e pousadas até descobrir onde Theo estava hospedado. Começaram então a seguir seus passos. Na manhã de 2 de outubro, Theo foi até o aeroporto de Guararapes, cidade vizinha. Observou a pista de pouso e os hangares de forma discreta, como se estudasse o local. Minutos depois, voltou à pousada.

Pelo depoimento dos investigadores, não fica claro como o Denarc descobriu a data exata em que o avião chegaria com a droga em Guararapes. Na manhã do dia 17, vinte policiais à paisana foram distribuídos estrategicamente pelo aeroporto. Muitos se disfarçaram de pilotos e mecânicos de aviões. O tempo passava e nada da aeronave. Já eram 16 horas e a equipe decidiu almoçar. Apenas um investigador

COCAÍNA: A ROTA CAIPIRA
615

ficou no aeroporto, de campana. De repente, surgiu o barulho do motor do Cessna. Ao mesmo tempo, Theo entrou no aeroporto e aguardou o avião taxiar. O policial se desesperou. Andando de um lado para o outro, tomou o celular do bolso e acionou a equipe. Enquanto isso, o avião se aproximou da bomba de combustível e desceram três homens. Foram na direção de Theo e, após uma rápida conversa, os quatro caminharam rumo ao Cessna. De dentro da aeronave, um deles retirou uma pesada mala preta.

Nesse momento, os policiais chegaram. Cercaram o avião e anunciaram o flagrante. Dentro do Cessna, havia 214 quilos de cocaína pura em quatro malas grandes. A droga havia sido embarcada em São José dos Quatro Marcos (MT). Todos foram condenados pelo Tribunal de Justiça por tráfico e associação para o tráfico. O colombiano recebeu pena de treze anos de prisão.[41]

Marcelo Athiê não é citado no processo de Guararapes. Seu nome só voltaria à baila em junho de 2008, quando dois colombianos, um paraguaio e um brasileiro foram presos em flagrante por tráfico nos Jardins, bairro nobre da capital paulista, depois que um deles ofereceu vender a policiais disfarçados 97,6 quilos de cocaína. Mais um trabalho do Denarc, mais especificamente do investigador Lages e de Athiê. O nome de Athiê é omitido nos autos, com base em provimento da Corregedoria Geral de Justiça que preserva testemunhas "coagidas ou submetidas a grave ameaça". Ao Denarc, Athiê disse ter conhecido em abril daquele ano um libanês chamado Ali em uma boate de Sorocaba. Dias depois, Ali teria proposto um encontro na capital. Durante o almoço, o homem ofereceu um carregamento de cocaína. "O depoente ficou muito assustado com a referida conversa e oferta" e "informou que não necessitava trabalhar nesse ramo, uma vez que tinha uma vida tranquila com a família e crianças pequenas". Mas Ali teria insistido. "Pediu ao depoente que pensasse bem, pois o lucro era certo e sem qualquer tipo de risco."[42]

Na versão de Athiê, ele procurou Carlos Alberto Verano, investigador da delegacia de Salto, região de Sorocaba, e narrou a suposta oferta de Ali. Verano entrou em contato com Lages no Denarc no mesmo dia em que Ali telefonava ao "ganso" para combinar um encontro para o dia seguinte em um café dos Jardins, São Paulo. Athiê foi para o Denarc e combinou com Lages como seria a ação. O empresário iria sozinho ao encontro, mas depois de um tempo daria sinal com os braços para o investigador do Denarc entrar em cena, no papel de assistente de Athiê. Sete policiais dariam cobertura, escondidos nas imediações. Assim foi feito.

— Você é o amigo do Ali? Ele saiu e vai demorar um pouco, senta aí e vamos conversar — disse o colombiano Gustavo Alberto Vieira Monsales, sempre na versão de Athiê.

Na mesa, além de Gustavo, estavam o também colombiano Juan Carlos Parra Susa, um paraguaio e um brasileiro. Gustavo perguntou a Athiê se havia aceitado a oferta de Ali. O "ganso" aquiesceu, mas pediu para ver a mercadoria antes.

— Uma parte está aqui, o resto em uma cidade próxima — teria dito Juan.

— Que cidade? — perguntou Athiê.

— Campinas — respondeu Gustavo.

Era a hora do sinal combinado. Lages se aproximou.

— Ele é meu parceiro. Vai checar se a droga existe mesmo. Aí trago o dinheiro.[43]

Gustavo combinou com Lages o ponto onde deixaria a droga e saiu. À Justiça, o investigador do Denarc não soube dizer se alguém seguiu o colombiano. Fato é que Gustavo estava demorando a retornar, o que deixou seus comparsas aflitos. Passava das 23 horas quando ele parou seu automóvel ao lado do carro descaracterizado da polícia. Gustavo desceu e começou a colocar mochilas no chão. Era a droga. Imediatamente surgiram os policiais. O motorista do carro acelerou e fugiu, na versão dos tiras. Gustavo foi preso em flagrante. Ao mesmo tempo, os demais eram presos no café. Menos Athiê, que retornou a Sorocaba no carro do colega Verano, de Salto.

Ao depor no dia seguinte na sede do Denarc, Athiê deixou claro temer alguma retaliação por parte de Ali. Mas sua versão do episódio foi posta em xeque pelos advogados dos colombianos, Carlos Alberto da Costa Silva e Rafael Rodrigues Cheche. "A principal testemunha dos fatos e suposta vítima, homem inexperiente e ardilosamente cooptado por 'traficantes' é, em verdade, um informante policial profissional. Seu passado demonstra [...] que o mesmo tem larga experiência em ações ilícitas."[44] Gustavo e Juan foram condenados pelo Tribunal de Justiça. Mas a eficiência do trabalho de Athiê como "ganso" passou a chamar a atenção da polícia.

O detetive particular passaria novamente ao banco dos réus em janeiro de 2009, quando uma denúncia anônima levou a Polícia Civil de Sarapuí, região de Sorocaba, a invadir uma chácara na zona rural do município. Em um dos quartos, Athiê e mais dois comparsas, Alexandre Bueno de Moraes e João Batista Almeida, tinham revólveres apontados para três rapazes algemados. À polícia, dois deles disseram que, no dia anterior, haviam acabado de chegar de Fortaleza para "comprar caminhões" quando, logo após se encontrarem com um amigo no aeroporto de Guarulhos, foram abordados por duas mulheres com shorts curtos e camisetas decotadas que os convidaram para uma festa na chácara em Sarapuí. Lá, encontraram Athiê e mais dois comparsas. A farra com as prostitutas durou até a manhã do dia seguinte. Os três acordaram com pistolas apontadas para o rosto — uma delas de um investigador da Polícia Civil de Sorocaba. Na versão das vítimas, Athiê e os demais roubaram R$ 7,3 mil em dinheiro do trio e a pulseira e o cordão de ouro de um deles, depois de asfixiá-los com sacolas plásticas na cabeça. Também teriam exigido R$ 1 milhão para liberá-los.

Ouvido pela polícia, Athiê confirmou ter atraído o trio até a chácara para que a polícia prendesse todos por tráfico, já que estariam operando uma rota de venda de cocaína do Ceará para Sorocaba. Disse ter chamado os dois amigos para a "festa" porque "ficou apreensivo em adentrar a propriedade sozinho, já que se trata de indivíduos perigosos". Como, segundo ele, o trio começou a ficar alterado e a pressionar Athiê para que dissesse os motivos de tê-los levado à chácara, "não sobrou outra opção a não ser rendê-los".

Ao se debruçar sobre o imbróglio, o desembargador Francisco Bruno, do TJ, considerou o enredo confuso, já que, segundo ele, "nem réus nem vítimas merecem credibilidade alguma" e a apuração teve falhas ao não investigar o suposto envolvimento de policiais civis de Sorocaba no episódio. Como a extorsão não ficou provada nos autos, Bruno considerou "crível" a versão dos acusados "de que estavam retendo as vítimas para 'investigar' (não necessariamente, e até provavelmente, com a melhor das intenções), juntamente com policiais de Sorocaba, a possibilidade de tráfico de drogas". Mas manteve a condenação de Athiê e seus comparsas a seis anos por roubo.[45]

O tempo encarcerado, no entanto, foi curto. Meses depois, o "ganso" preferido do Denarc estava na ativa novamente, disposto a auxiliar em novas operações suspeitas. Em 2010, nova parceria, dessa vez com o investigador Lages e Bernardo Castaño Estrada, aquele que teria participado das investigações contra José Omar. Os ponteiros do relógio na parede acinzentada do 12º Distrito Policial em São Paulo, no bairro do Pari, marcavam quase meia-noite do dia 18 de dezembro de 2010 quando Lages e o investigador do próprio DP Luiz Claudio Veloso dos Santos surgiram na porta da delegacia. Aproximaram-se do balcão e passaram a destrinchar o enredo de uma apreensão de droga.

Tudo começara no mês anterior, disse Lages, quando ele teria sido procurado por um traficante colombiano apelidado de Tony, com quem o investigador havia simulado uma negociação de cocaína meses antes — naquela ocasião, as conversas não teriam avançado. Dessa vez, Tony disse trabalhar para um grande capo da Colômbia que fornecia cocaína de qualidade para o PCC e estaria disposto a aumentar o seu leque de clientes em São Paulo.

Lages teria mostrado interesse. Dez dias depois reuniram-se em um shopping no Guarujá o policial do Denarc, Santos — que Lages disse ser seu auxiliar direto —, o boliviano Eduardo Claros Roca e os colombianos Tony e Cosme Gonzalo Alvarez Alfonso. Lages diria depois à Justiça que logo percebeu a ascendência de Alfonso sobre os demais. E, nesse ponto, ele tinha razão. Ex-integrante das Farc, Alfonso fora condenado na Colômbia a trinta anos de prisão por homicídio. Mas só cumpriu pouco mais da metade da pena. Fugiu da prisão e refugiou-se em Santa Cruz de la Sierra, onde construiria

COCAÍNA: A ROTA CAIPIRA                    619

seu próprio cartel do tráfico, levando cocaína de ótima qualidade da Colômbia até o estado de São Paulo, passando pelo leste boliviano.[46]

O policial do Denarc disse que, no encontro, ficou combinado que Alfonso forneceria 238 quilos de cocaína a US$ 5 mil o quilo. A droga seria entregue em um hipermercado na Marginal Tietê no fim da tarde do dia 18 daquele mês. Segundo Lages, uma equipe de dez policiais foi distribuída no entorno do hipermercado, para dar apoio a ele e seu "motorista" Santos. Por temerem que a carga tivesse escolta e, assim, a presença de outros traficantes, teriam combinado que os policiais apreenderiam a droga fora do hipermercado. Por isso, Santos permaneceu no estacionamento do estabelecimento, enquanto Lages foi para um viaduto próximo. Assim, o "motorista" pediria que os traficantes o acompanhassem até o viaduto, onde anunciariam o flagrante.

Minutos depois, sempre segundo a versão de Lages, ele viu Santos dirigindo um caminhão-baú com placa de Fernandópolis (SP) acompanhado de um automóvel sedã prata, de onde desceram Alfonso e Roca. Este último pegou as chaves do caminhão das mãos de Santos e abriu a carroceria. Estava vazia. Mas o boliviano caminhou até o fundo do baú, tirou uma chave do bolso e abriu um pequeno cadeado. Era um fundo falso, de onde tirou alguns tabletes em forma de tijolo. Entregou um deles a Lages, que, com um canivete, abriu a embalagem. Dela, saltou um pó branco, com um cheiro que Lages, investigador experiente, sabia ser de cocaína. A dupla foi presa, e a droga, apreendida.

Essa foi a versão dos policiais. A dos presos é completamente diferente.

Alfonso disse à Justiça que 438 quilos de cocaína com altíssimo grau de pureza saíram de caminhão da Colômbia até o Equador, onde ele mesmo se encarregou de confirmar a qualidade da droga e marcá-la com o símbolo do cartel, um trevo de quatro folhas. Em seguida, o entorpecente rumou também de caminhão para Santa Cruz, base de Alfonso. Foi quando o colombiano foi a São Paulo. Na capital paulista, teria sido recebido por Castaño — o tal Tony citado por Lages — e Athiê, que se passavam por interessados na compra da cocaína. Eles o levaram para uma chácara de Athiê em Salto (SP). Alfonso afirmou ter ficado 26 dias no local para negociar a droga e mais alguns dias em um apartamento supostamente de Castaño no Guarujá. Nesse período, Roca também viajou de Santa Cruz para São Paulo para, segundo ele, levar a um doleiro na Bolívia US$ 200 mil que seriam entregues por Castaño.

Quando Alfonso foi informado de que o caminhão com a carga chegara a São Paulo, Castaño teria indicado um galpão em São Paulo para a entrega dos 438 quilos de cocaína. Era tudo uma armadilha, disse o colombiano. Na companhia de Castaño estava Lages, um "sócio", segundo ele teria dito a Alfonso, e o policial Santos — aquele que o investigador do Denarc teria apresentado aos estrangeiros como seu "motorista". Segundo Alfonso, bastou os policiais abrirem o baú e retirarem os tabletes de cocaína do fundo falso para que Lages avançasse contra ele e o algemasse. O investigador ainda teria dado um chute no rosto do colombiano e exigido US$ 30 mil para libertar Roca. Alfonso afirmou à Justiça ter visto Castaño retirar quatro "favos" do caminhão e colocá-los em uma caminhonete. Depois, teria ficado 3,5 horas confinado em um cubículo dentro do galpão, até ser apresentado no 12º DP, no Pari.

À Justiça, Alfonso desenhou todos os detalhes do galpão. E garantiu que a droga exibida pelo Denarc não era a mesma que fora confiscada dele — além de ter a metade da quantidade, os tabletes não exibiam os trevos que o colombiano assegurava conhecer tão bem.

Inicialmente, o caso foi distribuído para a 23ª Vara Criminal de São Paulo e os dois detidos foram denunciados por tráfico e associação para o tráfico. Mas como Alfonso disse à Justiça que a cocaína tinha saído da Colômbia, a ação foi transferida para a Justiça Federal, a quem cabe julgar casos de tráfico internacional de drogas.

Ao comparar as versões antagônicas dos policiais e dos réus, as procuradoras Carolina Previtalli Nascimento, Luciana da Costa Pinto e Suzana Fairbanks Oliveira Schnitzlein puseram em xeque a história de Lages e Santos. "Não há como negar que as explicações apresentadas pelos policiais civis são bastante suspeitas e despertam muitas dúvidas no que tange à legalidade dos procedimentos por eles adotados", escreveram.[47]

COCAÍNA: A ROTA CAIPIRA                    621

Vale a pena destrinchar os argumentos do MPF contra a versão dos policiais:

1) Não houve autorização judicial para a infiltração na quadrilha de traficantes, como obriga a lei 9.034, de 1995;
2) O automóvel sedã prata que levou Alfonso e Roca até o viaduto não foi apreendido e não existe no inquérito o número de sua placa. Também seria pouquíssimo provável, disseram as procuradoras, que o carro tivesse ido embora logo após deixar os estrangeiros no viaduto, até porque receberiam muito dinheiro pela cocaína;
3) Em um flagrante "normal", o fundo falso no baú do caminhão jamais seria aberto embaixo de um viaduto da marginal Tietê. "Não há como crer que, efetivamente, todos esses procedimentos tenham sido feitos embaixo de um viaduto da cidade de São Paulo, em horário noturno!!! A não ser, é claro, que os traficantes soubessem desde o início que estavam negociando com policiais civis e, portanto, estavam protegidos de eventuais fiscalizações ou mesmo de assaltos."

Diante de tantas dúvidas sobre a história narrada por Lages e Santos, as procuradoras foram contundentes: "Os policiais civis agiram de forma arbitrária e as inconsistências em seus depoimentos geram indícios de que pode ser verdadeira a alegação dos acusados, no sentido de que os policiais tenham se beneficiado dos atos de traficância, muito embora não haja provas nesse sentido."

Para elas, "as arbitrariedades praticadas pelos policiais civis acabam por gerar a nulidade integral da presente ação, visto que não há como reconhecer como lícito o flagrante realizado no caso sob análise". A pedido do MPF, a ação foi anulada pela Justiça, os traficantes, soltos.

Apesar do revés, a dupla de investigadores permaneceria ativa no planejamento de novas "puxadas". Em outubro de 2011, Lages e Santos receberam "denúncia anônima" de que traficantes da Bolívia negociariam um carregamento de cocaína, escondido em uma caminhonete

Toyota Hilux, no pátio de um posto na rodovia Anhanguera, em Jundiaí. No dia combinado, policiais do Denarc se posicionaram discretamente no entorno do posto. Às 18h30, com o sol já fraco, notaram a chegada da caminhonete com quatro ocupantes. O grupo desceu, entrou na lanchonete. Minutos depois, só o motorista voltou ao veículo e saiu. Passados 40 minutos, voltou e chamou os comparsas. Quando todos olhavam para a caçamba da caminhonete, os policiais cercaram o grupo. Dentro do veículo, 99 tijolos de cocaína em três mochilas, um total de 101 quilos.

Castaño estava lá no exato momento do flagrante. Os bolivianos Miguel Mendes Chávez e Alex Mauricio Perrogan Vieira diriam depois à Justiça terem sido atraídos por ele até o Brasil, onde ficaram na mansão do colombiano no Jardim Acapulco, Guarujá. Negaram relação com a droga apreendida, mas acabaram condenados a sete anos de prisão cada por tráfico internacional.[48]

Um mês depois, nova "puxada". Mas dessa vez nada daria certo para os policiais. Ao perceberem a suposta armação do Denarc e seus "gansos" na casa de luxo do Guarujá, três argentinos enfureceram-se. Sacaram pistolas da cintura e passaram a atirar contra Castaño na varanda da mansão. Foram cinco tiros no rosto, morte instantânea. Um dos argentinos, Fabian Alejandro Gugliesi, foi atingido por acidente no peito por um dos comparsas e também morreu. Seu corpo estava estirado no chão da sala. Os dois assassinos fugiram — só um seria preso dias depois. Quando policiais militares chegaram ao imóvel, acionados por vizinhos assustados, estavam na casa, entre outros, Marcelo Athiê e seu amigo João Batista Almeida, aquele do estranho caso da chácara de Sarapuí. À polícia, disseram que chegavam à mansão com Castaño quando os argentinos renderam o colombiano e o levaram para dentro da casa — os demais teriam conseguido fugir. Dentro da casa, em um dos quartos, com as mãos e pés amarrados, estava o colombiano Lesmer Bustamante Pena.[49]

Meia hora após a chegada da Polícia Militar, surgiu o investigador Lages. Agitado, ele cumprimentou os policiais e rapidamente foi conversar com Athiê e Almeida. Um dos PMs achou estranho Lages conhecer as testemunhas do crime. E ainda mais esquisito ter encontrado

COCAÍNA: A ROTA CAIPIRA 623

documentos em nome do mesmo Lages dentro da mansão. À polícia, o investigador do Denarc disse que Castaño era seu "informante". Athiê afirmou ser empresário de jogadores de futebol e disse estar na casa para negociar um atleta com seu amigo colombiano. Pena disse ter sido rendido pelos argentinos. Foi liberado.[50]

Com tantos flagrantes suspeitos no currículo ao longo de dez anos, Lages e Athiê entrariam de vez na mira da Polícia Federal. Uma investigação de pouco mais de seis meses jogaria luz nas obscuras estratégias criminosas dos policiais do Denarc e seus produtivos "gansos", uma típica novela mexicana recheada de suspense, ameaças, corrupção e tráfico em larga escala.

Mais uma vez, Athiê e seus dotes de ator canastrão. No papel de Francesco, um italiano exportador de cachaça, ele atraía traficantes bolivianos e colombianos dizendo-se interessado em comprar grandes remessas de cocaína pura — quase sempre mais de 200 quilos — para revenda na Europa. Seu parceiro nessa ficção da vida real era Lages, ou melhor, Vagner, um homossexual sócio do italiano, excêntrico e *bon vivant*. A dupla atraía representantes de cartéis da Bolívia até a velha mansão no Jardim Acapulco, Guarujá, onde se esbaldavam em festas regadas a bebida, droga e muitas prostitutas. Tudo por conta dos anfitriões, que também cediam carros importados para os traficantes desfilarem pelas ruas à beira-mar. Francesco e Vagner faziam questão de ostentar luxo e riqueza para impressionar seus convidados. Nas tratativas para a compra da cocaína, Vagner exibia uma maleta preta Louis Vuitton. Dentro, maços de notas de US$ 100, milimetricamente empilhados — o interlocutor não sabia, mas só as de cima tinham esse valor; as demais eram de US$ 1.

Convencidos de que os empresários tinham dinheiro suficiente para adquirir cocaína no atacado, os traficantes davam a ordem para o transporte da droga até São Paulo. Aí vinha o golpe. Lages e outros investigadores do Denarc identificavam-se como policiais e apreendiam a cocaína. Mas só uma pequena parte era apresentada na sede do departamento. A outra acabava escondida em uma chácara de Sorocaba, de onde era revendida para traficantes menores da capital, Campinas, Jundiaí e Baixada Santista.[51] Para não levar presos os traficantes hospedados no Guarujá, exigiam altas somas em propina, que costumava ultrapassar a casa do milhão de dólares. Em apenas seis meses, a PF calcula que o esquema desviou 1 tonelada de cocaína pura.

O golpe que parecia perfeito começou a ser desvendado pela Polícia Federal em fevereiro de 2012. Naquele mês, chegou à delegacia em Sorocaba informação sigilosa vinda do setor de inteligência da PF em Porto Velho: uma grande quantidade de cocaína colombiana seria levada de Rondônia até uma chácara de Ibiúna (SP). Agentes identificaram a chácara e passaram a monitorar o imóvel. No terceiro dia, notaram uma caminhonete entrando na propriedade. A fisionomia do motorista, moreno de nariz protuberante e levemente adunco, parecia mais do que familiar aos policiais. Era Marcelo Athiê, acompanhado de um homem um pouco mais velho, que depois seria identificado como Raimundo Nonato Ferreira.

No início do mês seguinte, nova informação vinda dos federais em Rondônia: dois traficantes do estado se reuniriam com Ferreira em uma churrascaria na marginal Tietê, em São Paulo. Todos foram presos e levados para Sorocaba. Como não havia droga com o trio, eles foram liberados. Ninguém regressou à chácara de Ibiúna. E a investigação hibernou até agosto de 2012, quando chegou à mesa da delegada da PF Érika Tatiana Nogueira Coppini relatório de três páginas do Gaeco de Sorocaba. O documento, assinado pela promotora Maria Aparecida Mendes Castanho, era contundente: Athiê voltara a traficar com policiais do Denarc, inclusive um tal "Alexandre Apertadinho", desviando cocaína apreendida em "puxadas" ilegais.

Com base nessas informações, Érika pediu à Justiça Federal a interceptação dos telefonemas do grupo. Era o início da Operação Dark Side, novo capítulo negro do Denarc.[52]

O primeiro grande golpe dos policiais e seus "gansos" documentado pela PF viria em outubro. Bastou aos agentes seguir os passos de Adriana Nunes da Silva, moradora de Colombo (PR), personagem fundamental para o grande golpe de Athiê e companhia. Como tinha contato com grandes traficantes na Bolívia, a moça serviu de isca para os grandes

## COCAÍNA: A ROTA CAIPIRA 625

peixes do tráfico no país vizinho. Quem a atraiu para a armadilha foi Raimundo Ferreira. O nome de Adriana surgiu na investigação no início daquele mês, a partir da análise do extrato dos telefonemas feitos pelo grupo. Solicitada à Justiça a quebra do sigilo telefônico da paranaense, constataram-se ligações a partir de Cáceres, Cuiabá e Guarujá — justamente a rota caipira. Em poucos dias os agentes localizaram quatro reservas feitas pela mulher em voo de Cuiabá para Campinas no dia 9. Na fileira 14 do avião, Adriana, o mato-grossense Giuliano César Barbosa de Lima e os bolivianos Heber Carlos Barbieri Escalante e Julio Cesar Hurtado Landivar. Escalante não era um traficante qualquer. Radicado em San Matías, é conhecido na fronteira como o "senhor das armas", por ser um dos maiores fornecedores de armamento para a facção paulista PCC. Landivar era um piloto subordinado a ele, e Giuliano, marido de uma amiga da paranaense que a ajudara a contatar os bolivianos. Adriana vinha apresentá-los a Athiê e Lages. Ou Francesco e Vagner.

Em Viracopos, o quarteto foi recepcionado por Raimundo Ferreira e levado até uma propriedade de Athiê em Salto, região de Sorocaba, e depois a uma casa no Guarujá. Em 11 de outubro, Adriana voltou para Colombo e Giuliano, para Cáceres. No dia seguinte, entrou em cena Humberto Otávio Bozzola, de Sorocaba, um velho amigo de Athiê. Dono de boate em Sorocaba, cabia a ele aliciar prostitutas para a casa no Guarujá. Mas naquele dia as mulheres estavam reticentes:

— Elas não querem ir. Vou sem ninguém mesmo — disse ele a Athiê.

— Cê tá ruim, é dono de boate e não consegue quatro meninas pra levar? [...] Cê tá velho, não consegue arrumar quatro mulheres.

— Vou arrumar umas biscates lá [Guarujá].

— Lá é perigoso. Vai sem mulher mesmo.

Adriana voltaria para o Guarujá no dia 17. Dessa vez, foi recebida no aeroporto por Athiê, ou Francesco. As negociações duraram até o dia 23. Houve um impasse no negócio porque Escalante queria que um representante dos compradores fosse até a Bolívia para testar e aprovar a cocaína. Athiê enviou um rapaz, mas os bolivianos sócios de Escalante desconfiaram que o homem pudesse ser policial e desistiram do negócio. O impasse foi comentado por Athiê:

626 ALLAN DE ABREU

— O cara teve uma má impressão aí em cima, é verdade? — perguntou para Bozzola.

— Teve, teve. Com o cara lá teve, teve.

— Mas, puta, tenta consertar aí.

— Não, já consertei, já tá consertado! Fica tranquilo.

A certeza de Bozzola baseava-se no resultado de um encontro, poucas horas antes, entre Escalante e Vagner/Lages. O boliviano fora enfeitiçado pela tal mala Louis Vuitton recheada de dólares. Como dispunha, ele próprio, de um grande carregamento de cocaína na região de San Matías, decidiu confiar nas intenções dos empresários da cachaça e mandou Milton Rodrigues da Costa, o Velho, subordinado seu, trazer a droga. Velho, porém, não aceitou o serviço de pronto. Antes, preferiu ir ao Guarujá para conhecer pessoalmente os compradores. Segundo a PF, o receio tinha explicação: anos antes, ele tinha perdido 700 quilos de cocaína para o Denarc, e tivera de pagar US$ 500 mil para não ser preso. Mas Velho também foi convencido pela encenação de Athiê e Lages. Ficou combinado que a droga seria entregue em lotes de 100 quilos, escondidos no fundo falso de uma Kombi, até completar 700 quilos.

Às 19 horas do dia 23, no bairro do Pari, em São Paulo, Velho estacionou a Kombi em um galpão. Assim que desligou o veículo, os policiais do Denarc, Athiê e Raimundo Ferreira deram o bote. Velho foi preso em flagrante, e a droga, apreendida. Pressionado, ele informou o local onde estava o restante da cocaína, em Suzano, Grande São Paulo. Conforme a PF, todos os 700 quilos de cocaína de Escalante e Velho foram apreendidos. Velho ficaria de refém com o grupo. Ferreira comentou o sucesso da operação com a mulher por telefone:

— Os meninos tão dando risada, tá tudo tranquilo.

Sem saber de nada, Adriana, que estava no Guarujá, telefonou para Athiê. O "ganso" inventou um problema com a qualidade da droga:

— Não é o que à gente interessa — disse Athiê.

— Não? — Adriana parecia perplexa.

— Não... o risco existia, a gente foi ver, o Otávio [Bozzola] foi, conferiu, mas não. Até o Velho vai descer aí pra falar com ele [Escalante, que também estava no Guarujá]. Vamos descer também. [...] Tá tudo bem, só não foi o combinado.

COCAÍNA: A ROTA CAIPIRA 627

Era o pretexto para Athiê e os policiais do Denarc irem ao Guarujá, prenderem todos e exigirem propina para não levá-los à cadeia. Mas, antes mesmo de os tiras chegarem ao litoral, Escalante recebeu ligações da Bolívia dizendo que Velho havia sido preso. Desesperada, Adriana telefonou para Athiê:

— Pelo amor de Deus, tá tudo bem mesmo?

— Sim.

Para acalmar o boliviano, Athiê colocou Velho na linha. Para a PF, estava claro que a mula estava sendo coagida a dizer que estava tudo bem:

— Cê tá falando bobagem — disse para Escalante. — Tô na parada com o cara aqui. [...] A camiseta não valia merda nenhuma [a droga não tinha qualidade].

Athiê desligou o telefone e imediatamente acionou João Batista de Almeida, o Jhonny, "ganso" parceiro de Athiê desde o roubo em Sarapuí que também estava no Guarujá. Athiê pediu que Jhonny retirasse as garotas de programa da casa no litoral — no entendimento da PF, não seria conveniente que elas testemunhassem os achaques que iriam ocorrer no imóvel:

— Pega as meninas e vai pra um posto de gasolina — ordenou.

O golpe foi concretizado naquela madrugada. Velho foi obrigado a pagar US$ 1 milhão para não ser preso. Tudo indica, segundo a PF, que o Denarc tenha apreendido 700 quilos de cocaína — Velho havia deixado claro, durante as negociações com os falsos compradores, que faria viagens com 100 quilos cada até completarem 700. No entanto, no boletim de ocorrência 61/2012, do Denarc, consta apenas a apreensão de 106 quilos e a prisão de um subordinado de Velho, para formalizar o flagrante.

Liberando o comparsa de Escalante, os policiais teriam que soltar todos, "pois, caso contrário, a verdadeira versão dos fatos poderia vir à tona", escreveu a delegada Érika no relatório final do inquérito. Por isso, segundo ela, Athiê, Lages, Ferreira e Bozzola foram até o Guarujá, identificaram-se como policiais e, com o pretexto de que tudo não passara de uma operação do Denarc, liberaram Escalante e Adriana.

628 ALLAN DE ABREU

Na manhã seguinte ao golpe, Adriana telefonou para o marido no Paraná. Aos prantos, disse que tudo não passara de um golpe:

— Todo mundo era da polícia: o italiano [Athiê], o Vagner [Lages], o Pereira [Raimundo Ferreira], o Otávio [Bozzola], até o Jhonny. Só as meninas que não. Acabei com a vida de um monte de gente. [...] Pegou o maior de todos da fronteira lá. [...] Imagina, é o maior de todos, o senhor das armas.

Em seguida, Adriana discou para sua tia e narrou mais detalhes do golpe:

— O italiano, o Vagner, o Pereira, o Otávio são tudo polícia, não eram empresários, não eram ricos, não fazem o que eles disseram que fazem. Eles me usaram e eu caí certinho. Entreguei a pessoa que eles queriam na mão deles.

Inconformada e assustada com as ameaças de Escalante, que a acusava de estar mancomunada com os policiais, ela voltou a falar do caso com o marido:

— Eles fizeram acerto. Pagaram 2 milhões [de reais]. O cara [boliviano] não ia perder 2 milhões à toa.

Enquanto isso, a tia dela repassava a notícia para a mulher de Giuliano:

— Pagaram 2 milhões pros polícias, pagaram pra não ficarem presos.

Adriana pediu ajuda de Athiê para regressar ao Paraná. Mas Lages ordenou que o "ganso" se livrasse dela:

— Desliga os telefones. Manda ela se foder. Já era pra ter ido embora. Fala que ela tá no lucro [por não ter sido presa]. Ela tem que entender isso.

Com o dinheiro nas mãos, o grupo passou a discutir como o montante seria dividido. Bozzola não concordou com o seu quinhão, estabelecido por Lages, e ameaçou não passar mais "clientes" para o grupo.

— Não passo mais pros caras não, viu, meu! Não passo! — disse para Athiê, irritado.

Um pouco depois, foi Lages quem telefonou para Athiê para reclamar de Bozzola.

— Ele [Bozzola] tem que entender que não tem que ganhar a mesma coisa que Pereira [Ferreira]. [...] O outro cara [Ferreira] foi lá longe encontrar a menina [Adriana], achou a menina.

Escalante seria preso pela PF em março do ano seguinte, quando tentava ingressar no Brasil via Cáceres. Em seu depoimento à Polícia Federal, admitiu ter ido ao Guarujá em 2012 intermediar uma venda de cocaína em nome de um fornecedor de Santa Cruz de la Sierra conhecido como Negro. Mas silenciou sobre o golpe de que foi vítima.

Os policiais e "gansos" não perdiam tempo. Dois dias após o golpe contra o grupo de Heber Escalante, planejavam nova encenação:

— Não esquece, você é o Vagner, tá? — disse Athiê para Lages.

— Mas não era bom mudar o nome?

— Muda o nome, mas Vagner é o importante. [...] E Juninho?

— Não, Maurício.

— Você tem cara mais de Juninho. Conheço um gay que se chama Júnior.

Lages rebateu:

— Juninho é coisa de pé de chinelo, é coisa de Zezinho, Joãozinho.

— Você tem algum amigo que chama Maurício gay, é isso?

— Não, mas acho chique esse nome.

O plano, dessa vez, era atrair o cunhado do megatraficante Jarvis Ximenez Pavão, que a PF considera um dos maiores do país, preso desde 2009 no Paraguai.

— Apareceu um outro serviço — disse Athiê para Fred, codinome de Mariano Aparecido Pino, outro investigador do Denarc acusado de integrar os golpes das "puxadas". — Já ouviu falar do Pavão de Ponta Porã?

— Sim, é um traficante conhecido.

— É o cara, conhecido pra caralho. Parece que é um cunhado do Pavão.

Mas o golpe, dessa vez, não deu certo. Novo esquema só seria montado em dezembro de 2012, quando tramaram o que a delegada Érika chamou no inquérito de "puxada casada": apreenderiam cocaína no estado de São Paulo e imediatamente revenderiam para um traficante da Guiana Francesa. Surgiram três novos "gansos" na investigação da PF, apelidados de Capitão, Japa e Roni. O trio se animou com a perspectiva de altos lucros na associação com os policiais:

630 ALLAN DE ABREU

— Nada, nada, vai dar uns 300 mil [reais] para cada um — disse Japa.

Seu comparsa Capitão negociava com um homem chamado Roberto, representante de traficantes bolivianos. Roberto disse que seu patrão estava animado para fechar negócio.

— Ele fornece tudo e o transporte é de vocês.

— Daí vocês ficam aqui em casa [no Guarujá, segundo a PF] que é mais seguro do que em hotel.

— O amigo [patrão] diz que está bom, quer chegar a 100 [quilos].

— Qual mercadoria você tá trazendo, o óleo [pasta-base] ou a branca [cloridrato]?

— É a mesma... branca com 97% [de pureza]... é gelatinosa.

— Cê não vai mandar 200 [quilos]? — perguntou Capitão.

— Tenho 200, mas quero começar com 100.

Na mesma época, Capitão e Japa foram até Caiena, capital da Guiana, atrás do comprador da cocaína que seria apreendida e desviada. A viagem, segundo a PF, foi custeada por Pino. Capitão chegou a encomendar, por telefone, um serviço de macumba no Guarujá, para que a trama vingasse.

— Tem que matar uma cabra, senão não tem como — disse a um amigo no litoral paulista.

A cabra foi sacrificada, mas o acordo com o guianense não vingou. Sem visto para ingressar no Brasil, o comprador temia entrar com milhares de euros no país e ser preso.

O grupo passou então a mirar nas tratativas com Roberto. Lages chegou a ser convidado para a nova "puxada", mas declinou.

— Ele tá sossegado porque tem dinheiro — disse Japa a Capitão.

O negócio avançou para 234 quilos da droga, 200 de cloridrato e o restante de pasta-base. Os "gansos" se interessaram apenas por 150 quilos da coca refinada, chamada "exportação". E se mobilizaram para revendê-la ainda na fronteira, opção considerada mais segura:

— O Mariano... eu falei que tá eu, você e ele só — disse Capitão para Roni. Daí ele perguntou o que seria viável, levar pra São Paulo ou vender aí mesmo [Corumbá, onde mora Roni]... daí eu expliquei... vamos vender na segurança... é 2 mil dólares [quilos de cocaína] que vende

COCAÍNA: A ROTA CAIPIRA 631

aqui [Corumbá]... e ele falou 150 [quilos de cocaína]. Dá 100 pau [US$ 100 mil] pra cada um [Mariano, Capitão e Roni]... Ele falou, "demorou, então"... Eu expliquei que quem iria levar [a carga] pra São Paulo era o amigo do Roni, só que é um risco que a gente vai correr... e ele falou "larga a mão de risco, vamos vender aí mesmo e você só manda o meu".

No início de 2013, os "gansos" se entusiasmaram com outra "puxada", agora com 1,5 tonelada de cocaína — mil quilos de cloridrato e o restante pasta-base.

— Vai ter arremesso [de droga por avião] essa semana onde você tá. [...] Vai sair de lá e são 1,5 mil [quilos], saiu de lá [Bolívia] de avião, tá chegando aí em [trecho omitido no relatório da PF] [Puerto] Quijarro e depois vai pra São Paulo — assegurou Japa para Capitão, no fim de janeiro.

— O que vem?

— É um P de exportação [1 tonelada de cloridrato] e 500 de óleo [pasta-base].

— Se pegasse no meio do caminho seria bonito.

Mas todos os planos do grupo vieram abaixo no mês seguinte, quando o grupo de Lages e Athiê já havia engatilhado uma nova "puxada". A vítima seria outro boliviano, identificado pela PF como Mitcho. O traficante acionou seus representantes no Brasil, uma dupla residente em São José dos Campos (SP) — Rodrigo Siqueira Sousa e Donizetti de Paula Júnior —, para entregar 50 quilos de cocaína ao grupo. Foram os policiais, disfarçados de traficantes, que forneceram o carro com fundo falso onde seria escondido o carregamento para a entrega a eles mesmos. Embaixo do veículo, um Renault Logan, os investigadores tiveram o cuidado de instalar um rastreador para identificar o depósito de Mitcho. Mesmo assim, possivelmente por temor de que o equipamento falhasse, dois policiais do esquema, Gustavo Mazon Gomes Pinto e Edson Melin, também investigadores do Denarc, seguiram o automóvel conduzido por uma comparsa de Rodrigo e Donizetti até descobrirem o imóvel, em Jacareí, Vale do Paraíba.

— A mulher anda rápido demais, tô tomando várias multas — reclamou Gustavo para Lages.

632          ALLAN DE ABREU

— Ela tá com outro veículo.

— Não, com o nosso.

Minutos depois, a mulher retornou a São Paulo.

No dia seguinte, 14 de fevereiro, os investigadores combinaram a entrega da cocaína no estacionamento de um shopping de São Paulo. Quem se encarregou de simular a compra da droga foi Gustavo, Michael David Ruiz, outro investigador do departamento, e Glauco Fernando Santos Fernandes, investigador lotado na Dise de Sorocaba que participara de outras "puxadas" e àquela altura já respondia a processo judicial,[53] acusado, com outros policiais, de exigir propina para liberar traficantes.[54] Por telefone, Michael recebeu instruções de Alexandre, que monitorava tudo a distância:

— Tá só você de polícia ou tem mais gente?

— Só eu com eles.

— Encontra com o Gustavo lá no shopping [...], na garagem G1, setor C1. Cuidado pra não "queimar", os caras estão ligeiros.

Minutos após os policiais encontrarem o carro Logan, chegaram em outro veículo Rodrigo, Donizetti e um colombiano, chapéu-panamá e barba, que se apresentou como Gustavo Gamboa Tasama e disse que também compraria cocaína, 20 quilos, da dupla de São José dos Campos. Nesse instante, os três policiais anunciaram o flagrante. Todos foram levados ao Denarc, onde se encontraram com André Antônio Rocha de Souza, homem grisalho, quase 60 anos, quarenta deles na polícia, o mais experiente do grupo, chefe dos investigadores do departamento. Faltava apenas invadir o esconderijo em Jacareí, onde já sabiam haver 83 quilos de cocaína:

— Tô com o nosso carro com 50 [Logan]. Tem 83 num lugar fácil pra pegar, só que vai demorar umas duas horas — disse Lages.

Os policiais rumaram para Jacareí, onde encontraram mais um comparsa de Mitcho e outro carro, um Chevy bege, com os 83 quilos da droga. Gustavo telefonou para Alexandre e pediu para ele prestar contas a outro membro do esquema, apelidado de Japonês, da droga apreendida:

COCAÍNA: A ROTA CAIPIRA 633

— Avisa o Japonês que tem esses 83 quilos mais os 50 quilos que já estavam lá no Denarc. Vamos "fritar" [prender] o cara de Jacareí — disse Gustavo.

— O Japa já tá avisado, só tá esperando os detalhes.

— Tem que falar esses dois números.

Em seguida, conforme transcrição da PF, Alexandre perguntou se Japonês não "racharia" esse número:

— Será que ele não racha o...

Gustavo interrompeu:

— Aí, se esse outro aí, se acontecer isso [135 quilos] aí dá pra fazer não aparecer.

Os investigadores retornaram a São Paulo e, após pressionarem Rodrigo e Donizetti, encontraram outro Chevy com 135 quilos de cocaína. Um total de 268 quilos da droga. Agora, foi Alexandre quem acionou Gustavo por telefone:

— O carro tá com um-três-cinco, disse.

— Eu sei — respondeu Gustavo. — Tem esses oito-três mais os 50 que já estão aí.

— Certo.

Formalmente, os policiais informaram no boletim de ocorrência a apreensão de apenas trinta tijolos de cocaína, 38,5 quilos. Os 217 quilos restantes, conforme a PF, foram divididos entre os policiais e traficantes do esquema. O colombiano Tasama diria depois à PF que, enquanto aguardava o auto de prisão ser lavrado na sede do Denarc, viu, de um dos corredores da repartição, um grupo de policiais reunidos em uma sala separando tabletes de droga, dizendo "este é meu, este é seu".

Segundo a PF, os investigadores exigiram R$ 500 mil para não prender o colombiano. Como não teria aceitado o acordo, ele foi preso com a mulher que dirigia o Logan e o rapaz que fazia a guarda da droga em Jacareí. Já a dupla de São José dos Campos pagou a quantia e foi liberada.

No dia seguinte, à noite, 133 quilos da droga apreendida, acondicionada em tabletes com a figura de um cálice, foram levados em pesadas bolsas dentro de dois carros da casa do investigador Michael Ruiz até a chácara que Humberto Otávio Bozzola mantinha em Sorocaba, de onde seria negociada com traficantes da cidade e também de Campinas. No carro dirigido por Glauco, com Bozzola ao lado, estavam três das bolsas. No banco traseiro de uma caminhonete conduzida por Michael, com Lages de carona, mais uma. No meio do trajeto, a pedido da PF, a polícia rodoviária parou os dois carros na rodovia Castello Branco, apreendeu o carregamento e prendeu os quatro em flagrante — Lages tentou fugir correndo, mas acabou capturado. Na mesma caminhonete, os policiais apreenderam bilhetes com uma sucessão de letras seguidas de números. Para os peritos da Polícia Federal, trata-se das iniciais dos policiais e "gansos" que participaram do flagrante, seguidas da quantidade de cocaína a que cada um teria direito. Uma das siglas era "APRe 38" — para a PF, foram os 38 quilos formalmente apreendidos. Em outro papel, referência a Fernandinho Beira-Mar e ao cartel de Cáli.

Quando os quatro chegaram à delegacia da Polícia Federal em Sorocaba, a delegada Érika determinou que o celular encontrado com Lages fosse devolvido a ele. Era uma armadilha para que o investigador revelasse onde o grupo escondia mais droga, já que o celular estava grampeado. Foi o que aconteceu.

Desesperado, Alexandre telefonou primeiro para o chefe André. Tentavam encontrar um álibi, para dizer que tudo não passava de uma investigação:

— Tô ligando escondido. O que é pra falar?

O próprio Lages sugeriu dizer que a cocaína havia sido apreendida horas antes, e que estavam à procura dos traficantes, como uma sequência do flagrante do dia anterior:

— Pode [dizer], é sequência da cana — afiançou André.

Mas Lages alertou o chefe para o fato de que ele e os colegas policiais haviam sido pegos no sentido interior da rodovia, e não da capital, como seria lógico para quem estivesse levando a droga à sede do Denarc.

— É pra falar que nós pegamos o carro em São Paulo? — sugeriu Lages.

— Não, pegou o carro em São Paulo e ficou sabendo que um desses carros ia viajar, indo no sentido de uma cidade bem próxima de Sorocaba, bem pra frente ali... Avaré.

## COCAÍNA: A ROTA CAIPIRA

Quando Lages disse para André que havia monitoramento da PF sobre o grupo, o chefe dos investigadores assustou-se:

— Será?

O telefonema seguinte, já na madrugada, foi para a esposa:

— Pelo amor de Deus, só escuta. Abre meu cofre. Tira tudo que tem dentro, pega as sacolas pretas que tão lá embaixo [depósito do apartamento], coloca na mala do Vectra e tira do prédio, deixa na rua perto daí mesmo.

— E essa mala no canto? — perguntou a mulher, com a voz sonolenta.

— Tira tudo.

— E a bolsa da Louis Vuitton?

— Essa também. Não abre as sacolas, não te interessa o que tem dentro. Faz isso já, que vai dar problema.

A mulher obedeceu. Ouviu a senha do cofre, que ficava no closet do banheiro. Retirou tudo o que havia lá dentro. Fez o mesmo em um armário da garagem do apartamento, um imóvel luxuoso no bairro de Perdizes, avaliado em R$ 1,5 milhão.[55] Colocou tudo em um carro do marido e estacionou a poucos metros do prédio — ela não sabia, mas havia parado o automóvel bem em frente à casa do superintendente da Polícia Federal em São Paulo.

Imediatamente, agentes da PF foram até o local e encontraram o veículo. Dentro, o que Lages tanto queria esconder: 176 quilos de cocaína, no interior de sete bolsas idênticas às apreendidas horas antes na rodovia (83 dos tabletes tinham a mesma figura do cálice daqueles apreendidos no flagrante do shopping), a bolsa Louis Vuitton tão conhecida dos traficantes vítimas das "puxadas" e uma mala com R$ 27 mil, US$ 60 mil e € 70 mil, além de uma pistola e três revólveres.

No dia 20 de março de 2013, a PF desencadeou a Operação Dark Side e prendeu, por determinação da Justiça, os demais envolvidos, com exceção de Donizetti de Paula, que em novembro de 2016 seguia foragido. A Corregedoria da Polícia Civil abriu sindicância para apurar a conduta dos investigadores. Lages foi condenado em duas ações penais à pena somada de 55 anos de prisão por tráfico internacional, associação para o tráfico, corrupção passiva e peculato; pelos mesmos crimes foram condenados André (26 anos), Gustavo Mazon e Edson Melin (dezessete anos cada), Mariano Pino (28 anos), Athiê (27 anos) e João Batista (31 anos). Por tráfico internacional, associação para o tráfico e peculato foram condenados Glauco (vinte anos), Michael e Bozzola (treze anos cada) e Raimundo (dezesseis anos).[56]

Quanto aos traficantes vítimas das "puxadas", os cinco personagens ludibriados em outubro de 2012 foram condenados, três por tráfico e associação para o tráfico internacional: Adriana (três anos e nove meses de prisão em regime aberto — sua pena foi reduzida por ter delatado o esquema), Escalante (dezoito anos), e Milton, o Velho (24 anos). Giuliano e Landivar receberam pena por associação para o tráfico; o primeiro, de sete anos, e o segundo, pouco menos de cinco. Já o colombiano Tasama seria condenado a cinco anos de reclusão por tráfico, e Rodrigo Siqueira Sousa, a dezoito anos por tráfico de drogas e associação para o tráfico.[57] Todos os réus recorreram ao TRF, que em novembro de 2016 não havia julgado as apelações.

De 2010 a 2012, a Secretaria de Segurança Pública do Estado de São Paulo prendeu 1.216 policiais civis e militares por ilegalidades na conduta profissional. A maior parte deles, 1.105, foi demitida. Uma mancha justamente na corporação encarregada de dar combate ao narcotráfico em solo paulista, incluindo o interior do estado, com seus milhares de caipiras viciados, mercado certo para o narcotráfico.

# 24

## Caipiras viciados

Caipira também cheira; caipira também fuma pedra, baseado. Do mendigo de trapos e pés sujos no centro degradado de Campinas ao novo-rico de terno impecável em seu apartamento de luxo na João Fiúza, opulência maior da elite ribeirão-pretana. A droga arrasa as mais rígidas fronteiras de classe.

É assim desde que o tráfico fincou raiz em solo paulista. Em 1972, ofício encaminhado ao Dops pela Delegacia Seccional de Tupã (SP) faz raios X do comércio de maconha na região — o uso de cocaína era desconhecido pela polícia local na época. O entorpecente vinha de regiões vizinhas e "os consumidores mais frequentes são jovens de classe média e superior que, via de regra, se afastam da cidade a fim de apanhar a mercadoria que é deixada em pontos adrede combinados, geralmente escondida no meio do mato, à beira de estradas secundárias".[1] Nove anos depois, relatório do serviço de inteligência do Exército informa que "adolescentes estariam fazendo uso de tóxicos" em uma casa de Sarapuí, cidadezinha na região de Sorocaba (SP).[2]

Mas, até o início dos anos 2000, esse consumo era esparso, se comparado aos grandes centros. Foi aí, na virada do século, que de rota para o transporte de drogas da Bolívia, Colômbia e Paraguai até Rio de Janeiro e São Paulo, o interior paulista também se tornaria um importante mercado consumidor de drogas. Reflexo direto do crescimento do uso de entorpecentes no Brasil, segundo maior mercado consumidor de cocaína do mundo, quando se consideram os países isoladamente, com 2,8 milhões de usuários, dos quais 942 mil no estado de São Paulo.[3]

Outra explicação está na economia. Com PIB de R$ 543 bilhões, segundo o IBGE, o interior paulista ganhou em 2012 o posto de maior mercado consumidor do Brasil, superando a Grande São Paulo.[4] Tamanha prosperidade — Ribeirão Preto, por exemplo, é tida como a Califórnia brasileira — atraiu as atenções do narcotráfico. Afinal, onde circula dinheiro sempre há droga.

O perfil populacional da região também traz vantagens aos barões do tráfico. Suas cidades-polo contam com uma classe média numerosa, que camufla a presença do criminoso. O forte setor de serviços, ideal para a lavagem do dinheiro do crime, completa o cenário favorável. É muito fácil para um traficante chegar nessas cidades e comprar bens caros sem chamar muito a atenção.

Foi o que fez a família Fernandes em Araraquara (SP). De 2000 a 2007, os irmãos Fernando e Manoel subverteram a rota caipira. A capital paulista não seria mais o destino da cocaína boliviana, mas o principal entreposto do esquema, de onde o entorpecente seguiria para cidades do interior do estado, abastecendo milhares de viciados nas bocas de fumo.[5] O esquema, com características empresariais, rendeu aos Fernandes um patrimônio avaliado pela Polícia Federal em R$ 6 milhões. Um avanço e tanto para uma família de origem pobre, radicada na periferia de Araraquara.

Fernando, o mais novo dos irmãos, moreno de olhos ligeiramente caídos e nariz protuberante, era o grande líder do esquema. Sua ficha criminal é curta, apenas uma condenação por furto em Bauru, em 1992, quando tinha 21 anos. Só voltaria a ter problemas com a polícia em maio de 2005, quando a PF apreendeu um caminhão com cocaína em Glória d'Oeste (MT). Investigações da polícia concluíram que a droga havia sido adquirida em San Matías, cidade boliviana próxima a Glória, e seria entregue a um tal Fernando, que a PF identificou como Fernando Fernandes Rodrigues. Ele não chegou a ser denunciado à Justiça nesse caso por falta de provas. Mas a Polícia Federal decidiu

# COCAÍNA: A ROTA CAIPIRA

averiguar melhor as reais atividades de Fernando, que se apresentava como empresário do ramo de veículos, com negócios em Araraquara e Guarujá, litoral paulista. No início de 2007, quase dois anos depois, com base em escutas telefônicas, campanas e sucessivas apreensões de droga dentro da operação batizada de Conexão Alfa, descobriu-se em detalhes como operava o comércio de drogas dos irmãos Fernandes, que, ao melhor estilo das máfias, envolvia diretamente familiares próximos, incluindo a mãe, Suzel, o tio José Roberto, e a mulher de Manoel, Camilla. "Quando não são parentes, são conhecidos há muitos anos, o que significa dizer: estão vinculados por laços de amizade profundos", afirma o procurador Fernando Lacerda Dias na denúncia.

Toda a cocaína do esquema tinha um único fornecedor, o boliviano Romeu Velardi Arze. Conhecido como Bugre, Romeu teve papel fundamental nos negócios ilícitos dos Fernandes. No dia 18 de janeiro de 2006, Fernando teceu uma longa negociação de mais um carregamento de cocaína com o boliviano, conversa captada pela PF:

— Escuta aí, cara, eu tô com uma [tipo] exportação aí, que você acha? — perguntou Romeu.

— Ah, cara, pra mim é a mesma coisa praticamente, viu. O seu é mais caro aí? — devolveu Fernando.

— Puta, é muito mais, sai uns milão mais ou menos mais caro.

Em linguagem cifrada, os dois utilizam os termos macho e fêmea para, segundo a PF, se referir à pureza da cocaína; macho seria mais pura:

— Você não quer um fêmea pra você esses dias? — perguntou o boliviano.

— Tava precisando de macho memo, cara.

— Macho memo?

— É.

— Puta, [...] pra mim sai pesado esse aí, cara.

— Sabe por que, cara, fica deixando os cara no veneno, eles pula pra outro galho, né cara, aí depois fica difícil.

Fernando temia que seus compradores trocassem de fornecedor caso vendesse uma droga de pior qualidade. Por isso sempre reforçava

640 ALLAN DE ABREU

a necessidade de comprar cocaína pura, como em outra conversa com Romeu, no dia 12 de fevereiro de 2006:

— Eu mando só macho pra você, não preciso de mandar fêmea porra nenhuma, cara; vou mandar só macho pra você, me arruma até segunda todo esse dinheiro aí [...] — pediu Romeu.

— Quero ver então, porque eu tô falando pra ele que eu vendo muito aqui, rapaz [...], eu vendo tudo, não tem quem aguenta eu rapá...

— Tá bom.

— Eu vendo o que você tiver, rapaz, tô falando procê.

A logística para levar a cocaína até o estado de São Paulo ficava por conta de Elvis Ferreira de Souza, dono de um ferro-velho em Rio Branco (AC) com negócios nas regiões Sudeste e Centro-Oeste. "Sua atividade lícita lhe rendeu conhecimento suficiente para poder percorrer todo o caminho que se delimita para o transporte de substância entorpecente com o mínimo de risco possível", afirma o procurador Dias na denúncia.

A droga atravessava a fronteira em pequenos aviões — um dos auxiliares de Elvis chegou a viajar até Campinas em busca de treinamento para pilotar ultraleves. Para o Ministério Público Federal, o objetivo era cruzar a fronteira em baixa altitude e, assim, não ser detectado por nenhum radar. De fazendas em Mato Grosso, a cocaína seguia até São Paulo escondida na carroceria de caminhões. O carregamento era acompanhado pelos líderes por meio de celular, descartado após o sucesso da empreitada.

Assim como um diretor financeiro, que não se encarrega diretamente do transporte das mercadorias que compra e vende, Fernando, um rapaz vaidoso que gostava de ostentar roupas caras, nunca tocava na droga. Diferentemente do irmão mais velho, Manoel, o químico do grupo, responsável pelo refino da cocaína. O conhecimento técnico de Manoel vinha de um envolvimento antigo com o tráfico. Em 1995, foi condenado pela Justiça da capital a quatro anos de prisão pelo crime, após prisão em flagrante. Na cadeia, aprimorou ainda mais seus conhecimentos da química do pó.

O laboratório do esquema ficava em um imóvel residencial alugado por Fernando na Mooca, São Paulo. O zelo do perfeccionista Manoel

# COCAÍNA: A ROTA CAIPIRA

com sua atividade era total. Ele possuía um cofre em um dos quartos do imóvel onde guardava a cocaína pura e, assim, evitava que a droga fosse desviada por algum auxiliar. A pasta-base vinda da Bolívia tinha grau de pureza entre 96 e 98%, e Manoel misturava, a cada porção de cocaína, outras três de lidocaína ou cafeína, para agregar valor no produto.

— Ele se preocupava com a qualidade e sempre vendia a droga depois de misturá-la nessa medida — diz o delegado Nelson Edilberto Cerqueira, que coordenou a Operação Conexão Alta.

Em maio de 2006, Manoel telefonou para um comprador dos irmãos no interior paulista e reclamou da má qualidade da cocaína que recebera na capital:

— O bagulho é meio ruim, viu, meu. [...] Tá dando 50 [50% de pureza], acho que vou até devolver.

Processada em São Paulo, a droga era então revendida já "batizada" para gerentes regionais em Araraquara, São Carlos, Limeira e Jaú, no interior de São Paulo, e Rio Verde, em Goiás. Em agosto de 2006, Manoel telefonou para um desses clientes e perguntou se a droga fora bem aceita pelos viciados:

— Gostaram da maionese, o que falaram?

O comparsa riu.

— Até agora não falaram nada ainda.

— Se você souber você me fala.

A Polícia Federal calcula que os irmãos importavam 100 quilos mensais de cocaína e remetiam ao interior cerca de 100 quilos "batizados" por semana. Os revendedores, por sua vez, faziam nova mistura, para aumentar a margem de lucro — a pureza na venda final, calcula o delegado, caía para 20%.

A cocaína não era paga à vista: isso só acontecia após a revenda aos distribuidores menores. Assim que Fernando recebia o pagamento, Manoel contatava o distribuidor regional para uma nova entrega. Uma estratégia, segundo o Ministério Público Federal, para evitar qualquer enriquecimento significativo por parte dos distribuidores e, assim, assegurar o vínculo com os irmãos. Para o procurador Dias, essa relação comercial "explica por que os redistribuidores não são afortunados: seus ganhos não chegam a ser elevados porque trabalham em regime de dependência, ou seja, recebem a droga para pagamento posterior. O distribuidor trabalha como 'comissionado'. Como tem que repartir o lucro com outros auxiliares, acaba recebendo quantia módica, suficiente para manter um padrão de vida diferenciado (conforme o sucesso de cada um), mas não a ponto de se tornar independente".

A PF identificou treze distribuidores da droga dos irmãos Fernandes. Um dos principais era Edivilmo Moraes Queiroz, de Araraquara, titular de uma longa ficha criminosa. Segundo o MPF, já no fim dos anos 1970, Edivilmo se dedicava ao contrabando de produtos do Paraguai. Na década de 1990, mergulhou no tráfico e chegou a ser preso em flagrante pelo crime em 1996. Desde então, colecionava uma série de passagens pela polícia, por tráfico, contrabando, estelionato, falsificação de documento e receptação. Em janeiro de 2006, ele telefonou para Fernando e pediu para dobrar o próximo carregamento de cocaína.

— Eu fiz uma encomenda com ele [Manoel] lá, fala pra ele se tem jeito de dobrar.

— Vou conversar com ele — prometeu Fernando.

Em maio daquele ano, Edivilmo, traficante experiente, orientou uma cliente sobre como se deve falar a respeito do comércio de drogas ao telefone:

— Ô véio, sabe o que eu queria ver, quanto cê tá fazendo 5 gramas de pó?

— Olha bem o que você fala no telefone, meu — retrucou Edivilmo, contrariado.

— Tá.

— Cê não aprendeu com eles lá que tem que ligar dum orelhão, pedir pra mim retornar, pra depois cês conversar comigo, tá vendo aí, ó vocês dando mancada no telefone! Ó, cada coisa que ocês fala no telefone... não é pra falar isso aí, meu.

— Hum, tá bom, desculpa.

— É 50 merréis, mas não é pra falar isso aí no meu telefone. É [ligar] pra mim de um orelhão, aí pedir pra mim: "véio, retorna pra mim? Aí eu paro em outro orelhão, retorno pra vocês, aí cês podem falar o que vocês quiserem. [...] Falou no meu telefone, já me... ferrou já. Se tiver na escuta, se tiver na escuta, tá gravado lá, aí cês me arrastam pra cadeia."

Outro dos distribuidores era Wagner Rogério Brogna. Além de revender a cocaína dos Fernandes na região de Jaú, Wagner comprava os produtos químicos para Manoel misturar à cocaína no laboratório da Mooca, em São Paulo. Como Manoel, preocupava-se com a qualidade da cocaína que negociava. No dia 16 de março de 2007, Wagner telefonou para um comprador e perguntou pela qualidade do pó vendido:

— E aí o negócio lá, excelente, hein? Não foi a melhor que foi até agora?

— Não, já veio melhor — protestou o cliente.

— Porra, mano, isso aí ficou bom... Achei que... mas tá joia.

Esses intermediários sonhavam em dividir com os irmãos Fernandes o controle das rotas. Um deles, Willian Moraes Fagundes, distribuidor de entorpecente em Limeira, ofereceu a Manoel uma nova frente de importação da cocaína boliviana:

— É o seguinte [...] o cara, a fita é dele, né, ele falou assim, se eu quiser colocar dinheiro pra trazer pra mim, [...] traz pra cá e faz um preço mais barato pra nós, só que lá ele paga 2,5 mil [dólares, o quilo da cocaína]. [...] Pega lá em Mato.

— Mato Grosso?

— Isso, Corumbá. [...] Só tem uma passagem que é meio arriscado, o resto é suave, ele falou que é difícil caí, muito difícil. [...] Eu vou pô pra andar de teste, depois, se cantá do jeito que é legal, aí eu vou falar pra você se nós faz alguma coisa junto.


Além de dinheiro, o pagamento pela droga por parte dos distribuidores regionais poderia ser feito em veículos, forma comum de lavar os recursos do tráfico no Brasil — Fernando tinha uma loja de motos no Guarujá.

— Um carro, caminhonete ou moto tem alto valor agregado, fácil mobilidade e seu comércio, muitas vezes, ocorre na informalidade. Por isso o tráfico procura guardar seus lucros na forma de veículos — diz o delegado Cerqueira. Segundo a PF, os irmãos Fernandes chegaram a ter 120 veículos espalhados pelo estado, a grande maioria em nome de laranjas ou parentes. Muitas vezes, a compra de veículos, muitos deles de luxo, era feita em dinheiro vivo. No dia 15 de agosto de 2006, por exemplo, Suzel, mãe de Fernando e Manoel, entrou em uma concessionária em São Paulo levando uma maleta nas mãos. De cara, gostou de uma caminhonete Toyota Hilux zero quilômetro, no valor de R$ 116,9 mil. Apesar do preço, Suzel não titubeou. Abriu a mala lotada de notas de R$ 100 e R$ 50 e pagou tudo à vista.

Os parentes e amigos que usufruíam diretamente da boa vida proporcionada pelos lucros do tráfico emprestavam seus nomes para que os irmãos movimentassem o dinheiro ilegal sem despertar suspeitas da polícia. Somente entre 2002 e 2003, um vendedor de carros e amigo de longa data dos irmãos Fernandes movimentou R$ 1,5 milhão em suas contas bancárias. Outro laranja, segundo a PF, era o funileiro José Roberto Gonçalves, tio de Fernando e Manoel, irmão de Suzel. Entre 2003 e 2005, segundo dados da Receita Federal, ele movimentou R$ 687 mil. Pelos dados que constam no processo, é possível observar que o esquema revezava seus laranjas: a cada ano um deles movimentava mais recursos do que os demais.

Não demorou para que a Polícia Federal começasse a apreender droga dos Fernandes. A primeira abordagem veio em 22 de março de 2006, quando os policiais fizeram duas blitze em carros do grupo. Na primeira delas, às 22 horas, 8,3 quilos estavam escondidos na caixa de ar do automóvel estacionado no Belenzinho, em São Paulo. Três horas depois, outros 8,2 quilos foram encontrados na caixa de ar de outro carro na rodovia Bandeirantes, entre São Paulo e Campinas. As apreensões só foram possíveis porque a PF monitorava, por telefone, todos os passos dos integrantes do bando. Um dia antes, o boliviano Romeu telefonara para Elvis e cobrara a entrega da cocaína para os irmãos Fernandes.

— E aí, cara, você vendeu ou não vendeu, cara? — perguntou Romeu.

— Não, ficou pra amanhã cedo, tenha paciência, meu irmãozinho, tenha paciência, vai sair, vai sair. [...] Vamos vender, se Deus quiser, cara, tenha paciência.

# COCAÍNA: A ROTA CAIPIRA

O primeiro carro com a droga chegou a São Paulo no início da manhã do dia 22. Elvis telefonou para Fernando e pediu para que auxiliares do empresário buscassem a cocaína em poder das mulas na capital paulista. Mas os emissários de Fernando não localizaram o veículo, o que deixou Elvis irritado:

— Porra, tio, o tio não tá dando conta nem de receber um bagulho aí, cara. Não, é pra acabar, duas horas o cara aí no toco aí nessa porra aí, mano, não faz isso comigo não, tio, pelo amor de Deus, manda o pessoal ir pegar lá, receber lá — pediu Elvis.

O que nenhum dos dois sabia era que, àquela altura, um dos carros já havia sido abordado pela PF. Preocupado, Elvis contatou o motorista do segundo carro e ordenou para não seguir viagem até a capital:

— Eu tô a 80 quilômetros de chegar — disse o motorista.

— Então, fica por aí mesmo por enquanto, tá, vai almoçar, tomar um banho, tá bom, vai por mim, me escuta, tá, cara.

Apesar da precaução, o segundo veículo também foi abordado pela PF. Ao saber da perda da cocaína, Elvis ligou para Fernando, furioso:

— Esse seu [telefone] tá arrastando todo mundo, cara, tô falando pra você, tá arrastando, esse barato seu.

— Nós não falamos nada, cara.

— É, mas tão escutando nós, se você quer saber, tá escutando o que nós tá conversando, eu tenho certeza disso aí, certeza.

Sete meses depois, policiais federais fizeram nova apreensão de droga da quadrilha. Edivilmo dirigia pela periferia de Araraquara quando o carro foi emparelhado por um automóvel ocupado por agentes da PF:

— Para, Polícia Federal! — gritou um deles, cabeça para fora da porta.

A reação imediata de Edivilmo foi pisar forte no acelerador. Não podia parar, sabia que os policiais encontrariam os pinos de cocaína escondidos embaixo do banco do motorista. Mas a perseguição foi curta. Com veículo mais potente, os policiais logo alcançaram o traficante, que decidiu frear o carro e se render. Os papelotes foram facilmente localizados dentro do carro, mas os agentes estavam em busca de mais drogas. Levaram Edivilmo até a casa dele, onde, em um dos quartos, se depararam com uma pequena central do tráfico: dezesseis aparelhos celulares, petrechos para a manipulação da cocaína, 23 quilos de cafeína e 34 de cocaína. Pelo flagrante, ele foi condenado a seis anos por tráfico.[6]

Ao longo dos 22 meses de investigações, a PF ainda apreendeu quantidades menores de cocaína em São Carlos e Limeira. Mas faltava localizar o QG do grupo, o laboratório de refino na capital. Para isso, os agentes decidiram seguir todos os passos de Manoel, já que sabiam ser ele o químico do esquema. A campana durou semanas inteiras, sem descanso, até que, na manhã do dia 15 de março de 2007, os policiais notaram Manoel entrar na casa da rua João Pires, na Mooca. Dezenove dias depois, quando a Operação Conexão Alfa finalmente foi deflagrada, a PF invadiu o imóvel. Não havia ninguém na casa, mas os policiais encontraram 195 quilos de cocaína, além de 132 quilos de cafeína e lidocaína, liquidificadores e centrífugas industriais, balança, prensa hidráulica, bacias de alumínio, frascos de corante, fermento em pó, bicarbonato de sódio e uma garrafa térmica com 2 litros de acetona. Em um armário, havia um pequeno caderno onde constava uma lista de telefones antigrampo usados pela quadrilha.

Naquele mesmo dia 3 de abril de 2007, a Polícia Federal mobilizou duzentos agentes para prender 31 pessoas, incluindo Fernando, Manoel, a mãe Suzel, Camilla, Willian, José Roberto, Elvis e Wagner. Exatamente um ano depois, em abril de 2008, todos foram condenados por tráfico e associação para o tráfico pela juíza da 2ª Vara Federal de Araraquara, Vera Cecília Arantes Fernandes Costa. No entanto, em dezembro daquele ano, o STJ anulou as condenações de Fernando, Manoel e Camilla devido a irregularidades na instrução processual. Em relação ao trio, o processo foi desmembrado. Em 2012, a mesma juíza condenou Manoel a 43 anos de prisão[7], e Camilla, a nove anos,[8] ambos por tráfico e associação para o tráfico. Em dezembro do mesmo ano, Manoel retornou para a cadeia. No ano seguinte, Fernando recebeu pena de 43 anos por tráfico e associação.[9] Em novembro de 2015, o TRF manteve as condenações, por tráfico e associação para o tráfico, de Elvis e Wagner (nove anos de prisão cada), e, por associação para o tráfico, de Willian (três anos), Edivilmo (quatro anos), Suzel e José Roberto (cinco anos cada).[10]

COCAÍNA: A ROTA CAIPIRA    647

A PF de Araraquara tem contra a família outros quarenta inquéritos, que investigam a lavagem de dinheiro do narcotráfico. Já a ação penal contra o boliviano Romeu seguia suspensa em agosto de 2016 porque ele nunca chegou a ser detido. Seu paradeiro atual é desconhecido — provavelmente está na Bolívia.

Apesar da pena severa, Fernando logo deixaria a cadeia, beneficiado por um habeas corpus. Ambicioso, o empresário estava decidido a recuperar a boa vida perdida por meio da única atividade na qual era expert: o comércio atacadista de cocaína. Em 2013, aliou-se a Michael Willian de Oliveira, o Bahia. O rapaz moreno, de sobrancelhas arqueadas que lhe davam aspecto severo, já era, àquela altura, o maior traficante na região de Araraquara, ocupando o vácuo dos próprios irmãos Fernandes. Michael contava ainda com a colaboração de Ézio Oriente Neto, um dândi de sorriso largo, dono de um café no Shopping Santa Úrsula, em Ribeirão Preto, que gostava de se exibir em colunas sociais da cidade.

Com dinheiro de sobra e contatos no Paraguai e Bolívia, em um ano o trio despejou no interior de São Paulo e no sul de Minas 1 tonelada de cocaína e duas de maconha. Nesse período, os três movimentaram R$ 17 milhões com o negócio. A razão para o sucesso no tráfico estava na qualidade da droga revendida aos "caipiras" — o grupo comprava pasta-base com alto grau de pureza, apelidada de "escorpião".

Embora fosse nítida a liderança dos três sobre os outros 26 integrantes da quadrilha mapeados pela PF, não havia uma hierarquia clara no grupo. Alexandre Custódio Neto, jovem delegado da Polícia Federal em Araraquara, que durante dez meses acompanharia o passo a passo do esquema, compara a quadrilha ao cartel mexicano Los Zetas e à máfia napolitana Camorra, definidas como "uma rede anárquica de clãs que operam em comitês de negócios momentâneos".[11]

Michael já estava nos radares da PF desde 2012, quando foi visto por policiais militares sacando grande quantidade de dinheiro de uma agência bancária no centro de Ribeirão Preto (SP). O dinheiro, US$ 120 mil e mais R$ 170 mil, seria apreendido horas depois com um comparsa do traficante. Toda a grana seria enviada a fornecedores de cocaína na Bolívia, por meio de um doleiro da região.

Apesar do prejuízo, Michael continuou na tarefa de receber os aviões no meio da cana-de-açúcar. Todos os seus passos eram seguidos discretamente por agentes da Polícia Federal. Na tarde do dia 18 de janeiro de 2013, os policiais notaram que o rapaz seguiu com sua caminhonete até o aeroporto de Araraquara. Comprou seis galões de combustível para aviões e depois foi até um sítio nas redondezas. Só poderia ser o local do próximo pouso, no dia seguinte.

Não havia tempo a perder. Delegados e agentes se reuniram na unidade da PF em Araraquara para traçar a estratégia do ataque. Foram mobilizados dezoito policiais, divididos em duas equipes, uma em cada pista do sítio onde o avião deveria pousar. Atiradores de elite, com fuzis, se posicionaram nas laterais de cada pista, para acertar o motor do avião assim que pousasse, evitando a fuga. Caberia aos agentes Marcelo Cantarino de Souza e Ronaldo Massaia lançar na pista um dispositivo, apelidado de "jacaré", para furar os pneus dos veículos que receberiam a cocaína. Depois de oito horas de espera, eles notaram um carro e uma caminhonete se aproximarem. Eram Michael e mais dois comparsas, entre eles André Luís Corrêa. Massaia fitou Michael. Viu que o traficante levava na cintura um revólver calibre .38 mm.

O céu de Araraquara, completamente azul naquele dia, também estava monitorado. A FAB deslocou dois caças para a região. O objetivo era acompanhar todos os movimentos da aeronave com droga. Pontualmente às 13h30, ela foi localizada: um Cessna de matrícula paraguaia, sem autorização de voo no Brasil. A distância, um dos caças passou a seguir o avião, que rumava para o sítio combinado. Mas a aeronave da FAB se aproximou demais. Do canavial, foi vista pelo trio que aguardava a droga. André pegou um rádio dentro do carro e acionou o piloto do Cessna:

— Fodeu, deu merda. Não pousa que tá no veneno. — Era a gíria para a presença da polícia.

O Cessna acelerou os motores, ganhou altitude. Aos caças da FAB, restou acompanhar o avião até que sumisse no espaço aéreo do Paraguai.

COCAÍNA: A ROTA CAIPIRA 649

Enquanto isso, no chão, os três ficaram em pânico. Michael entrou na caminhonete; o outro, no carro. O chefe bateu o veículo em um barranco e fugiu por um matagal. Deixou para trás o revólver e os galões de querosene ainda cheios. Só seria detido algumas semanas depois. O comparsa foi rendido lá mesmo pelos agentes. André correu para dentro do canavial. Sem saber, foi na direção dos agentes Souza e Massaia. Esbaforido, levou um susto quando viu o vulto dos dois policiais. Sacou da cintura uma pistola Glock, calibre .380. Nem chegou a atirar. Levou um tiro no peito de Massaia. Morte instantânea.

Michael e o comparsa sobrevivente foram soltos semanas depois. Acabaram absolvidos pela Justiça por falta de provas — sem a apreensão da droga, não havia materialidade do crime.[12] A PF, no entanto, não deixaria de vigiar de perto os passos de Michael.

Com larga experiência no refino da pasta-base, adquirida no convívio com o irmão Manoel, Fernando tornou-se o químico da quadrilha. Passava horas misturando produtos à pasta e comemorava cada vez que conseguia "fazer o vira" com uma cocaína de boa qualidade:

"Puta merda", escreveu ao comparsa Wellington Facioli — nos negócios, os traficantes só trocavam mensagens através de celulares BlackBerry, via BBM, que consideravam mais seguros.

"Deu certo" / "Ficou chique / "[Só] perdeu um pouco / "Q [que] não passa" / "Emplasta."

Três dias depois, Fernando procurou saber se a cocaína tivera sucesso entre os viciados:

"E os menino achou q ta boa[?]"

"Ainda nao sei não falei com eles", respondeu o comparsa.

"Pra saber [e] deixar a outra igual."

O próprio Fernando viajava com frequência para a fronteira de Mato Grosso com a Bolívia a fim de negociar remessas de droga. Ele se gabava dos seus contatos com fornecedores do país vizinho:

"Eu estou aqui no exterior."

"Nossa você ta chik", respondeu um traficante de Araraquara.

"Tenho contato" / "Forte aqui."

Um deles era o mato-grossense Dilson de Carvalho, o Cebolão:

"Ou vamos estourar junto aqui", convidou Fernando. "Tenho muito campo [mercado consumidor] aqui."

"Aqui tem mercadoria boa", rebateu Dilson, empolgado.

"O q for necessario" / "Nos faz" / "Nao pode eh parar."

O irmão de Dilson, Dimilton, era outro contato frequente do traficante de Araraquara:

"Você nao quer ganha dinheiro[?] se nois comessa trabalha[r] e você nao enrrola toda quizena te mando 50 [quilos de cocaína]."

A pasta-base viajava até o interior paulista escondida em carros, caminhonetes e caminhões. Dilson chegou a propor o envio de cocaína por avião para Fernando:

"O você nao consegue banca[r] uma carga de aviao nao[?]" / "Joga la pra vc."

Mas Fernando recuou — como estava recomeçando no tráfico, ainda não tinha dinheiro suficiente para investir na rota aérea:

"Ainda nao" / "To podendo" / "Mas chega la."

Em setembro de 2013, Ailton Barbosa da Silva, fornecedor de Porto Esperidião com fazendas na Bolívia, pediu para Fernando providenciar um veículo com esconderijo para 100 quilos de pasta:

"Você tem um cara que fais um transporte ai que cabe bastante[?]", perguntou Ailton.

"Sim."

"Cabe quanto?"

"O maior desse eh 25 [quilos]."

"Nao serve. Tem que ser 4 veis mais."

Muitos fornecedores não tinham capacidade para fornecer tanta droga, como Ednei Pereira Carvalho.

"Ow você não tem para vender para mim[?]", perguntou Fernando.

"Agora nada. Nao tenho cacife p/ dar conta do sr nao...", respondeu Ednei.

Mas quatro dias depois o fornecedor voltou a acionar Fernando:

"To vendo um negocio bom aqui... Tem um pessoal muito rico e forte aqui... Se der certo de eu trabalhar com eles, vou ter negocio bom... E com preço tambem... Mas só d quantidade grande... Vai dar certo p/ vc..."

COCAÍNA: A ROTA CAIPIRA 651

Naquele mesmo mês, Dilson voltou a oferecer droga para Fernando, mas reclamou da falta de transporte:

"Ta tendo mercad[oria] aqui mais nao tem como ir."

"E um caminhao[?]", perguntou Fernando.

"Ta foda caminhao. Depende de carga. Vai andar vazio e [é] suicidio", respondeu o fornecedor, temeroso de que o veículo sem carga despertasse suspeitas da polícia.

Os dois passaram então a combinar como seria o esconderijo das drogas no caminhão:

"Acho q tem um na cabine", disse Fernando. "O rapaz falou q vem embaixo do pe [do motorista]."

"Mais cabe quantos [quilos] será[?]", perguntou Dilson.

"80 [quilos]."

A quadrilha contava ainda com um "embaixador" na fronteira com o Paraguai. Bruno Leonardo Bergamasco, de Araraquara, mudara-se poucos anos antes para Ciudad del Este, de onde enviava grandes partidas de drogas para o interior paulista. Com um dos fornecedores paraguaios, o acerto foi de 60 quilos de pasta-base por semana:

"Daki uns dia ele ta vendo se nois comeca a fexa direto", disse para Michael. "De manda em rp [Ribeirão Preto] pra voce 60 por semana."

O principal contato de Bruno no país vizinho era um paraguaio apelidado de Gitano. Esse, por sua vez, comprava pasta-base diretamente da Bolívia, conforme Bruno explicou para Ézio:

"Ele fexo com o boliviano na minha frente" / "2 mil kg de base por mes" / "A partir de janeiro" / "Ele so quer vender no Brasil."

Ézio se impressionou com a quantidade de droga:

"Nossaaaaa" / "Eu quero so óleo [pasta-base]" / "Nao quero laboratorio [para o refino]" / "Isso enrola demais."

Mas Bruno disse que a droga já chegaria em solo paulista refinada:

"Não[,] nois faz la na xacra."

A droga adquirida era de alta pureza, conforme os traficantes deixavam claro nas mensagens de celular:

"O cara me ofereceu uma escama [cloridrato de cocaína] exportação, 95% [de pureza]", escreveu Marcelo Thiago Viviani, traficante de Araraquara ligado a Michael.

652       ALLAN DE ABREU

"Qual o preço", perguntou Wellington Facioli.

"A 9,5 [mil reais] vem 300 [quilos]."

Quando a droga não tinha muita qualidade, lançavam mão de truques para deixar o pó com boa aparência. Um deles era misturar conhaque ao cloridrato:

"To com um carro [cocaína] la[,] como faco pra decha da cor do seu", perguntou um traficante para Michael.

"Tem varias coisa", respondeu o chefe. "Mais pra amarela assim tem corante[,] tem conhaque varias coisa."

Essa era a chamada cocaína comercial, de menor qualidade. A PF captou mensagens em que Ézio discutia preços desse tipo de droga com Michael:

"Ow e a comercial quanto vale", inquiriu Ézio.

"Da pra pagar uns 3 a 4 [mil reais o quilo] quanto pede ai[?]"

"O loco. E vende a quanto isso."

"Eu vendo a 6 [mil reais] aqui. Se for boa vende bem isso ai."

Outro traficante do grupo, apelidado de Mandachuva, orientou Marcelo Viviani a testar o cloridrato:

"Pega uma colher[,] Poe um poco [do pó] e poe água" / "Mexe devagar com o dedo" / "O q dilui eh puro [pó] o o q sobra eh mistura" / "Faz ai pra você ve".

Minutos depois, Marcelo respondeu:

"Tem muita mistura" / "E o brilho q colocaro eh uns cristalzinho duro da porra" / "Parece ajinonomo [Ajinomoto]."

Parte da pasta-base que vinha do exterior era refinada em um rancho às margens do rio Pardo, na zona rural de Altinópolis, região de Ribeirão Preto. O laboratório era comandado por Robson Miranda Tompes, outro traficante de Araraquara. Ele foi o primeiro alvo da Operação Escorpião — alusão ao tipo de cocaína negociada pelo grupo, com alto teor de pureza. Robson demonstrava largo conhecimento da qualidade da droga que traficava e cheirava:

"Sem maldade tah meio fraca vil ele dece um amargo mas nao adormece!!", reclamou um comprador. "Nao decha dormi e [dá] tremedera."

COCAÍNA: A ROTA CAIPIRA 653

"Mais a que vai e [é] bem mais forte", prometeu Robson. "Eu tambem achei que ficou franca [fraca]."

Cinco dias depois, o cliente deu seu parecer sobre a nova remessa: "Ela veio com um gosto estranho!"

"Ela ta muito mais forte", sentenciou Robson. "Você si esqueceu que eu uso.[?]"

O traficante, que era procurado pela Justiça devido a uma ação penal por tráfico em São José do Rio Preto, era um alvo primordial para a PF. Na tarde do dia 21 de fevereiro de 2013, dez policiais federais se espalharam pelas imediações do rancho. O objetivo era prender Robson em flagrante. Por volta das 15 horas, os agentes notaram a chegada de um Vectra. O traficante estava ao volante, com um comparsa ao lado. Quando o automóvel se aproximou da entrada do rancho, um veículo da PF emparelhou com o Vectra:

— Polícia! Desce do carro!

Mas Robson não obedeceu. Franziu a testa e acelerou. Na perseguição, os policiais atiravam no veículo e o comparsa do traficante revidava. A poeira do Vectra na estrada de terra batida dificultava a visão dos agentes. Mesmo assim um deles conseguiu acertar os dois pneus traseiros do carro. Robson perdeu o controle do automóvel, que bateu forte em uma árvore. Mesmo zonzos, com ferimentos leves na cabeça, os dois embrenharam-se pela mata e conseguiram fugir — só seriam capturados meses mais tarde. Os agentes retornaram ao rancho e invadiram o imóvel. No local havia 13 quilos de cocaína, prensas e produtos para o preparo da droga, além de uma pistola calibre .380. Pelas apreensões no local, Robson seria condenado a dez anos por tráfico e participação em organização criminosa, pena mantida pelo TJ.[13]

No total, as investigações da PF na Operação Escorpião resultaram em oito flagrantes contra a quadrilha baseada em Araraquara. Pouco mais de 200 quilos de pasta-base e cloridrato foram apreendidos. A maior quantidade foi no dia 29 de julho de 2013, quando, alertados pela PF, policiais rodoviários abordaram um automóvel na rodovia BR-364, em Cuiabá. Dilton de Carvalho, fornecedor de droga para Fernando, era quem dirigia o carro. Ele se assustou com os três cães farejadores perfilados em frente à base policial. Em poucos segundos os animais apontavam com o focinho para o porta-malas. Em um fundo falso de madeira, estavam 89 quilos de pasta-base. Dilton foi condenado a sete anos de prisão por tráfico.[14]

A droga havia sido comprada por Fernando e Michael. Cinco dias após o flagrante, Fernando já propunha ao sócio nova remessa de pasta-base:

"Vamos pra cima", disse.

"Mais eu nao tenho mais grana nehuma agora", respondeu Michael. "Sem dinheiro la eh foda."

Fernando perguntou dos fornecedores em Mato Grosso:

"E o que o patrao la falo."

"Ta desanimado", respondeu o parceiro. "Não q mais arrisca nada."

Traficante experiente, alvo central da operação Conexão Alfa em 2007, Fernando sabia como funcionavam as investigações da Polícia Federal. Por isso, passou a desconfiar que as apreensões de drogas não eram apenas fruto do acaso ou de uma desconfiança de momento por parte dos policiais:

"A federal age dessa maneira" / "Se esconde" / "Finge q eh por acaso" / "Para chegar em outras pessoas" / "Eles manda prende[r] e nao aparece" / "Para nao atrapalhar a investigacao."

A perda de tanta droga nocauteou Fernando. Depois do flagrante, seu poder de fogo no tráfico não seria mais o mesmo.

Outra apreensão viria exatamente dois meses depois, quando os agentes da PF ouviram Bruno Bergamasco pedir para Michael pegar 30 quilos de cocaína despachada de Cascavel, no oeste paranaense, para o aeroporto de Viracopos, em Campinas. A droga fora fornecida por um traficante paraguaio, por intermédio de Bruno:

"Fala[r] pra voce e [é] um po escaminha [de alta pureza]" / "Virado da bomba" / "Sera que vende aii[?]" / "Pois no rio [de Janeiro] arrebenta."

A cocaína viajou de avião comercial, em caixas de papelão declaradas como um carregamento de celulares. Seria destinada a Michael e Fernando. A dedução foi óbvia: o entorpecente iria de carro de Campinas para Araraquara. O transporte ficou a cargo de uma mula, já que Michael não quis buscar o carregamento:

COCAÍNA: A ROTA CAIPIRA 655

"Sera q num arruma alguem pra fazer esse servico ai nao to com corage de por a cara eu viu", escreveu para Bruno.

Seu pressentimento o livrou da morte.

Os agentes acionaram a Polícia Militar, que montou uma barreira no pedágio da rodovia SP-310 em Itirapina, região de São Carlos. Como não sabiam com exatidão o automóvel que levava o entorpecente, abordavam todos aqueles que tinham placa de Araraquara. Até que um dos motoristas, Samuel Carlos de Lima Barros, ao ver a aproximação dos PMs, acelerou. Os policiais entraram nas viaturas e foram no encalço. A perseguição durou pouco. Antes de Araraquara, Samuel perdeu o controle do veículo e caiu em um barranco. Com sangue no nariz, zonzo, abriu a porta do carro, atirou duas vezes contra os policiais e se escondeu no meio de um matagal. Continuou trocando tiros com os policiais até levar uma bala direto no peito. Morreu no local. Dentro do carro, embaixo do banco traseiro, 31 quilos de cocaína em tabletes.

Na manhã seguinte, sem notícias da entrega da droga, Bruno acionou o filho de Samuel:

"Oque aconteceu manu."

"Matarao meu pai."

"Oqe[?]"

"Quando ele tava voltando. Com as coisas" / "A policia matou ele."

Bruno avisou Michael do trágico desfecho. Mas esse parecia mais preocupado em salvar a própria pele. Temia estar com o BBM grampeado pela polícia:

"Ai e [é] esses black aqui cara q arrasta isso aqui ja era meu que desgraca."

Michael seria preso em flagrante no início de novembro de 2013. Pelo acompanhamento das suas mensagens via celular, os agentes intuíram que ele fora buscar cocaína em Ibitinga, cidade na região de Araraquara. E passaram a segui-lo. Pela manhã, avisaram a Polícia Rodoviária, que abordou Michael na rodovia entre as duas cidades. Os policiais revistaram o automóvel, mas não encontraram droga. O traficante parecia não acreditar:

656    ALLAN DE ABREU

"Se acredita em deus", perguntou para Marcelo Viviani. "Ele ta do meu lado gracas sem[p]re fui uma pessoa boa."

"Eu acredito" / "E esse ta do seu lado."

Não estava.

Crentes de que havia cocaína escondida no carro, os agentes da PF passaram a acompanhar Michael ao longo da tarde até abordá-lo no centro de Araraquara e levá-lo a um lava-jato onde ele deixara o automóvel minutos antes. Enquanto cães farejadores buscavam droga no veículo, parte dos policiais foi até a casa do traficante. Dentro do freezer, encontraram 1 quilo de cocaína. No guarda-roupas do quarto, uma pistola, R$ 20 mil e três cadernos com a contabilidade do tráfico, com valores superiores a meio milhão de reais. No carro dele, os cães farejaram mais 11 quilos da droga escondidos próximo à porta do motorista. Pelo flagrante, Michael foi condenado a oito anos de prisão por tráfico.[15]

Além do grupo de Michael, Fernando e Ézio em Araraquara, a Operação Escorpião também descobriria outro núcleo de traficantes baseado em Jaboticabal, região de Ribeirão Preto. O líder da quadrilha era Rafael Ferreira Segecic, o Loko, jovem traficante que, aos 28 anos, impunha respeito no mundo caipira do crime. Rafael adquiria pasta-base e maconha no Paraguai e distribuía no norte paulista e sul de Minas Gerais, incluindo Belo Horizonte. Era comum o próprio Rafael cuidar do refino da pasta-base.

"Ve con o gordao para mexer nas massa atarde porque ta secando tudo[,] vai dar bo[,] nois vai ficar no prejuízo", disse a um subordinado.

"O q vc precisa", perguntou o rapaz.

"De eter."

Dias depois, outro comparsa o acionou por celular:

"Ou achei o cara da lidro [lidocaína]" / "800 [R$] cada kilo" / "Ele falou que tem 2k [quilos] na mao lacrado."

"Pega umas 5 gr [gramas] de amostra", ordenou Rafael.

Na tarde do dia 7 de setembro de 2013, segundo a PF, ele e mais dois misturavam lidocaína e ácido clorídrico em uma edícula de Jaboticabal

COCAÍNA: A ROTA CAIPIRA                    657

quando veio uma forte explosão. Os dois colegas tiveram apenas quei-
maduras leves, mas Rafael ficou com 70% do corpo queimado. Levado
ao hospital, sobreviveu por apenas quatro dias. À mídia, os médicos
disseram que Rafael havia se acidentado ao acender uma churrasqueira...

Anderson José Sicolo estava no velório do amigo. Zoin, apelido
que os olhos miúdos lhe deram desde a infância, era o braço direito de
Rafael no tráfico, afiança a PF. Com a morte do líder, assumiria todos
os negócios. Seis dias após o velório, Anderson já negociava o envio de
pasta-base para a capital mineira — assim como o grupo de Araraquara,
o núcleo só se comunicava por mensagens de celular:

"As 50 ainda do combinado ta de pe ne", escreveu Thiago Moura
de Castro Oliveira, o Paraíba, traficante de Belo Horizonte, em incon-
fundível "internetês".

"Sim", respondeu Anderson.

Ele revendia ao comparsa mineiro dois tipos de cocaína refinada,
chamadas de "cavalo" e "peixe". A primeira era adquirida por Anderson
a R$ 10 mil o quilo e revendida a R$ 12 mil. Já o quilo da "peixe", mais
pura, custava a ele R$ 11,5 mil e era renegociada a R$ 13 mil. Anderson
comemorava a chegada de cada remessa da cocaína "peixe":

"Demoro + chego a original", disse a um subordinado. "Essa rebenta
parssa [parceiro] ela parece um cristal hora q quebra" / "Temo q arma[r]
entre hj e amanha vo ter umas 30 [quilos] dela".

Como o amigo morto, Anderson também participava diretamente
do refino da pasta-base. E, com sua experiência, passava aos acólitos a
fórmula do preparo:

"Ow eh 2 bomba e 1 [litro] cf [cafeína]", perguntou um deles, Marcelo
Fregonezi Leandrini, de Ribeirão Preto.

"Não" / "2 [litros] cf / 1 et [éter]" / "1 acet [acetona]" / "2 al [álcool]" /
"2 suf [ácido sulfúrico]" / "2 clor [ácido clorídrico]".

Ele também dava dicas para outros traficantes da região, como
Thiago Martins Garcia, o Gigante, de Monte Alto (SP):

"Seco[u] akela", perguntou Anderson.

"Ta secando", respondeu Thiago. "Hoje nao to trampando[,] vo mexe
nela[,] da uma penerada[,] quebra as pedrinhas."

"Bate no liquidf [ liquidificador]", ordenou.

"Vo bate + as pedras[,] tenho que quebra[,] tao umidas no meio."

"Prensa uma do jeito q ta ai."

"Nao emprencei [imprensei] úmida[,] tava muito branca."

Nem sempre o refino dava certo:

"Dei pro menino esperimenta [experimentar]", escreveu Thiago. "Falou que nao e [é] boa não. Bem fraca, nem fas [faz] nada."

"Pega a + forte", rebateu Anderson.

Se o comprador reclamasse do preço, o traficante sugeria adicionar mais cafeína, o que aumentava o volume da droga e reduzia seu preço:

"Que[r] + barato nois coloca cf [cafeína]. Tem d tds [todos] os precos."

Ele contava com o funileiro Lucas Ubine de Paula, de Ribeirão Preto, para preparar os esconderijos nos veículos onde a droga viajava desde o Paraguai.

"Como q eh msm [mesmo]?", perguntou Anderson, querendo saber como se abria o compartimento oculto no carro.

"Liga farol[,] pisa no freio. E aperta o botão" / "Segura apertado" / "O estrelinha" / "Com a chave ligada e o pe no freio."

"Blz", respondeu Anderson.

Dias depois, o líder voltou a acionar Lucas pelo celular:

"Tem + 1 carr p você faze p mim."

"Vai ter q fazer diferente", respondeu Lucas. E continuou a descrever seus planos:

"Do lado esquerdo do volante" / "E eu vo ter que fazer pra destravar e travar o painel de instrumento" / "Nunk fiz ia ficar diferente" / "E vo te falar[,] pra cair desse jeito so caguetagem" / "Vai ficar da hr [hora]."

Lucas seria preso em outubro de 2013 com um carro dublê em sua funilaria.

A maior parte da cocaína que Anderson comercializava, segundo a PF, era fornecida por Gideon Rocha Santos, paulista radicado em Campo Grande (MS). Quando Anderson disse a ele que alugara um sítio na região de Ribeirão, Gideon sugeriu que preparassem cocaína na propriedade:

"Vamos fazer uma merc[adoria] no clori [cloridrato]. Top."

COCAÍNA: A ROTA CAIPIRA 659

Anderson também comprava cocaína de um fornecedor em São Paulo, que a Polícia Federal identificou apenas como Cícero. A droga ganhou apelidos conforme o grau de pureza:

"Amigao so tem 9", escreveu Cícero.

"cur [coringa] original", respondeu Anderson.

"Pode se [?]"

"Ele ta levando 92,50 [R$ 92,5 mil]."

"Quer levar a jc [jacaré] para compensar, ta nervosa hein", insistiu Cícero.

"Talvez vo precisa de jc [jacaré]", aquiesceu Anderson. Ele comprou 10 quilos de cocaína, 8 de "coringa" e 2 de "jacaré".

A droga acabou apreendida pela Polícia Rodoviária em Santa Rita do Passa Quatro, a poucos quilômetros de Ribeirão. Em dois dos dez tabletes havia o desenho de um jacaré.

Por intermédio de Gideon, ainda conforme a PF, Anderson trazia maconha diretamente do Paraguai para a região de Ribeirão. A droga era fornecida pelo paraguaio Carlos Alberto Pereira Dias. Em fevereiro de 2014, Gideon pediu para Carlos enviar uma fotografia da droga:

"Saca uma foto", pediu.

"De que", perguntou o paraguaio.

"Marihuanna."

Mas, segundo Carlos, o entorpecente já estava em território paulista:

"Esta en el Brasil mano ya eso [já foi]."

Minuto depois, Gideon voltou a contatar o paraguaio:

"Estoy hablando con doido [Anderson] para ayuda ustedes en la merc. Que esta en araraquara."

"Yo creo que vamos envía a belo horizonte."

A droga, 45 quilos, foi apreendida em Ribeirão Preto, dentro de uma caminhonete.

"So to mi fudendo", reclamou para Anderson o paraguaio, em portunhol. "Mas e [é] asin ese trabalho. Alguma vez você ganha. Y outra voce perde. Fica tranquilo que eu vo dinovo nessa porra. Vo ti mandar outra ahi. To com 200 ainda la."

No total, a Operação Escorpião apreendeu com o grupo de Anderson 130 quilos de maconha e outros 140 de cocaína, além de 24,5 quilos de cafeína, um de lidocaína e 10 litros de éter, produtos usados no refino da pasta-base. Na manhã do dia 15 de abril de 2014, a PF desencadeou a fase ostensiva da Operação Escorpião e prendeu 31 pessoas. A operação foi desmembrada em 25 ações penais distintas na 2ª Vara Federal de Araraquara. No núcleo de Araraquara, por tráfico e associação para o tráfico, Fernando Fernandes e Marcelo Viviani foram condenados cada um em quatro ações a uma pena total de 24 anos; Michael, em três ações, a dezoito anos; Wellington, a dezesseis anos, também em três ações; Ailton, a doze anos, em duas ações. Apenas por associação, foram condenados os irmãos Dilson e Dimilton (quatro anos de reclusão cada) e Bruno Bergamasco (quinze anos de prisão).[16] No núcleo de Ribeirão Preto, Anderson foi condenado em dez processos a uma pena somada de 65 anos de prisão por tráfico; Ezio Oriente teve pena total de catorze anos por tráfico e associação para o tráfico; Thiago Moura, Thiago Martins e Marcelo Leandrini foram condenados a quatro anos de prisão cada por associação para o tráfico; por esse mesmo crime, Gideon recebeu pena de cinco anos.[17] Todos recorreram ao TRF.

No início de 2011, Osvaldo Altino Juliano Filho, o Finofo, era considerado pela Polícia Civil o traficante número um de São José do Rio Preto (SP). Seu grupo, estimam os policiais, tinha um faturamento bruto mensal estimado em R$ 1,4 milhão. Finofo, um homem ranzinza de rosto oval e olhos grandes, galgou postos no submundo do tráfico graças à qualidade da cocaína que negociava na cidade. As escutas feitas pela Polícia Federal na Operação Fim[18] atestam a propaganda: em vários diálogos, traficantes ligados a Finofo se referiam à cocaína "pura", "coisa nova, de qualidade", com garantias de que o cliente "não vai se arrepender".

Para se ter uma ideia do poderio do grupo, em um dos imóveis de Finofo, em Campinas, a Dise apreendeu R$ 1 milhão em espécie e 300 quilos de cocaína em setembro de 2011, quando foi deflagrada a operação, e Finofo foi preso com outras cinco pessoas. E não era qual-

## COCAÍNA: A ROTA CAIPIRA

quer droga. O traficante buscava pó colombiano, melhor do que o da Bolívia, e transformava 1 quilo de pasta-base em 3 quilos de cloridrato, ao misturar menos cafeína, lidocaína e ácido bórico — o comum é que 1 quilo de pasta-base se transforme em 5 ou mais quilos de cloridrato.

A qualidade da droga rapidamente chamou a atenção dos traficantes da cidade.

— Já viu a "criança"? — perguntou Fernando Luiz Barbosa de Souza a um traficante chamado Pedrinho, em uma das interceptações da PF.

Souza era um dos cinco "comerciantes" de droga chefiados por Finofo, "membros da quadrilha que distribuem as drogas de propriedade dos chefes ou 'cabeças'", segundo relatório do delegado da PF Bruno Camargo Rigotti Alice. Para ele, a "característica mais marcante" da "organização criminosa" de Finofo "é a visão empresarial do crime, estruturando-se como uma verdadeira corporação, com nítida estrutura hierárquica e divisão de tarefas entre seus membros".

Em outra ligação captada pela polícia, um homem não identificado disse a Souza que "os meninos gostaram daquele 'pão' [droga, conforme a PF] que Fernando mandou para as crianças e querem mais". Outro comparsa de Finofo alardeou a chegada a Rio Preto de novo carregamento de droga. Telefonou para um cliente e disse:

— Tem coisa nova, de qualidade, que chegou.

O interlocutor pediu uma "amostrinha", e o traficante disse que dava uma para ele "brincar". Em seguida, finalizou:

— Vai ver que qualidade que é a "mercadoria". [...] Não vai se arrepender.

Traficante experiente, condenado duas vezes por tráfico, Finofo falava pouco sobre seus negócios ilícitos ao telefone, o que é ressaltado pela PF no inquérito. "É cauteloso e conversa muito pouco ao telefone, utilizando o aparelho apenas para marcar encontros nos quais possa conversar pessoalmente", informa o documento.

Mas, apesar dos cuidados ao telefone, mesmo traficantes experientes como Finofo abriam a guarda em alguns momentos. Em diálogo captado pela PF em junho de 2011, Rodrigo Pereira Chareti, outro "comerciante" do esquema, fez a contabilidade do tráfico com o próprio Finofo.

— Tinham ficado 650 [gramas ou R$, segundo a PF] pra trás, uma "perna e meia" [1,5 quilo ou R$ 1,5 mil] da outra situação e cinco da outra situação [5 kg ou R$ 5 mil] — disse Chareti...

— É mais ou menos — respondeu Finofo.

— Queria trocar ideia para dar uma renovada [pegar mais droga com Finofo, de acordo com a polícia] — disse o comparsa. Finofo prometeu ir à casa do comparsa para conversarem pessoalmente.

O inquérito da PF não detalhou como a droga chegava a Rio Preto, mas, segundo a Dise, a pasta-base atravessava a fronteira de avião e seguia de caminhão do norte do país até Campinas, onde era refinada e enviada para as regiões de Rio Preto, Araçatuba e Ribeirão Preto, no interior paulista, além do sul de Minas Gerais.

O esquema trouxe prosperidade para Finofo, dono de patrimônio avaliado em R$ 2 milhões. Eram oito imóveis no total, sete em Rio Preto e um em Campinas, que estão em nome dele, da mulher e comparsa Kelly Cristina Ribeiro, das duas filhas e da sogra, além de dois automóveis e duas motos.

Foi a posse de tantos bens sem qualquer atividade lícita que os justifi-casse que chamou a atenção da Polícia Federal para Finofo. O bem mais valioso de Finofo é uma casa em Campinas que servia de laboratório para o refino da cocaína. Policiais estimam que o imóvel valha R$ 500 mil. Em Rio Preto, o traficante era dono, direta ou indiretamente, de cinco casas e dois salões comerciais.

Tamanho patrimônio contrasta com as origens humildes de Finofo. Filho de um casal de lavradores, ele nasceu e viveu até a adolescência em Icém (SP), divisa com o Triângulo Mineiro. Trabalhou de servente de pedreiro e vendedor de sementes de braquiária na cidade. Ao contrário dos outros três irmãos, não gostava de estudar, e abandonou a escola no oitavo ano do ensino fundamental (então sétima série). Nos anos 1980, casou-se e mudou para Rio Preto, onde conheceu o submundo do crime e dele nunca mais se desvencilhou.

A primeira passagem de Finofo pela polícia data de 1988, quando tinha 22 anos, por receptação de toca-fitas. Já a primeira condenação judicial veio em 1996, quando foi flagrado em Rio Preto com 3,4 quilos de maconha e 3,1 quilos de cocaína: cinco anos e quatro meses de prisão. Um ano depois, chegou a fugir da Cadeia Pública de Rio Preto, o antigo Cadeião, no bairro Eldorado, mas logo foi recapturado e cumpriu a pena integralmente.

No início da década, já em regime aberto, conheceu Romilton Queiroz Hosi. Ambos seriam presos em abril de 2002, em São Carlos (SP), apontados como donos do carregamento de 450 quilos de cocaína apreendido em Mato Grosso do Sul, conforme narrado no capítulo 21. Condenado a cinco anos e dez meses de prisão por tráfico, Finofo, diferentemente de Romilton, cumpriu a pena até o fim. Ele bem que tentou fugir — com outros dois detentos, planejava oferecer R$ 1 milhão para que agentes penitenciários facilitassem a fuga do grupo, mas o plano foi descoberto pelo juiz federal Odilon de Oliveira, e Finofo acabou transferido para penitenciárias paulistas. Passou por Lavínia e Iaras, até ser transferido para o regime semiaberto em Rio Preto.

A Polícia Civil suspeita que as grades das celas não foram suficientes para deter os negócios ilícitos de Finofo. Em agosto de 2003, a Polícia Militar e a Dise flagraram cinco centrais telefônicas clandestinas em funcionamento em Rio Preto, que serviam para comunicação entre presos e traficantes. Uma das centrais era operada por Fernanda Nogueira Juliano, ex-mulher e comparsa de Finofo, conforme a PF.

O traficante passou para o regime aberto em outubro de 2008. Terminaria de cumprir a pena imposta pela Justiça de Mato Grosso do Sul em janeiro de 2012. Mas sua liberdade durou menos de três anos. Preso na Operação Fim, em novembro de 2012 acabou condenado pela 2ª Vara Criminal de São José do Rio Preto a treze anos de prisão por tráfico, associação para o tráfico e porte ilegal de armas. Outros seis comparsas, incluindo sua mulher, Kelly, Souza e Chareti, foram condenados a três anos de prisão por associação para o tráfico. Todos recorreram da sentença ao Tribunal, que manteve as condenações, elevando a pena de Finofo para quinze anos de reclusão.[19] No mesmo mês, Finofo foi novamente condenado a mais doze anos de prisão por lavagem de dinheiro, pena mantida pelo TJ.[20] Em novembro de 2016, havia recurso não julgado pelo STJ.

Semanas após a deflagração da operação, a PF, por vias tortas, descobriria que Finofo voltara a se associar ao velho parceiro Romilton. Os policiais chegaram até este último após apreenderem no quartel-general da quadrilha, em Campinas, além do R$ 1 milhão em dinheiro vivo e 300 quilos de cocaína, documentos pessoais, um carro e uma motocicleta registrados em nome de Robson Magalhães Neto, que escapou do flagrante. Pelas características dos documentos, a PF logo suspeitou que Robson era um nome falso. Descobriu que ele havia feito passaporte, e no documento constava impressão digital. Bastou comparar com o banco de dados da corporação para comprovar que Robson, na verdade, era Romilton Hosi.

No passaporte, havia vários registros de viagens para a Bolívia e o Paraguai — a PF suspeita que Romilton esteja escondido neste último país, onde estaria a serviço dos interesses de Fernandinho Beira-Mar. Com a nova descoberta da PF, a 2ª Vara Criminal de Rio Preto também instaurou ação penal contra Romilton por tráfico e associação para o tráfico. Mas o processo seguia suspenso em novembro de 2016,[21] à espera de que, um dia, a polícia volte a pôr as mãos no astuto traficante.

Sidnei Pires de Morais Júnior construiu para si a imagem de distinto empresário do ramo imobiliário de Bauru (SP). Erguia casas para depois lucrar com a venda no aquecido ramo da construção civil da cidade. Aos 32 anos, chegou a ter catorze imóveis avaliados em mais de R$ 1 milhão, incluindo um apartamento em Praia Grande, litoral paulista. Evangélico, nos fins de semana ia à igreja exibindo automóveis caros. Quase ninguém sabia, mas o patrimônio de Jota, como é chamado, estava todo ancorado na pasta-base que comprava de um fornecedor em Ponta Porã (MS) e distribuía na região. Jota, como típico capo, jamais tocava na droga. Mas nada era feito pelos subordinados sem o seu consentimento.

— O carro já tá na garagem aqui, só falta sair — disse o fornecedor da droga na manhã do dia 30 de janeiro de 2012.

Jota pareceu se surpreender:

— Cê tá louco.

COCAÍNA: A ROTA CAIPIRA                665

— Sai hoje.

— Avisa quando sair pra fazer daquele jeito que a gente combinou.[22]

Por mês, entre 50 e 60 quilos de pasta aportavam em Bauru, escondidos no airbag de carros. Cada carregamento girava a engrenagem do tráfico em pequena escala: intermediários refinavam a pasta, chegando a triplicar o volume, e produziam cloridrato de cocaína com vários graus de pureza, além do crack. Um deles era Cleiton Vicente da Silva. Em março daquele ano, ele comprou produtos químicos que um enfermeiro desviava de um hospital da cidade. Na conversa por telefone, eles tentavam dissimular os produtos, tidos como material escolar:

— Falta mandar quatro livros redondos e um metade — disse Cleiton.

— É isso mesmo. [...] Vou falar com o tutor da faculdade.

Batizados, o crack e a cocaína eram então distribuídos a pequenos traficantes da região.

— Já deixa uma ou duas [1 ou 2 quilos] engatilhada na mão porque vou quitar o irmão rapidinho pra poder passar essa num preço bom. [...] Fecha pelo menos 1 quilo que tá bom — afirmou um deles a Cleiton.

Outro deles, chamado Carlinhos, prestou contas a Márcio Bueno Antonio Oliveira, outro intermediário, sócio de Cleiton:

— Vou colar aí — disse Carlinhos. — Tô com a moeda da rocha [crack] e da maconha também.

— Entendi, tô com a conta [contabilidade] aqui.

— É da rocha?

— É do geral. Vou pegar aqui, tô com a soma aqui, tá faltando Carlinhos dar 12.820 [reais].

Embora menos expressivos no esquema, esses pequenos traficantes não hesitavam diante de qualquer contratempo aos seus negócios escusos. Em março de 2012, Cleber de Campos Ribeiro telefonou para um adolescente de 17 anos, auxiliar de Jota no esquema:

— Cê tem um cara que faz umas fitas nervosas de homicídio? — perguntou Ribeiro.

— Tenho uns manos.

— Vê se tem um cara bom e vê quanto ele cobra pra estar subindo com [matar] um delegado que tá dando trabalho pra caralho, que fica fazendo campana direto em frente da lojinha [boca de fumo]. É novato e quer mostrar serviço, tá enchendo o saco.

— Tem que passar a caminhada pra um mano responsa, uma fita mil grau. Depois a gente se fala.

Alertada, a Polícia Civil passou a seguir os passos de Ribeiro, até prendê-lo em flagrante vinte dias depois com 200 gramas de crack.

Enquanto isso, outros donos de "lojinhas" aguardavam com ansiedade cada carregamento de pasta-base vindo da fronteira com o Paraguai:

— Tem novidade? — perguntou outro deles a Cleiton.

— Não, só tem aquela comérça [comercial, cocaína com grau de pureza menor].

— Aquela lá do peixe [melhor qualidade] tá osso.

— Tá, o cara [Jota] não liberou nada.

Foi por um intermediário como Cleiton que a Polícia Federal começou a investigar o esquema, em outubro de 2011. Quatro meses depois, os policiais prepararam o grande bote na quadrilha. Foi quando, pelos grampos telefônicos autorizados pela Justiça, souberam que Jota receberia 60 quilos de pasta-base em Bauru. A remessa foi dividida em dois carros, que chegariam com intervalo de três horas entre um e outro.

— A vó não veio no ônibus junto com a tia? — perguntou Jota, tentando mais uma vez dissimular a conversa.

— Tem dois baús — respondeu o fornecedor.

— Entendi. Então a vó não tá junto com a tia.

— Não, tá só a tia.

— A vó demora pra chegar?

— Não, deixei um intervalo.

Pela escuta, ficou claro para os agentes que um dos veículos, um Corolla, seria entregue em frente a uma lanchonete de Bauru. Por volta das 19 horas, com céu ainda claro, os policiais notaram a chegada de Jota e de Maxuel Mendes Vaz, outro intermediário do empresário. Eles entraram na lanchonete e foram conversar no banheiro. Minutos depois, Jota saiu com seu carro e surgiu o Corolla com placa de Mato Grosso do

Sul. Maxuel, a mulher e seus dois filhos crianças, que estavam na lanchonete, entraram no carro — levar a família toda é estratégia comum dos traficantes para não levantar suspeitas. Na primeira esquina, foram abordados. O carro foi levado para a delegacia da PF e desmontado. A pasta-base estava escondida no compartimento do airbag.

Jota escapou por pouco — não havia policiais em número suficiente para segui-lo. Mesmo assim, ficou com medo de ser dedurado pelo comparsa:

— Por que cê tá cabreiro? — perguntou um amigo. — Tá com medo dele [Maxuel] dar com a língua nos dentes?

— Tô, porque conversei com ele [no banheiro da lanchonete].

Mas, passado o susto dos primeiros dias, Jota retomou o negócio. Apenas 20 dias depois do flagrante, foi novamente procurado pelo fornecedor de Ponta Porã:

— Tava numa loja vendo uns aparelhos celulares [droga, segundo a PF] que queria mandar pra você, entendeu?

— À tardezinha te ligo.

A polícia não conseguiria interceptar o carregamento, assim como outros que se sucederam até o dia 27 de abril de 2012, quando a PF desencadeou a Operação Bazuco, apelido da pasta-base no Paraguai. Jota foi preso em sua casa, em Piratininga, cidade vizinha a Bauru. A essa altura, Cleiton e Márcio já estavam detidos. Em 2013, todos seriam condenados pela 2ª Vara Criminal de Bauru a pouco mais de quatro anos de reclusão por associação para o tráfico — o TJ apenas reduziria a pena de Cleiton para três anos.

Finofo, Jota, Michael e os irmãos Fernandes se destacaram no comércio atacadista de entorpecentes com foco final no crescente mercado caipira. Mas a saga de traficantes "avulsos" entre os viciados do interior tem se tornado, cada vez mais, uma exceção. Assim como na tradicional rota caipira, o comando do narcotráfico na região tem sido protagonizado pela poderosa facção PCC.

# 25

# No comando das "bocas"

Assim como a rota caipira, o PCC domina as bocas de fumo no interior paulista. Não há município no estado em que a facção não esteja presente com algum ponto de venda de drogas. Cada pequena porção de maconha ou "pino" de cocaína negociado nessas biqueiras engorda o caixa da organização com vários milhões de reais. Prova disso está na maior investigação contra o crime organizado realizada no país, em que o Gaeco denunciou 175 integrantes da facção por quadrilha armada.[1]

No dia 23 de dezembro de 2011, tocou o telefone de Roberto Soriano, integrante da cúpula do PCC preso na P2 de Presidente Venceslau. Do outro lado da linha, Maicon Suel Alves Pereira, o Gustavo, que transmitia ordens dos chefões da facção para os "irmãos" em liberdade. Ele queria passar ao patrão a contabilidade do tráfico no interior de São Paulo. Disse que a "sintonia" do interior devia R$ 2.173.247 a fornecedores de droga do "partido" e tinha a receber R$ 2.361.343. Números superlativos que berravam a importância do interior para a facção.

Uma biqueira em Ribeirão Preto, Bauru ou Piracicaba é sinônimo de lucro certo. Em setembro de 2013, uma boca de fumo, também chamada de "lojinha", foi comprada pelo PCC por R$ 100 mil em Campinas. Certamente em poucas semanas as vendas pagaram com folga o novo ponto — em um único dia, a biqueira arrecadou R$ 4 mil. Seu chefe era Sérgio Luiz de Freitas Filho, o Mijão, rapaz de olhos miúdos e lábios protuberantes, um dos maiores líderes da facção em Campinas depois de Andinho. Suas biqueiras na cidade chegavam a arrecadar R$ 2 milhões por mês, recebendo 2 toneladas de cocaína no mesmo período. Dinheiro que Sérgio torrava na vida de luxo, como quando decidiu passar alguns meses no Guarujá, alugando um apartamento em frente ao mar por R$ 8 mil mensais. "De boa filha" / "Sem crise" / "Xurrasquera na varanda" / "Mobiliado."

No início de cada mês, a demanda dos viciados, com o salário ainda fresco no bolso, costumava ser maior do que a oferta:

"Filho pelo amor hoje e sexta fera to parando la", escreveu Sérgio para um fornecedor do PCC. "Pelo amor nao posso perde $$$$$" / "Hoje e o melhor dia ate fila tem la" / "5 [quinto] dias util".

É assim nos milhares de bocas do PCC pelo interior paulista. Uma rede do tráfico que já era grande no início dos anos 2000, conforme demonstrou a operação que, não à toa, foi batizada de Desmonte.

O dia 27 de agosto de 2004, uma sexta-feira, foi um marco na guerra contra o tráfico no interior paulista. Naquele dia, São José do Rio Preto (SP) acordou às 6 horas sitiada pela polícia. Foram cumpridos 61 mandados de prisões, e apreendidos 84 veículos, 63 motocicletas, 14 computadores e mais de 150 telefones celulares. Era o ápice da operação, que mobilizou 297 policiais e catorze promotores. Foram doze meses de investigações sigilosas. Com autorização judicial, a Polícia Civil de Rio Preto e o Ministério Público interceptaram conversas telefônicas entre os líderes da quadrilha e descobriram um dos maiores esquemas para compra, distribuição e venda de drogas no interior do estado, que movimentava cerca de R$ 200 mil por semana, em valores da época.[2]

Para garantir a distribuição de drogas em todos os bairros de Rio Preto, no fim dos anos 1990 os líderes da quadrilha, todos ligados ao PCC, lotearam a cidade em células, cada uma sob a responsabilidade de um dos "capos". Em todas existiam pessoas responsáveis pelo recebimento, transporte, distribuição, comercialização da droga e pela contabilidade da quadrilha. Todo esse esquema chegou ao conhecimento do Ministério Público em setembro de 2003, com a delação de um dos envolvidos. Naquele mês, o rapaz havia se negado a participar de um

COCAÍNA: A ROTA CAIPIRA 671

atentado contra uma base da Polícia Militar na periferia de Rio Preto, consumado dois meses depois, conforme diálogo de dois traficantes captado pelo Ministério Público com autorização judicial:

— Ah, mano, mas tá de brincadeira também, né. Logo numa base! Os cara não tá ligado que tá tudo preparado? [...] Tem que tombar viatura, tombar polícia, mas trombar base, mano?

O rapaz acabou jurado de morte e resolveu contar à polícia e ao Ministério Público tudo o que sabia.

E era muito.

Não se tratava de um esquema de tráfico qualquer. Mesmo dentro de penitenciárias de segurança máxima, Anísio Pedro Gonçalves, o Anisião; Marcos Roberto Cicone; Edson José da Costa, o Edinho; Jair Carlos de Souza, o Jajá; Mário Sérgio Costa, o Esquerda; e Maurício Ermelindo Pansani comandavam a compra, venda e distribuição de drogas na cidade por meio de telefones celulares, introduzidos facilmente nos presídios. Os barões do narcotráfico de Rio Preto mantinham até notebook no interior de presídio, com o qual controlavam a distribuição das drogas e a contabilidade do grupo. Eles chegaram a utilizar computadores e papéis oficiais da Penitenciária de Mirandópolis (SP) para controlar as finanças da organização, conforme documento do Ministério Público. "É de causar espanto que documentos apreendidos na penitenciária Nestor Canoas revelem a contabilidade do tráfico, reproduzida em computador do referido estabelecimento", afirma o documento do Gaeco. "Com efeito, há registro de vários nomes, lançamentos de ordens de pagamento, vale postal, que, tudo indica, representam mensalidades da facção criminosa, impressos no interior do presídio."

A investigação reuniu 500 horas de conversas entre os integrantes do esquema, ao interceptar, com autorização judicial, 185 telefones utilizados pelo grupo. Apenas um dos celulares grampeados, que se encontrava na cela 218 da penitenciária de Mirandópolis, continha 20,4 mil minutos de gravação. Os aparelhos interceptados dentro dos presídios serviam para coordenar a distribuição de drogas, ameaçar pequenos traficantes inadimplentes, dar gargalhadas ao saber que um "chegado" torrara o salário para cheirar cocaína, pedir sanduíches e até conversar com mulheres pelo telessexo. O grupo chegou a montar uma central telefônica, com cerca de trezentas linhas móveis e oito fixas, fornecendo aos criminosos celulares com cadastros fraudulentos.

A cocaína que abastecia as bocas de Rio Preto era fornecida pelo traficante Maurício Tonon, de São Paulo. Ele adquiria a droga na Bolívia e no Peru e entregava para vários clientes no interior do estado, inclusive o grupo de Jair, o Jajá, um dos mentores de todo o esquema, cuja ficha criminal alcançava alguns metros no início dos anos 2000. Maurício conheceu Jajá na Penitenciária de Getulina (SP), onde ficou preso entre maio de 2001 e setembro de 2002. Já o abastecimento de maconha era feito por Eder Soares de Oliveira, fuzileiro naval em Corumbá (MS). Jajá conheceu Eder no mesmo período, por meio de um comparsa que era amigo de um antigo namorado da mulher do fuzileiro.

Para lavar o dinheiro do tráfico, os líderes do PCC em Rio Preto adquiriam carros em garagens da cidade — a maioria acabou apreendida em agosto de 2004, quando foi deflagrada a Desmonte. Parte dos veículos adquiridos também era entregue aos fornecedores como pagamento pela droga.

O grupo controlava com mão de ferro o comércio de drogas em Rio Preto. Quem deixava de honrar os pagamentos pela droga fornecida pelo esquema era seriamente ameaçado. Um exemplo é o diálogo de Jajá com um traficante identificado como Lagartixa:

— Eu te arrumei mais 100 grama para você, certo, para pagar o atrasado pra nóis começar de novo, porra. Lagartixa, o que você fez, você não me deu nem um real, mano?

— O barato é o seguinte, irmão. Se você quiser mandar os caras descer pra ver se eu tenho... — respondeu Lagartixa.

— Deixa eu falar uma coisa pra você. Ia vim 10 quilos pra mim, eu perdi tudo os bagulhos e tenho que pagar o cara. Eu não tenho que ficar justificando porra nenhuma, eu tenho que pagar. Põe uma coisa na tua cabeça, trabalha igual homem, caralho! Trabalha igual homem ou sai dessa porra aí. É igual você tá falando, você só sai morto... vai acabar você saindo morto daí mesmo, cara. Ou trabalha igual homem ou sai. Arruma um serviço e vai trabalhar por mês, meu.

COCAÍNA: A ROTA CAIPIRA 673

Os barões movimentavam o dinheiro do tráfico em contas de laranjas. A distância, os chefões controlavam a movimentação financeira centavo a centavo. Em um dos diálogos, de 12 de julho de 2004, Jajá conversa com Cicone e orienta o comparsa sobre em quais contas bancárias depositar quantias acima e abaixo de R$ 1 milhão:

— A outra coisa aí, eu ia falar pra você também não fazer esses depósitos de 300, 400, 500 nessa conta não, meu — disse Jajá.

— É, meu.

— Na semana passada deu o maior rolo aí, não pode, irmão.

Cicone ficou em silêncio, e Jajá continuou:

— Tem que ser um [R$ 1 milhão] pra cima nessa conta aí, vixe, deu o maior rolo, é conta de câmbio do cara lá.

O baixinho e raquítico Cicone era outro com vários anos atrás das grades e histórias mirabolantes de fugas. Foram pelo menos cinco, três da antiga Cadeia Pública de Rio Preto. Em uma, aproveitando-se do seu tamanho, 1,60 m, escapou escondido dentro de uma TV, quando os aparelhos ainda eram no formato de caixotes. Em outra, saiu tranquilamente pelo portão principal da Penitenciária da Papuda, em Brasília, disfarçado de agente do sistema carcerário. Entre as fugas malsucedidas, Cicone foi encontrado dentro de um barco de madeira construído pelos detentos nas aulas de marcenaria da Penitenciária de Araraquara (SP) e também amarrado ao corpo de uma mulher. Adriana Rodrigues dos Santos, uma morena alta de 19 anos, foi visitá-lo na Penitenciária de Assis (SP) para pôr em prática um plano arquitetado por Cicone havia mais de um mês. Com a ajuda de outros presos, foram amarrados um ao outro com tiras de lençóis. O pequeno rapaz deitou de cabeça para baixo sobre o corpo da moça de 1,90 m. Encaixou a cabeça entre as pernas dela e colocou o joelho sob suas axilas, as pernas completamente dobradas. Os colegas levantaram a dupla e puseram um vestidão sobre eles.

O que parecia perfeito na teoria se tornou um grande fiasco na prática. Adriana caminhava com as pernas abertas, como se fosse dar à luz, devido à cabeça de Cicone, e tinha as costas muito curvadas pelo peso dele. Além disso, a cabeça e as nádegas do preso deixavam a barriga da moça muito saliente, parecendo estar grávida. Não havia como Adriana passar despercebida pelos agentes penitenciários. Quando pediram para revistá-la, ela começou a gritar:

— Em mim ninguém vai botar a mão!

Mas, no meio da confusão, surgiu uma voz masculina do ventre da mulher:

— Pode deixar. A casa caiu.

Ela foi presa por tentativa de facilitação de fuga e ele voltou para a cadeia.[3] A criatividade de Cicone para escapar das grades tornou-se lenda tanto na polícia quanto entre os detentos, e deu notoriedade a ele na facção. Em 2006, camelôs de Rio Preto vendiam um CD com "hits" do PCC. Em um deles, "Bondão do PCC", Cicone era citado ao lado de Esquerda, na época um dos principais líderes do "partido" no estado:

> *Lá em Rio Preto,*
> *O Esquerda representa,*
> *Junto com o Marquinho Cicone*
> *Pode crer, a chapa esquenta*

Mas naquele agosto de 2004 chegara a hora de o estado revidar. Foram 118 denunciados à Justiça por tráfico e associação para o tráfico. Quatro deles morreram antes da sentença, entre eles Esquerda, em julho de 2007, na Santa Casa de Avaré (SP), vítima de insuficiência respiratória.

Quatro anos mais tarde, em 2008, a Justiça condenou 107 alvos da Operação Desmonte por tráfico de drogas e associação para o tráfico. As maiores penas foram impostas aos líderes do esquema criminoso. Anisião, Jajá e Cicone pegaram 104 anos de cadeia cada um. Edinho foi condenado a 86 anos. Maurício Tonon, o fornecedor de cocaína, foi sentenciado a vinte anos de reclusão, enquanto Eder acabou condenado a dezesseis anos pelos mesmos crimes. O TJ reduziria drasticamente essas penas: 24 anos para Anisião e Cicone, trinta anos para Jajá e 72 anos para Edinho. Já a pena de Maurício subiria para 23 anos. A de Eder foi mantida.

O delator do esquema, aquele que não quis participar do ataque à base da PM em Rio Preto, trocou de nome e hoje vive em outro estado, ainda sob proteção da Justiça. O receio é justificado. Em 2005, Rio Preto assistiu à maior audiência da história do Judiciário paulista, com mais de uma centena de réus. Durou quatro dias. A principal testemunha de acusação era justamente o rapaz que havia se negado a atirar contra a base da PM, dois anos antes. À Justiça, o jovem, que tinha o rosto coberto por um capacete, reafirmou aquilo que havia dito ao Ministério Público e apontou o dedo para os seis líderes do esquema, sentados bem à sua frente, presos a algemas. Depois de quase três horas de depoimento, o rapaz saía da sala quando Jajá se levantou:

— Jesus te ama, ouviu?

Todos — juiz, criminosos, policiais, promotores — logo entenderam a frase como uma ameaça de morte.

Apesar de complexa e ambiciosa, a Operação Desmonte esteve longe de estancar a presença do PCC na região de Rio Preto. Em 2012, a Polícia Federal descobriria quem era o novo líder regional da facção: Gilberto Torres, traficante conhecido de Catanduva. Nos diálogos captados pela PF na Operação Gravata, entre 2011 e 2012, ele lidava com a arrecadação de dinheiro para a organização criminosa e distribuía funções para os seus membros. Conforme transcrição dos agentes, em julho de 2011, "Gilberto diz que vai jogar Bob no caixote [caixa do PCC, espécie de tesoureiro] e o Henrique no RF [rifa, uma das fontes de financiamento da facção] e por isso Bob tem que abrir uma conta urgente". Dias depois, mudou de ideia e perguntou a outro "irmão", Bruno, se seria possível ele "ficar na responsa do caixote e o Henrique na responsa do salve [comunicados do PCC]". Em 8 de agosto, repassou a um homem não identificado, possivelmente uma liderança da facção no interior paulista, os dados cadastrais de um ex-detento recém-ingressado na organização:

— Nome: Davi Wesley Lourenço. Matrícula: 662.945. Três últimas canas [prisões recentes]: CDP de Bauru, Adriano Marrey de Guarulhos, CDP de Rio Preto. Batismo [na facção]: 12 de abril de 2011. Quebrada [cidade de atuação]: Novo Horizonte. Vulgo: Tubarão. Padrinhos [no PCC]: Berinjela, Fião e Godoi. Responsa: nenhuma. Foi batizado na rua, na capital, e de lá ele veio pra cá.[4]

Como uma confraria, o PCC só aceita um novo membro por indicação de outros três filiados, que serão seus "padrinhos" na facção.

Gilberto, àquela altura, era o "geral do 17", modo peculiar como o PCC passou a se dividir no estado a partir dos anos 2000. São as chamadas "regionais", logo abaixo dos líderes gerais da facção. São quatro no total, segundo mapeamento feito pelo Ministério Público: capital, ABC, Interior e Baixada Santista. A do interior subdivide-se em outras sete sub-regionais, conforme o código DDD da área: 12, 14, 15, 16, 17, 18 e 19. Cada uma delas conta com relativa autonomia na organização, embora preste contas periodicamente à liderança do PCC e se valha de criminosos designados para exercer funções específicas de comando ("geral"), contabilidade ("financeiro" ou "caixote"), repasse de ordens ("salveiro"), gerenciamento dos quadros ("cadastro"), fiscalização dos membros ("disciplina") e controle do tráfico (chamado "progresso", porque é a principal fonte de lucros da facção). Cada vez que um desses "funcionários" da organização vai preso ou morre, outro imediatamente assume o seu lugar. Tudo para otimizar o objetivo último da facção, que é a compra e venda de drogas em larga escala no estado de São Paulo.

"Agora xora porke os cara [líderes] nao ta nem ai !", escreveu no celular Sérgio Freitas depois que sete "irmãos" do PCC foram presos pelo Gaeco em Ribeirão Preto, em 2013. "Os so fala assim tem ke por pa anda amigos nao pode parar."

"Amigo. E. Uma engrenagem sai uns. entra outros", respondeu Bryan.

O Gaeco e a Polícia Federal começariam a entender essa engrenagem na manhã do dia 21 de novembro de 2013, quando o promotor Richard Gantus Encinas acompanhou a Polícia Militar no cumprimento de um mandado de busca em Limeira na luxuosa casa de Jorge Luiz dos Santos Oliveira, o Ceará, um notório membro do PCC. Era para ser uma operação simples, corriqueira. Mas não foi. Na sala, sobre o sofá, Richard encontrou um notebook. Decidiu ligá-lo. Dentro, pastas de arquivos com nomes banais. O promotor começou a abri-las, uma a uma. Até chegar na "Milionário e José Rico". Em vez de músicas da dupla sertaneja, Richard encontrou mais de 2 mil arquivos com toda a contabilidade do "partido"

COCAÍNA: A ROTA CAIPIRA 677

nos últimos três anos e o cadastro completo de mais de mil membros pelo interior paulista, discriminado cidade a cidade.

Toda a contabilidade empresarial do PCC ali, ao alcance de um clique.

Com cifras volumosas.

Só em julho daquele ano, entraram no caixa da sintonia do interior exatos R$ 573 mil. Saíram R$ 1,7 milhão, para a compra de cocaína, maconha e crack. Até despesas pequenas, como combustível para os veículos que distribuem droga nos municípios, chamados "pés de borracha", cestas básicas para familiares dos "irmãos" presos ou o aluguel de vans para levar parentes de presos até as penitenciárias do estado, estavam contabilizadas. Outros notebooks com dados muito parecidos seriam apreendidos em 2014 com Edcarlos de Oliveira Candido da Silva em Conchal e Danilo Augusto Drago, o Bryan, em Limeira. Essas apreensões resultariam em seis denúncias à Justiça contra membros do PCC da região.

Bryan era um alvo central da Operação Gaiola, que naquela época se desenvolvia sigilosamente na cidade. Com a prisão de Iago, em junho de 2013, Bryan, moreno de cara amarrada, assumiu a função de coordenar a distribuição de droga em todas as regionais do PCC a partir de Limeira. De 2010 a 2014, a cidade de 300 mil habitantes foi o QG da facção no interior paulista. De lá saíam todos os carregamentos de maconha, cocaína e crack distribuídos pelo interior paulista, e para lá convergiam os lucros do tráfico em solo caipira.

Havia dois motivos para a escolha de Limeira.

O primeiro era geográfico. A cidade é o entroncamento de três das principais rodovias do interior de São Paulo: Bandeirantes, Anhanguera e Washington Luís. Ficava fácil para os "irmãos" escoarem a droga nos "pés de borracha" em meio ao grande movimento de veículos.

O segundo vinha em complemento do primeiro. Limeira era a cidade de Rodrigo Felício, o Tico, maior liderança caipira do PCC, já retratado nos capítulos 15 e 18. Tico era o "sintonia geral do progresso" da facção no interior, responsável por abastecer todas as bocas de fumo do "partido" no interior paulista.

"Irmao na historia em 20 anos d familia em 10 anos q existe o progresso ninguem na historia do comando deixo saldo positivo igual eu", disse a Eudes Casarin, fornecedor de cocaína para a facção sediado em Cuiabá.

"Irmao essa vida e uma merda ela e viciante", concordou o mato-grossense.

"D 10 anos q existe a sintonia do progresso eu to 4 kkkkkk" / "E o recorde imbativel" / "Por qualquer irmao."

O principal encargo de Tico era comprar droga a baixo preço no Paraguai e Bolívia e revender no interior de São Paulo, fazendo caixa para a facção. Quando ele quis montar uma poupança do PCC em Limeira — R$ 1 milhão enterrados em tambores que os "irmãos" chamam de "mineral" —, a liderança do "partido" vetou. O dinheiro, afinal, deveria girar para dar lucro constante à facção.

"Aki eu so faco o q me pedem", resumiu o traficante, contrariado.

Tico era arguto. Seus contatos eram sempre com grandes traficantes nos países vizinhos. Sem relação com aqueles que se aproximavam da droga, uma responsabilidade dos fornecedores. Como em julho de 2013, quando a Polícia Civil de Bauru apreendeu 63 quilos de crack escondidos na carga de pneus de uma caminhonete que iria de Pedro Juan Caballero para Limeira.

"Voce conhece ele?", perguntou a Tico seu advogado.

"Eu nao deixava ele me ver."

Tico lamentava cada vez que perdia droga para a polícia. Mas não se abatia por muito tempo. No mesmo dia em que soube da perda em Bauru, manejou planos para uma nova carga:

"Tem q manda umas 300 pc para recopera", escreveu o fornecedor da droga, radicado no Paraguai.

"Lucro d 350 pcs" / "Pa repor as 62."

O traficante de Limeira dividia a liderança do PCC no interior com Tiago Augusto Oliveira Leite, o Fiel, representante da sintonia geral do interior. Em julho de 2013, Fiel reclamou com Tico da má qualidade de uma carga de maconha comprada pela facção no Paraguai.

COCAÍNA: A ROTA CAIPIRA 679

"Pediram pa avisar que isso tinha q ser brecado que tenho carta branca pa brecar e se acontecer isso de nois ver que o material e ruim não e pa comprar" / "A familia não pode ficar em prejuízo."

Ambos decidiram então que a droga seria distribuída pelas regionais. Tico acionou Bryan, a quem cabia definir a quantia destinada a cada área:

"017 [região de Rio Preto]" / "17 cxs" / "O boy ta la de novo pede pa carrega ele so com 13 agora pa da as 30 [caixas] da 015" / "E vai 50 [caixas] pa 019."

Os automóveis "pés de borracha" tinham esconderijos apropriados para o transporte da droga, o que a facção chama de "gaveta":

"So temos q tentar achar uma borracha q comporta uma boa gaveta", escreveu Fiel para Tico no BBM.

"Pois banco e banco ne irmao quando suspeitam ja vao no banco [do automóvel]", respondeu Tico.

"Precisamos de painel pa caber de 20 a 30 [quilos]", disse Fiel.

"Amigo banco por painel e tr[o]car 6 por meia duzia."

"Oloko amigo se o banco não descer ja era vao estourar pa abrir !!! Painel depende o trampo tem mais chance de passar" / "Mais tudo depende do condutor e da abordagem ne amigo se for rotina e não tiverem suspeita vai embora" / "Mais se for investigacao lasko".

No início de novembro, Bryan despachou uma carga de droga para Ribeirão Preto. O motorista, chamado de "boy", queria saber quantos quilos seriam levados à cidade:

"Irmao quantas vai pa ribeirão. Sera q cabe tudo no moco? Pa nao te q faze 2 viaje. Q la e longe em 3hora pa i 3 pa volta."

Bryan respondeu que precisavam ser levadas dezesseis peças, mas só cabiam doze na "gaveta" do veículo. Como a facção evitava transportar droga no estepe ou na porta devido ao risco maior de apreensão, Bryan preferiu fazer duas viagens. O cuidado do PCC com o transporte da droga sempre foi extremo. Certo dia, um subordinado disse a Bryan que os "irmãos" da região de Ribeirão estavam trocando os "borrachas" por ônibus e até moto-táxi para buscar drogas em Limeira.

"Isso nao existi" / "De moto taxi tbem e demais ne irmão", protestou o funcionário.

"Troca um papo ai com eles", respondeu Bryan.

Tico e Fiel também coordenavam as finanças do PCC no interior.

"Tem uma $$$$ do club", perguntou Tico a um comparsa, em julho de 2013.

"Tem sim."

"Quanto?"

"Entao esse e da familia eu memo conferi conforme chegava ta tudo separado de cidade por cidade" / "212mil 882 reais".

Eram sempre cifras altas. Certa vez, no circuito de telefone fechado do grupo, Tico reclamou com seu faz-tudo Alex Araújo Claudino, o Frango, do sumiço de US$ 50 mil que seriam enviados ao Paraguai para a compra de drogas:

— Como é que eu vou bater lá em cima [Paraguai], de frente com os caras, que ia cerca de dois, tres milhão que eu carregava, que esse mesmo cara levava, a única pessoa que teve acesso ao dinheiro, não pode me confirmar se foi ou não foi [se foi ele o responsável].

— É que eu mexo com 3 milhão, então eu vou dizer uma coisa pra você, vê aí que eu não vou mexer mais com dinheiro não — respondeu Frango, aborrecido.

Na metade de outubro de 2013, Fiel perguntou a outro "irmão", não identificado pela PF, sobre o faturamento das regionais na primeira quinzena do mês:

"Deixa eu pergunta a moeda do mes 10 ja esta integral" / "Os 144.095,00."

"Ainda nao amigo. So falta a 018 [região de Presidente Prudente] cai na conta" / "Mais tarde ja vamos no banco pa ver."

Outra fonte de arrecadação do PCC é o "caixote" ou "cebola", taxa de R$ 800 paga pelos "irmãos" que estão soltos, fora do sistema prisional.

"Quantos irmaos ta na rua hoje?", perguntou Fiel a um "irmão" não identificado pela polícia.

"416."

"Ai tem uns 15 isento ne."

## COCAÍNA: A ROTA CAIPIRA

"16" / "Aumento mais 1."

"E respiro [outra forma de isenção da taxa aos que estão em dificuldade financeira]."

"52."

A rígida disciplina contábil da empresa PCC não admite falhas. Cada cidade deve entregar aos líderes sua própria renda:

"Uma quebrada levou de 4 cidades total de 6 cx [caixotes] 3600 ja tao ciente que era p/ cada uma levar o seu. Se eles querem trabalhar assim legal mas se der poblema que nem esse ou outros de perca todos vao escutar e se pa responsabilizado certo", escreveu um "irmão" para Bryan.

Naquele dia, o mesmo "irmão" reportou a ele outra irregularidade em Santa Rita do Passa Quatro (SP): a renda do "caixote" foi misturada à do "progresso". Além disso, entregaram o dinheiro em Limeira sem antes avisar o grupo de Tico para que se preparassem — estratégia para evitar apreensões da polícia:

"Uma cidade de santa rita do passo a quatro. Arremessou 6 cx ["caixotes"] de quatro cidade. P/ o chao [depósito de drogas] do progressa. Atravessou totalmente o samba. E foram arremessar uma moeda do progrresso e levaram uma moeda de 6 cx junto. Alegaram que não conseguiram falar c/ o chao do cx [responsável por receber o dinheiro do caixote]. Mas não encostaram nem p/ agendar c/ o chão."

Em meados de 2013, Bryan deu lugar a Roberto Rocha, o Henri, na coordenação da distribuição de drogas pelo interior paulista. Moreno de suíças, Henri morava em um condomínio de luxo e gostava de se exibir nas melhores boates da região de Campinas. Com frequência, era assediado por traficantes no Paraguai e na Bolívia, interessados em despejar toneladas de maconha e cocaína no interior paulista. Um deles era Jaguar, brasileiro baseado em Pedro Juan Caballero. Henri comprometeu-se a enviar uma carta à cúpula do PCC apresentando o novo fornecedor. Mas adiantou que a facção poderia não ter interesse naquele momento, já que recentemente havia gasto R$ 1 milhão para trazer pasta-base da Bolívia:

"Amigo veja bem amanha vou mandar a carta pos cara,mas ja vou adianta o assunto os cara tao liberando 1milhao la pra bolivia provavelmente vao esperar chegar esse material, mas vamu mandar a carta pra ver o qe eles manda", escreveu no BBM.

Henri gabava-se de sua própria eficiência em traficar toneladas de droga sem ser pego pela polícia:

"Nois sabemos fazer as coisas andar" / "Ajunta o qe perderam de 2009 pra ca, e ajunta o qe perdemos, não da 10 por cento do qe perdemos" / "Nosso quadro e o mas cauteloso e o mas preparado ate a policia sabe disso."

Era o hipermercado das drogas do PCC a pleno vapor em território caipira. Uma responsabilidade imensa para Henri. No fim de 2013, já fora do posto, ele capitulou. Começou a dever dinheiro para os "irmãos", mais e mais. E a falar o que não devia sobre os negócios escusos da "família" — tanto que ganhou outro apelido, o de Língua. Henri denunciou à cúpula da facção que Tico e Sérgio Freitas, o Mijão, estariam desviando dinheiro.

"O lazarento falo ali pa sintonia q eu e o 2x manobra o $$$ da familia", escreveu Tico para Eudes Casarin. "Os cara fala q dos 3 d maior confianca q eles tem na rua eu sou o primeiro" / "Q isso e inadimissivel" / "Ele [denunciante] entro nos 15 [cúpula] pa prova" / "Se ele prova eu e o mj vai nessa."

Mas Henri não conseguiu provar nada contra a dupla. Nesse caso, as leis do PCC são claras: o denunciante deve ser punido. Representantes dos líderes chamaram-no para uma reunião em Limeira. O traficante sabia do risco que corria. Ainda em casa, olhou para a mulher com o semblante cerrado:

— Se não voltar em três horas é porque tô morto.

Passaram-se três horas, três dias, três semanas. O corpo de Henri, estrangulado, foi encontrado em 28 de dezembro de 2013. Estava em uma cova rasa num sítio de Rio das Pedras (SP), as mãos para fora, sujas de terra escura.

— O Henri já era. Foi visitar o Ayrton Senna — resumiu um comparsa de Tico.

Daquela vez, o grande líder do PCC no interior escapara. Bastava driblar a polícia para manter seu megaesquema de tráfico em Limeira. Tico orgulhava-se de sua inteligência criminosa:

COCAÍNA: A ROTA CAIPIRA 683

"Se fossemos tao ruim assim a policia ja tinha voado no nosso pescoco aki no ninho [depósito de drogas em Limeira]" / "Aonde as coisas xegam e saem" / "Tamos todos soltos sem nenhum grampo pa responde em 4 anos."

As escutas da PF na Operação Gaiola[5] provaram-lhe o contrário. Tico e seu grupo acabaram presos em abril de 2014. O reinado dele no interior chegara ao fim, ao menos por algum tempo. Fatalmente outro assumiria o trono, em nome do PCC.

A engrenagem do crime não pode parar.

A regional 19, de Campinas, maior e mais rica do estado depois da capital, é a principal do interior, onde o PCC concentra forças e investe pesado no narcotráfico. Em dezembro de 2013, Sérgio Freitas perguntou a um subordinado o valor recolhido na região naqueles últimos dias.

"Mano meu fala o valor ezato ki voce tiro na 9 ???"

"363.360", respondeu o funcionário.

Tanto que, diferentemente das demais regiões do interior, na 19 foi criada uma outra regional exclusiva para a cidade de Campinas, comandada por quatro "irmãos", conforme mapeamento feito pelo Gaeco: Marcelo Alves da Cruz, o Beiço; Daniel de Sousa Filho, o Bolinha; Marcelo Celso dos Santos, o Adidas; e um quarto identificado pelos promotores apenas como Fênix. Os quatro, afirma o Ministério Público, "são a última palavra nas decisões relativas aos temas que digam respeito às atividades da organização, especialmente o tráfico de drogas".[6]

Logo abaixo do quarteto, o empresário Sérgio Adriano Simioni tinha a função de controlar a contabilidade do PCC na cidade. Sérgio, que tinha sido alvo da Operação Kolibra da Polícia Federal contra o tráfico em 2007, narrada no capítulo 2, era dono de uma lanchonete na avenida Norte-Sul, o metro quadrado mais caro de Campinas. Ele se valia do grande fluxo de pessoas no local para se reunir com os líderes da facção e também para receber a contribuição mensal de R$ 800 que todo "irmão" é obrigado a pagar. Segundo o Ministério Público, o "progresso" do PCC na cidade era Rodrigo Zamariolli Arguerro, o Brian. Cabia a ele cuidar de toda a logística necessária para que a droga adquirida pela facção chegasse às bocas de fumo e fosse comercializada. Outra função relevante dentro da regional era a de "cadastro", ocupada por Fábio Zuzarte, o Turano. Ele exercia um rígido controle do número de integrantes da regional, ao manter sempre atualizados os dados cadastrais de cada um deles e a situação de cada membro na Justiça. Tudo para se saber quantos dos "irmãos" estavam em liberdade e poderiam colaborar com o tráfico. Turano levantava informações minuciosas sobre a vida de cada integrante da facção em Campinas, como a data de "batismo", o nome dos "padrinhos", o número da matrícula no sistema prisional, os apelidos e os números de terminais telefônicos utilizados.

Para reforçar o caixa e adquirir mais cocaína e maconha nas regiões de fronteira, o PCC em Campinas possuía um núcleo especializado no roubo de cargas. O grupo era comandado por Brian, classificado pelo Gaeco como "um dos mais perigosos criminosos da região", e por Daniel, o Bolinha, um dos líderes da regional. O primeiro passo era aliciar funcionários de empresas transportadoras para que soubessem as datas, horários e rotas do transporte das cargas mais valiosas. Em seguida, um grupo de batedores fazia o reconhecimento prévio da área onde ocorreria o assalto, enquanto outros, os assaltantes propriamente ditos, reuniam armamento pesado, como fuzis, metralhadoras, pistolas, granadas e coletes à prova de balas. Foi o que ocorreu na tarde do dia 8 de junho de 2012, na rodovia Anhanguera, próximo a Campinas. Um caminhão carregado com eletroeletrônicos, carga avaliada em R$ 1,1 milhão, seguia pela estrada escoltado por dois seguranças privados em um automóvel quando um outro carro ultrapassou ambos e fechou o veículo dos seguranças.

— Sai do carro, sai do carro — gritou um dos assaltantes. Eram cinco no total, dois com fuzis e outros três com pistolas. Todos encapuzados. Três deles renderam os vigilantes, enquanto os dois outros subiram na boleia do caminhão.

Os seguranças entregaram suas armas e foram colocados no porta-malas do automóvel dos assaltantes. Rodaram por 20 minutos até serem deixados em outro ponto da rodovia. Enquanto isso, os outros dois, na cabine do caminhão, tentavam desativar o rastreador do veículo.

COCAÍNA: A ROTA CAIPIRA     685

— Vai, vai, quebra logo essa porra! — gritava um deles.

O painel do caminhão foi completamente destruído, mas o assaltante não conseguiu desativar o sistema. Meia hora depois, abandonaram veículo e motorista e fugiram. Nada foi levado.

A essa altura, o Ministério Público já investigava todo o esquema havia seis meses. Foram captados e analisados milhares de conversas do bando por telefone, reunidas em 86 CDs, além de campanas e pesquisa no banco de dados da polícia e do Gaeco. Com dez meses de apurações, os promotores tinham o organograma completo do PCC em Campinas e na região. Então, no dia 22 de outubro de 2012, foi desencadeada uma megaoperação, com o apoio de quatrocentos policiais militares. Bairros inteiros foram cercados, e 28 "irmãos" do PCC, presos preventivamente.

Jorge Leandro da Silva, o Primo, que integrava o grupo de roubo de cargas do PCC, foi o único que resistiu à ação da polícia. Quando a PM cercou sua casa, em Monte Mor, cidade vizinha a Campinas, ele pegou um revólver na gaveta do criado-mudo e tirou do berço a filha, de nove meses. Da janela, gritava com os policiais:

— Eu não me entrego, não vou pra cadeia. Aqui tá cheio de explosivo. Se entrar, vai tudo pro beleléu — disse.

Foram duas horas de conversa até que ele decidiu se entregar. Na casa havia três revólveres, seis carabinas, um colete à prova de balas e cocaína.[7]

Também foram apreendidos um fuzil e três granadas em outro imóvel na periferia de Campinas, além de 127 celulares e aparelhos de rádio, instrumentos vitais para a troca de informações do PCC. Foram condenados por associação para o tráfico e formação de quadrilha Beiço (nove anos), Bolinha (dez anos) e Sérgio (nove anos). Brian, Turano e Primo tiveram pena de sete anos cada, pelos mesmos crimes. Adidas também foi condenado a dez anos de reclusão por formação de quadrilha e associação para o tráfico de drogas.[8]

A facção não demoraria a reagir. Furioso, Andinho arquitetou planos para matar o promotor do Gaeco responsável pela operação, Amauri Silveira Filho, conforme um subordinado dele, Alexandre Aloiso Carvalho da Silva:

"Se vai ve ele [Andinho] vai fala que esse promotor ai ta tirano" / "Tem que arma um tabuleiro e ir pra cima" / "Se vai ve" / "Sabe quem e [é] filha e esse fila da púta desse amaruri ai mano" / "E ele que ta fazeno tudo isso ai" / "E foda de vdd [verdade] esse promotor ai mano falo que ia limpa a cidade ai e ele ta prendeno todo mundo."

Camaleônicas, quadrilhas ligadas ao PCC têm a capacidade de, rapidamente, mudar suas estruturas a fim de potencializar seu maior negócio, o tráfico. Foi isso o que ocorreu em 2007, novamente na região de Campinas. Havia três grupos que dominavam o mercado de drogas local, cada um com uma especialidade na complexa logística do narcotráfico. O primeiro, liderado por Cláudio Aniz dos Santos e Luís Fernando Clementino, pertencia à facção criminosa. Após operação policial contra o tráfico em março daquele ano, Luís Fernando acabou preso e Cláudio fugiu para o Paraná. Em Foz do Iguaçu, oeste do estado, conseguiu contatos para comprar grande quantidade de droga, principalmente maconha, no vizinho Paraguai.

Mas faltava o esquema para transportar o entorpecente até a região de Campinas. Era o que o segundo grupo, comandado por Carlos Aparecido Fabiani, o Carlão, tinha de melhor, já que era dono de uma transportadora, embora carecesse de contatos na fronteira para comprar a droga. Carlão, segundo investigações da Dise da cidade, já atuava no tráfico havia alguns anos. Por meio de funcionários, trazia pequenas quantidades de cocaína boliviana adquirida em Mato Grosso e revendia em bocas de fumo de Campinas. Foi por meio de um conhecido em comum, Régis Fred Souza, o Nego Régis, que Carlão conheceu Cláudio, em 2006.

Feita a sociedade no tráfico, o último passo seria comercializar a droga na ponta final. Aí entrou em cena o bando de Humberto Pereira Jardim, o Beto Gordão, traficante do PCC com "vasta experiência", nas palavras do Ministério Público. Havia anos Beto gerenciava bocas de fumo em Valinhos, Cosmópolis e Artur Nogueira, cidades vizinhas a Campinas. Tanto conhecimento rendeu a ele o título de "rei da maconha" na região.

COCAÍNA: A ROTA CAIPIRA 687

Foi em abril daquele 2007 que os três grupos decidiram unir forças. Carlão comprou um sítio bem no meio de um canavial em Capivari (SP) que se tornou depósito da maconha e cocaína comprada diretamente no Paraguai. A droga era transportada nos caminhões da empresa dele, escondida em cargas lícitas. Quatro meses após a união, a nova quadrilha remeteu para o sítio mais de 1 tonelada de maconha. Dias depois, a droga começou a ser distribuída pelas bocas de fumo da região. Foi quando a polícia, que acompanhava tudo a distância, agiu.

A Dise chegou até o esquema por escutas do telefone de um dos funcionários da transportadora de Carlão. Os policiais passaram a fazer campanas diárias em frente à empresa, disfarçados de eletricistas e clientes de um bar. No início de agosto, viram funcionários de Carlão descarregando, de um Gol, uma balança de precisão. Colocaram o equipamento na caçamba de uma caminhonete, que saiu em seguida. Os investigadores tentaram seguir o veículo, mas os traficantes desconfiaram do carro frio da Dise, o que obrigou os policiais a desistirem.

Era óbvio que tinham rumado com a balança para a chácara de Carlão, para pesar droga. Sinal de que mais maconha estaria para chegar. As atenções da Dise se voltaram então para o local. Foram cinco dias de campana ininterrupta, em esquema de revezamento, para flagrar a chegada da droga e fazer a abordagem.

O relógio passara pouco da meia-noite do dia 24 de agosto quando os investigadores viram três veículos entrando no sítio, os faróis acesos. Minutos depois, com binóculos, perceberam vultos de homens despejando grandes fardos em caminhonetes. Só podia ser a maconha trazida de Foz do Iguaçu. Quando dois dos veículos deixaram o sítio, conduzidos por subordinados de Beto Gordão, foram abordados pelos policiais. Não houve resistência. Nos veículos, oito fardos com maconha. Mas havia ainda uma terceira caminhonete. Ao ver os policiais, Carlão e um comparsa entraram no carro e tentaram fugir pelos fundos da propriedade. Carlão suava frio, parecia não acreditar que o esquema tão bem planejado fora descoberto. Ao chegarem a uma estrada sem saída, abandonaram o veículo e fugiram pelo canavial, sumindo na escuridão. No carro, havia 40 quilos de maconha. Na casa do sítio, mais de 1 tonelada da droga, uma balança de precisão com capacidade para 300 quilos — a mesma vista dias antes pelos policiais em Campinas — e 1 tonelada de arroz, dividida em sacos com o nome de uma empresa de Itaipulândia, na região de Foz do Iguaçu. Minutos depois, na sede da transportadora, a polícia encontrou mais 4 toneladas de arroz com a mesma marca, que servia para esconder a maconha nos caminhões.

O Gaeco denunciou dezesseis envolvidos, incluindo os líderes, por tráfico e associação para o tráfico. A Justiça condenou todos pelos dois crimes: Carlão, a doze anos de prisão, Clementino e Beto, cada um, a quinze anos, e Cláudio Aniz, a dezoito anos e oito meses.[9] Em novembro de 2016, havia um recurso pendente de julgamento no STJ.

No ano seguinte, a mesma Dise iria se deparar com nova união de quadrilhas ligadas ao PCC. Havia quatro grupos diferentes nas cidades de Campinas, Sumaré, Monte Mor e Hortolândia, cada um com dezenas de bocas de fumo, comandadas por Fábio dos Santos Freitas, João Ricardo da Silva, o Jota, José Severino de Melo, o Tio, e Wellington Aparecido Antunes, o Duri. Na compra e venda de drogas, os chefões dos quatro bandos começaram a trocar telefonemas e decidiram unir forças para, juntos, conseguir droga de melhor qualidade e a preços mais acessíveis nas regiões de fronteira. Para os fornecedores em Mato Grosso, Paraguai e Bolívia, o sistema também era vantajoso, já que, uma vez encerrada a negociação, poderiam enviar o entorpecente em uma única viagem, o que reduziria custos.

Formava-se assim o consórcio ou "pool" do PCC, e os quatro grupos passaram a traficar maior quantidade de drogas na região de Campinas. Duri, líder de uma das quadrilhas, era o "químico", e passou a gerenciar a compra da pasta-base de cocaína, verificando a qualidade e quantidade de cada aquisição. Só depois do seu aval é que os quatro chefões decidiam por uma nova encomenda. Duri também repassou aos outros grupos técnicas de refino da droga, para que o entorpecente negociado por todos tivesse o mesmo grau de pureza.

Não demorou para que a união dos quatro grupos chegasse aos ouvidos da polícia. Em 23 de julho de 2008, tiras da Dise de Campinas preparavam a invasão da casa de um subordinado de Tio em Monte Mor quando olheiros avisaram os traficantes da presença policial. Tio e outro comparsa correram até o imóvel:

— Bora, bora, vamo vazá daqui!

O rapaz não disse nada. Nem era preciso. Ele sabia que só poderia ser a polícia na sua cola. Os três entraram no carro e saíram em disparada. Mas, na saída da cidade, foram parados em um bloqueio da polícia. Não havia como escapar.

Os investigadores retornaram à casa do rapaz e encontraram quase 2 quilos de cocaína, 26 quilos de maconha, liquidificador, peneira, bacias, panelas e 7 quilos de produtos químicos usados no "batismo" da droga.

Faltava Duri.

Imediatamente, a polícia cercou sua residência em Sumaré, onde ele dormia. Arrombaram a porta a pontapés e encontraram mais 8,4 quilos de cocaína, produtos para refinar a droga e pinos onde a droga era inserida para venda ao consumidor final. Em setembro de 2008, o Gaeco denunciou dezesseis pessoas, incluindo os quatro líderes, por tráfico e associação para o tráfico. Meses depois, todos foram condenados — Fábio e Jota, a quatro anos e meio por associação para o tráfico, enquanto Duri e Tio receberam, cada um, dezesseis anos e meio de cadeia por tráfico e associação para o tráfico. O Tribunal de Justiça manteve a decisão.[10]

Ao lado de Campinas, Jundiaí é um município estratégico para o PCC. Porta de entrada da Grande São Paulo a partir do interior, a cidade é cortada por pelo menos seis grandes rodovias, o que facilita o escoamento da droga para várias cidades do entorno e de outras regiões, como Sorocaba, Vale do Paraíba, Baixada Santista e Rio de Janeiro. Por isso, em 2009, a facção montou uma central de depósito e refino de droga em duas favelas da periferia da cidade: Jardim São Camilo e Tarumã. Como nas invasões dos morros cariocas, ocupou à força vários imóveis na área, impôs toque de recolher aos cerca de 20 mil moradores no período noturno e construiu laboratórios para o refino da pasta-base da cocaína que chegava até lá escondida em caminhões a partir da Bolívia e do Paraguai. Tudo sob forte vigilância, 24 horas por

690      ALLAN DE ABREU

dia, com armamento pesado — pistolas automáticas, metralhadoras e até granadas —, além de um sofisticado sistema de comunicação, com o uso de rádios, alguns na mesma frequência dos da polícia.

Pela primeira vez, o PCC tinha um bairro inteiro para si no interior paulista.

— Aqui é nóis, é o partido, o Comando! — repetia nas ruelas de casas pobres dos dois bairros o orgulhoso Da Hora, apelido de Jânio Fernandes Santiago, jovem moreno e magro a quem a facção incumbiu a missão de ser o "prefeito" da minicidade.

Em sete meses de investigação do Gaeco, com base em escutas telefônicas, a presença do PCC nos dois bairros de Jundiaí estava delineada. Mas faltava acabar com o QG da facção. No fim de setembro daquele ano, mobilizaram-se cinco batalhões de choque da PM paulista, incluindo a Rota, um total de quinhentos policiais. Quando os PMs começaram a invadir a favela, correria pelas vielas dos bairros do crime. Eram os traficantes retirando às pressas droga e armas dos depósitos, ou simplesmente tentando fugir. Os moradores se escondiam dentro de casa, e pelas frestas de portas e janelas observavam os policiais se infiltrando pelo bairro.

Houve trocas de tiros esparsos. Sem feridos. Não havia como o tráfico enfrentar tantos policiais.

Foram necessárias duas semanas para vasculhar o local por completo. A PM apreendeu meia tonelada de drogas, quarenta balanças, 29 radiocomunicadores e 28 armas, incluindo seis metralhadoras e uma granada. Em Itatiba, cidade vizinha, os policiais apreenderam um automóvel Mercedes-Benz de luxo, avaliado em mais de R$ 100 mil, pertencente ao grupo. Vinte foram presos em flagrante. Da Hora conseguiu fugir, mas acabou capturado meses depois. Em julho de 2010, ele foi condenado pela Justiça a dezesseis anos de prisão por associação para o tráfico e formação de quadrilha, pena mantida pelo TJ e STJ.[11]

— Vamo pra luta, moleque.
— O baguio é loco.
— Gira tudo numa barraca [boca de fumo].

COCAÍNA: A ROTA CAIPIRA — 691

— Meu Deus do céu.

— Numa barraca só, 3 mil [R$ 3 mil] de dia, 3 mil de noite, 4, 5...

— O baguio a milhão.

— Faz 20 cruzeiro [R$ 20 mil] brincando toda semana aqui.

— Deus abençoe, véio, tô te falando de coração mesmo, independente que é baguio aí de criminalidade, mas Deus abençoe que dá tudo certo aí no seu caminho seu aí, de todos nós, né.

— O baguio tá loco.

— Se não ir pra cima e ficar parado nóis morre, padrinho. É a única coisa que nóis sabe fazê.

A conversa resume bem a atração que o mercado consumidor caipira de drogas exerce sobre o PCC. Foi captada pelo Gaeco em investigação que, em nove meses ao longo de 2011, destrinchou a estrutura da facção na região de Araçatuba (SP).[12] Um dos interlocutores é Sassá, apelido de Fábio Ferreira de Souza, o líder máximo do "partido" no oeste paulista, chamado de "geral da 18" em referência ao DDD da área. Cabia a ele, com o auxílio de Nivaldo Tomaz Júnior, o Juninho, gerenciar o recebimento e a distribuição de cocaína, maconha e crack pela região, bem como os lucros gerados pelo tráfico. Uma droga de alta qualidade. Em diálogo de maio de 2011, Clóvis Rojas Sanches Neto, o Gordão, outro integrante do PCC, elogiou a pasta-base que acabara de chegar a Araçatuba:

— Deixa eu falá procê, chegou o progresso [droga] aí, amigão. [...] O óleo é mil grau, tá ligado?

— Paga quanto, irmão?

— Acho que vai vim a 8,5 a peça [R$ 8,5 mil o quilo]. [...] O óleo é mil grau mesmo, pode pá que um dos melhor que tá tendo é os nosso.

Por mês, o PCC enviava para a região entre 10 e 15 quilos de pasta-base.

— É mil grau a caminhada — disse Tubarão, apelido de Luciano de Souza Silva, para um comparsa.

— Treze par de tênis [13 quilos].

— A Fernanda [cocaína] gostosa que chegou aí, né...

— Bota gostosa.

A maior parte da droga, com mais de 90% de pureza, vinha de Cochabamba, fornecida por um boliviano radicado em Corumbá (MS).

— Pode ficar tranquilo que essa é de qualidade, vem lá do fim do mundo essa aí — disse o boliviano para Juninho.

Em muitos casos, o pagamento pela droga era feito por carros furtados ou financiados fraudulentamente:

— Quanto tempo dá pra andá com o carro aí, truta? — perguntou o boliviano.

— Ah, o carro vai andá o tanto que... não tem nem documento, o documento acabou de fazer agora, não tem nenhuma parcela atrasada ainda — garantiu Juninho.

O traficante tinha outro fornecedor de cocaína em Pedro Juan Caballero, Paraguai. Em agosto de 2011, Juninho negociou 3 quilos de cocaína e enviou um comparsa para buscar a droga, mas a carga foi apreendida pela Polícia Federal antes de chegar a Araçatuba.

As apreensões eram exceção. Quando escapava do cerco da polícia, o entorpecente era distribuído entre a liderança da facção na região para a venda na ponta. Toda a operação era acompanhada de perto por Sassá:

— Quanto que deu, quanto que deu o total disso aí, é um e meio que tem na mão? — perguntou para Gordão.

— É um e meio, mano, é um e meio, vai ficar meio pra mim, 250 pro Tubarão, 100 pro Neguinho.

— Bateu quantos aí? Tem um e meio certinho? Uma lata [1 quilo] foi aí, né, o nome do Du ainda não foi? Então põe meia [meio quilo] no nome do Du e lá no nome do Loco [o próprio Sassá] põe meia também, certo, irmão?

— Tá certo, caraio. É nóis.

A droga era fornecida a traficantes menores em sistema de consignação: o pagamento era feito dez dias após a entrega da mercadoria. O prazo exíguo gerava reclamação entre os compradores:

— Eu vou pará de fechá com vocês, os cara aqui fecha com outros cara em Araçatuba, dá prazo de vinte dias, cêis com dez já qué tudo o dinheiro, desse jeito não dá. [...] É muita aceleração pra minha cabeça.

COCAÍNA: A ROTA CAIPIRA     693

Apesar das queixas, a droga era sempre revendida pelo PCC, tanto nas bocas da periferia quanto nas penitenciárias do interior paulista. Em 18 de maio de 2011, Gordão recebeu instruções da detenta Mari para enviar celular e cocaína para ela, com a conivência de agentes penitenciários:

— Eu faço o quê? — perguntou Gordão.

— Os dois primeiros da lista que eu coloquei aí [pão de forma], você vai pegar o presunto [celular] e vai colocar no meio, você tira metade do pão, faz o buraco certinho pra encaixar o presunto, aí você dá uma apertadinha e vai fechar ele normal. Dentro do segundo [pão] que eu coloquei vai vir o que eu gosto, você vai fazer umas paradas de 10 [10 gramas de cocaína], vai colocar no meio junto com o salgadinho e cola com super bonder em cima. O último que eu coloquei, que é o creme de cabelo redondo, vai vim a outra peça que nóis fala, entendeu?

— A que dá uma força [para vender na prisão], né?

— Aí você vai fechar ele, passar o durex tudo direitinho e vai colocar no fundo e pôr o creme em cima [...], eles [agentes] não vai mexer que é uns baguio que vai vim pra mim...

— Entra cigarro aí também?

— Entra tudo, irmão! As mina vende cigarro, entra dez, quinze pacotes da rua pras mina vender. Aí eu vou falar que eu não tenho visita e que meu pessoal é de São Paulo e vai deixar umas coisas aí pra mim, [...] eles não vão mexer não, esse plantão não mexe, só que é assim, eles acham que só vai ter o mato [maconha], entendeu, se não eles [agentes] vai querer cobrar caro [propina].

Dez dias depois, outro preso acionou Juninho. Pedia cocaína para vender na penitenciária.

— Tô descabelado aqui na cadeia, moleque.

— Vou te falá, eu não tô com o dinheiro [droga], não.

— Cadê seu irmão, ele falou que ia ajudar eu, que ia me dar um barato pra eu arrumar um dinheiro, irmão.

— Mas ele não tá tendo purinha não, ele tem uma boa, mas purinha ele não tem.

— Ele tá falando que é pura, irmão.

694 ALLAN DE ABREU

— É boa, mas eu não vi purinha, vi um salve [recado do PCC] lá na cadeia lá que a comercial era 20 [R$ 20 mil o quilo] e a purinha, 30 [R$ 30 mil o quilo], eu vi vários cara vendendo a 30 pau a purinha, mas até hoje não vi a purinha.

Sassá, Gordão, Tubarão e Juninho foram presos em outubro daquele ano, durante operação comandada pelo Gaeco. Em junho de 2013, os três primeiros foram condenados pela 3ª Vara Criminal de Araçatuba a penas entre oito e dez anos de prisão por financiarem o narcotráfico, enquanto Juninho teve pena de nove anos de reclusão por tráfico e formação de quadrilha — as condenações seriam mantidas pelo TJ. Este último também seria condenado pela Justiça Federal a onze anos por tráfico internacional, devido ao flagrante dos 3 quilos de cocaína vindos de Pedro Juan. Com os "cabeças" do PCC atrás das grades, a periferia de Araçatuba estava livre, ao menos temporariamente, do jugo da facção, com suas próprias regras de convívio social, incluindo os cruéis tribunais, que decidem em poucos minutos a vida ou a morte de seus réus.

# 26

## Tribunais do crime

Passava das 21 horas e a delegacia da Polícia Federal em Bauru (SP) imergia em silenciosa escuridão. A única exceção era uma nesga de luz que escorria pelo chão do corredor a partir da porta aberta até a metade. Dentro da sala, o agente Milton Pontes Ribeiro relia no computador relatórios feitos ao longo de um dia exaustivo de trabalho. À meia-idade, Milton, de olhos muito vivos, já exibia entradas fundas na testa, prenúncio de uma inevitável calvície. Naquele 15 de abril de 2002, tinha o semblante cansado. O telefone tocou. Do outro lado da linha, um colega de profissão, velho conhecido, que trabalhava no setor de inteligência da Delegacia de Repressão a Entorpecentes na PF em São Paulo. O amigo queria lhe repassar trecho de um telefonema feito a uma garagem de veículos de Bauru.

— Achamos que é algum traficante daí. Você reconhece a voz?

Milton aguçou os tímpanos. Logo na primeira frase ouvida deu um leve tapa na mesa, abriu um sorriso no rosto. Era como se desvendasse algum segredo inextricável, pelo qual batalhou por muito tempo.

— É o Denha! Certeza!

O agente conhecia como ninguém o autor daquela voz meio trêmula que vinha da caixa de som do computador. Denner Willians Simões Ramos era o maior traficante da região de Bauru desde o fim da década de 1990. Por isso era o criminoso a ser combatido pela polícia da cidade naquele início de anos 2000. De família pobre, Denha, como sempre foi conhecido, cresceu como borracheiro na Vila Seabra. Magro e muito alto, o pescoço fino e longo, conheceu as drogas na adolescência, e do vício passou ao tráfico. Sua primeira prisão em flagrante veio aos 22 anos, por receptação. Passou alguns meses na Casa de Custódia de Taubaté em 1993. Lá, viu nascer o PCC. Entrou na facção e, quando deixou a cadeia no ano seguinte, tratou de disseminar a ideologia do "partido" na periferia de Bauru. Inteligente, fez do espírito de liderança uma poderosa arma na disputa com assaltantes e pequenos traficantes. Em poucos anos era dono da maioria dos pontos de venda de droga na cidade.

O agente Milton já sabia da fama de Denha quando chegou a Bauru em 1995. Trazia consigo a experiência de combater o tráfico na fronteira, em Ponta Porã (MS), desde o fim da década de 1980. Mesmo assim, a caça ao traficante número um da região não seria fácil. Certa vez, Denha fugiu de moto para a cidade vizinha de Arealva, a PF no encalço. Quando despistou os policiais, trocou a blusa, guardou os cabelos longos dentro do capacete, desacelerou a moto. Cruzou com as viaturas sem ser notado e voltou a Bauru. Ao perceberem o truque, os agentes correram para a casa de Denha. Não estava. Vizinha ao imóvel, havia uma pequena oficina eletrônica. O dono observava toda a movimentação policial da porta, os braços cruzados. Um agente desconfiou do homem, pediu para ver a oficina. Ao fundo, uma montanha de rádios velhos. O policial enfiou a mão entre os aparelhos, notou algo estranho. Era Denha.

A prisão durou pouco. Em dois anos o traficante ganhava as ruas e a companhia velada da polícia, dessa vez a Civil. Três dias depois do Natal de 1997, os investigadores flagraram um rapaz na cidade com cinco pedras de crack. Os grampos da polícia indicavam que a droga havia sido vendida ao jovem naquele mesmo dia por um subordinado de Denha. O barão do tráfico fugiu, mas foi denunciado à Justiça por tráfico e associação. Três anos depois, em abril de 2000, o juiz da 3ª Vara Criminal de Bauru, João Augusto Garcia, condenaria o traficante a dez anos e meio de prisão, em regime fechado, pelas cinco pedras de

## COCAÍNA: A ROTA CAIPIRA

crack. Nenhum advogado criminalista de Bauru estranhou. Garcia, um homem de pele clara, calmo e discreto, já havia angariado fama de juiz durão, implacável contra o narcotráfico.

Denha não perdoaria.[1]

Mas, naquela noite de 15 de abril de 2002, Milton nem se lembrava mais da dura sentença do juiz. Também desconhecia o desejo de vingança alimentado pelo traficante, foragido havia mais de quatro anos. Por isso, quando começou a ouvir o diálogo de Denha captado à tarde pela PF em São Paulo, pensou que o traficante queria sequestrar o dono da garagem de automóveis:

— O rapaz tá do lado aí, né? — perguntava Denha.

— Tá, tá.

— Só, só. Qual é o carro que ele tá?

— Um Palinho branco.

— É?

— Isso.

— E a vermelha, já foi embora?

— A vermelha acho que ele trocou em gado, parece, não tenho certeza. Que ele comprou uma fazenda aí...

— É? Cê sabe que lugar?

— Eu... rapaz...

— À noite eu ligo pra você... é melhor, né?

— Isso.

— O homi chega às seis.... seis hora o homem passa aí?

— Sete horas, por aí, né.

— É?

— Esse horário mais ou menos.

— Cê acha que esse homi... que esse homi não tem ninguém dando uma olhada na casa dele aí?

— Hã... eu acho que tem, viu?

— Deixa eu falar pra você... a esposa dele é... também é, né?

— Isso.

— É também?

— É também. Igual ele.

— O nome você sabe ou não?

— Eu posso vê procê.

— É? Tá bom, eu ligo pra você.

Imediatamente Denha — sempre com aparelhos celulares clonados — telefonou para um comparsa, Marcelo dos Santos Pereira. Enquanto o telefone tocava, comentou com a mulher, Elenira, que ao lado do marido acompanhava tudo:

— A mulher dele é juíza em Bauru também, viu?

— Ah, é?

— É.

Marcelo atendeu:

— Ó, vou falar um negócio pra você... Eu acabei de levantar um negócio aqui que é negócio da China, cara.

— É?

— Um negócio que eu tinha falado já pra sua mãe. Lembra que eu falei pra você?

— Hum.

— Só que o cara é chefão, sabe o cara?

— Certo.

— Cê sabe de quem eu tô falando, né?

— Num sei, truta.

— Do cara lá... do cara de capa preta lá.

— Daquele...

— Levantei o lugar onde ele comprou uma fazenda, tudo...

Milton ouviu a gravação várias vezes. A expressão "capa preta" indicava algum juiz ou promotor. E a mulher tinha a mesma profissão. O agente telefonou para um cartorário no fórum de Bauru.

— Tem algum juiz daqui casado com uma juíza?

— Tem sim, o dr. João Garcia.

O funcionário do Fórum disse ainda que o juiz tinha um Pálio branco, e recentemente vendera uma BMW vermelha justamente para a garagem onde Eduardo Giatiani trabalhava, vizinha do prédio onde moravam o magistrado e a mulher — por isso o comparsa de Denha sabia de toda a rotina do casal e também da compra da fazenda.

Atônito, Milton continuou ouvindo a gravação. Marcelo queria roubar o juiz, mas Denha deixava claro que desejava apenas a morte dele:

— Eu não quero nada, eu só quero que se der pra fazer o pá, pá... baixa, já era, entendeu? — disse o chefão do tráfico em Bauru.

Marcelo insistiu.

— Eu quero pegar esse negócio, Denha, pra nóis com... pra nós vê se nóis compra pelo menos umas duas caminhonetes pra nóis virá esse negócio aí.

No início da noite, conforme o combinado, Denha ligou para a casa de Eduardo. O comparsa explicou ao traficante a localização da fazenda do juiz:

— Tem um riozinho... aí vai tê uma curva lá em cima.

— Hum.

— Na hora que começa a curva vai tê uma entrada às esquerda ali, na primeira entrada ali, ó...

— É meio longe, anda quantos quilômetros será mais ou menos?

— Ah, eu acho que dá uns 2, 3 quilômetros.

— Ali eu saio reto.

— Já tá na fazenda dele.

— Ah é... o Dú, falá um negócio pra você. O carrinho dele é blindado ou não?

— Não, não é, é normal...

— A mulher dele, como que é? É loira?

— Morena e ainda magrela.

— Morena magrela?

— Bonita... cabelo liso... coisa linda.

Milton telefonou para a casa do juiz, marcaram um encontro. O agente narrou os planos de Denha, mostrou a gravação a João Garcia. Por alguns segundos o magistrado silenciou, assustado.

— Sou eu mesmo. Estão falando de mim.

O agente acionou a Polícia Militar, que passou a dar segurança 24 horas ao casal. Na manhã seguinte, o delegado da PF Antônio Vaz de Oliveira, chefe da delegacia em Bauru, solicitou à Justiça da cidade a interceptação dos telefones de Denha e seus comparsas. Pelas escutas, foi possível saber que Denha estava escondido em Botucatu, a 100 quilômetros de Bauru, e que iria assassinar o casal de juízes no dia 20 — um sábado à tarde, quando João Garcia estivesse abrindo a porteira da fazenda que comprara semanas antes em Piratininga, na região de Bauru.

— Que que cê acha, é lá amanhã memo? — perguntou Denha a Maria de Fátima dos Santos Pereira, mãe de Marcelo, que estava em Americana (SP).

— Ah, eu tô querendo ir já, já marquei.

Na manhã do dia 20, a polícia montou um esquema para prender Denha e seus comparsas. Milton ficou em um pedágio da rodovia Marechal Rondon, por onde obrigatoriamente a quadrilha passaria. Estava disfarçado com o uniforme dos funcionários da concessionária que administra a estrada; 6 quilômetros adiante, uma equipe de policiais militares aguardava no posto da Polícia Rodoviária em Agudos, última cidade antes de Bauru. Com o pretexto de entregar panfletos aos motoristas, Milton se aproximava de todos os carros. Queria identificar Denha para que os PMs parassem o carro logo à frente.

Era pouco mais de meio-dia quando Milton viu se aproximando um automóvel cor vinho, os vidros escurecidos. Quando foi entregar o panfleto, o motorista subiu o vidro. Deu para o agente notar que uma moça ia ao lado do condutor, no banco da frente, e um rapaz magro logo atrás, com outra mulher. Milton acompanhou o carro até a cabine. Quando o motorista abaixou o vidro para pagar o pedágio, Milton notou que o passageiro virou o corpo e abaixou a cabeça. Só poderia ser o Denha, pensou. Não tinha certeza, mas decidiu arriscar. Assim que o carro arrancou, o agente correu para o seu automóvel enquanto avisava a PM via rádio. Para evitar que o grupo tentasse fugir na contramão quando fosse abordado, seguiu o veículo a distância. Quando chegou à base de Agudos, Denha e os outros três já estavam imobilizados no chão, cercados de policiais — o motorista, Milton saberia depois, era Marcelo, e a mulher ao lado de Denha era a mãe deste, Maria de Fátima. Debaixo do painel do automóvel, um sargento encontrou um revólver carregado com seis balas. Entre o banco traseiro e o porta-malas, onde Denha estava sentado, uma pistola calibre .7,65 mm, também carregada.

COCAÍNA: A ROTA CAIPIRA                701

— A casa caiu, Denha. Sem molecagem — gritou o tenente Hudson Covolan.

— Eu não tenho nada contra o serviço que vocês estão fazendo, minha bronca é com o juiz da Terceira Vara Criminal, João Augusto Garcia. Ele me condenou por dez anos e constou na sentença que nada de irregular foi encontrado na casa do réu, mesmo assim condenou. Isso não vai ficar barato; eu vou cobrar essa bronca depois, eu tô ligado que alguém me derrubou e vocês estão aqui esperando, só que daqui dez anos, quinze, essa bronca eu cobro do juiz.

Ao mesmo tempo, outros quatro acólitos do traficante eram presos em Bauru, entre eles Eduardo. Duas horas depois, a notícia da prisão de Denha chegava aos comparsas em Bauru.

— [Denha] foi atrás do homem lá, que bate o martelo! — disse um deles.

— Ah, sei, sei, mas e aí, cataram eles aonde?

— Em Agudos, né. [...] Dedaram, né, meu. Eu acho que foi caguetado de novo, viu. [...] Ninguém sabia!

Como o grupo desconhecia que Eduardo, da garagem, também fora preso, seu nome foi o primeiro a ser citado pelo grupo de Denha como suspeito da delação:

— A única pessoa que ele pediu informação pra sabê onde era a fazenda daquele desgraçado lá foi aquele Dú — disse a mulher de Denha.

— Isso aí tá pra mim que foi uma cilada que nego fez — concluiu o rapaz do outro lado da linha.

— Lógico que foi! Ainda falei pra ele não confiar nesse Dú. Falei: "Não confia no Dú porque o Dú deve sê entrutado com o juiz!"

À polícia, Eduardo confirmou os planos do traficante.

— Ele disse "eu vou matar o juiz João Augusto Garcia e vou matar a mulher dele também". Eu respondi que ele estava louco de fazer isso e ele respondeu: "Eu vou matar o juiz." Eu falei pra ele não matar a mulher do juiz, que ela era bonita, e ele disse: "Vou comer o cu dela e depois vou matar ela também."

Denha foi levado para a Penitenciária de Getulina, região de Bauru. Mas não desistiu de assassinar o juiz. Dois dias após sua prisão, o funcionário da borracharia do traficante disse à polícia ter presenciado o cunhado de Denha, que administrava a firma, tramando a morte de João Garcia ao telefone:

— O negócio é o seguinte, esse juiz não pode passar dessa semana. Amanhã ou depois nós temos que fazer ele. Traz bastante bala de fuzil e os armamentos e vem com a Blazer [caminhonete] verde. Pode vir mesmo que eu banco vocês aqui.

O novo atentado nunca ocorreu e a participação do cunhado no caso não foi comprovada. Mas, alguns meses depois, João Garcia trabalhava no Fórum quando uma mulher surgiu no portão do apartamento onde o juiz morava em Bauru. Tinha nas mãos um ramalhete de flores.

— É para o juiz, dr. Garcia — disse ao porteiro.

Enquanto ela conversava com o homem, um comparsa aproveitou o portão da garagem ainda aberto, logo após a saída de um carro, e entrou com seu automóvel. Um desembargador do TJ, morador do prédio, desconfiou do carro e foi conversar com o rapaz. Assustado, o homem fugiu, deixando o veículo na garagem. No banco de trás, o desembargador viu o cabo de um fuzil.

Imediatamente João Garcia foi acionado. O juiz telefonou para Milton na PF. A conclusão óbvia: era mais um plano de Denha para matá-lo.

Em 2003, o juiz de Agudos, Adilson Aparecido Rodrigues Cruz, condenaria Denha, Marcelo, Maria de Fátima, Eduardo e mais dois a penas entre três e quatro anos por formação de quadrilha. O TJ manteve a decisão. O mesmo Tribunal confirmaria a condenação de Denha pelo juiz, que motivara tanto ódio do traficante.[2] Três anos depois, João Augusto Garcia deixou de ser juiz criminal. Assumiria a 5ª Vara Cível de Bauru.

Ameaças de morte, compra de arsenais, justiça com as próprias mãos. O narcotráfico revela sua face mais violenta quando surge qualquer contratempo no livre fluxo de compra e venda de drogas, como atrasos na entrega de cocaína, calote em fornecedores, consumo do entorpecente por quem deveria vendê-lo. O crime não perdoa aqueles que desafiam suas regras. Para dirimir pendências e conflitos, não é raro o tráfico formar seus próprios tribunais. Os juízes são criminosos soltos e também detentos, que se reúnem em conferências pelo celular e decidem a pena para quem infringe suas regras. Na gíria do tráfico, os executores das sentenças são denominados "largados". As penas são sempre duras, e vão de surras à execução sumária.

Para o jurista e ex-secretário nacional Antidrogas Wálter Maierovitch, o tribunal é uma forma de o crime organizado manter o controle social e territorial da comunidade onde atua.

— O narcotráfico faz valer suas próprias leis. É a forma clássica de criminalidade organizada, parecida com as máfias italianas. Não há nada escrito, nem haveria necessidade, porque o tráfico, logicamente, está à margem do Estado. O crime, nesses casos, impõe uma organização social paralela ao poder estatal, refletindo a ausência de controle do Estado sobre aquele território. É um tribunal de exceção, em que o julgador é o mesmo que acusa. Não há uma separação, nem o amplo direito à defesa. As penalidades são fortes, desumanas, e servem para difundir o medo e o respeito. Isso é típico dos sistemas de punição da Idade Média, em que havia decapitações, mortes na fogueira, esquartejamentos em praça pública.

A punição é espetacularizada e difundida ao máximo, para dissuadir futuras traições, de que são exemplos os funks apologéticos ao PCC:

> Salve guerreiro/Salve, salve, irmandade/Todos pelo amor,/pela dor, pela verdade/O justo pelo justo/A lealdade é o que se perde/Desonestidade leva cedo ao cemitério.
>
> Ação criminosa coletiva revolucionária/Na desonra o fuzil corta, estraçalha/No mundo que Deus dá/O dinheiro é tentador e pá/Sem aliviar para sociedade/Ação pra sequestrar.
> [...]
> Cada um recebe o que fez por merecer/E se deixou a desejar e não teve proceder/No tribunal do crime o juiz não dita a sorte/Nesse caso a lei é uma só: é a morte.

Um dos mais cruéis tribunais do interior paulista ocorreu em fevereiro de 2007, na periferia de Ribeirão Preto (SP). No banco dos réus, a morena Lucélia, 28 anos, prostituta e traficante. Ela fora capturada durante emboscada contra membros do PCC em Ribeirão Preto (SP) planejada pela facção rival CDL, da qual era membro. À meia-noite do dia 25, a mulher, ainda com a maquiagem, a blusa justa e a minissaia com que desfilava na periferia da cidade em busca de programas sexuais, foi levada para uma chácara em Ribeirão por três "irmãos" do PCC: Cristiano, Guilherme e Tim. Lá, o trio contatou por celular quatro juízes da facção, todos detidos em presídios do estado. Um deles era José Domingos dos Santos, o Zé da Galera, preso por tráfico na Penitenciária de Flórida Paulista (SP). Como Zé da Galera era alvo de escutas telefônicas do Ministério Público, autorizadas judicialmente, todo o julgamento foi gravado.

Assim que chegou à chácara, Lucélia foi informada do seu destino por Zé da Galera:

— Nóis sabe que você fez umas missão cabulosa contra nóis, e não adianta usar artimanha senão você vai se foder. O coração nosso é bem na frente do cérebro. Vou conversar com você. Porque você tá complicada. Por tudo o que você fez pra nóis, o teu destino vai ser cruel, meu. Você vai pro beleléu, você vai pro inferno, tá entendendo?

— Pelo amor de Deus — disse Lucélia, já chorando.

— Pelo amor de Deus o caralho — respondeu Zé da Galera. — O teu barato vai ser daí pra pior. Por tudo o que você falou até agora, você já se condenou, você não vai sair daí, tá entendendo? Passa pra nóis a verdade, senão você vai pro inferno, tá entendendo?

Em seguida, outros dois juízes, não identificados, conversaram com Cristiano, que estava com Lucélia:

— Meu, pelo que ela falou já é suficiente para dar um xeque-mate nela. Vocês já fizeram uma massagem nela aí, irmão? — perguntou um deles.

— Não, a gente nem pôs a mão nela, irmão. Estamos esperando [a sentença] dos irmão — disse Cristiano.

# COCAÍNA: A ROTA CAIPIRA

— Vai no psicológico — ordenou um segundo juiz. — Fala pra ela: "se você não se comportar como mulher, já vou te enterrar." Falaí: "Como você chega ni nóis e pensa que vai sair ilesa? Acha que a gente é otário?"

Em seguida, os juízes passaram a ouvir a defesa de Lucélia. Um deles aconselhou:

— Meu, essa é a única chance que você tem na sua vida. Ou você abre o jogo, ou baubau.

— Eu fiz uma fita errada — lamentou a mulher, em lágrimas. — Fui uma mercenária, cresci o olho no dinheiro. Mas quando vi que [o alvo] era irmão com quem eu já tinha feito caminhada, eu não quis [participar]. [...] Vou fazer o que for preciso para estar levando vocês até esse pessoal [da CDL].

Um terceiro julgador se irritou:

— Irmão, ela tá achando que com essa voz doce vai convencer nóis aí. Nóis não quer mais falar com você. Passa pro irmão aí pra nóis trocar ideia com ele.

Cristiano pegou o telefone:

— Essa mina aí tá mentindo pra nóis, irmão. A mina é puta. É sedutora.

— Quem tá do lado dela? — perguntou o terceiro juiz.

— Eu — respondeu Cristiano.

— Você que tá olhando na cara dela, que você tem a dizer pra nóis.

— Tinha que mandar bala.

Ao fundo, Lucélia chorava alto. O primeiro juiz deu nova ordem:

— Irmão, dá uma coronhada no meio da testa dela, pra partir a testa dela e ela ver o melado [sangue] escorrer. Aí ela vai começar a falar diferente.

Ao fundo da gravação é possível escutar sons de pancadas, misturadas com gritos.

— Olha aqui, sua filha da puta, você vai falar a verdade ou não? — perguntou Cristiano.

— Você vai morrer — interrompeu Guilherme.

— Amarra ela, irmão, cava a cova dela pra ela não seduzir mais ninguém — ordenou um dos "juízes", enquanto outro fazia nova ameaça a Lucélia:

706        ALLAN DE ABREU

— Vai falar a verdade ou não?

— Por que vocês não acreditam em mim? — implorava Lucélia, voz de choro.

— Quer que nóis pegue pesado? — perguntou um dos julgadores.

— Não, não!

Nesse instante, Zé da Galera fez nova ameaça:

— Cada vez que eu entrar na linha [conferência], você vai tomar um pau. Fala a verdade logo, vagabunda. Nóis vamo quebrar você.

— Com a ajuda de vocês, posso fazer uma "casinha" [emboscada] para eles.

— Entrei na linha — interrompeu Zé da Galera. — Dá uma na boca dela. E dá uma paulada no meio do joelho dela, irmão. Pra ela ver que o bagulho é loco.

— Nóis não vamo te matar antes da hora, pode ter certeza — disse outro juiz.

Um outro julgador interrompeu e perguntou o estado de Lucélia com as surras:

— Como ela tá?

— Seguinte, ela tá feiona já — afirmou Cristiano. — Tá com uns talão na cara que vou te falar. Parece um vulcão. Já não era tudo isso, agora piorou tudo. Tá parecendo o Alien.

Risadas no telefone. A mulher havia tido as unhas arrancadas, o cabelo cortado, os joelhos quebrados. O pouco de charme que havia na garota de programa sumira com a surra.

— Põe ela na linha — mandou um juiz. — E aí, mano?

— Tô muito machucada — afirmou Lucélia, voz de choro. — Eu vou morrer, eu vou morrer. Não aguento. Eu não tenho mais condição de fazer jogo duro. Me dá uma oportunidade.

Mas veio a dura sentença:

— Não dá pra conversar muito mais com ela, irmão. Sabe o que a gente podia fazer com ela, irmão? — perguntou um juiz.

— Hã.

— Encher de álcool e fogo.

Outro assumiu a linha.

— O jeito era cortar no facão, tá ligado? Cortar a perna. É xeque-mate.

Após 39 horas de torturas no "júri", Lucélia foi executada com um tiro fatal na cabeça.

A força bruta é a arma do PCC para se impor nas periferias paulistas. Em fevereiro de 2011, Fábio Ferreira de Souza, o Sassá, conversa com um comparsa, apelidado de Coca, sobre um plano para assassinar rivais do tráfico em Araçatuba (SP), conforme fica claro nessa conversa captada pelo Gaeco:[3]

— Vai tudo num pacote só, mano, operação limpeza, que nem o Bin Laden fala, operação limpeza na cidade.

— Viva a operação.

— Operação limpeza, mano; vai sumir tudo.

Os dois caíram na gargalhada.

Um deles tinha o apelido de Migalhinha. Ele teria roubado uma boca de fumo controlada pelo PCC em Araçatuba:

— Tem que dar um jeito nesse cara, hein — asseverou Sassá.

— Você acha que se conseguir os trâmites [ter autorização da cúpula da facção] vai pra cima já?

— Já faz os trâmites, cê fala que é isso mesmo, eu dou um jeito.

A indisciplina dentro do próprio "partido" também pode gerar punições severas. Em maio de 2011, Nivaldo Tomaz Júnior, o Juninho, aliado de Sassá em Araçatuba, expôs um projeto para reorganizar a facção na cidade:

— Ô irmão, eu vou falá pra você, eu tô trocando uma ideia com um menino aqui, vou falá pra você, desde que eu saí daí, irmão, vou ser a real pra você, trombei a 18 aqui [regiões de Araçatuba e Presidente Prudente] batida, uma pá de cu de burro virando malandro, uma pá de cara matando os outros, zuando a quebrada, vou falá pra você, eu cheguei ontem na sintonia lá [comando do PCC no interior], falei pro irmão que eu preciso de aval pra batizar uns quarenta e matar uns dez pra poder arredondar a regional aqui, irmão.

Outro alvo dos tribunais do PCC eram estupradores. Nesses casos, dificilmente a sentença era outra que não o assassinato do réu. Na manhã do dia 20 de fevereiro de 2011, Clóvis Rojas Sanches Neto, o Gordão, disciplina do PCC em Araçatuba, telefonou para um homem não identificado pelo Gaeco. Disse que integrantes da facção tinham capturado um homem que havia estuprado duas adolescentes na noite anterior em Birigui, cidade vizinha. O plano era matar o criminoso. Mas, para isso, Gordão precisava do aval da cúpula do "partido". À noite, ele conseguiu contato com Mexicano, possivelmente Fábio Moiz de Oliveira, de Ribeirão Preto (SP), um dos líderes do PCC no interior paulista. Mexicano pediu que fosse armado o tribunal. No início da madrugada, os disciplinas reuniram as vítimas e o criminoso frente a frente. Todos em contato com detentos do PCC, integrantes da cúpula. A vítima, uma adolescente morena de 16 anos, chamada Bruna, foi a primeira a falar:

— A gente tava num bar, certo, o cara passô, cumprimentou. Fui humilde, cumprimentei, ele ficou encarando nóis, aí o outro que tava lá no bar também pegô em mim, tava querendo ficá comigo, eu falei não, [...] aí nóis tava descendo, atravessamo o pontilhão... minha colega tava do meu lado, olhou pra trás, viu ele vindo, aí eu falei "corre, fia", aí a gente saiu correndo, os caras veio correndo atrás de nós também, já encostaram a faca em mim, falou "vai, desce". A gente desceu [a rua], um cara foi lá comigo, me estuprou e ainda foi lá e chamou o outro, que ficou segurando a minha cabeça [...], aí depois outro cara voltou e me estuprou de novo, aí o outro que tava lá com a menina lá tentaram tirar a roupa dela... que ela era virgem, aí acho que eles não quis. O cara ficou ameaçando, "vai ter que matar essas meninas", aí o outro cara falou não. Aí a gente subiu, corremos.

— Mas não dava pra vocês correr, não? Não teve como vocês correr?

— A gente tentou [...] só que a gente tava de salto alto.

Em seguida, foi a vez do interrogatório do réu, um rapaz negro, magro, perto dos 20 anos, chamado Rodrigo:

— Eu fui na dos outros, eu fui vítima — defendeu-se.

Um dos juízes se irritou.

— O quê? O cara é um desgraçado, mano, quem tá aí perto dele, por favor, mano, dá uma porrada no meio da cara desse cara aí.

Veio o soco na lateral da cabeça. O homem caiu, mas em seguida foi levantado pelos disciplinas.

— O que você acha que você merece? — perguntou Clóvis, o Gordão.

— Não sei — murmurou o réu, aos prantos.

— Uma oportunidade, é lógico, né, se ele é vítima.

Todos riram alto.

No dia seguinte, Gordão confirmou o assassinato do estuprador.

— Nós deu o xeque [mate] naquela caminhada ontem, irmão.

— Qual delas?

— A do Jack, lembra? — Gordão se referia a Jack, o estripador, assassino em série nunca identificado pela polícia que agiu em Londres no fim do século XIX.

— Lembro.

Aos 18 anos, Artur presenciou uma execução do tribunal do tráfico em São José do Rio Preto (SP).

— Eles levaram o cara pra quebrada e começaram a bater. Depois quebraram os dois braços e pernas e descarregaram o revólver. O cara sofreu muito.

O rapaz também ajudou a espancar outro "réu" do tribunal.

— Os avião cheiraram o que tinham de vender. Aí foi porrada. A gente deu chute, soco, paulada. Batemos pra valer.

Mas, certa vez, Artur é quem foi para o banco dos réus do narcotráfico, jurado de morte na periferia da cidade. O crime dele: não pagar R$ 350 emprestados por um traficante do bairro para ele comprar e fumar pedras de crack. E havia um agravante: o rapaz era reincidente. Era a segunda vez que dava calote em traficantes do local.

— Não posso mais voltar lá. Já me esculacharam demais, me chutaram, deram soco. Disseram que se eu voltar lá não saio mais vivo — disse. Nas pernas esguias, as cicatrizes das pancadas.

Não é raro que, mesmo no interior paulista, o narcotráfico imponha suas leis em bairros inteiros. É o que acontece nos conjuntos habitacio-

710                    ALLAN DE ABREU

nais São Bernardo, em Mirassol, e Gabriel Hernandes, em Catanduva,
onde traficantes exercem poder de polícia, impõem toque de recolher
e apavoram os moradores. O juiz da 3ª Vara de Mirassol, Ronaldo
Guaranha Merighi, alertou para a gravidade do problema na sentença
que condenou catorze integrantes do PCC e um investigador da Polícia
Civil por associação para o tráfico nos apartamentos do bairro São
Bernardo. "Este juiz [...] já conclamou publicamente as autoridades a
ocuparem civicamente os predinhos de Mirassol que, mutatis mutandi,
são os equivalentes aos morros do Rio de Janeiro. Os moradores que se
sentem seguros são os traficantes e apaniguados do tráfico. As mães,
que veem seus filhos sendo cooptados; os moradores forçados à lei do
silêncio, a imensa maioria dos trabalhadores honestos que sofrem pre-
conceito por ali viverem preferiam outra realidade", escreveu.[4]

No Gabriel Hernandes, não é diferente. Em todos os blocos de apartamentos há um ponto de venda de drogas, onde se oferece maconha
ou cocaína abertamente — inclusive para mim, que estive lá em julho
de 2011; os colegas jornalistas brincam que minha cara de policial à
paisana não costuma me favorecer em situações como essa. Ao dominar
o bairro, os traficantes impuseram suas próprias leis. Após as 22 horas,
proíbem os moradores de circular pelos pequenos prédios e substituem
a polícia na resolução de conflitos dos moradores.

— Quando há briga de casal ou entre vizinhos, ninguém pode chamar a polícia. São os "irmãos" do PCC que resolvem, na conversa ou
no tapa — diz a moradora Janice.

Ela teve a família destroçada pelo tráfico no Gabriel Hernandes.
Dois irmãos e o marido foram cooptados pelos traficantes do bairro e
tiveram um destino trágico. O marido e um dos irmãos foram flagrados
pela polícia e estão presos. Outro irmão foi assassinado por disputas de
bocas de fumo no bairro, em 2012. A violência fez com que a mulher
se tornasse exilada dentro de seu próprio lar.

— Tenho muito medo que minha filha de 5 anos acabe se misturando aos "noias" daqui. Fico trancada o dia todo com ela dentro de casa.

O PCC também manda e desmanda na periferia de Araçatuba
(SP). Em maio de 2011, Nivaldo Tomaz, o Juninho, estava incomodado

com a perda de credibilidade do "partido" na periferia de Araçatuba. Moradores de um bairro da cidade cobravam dele punição a um homem que espancara a esposa dias antes.[5]

— Eu colei aqui no bairro, eu tô sendo cobrado não é por malandro não, tô sendo cobrado pela população do bairro, a população falou sabe o que pra mim hoje ali, algumas pessoas trabalhador?

— Hã.

— "Ou o Comando [PCC] dá um jeito ou nóis vai começar a chamar a polícia!"

— Cê é louco, irmão!

— Quer dizer que se o Comando não der um jeito, neguinho vai começar a trazer a polícia pro bairro, não da situação dele, eles estão falando na situação geral.

O agressor foi espancado por disciplinas do PCC. Assim, a facção voltou a ganhar respeito entre os moradores. Essa confiança, no caso do "partido", também se conquista pelo terror. Para intimidar seus inimigos, os "irmãos" costumam valer-se de demonstrações de força e exibição de armamento pesado. No dia 29 de março de 2011, Ricardinho, integrante do PCC em Araçatuba, ofereceu uma bazuca para Mancha, outro membro do "partido":

— Aí, cê falou que tava vendendo uma caminhada, né, irmão? — perguntou Mancha.

— Que caminhada?

— Uma bazuca, qual que é essa fita? [...] É daquelas pequenas que lança granada?

— Não, não, mano. É aquelas que tá passando na televisão lá, os caras tacando no Catar [Oriente Médio].

— Quanto que vale, irmão?

— Vale uns 70 mil [R$] mais ou menos.

— Aí, deixa eu falar procê, ela tem modelo, qual é que é essa caminhada aí?

— Tem, mano, o bagulho é zerona, o mano que tá guardando o B.O. ali mandou umas fotos aqui pra mim, entendeu, aqui no aparelho [celular] pra eu ver como é que é. Por que, o mano tá interessado também?

712 ALLAN DE ABREU

— É, irmão, monstra?

— Não, o baguio é mil grau.

— Daquelas grandona que os caras entrou tudo em cana lá no Rio de Janeiro?

— É.

Não se sabe se o negócio foi adiante. A arma não foi localizada pela polícia.

O tribunal do tráfico atuou diretamente para pôr fim à guerra pelo domínio de bocas de fumo no interior, em que a relação entre drogas e armas é sempre estreita. Uma dessas guerras ocorreu em 2007, na periferia de São José do Rio Preto. De um lado, a gangue de Lucas Bocalon da Costa, rapaz de pele branca e rosto magro. De outro, os comparsas de Eduardo Vinicius Bonelli, o Bunda Gorda, apelido que ganhou devido aos quilos a mais distribuídos pelo corpo. Com apenas 20 anos, Lucas já controlava bocas de fumo na periferia da cidade. A prosperidade precoce no mundo do crime chamou a atenção de outros traficantes. No início de 2007, Eduardo cresceu os olhos sobre as lucrativas bocas de Lucas, um simpatizante do PCC, e passou a ameaçar o rival de morte caso não lhe entregasse os pontos do bairro Solo Sagrado.

Assim como o rival, Eduardo teve uma ascensão rápida no tráfico. Funcionário de uma oficina mecânica, começou a comprar e vender drogas aos 18 anos, segundo amigos da família. Aos 23, era um dos dez donos de bocas de fumo na cidade. O jovem gostava de ostentar poder e riqueza: andava sempre com carros caros e com muito dinheiro no bolso — quando era abordado, a Polícia Militar costumava encontrar com ele até R$ 2 mil em dinheiro vivo.

No primeiro dia de outubro de 2007, Eduardo finalmente cumpriu as ameaças. Lucas voltava para casa, à noite, quando foi surpreendido por uma dupla de moto em uma rua deserta. Pressentindo o perigo, ainda tentou dar meia-volta com a moto e fugir, mas veio o primeiro tiro na perna. Ainda conseguiu erguer-se e, cambaleante, buscar abrigo em um muro, mas novo tiro entrou pelas costas. Ele deu um longo gemido, trançou as pernas como se estivesse bêbado e caiu estirado em um

COCAÍNA: A ROTA CAIPIRA 713

terreno baldio. Os dois algozes se aproximaram e viraram Lucas com a barriga para o céu estrelado. A vítima ofegava. Foi preciso uma sessão de socos e chutes para sacramentar sua morte, aos 22 anos de idade.

A vingança viria oito dias depois. Bunda Gorda foi assassinado com seis tiros à queima-roupa por comparsas de Lucas. Ele saía de um posto de combustível com o seu Audi A3 quando dois homens em uma moto fecharam o veículo. O traficante teve tempo apenas de esconder a cabeça entre os braços. Um deles sacou uma pistola e fez vários disparos contra Eduardo. Mesmo baleado, ele acelerou o carro e tentou fugir, mas alguns metros adiante bateu o automóvel em uma árvore. Nesse momento, o ocupante da garupa desceu da moto e descarregou o pente da pistola contra ele. Foram dezoito tiros, dos quais seis atingiram a vítima. Morte instantânea.

Mesmo com o assassinato dos líderes, as ameaças entre os grupos prosseguiriam nas semanas seguintes. A matança só não continuou por ordem dos "juízes" do PCC, conforme escutas da PM.

— A nossa guerra é contra o Bope — disse um deles, referindo-se à polícia.

Em Mirassol (SP), cidade vizinha a Rio Preto, nova guerra do tráfico deixaria um saldo de seis assassinatos entre 2008 e 2010. Quem iniciou o conflito foi Anderson Rodrigues da Silva, o Pezão, viciado que, para pagar dívidas de droga, se tornou pistoleiro dos traficantes do bairro Souza. A primeira missão dada a ele foi matar Lucas Augusto da Costa Silva, 15 anos, que estaria tomando conta de lucrativas bocas de fumo no bairro. O adolescente levou um único tiro fatal na cabeça, bala .38 mm, na praça central da cidade, na véspera do Natal de 2008.

Três meses depois, Marco Rodrigues Nogueira, traficante de outro bairro, o São Bernardo, foi assassinado. A polícia suspeita que, mais uma vez, a morte tenha sido encomendada a Pezão pelos traficantes do Souza, mas não conseguiu reunir provas para indiciá-lo. Em 3 de novembro de 2009, o pistoleiro executou Wellington dos Santos, o Pepeu, 22 anos, com dois tiros na cabeça, no bairro Bela Vista — o criminoso acusava a vítima de dedurá-lo à polícia por roubar uma empresa de Mirassol para financiar o tráfico.

714                    ALLAN DE ABREU

Pezão também descarregou sua violência contra outros traficantes da cidade, como Rafael. Ao separar uma briga dele com um viciado em cocaína endividado, Rafael levou uma facada na nuca e outras duas em cada uma das mãos. Por conta disso, perdeu o controle sobre o dedo mindinho da mão direita.

— Ele tava muito doido. Depois pediu desculpa. A gente era colega.

Mortos por Pezão, Lucas e Pepeu eram amigos de Fernando (nome fictício), então com 17 anos, que prometeu vingança. E não eram palavras ao vento. Apesar da pouca idade, Fernando já era dono de duas bocas de fumo do bairro Beija-Flor e também braço armado dos traficantes do bairro.

A resposta de Fernando não tardou.

Vinte e dois dias após a morte de Pepeu, o adolescente armou uma emboscada para Pezão. Ele e Maxwel Pereira Gonçalves descarregaram dois revólveres .38 mm contra o rival — os inimigos pareciam combinar apenas no calibre da bala utilizada nos crimes. Seis tiros atingiram Pezão, que morreu na hora.

Com a morte do traficante, a guerra entre os bairros deu uma trégua temporária, só rompida em 24 de outubro de 2010, quando Fernando e um menor mataram com um revólver .38 mm o estudante de farmácia Luciano Fábio Azenha, 23 anos, investigado pela polícia por envolvimento com as bocas de fumo do bairro Souza. A arma que Fernando portava era do cunhado Júlio César Figueiredo, o Tigrila, 30 anos, membro do PCC e, como o adolescente, traficante do Beija-Flor.

Foragido da polícia e jurado de morte pela gangue do Souza, Fernando ordenou que dois menores, que trabalhavam para ele na venda de drogas no bairro, arrumassem dinheiro para que fugisse. O que seria um simples roubo, porém, acabou no assassinato do moto-taxista Marcelo Letrinta, 37 anos, dois dias após a morte de Azenha. Depois de entregar R$ 300 à dupla, a vítima também foi assassinada com a arma de Tigrila.

Fernando fugiu, mas foi preso em São Paulo em 26 de novembro de 2010. Quinze dias depois, Tigrila estava com a irmã de Fernando e duas crianças dentro do carro no bairro São Bernardo quando foi executado com quatro tiros. Moradores do Souza chegaram a fazer churrasco para comemorar o assassinato. Já Fernando, segundo sua irmã, ficou transtornado com o assassinato do amigo.

— Aquilo foi trairagem. Meu irmão vai se vingar. Ele já disse que, antes de morrer, leva uns dois com ele. Não vai ficar barato — disse a irmã dele, no início de 2011.

Mais uma vez, a liderança do PCC na região ordenou o fim das tocaias. Não queria chamar a atenção da polícia para a sua principal fonte de riqueza, o narcotráfico. Mesmo assim, o próprio Fernando deu a senha de que, apesar das ordens da facção, queria vingança. Condenado a três anos de internação na Fundação Casa, Fernando soltou o grito ao deixar o Fórum de Mirassol depois de uma audiência, em janeiro de 2011:

— Vou sair matando!

A dona de casa Lucy Moreira recebeu o pior presente possível no Dia das Mães de 2010: o corpo do filho Maicon Júnior Moreira Ribeiro, 21 anos, estirado na calçada da casa, na periferia de Rio Preto, com três tiros de pistola calibre .380 mm na cabeça, peito e perna. A morte foi instantânea.

— Era madrugada e ele estava chegando de bicicleta em casa quando passou um rapaz de moto e atirou. Só ouvi o barulho e corri para a frente de casa. Na hora as pernas ficaram bambas, desmaiei.

Viciado em maconha e crack aos 12 anos e traficante desde os 16, Maicon pagou com a vida uma disputa por bocas de fumo entre gangues do Solo Sagrado e do Jardim Antunes, bairros vizinhos da zona norte da cidade. Era o segundo filho que Lucy perdia na guerra do tráfico. Em setembro de 2006, Eder Fernando Moreira, 20 anos, também fora assassinado com onze tiros na calçada de casa, no meio de uma disputa de grupos de traficantes rivais do Solo.

— Hoje a gente cria filho para morrer por causa de droga.

As estatísticas dão razão a Lucy. De 2006 a 2011, de acordo com a polícia, 42 pessoas foram assassinadas só em Rio Preto devido ao tráfico. Os crimes tiveram motivações diversas — dívida de viciados com traficantes, gangues rivais no tráfico ou mesmo roubo seguido de morte para financiar o comércio de entorpecentes. Sempre, porém, com a droga de pano de fundo.

A relação muito próxima entre droga e violência se deve às próprias características do narcotráfico: como um poder paralelo, os traficantes buscam se impor por meios violentos no território que ocupam. Os personagens desse bangue-bangue são quase sempre jovens. Dos 57 assassinados pelas drogas no norte paulista entre 2006 e 2010 cuja idade pude identificar, trinta tinham entre 16 e 25 anos. Quase sempre eram adolescentes com perspectivas econômicas e culturais reduzidas, diante de uma forte pressão social pelos bens de consumo, o tênis, a roupa de grife. Se não há meios legítimos de acesso a esses bens, o tráfico se torna um caminho válido, quase natural, e o uso de drogas, uma válvula de escape.

Essa violência protagonizada pela juventude tem sido particularmente aguda no interior do país, inclusive no estado de São Paulo. O "Mapa da Violência 2013", do sociólogo Julio Jacobo Waiselfisz, mostra que, no período de 2003 a 2011, os homicídios entre os jovens cresceram 23,6% no interior, um novo "motor da violência homicida" no Brasil. Resultado, segundo ele, da desconcentração das atividades econômicas do país aliada à precariedade dos mecanismos de segurança, "sem experiência histórica e aparelhamento para o enfrentamento das novas configurações da violência". Assim, "locais que até poucos anos atrás eram considerados tranquilos, pouco violentos, hoje vivenciam uma pesada escalada de violência".[6]

Lucy Moreira entrou em depressão depois da morte do segundo filho.

— Vivo à base de calmante. Tanto o Maicon quanto o Fernando davam trabalho, eram rebeldes demais, mas tinha amor neles. Dói muito perder dois filhos para o tráfico.

Na varanda dos fundos da casa, a lembrança de Maicon permanece viva nos caibros do telhado, onde ele, meses antes de morrer, pintou com tinta branca os epítetos que marcaram seu estilo de vida: "Moleque doido" e "Vida louca".

Um dos protagonistas da violência do tráfico no interior paulista liderou um dos quatro núcleos de traficantes investigados pela Polícia Federal na Operação Alfa, desencadeada em janeiro de 2009.[7] Trata-se de Miguel

COCAÍNA: A ROTA CAIPIRA 717

Perez Gimenez Neto, o Gordão, um homem violento e vingativo, filiado ao PCC e chefe de uma quadrilha formada por quinze pessoas que, até o início de 2009, todos os meses despejava nas bocas de fumo de São José do Rio Preto cerca de 80 quilos de cocaína, um faturamento bruto de R$ 500 mil mensais.

Com um celular nas mãos, mesmo atrás das grades, condenado por tráfico, Gimenez construiu um patrimônio avaliado pela PF em cerca de R$ 1,5 milhão. Para ditar ordens à quadrilha, chegou a gastar R$ 2 mil por mês somente em crédito de celular.

Foi na escuta desses aparelhos que a PF obteve, em detalhes, o cotidiano criminoso do grupo. A cocaína produzida na Bolívia atravessava a fronteira até a fazenda da família Galha em Cáceres (MT), escondida em caminhões de uma empreiteira de Curvelândia (MT) que executava obras na região de San Matías, do lado boliviano.

Logo que chegava um carregamento, os Galha ligavam para Gimenez Neto e ofereciam a droga.

— O menino pediu pra te explicar que pra fechar o lote é 8 reais e quinze dias o prazo [R$ 8 mil para pagamento em quinze dias] — disse Francilúcia Pereira Nascimento para o marido. Gimenez achou caro.

— Não vira não. A gente trabalha a 7 reais [R$ 7 mil o quilo].

Apesar do entrave, no dia seguinte o negócio foi fechado. Mas nem sempre Luiz Carlos Galha, o Peixe, chefe dos fornecedores em Cáceres, cumpria o acordo. Em janeiro de 2008, Gimenez reclamava da demora na chegada do pó. Pressionado pelos donos das bocas de fumo de Rio Preto, desabafou com a mulher Francilúcia:

— Tem que ir naquele desgraçado do Peixe [Luiz] e falar uns bagulhos pra ele. [...] Põe esse lazarento na linha aqui, que eu vou trocar umas ideias com ele — disse para a mulher.

Dias depois, voltou a reclamar do mato-grossense, agora ainda mais agressivo:

— Eu tô comprando arma feito louco. Vou investir o meu dinheiro todo em arma, comprei mais umas duas essa semana [...] Pode ter certeza que você vai ver o que eu vou fazer nessa cidade aí.

718 ALLAN DE ABREU

Do arsenal montado por Gimenez, a PF apreendeu quatro armas, entre elas uma pistola semiautomática e duas metralhadoras. Um dos alvos era o grupo de Luiz Galha, para quem ele havia pago R$ 150 mil por um carregamento de droga que custava a chegar ao interior paulista.

— O cara [Luiz Galha] tá tirando nós, tá foda — reclamou Gimenez para outro comparsa, Rogério Alexandre Duarte, o Boy.

— Vou meter uma bala na cabeça dele — disse Boy.

Gimenez pressionava Luiz Galha pelo fornecimento rápido de cocaína porque também ele, Gimenez, era cobrado pelos controladores das bocas de fumo de Rio Preto. Em outro diálogo captado pela PF, o traficante reclama com Boy que havia pago R$ 200 mil para Galha e que ele "não resume nada", não entregava a droga.

— Meus freguês estão tudo sem. [...] Vou perder todos os meus freguês.

Cabia à mulher de Gimenez, Francilúcia, o contato com os donos das bocas da cidade. Em um diálogo de março de 2008, um deles, não identificado pela PF, negociou a compra de "dez bermuda", que, segundo a polícia, seriam 10 quilos de pó.

— Aquele menino lá [Luiz Galha] que vocês fechava negócio da roupa [compravam droga], ele traz a roupa pra vocês ou não [entrega a droga em Rio Preto ou precisa buscar em Mato Grosso]?

— Ele traz. Quando enrola muito, a gente vai lá e traz — respondeu Francilúcia.

— Queria comprar dez bermuda [10 quilos de cocaína] à vista. Quanto eles estão fazendo nessas roupa?

— Nós compra a preço de lá [Mato Grosso]. À vista ele [Luiz] faz 7 real [R$ 7 mil o quilo].

Pelo que se nota nos diálogos, as rixas não impediram bons negócios entre Galha e Gimenez. Em uma das gravações, Boy citou uma nova qualidade de cocaína: a "escamada", um pó mais puro.

— Ele [traficante ligado a Galha] falou que resume [traz a cocaína] só a partir do dia 5 desse mês. A droga é chique. Já ouviu falar de uma tal de escamada [pó de boa qualidade]? — perguntou Duarte.

— É boa — respondeu Gimenez.

COCAÍNA: A ROTA CAIPIRA 719

— É só com ela aí que ele trabalha. Só coisa filé.

— Agiliza aí — ordenou o chefe.

O próprio Luiz Galha também sofria calote dos compradores da cocaína boliviana. Em maio de 2007, ele reclamou para um traficante de Belo Horizonte do atraso no pagamento por parte de um comparsa do mineiro:

— Cê vai passar o meu dinheiro? — perguntou Galha.

— Não, ele [traficante] não tem.

— Uai, como ele não tem?

— Ele falou pra você vim, pra você conversar com ele, pra acertar... Ele não tem, o que ele tá pegando não é dele, é dos outros.

— É dos outros, né! Ele vai ver. Eu to chegando aí, ele vai ter que cagar o meu dinheiro... Isso aí faz um ano já que ele me deve.

Para despistar a polícia, os fornecedores de Mato Grosso alteravam constantemente as estradas percorridas pelos caminhões do grupo de Gimenez.

— Eu faço esses juros de 9% [R$ 9 mil o quilo da droga] — disse um traficante para Boy, o comparsa de Gimenez. Só que aí você me dá uma força pra arrumar um caminhão aí, aí eu pago o carreto dele [motorista]. [...] Você tem que arrumar um daquele da última vez, aí eu trago o acessório dele aqui, nós põe o acessório [compartimento para ocultar a droga].

— Não tá foda esse caminhão ir praí? — perguntou Boy.

— Não tá não, tem outra rota.

A estratégia, porém, deu pouco resultado: dos 903 quilos de cocaína apreendidos pela PF nos quase dois anos de duração das investigações da Alfa, 404 quilos pertenciam à quadrilha de Rio Preto. A primeira apreensão foi em janeiro de 2008. Miguel repassou R$ 180 mil para Luiz Galha, a R$ 5,5 mil o quilo da cocaína. Da droga adquirida, 21,4 quilos acabaram apreendidos no interior paulista. Mas a perda do entorpecente não abalou os negócios de Gimenez.

— A firma não pode parar — afirmou à mulher.

Até que os próprios chefões do esquema, Luiz Galha e Gimenez, acabaram detidos. O primeiro foi preso em maio de 2008 no trajeto entre Cáceres e Ituiutaba (MG) com 58 quilos de cocaína. Com a prisão, Carlos Rodrigues Galha, irmão de Luiz, passou a gerenciar o esquema. Foi pessoalmente ao interior paulista entregar droga a Gimenez em 25 de setembro de 2008, dez dias após o chefão rio-pretense deixar a prisão. Mas a liberdade do traficante durou pouco: ele e mais quatro comparsas foram presos em flagrante com 15,8 quilos de cocaína em um posto da rodovia BR-153, em Rio Preto.

Por essa apreensão, Gimenez e Carlos Galha foram condenados, cada um, a 29 anos e 4 meses de prisão por tráfico e associação para o tráfico em setembro de 2008. Houve recurso ao Tribunal de Justiça, que reduziu a pena de Gimenez para dezoito anos e oito meses de prisão e a de Carlos Galha para dezesseis anos e quatro meses.[8]

Na Justiça Federal, em ação penal decorrente da Operação Alfa, Luiz Galha levou a maior pena: 44 anos e seis meses por tráfico internacional e associação para o tráfico. Seu irmão Carlos teve pena de treze anos de prisão por tráfico internacional. Francilúcia foi condenada a 24 anos e seis meses de prisão em regime fechado por tráfico internacional e associação. Já o ex-marido foi condenado a oito anos e dez meses de reclusão por tráfico, também em regime fechado, além de R$ 150,9 mil em multa. Rogério Duarte, o Boy, teve sentença de quinze anos e sete meses de prisão por tráfico e associação.[9] Todos recorreram ao TRF, que ainda não havia julgado o caso em novembro de 2016.

A associação entre droga e violência está longe de ser monopólio do Brasil. Essa aliança é muito mais forte do lado de cima do mundo, na guerra sangrenta travada entre os cartéis mexicanos. Uma violência tão absurda que, certo dia, um de seus protagonistas decidiu que era hora de dar no pé e se refugiar em território que se julgava a salvo: o interior paulista.

# 27

# Dupla identidade

Lucio tinha os olhos cansados da guerra das drogas.

Não que elas representassem um tempo perdido na vida do mexicano de cabelos espetados, pele morena e traços indígenas. Com elas, afinal, fizera pequena fortuna, desejo de toda ambição humana. Não fosse por elas, jamais aprenderia tão bem o melhor e o pior do homem. Nem guardaria para si tantas e desmedidas aventuras. Lucio impregnara-se nas águas turvas dos grandes cartéis do narcotráfico, que todo ano arrecadam espantosos US$ 38 bilhões na custosa tarefa de abastecer com cocaína as narinas norte-americanas, deixando para trás milhares de assassinatos.

Mas era hora de parar. Mudar radicalmente de vida, de preferência bem distante do México.

Morria assim Lucio Rueda-Bustos, personagem relevante do poderoso cartel de Juárez. Nascia Ernesto Plascência San Vicente, distinto empresário mexicano de passado nebuloso disposto a investir alguns milhões de dólares no mercado imobiliário mundo afora.

O destino ofereceu-lhe o interior paulista.

Mas antes disso veio Curitiba. Foi na capital paranaense que passou o Natal de 1998 e o Ano-Novo em Curitiba, terra natal da mulher, Cíntia Assumpção, que conhecera oito anos antes, quando ela viajava a passeio com uma tia pelas belas praias de Cancún.

— Ele nos levou para jantar, conhecer alguma coisa na cidade. Depois que nós fomos embora, trocamos telefone, e novamente ele convidou para ir até o México. Eu aceitei e depois desse convite foi quando começou o nosso relacionamento de namoro. Teve mais uma ou duas viagens e numa dessas eu fiquei grávida dele — disse Cíntia em depoimento à Justiça, transcrito no processo a que tive acesso.

Após o Ano-Novo, o casal retornou ao México, mas Ernesto decidiu mudar-se de vez para Curitiba, no fim daquele ano. Em 2000, casou-se formalmente com Cíntia no Brasil.

Começava o investimento maciço de dinheiro em terras brasileiras. Nos sete anos seguintes, o empresário transferiria para contas no Brasil, via Banco Central e doleiros, R$ 3 milhões — e ainda ficaram mais R$ 3,2 milhões na Espanha e R$ 1,4 milhão no México. Contas em nome da mulher Cíntia também serviram para internar dinheiro em solo brasileiro. Do "estado de pobreza" do início da década de 1990, de acordo com o Ministério Público Federal, a curitibana evoluiu para um patrimônio declarado de R$ 50,3 mil em 1997 e R$ 1,94 milhão sete anos depois.

O casal fundou cinco empresas, entre elas a Ametista Administração e Participações Ltda, em nome da qual adquiriram casas e apartamentos de luxo na região metropolitana de Curitiba. Com um advogado, Ernesto ainda abriu mais cinco empresas, todas para investir no setor imobiliário de Balneário Camboriú, Santa Catarina.

O interior paulista entrou na mira do empresário em 2002, quando um amigo sugeriu a ele um spa das Termas de Ibirá. Gostou tanto que morou um ano no local e decidiu investir no pequeno distrito de Ibirá, com setecentos habitantes, famoso pelas qualidades medicinais da água que brota do subsolo.

Ernesto comprou dois sítios no distrito e investiu mais de R$ 2 milhões na perfuração de poços profundos para captar água mineral. O mexicano tinha planos ambiciosos: gastar R$ 12 milhões para construir uma fábrica engarrafadora de água, além de pousada com piscinas para banhos termais.

— Ele tinha fascínio pela água de Ibirá. Dizia que o brasileiro precisava dar mais valor à água, porque no México é um produto escasso

COCAÍNA: A ROTA CAIPIRA                           723

— afirma o engenheiro Mauro Romera. Braço direito de Ernesto na cidade, era Mauro quem tomava conta dos negócios do mexicano em Ibirá, por meio da empresa Ametista.

O empresário também pretendia construir um parque aquático no distrito — para isso, criou uma empresa, a EDL Parque Aquático, mas o negócio não foi adiante. Ergueu um restaurante ao lado do balneário e comprou uma mansão no condomínio de luxo Damha, em São José do Rio Preto, cidade próxima. Rodava pela região com duas caminhonetes importadas e um automóvel Audi A4. Todos zero quilômetro.

Em Ibirá, Ernesto conheceu Luciana (nome fictício, já que ela não quis ter o nome revelado) e começaram a namorar — à jovem, vendedora de uma modesta loja de roupas na cidade, o empresário disse que havia terminado o relacionamento com Cíntia. Luciana acabou engravidando do empresário e teve uma menina.

Ernesto era um sujeito calmo, segundo Luciana me disse em entrevista exclusiva em 2008. Só não gostava muito de falar sobre a vida no México. Para justificar a fortuna — o patrimônio somado de Ernesto no Brasil atingia R$ 18 milhões, segundo o Ministério Público —, dizia que havia ganho muito dinheiro como toureiro.

— Como vocês se conheceram? — perguntei a ela.

— Eu trabalhava em uma loja na galeria do prefeito de Ibirá, que era amigo dele. Acabei conhecendo o Ernesto em uma das vezes em que ele visitou a galeria. Ele tinha acabado de chegar na região, em 2002. Estava comprando um sítio nas termas, que era a paixão dele.

— Ele se apresentava como empresário?

— Sim. Todo mundo gostava muito dele aqui.

— Como ele era?

— Era uma pessoa muito boa, que gostava de ajudar os outros. Todo ano dava uma festa para crianças carentes da cidade. O povo vinha na casa dos meus pais, me chamava, pedia para que o Ernesto ajudasse. Muita gente fez isso.

— E ele ostentava a riqueza que tinha?

— Não. Quem cruzasse com ele na rua e não o conhecesse jamais pensaria que ele era rico. Sempre andava de chinelo, bermuda e camiseta. E sempre foi muito caseiro. Não gostava de sair, de andar pela cidade. Era reservado. Gostava mesmo é de ficar no sítio. Em Rio Preto, o máximo de lazer era ir ao cinema ou a um restaurante.

— Você chegou a desconfiar dele? Nunca lhe passou pela cabeça que ele poderia ter tido alguma atividade ilícita no passado?

— Não, nunca. Essa história do toureiro ele me contava em detalhes. Acreditei na versão dele.

O que Ernesto ocultava de todos no Brasil era sua verdadeira identidade. Lucio Rueda-Bustos era um homem de passado violento e criminoso. Foi militar do Exército mexicano e chegou a tenente-coronel, mas desertou ao ser preso por tráfico de drogas no México, em 1979, segundo informou a DFS, polícia mexicana, ao governo norte-americano.

A primeira — e única — prisão de Lucio viria no ano seguinte. No início de 1980, a DEA descobriu que dois americanos, Robert Esquivel e William Friar, repassavam aviões roubados nos Estados Unidos para o ex-militar em troca de grandes carregamentos de maconha. A dupla foi detida, mas a agência antidrogas decidiu não alardear as prisões. Designou dois agentes, Elias Chavez e Abenício Cordova, para contatarem Lucio em Juárez, México, apresentando-se como traficantes ligados a Esquivel e Friar e interessados na compra de droga.

Os agentes descobriram que Lucio era dono de um laboratório de processamento de heroína instalado na cidade de Parral, estado de Chihuahua, norte do México, onde chegava a trabalhar como químico por meio período do dia na ausência do "titular". Além disso, levava uma média mensal de 180 quilos de cocaína do Peru até Guadalajara, cidade mais ao sul do país. Conversas do agente Elias com Hilario Guerra, comparsa de Lucio, atestavam a importância do ex-militar:[1]

— Lucio? — perguntou Elias.

— Ele é a lei, muito importante.

— Ele é a lei?

— Sim, um fodão [big fucker, no original].

Na madrugada do dia 31 de maio de 1980, Lucio atravessou ilegalmente a fronteira, de Juárez para El Paso, no Texas, onde se encontrou com os agentes. Os quatro seguiram viagem de 270 quilômetros até

COCAÍNA: A ROTA CAIPIRA 725

Albuquerque, Novo México, onde o negócio seria fechado. No caminho, Lucio disse que fornecia de 8 a 10 quilos de heroína por semana a um grupo de traficantes em Brownsville, Texas, e que gostaria de vender a mesma quantidade para os agentes disfarçados. Também convidou os agentes a "visitar o seu laboratório para que observassem a transformação do ópio em heroína e por fim testar a pureza do seu produto", segundo relatório posterior da DEA, e confidenciou o desejo de matar seu rival no tráfico, o mexicano Manuel Carrasco, provando o crime com a "entrega da cabeça dele em um saco" ao agente Cordova.

Ao chegarem a Albuquerque, Chavez e Cordova anunciaram suas reais identidades e prenderam Lucio por "conspiração por importar heroína e maconha e por distribuir heroína, cocaína e maconha" nos Estados Unidos. Em sua defesa, Lucio alegou que também trabalhava como agente disfarçado no México, daí a negociação de drogas, para que também pudesse prender traficantes no seu país. Como a acusação não conseguiu provas de que Lucio não era mais integrante do Exército mexicano — o que só seria atestado pela DEA anos depois —, ele acabou inocentado pelo Grande Júri Federal de Albuquerque. Anos depois, para a Justiça brasileira, ele disse que foi aos Estados Unidos comprar gado e alegou que os policiais teriam confundido gado com droga nas escutas telefônicas.

Solto, Lucio voltou ao México e se instalou de vez em Ciudad Juárez, na fronteira com os Estados Unidos, nos anos 1980. Lá, associou-se a Amado Carrillo Fuentes, líder do poderoso cartel de Juárez. A DEA calcula que Fuentes tenha acumulado uma fortuna de US$ 25 bilhões, o que fez dele o maior traficante do mundo depois de Pablo Escobar, além de homem mais rico do México. Em Juárez, Fuentes era conhecido como "o senhor dos céus" por utilizar seus 27 Boeings 727 para transportar cocaína colombiana até o território mexicano. O cartel, na época o maior do México, faturava US$ 200 milhões por semana, dos quais pelo menos 10% eram destinados a subornar autoridades mexicanas. Diferentemente de Escobar, Fuentes era discreto, pouco aparecia na mídia. Até porque raros jornalistas se atreviam a escrever sobre ele. Mas, no México, todos sabiam ser ele quem, de fato, mandava, inclusive nos políticos mexicanos.

726 ALLAN DE ABREU

No cartel, Lucio ganhou apelidos: Lucio Cabañas ou "hombre de la gorrita" — o homem do quepe, por sua origem militar. Quem detalhou o envolvimento dele com Fuentes foi o colombiano Alejandro Bernal Madrigal, antigo membro do cartel de Medellín que se aliou a Amado Fuentes. Ele havia sido preso em 1999 no México e extraditado dois anos depois para os Estados Unidos, onde se tornou colaborador da polícia em troca da redução da pena. Nessa condição, delatou inúmeros traficantes. A pedido da Polícia Federal brasileira, ele foi ouvido por policiais norte-americanos no fim de 2006 na penitenciária federal do distrito de Kendall, Flórida.

Segundo Alejandro, cabia a Lucio administrar a pista de pouso dos Boeings de Amado Fuentes em Chihuahua. Com 3 mil metros de comprimento, o local chegava a receber de trinta a quarenta aeronaves carregadas com cocaína por dia. Para garantir que os aviões pousassem em segurança, a pista era vigiada por cerca de quarenta homens fortemente armados, todos chefiados por Lucio. O perigo maior eram cartéis rivais, já que a polícia, corrompida, não era problema:

— Alguma vez Lucio Cabañas conversou com o senhor sobre como ele se assegurava de que a polícia não apareceria por lá? — perguntou o policial.

— Isso nunca foi um problema. A polícia nos ajudava. Eles cuidavam dos aviões, cuidavam das pistas, tudo isso. Às vezes, o contrato era feito com o Exército ou com os federais no México, isto é, com a polícia federal — explicou o colombiano.

— O senhor sabia se Lucio Cabañas tinha um contato direto com a polícia federal?

— É claro. Os acompanhantes que os irmãos Carrillo usavam eram comandantes da polícia federal e homens do Exército.

Alejandro conheceu Lucio em 1993, logo depois de cumprir pena de prisão por tráfico no México, quando ingressou no cartel de Juárez.

— Sob quais circunstâncias vocês se conheceram? — perguntou o policial.

— Negócios, negócios de tráfico.

COCAÍNA: A ROTA CAIPIRA 727

Como Lucio era especialista em receber aviões, ele e Alejandro tinham planos de trazer um avião grande, DC-8, quatro motores, com 30 toneladas de cocaína da Colômbia, e destruir a aeronave assim que pousasse em solo mexicano. A ideia não foi adiante, mas a amizade e os "negócios de tráfico" entre ambos perduraram por quatro anos, até 1997.

Com o tempo, de acordo com Alejandro, Lucio se tornou um sócio minoritário de Amado Fuentes e do irmão Vicente, com capacidade menor de tráfico do que o patrão, mas mesmo assim gigantesca para os padrões brasileiros:

— Qual a relação de Amado e Lucio?

— Amado e Vicente são irmãos. Lucio Cabañas é um sócio deles. Ele é um sócio minoritário, se comparado aos [irmãos] Carrillo.

— Ok. Agora o senhor disse que Lucio Cabañas era um sócio minoritário?

— Um exemplo: Amado é um senhor que trabalha com 100 toneladas por mês. Lucio poderia trabalhar com 10 toneladas por mês.

Por ser sócio, Lucio conquistaria a confiança de Amado Fuentes. Ambos eram vistos juntos com frequência. Foi o ex-militar quem apresentou parentes de sua esposa Cíntia para Amado. Mulheres que mudariam a vida de ambos. A primeira, disse Alejandro, foi Clarissa, mãe de Cíntia, uma simpática paulistana que, mesmo na casa dos 50 anos, guardava algum frescor da juventude. Tia Clarissa, como era conhecida, trazia garotas do Brasil para os homens de Amado. Elas ficavam em uma fazenda do capo em Chihuahua e nunca participavam diretamente do negócio das drogas. Amado se apaixonaria por uma, Renata, prima de Cíntia, com quem teria um filho. Outra prima dela teria um relacionamento amoroso com Carlos Colin Padilha, médico da família de Amado que, com o tempo, também se tornaria membro do cartel.

Em 1994, Clarissa levou uma médium de Curitiba, Sueli, para fazer trabalhos espirituais para Ernesto e Cíntia. De cara, ela achou o México um país estranho, em que pessoas andavam normalmente com escopetas pelas calçadas... Levada à fazenda, Sueli ficou tentada a perguntar para Cíntia com o que Amado, Lucio, Carlos e os demais, afinal, trabalhavam. A mulher de Lucio cerrou o semblante:

— Você veio aqui para trabalhar espiritualmente. Não fique fazendo perguntas...

Lucio, o "hombre de la gorrita", não era o único militar que abandonara o Exército para integrar-se ao cartel. Demorou anos para que o governo norte-americano percebesse que José de Jesús Gutierrez Rebollo, comandante da 1ª Divisão do Exército do México, era um dos principais comparsas do cartel de Juárez. Em 1996, Rebollo se tornaria chefe do INCD, elite da polícia antidrogas mexicana, e passaria a trocar informações com o serviço de inteligência da DEA.

A desconfiança dos Estados Unidos com o general começou no início de 1997, quando ele passou a exibir padrão de vida incompatível com o seu salário no Exército. Em poucas semanas a DEA descobriu que um apartamento de Rebollo havia sido adquirido por Fuentes. E a polícia mexicana obteve uma gravação em que o general pedia propina ao capo para fazer vistas grossas às atividades do cartel. O general acabaria preso semanas depois. Ele inspirou o personagem Arturo Salazar no filme *Traffic*, de Steven Soderbergh, vencedor de quatro Oscars em 2001.

Com a detenção de Rebollo, a perseguição das polícias mexicana e norte-americana a Fuentes se tornaria implacável. Acuado, o traficante decidiu fugir temporariamente para a Argentina e depois o Brasil, países onde ingressou com passaporte falso, em nome de Juan Antonio Arriaga Rangel, na companhia de Carlos Padilha e Ricardo Reyes Rincon, integrantes do cartel, em fevereiro de 1997. Primeiro eles foram para o Rio de Janeiro e em seguida para Curitiba, onde se uniram a José David Holguin Marizcal, outro integrante do grupo de Juárez. Na região metropolitana da capital paranaense, Amado Fuentes visitou a chácara Campina, em São José dos Pinhais. Gostou tanto que decidiu comprá-la por R$ 450 mil, em valores da época. A maior parte foi paga em dinheiro vivo pelo próprio Fuentes, na lavratura da escritura. No cartório, porém, foi Marizcal quem assumiu a propriedade do imóvel.

COCAÍNA: A ROTA CAIPIRA 729

Em julho, o capo retornou ao México e contratou a equipe do médico Wilfrido Barrios Chávez para se submeter a uma cirurgia plástica no rosto no hospital Santa Mónica, na capital mexicana. Seu plano era trocar de rosto e identidade — passaria a se chamar Antonio Flores Montes —, para escapar da polícia. No dia 4, foi operado durante cerca de oito horas. Dois dias depois, porém, acordou com fortes dores no rosto. Os médicos aplicaram sedativo em quantidade elevada, o que provocou a morte de Fuentes por parada cardíaca.

A suspeita imediata foi que a morte do capo havia sido tramada por membros de outro cartel rival. Toda a equipe médica responsável pela cirurgia, incluindo Chávez, seria brutalmente assassinada dias depois. Os corpos de três deles foram encontrados meses depois enfiados em tambores de óleo parcialmente cobertos de cimento e abandonados próximos a uma rodovia no México. O trio foi algemado e teve os olhos vendados antes de receber balas na nuca. As unhas terminaram arrancadas, e os corpos, queimados, antes de serem colocados nos tambores.

Horas após a morte, o corpo de Fuentes foi enviado para Culiacan, no norte do país, e enterrado. Espalharam-se rumores de que o corpo não era o do capo. A DEA teve de comparar as impressões digitais dele com as do cadáver, além de fazer testes de DNA, para comprovar que o corpo enterrado era mesmo do chefão do cartel de Juárez.

Com a morte de Fuentes, o cartel passou a ser gerenciado por um conselho formado pelos irmãos dele, Vicente e Rodolfo, e em seguida por José Alvarez Tostato, El Compadre. Mas nunca mais recuperou o prestígio e o poder dos tempos de Amado Fuentes, tanto que El Compadre acabou detido pela polícia mexicana em janeiro de 2005.

Quando soube da chácara Campina, em 1998, Renata, viúva de Amado, procurou a família dele no México para pedir auxílio financeiro.

— Daí eles perguntaram para mim o que tinha acontecido com a chácara, que eles sabiam que ele tinha comprado essa chácara.

Para ela, Amado Fuentes teria comprado o imóvel para o filho do casal. Mas a chácara fora transferida para a mãe de Cíntia, Clarissa, que já residia no imóvel, por meio de procuração assinada no México por Marizcal. Em maio de 2006, novamente a chácara trocou de dono e passou a integrar o patrimônio da empresa Ametista, de Lucio e Cíntia. Para o juiz Sérgio Fernando Moro, a transferência do bem para Celita e não para Lucio ou Cíntia "teve outros motivos, entre eles evitar o estabelecimento de um vínculo direto entre Lucio e Marizcal, que, como visto, é membro do cartel de Juárez".

Após a morte do líder do cartel de Juárez, Lucio se desvinculou do grupo, mas manteria seus negócios no tráfico. Em um certo dia de 1998, segundo depoimento de Alejandro à polícia americana, Lucio lhe telefonou, propondo parceria na compra e venda de drogas:

— Naquela época isso poderia acontecer porque o Amado morreu. [Então] Não há ciúmes, não há nenhum tipo de problema. Nós concordamos que eu receberia US$ 9 milhões, o que seria equivalente a 3 mil quilos. Eu cobrei dele US$ 3 mil por quilo, que é o custo na Colômbia.

Nessa época, Lucio já possuía investimentos no Brasil, conforme Alejandro:

— Uma vez ele comentou que gostava muito do Brasil, que ele tinha dinheiro investido no país, que se algum dia ele quisesse viver em um país que não fosse o México, ele iria viver no Brasil, que se você tiver um filho no Brasil é difícil ser extraditado.

No fim de 1999, o ex-tenente-coronel do Exército mexicano cumpriria seus planos, ao mudar-se para Curitiba e, depois, a pequena Ibirá.

Com Amado Fuentes fora do jogo e o grupo de Juárez enfraquecido, o domínio do narcotráfico em solo mexicano pulverizou-se por vários cartéis, cada qual com o seu território e suas estratégias para internar nos Estados Unidos toneladas de cocaína transportadas dos altiplanos colombianos. O mercado era garantido: a ONU estima que existam 2,3 milhões de viciados crônicos da droga nos Estados Unidos, além de outros 3 milhões de usuários casuais. Para satisfazer essa demanda, cerca de 350 toneladas de cocaína se espalham pelos Estados Unidos a partir da fronteira com o México. A maior parte cruza o oceano Pacífico em submarinos abarrotados com duas a nove toneladas de cocaína — em 2008, a polícia da Colômbia apreendeu um deles com 29,5 toneladas

COCAÍNA: A ROTA CAIPIRA 731

da droga. Mas a droga penetra o solo americano de várias formas: por navios, pequenos barcos, aviões, mulas, principalmente a partir dos estados de fronteira, como Texas, Califórnia e Arizona.

Pela localização geográfica estratégica, há tempos o México serve de porta de entrada para produtos ilegais nos Estados Unidos. Começou com a Lei Seca, quando, entre 1920 e 1933, a distribuição e comercialização de bebidas alcoólicas foram proibidas em território norte-americano, e o México passou a ser fonte de suprimento de álcool para o país vizinho. A partir do fim dos anos 1960, grupos mexicanos começaram a comercializar drogas com destino aos EUA, negócio que seria intensificado na década de 1980, quando o México se tornaria base de atuação dos grandes cartéis de cocaína colombianos, os de Cáli e Medellín. O líder desse último grupo, Pablo Escobar, ganhou o posto de maior barão do narcotráfico mundial ao estabelecer alianças com quadrilhas do tráfico instaladas no México. Com a morte de Escobar, em 1993, os grupos mexicanos assumiram o controle da rota da droga entre Colômbia e Estados Unidos. Surgiam assim os poderosos e violentos cartéis mexicanos.[2]

O de Juárez, comandado por Amado Carrillo Fuentes, foi o pioneiro. Mas a morte prematura do capo permitiu que o bilionário negócio fosse dividido em uma miríade de grupos, que hoje controlam 90% da cocaína que entra nos Estados Unidos, segundo o governo mexicano. A ONU afirma que, em 2008, esses grupos, sediados na zona de fronteira norte e na costa sul, estavam estabelecidos em 230 cidades norte-americanas, contra cerca de cem três anos antes. Somente naquele ano, os cartéis do México movimentaram na área de fronteira com os Estados Unidos 191 toneladas de cocaína pura, avaliadas em US$ 3 bilhões.

Alguns cartéis formavam alianças de cooperação para traficar grandes quantidades de cocaína, anfetamina, heroína e maconha para os EUA. Atualmente, dois grandes grupos disputam território no México. O cartel de Tijuana começou a trabalhar em parceria com o do Golfo. Várias outras organizações se uniram em uma aliança conhecida como "A Federação", representada pelos cartéis de Sinaloa, Juárez e Valência. Apesar de trabalharem juntos em determinados períodos, são organizações independentes.

732 ALLAN DE ABREU

O cartel do Golfo controla o narcotráfico no nordeste do México. Foi o primeiro a ter seu próprio grupo paramilitar, os Zetas, criado por trinta tenentes e subtenentes que desertaram das Forças Armadas mexicanas. Eles são capazes de promover complexas operações e usar armamento sofisticado. Atuam principalmente na cidade mexicana de Nuevo Laredo, na fronteira com o Texas, e lutam para manter a influência nos estados de Nuevo Leon e Tamaulipas desde a prisão do líder Osiel Cárdena, em 2003. Os Zetas são considerados os assassinos do cartel: traficam armas, promovem sequestros e recolhem os pagamentos para o grupo.

Em resposta aos Zetas do cartel do Golfo, o cartel de Sinaloa estabeleceu seu próprio braço armado, os Negros e Pelones, embora menos sofisticados que os Zetas. Edgar "La Barbie" Valdés Villarreal é o suposto líder dos Negros, grupo considerado responsável pelos crescentes ataques a policiais na cidade de Nuevo Laredo, numa tentativa de tomar o controle da polícia local. O Sinaloa detém a maior rede de distribuição de cocaína de todo o mundo e trafica cerca de 40% da cocaína que ingressa nos Estados Unidos. Seu líder é Joaquín "El Chapo" Guzmán, apontado pelo Departamento do Tesouro dos Estados Unidos como o mais poderoso traficante de drogas do mundo, com patrimônio estimado em US$ 1 bilhão. O capo leva cocaína da Colômbia para o México por meio de pequenos aviões particulares, Boeings 747, navios, barcos de pesca, lanchas e submarinos. El Chapo chegou a construir um túnel de 60 metros entre Agua Prieta, México, e Douglas, Arizona. Descoberta a estratégia, passou a enviar a droga escondida dentro de latas de pimenta jalapeña. O chefão das drogas foi detido pela primeira vez em 1993, na Guatemala, acusado de tráfico de drogas e armas, além de homicídio. Oito anos mais tarde, fugiu de um presídio de segurança máxima do México, escondido em um carro da lavanderia. Só seria capturado novamente em fevereiro de 2014, em uma operação conjunta entre as polícias dos Estados Unidos e do México.[3] Para fugir pela segunda vez, em julho de 2015, mandou construir um túnel de 1,5 quilômetro, com sistema de ventilação, que saía do banheiro de sua cela, onde não havia câmeras de vigilância, e ia até um prédio em construção na vizinhança do presídio, considerado de segurança

COCAÍNA: A ROTA CAIPIRA 733

máxima.[4] Sete funcionários da penitenciária foram presos, acusados de facilitarem a fuga do traficante.[5] El Chapo voltaria aos radares do governo mexicano seis meses mais tarde, quando o serviço de inteligência da polícia descobriu que ele iniciara contato com cineastas para produzir um filme sobre sua vida. Cercado em uma casa de Los Mochis, no estado de Sinaloa, o traficante conseguiu fugir pela rede de esgoto, mas acabou recapturado logo após roubar um carro.

O cartel de Sinaloa está em permanente conflito com o de Tijuana pelas rotas de tráfico na fronteira com a cidade americana de San Diego, na Califórnia. O Tijuana é considerado um dos mais violentos do México. Liderado pela família Arellano Félix, o grupo é retratado no filme *Traffic*, o mesmo inspirado no grupo de Carrillo Fuentes. O cartel controla o corredor Tijuana (México)–San Diego (EUA). Em setembro de 2007, a justiça mexicana sentenciou Benjamin Arellano Félix a 22 anos de prisão por crime organizado e tráfico. Um ano antes, a guarda costeira americana capturara Francisco Javier Arellano Félix — ele seria condenado à prisão perpétua. Outro irmão, Francisco Rafael Arellano Félix, foi extraditado para os EUA em setembro de 2006 e condenado por conspiração e distribuição de cocaína. Mesmo assim, o grupo continua ativo.

Além da divisão territorial, os cartéis do México também se especializaram no tráfico de tipos específicos de entorpecentes. O de Colima, liderado pelos irmãos Amezcua Contreras, é voltado para o comércio de drogas sintéticas. Opera em conjunto com o cartel de Valência, baseado na região central do país. Já o cartel de Oaxaca foca no tráfico de maconha e opera no sul do país, principalmente nos estados de Oaxaca e Chiapas, fronteira com a Guatemala. É liderado por Pedro Díaz Parada. Além do México, os cartéis locais expandiram seus negócios pela América. O mais tentacular é o cartel do Pacífico, que está presente em treze países americanos, incluindo o Brasil.

Em dezembro de 2006, o então presidente do México, Felipe Calderón, iniciou uma forte ofensiva contra a atuação dos cartéis, na época já entronizados em parte da polícia mexicana. Mobilizou cerca de 50 mil soldados e policiais federais contra o negócio bilionário do tráfico. O resultado

734 ALLAN DE ABREU

foi uma guerra entre o Estado mexicano e os cartéis, e entre os próprios grupos. O governo contabilizou vitórias: de março a outubro de 2009, 23 dos 37 líderes mais procurados dos cartéis foram detidos. Na lista dos chefões capturados estão El Chapo, Jorge Eduardo Costilla Sánchez, conhecido como El Coss, preso em setembro de 2012, e Heriberto Lazcano, morto pela Marinha do México em 7 de outubro do mesmo ano — dois dias depois, o corpo foi roubado de dentro da funerária por um bando armado. Mas a ofensiva do Estado mexicano provocou uma matança sem precedentes na história recente do país, com cerca de 60 mil assassinatos até 2014,[6] muitos deles com requintes de crueldade.

Foram várias as chacinas. Na maior delas, em agosto de 2010, 72 corpos de imigrantes latino-americanos, entre eles quatro brasileiros, foram encontrados em um rancho. Os assassinatos teriam sido cometidos pelos Zetas. Em maio de 2012, os corpos de 43 homens e seis mulheres foram encontrados em uma estrada a 180 quilômetros da fronteira com os Estados Unidos, perto da cidade de Monterrey. As vítimas foram decapitadas e tiveram as mãos cortadas. A chacina foi novamente atribuída aos Zetas.

Lucio Rueda-Bustos não protagonizou qualquer episódio da escalada de violência. Quando o governo mexicano desencadeou a guerra contra o narcotráfico, ele já estava preso na Penitenciária Estadual de Piraquara, Paraná.

Quem primeiro desconfiou do passado de Lucio foi a Polícia Civil do Paraná. Em 2004, com base em denúncia anônima, foi aberto inquérito para investigar os vínculos do mexicano com o narcotráfico. A apuração, no entanto, serviu para que os investigadores Ricardo Abilhoa e Carlos Eduardo Carneiro Garcia extorquissem o mexicano. Eles receberam US$ 1 milhão em troca do silêncio sobre a verdadeira identidade do empresário do México. Assim, o inquérito da Polícia Civil foi arquivado no fim de 2005. Naquele mesmo ano, porém, Abilhoa e Garcia chamaram a atenção da Corregedoria da Polícia Civil paranaense ao adquirir imóveis em Santa Catarina por valores incompatíveis com sua renda mensal.

COCAÍNA: A ROTA CAIPIRA 735

Abilhoa comprou um apartamento em Florianópolis no valor de R$ 300 mil, e outro em Balneário Camboriú por R$ 370 mil. Os policiais também teriam feito propostas por outros dois imóveis em Camboriú nos valores de R$ 967 mil e R$ 987 mil. Abilhoa e Garcia foram condenados pela 2ª Vara da Justiça Federal de Curitiba a oito anos e nove meses de prisão por corrupção passiva. Todos os bens dos investigadores, incluindo um carro BMW, foram bloqueados judicialmente. Ricardo Abilhoa ficou foragido da Justiça de 2005 até abril de 2007, quando se entregou e foi preso. Os dois foram demitidos da polícia.

Depois de pagar a propina, Lucio ainda manteve a farsa até o início de 2006, quando sua verdadeira identidade foi descoberta por acaso pela Polícia Federal. Ao investigar os dois policiais civis por achaques a outros empresários, a PF descobriu a extorsão contra o mexicano. Quem forneceu sua verdadeira identidade aos federais foi uma mãe de santo a quem ele recorria em Curitiba. Num pedido a ela, o mexicano dera seu nome real.

Na manhã do dia 19 de julho de 2006, Ernesto foi detido por policiais federais no aeroporto de Congonhas, em São Paulo, durante a Operação Zapata. Com a prisão, do dia para a noite Luciana passou de esposa de um empresário rico e poderoso a amante de um dos maiores narcotraficantes do México, caçado pela Interpol.

— Quando prenderam o Ernesto, onde a senhora estava? — perguntei a ela.

— Estava em Rio Preto, com a minha filha e a minha irmã. Tinha acabado de fazer compras, porque o Ernesto me disse que os pais dele viriam do México nos visitar. Quando cheguei no Damha [condomínio de luxo de Rio Preto], a Polícia Federal estava lá. Levei um baita susto. Fiquei branca na hora, as pernas tremeram. Os policiais foram muito estúpidos comigo. Eu perguntava o que eles estavam fazendo lá, revirando a casa, mas ninguém me dizia nada. Depois, me levaram até a delegacia. Só lá me disseram que o Ernesto estava preso por tráfico e lavagem de dinheiro. Fiquei na delegacia dando depoimento das 15 às 21 horas.

— A senhora teve medo de ser presa?

736       ALLAN DE ABREU

— Muito medo. Eu pensava: será que eles vão acreditar que eu não sabia de nada?

— E a reação das pessoas em Ibirá?

— No começo, todo mundo me evitava, tinha medo até de chegar perto. Fiquei rotulada como amante de traficante. Até hoje as pessoas comentam que era impossível eu não saber de nada do passado dele. É muita maldade. Dá raiva saber que pessoas que o Ernesto ajudou aqui agora falam mal dele. Sou de família humilde, mas nunca me aproveitei da situação. Tanto que fiquei sem nada. Pelo contrário: ainda carrego dívidas das compras que fiz para a chegada dos pais do Ernesto. O único bem no meu nome era a caminhonete, que a Polícia Federal apreendeu.

A ajuda da DEA foi fundamental para se chegar à verdadeira identidade de Lucio. Além do depoimento do colombiano Alejandro, o governo americano tinha sua digital e os dados familiares dele, da época em que fora preso nos Estados Unidos, em 1980. Tanto Alejandro confirmou, por fotos, que Ernesto era Lucio Cabañas, quanto as impressões digitais do empresário eram as mesmas do mexicano preso por tráfico 26 anos antes.

Foi com base nesse passado que a Justiça Federal considerou que os bens do mexicano no Brasil só poderiam ser frutos do tráfico de cocaína. Em 2007, Lucio e Cíntia foram condenados por lavagem de dinheiro. Ele pegou sete anos e meio de prisão em sentença imposta pelo juiz Sérgio Fernando Moro, então na 2ª Vara Criminal Federal de Curitiba — Moro ganharia fama anos depois ao sentenciar as ações penais decorrentes da Operação Lava Jato, da Polícia Federal. Cíntia foi condenada a quatro anos. As condenações foram confirmadas pelo Tribunal Regional Federal da 4ª Região.

No período em que ficou preso, na Penitenciária de Piraquara (PR), Luciana visitou Ernesto, em novembro de 2006.

— O que ele disse?

— Perguntou da nossa filha e pediu perdão. Eu e ele choramos muito. Ele estava abatido e magro. Emagreceu 30 quilos desde que havia sido preso.

Tentei por várias vezes entrevistar o misterioso mexicano. Mas ele manteve o silêncio. À Justiça, sempre negou chamar-se Lucio e garantiu

COCAÍNA: A ROTA CAIPIRA          737

que a fortuna investida no Brasil era proveniente da venda de uma fazenda e das atividades de um frigorífico na terra natal, embora não tenha provado no processo qualquer dos dois negócios. Por isso, os argumentos não convenceram a Justiça. "Cada movimentação de seu patrimônio, cada investimento, cada aquisição de bem, com a utilização da identidade falsa e, por conseguinte, da dissimulação da origem e da natureza do patrimônio, constitui ato criminoso de lavagem de dinheiro, por eles respondendo Lucio Rueda-Bustos", escreveu o juiz Moro na sentença.[7]

A pena de Lucio acabou reduzida pelo STJ, e o mexicano terminou de cumpri-la em 2010. Reatou o relacionamento com Luciana e regressou a Ibirá. Na cidadezinha de 10 mil habitantes, Mexicano, como é chamado, é quase uma palavra proibida. Poucos citam o seu nome, e os que o fazem têm cuidado para não se associar a ele. Entre as poucas exceções está o engenheiro Mauro Romera, sócio de Ernesto na engarrafadora de água que não chegou a sair do papel.

— Espero que um dia ele me chame para retomar nossos negócios. O Mexicano faz falta para o desenvolvimento econômico de Ibirá.

Mas todo o seu patrimônio, inicialmente avaliado em R$ 21 milhões, em valores corrigidos, escaparia de suas mãos em junho de 2013. Naquele mês, os bens foram leiloados pela Justiça Federal paranaense por R$ 13,7 milhões, incluindo a chácara em São José dos Pinhais, herança do falecido Amado Carrillo Fuentes, vendida por R$ 5 milhões.

O milionário Ernesto, promessa de redenção na cidade do interior paulista, ficou no tempo.

Em novembro de 2012, o colombiano Alejandro, delator de Lucio, seria assassinado quando entrava em um restaurante de Bogotá com a família. Ele havia obtido a liberdade no mês anterior, após dez anos de cárcere. Foi para o Panamá, mas semanas depois arriscou regressar à terra natal. Para a polícia da Colômbia, não há dúvidas de que sua morte foi encomendada por aqueles que Alejandro, por suas palavras, ajudou a pôr atrás das grades.

Por caminhos tortuosos, o interior paulista passaria também a integrar a rota do tráfico comandado pelos grandes cartéis. Unindo pontos tão distantes no mapa, um pastor evangélico acima de qualquer suspeita.

# 28

# Um pastor no tráfico

Atrás do púlpito, pastor Paulo era sempre dos mais empolgados. Teatral, ele gritava, gesticulava, premia os olhos em orações.

Aos fiéis e líderes da igreja em Sinop, nortão de Mato Grosso, Paulo Jones da Cruz Flores, homem na altura dos 40 anos, pele ligeiramente morena, olhos fundos e boca miúda, era o exemplo clarividente da prosperidade advinda da devoção a Deus. Tinha fazendas, sete empresas de aviação e dezenas de carros de luxo. Um patrimônio estimado em pelo menos R$ 150 milhões. Chegou a declarar à Receita ter R$ 10 milhões em dinheiro vivo. Algo impensável nos tempos da juventude no interior paulista, para onde se mudara o pai, Paulo Mota Flores, vindo de Mato Grosso do Sul. Paulo Jones herdou dele a religião evangélica e a profissão de mecânico de aviões. Na virada do século, decidiram fincar raízes nos confins mato-grossenses, onde uma oficina de aeronaves e uma empresa de táxi aéreo soavam negócios promissores diante de tamanhas distâncias e pouca ou nenhuma estrutura viária.

Era o início de um império empresarial.

Pastor Paulo e o pai demonstravam gratidão diante de tanto sucesso nos negócios. À noite e nos fins de semana, sempre ao lado do pai, Paulo filho exercia o dom da palavra em uma igreja evangélica de Sinop — em 2008, chegou a ser eleito segundo-secretário na Assembleia de

Deus da Missão em Mato Grosso. Empregava fiéis em suas empresas e fazendas, doava dízimos generosos aos cofres da igreja.

Mas alguns irmãos de fé passaram a duvidar que a origem de tanto dinheiro, crescente em proporções geométricas, fosse apenas o reconhecimento divino à fé de uma família. Quando a Polícia Federal debruçou-se sobre detalhes da vida do pastor Paulo, descobriu a verdadeira razão de tanta riqueza: o narcotráfico.

Já em 2000 surgiram os primeiros indícios de que a família Flores mantinha uma relação muito próxima com narcotraficantes. Na época, Paulo Mota era mecânico de aviões na oficina de Odarício Quirino Ribeiro Neto em Atibaia (SP). Odarício foi acusado pela CPI do Narcotráfico de operar um grande esquema de tráfico de drogas na rota caipira. Paulo Mota chegou a ser ouvido pela CPI, mas nada ficou provado contra ele. Desentendeu-se com Odarício e levou a família para Mato Grosso. Quando o filho assumiu a frente dos negócios, veio a prosperidade financeira.

Por muitos anos, Paulo Jones foi o elo entre os poderosos cartéis mexicanos e o interior paulista. Era o que descobriria a PF a partir de novembro de 2011, época em que a delegacia de Sinop passou a investigar os passos de Paulo Jones na Operação Veraneio, referência ao veículo predileto de sua grande coleção de automóveis. Pouco menos de um ano depois, a DRE na capital paulista também começaria apuração paralela contra o mesmo esquema, a Operação Dona Bárbara, referência a uma bela venezuelana dona de uma das fazendas usadas como base do esquema.[1] Quem primeiro surgiu nos radares dos agentes de São Paulo foram Manoel Meleiro Gonzales, empresário de pouco mais de 50 anos da capital, e Ronald Roland, de Campinas, mais jovem, que começou no mundo do crime adulterando gasolina em seus postos de combustíveis na capital paulista.[2]

Os policiais descobriram que a dupla era dona de fato de dois aviões Beech Aircraft. O primeiro deles sofreu uma pane e caiu em um condomínio de Bragança Paulista (SP) em janeiro de 2013. Quatro ocupavam o avião naquele dia, entre eles Manoel. Mesmo feridos, todos fugiram após a queda da aeronave. O segundo veio à tona após alguns meses de

COCAÍNA: A ROTA CAIPIRA 741

vigilância contínua sobre todos os passos da dupla. No dia 24 daquele mês os policiais a observaram em um hotel de Marília (SP). Na manhã do dia seguinte, Manoel e Ronald acompanharam a decolagem do avião, matrícula PR-NVO, do aeroporto de Vera Cruz, cidade vizinha onde o empresário Fausto Jorge tinha uma conhecida oficina de aeronaves. Fausto era historicamente próximo de narcotraficantes como Cabeça Branca e Jorge Rafaat Toumani e já havia sido investigado pela PF no início dos anos 2000, conforme relatado no capítulo 12, embora nada ficasse provado contra ele. No dia seguinte, 26, a polícia da Venezuela apreendeu esse avião com outra matrícula escrita na fuselagem, PR-EVD. A aeronave havia sido abandonada por piloto e copiloto pouco antes da chegada da polícia. Estava vazia, sem vestígio de droga, que, provavelmente, ainda não havia sido embarcada.

O quebra-cabeça esboçado pela PF ganharia sentido quando chegou ao delegado Rodrigo Levin, coordenador das investigações em São Paulo, ofício da DEA informando que traficantes brasileiros com aviões baseados no interior paulista estariam sendo contratados pelas Farc para levar cocaína da Venezuela para o litoral de Honduras, de onde a droga seguia por terra para o México e depois para os Estados Unidos, em rota controlada pelos cartéis mexicanos de Sinaloa e Los Zetas.

A escolha da Venezuela na logística do esquema não era aleatória. O país foi corroído pelo poder do narcotráfico. No livro *Bumerán Chávez*, o jornalista Emili Blasco acusa o ex-presidente do país Hugo Chávez de firmar parceria com as Farc e permitir que o país fosse utilizado como ponte para o envio de cocaína aos Estados Unidos, via México. Um relatório de 2009 do Departamento de Justiça norte-americano já apontava a cumplicidade de setores do governo chavista com o narcotráfico.[3] Procuradores federais acusam o comandante da Guarda Nacional Bolivariana e ex-chefe do Escritório de Combate às Drogas na Venezuela, Néstor Reverol, de receber dinheiro de traficantes para informá-los sobre operações policiais.[4]

Paulo Jones, Ronald e Manoel acompanhavam de perto a política venezuelana. Em abril de 2014, altas autoridades do país vizinho pediram ao pastor Paulo que não traficasse cocaína no país durante o período eleitoral para não dar munição à oposição, que acusava o governo chavista de acobertar a presença de narcotraficantes na Venezuela. Quando o então vice-presidente Nicolás Maduro assumiu o comando do país, Ronald entrou em contato com o pastor Paulo:

"Ei, vai mudar algo com novo presidente?"

"Uai, ganhou o vice" / "Fica tufo [tudo] igual."

Em novembro de 2015, dois sobrinhos da mulher de Maduro foram presos pela DEA no Haiti acusados de coordenar o transporte de 800 quilos de cocaína para os Estados Unidos. Investigação da agência norte-americana de 2012 já apontava que a maioria dos voos com droga destinada ao país mais rico do mundo saía do estado venezuelano de Apure, na fronteira com a Colômbia, e seguia até Honduras por um trajeto alongado de 1,9 mil milhas, fugindo dos riscos de um abate no espaço aéreo colombiano. Sempre com o transponder desligado, já que o aparelho emite sinal aos radares:

— Quando sair da Venezuela você desliga o transponder — ordenou Paulo em novembro de 2011 ao sobrinho Leandro Jones, um dos principais pilotos da quadrilha.

Só em 2014 a DEA estima que 300 toneladas de cocaína colombiana passaram pela Venezuela rumo à América do Norte.[5] O sucesso da rota dependia diretamente da corrupção dos militares que controlavam o espaço aéreo venezuelano e hondurenho. Havia uma tabela da propina para cada voo: US$ 200 mil em Honduras e US$ 360 mil na Venezuela. Quem fazia os pagamentos em nome de Paulo Jones eram Aníbal e Euder Jaramillo Perdomo, o Logan, colombianos donos de fazendas em Apure que serviam de depósito de droga das Farc. Em troca da propina, os traficantes recebiam códigos de transponder, que deveriam ser informados pelos pilotos aos operadores de radar quando ingressassem no espaço aéreo venezuelano.

As poucas vezes em que as polícias desses dois países agiram contra a quadrilha foi por motivos pontuais, como a confusão dos operadores de radar com algum avião que não houvesse subornado as pessoas devidas. Nos demais casos, mesmo após a PF brasileira encaminhar dados detalhados dos voos, não houve ação dos militares de ambos os países.

COCAÍNA: A ROTA CAIPIRA 743

Os voos eram feitos com aeronaves potentes, como Beech Aircraft, King Air, Learjet e Navajo, adaptadas com tanques extras de combustível para aumentar a autonomia de voo. Cada viagem levava entre 700 quilos e 2,5 toneladas de cocaína. Se fossem bem-sucedidas, piloto e copiloto chegavam a ganhar US$ 500 mil por frete. No Brasil, tudo era controlado por Paulo Flores, que mantinha contato com os traficantes-chave do esquema: além de Anibal e Logan, o hondurenho José Cristian Espinoza Erazo, que coordenava o recebimento dos voos e seria assassinado por um cartel rival em março de 2014,[6] e Goydo, mexicano do cartel de Sinaloa com quem Paulo Flores discutia os milionários pagamentos por cada partida de droga.

Segundo a PF, Paulo Jones chegou a reunir-se pessoalmente em São Paulo e Foz do Iguaçu com representantes do cartel, subordinados diretos de Joaquín "El Chapo" Guzmán, considerado o maior traficante do mundo atualmente, relatado no capítulo 27. El Chapo, conforme os policiais federais, era um dos principais compradores de cocaína do esquema do pastor evangélico, embora a PF não tenha flagrado negociações diretas entre ambos.

O faturamento da quadrilha de Paulo Jones era assustador. Cada quilo de cocaína pura que saía da Colômbia valendo US$ 600 chegava a Honduras a US$ 10 mil, depois no México a US$ 17 mil e finalmente nos Estados Unidos a R$ 26 mil. Por isso, cada voo rendia aos brasileiros algo em torno de US$ 5 milhões, pagos pelos cartéis mexicanos. O lucro era tão grande que muitos dos aviões, mesmo tendo custado mais de US$ 1 milhão, acabavam queimados propositalmente em Honduras, para destruir possíveis provas contra o grupo. Os pilotos regressavam em voos comerciais até o Paraguai e de lá entravam por terra no Brasil. À espera de mais um frete.

Para o pastor Paulo, o esquema parecia perfeito: afinal, a droga não passava pelo Brasil. Em 2012, no entanto, algo deu errado. No dia 3 de julho daquele ano, a polícia hondurenha e a DEA flagraram 968 quilos de cocaína em um avião Piper PA 31 Cheyenne pilotado pelos brasileiros Elias Aureliano Silva e Jorge Luiz Ferreira Bueno. A aeronave sofreu uma pane e caiu em área montanhosa próximo à cidade de Catacamas.

Elias morreu no local, enquanto Jorge foi resgatado gravemente ferido e levado a um hospital.[7] O GPS do avião, analisado pela DEA, apontou que no dia 30 de junho o Piper deixou o aeroporto de Búzios para Jacarepaguá, ambos no Rio de Janeiro, e em seguida pousou em uma pista de terra em Pederneiras, região de Bauru. Na madrugada do dia 2, deixou o interior paulista, rumou para Sinop e no mesmo dia pousou na região do Apure, Venezuela, de onde sairia no dia 3 para o leste de Honduras, onde foi apreendido.

A prisão do piloto Jorge causou apreensão em Paulo Jones, Ronald e Manoel. O trio temia que ele fosse extraditado ao Brasil pelo governo hondurenho e delatasse todo o grupo.

"Esto no puede passar", escreveu Paulo Jones para Cristian, via BBM. "Que acá me agarran."

Ronald chegou a perguntar a um dos pilotos do grupo, Marcos Julio Knorre, onde Jorge estaria preso em Honduras, já que havia um plano para resgatá-lo:

"A turma la [no país centro-americano] disse q vai invadir e tirar."

Não houve o prometido resgate, nem a extradição do piloto Jorge.

Em março de 2013, novo revés para a quadrilha. No dia 17 daquele mês, um avião Learjet decolou do aeroporto de Vera Cruz, sob os olhares de Fausto Jorge, Ronald e Manoel. A aeronave, que até janeiro daquele ano ainda estava no nome de Fausto, segundo a PF, era pilotada pelo brasileiro Osvaldo Muniz de Oliveira Júnior e pelo paraguaio Luiz Alberto Villalba Gonzales, então secretário-geral da Dinac, órgão regulador da aviação civil no Paraguai. Osvaldo foi contratado por Ronald e Manoel quando se recuperava de uma cirurgia:

— Vamo ficar bom pra trabalhar muito — disse para Manoel.

— Se Deus quiser.

— É isso aí.

No dia seguinte, foi a vez de Ronald contatá-lo pelo BBM:

"Quando você tiver alta, ja mete o pau."

O Learjet pousou no aeroporto de Sinop e ficou por algumas horas no hangar da família Flores. De lá, partiu para a Venezuela, onde, conforme a PF, seria carregado com 1 tonelada de cocaína rumo a

COCAÍNA: A ROTA CAIPIRA 745

Honduras. Mas, no dia seguinte, ao tentar pousar na região do Apure, foi abordado por militares venezuelanos. Houve troca de tiros com os traficantes, que fugiram. O avião foi incendiado propositalmente, para destruição de provas.

"O q foi q passo? Nos fizemos a nossa parte tudo certinho o pouso foi perfeito so nao contávamos com os tiros ate na cabine teve impacto aonde foi o erro?", perguntou o incrédulo piloto Osvaldo para Paulo Jones.

Duas semanas mais tarde, Osvaldo telefonou para Fausto:

— Senhor Fausto, bom dia.

— Bom dia, Muniz, fala Muniz, você não deu notícia, eu fico preocupado.

— O senhor sabe como é que foi, a tia morreu e foi aquela tragédia. [...] Mas eu vou essa semana aí e vou contar tudo pro senhor. [...] O prejuízo foi grande, viu.

— É, né.

— Nossa Senhora, o senhor precisa ver, o enterro custou caro toda vida.

A PF não sabe se o avião foi abordado pela polícia venezuelana porque a corporação brasileira avisou os militares do país vizinho ou se esses confundiram o Learjet com um Navajo que não havia pago suborno e pousou em local bem próximo, como sugeriu Ronald em diálogo com traficante não identificado:

"Eles [Navajo] entraram sem pagar [propina]" / "Eu paguei" / "Mas confundiram e fizeram 3 furos no lear" / "Depois viram q pegou a maquina errada e foram embora."

O trio decidiu então descartar a pista utilizada pelo avião, por receio de que estivesse sendo rastreada pela polícia da Venezuela:

"Resumindo, o problema esta la, a pista ta queimada, todos sabem", escreveu Paulo Jones para Ronald.

Em outra conversa com um traficante venezuelano não identificado, Paulo Jones mostrou-se contrariado por perder o avião mesmo tendo subornado os militares do país vizinho:

"La empresa tiene quien consiga los codigos", escreveu o venezuelano, em referência aos códigos repassados pelos aviões do grupo para os controladores dos radares na Venezuela, mediante suborno. "Me dicen que la fuente es un coron[e]l" / "El arreglo es directo con un coronel."

"Los codigos se consegue, pero no respectan", respondeu Paulo. "Esto se passo con el lear."

Além do prejuízo com a perda do avião, havia também os pilotos, que precisavam ser repatriados ao Brasil. No dia 20, Osvaldo acionou Manoel em um telefone convencional:

— Tamo tentando sair daqui ainda, viu. Estamos vivos.

Manoel se irritou com a conversa comprometedora fora do BBM:

— Oh, mas no telefone não dá, meu.

Logo na sequência Manoel contatou Ronald:

"O muniz e loco" / "Ligo no meu celular e comeco a falar as coisas" / "Eu desliguei na hora" / "To jogando no lixo meu celular" / "Ja era."

Os dois pilotos passaram a cobrar de Paulo, Ronald e Manoel o pagamento pelo frete. Mas o trio discordava, alegando que o voo fora malsucedido.

"Bem amigo me fizerao de palhaco mas uma vez e isso nao c faz", escreveu o paraguaio para Paulo. "Estou voltando muito magoado com tudo isso eu ja estava muuito contente pelo acordo q tinhamos chegado de receber pelo menos os 38 [mil dólares] q preciso muito p salvar a minha casa."

O trio cedeu, e o pagamento foi feito. Mas apenas ao paraguaio.

Com o brasileiro Osvaldo, o tratamento seria diferente. Irritado, Ronald chamou-o no BBM e explicou a ele a lógica do mundo do crime:

"Quer receber pega outra maquina e termina o que você começou" / "Se liga, você não esta mexendo com muleque não, e nem trabalhando com algodão-doce" / "Você ia cometer um crime e pegar sua recompensa, se a policia não deixou você cometer o crime, não tem recompensa pra ninguém."

O estresse duraria pouco. Em junho de 2013, o trio comandaria outro voo na rota interior paulista—Venezuela—Honduras, dessa vez bem-sucedido, com 1,5 tonelada de cocaína colombiana. O avião utilizado era um

COCAÍNA: A ROTA CAIPIRA 747

King Air B200, adquirido nos Estados Unidos pelo corretor de aeronaves Francesco Turriziani, de Sorocaba, em troca de US$ 50 mil, comissão paga por Paulo Jones. A aeronave foi enviada por Francesco para Ciudad del Este e em seguida para Salto del Guairá, para ganhar nacionalidade paraguaia, e depois rumou para Vera Cruz, onde passaria por reparos pelas mãos do mecânico Alceu Ventura Júnior, funcionário de Fausto Jorge e tratado como sócio por Ronald. Alceu era especialista em implantar dispositivos adicionais de combustível nas aeronaves, chamados de "mamadeiras".

Com o King Air pronto para voar até a Venezuela, Ronald e Paulo Jones debatiam como evitar que os aviões do esquema fossem confundidos com outros que não pagavam propina aos militares venezuelanos, correndo o risco de serem abatidos.

"To com o loira aqui", escreveu Ronald, referindo-se ao piloto Marcos Knorre. "Ele quer saber como os caras sabem quem pagou" / "Eles vao deslocar um caça so pra ver o prefixo?" / "Como se distingue o mocinho do bandido[?]."

Paulo não tinha respostas: "Bom. Se distinguisse nao teriam atirado no lear."

"Tem que passar nos pontos e nos horarios pre determinados", sugeriu Ronald.

"Não pode entrar na sombra! Ou seja, não pode entrar quem nao paga na sombra da gente."

Nessa época, Ronald e Manoel desconfiavam de uma possível trapaça por parte de Paulo Jones. Suspeitavam que o pastor não tivesse repassado a propina combinada aos militares da Venezuela no caso do Learjet:

"Mentiu na entrada do lear, ele nao pagou", afirmou Ronald.

"A entrada do lear ta estranho mesmo", confirmou Manoel.

O grupo rachou. E o King Air B200, comprado pelo pastor, acabou sendo tomado pela dupla Ronald-Manoel.

"Ainda to espumando", escreveu Paulo Jones para um comparsa. "Me roubaram."

Para despistar o antigo sócio, Ronald e Manoel levaram a aeronave até Bacabal, interior do Maranhão. De lá, o avião partiu para a Venezuela, pilotado por Marcos Knorre e José Cândido Gomes Souza, onde foi carregado ao máximo com cocaína, e em seguida foi para Honduras. O frete rendeu à dupla US$ 4 milhões, trazidos ao Brasil por um doleiro, via operação dólar-cabo, totalmente ilegal. Empolgado, Manoel pediu ao doleiro que enviasse uma foto do dinheiro. A imagem exibia dezenas de maços de dólares forrando o assento de um sofá:

"Nossa que lindo fala a verdade", disse Manoel.

"E bonito de ver sim" / "E como é bonito."

"Kkkkkk e lindo" / "E so o comeco amigo" / "Vamos manter bala."

O pagamento aos pilotos foi feito em malas. Com tanto dinheiro, o grupo começou a planejar nova viagem. Em julho, José Cândido enviou a Ronald fotos de uma pista de pouso em Honduras:

"Da para fazer boa pa[r]tida de futebol!!", exaltou José Cândido.

"Da pra jogar varias vezes" / "O trezentao vai trabalhar bastante", respondeu Ronaldo, citando um King Air 300 que estava sendo negociado pelo bando.

Paralelamente, Paulo Jones permaneceu com seus voos para a Venezuela. Com o tempo, segundo a PF, o pastor evangélico passou a negociar os carregamentos de cocaína diretamente com o cartel Los Zetas, sem o intermédio das Farc. Foi para o cartel mexicano o carregamento enviado a Honduras em 24 de junho. O avião, um King Air B90, havia sido adquirido por Paulo, Ronald e Manoel em Sorocaba três meses antes, quando o trio ainda atuava junto no narcotráfico. A aeronave foi levada para um hangar em Atibaia (SP), onde foram retirados os bancos de passageiros e inseridos tonéis de combustível na fuselagem, tudo para aumentar a capacidade de carga e a autonomia de voo. Levado para Sinop, o King Air seguiu para território venezuelano. Após deixar o avião com a droga em Honduras, os dois pilotos embarcaram em voo comercial até o Paraguai, e de lá, por terra, regressaram ao Brasil.

Em setembro, o pastor Paulo negociaria uma nova remessa de cocaína com Cristian Erazo e Anibal, fornecedor venezuelano da droga.

"Como está", perguntou Cristian.

"Solo pendiente del permiso de los teles", respondeu Paulo — ele aguardava a liberação dos códigos de transponder das autoridades da Venezuela para que o piloto não fosse incomodado.

COCAÍNA: A ROTA CAIPIRA 749

Dias mais tarde, Anibal repassou os códigos:

"Entrada. 4321. Prender 5 millas antes de entrar al territorio nacional x 10 minutos. Y apagarlo" / "Salida 3715. Prenderlo despues de 20 minutos. [...] Y pasar 40 millas al oeste de Barquisimeto [cidade venezuelana]."

Às 15 horas do dia 5, o avião Mitsubishi Marquise decolou da Estância Flores, em Sinop. O pastor Paulo rogou ajuda divina para que o voo fosse bem-sucedido:

"Dios los ayuede [Deus os ajude]."

"Amen", respondeu Anibal.

Ao primo Laudício, piloto do avião, o pastor retomou palavras caras às suas pregações na igreja:

"A vitória é nossa."

Mas a ajuda celeste, ao que parece, não veio. Uma pane obrigou o avião a retornar a Sinop. O pastor Paulo decidiu então enviar outra aeronave, um King Air. O aparelho foi adquirido por Francesco de uma empresa em Sorocaba. Em Sinop, teve a matrícula alterada e voou no dia 16 para Apure, onde foi carregado com 1.190 quilos de cocaína destinada a Honduras. Agentes da PF fotografaram a decolagem do avião nas proximidades da Estância Flores. Minutos depois, Paulo Jones notou a presença dos policiais pelas redondezas. Pediu para o pai, Paulo Mota, vasculhar a região de caminhonete enquanto telefonava para seu advogado:

— Tem um carro da Polícia Federal que tá desde cedo na porta da minha empresa aqui [...]. Esse povo deve estar investigando alguma coisa.

— Enchendo o saco aí? — perguntou o advogado.

— Desde cedo aí, olhando aí [ruídos] tem umas quatro horas dentro do carro lá no calor.

— Sofrimento do cacete, hein, Paulinho?

— Hehehehe.

— Faz o seguinte, Paulinho, manda uma garrafa de água gelada pro cara lá, ô.

— Já mandei o funcionário ir lá oferecer ajuda, tudo, disse que o carro estava estragado, mandei o mecânico ir lá ver... coitado dos caras, né?

O advogado gargalhou.

Enquanto isso, Ronald e Manoel se articulavam para encaminhar seus aviões na cobiçada rota Venezuela—Honduras. Em primeiro lugar, era preciso estabelecer seus próprios contatos com os fornecedores. A dupla viajou para Bogotá, onde se encontrou com Euder Perdomo, antigo parceiro dos brasileiros no esquema.

Enquanto isso, no Brasil, os policiais federais passaram a acompanhar de perto as aeronaves da dupla. Em junho de 2013, os agentes registraram a decolagem de um Navajo do aeroporto de Sorocaba rumo a Rio Verde (GO). No entanto, problemas mecânicos obrigaram os pilotos a ir até Vera Cruz. Naqueles dias, Euder confirmou para Manoel que entregara US$ 380 mil de suborno aos operadores de radar venezuelanos:

"Los tv [sigla para referir-se aos operadores]. Ja dieron dentrada. Esta. Tudo pago. Mijo."

Uma nova pane obrigou os pilotos a fazer um pouso forçado em São Félix do Araguaia (MT). Só em setembro Ronald e Manoel voltariam a se articular. Por meio de um dos seus pilotos, Harti Luís Lang, contataram Beline Nascimento Chaves, outro piloto, de Dourados (MS).

"Ja voou pesado", perguntou Harti.

"Quanto de carga coloca nesse equipamento?", devolveu Beline.

"Vai com 700K+combustível dentro."

"Quantas horas de voo?"

"7:30+/-."

No dia 11 de outubro, o Navajo decolou do Brasil em direção à Venezuela. No Apure, foi carregado com 700 quilos de cocaína, deixados no litoral hondurenho. Capitalizada, a dupla resolveu comprar mais um avião, um Learjet 35, por R$ 980 mil, em dinheiro vivo. Ao mesmo tempo, Euder se articulava na Venezuela para providenciar a pista de pouso no Apure e o suborno aos militares venezuelanos:

"Enton estamos comfirmado para. Sexta fera. Para chegar a las. 10 pm.", escreveu para o piloto Osvaldo Muniz. "Mas tenho q falar con eles. Eles pasan lo trasponder y. Dan la hora serta de chegada. [...] Vc sabe. Es muitas personas. Esperando. Y lo gastos. Y los tv. Y. Los turnos. Mijo. No es brincadera vc sabe mijo."

COCAÍNA: A ROTA CAIPIRA 751

Seguindo as recomendações de Euder, Osvaldo escreveu a Ronald que precisavam enviar uma foto do Learjet para que os militares na Venezuela soubessem as características do avião e não o atacassem. Minutos depois, Euder repassou ao piloto o horário exato em que deveriam ingressar no espaço aéreo venezuelano:

"Lo tv [operador do radar]. Me falo. 9 y 30. A 10h [das 9h30 às 10 horas]." / No pode chegar antes. No. Mijo."

Mas tanto cuidado restou inútil. Assim que entrou no espaço aéreo venezuelano, o King Air foi atacado pelos militares do país. Avariada, a aeronave fez um pouso forçado e foi apreendida. A PF não sabe se houve apreensão de cocaína. Em conversa via BBM com Ronald, Osvaldo buscava explicações:

"Moço o que aconteceu? Porque fomos atacados logo que chegamos? Nos estávamos dentro da maquina ainda! Foi tudo feito do jeito que mandaram, horario, rota, codigo! Por que isto?"

Ronald repassou então as explicações dadas minutos antes por Euder: policiais da ONA, polícia antidrogas venezuelana aparentemente fora do esquema de propina, intervieram e atacaram o avião:

"Hoje veio uma historia que uma tal de ona invadiu a sala dos radares e viu vcs entrando por denuncia."

Mas a explicação não convenceu Ronald. Desconfiado de que Euder tivesse se apropriado da propina, ele e Manoel decidiram tirá-lo do esquema. Agora, raciocinaram, poderiam caminhar sem o colombiano.

No início de 2014, as atenções de ambos se voltaram para outro avião do grupo, um King Air 300, prefixo N144AB, adquirido por US$ 1 milhão do empresário norte-americano Emir Adel Chehab, um senhor na altura dos 60 anos, calvo e ligeiramente gordo, que exportava aviões da Flórida para o Paraguai. Emir era dono de uma mansão em Ciudad del Este avaliada em US$ 1 milhão e planejava abrir uma empresa de aviação no país, onde, dizia, mantinha um "relacionamento pessoal" com o presidente paraguaio, Horacio Cartes, segundo a DEA.

A PF flagrou diálogos via BBM em que Ronald negociava diretamente com Emir a compra do King Air. Decidiu então acionar a unidade da DEA em São Paulo, que, por sua vez, solicitou ao escritório do órgão em

Miami que abordasse Emir pouco antes do empresário decolar com a aeronave com destino ao Paraguai, com escala na República Dominicana. De acordo com relatório da DEA, Emir "ficou extremamente irritado com o fato de que ele estava sendo questionado e que seus planos de voo e os conteúdos da aeronave estavam sendo investigados" e "consistentemente dava declarações conflitantes sobre a propriedade da aeronave e da maneira como ela havia sido comprada". Sem ser perguntado, disse não ser traficante de drogas nem ter relação com o tráfico. Afirmou ainda que um King Air "não seria ideal para o transporte de drogas".

— Se o senhor diz que não é traficante, como sabe disso? — questionou um dos policiais.

— Eu sei sobre um monte de coisas e sei que vocês colocam coisas em aviões para monitorar sua localização.

O voo foi abortado. Emir só entregaria o King Air no Paraguai um mês mais tarde. Segundo a PF, o avião ingressou clandestinamente no Brasil e ficou por cerca de dois meses em um hangar no aeroporto de Pederneiras, de onde foi transferido para São Félix do Araguaia (MT). Foi quando Ronald contatou o piloto Marcos Knorre e ofereceu a ele US$ 500 mil por mais um voo com cocaína da Venezuela para Honduras. Um frete tão alto era irrecusável. Marcos aceitou no ato. Naqueles dias, ele soube pelo outro piloto da quadrilha, José Cândido Gomes Souza, que os traficantes hondurenhos estavam providenciando uma pista maior para o King Air, com 2 mil metros de extensão. Paralelamente, o grupo cuidava da propina aos militares venezuelanos — dessa vez o preço foi inflacionado para US$ 450 mil.

A previsão era de que o avião voasse para o país vizinho em novembro, mas houve um problema nas bombas extras de combustível instaladas por Alceu Ventura Júnior, o mecânico de Fausto Jorge em Vera Cruz. O voo foi então adiado para o início do ano seguinte, quando o avião foi encaminhado para reparos em Bacabal, sob a supervisão de José Cândido. Além do conserto, o mecânico também cuidava da logística do voo na Venezuela e de um suborno extra de US$ 100 mil a um general do país vizinho para que o King Air ficasse em um hangar dos próprios militares, em local indicado pelos operadores de radar venezuelanos.

COCAÍNA: A ROTA CAIPIRA

753

"Parece q vamos guarda no anga dos ml [militares]", escreveu José Cândido para o piloto Marcos. "100 so pra guarda" / "O general la e [é] meu amigo..."

A PF estima que a viagem até a Venezuela tenha ocorrido no dia 15 ou 16 de fevereiro. Foram transportadas 1,8 tonelada de cocaína pura até Honduras, a serviço dos cartéis mexicanos, o que rendeu a Ronald e Manoel US$ 5,1 milhões, dinheiro trazido ao Brasil clandestinamente por um doleiro.

Paulo Jones também seguia com seus voos bem-sucedidos na mesma rota. Em 10 de dezembro de 2013, ele teria comandado o envio de impressionantes 2,5 toneladas de cocaína, conforme conversa do piloto Marcos Knorre com outro traficante brasileiro, em que se referem a Paulo como o "papa de Sinop".

A rentabilidade assustadora da rota Venezuela—Honduras—México-Estados Unidos e o baixo risco devido à corrupção das polícias venezuelana e hondurenha atraem dezenas de narcoquadrilhas, brasileiras e estrangeiras. No fim de 2013, o piloto Marcos Knorre foi contratado por outro grande traficante da rota, um brasileiro identificado pela PF apenas pelo apelido de Capi. Marcos levou 1 tonelada de cocaína até Honduras, dividida em 34 grandes fardos. O piloto disse a Capi que foi escoltado por militares hondurenhos corruptos:

"E ai o q eles fizeram", perguntou Capi.

"Acompanharam."

"Mas nao atiram", completou Capi. "Nao tem lei autorizando o abate" / "O foda q atiram depois q ta no chao" / "Mais como tinha acerto nao atiraram" / "Mesmo com acerto da um gosto de merda na boca."

A pedido dos militares hondurenhos, o avião foi incendiado assim que a cocaína foi descarregada.

"Pediram pra queimar pra eles nao terem q entrar na area", justificou Capi.

Internar os milionários lucros de cada voo com cocaína era a tarefa final da quadrilha. Paulo Jones mantinha sofisticados esquemas para lavar o dinheiro decorrente do tráfico. O pastor depositava o dinheiro diretamente na conta do doleiro goiano Juracildes Gramacho de Carvalho Júnior no México e de lá os valores eram transferidos para outra conta do doleiro em Hong Kong — para justificar as movimentações financeiras ao fisco brasileiro, Juracildes dizia importar joias do país asiático para uma loja de sua propriedade em São Paulo. O passo seguinte era entregar o dinheiro a Paulo no Brasil pelo sistema dólar-cabo — o pastor depositava a quantia para o doleiro no exterior e o doleiro entregava a Paulo igual quantia no Brasil, descontada uma taxa de 15% para Juracildes. Tudo ilegalmente, segundo a PF. Outro método do pastor era internar os lucros no Brasil com o auxílio do colombiano Marco Tulio Blanco Chacon, que de tempos em tempos enviava mulas para cruzar a fronteira por terra de Letícia até a vizinha Tabatinga (AM), onde depositavam o dinheiro em dezenas de contas bancárias em nome de laranjas a serviço de Paulo Jones. Essa pulverização, chamada no mercado financeiro de "smurfing", serve para despistar a atenção dos órgãos de controle financeiros no país. Foi dessa forma que o pastor recebeu US$ 500 mil do hondurenho Jose Cristian Erazo em setembro de 2013, dinheiro que seria usado para a compra de mais um avião:

"Mijo, averigue com los srs quando me consiguen 500 a ale" / "Que tengo q pagar uno carro aca."

"Ahorita mismo sr", respondeu Cristian.

Também foi pelo esquema de Tabatinga que Paulo Jones pagou R$ 169 mil a Fausto Jorge por um King Air B200:

"O acerto com veio fico em 169. Tudo. E o deposito e na conta da vera cruz", Manoel escreveu no BBM para Paulo em 9 de abril de 2013. No dia seguinte o dinheiro estava na conta combinada: quatro depósitos de dinheiro em espécie, da cidade amazonense para a conta no interior paulista.

"Ta pago o veio" / "Vai la e pega seu aviao", ordenou Paulo.

Um dos laranjas do pastor Paulo era um funcionário do Itamaraty em Brasília, apelidado pelo grupo de "embaixador". De acordo com a PF, a conta desse diplomata recebeu pelo menos R$ 220 mil, dinheiro de Paulo, em quatro depósitos.

"Vc mandou os valores do dr em brasilia?", perguntou Amilcar.

"Mandei todos os valores", respondeu o pastor.

Parte do dinheiro de Paulo era armazenada na casa de um subordinado, Amilcar de Moraes Lyra, em São Paulo. Somente entre os dias 12 e 21 de agosto de 2013 Amilcar recebeu R$ 1,1 milhão e US$ 200 mil do doleiro. Quando havia uma boa quantia, Paulo buscava o dinheiro vivo.

"Você chega quando aqui?", perguntou Amilcar.

"To esperando juntar 2 conto [R$ 2 milhões] ai contigo pra ir buscar", respondeu Paulo Jones.

"Meu e [é] muito risco" / "Vamos mais manso" / Nem sei o que aqui pois nao conferi mas todo dia chega muitos real."

"Ele tem que seguir te entregando" / "Eu to depositando no mexico, direto na conta dele."

"Ok mas assusta valor muito alto comprei uma mala vou colocar na mercedes prata e guardar na garagem."

Em agosto de 2013, Paulo ordenou que o primo Laucídio Borges da Cruz e o sobrinho Leandro fossem buscar o dinheiro com Amilcar. A dupla pousou o avião Cessna no aeroporto de Itu e seguiu para a capital paulista. Quando retornavam ao aeroporto com US$ 200 mil e R$ 1,17 milhão, foram abordados por agentes da PF. O dinheiro foi apreendido.

Ainda assim, Paulo continuou a dar ordens para que o doleiro entregasse dinheiro em espécie na casa de Amilcar. Juracildes prestava contas ao pastor a cada entrega:

"Tio. Hoje 258.440" / "Am[a]nha previsao e de 400 [mil]."

No dia 24 de setembro de 2013, o doleiro enviou um emissário até a casa de Amilcar para a entrega de mais dinheiro. Foi quando um grupo de agentes que havia dias vigiava o imóvel decidiu invadi-lo. Na mochila do garoto, R$ 380 mil. Na casa, mais R$ 2,3 milhões em dinheiro vivo. Paulo Jones estava no local — ao notar a chegada da PF, pulou a janela para a casa vizinha e escondeu-se dentro da caixa-d'água. Mas acabou descoberto e assumiu ser o dono do dinheiro. O empresário disse ser comum fazer negócios com valores em espécie — assegurou ter R$ 10 milhões em dinheiro vivo, declarados à Receita Federal. "Fruto dos seus negócios empresariais", como consta no depoimento dele à PF.

A PF sabia que o argumento era uma fraude.

Alguns meses antes, os agentes haviam captado conversas de Paulo em que ele pedia a um contador que modificasse sua declaração de bens de 2006, acrescentando o valor em espécie — a Receita apura fraudes no período de até cinco anos. Assim, de uma hora para outra seu patrimônio declarado saltou de R$ 300 mil para R$ 10 milhões. Só um lance de sorte na Mega-Sena ou intervenção divina explicariam enriquecimento tão súbito. A Polícia Federal armava o bote contra o pastor.

Cada vez mais prósperos, Ronald e Manoel decidiram investir em novas rotas do tráfico. Em maio de 2013, começaram a articular o envio de cocaína colombiana do Suriname para a África, de onde a droga seguiria para a Europa. Para isso, viajaram até Bogotá. "Foi uma viagem de negócios", escreveu o delegado da PF Rodrigo Levin em seu relatório final da Operação Dona Bárbara. Na capital colombiana, mantiveram contatos com grupos de traficantes, possivelmente apresentados por Euder, o antigo associado. "Foram apresentados a novas demandas e novas rotas de interesse dos traficantes colombianos."

Ainda em Bogotá, Ronald perguntou ao piloto Osvaldo Muniz qual tipo de avião teria autonomia para cruzar o Atlântico, de Paramaribo para Guiné-Bissau:

"Paramaribo para Guine Bissal [...] o melhor e o F50 custa 1500k não precisa mama [tanques extras de combustível] e leva no minimo 14 pax [pacotes]. Pode ser tambem o F200 custa 700k pode levar 10 ou 12 pax mas talvez precise de mama."

No mês seguinte, Ronald disse que o avião já estava no Suriname disponível para a nova rota:

"Quando podemos mandar para africa?"

"Eso va demorar. Unos 30. Dias."

O plano era enviar 700 quilos de cocaína pura para o continente africano:

"Vamos fazer africa com 700" / "Ja acertei praticamente tudo" / "A maquina [avião] esta na mao" / "Vamos dar um jeito de entrar pelas guianas", disse para Euder.

# COCAÍNA: A ROTA CAIPIRA

O assunto não surgiu mais nas interceptações da PF. Não se sabe se a nova rota foi realmente utilizada ou se ficou apenas na intenção. Porque, naquela mesma época, Ronald e Manoel também voltaram o foco à tradicionalíssima rota caipira. No lugar de Cessnas, empregavam helicópteros, bem ao estilo do traficante Tio Patinhas, narrado no capítulo 1. A base desse esquema era o Paraguai, onde a dupla mantinha negócios com Atilio Erico Portillo Meza, o Dr. Original, paraguaio dono da fazenda Estância Curralito, no departamento de Concepción, que servia de base para o envio de cocaína ao Brasil, segundo a PF.

No período investigado, porém, não houve voos orquestrados pela dupla Ronald e Manoel. Provavelmente, afirma o delegado Rodrigo em seu relatório, porque o piloto do grupo, Alexandre José de Oliveira Júnior, estivesse sem helicópteros Agusta, seus prediletos, disponíveis naquela época. Apesar de jovem, Alexandre era piloto experiente, dono de uma escola de aviação civil no aeroporto Campo de Marte, em São Paulo. Em 2011, acabou seduzido pelo dinheiro fácil do tráfico. Buscava a droga no Paraguai, geralmente 400 quilos, e entregava no interior paulista, Rio de Janeiro e Espírito Santo. Gabava-se de manter um esquema imune à polícia:

"Trabalho com 1 pessoa so a 3 anos" / "Ai não cai e fechado so falamos pessoalmente e dinheiro em especie."

Em 18 de janeiro de 2013, Alexandre trouxe 650 quilos de cocaína do Paraguai para o interior paulista, segundo a PF. Para o delegado Rodrigo, é provável que o piloto estivesse a serviço de Ronald, mas não há provas diretas do envolvimento do empresário, já que nessa época ainda não havia interceptação dos BBMs da quadrilha. Dois meses depois do voo, Alexandre passou a ser extorquido por policiais do Deic paulista, conforme ele próprio afirmou para Ronald — sinal de que seu esquema não era assim tão imune à ação policial:

"Helber e aroldo do deic" / "Vc conhece?"

"Não."

"Eh quem ta no meu pe" / "$$$."

Segundo a PF, ele acabou pagando "grande quantia" em propina "para não ser molestado". Mas não deixaria barato. Dias depois, o piloto afirmou para Ronald ter descoberto quem o dedurara para os policiais, e que tinha planos de assassiná-lo:

"O ganso q me entregou para o deic eu descobri quem eh, o cara sabe dos voos q eu fazia para vc e ta falando no aeroclube que eu mexo com cocaína" / "Preciso zerar ele."

O crime não chegou a ser consumado.

Fato é que Alexandre permaneceu com seus voos ilícitos, agora auxiliado por Luiz César Marcondes Machado, o Ramón, traficante da região de Sorocaba que havia deixado a cadeia em março de 2013, beneficiado com um habeas corpus no TJ, após ser flagrado em dezembro do ano anterior com 39 quilos de cocaína em Indaiatuba (SP).[8] A decisão do Tribunal seria cassada dias depois, e o traficante tornou-se desde então um foragido da Justiça.

Ramón, um rapaz de lábios salientes, era solidário com seus companheiros de crime. Menos de um mês depois de solto, articulou-se para obter um esconderijo a um piloto integrante da força aérea boliviana que escapara do cerco da PF a um avião carregado com 400 quilos de cocaína em Serrana (SP). O boliviano estava em um hotel na capital paulista, sem dinheiro para pagar as diárias. Ramón acionou Ronald e "vendeu" o piloto: experiente, sem ficha policial. Ideal para a rota caipira.

"Ele e da forca aeria não vai perde ele" / "Deu desacerto com ele esses dias" / "O B.O. de riberao p" / "Mas nao tem nome dele na policia."

Ronald mandou pagar o hotel. Sabia que podia confiar em Ramón, expert no tráfico aéreo:

"Ve se seu amigo busca pra nos uma carga em uma cidade na divisa da colombia, mais ja é brasil" / "Tem chao bom" / "Ele queria deixar 2T [duas toneladas de cocaína]" / "Eu pedi so 400 [quilos]", escreveu Ronald.

Ramón tinha experiência na rota caipira. Verificava as condições de pistas de pouso em meio aos canaviais, transmitia suas coordenadas, combinava os melhores horários para a chegada dos aviões. No final de abril de 2013, o traficante repassou dados de uma pista na zona rural de Itapetininga para outro traficante:

COCAÍNA: A ROTA CAIPIRA    759

"Aqui [...] medi da 800 [metros] mais 300 ela. Tem uma cai[í]da."

Naquele segundo semestre de 2013, Ramón decidiu investir suas fichas nos helicópteros conduzidos por Alexandre. Cabia a ele cuidar da logística da viagem entre o Paraguai e o Espírito Santo, passando pelo interior paulista e o território fluminense — como o helicóptero tem pouca autonomia de voo se comparado a um avião, necessita de pontos de abastecimento pelo caminho, providenciados por Ramón.

Em agosto daquele ano, Alexandre estava com sua escola de aviação fechada pela Anac por questões administrativas. Mais do que nunca, precisava de dinheiro, e o tráfico parecia a melhor saída. Procurou então seu colega Sidney, outro experiente piloto de helicópteros, funcionário de uma empresa na capital paulista que tinha um Agusta na frota. De pronto, segundo a PF, ele aceitou a aventura criminosa. Perfeito. Na manhã do dia 29 de agosto de 2013, a aeronave saiu de um hangar em Itatiba, região de Campinas, e seguiu rumo ao Paraguai. Era pilotada por Sidney, com Alexandre de copiloto. No país vizinho, segundo a PF, foi carregada com cerca de 500 quilos de cocaína.

Ramón aguardava o helicóptero na viagem de volta em Salto de Pirapora, região de Sorocaba. Iria reabastecer a aeronave e descarregar parte da droga. O traficante assustou-se quando viu as redondezas cercadas de policiais militares da Rota, acionados pela PF. Tratou de avisar Alexandre:

"Amigo do ceu" / "Tem umas 20 barca da rota aq [aqui] na cdd [cidade] minha aq" / "Tomara q nao tenha nada avr [a ver] com aqui."

Apesar do cerco, não houve flagrante. A droga foi descarregada, o helicóptero, reabastecido. Às 8 horas da manhã do dia seguinte, outra parada no Rio de Janeiro, e a derradeira às 17 horas, no interior capixaba.

"Missao cumprida amigo", escreveu Alexandre para outro traficante que auxiliava Ramón no apoio em solo. O pagamento ocorreu quatro dias depois em São Paulo. Em dinheiro vivo, dentro de uma mala.

O grupo animou-se com o sucesso da viagem. E poucos dias depois planejava outra remessa de cocaína:

"Preciso do seu trabalho gay", Ramón escreveu para Alexandre.

"Quando quanto e pra onde?"

"La msm gay."

"La e [é] 1000 o k [mil reais ou dólares o quilo da droga] gay so acima de 500 [quilos] porque a makina e grande."

"Me trais 650 ai t do 500 mil e [é] que eu posso da no maximo."

Mas Ramón seria preso em outubro em um shopping de Sorocaba. Carregava R$ 393 mil em uma bolsa, dinheiro que seria entregue a dois paraguaios em troca de cocaína e dois fuzis.

A prisão adiou a próxima viagem de Alexandre na rota caipira. Mas não a impediu. O professor de aviação tratou de aliciar outro piloto, Rogério Almeida Antunes.

"Vc ja foi pro py?"

"Já."

"Vc teria a manha de ir la? La e [é] sussegado mas to sem esquilo [tipo de helicóptero]" / "Entao se vc tiver interesse da de ganhar por dia sai de bh [Belo Horizonte, onde Rogério trabalhava] as 7 da manha e volta as 18h trazendo 400 k pago o translado e te pago 50 mil" / "Da de ganhar 100 mil por mes trabalhando 2 dias por mes."

Rogério aceitou a proposta. Mas pediu para Alexandre aguardar o dia em que o helicóptero pilotado por ele não fosse usado por seu patrão, o senador José Perrella de Oliveira Costa, o Zezé Perrella. Além de piloto da empresa do senador, a Limeira Agropecuária, Rogério era funcionário comissionado na Assembleia Legislativa mineira, indicado pelo filho de Zezé, o deputado Gustavo Perrella.[9]

"Só deixa eu pegar um dia que a maquina vai ficar parada...são políticos então voa muito", escreveu. "Tá um poco corrido aqui mas eu arrumo um dia" / "Pra fazer o corre".

O próprio Alexandre chegou a ser aliciado por Ronald para conduzir aviões na rota Venezuela—Honduras:

"Preciso de um copiloto que intenda um pouco", disse Ronald.

"Eu sou uma makina de navegar", gabou-se o piloto.

"Quer ir?"

"Pra onde?"

"Honda."

"Qto pagam?"

COCAÍNA: A ROTA CAIPIRA 761

"300 us [US$ 300 mil]."

"Mas ta comprado o transponder [funcionários do radar]?" / "Não vao nos abater?"

"Claro q esta" / "Eu nao vou colocar ninguém em fria e nem perder 2 milhoes de dolares que paguei na maquina."

Mas o foco de Alexandre estava na rota caipira. Sem esperar pelo piloto Rogério, Alexandre decidiu usar o mesmo Agusta pilotado por Sidney para buscar uma nova remessa de cocaína no Paraguai. A dupla saiu de São Paulo no dia 20 de novembro, mas uma pane obrigou a pousarem em Avaré (SP). Sidney, segundo a PF, retornou à capital, pois tinha outros voos programados para os próximos dias. Mas Alexandre não desistiu e passou a articular um novo helicóptero para a viagem. Lembrou-se então de Rogério. O piloto mineiro aceitou a proposta e decidiu pegar uma aeronave modelo Robinson R66 em nome da Limeira Agropecuária — segundo a PF, não há indícios de que o senador soubesse da viagem.

No dia 22, Alexandre e Rogério saíram com o helicóptero do Campo de Marte, na capital paulista, e pernoitaram em Avaré devido à chuva. No dia seguinte, reabasteceram em Porecatu (PR) e seguiram para Pedro Juan Caballero, onde a aeronave foi carregada com 445 quilos de cocaína. No retorno, nova parada no norte paranaense até Jarinu (SP). Lá a droga foi armazenada e o helicóptero foi para o Campo de Marte. No dia 24, a cocaína foi recolocada na aeronave e a dupla decolou para reabastecer em Divinópolis (MG) com destino final no interior capixaba. Às 18h30, o helicóptero pousou em uma fazenda de Brejetuba (ES). Logo em seguida, dois carros se aproximaram do Robinson R66 para descarregar a droga. Naquele momento, agentes da PF escondidos na mata invadiram o descampado. Alexandre, Rogério e os dois motoristas dos automóveis foram presos em flagrante. Em depoimento à polícia, Alexandre disse que foi contratado para levar uma carga de São Paulo até o Espírito Santo e que desconhecia o conteúdo que transportava. Até novembro de 2016 a ação penal ainda não havia sido julgada.[10]

A fase ostensiva da Operação Veraneio foi deflagrada na manhã do dia 4 de novembro de 2014. Sete pessoas foram presas, incluindo os

762          ALLAN DE ABREU

líderes — os agentes apreenderam R$ 13,4 milhões em dinheiro vivo com integrantes do grupo do pastor Paulo. Também foram bloqueados R$ 134 milhões em imóveis e apreendidos nove aviões. Todos os detidos seriam soltos dias depois por decisão da Justiça, e desde então respondem ao processo em liberdade, denunciados por tráfico internacional de drogas, associação para o tráfico e participação em organização criminosa, já que, ainda que a cocaína não tenha passado pelo Brasil na rota Venezuela—Honduras, o interior dos aviões brasileiros que transportaram esse entorpecente é considerado pelo Código Penal extensão do território brasileiro. As ações penais, que tramitam na Justiça Federal de Sinop, não haviam sido julgadas em novembro de 2016.[11] Fausto Jorge e o norte-americano Emir Chehab não foram indiciados nas duas operações da PF por falta de provas.

A ação da PF não impediu que mais brasileiros fossem aliciados para a lucrativa e segura rota do tráfico Venezuela—Honduras. Em junho de 2015, o brasileiro Flavio Augusto Gomez, sobrinho de um piloto investigado na Operação Dona Bárbara, foi encontrado pela polícia hondurenha internado em um hospital após ter se acidentado no interior do país com um avião carregado com tabletes de cocaína. O entorpecente desapareceu da aeronave. "Presume-se que a droga foi furtada por moradores da região", informou o jornal *La Prensa*.[12] "Mentira. A polícia de lá deve ter desviado a droga", disse um policial brasileiro que participou das investigações.

Entreposto estratégico para descarregar cocaína, base logística para guardar aviões destinados à rota do norte. O interior paulista também serviria ao interesse de capos colombianos, como Jorge Ordoñez, interessados na limpeza de seus milhões de dólares impregnados com as digitais do tráfico.

# 29

# Lavanderia colombiana

Tudo começou no fim de 2007, quando Carlos José Luna dos Santos, empresário de Manaus, espalhou pela cidade que um amigo de Curitiba queria vender um avião Gulfstream G1, potente bimotor com autonomia suficiente para cruzar oceanos. Semanas depois, Santos foi procurado por um colombiano, Javier Hernando Ruiz Mantilla, interessado na aeronave. Em janeiro de 2008, ele e Mantilla viajaram até o Paraná para ver o avião. A venda ficou acertada em US$ 980 mil, pagos em duas parcelas. Mas o colombiano faria outra proposta ao empresário: registrar o G1 em nome do brasileiro, em troca de US$ 10 mil. Era o início de um negócio de táxi aéreo planejado no interior paulista para servir de base para um grande esquema de tráfico de cocaína da Colômbia para a Europa e, ao mesmo tempo, lavar o dinheiro sujo das drogas.

Mas o brasileiro só perceberia a enrascada em que se metera sete meses mais tarde. Em julho, viajou com Mantilla em voo comercial para Bogotá e Cidade do Panamá. O objetivo era formalizar a transferência do G1 para Santos. Na capital da Colômbia, ele e Mantilla andavam em carros blindados, sempre com seguranças. No banco de trás, o empresário brasileiro se assustou com o que ouviu: os colombianos comentavam o preço da cocaína — US$ 8,5 mil o quilo — e falavam no transporte aéreo de 300 a 350 quilos da droga.

— Eu entendi na conversa que na República Dominicana estava bom o preço, porque lá estava em falta; eu entendi que estavam falando de cocaína, eles falavam muito em código, eu percebi pelo jeito de falar meio estranho. Eu fiquei com medo — diria depois o empresário em depoimento à Justiça.

Em Bogotá, Santos conheceu Kike, apelido de Jorge Enrique Rincón Ordoñez. Sem saber, o manauara trocava aperto de mãos com um dos maiores traficantes da Colômbia na época, de estreitas ligações com grupos paramilitares de direita, as AUC (Autodefensas Unidas de Colombia), e com o cartel do Norte do Vale de Juan Carlos Ramírez Abadía. Ordoñez ficara preso no país entre 1997 e 2005, condenado por estelionato e falsidade documental. Além disso, era procurado nos Estados Unidos, onde respondia a ações penais na Flórida por tráfico e lavagem de dinheiro.

Mas, naquele primeiro encontro, Ordoñez pareceu a Santos apenas um pacato empresário da aviação, gentil e sempre vestido com ternos Armani impecáveis. Ordoñez estivera pela primeira vez no Brasil em 2006. Fora recebido por um compatriota, Willian Encizo Suarez, radicado em São Paulo desde o início dos anos 2000. A partir desse encontro, Suarez se tornaria uma espécie de gerente informal dos negócios que o capo queria implantar em terras brasileiras. Suarez participou, ainda naquele ano, de um encontro no Campo de Marte, em São Paulo, entre Ordoñez e João Luiz Malagó, empresário de Jales (SP) que ganhava a vida com a compra e venda de aeronaves no Brasil e nos Estados Unidos. Suarez diria depois à Justiça que Malagó ofereceu a Ordoñez um avião e um helicóptero por US$ 1,5 milhão. O colombiano se interessou, quis comprar tudo. Depois, voltaram para o hotel onde Ordoñez estava hospedado. Sentaram-se a uma mesa próxima à recepção. O chefão colombiano disse que queria comprar um avião na Espanha e propôs a Malagó ir até lá para comprar a aeronave. Deu US$ 10 mil para o brasileiro e prometeu outros US$ 10 mil dali a alguns dias para custear a viagem. Mas o dinheiro restante nunca chegou. Furioso, o brasileiro telefonou para Suarez:

— Vocês não têm 10 mil dólares, como vão pagar o avião?

COCAÍNA: A ROTA CAIPIRA 765

Os negócios do Campo de Marte e o da Espanha fracassaram.

— Eles se apresentavam como empresários do Uruguai. Mas passei a desconfiar quando notei que Ordoñez gostava de ostentação e pagava tudo em dinheiro vivo —disse-me Malagó.[1]

Embora o empresário de Jales nunca tenha sido condenado por tráfico, sua história confunde-se com a de grandes traficantes mundo afora.

Em 16 de setembro de 2007, a empresa de compra e venda de aviões de Malagó na Flórida, a Donna Blue Aircraft, venderia um jato Gulfstream 2 para um piloto norte-americano, Clyde O'Connor, por US$ 2 milhões. Apenas oito dias depois, o mesmo avião cairia na península de Yucatán, México, com 3,7 toneladas de cocaína a bordo. A droga, segundo a DEA, pertencia ao mexicano Joaquín "El Chapo" Guzmán, um dos maiores narcotraficantes do mundo.[2]

— Eu estava de férias em Goiânia quando um repórter do jornal *Washington Post* me telefonou falando do avião. Levei um susto. O avião nem havia sido transferido para o novo dono e foi encontrado com essa quantia de cocaína.

Dias depois, a pedido do governo norte-americano, o empresário retornou aos Estados Unidos. Ele ficaria sete meses preso no país, acusado de tráfico de drogas e lavagem de dinheiro. O processo só se encerraria quase sete anos depois, em março de 2014, quando o brasileiro foi inocentado — ele seria condenado em outro episódio, por descaminho, ao importar irregularmente um avião norte-americano apreendido pela Receita Federal em 2006 no hangar de sua empresa em Jales.

Malagó disse ter tirado uma lição do caso Ordoñez:

— Não vendo mais aviões para colombianos. Pode ser perigoso, e não há como você controlar o que farão com a aeronave depois de comprá-la.

O empresário brasileiro também fora sócio do norte-americano Larry Peters na Atlantic Alcohol, que importava etanol do Brasil. Em novembro de 2004, um Beechcraft King Air 200 vendido por Peters a um venezuelano foi apreendido em um campo de algodão da Nicarágua com 1,1 tonelada de cocaína.[3]

O próprio Ordoñez comprou um avião G2 de Peters, segundo a PF. Sua intenção era montar uma empresa de táxi aéreo no Brasil, a

Presidential Air, com bases em Ribeirão Preto e Campinas, no interior de São Paulo. O colombiano tinha um G2 no aeroporto de Ribeirão. Chegou a interessar-se por um hangar em Bragança Paulista, mas o negócio não vingou. O dinheiro para investir na empresa viria do Panamá, base dos negócios de Ordoñez, e passaria por contas no Uruguai antes de entrar pelo sul do Brasil.

— O interior paulista estava nos planos de Ordoñez, tendo ele, inclusive, visto alguns aviões e visitado hangares para adquiri-los. A ideia era comprar o hangar e os aviões em nome de laranjas brasileiros, como Carlos José Luna dos Santos, para que não houvesse qualquer ligação das empresas com colombianos — disse o delegado Ricardo Hiroshi Ishida, que coordenou as investigações do esquema.[4]

Durante conversa em espanhol com a mulher, traduzida pela PF, Suarez deixou clara a intenção do grupo em desvincular o negócio dos colombianos:

— Depois te explico o negócio do táxi aéreo porque não sabe [...] como te explico? Você tem uma arma, certo?

— Certo.

— Se você tem uma arma guardada em Alphaville [bairro nobre da capital paulista], tudo bem. Mas se você tem arma guardada dentro da favela é perigoso, me entende?

— Sim.

— O que estão querendo é não passar pela Colômbia. Nada que tem a ver com Colômbia. Porque todos os aviões que têm a ver com a Colômbia vão ficar em cima de todo mundo. E o hangar tem a ver com Curitiba, [...] Campinas. [...] Porque colombianos com aviões desse tipo, vixe, perigosíssimo![5]

Suarez contava com a plena confiança do capo. O gerente instalou o escritório da Presidential Air em São Paulo e ganhou de Ordoñez um carro zero quilômetro, comprado por R$ 64 mil em dinheiro vivo — cédulas de 500 euros. Em uma das viagens ao Brasil, Ordoñez entregou a Suarez US$ 100 mil e pediu para o subordinado guardar o dinheiro em sua casa, na capital paulista. Com o tempo, Suarez entendeu melhor o real negócio do patrão. Foi durante visita a um

COCAÍNA: A ROTA CAIPIRA                                767

hangar de Campinas, onde Ordoñez se interessou por um hidroavião Albatroz e um Lear Jet. O chefe parecia empolgado:

— Esse avião pode fazer carregamentos pequenos de *melcocha* da Venezuela à República Dominicana, para fazer fluxo de caixa — disse, apontando para o Lear Jet, na versão de Suarez à Justiça. Agora, esse hidroavião poderia ser carregado em locais não vigiados.[6]

Suarez logo entendeu do que o chefe estava falando. *Melcocha* é um doce colombiano que na gíria do país significa cocaína...

Daí em diante, Ordoñez abriu o jogo para o seu gerente no Brasil. Na versão de Suarez, o patrão disse a ele que o objetivo da Presidential Air era levar cocaína em aviões Gulfstream e Boeings 727 da Venezuela até Burkina Faso, na África central, de onde a droga seria transportada para a Europa. Enquanto o Boeing transportava enormes quantidades da droga, o G1 tinha boa autonomia de voo e poderia decolar com pistas curtas, como são a maioria das pistas clandestinas nesses países.

— Ele falava que tem que funcionar como empresa. A ideia dele era enviar o avião para uma viagem a Honduras e enviar uma mercadoria, e depois disso colocar o avião para fazer um serviço normal de táxi aéreo. [...] Essa rota do 727 Jorge disse que era para manter a imagem da empresa e sustentar a linha de viagens com credibilidade, e para não gerar suspeitas, que é o principal — diria o gerente à Justiça.[7]

Suarez também especulou sobre o esquema do patrão com Javier Mantilla, braço direito de Ordoñez na Colômbia:

— Perguntei a Javier se o avião G1 era para traficar e perguntei que capacidade tinha. Javier confirmou a finalidade e disse que tinha capacidade para levar de 3 a 4 toneladas de *melcocha*. Aí fiz novamente a pergunta do 727 da África e ele falou que dava para levar aproximadamente 20 toneladas de *melcocha* a Burkina Faso, porque [...] as autoridades estão todas envolvidas no negócio [...]. Aí novamente perguntei como teriam contatos [em Burkina] estando tão longe do país. Ele respondeu que isso já estava falado na Colômbia [...] com um grupo chamado "los burkos". [...] Nessa hora Javier me disse que tinha que fazer uma linha normal para lá, fazer viagens que não gerassem suspeitas, tipo carregamento de alimentos.[8]

Foi no rastro de Suarez que a Polícia Federal desvendaria todo o esquema. Fontes da PF disseram que um colombiano no Brasil tentava acessar contas milionárias em bancos no exterior. Era Suarez. No início, os agentes pensavam que ele fosse ligado a Abadía. Mas, com base em campanas, interceptações telefônicas e troca de informações com a DEA, chegaram a Ordoñez.

A operação, batizada de Aquário em referência a Abadía, que na época ainda estava preso no Brasil, foi desencadeada em fevereiro de 2009. Cinco colombianos e dois brasileiros foram presos preventivamente por determinação da 6ª Vara Federal Criminal de São Paulo. Com Mantilla a PF apreendeu um pen drive contendo arquivos com coordenadas de voos partindo de Caracas para Burkina Faso, Honduras e Guiné. Suarez fez acordo de delação premiada com a Justiça e narrou em detalhes todo o esquema. Em setembro daquele ano, o juiz Fausto Martin de Sanctis condenaria quatro por lavagem de dinheiro e formação de quadrilha. Ordoñez teve a maior pena: onze anos de prisão, seguido de Mantilla (nove anos e meio), o brasileiro Santos (sete anos) e Suarez (quatro anos e nove meses). Os tribunais superiores apenas reduziram a pena de Suarez, mantendo as demais. O processo já foi encerrado.

A Justiça confiscou os dois aviões Gulfstream de Ordoñez e cedeu as aeronaves para a Coordenadoria Geral de Policiamento Aéreo da Secretaria de Segurança Pública de Mato Grosso do Sul.

O governo norte-americano solicitou a extradição do capo colombiano para que ele seja julgado nos Estados Unidos por narcotráfico e lavagem de dinheiro. O STF autorizou a extradição após cumprimento da pena na penitenciária de Itaí (SP). Procurado, aceitou falar comigo pessoalmente, mas o acesso ao presídio foi negado pela Secretaria Estadual de Administração Penitenciária.

Na metade da primeira década dos anos 2000, o Brasil tornou-se refúgio para grandes traficantes de cocaína da Colômbia. A explicação, para juízes e delegados, está na maior diversidade econômica do país em relação aos seus vizinhos na América do Sul, que permite maior discrição na movimentação financeira, a boa infraestrutura de transportes, as leis brandas e a corrupção, que facilita a lavagem de dinheiro em grande escala, o suborno de policiais, a cooptação de laranjas e a compra de bens com dinheiro vivo.

— Não há rigor algum dos cartórios em aceitar a compra de imóveis caríssimos em dinheiro vivo. Além disso, por aqui não existe prisão perpétua, como nos Estados Unidos, e há progressão de pena — argumenta o desembargador Fausto Martin de Sanctis.[9]

Além de Ordoñez, Abadía e Pablo Rayo Montano, preso na capital paulista em 2006, outro megatraficante prosperou em solo brasileiro com um engenhoso esquema de tráfico de cocaína para a Europa, com quartéis-generais em São Paulo e Sorocaba (SP). Chamava-se Gustavo Durán Bautista. Em décadas de combate ao tráfico, a PF considera Gustavo o traficante mais difícil de ser desmascarado. Basta saber como funcionavam seus negócios para entender por quê.

O colombiano Gustavo Durán Bautista, homem robusto de cabelos levemente grisalhos, pisou pela primeira vez no Brasil em 1994. Vinha disposto a usar o país como corredor para a cocaína trazida da Bolívia e Colômbia com destino à Europa. Comprou uma mansão no Morumbi, bairro nobre de São Paulo, de onde passou a comandar seus negócios, e cercou-se de parentes, todos de sua estrita confiança. O esquema, centralizado na capital e em Sorocaba, duraria longos treze anos, graças à possível corrupção de uma juíza, às precauções extremas da quadrilha e a falhas da investigação. Nesse período, os negócios de Gustavo cresceram: sua fortuna foi estimada pela Polícia Federal em pelo menos US$ 100 milhões.

O primeiro rastro deixado por Gustavo viria em junho de 1996, quando o também colombiano David Jaimes Tarazona e Yasmine Pereira Sales, ex-mulher de Gustavo, foram presos em flagrante pela polícia boliviana com 25,7 quilos de cocaína na região de Santa Cruz de la Sierra. Em seu depoimento à polícia, Yasmine disse que Gustavo se valia dos contatos de Tarazona na Bolívia para importar cocaína até o estado de São Paulo, via rota caipira, e em seguida transportá-la para a Itália. Gustavo foi processado por tráfico na Bolívia, mas nunca foi preso. Continuou no Brasil, onde incrementou seus métodos para levar cocaína à Europa.

Em Juazeiro, interior da Bahia, o colombiano comprou a fazenda Mariad, às margens do rio São Francisco, e montou uma megaestrutura para produzir e exportar uva, manga e melão para a Holanda. Eram 200 hectares de plantio irrigado, mais de 2 mil empregados e uma produção anual de 1,2 mil toneladas de fruta. A prosperidade da Mariad contrastava com as propriedades vizinhas do sertão baiano, afundadas em dívidas. Ninguém sabia ao certo o segredo do sucesso agrícola da Mariad. A explicação estava oculta nas embalagens onde as frutas eram embaladas: entre duas camadas de papelão, finas embalagens recheadas de cocaína adquirida das Farc, na Colômbia. Toda a carga tinha destino certo, a Eurosouth International BV e a South American BV, na Holanda. Embora estivessem em nome de testas de ferro, as firmas também pertenciam ao colombiano, sob administração do holandês Krishna Koemar Khoenkhoen, o Roby. Ao exportar para si mesmo, Gustavo reduzia os riscos do negócio, que alcançava vários países, como ele deixou claro em diálogo ao telefone com uma mulher em São Paulo:[10]

— Eu tenho uma comercializadora na Holanda que é minha, eu tenho empaque lá, [...] eu exporto tudo pra mim mesmo.

— Tudo pra Holanda?

— Tudo pra Holanda, eu exporto de Uruguai, de Argentina, de Chile, de Costa Rica, e estou comercializando este ano na Índia também.

O uso das frutas como disfarce também não era gratuito, conforme destacou o delegado Valdson José Rabelo em relatório da PF:

"A droga segue em caixas contendo frutas altamente perecíveis e em contêineres refrigerados, os quais, pelas próprias características, dificilmente são selecionados pelas autoridades aduaneiras ou policiais para serem fiscalizados, ainda mais quando a exportação é em larga escala."

Da Holanda, a cocaína com alto índice de pureza era distribuída por Roby para traficantes menores europeus. A PF calcula que Gustavo tenha remetido pelo menos 5 toneladas de cocaína com alto grau de

COCAÍNA: A ROTA CAIPIRA                    771

pureza para o continente europeu. Os lucros do colombiano eram movimentados por mulas e lavados por meio da offshore uruguaia Varcel Investment S/A, com aplicações em bancos e empresas ao redor do mundo, entre eles o Royal Bank of Canada, com US$ 4 milhões, e quantia igual na empresa suíça Contifina — nesse mesmo país, Gustavo possuía US$ 3 milhões distribuídos em dez contas bancárias do HSBC.[11] Ele também tinha US$ 1,7 milhão em uma factoring no Brasil, a A.M. Fomento Mercantil, usada, segundo a PF, para lavar dinheiro do tráfico, assim como uma garagem de veículos no Jardim Paulista, São Paulo, onde o colombiano investiu R$ 1,5 milhão.

As quantias de dinheiro movimentadas na empresa Mariad Importação e Exportação de Gêneros Alimentícios, proprietária da fazenda homônima na Bahia, eram superlativas. Uma auditoria de 2005 constatou R$ 35 milhões de "recebimento de recursos sem origem precisa" — leia-se, tráfico de drogas. Gustavo via seu poder no tráfico crescer a cada ano, longe dos radares da polícia.

Mas não por muito tempo.

A PF chegou ao capo colombiano por acaso. Em outubro de 2001, funcionários do Ministério do Trabalho faziam fiscalizações de rotina nas fazendas da região de Juazeiro, em busca de irregularidades trabalhistas. Por questão de segurança, eram escoltados por uma equipe de agentes da Polícia Federal. Na manhã do dia 8, a equipe entrou na fazenda Mariad. Gustavo e a mulher, a venezuelana Isabel Mejias Rosales, estavam lá. Em vez de trabalhadores sem registro em carteira ou com jornada excessiva, irregularidades comuns na região, fiscais e policiais se depararam com um cenário ainda mais grave: em um dos galpões da Mariad, encontraram 225 caixas para embalar mangas com fundo falso e 195 tampas para cobrir esses fundos, além de duas prensas e outros petrechos para embalar cocaína e esconder nas caixas. Da droga, havia 108 gramas, em três invólucros que se ajustavam perfeitamente nas depressões do papelão das caixas de frutas. Foram presos em flagrante Gustavo, a mulher e mais três comparsas.

Apesar de todas as evidências de que a fazenda de Gustavo servia de entreposto para o narcotráfico internacional, meses depois todos seriam absolvidos pela juíza Olga Regina Santiago Guimarães, com exceção de um, o também colombiano Roberto Mardones González, que assumiu sozinho a posse da droga e seria condenado apenas por porte ilegal de entorpecente — em 2005, ele seria extraditado para a Bélgica, onde fora processado por tráfico de 100 quilos de cocaína, apreendidos nove anos antes. Como não houve recurso dos promotores baianos, o processo foi encerrado.

Os motivos da absolvição só ficariam claros para a PF em 2006, quando conversas telefônicas de Gustavo interceptadas com autorização da Justiça em São Paulo demonstraram um relacionamento mais do que suspeito da juíza com o colombiano. Em uma ligação, a magistrada disse ter estado na Polícia Federal para verificar se os nomes dos absolvidos haviam sido retirados das fichas criminais:

— Resolveu tudo direitinho, a publicação? Do Diário Oficial? — perguntou a juíza.

— Sim, já tiraram, já tiraram — confirmou o colombiano.

— Eu estive lá na Polícia Federal e tudo, outros antecedentes, tudo ok, entendeu?

— Tá bom, doutora, amanhã eu vou colocar aquele negócio que o Baldoíno me falou — para a PF, o colombiano se referia a um depósito na conta bancária do marido de Olga, Baldoíno.

Para o delegado da PF Rodrigo Levin, "há provas de que Olga tinha um relacionamento suspeito com o investigado Gustavo, e que teria recebido dinheiro para absolvê-lo". A dra. Olga, o marido Baldoíno — que chegou a ser preso em 2007 — e Gustavo respondem a processo por corrupção no Tribunal de Justiça da Bahia, não julgado em novembro de 2016.[12] Um processo disciplinar contra a magistrada foi instaurado pela Corregedoria do TJ baiano,[13] mas a investigação pouco avançou até 2013, quando a sindicância foi transferida para o Conselho Nacional de Justiça em Brasília por determinação do então ministro-corregedor Francisco Falcão:

"Apesar de os autos já estarem devidamente instruídos, o Pleno do TJBA não os julga, seja por interposição de exceções de suspeição por parte da ré, seja por declarações de suspeição dos desembargadores

COCAÍNA: A ROTA CAIPIRA 773

relatores, seja por outros expedientes, como a demora da advogada da requerente em restituir em carga [devolver o processo ao Tribunal]", escreveu Falcão.[14]

Em novembro de 2016, o CNJ condenou a juíza à aposentadoria compulsória, pena máxima prevista na Lei Orgânica da Magistratura. Em seus votos, os ministros apontaram a estranha intimidade entre Olga e Gustavo. Em 2002, mesmo já em outra comarca da Bahia, a magistrada concedeu ao traficante a guarda do seu filho. Olga também frequentou a mansão do colombiano em São Paulo e Gustavo visitou a casa de praia da juíza no litoral baiano. Em seu voto, o conselheiro Norberto Campelo afirma que "em outros contatos telefônicos, observamos a intimidade entre os casais, já que Gustavo Duran Bautista pergunta a Baldoíno como vai a processada; já esta agradece a Gustavo Duran Bautista as uvas que este lhe mandou; Baldoíno diz a Gustavo que está lhe levando as cigarrilhas que sua esposa tanto gosta; e Baldoíno fica triste porque mandou preparar a casa de praia e fazer o peixe com banana para Gustavo Duran Bautista, que não foi".[15]

A juíza, que estava afastada do cargo desde 2008, ganhou indenização do TJ baiano devido a excessos cometidos na prisão do marido Baldoíno — os policiais invadiram a residência do casal sem mandado judicial e, armados e encapuzados, dispararam tiros dentro do imóvel.[16]

Quanto a Gustavo, a PF não desistiria tão cedo de fechar o cerco contra o colombiano.

Após o flagrante em Juazeiro, Gustavo decidiu levar seu esquema de exportação de frutas para outras paragens. No fim de 2001, abriu outra empresa, a Natal Frutas, em Mossoró (RN), transferiu para a nova firma os bens da Mariad e permaneceu exportando frutas e cocaína para a Europa.

Dois anos depois, outro acaso faria o nome do capo ser relembrado pela polícia. Em 8 de fevereiro de 2003, o dia de trabalho terminava no supermercado Metro, em Trier, Alemanha, e funcionários recolhiam as caixas das frutas já vendidas que seriam encaminhadas para reciclagem. Quando uma das empregadas pegou uma caixa de melões, notou um pó branco no meio do papelão. Com cuidado, abriu as lâminas e encontrou 556 gramas de cocaína. Era o método consagrado de Gustavo, o mesmo descoberto dois anos antes na Mariad, em Juazeiro. Na caixa de papelão, o nome da empresa exportadora das frutas não deixava dúvidas sobre a origem da droga: Natal Frutas.

Naquele mesmo mês, nova baixa para Gustavo. A polícia espanhola iria apreender 1,6 milhão de euros da empresa Kuna Bussines S.L., com sede em Barcelona, que pertencia ao colombiano.

Tanto a polícia alemã quanto a espanhola repassaram a informação das apreensões para a DEA, que retransmitiu os dados à PF no Brasil. Naquele mesmo ano, começava oficialmente o inquérito da operação batizada de São Francisco, o Velho Chico que fazia crescer as mangas, uvas e melões de Gustavo e, assim, fomentava o seu complexo esquema de tráfico.

Em 25 de outubro de 2005 viria nova apreensão de dinheiro de Gustavo. A polícia francesa encontrou 2 milhões de euros dentro de uma caixa de papelão no porta-malas de um automóvel ocupado por dois espanhóis, na fronteira com Luxemburgo. A dupla confessou ter retirado a caixa em uma empresa de Roterdã, na Holanda, em nome de Krishna, o Roby, parceiro do colombiano, em troca de mil euros, e disse ter feito sete viagens com altas somas de dinheiro nos últimos doze meses. Apenas quinze dias mais tarde, a PF apreenderia em flagrante quatro mulas venezuelanas no aeroporto de Guarulhos, recém-chegadas de um voo vindo de Amsterdã. O grupo tinha dezenas de notas de euros escondidas nas roupas, um total de um milhão.

Gustavo tratou de providenciar um advogado para suas mulas e garantir alimentos e remédios para todos na cadeia. Temia ser dedurado por algum deles. Não foi — nem precisava. Já era vigiado de perto pela PF. Tão de perto que um deslize prejudicou a investigação. Minutos após a prisão dos venezuelanos, o advogado de Gustavo notou a presença do delegado Fernando Bohnsack no saguão do aeroporto. Como ele sabia que Bohnsack era da DRE, concluiu que Gustavo só poderia estar sendo alvo de uma operação da PF. E tratou de avisar seu cliente.

A São Francisco voltava assim à estaca zero.

COCAÍNA: A ROTA CAIPIRA 775

Diante do aviso, o colombiano mudou mais uma vez sua estratégia. Decidiu transferir do Nordeste para a Argentina o entreposto para a exportação de frutas à Europa. Para isso, criou duas empresas no país: a Lontue S.A. e a Marimpex Agricultural de Argentina. A primeira empacotava as frutas e a segunda cuidava da exportação. Ambas eram gerenciadas pelo seu sobrinho, Angel Andrés Duran Parra. O jovem havia trocado a Colômbia por Sorocaba, onde já morava um velho conhecido da família, David Tarazona, ex-sogro de Gustavo — o capo fora casado com sua filha Ingrid Jaimes Salazar. A essa altura Tarazona já cumprira pena na Bolívia. Angel comprou uma casa no bairro Campolim, um dos mais nobres de Sorocaba, e abriu uma oficina mecânica, negócio de fachada para despistar eventuais suspeitas da polícia e justificar seu padrão de vida. Em pouco tempo o sobrinho se tornaria o braço direito de Gustavo, uma pessoa de sua estrita confiança. Em conversa com a mulher Isabel, o capo cogitou transferir todos os seus negócios para ele, passando a receber apenas um percentual sobre os lucros. A ideia não foi adiante, mas a casa de Angel em Sorocaba se tornaria, ao lado de hotéis na capital paulista, o quartel-general da quadrilha.

Foi na casa de Angel que Luís Francisco Espitia Salazar, o Pacho, outro colombiano a serviço de Gustavo, chegou na noite do dia 6 de maio de 2006 para uma reunião. No encontro, Pacho recebeu a primeira metade dos US$ 200 mil necessários para a compra de uma fazenda em Santa Cruz de la Sierra. A propriedade serviria de entreposto da cocaína vinda da Colômbia com destino à Argentina e ficou sob os cuidados de Pacho e Joaquin Andres Duran Penalosa. Gustavo nem chegou a conhecer a fazenda. Apenas certificou-se de que não haveria vizinhos por perto e exigiu uma pista de pouso grande:

— Tem uma estradinha? — perguntou para Penalosa ao telefone, referindo-se à pista.

— Sim, a estradinha tem mil metros, e dá para aumentar.

Paralelamente, Gustavo negociava a compra da cocaína com as Farc, representadas por Orlando Rodriguez Castrillon e seu irmão, Ricardo. Gustavo conheceu ambos por intermédio de sua ex-mulher Ingrid e do pai dela, Tarazona — o ex-sogro seria preso em 2005 no aeroporto de Guarulhos, quando tentava embarcar para a Venezuela com passaporte falso. Orlando viajou para São Paulo no dia 4 de abril de 2006 a fim de acertar os detalhes do negócio com Gustavo. Dois dias depois, eles se encontraram em um hotel dos Jardins, na capital. Inicialmente, foi acordada a compra de 300 quilos de cocaína, conforme diálogos daqueles dias captados pela PF. A conversa em castelhano foi traduzida pelos agentes:

— Nessa, você não poderia fechar um pouquinho a mais, uns poucos [quilos] a mais cobrindo esse dinheirinho que eu lhe emprestei, [...] alguma coisa aí por sua própria conta — disse Gustavo.

— Ah, sim, isso é o que eu penso em fazer, para mim, para que de uma vez me respeitem aí [me notem no Brasil].

— Sim, porque esse "senhor" disse que ele poderia levar um quei-jinho de 300 [quilos, segundo a PF], entendeu? E sai mais barato, não?

— Sim, de toda maneira, claro, eu trato de acomodar o que mais puder aí.

Pela conversa, ficou claro que Orlando arcaria com os custos do transporte da cocaína até a fazenda na Bolívia:

— Escuta, velho — afirmou Gustavo. — Estive falando com o rapaz, o "chofer" [piloto], e ele dizia que eram dois de 200 [para a PF, possivelmente dois abastecimentos de 200 litros de combustível no avião]. Será que você pode conseguir de lá [Colômbia]?

— Ah, claro, sim, eu posso fazer tudo isso.

— Porque eu pensava que era somente com um de 200 litros, [...] mas ele me disse que são dois.

— Bem, certo, certo, eu lhe digo, eu consigo isso.

Negócio fechado, Gustavo dividiu o pagamento a Orlando em três parcelas, uma delas paga na casa de Ingrid. O carregamento, que depois subiria para 500 quilos, chegaria a Santa Cruz no mês seguinte. O próximo passo seria levar a droga para a Argentina — comparsas de Gustavo chegaram a verificar fazendas com pista de pouso próximas a Buenos Aires disponíveis para a venda. Enquanto cuidava da infraestrutura na Argentina, Gustavo pressionava Orlando:

# COCAÍNA: A ROTA CAIPIRA

— Aquele dinheirinho [cocaína, conforme a PF] pode pegar por estes dias? — perguntou o capo.

— Tem que esperar um pouco porque está chovendo e a estrada [pista de pouso] está muito ruim.

— É que eu tenho uma programação aqui e não sei se você vai poder cumprir.

— Sim, estamos bem organizados e vamos cumprir tudo com o carrinho [avião] e tudo.

A PF contatou a polícia argentina para que acompanhasse a chegada da droga e fizesse a apreensão. Mas, afoitos, os policiais do país vizinho abriram dois contêineres da Marimpex no porto de Buenos Aires. Acreditavam que a cocaína estivesse lá. E não estava.

Com a ação desastrada, a caça escapou e tornou-se ainda mais arisca. Gustavo mudou novamente de planos e voltou os olhos para o Uruguai. Por US$ 5 milhões, comprou a Estância Valentim, uma fazenda de 2,4 mil hectares em Salto, na fronteira com a Argentina, e abriu uma empresa de exportação de frutas, a Basevin, por meio de outro sobrinho, Julio Cesar Durán Parra.

Foi necessário um ano de tratativas para que a primeira remessa de cocaína estocada na Bolívia chegasse ao território uruguaio. Eram idas e vindas de Gustavo e seus asseclas para o Uruguai, Colômbia, Sorocaba e São Paulo — por mês, chegavam a gastar R$ 40 mil somente em passagens aéreas. Em abril de 2007, policiais uruguaios em campana na estância viram Gustavo, Julio Cesar e mais dois comparsas caminharem por uma das pistas de pouso da fazenda. Com aparelhos GPS, o grupo verificava as coordenadas geográficas da pista, para o pouso da aeronave com cocaína. Naquele mesmo mês, Gustavo, já em São Paulo, cobrou dos compradores europeus, por intermédio de Roby, o adiantamento de 1 milhão de euros para o envio da cocaína. Conseguiria 500 mil, trazidos até São Paulo pelo holandês em meados daquele ano.

Nessa época, a maioria das reuniões do grupo ocorria em quartos de hotéis da capital paulista, combinados minutos antes pelo telefone. Uma estratégia para dificultar possível monitoramento dos encontros pela polícia. A essa altura das investigações, a PF estava na berlinda, pressionada pela Justiça após quase quatro anos de interceptação telefônica.

— A juíza que concedia as autorizações para as interceptações telefônicas chegou a dizer que estávamos fazendo voyeurismo auditivo — lembra o delegado Fernando Bohnsack.

O tal "voyeurismo" teria capítulos hollywoodianos nos primeiros meses de 2007, dignos dos melhores momentos de James Bond. No dia 12 de janeiro, os agentes ouviram pelos grampos que Gustavo se reuniria em uma hora com o sobrinho Angel e com os pilotos Neilson Mongelos, o Pita, e Plínio Lopes Ribeiro em um hotel no Morumbi para tratar do transporte aéreo da cocaína pelos 2 mil quilômetros que separam Santa Cruz de Salto. Imediatamente, uma equipe de agentes rumou para o hotel, rompendo 17 quilômetros de trânsito pesado na tarde paulistana. Ao chegarem ao hotel, procuraram o gerente:

— Somos da Polícia Federal e estamos investigando o senhor Gustavo Durán Bautista. Vamos colocar interceptação em um dos quartos e queremos que o senhor indique esse quarto a ele. Procure ficar tranquilo e não diga absolutamente nada sobre a nossa presença — disse um dos agentes.

O gerente anuiu. Indicou o apartamento 118, 11º andar. Na escrivaninha, acoplado em um abajur, os policiais instalaram um moderno equipamento de escuta ambiental e gravação de imagens, cedido pela DEA. No horário combinado, Gustavo e os demais chegaram. O encontro durou cerca de uma hora. Quando todos deixaram o hotel, os agentes chegaram. Correram para o quarto, pegaram o aparelho. Viram que não estava ligado. A bateria acabara antes mesmo de os traficantes entrarem no apartamento... Os agentes ainda tentaram salvar o dia analisando os sulcos deixados pela caneta de Gustavo em um bloco de anotações do hotel. Mas não havia nada de relevante nos escritos do colombiano.

Haveria uma segunda chance para a PF. Na tarde do dia 7 de fevereiro, Gustavo combinou nova reunião no mesmo hotel, dali a dois dias, desta vez apenas com os dois pilotos. Os agentes sabiam que não poderiam falhar novamente. E aproveitaram o intervalo de tempo maior para montar uma operação ainda mais sofisticada de monitoramento do encontro.

COCAÍNA: A ROTA CAIPIRA 779

A ideia era registrar toda a reunião, desde o momento em que Gustavo e os demais chegassem ao hotel. Um dos agentes subiu em um prédio em frente, com vista para a rua. Entrou em um escritório de advocacia e foi direto ao assunto:

— Estamos fazendo um monitoramento e gostaríamos de instalar uma câmera na janela com vista para a rua.

Autorização concedida, o próximo passo seria gravar as imagens dos três no saguão do hotel. Outro agente fingiu-se de hóspede e, com uma câmera escondida, faria as imagens. No elevador, uma microcâmera oculta no teto. No corredor do 11º andar, outras duas. Os policiais haviam combinado o quarto do encontro com o gerente: desta vez, seria o 117. Nele, retiraram o rádio-relógio original e instalaram outro, com o tal aparelho de escuta ambiental — agora com a bateria totalmente carregada. Em outro quarto, cuja porta dava de frente para o 117, instalaram no olho mágico outra microcâmera para captar imagens do trio entrando no aposento. Nesse mesmo quarto vizinho foram instalados os equipamentos de monitoramento dos telefones de Gustavo — assim, o agente que acompanhasse as escutas comandaria os demais.

Desta vez, tudo correu como o planejado.

Gustavo disse aos pilotos dispor de 1,5 mil litros de combustível para avião, mas estava em dúvida se aumentava ou não a quantidade, já que seu plano era levar a cocaína em duas viagens de 200 quilos cada:

— É ir e voltar, ir e voltar — disse.

Pita, um dos pilotos, tomou a palavra:

— Vão ser quatro viagens com o consumo de 100 litros por hora. Pra quatro e quatro [horas de voo] precisa de 800 litros.

— São quatro horas e meia exatas — emendou Gustavo. O piloto concordou.

Pita sugeriu levar a droga entre sexta-feira e domingo, mas o chefe discordou. Preferia iniciar na segunda-feira, e justificou:

— Fim de semana as pessoas estão por aí caçando e enchendo o saco.

O chefe então sacou um celular do bolso e telefonou para outro piloto, que cuidava de seu hangar no Campo de Marte, São Paulo. Pediu que o homem levasse a aeronave Baron do empresário até Birigui, no interior paulista, para que fossem instalados tanques extras de combustível, e, assim, aumentasse a autonomia de voo do avião.

Logo em seguida, Gustavo repassou à dupla de pilotos um meio inusitado de comunicação. Criou uma conta de e-mail no Yahoo e informou a senha a Pita e Plínio. E combinou com eles que, em vez de enviarem as mensagens, apenas as salvariam na pasta rascunho. Com isso, dificultariam o rastreamento da PF, que só descobriu a estratégia porque ouvia tudo a partir do quarto vizinho no hotel.

Em um dos e-mails interceptados pelos agentes no fim de maio daquele ano, Gustavo tratou de uma mudança de planos do grupo. Em vez de levar a droga para o Uruguai, a cocaína seria arremessada do avião em um sítio da região de Sorocaba. O plano só não se concretizou, segundo a PF, porque seis dias depois a Felcn deflagrou uma operação em Santa Cruz, próxima à fazenda de Gustavo que servia de depósito para a cocaína. Com medo de ter a carga apreendida, o colombiano abortou a viagem.

Outro inimigo dos planos de Gustavo era a meteorologia. Chuvas intensas no leste boliviano impediam a decolagem do Baron em segurança. O transporte só seria feito três meses depois. No dia 15 de agosto, Gustavo enviou nova mensagem de e-mail para Pita, via caixa de rascunhos. Gustavo confirmava o voo para sábado, dia 18, e repassava o número do celular uruguaio do colombiano, além das coordenadas geográficas da pista de pouso na fazenda do Uruguai. Um dia antes do voo, na sexta, os pilotos viajaram de automóvel de São Paulo até Paranavaí (SP), noroeste do Paraná, onde estava o avião de Gustavo, depois de passar por reformas em Birigui. Na madrugada do dia seguinte, rumaram com a aeronave até Santa Cruz, onde chegaram por volta das 9 horas. Imediatamente o avião foi carregado com 495 quilos de cocaína pura, vinda da Colômbia. Uma hora depois, os pilotos partiram rumo a Salto.

Era a hora do bote.

Desde o fim da manhã, uma equipe de policiais federais brasileiros, acompanhados da polícia uruguaia, se escondia em área de mata fechada a poucos metros da pista de pouso da fazenda de Gustavo em

COCAÍNA: A ROTA CAIPIRA                    781

Salto. O capo estava lá, com os sobrinhos Angel e Julio, além de dois outros comparsas. O avião chegou por volta das 17 horas. A cocaína foi descarregada do avião e levada por uma caminhonete até um galpão a um quilômetro e meio da pista. Quando eles voltaram até a aeronave com galões para reabastecê-la, dois policiais uruguaios entraram rapidamente no galpão para confirmar se a carga era realmente de cocaína — não poderia haver falhas dessa vez. Confirmada a droga, a notícia foi espalhada por rádio para as outras equipes, cerca de trinta policiais, que invadiram a pista e cercaram os sete em torno do Baron. Ao ver os tiras com suas armas e coletes, Gustavo ficou atônito. Parecia não acreditar que um plano tão bem orquestrado por longos doze meses fosse por água abaixo.

No galpão, a droga estava embalada em tijolos de 1 quilo. Minutos depois, Roby era preso em Amsterdã pela polícia holandesa, e Ingrid e Isabel, detidas em São Paulo. A PF apreendeu doze automóveis e outro avião de Gustavo no Campo de Marte, além de US$ 45 mil e R$ 35 mil. Pacho e Joaquin Penalosa fugiram da fazenda em Santa Cruz assim que chegou a notícia do flagrante no Uruguai.

Em maio de 2010, Gustavo tentaria fugir da penitenciária de segurança máxima de San José, Uruguai. Dois dias antes de audiência no Fórum de Salto, um automóvel preto parou na entrada do presídio, chamado Penal de Libertad. Desceram do carro dois homens altos, de terno e óculos escuros. Exibiram credenciais da Interpol e emitiram a ordem:

— Venimos con la orden de llevarmos a Durán Bautista.

O agente penitenciário achou estranha a determinação, que geralmente vinha por fax.

— Un momento que voy a consultar a los superiores.

Telefonou então para a Direção Nacional de Cárceres. Soube que não havia pedido da Interpol. Quando regressou à portaria do presídio, a dupla havia ido embora.[17]

Gustavo e seus asseclas ficaram anos encarcerados no Uruguai, em um complexo penitenciário de Montevidéu, considerado o mais seguro do país. Julio Cesar, arquiteto, comandou a reforma de parte do presídio, em troca de redução da pena.[18] A sorte e a astúcia que deram a Gustavo e seus asseclas longa sobrevida no comércio da cocaína por atacado pareciam agora ter abandonado de vez os colombianos.

Condenados por tráfico, todos cumpriram suas penas e deixaram o país. Gustavo foi extraditado no início de 2016 para a Espanha, onde respondia a uma ação penal por lavagem de dinheiro. O colombiano fez um acordo judicial e ganhou a liberdade. Em novembro daquele ano, seguia na Europa.[19] Eles ainda são réus em ação penal por associação para o tráfico na Justiça Federal de São Paulo, sem julgamento em agosto de 2016.[20] Isabel e Ingrid seriam condenadas por associação para o tráfico pelo TRF da 3ª Região: a primeira a nove anos de prisão; a segunda, a cinco anos e dez meses. Orlando Castrillon escapou do cerco da polícia, mas acabaria preso meses depois. Em 2012, foi condenado pela 1ª Vara Federal Criminal de São Paulo a nove anos e quatro meses por associação para o tráfico, pena mantida pelo TRF.[21]

# Epílogo

# A origem do mal

As cores verde e amarela da camiseta encardida de Claudio Flores parecem prenunciar o destino das folhas de coca que ele cultiva no pequeno sítio em Ivirgarzama, povoado da região do Chapare, Bolívia. A propriedade tem 10 hectares, mas tudo parece tomado pelo mato, exceto uma pequena área de 120 m², denominada "cato", onde ele e os outros cocaleiros das redondezas estão autorizados pelo governo a cultivar *Erythroxylon coca*, cujas folhas, a pretexto de abastecer a milenar cultura indígena do país, serão extraídas, secas ao sol e desviadas para um fim muito mais lucrativo: o narcotráfico.

A coca não é nativa do Chapare, região plana, alagadiça e quente, parecida com o Pantanal brasileiro. Foi levada para lá no início dos anos 1980 pelos mineiros vindos de Yungas, no altiplano andino, próximo à capital La Paz, onde a coca conta com clima ideal: altitude superior a 3,5 mil metros e clima frio. Ao descer para os 200 metros de altitude do Chapare, o vegetal adaptou-se. Perdeu altura e ganhou folhas ligeiramente menores, de sabor ácido e mais duras, sem o aveludado original. Por isso, não é tão apreciada para o seu uso tradicional pelo boliviano, a mastigação. Segundo a Polícia Federal

784 ALLAN DE ABREU

brasileira, mais de 90% do que é produzido na região torna-se pasta-
-base de cocaína com destino certo, o Brasil, incluindo a rota caipira.

E não é pouco. São 25,3 mil hectares de coca na Bolívia, 10 mil só
no Chapare. Muito mais do que a população local consegue ingerir
in natura ou na forma de chá, consumo regulamentado no país desde
1988. Estudo feito pelo governo boliviano a pedido da União Europeia
constatou que 14,7 mil hectares seriam suficientes para abastecer esse
mercado na Bolívia.[1]

Mas, dos bilhões de dólares movimentados mundo afora pelo comércio de drogas, Claudio, descendente de índios como a maioria dos
bolivianos, só conhece uma ínfima parte. A cada três meses, período
em que a planta recupera sua folhagem e pode ser submetida a nova
safra, ele lucra 2 mil bolivianos, cerca de US$ 280, pelos 320 quilos de
folha que colhe em uma semana e seca ao sol em poucos dias. Embora
pouco, o dinheiro é mais do que suficiente, segundo ele, já que vive
sozinho em uma casa miserável e suja, feita de madeira e coberta com
sapé, na entrada do sítio.

— Há quatro anos, quando comprei esta terra, era carpinteiro, trabalhava mais e ganhava 600 bolivianos por mês [US$ 85]. Por isso estou
contente aqui — diz, os dentes verdes pelas folhas de coca mascadas.

Pelas leis bolivianas, toda a produção de folhas que Claudio e os
outros cerca de 30 mil cocaleiros da região do Chapare cultivam deve
ser destinada aos galpões dos mais de setenta sindicatos da região e,
em seguida, transportada até os mercados consumidores, tudo documentado — na periferia de Santa Cruz, há feiras a céu aberto onde se
vende a folha da coca. Mas a maior parte dessa produção é desviada
no meio do caminho para as fábricas de pasta-base ou laboratórios de
cloridrato de cocaína.

O desvio da produção cocaleira boliviana, equivalente a 21% do
PIB agrícola do país, alcança até mesmo os órgãos encarregados de
fiscalizar o setor. Em outubro de 2013, Luis Cutipa, chefe da Dirección
General de la Hoja de Coca e Industrialización (Digcoin), a quem cabe
regular o comércio da planta no país, foi preso acusado de desviar 45
mil toneladas de folhas de coca para o narcotráfico.

COCAÍNA: A ROTA CAIPIRA                                785

Uma vez nas mãos dos traficantes, as folhas são levadas para os laboratórios escondidos em meio à mata nativa abundante na região — os parques nacionais Amboró e Carrasco somam 1,2 milhão de hectares cobertos de florestas, sem acesso por terra. A Felcn calcula que cada fábrica empregue pelo menos cinco funcionários e produza, por dia, pelo menos 10 quilos de pasta-base — em 2009, a polícia boliviana flagrou um laboratório no meio da selva capaz de processar 100 quilos de cloridrato diários.[2] A transformação da folha em pasta é simples. As folhas da coca são maceradas mecanicamente com querosene em buracos impermeabilizados no chão e, em seguida, mergulhadas em duas soluções distintas, com ácido sulfúrico e carbonato de amônio, o que resulta na pasta-base, seca em fornos micro-ondas caseiros. Para cada quilo de pasta, são necessários entre 175 e 250 quilos de folhas de coca. Há milhares de fábricas espalhadas pela selva boliviana — a cada incursão da polícia boliviana pela mata, são descobertas de cinquenta a cem delas.

Já os laboratórios de cloridrato são comandados, quase sempre, por colombianos, que imigraram para a Bolívia fugindo da forte repressão ao narcotráfico na terra natal, ou por mexicanos. No refino, a pasta é misturada à acetona ou ao éter, formando o cloridrato de cocaína, droga com 90% ou mais de pureza — cada 1,2 quilo de pasta-base forma 1 quilo de cloridrato. Por mês, um laboratório produz cerca de 1 tonelada de cloridrato. Da pasta também surge o crack, depois da mistura com soda cáustica e sucessivos choques térmicos até surgir uma grande pedra.[3]

Tanto os laboratórios quanto as maiores fábricas de pasta são vigiados noite e dia por homens fortemente armados.

— É muito perigoso para a polícia. Nos combates, sempre há mortes nos dois lados — diz o capitão Raul Alberto Omonte Serras, comandante da base da Felcn no município de Chimore, o principal da região de Chapare.

São 215 policiais da Felcn na região. Todos foram submetidos por oitenta dias a um treinamento militar rigoroso, digno de um Bope do filme *Tropa de elite*, com direito a provas duríssimas, como a de sobrevivência na selva — o aluno é jogado na mata por uma semana apenas com um frango vivo e um fuzil com uma bala, e assim precisa sobreviver.

Na Umopar, Unidad Movil de Patrullaje Rural, base da Felcn em Chimore, existem quatro helicópteros em operação, resultado de investimento maciço do governo norte-americano. Por três décadas, os Estados Unidos injetaram US$ 40 milhões anuais para o combate ao tráfico na Bolívia. Mas, em 2008, os agentes da DEA foram expulsos do país pelo presidente Evo Morales, adepto da ideologia bolivarianista do venezuelano Hugo Chávez, claramente antiamericana. Em 2013, outro órgão dos Estados Unidos de combate ao tráfico, a NAS, também foi obrigado a deixar o país. No lugar dos americanos, chegou a Polícia Federal brasileira, que montou uma base em Santa Cruz. Com ajuda financeira bem mais modesta, o objetivo da PF é melhorar o frágil setor de inteligência da polícia boliviana.

Uma tarefa nada fácil. O narcotráfico encontrou na Bolívia o seu eldorado. Além de grande produtor da matéria-prima da cocaína, o país é corredor para a droga vinda do vizinho Peru. Some-se a isso a debilidade policial boliviana. Até o alto escalão do governo boliviano reconhece a fragilidade das forças de segurança pública do país no combate ao tráfico. Em março de 2010, durante reunião em La Paz com o diretor-geral da PF do Brasil, Luiz Fernando Corrêa, o então ministro da Presidência da Bolívia, Oscar Coca, surpreendeu os brasileiros ao considerar as forças policiais bolivianas "permissivas":

— Eles não conseguem sequer controlar o contrabando de açúcar e arroz — disse Coca, conforme o relato do embaixador brasileiro no país vizinho, Frederico Cezar de Araújo, em documento sigiloso do Itaramaty.[4]

Além da inépcia, a corrupção. De fato, o território boliviano parece corrompido de alto a baixo pelos barões das drogas. Na polícia, o baixo salário é terreno fértil para más condutas. O soldo médio de um policial é de US$ 160 mensais. Mesmo um major com mais de vinte anos na profissão ganha pouco, US$ 800. Até mesmo policiais bolivianos a serviço da Interpol são, em grande parte, corrompidos. Basta pedir para que se coloque um traficante foragido no país na lista de procurados da Interpol para que os policiais localizem o procurado, não para prendê-lo, mas para achacá-lo.

COCAÍNA: A ROTA CAIPIRA 787

Em fevereiro de 2011, René Sanabria, diretor da Felcn nos primeiros anos do governo Evo Morales, foi preso no Panamá tentando traficar 144 quilos de cocaína para os Estados Unidos, crime pelo qual foi condenado a quinze anos de prisão pela Justiça norte-americana. Poucos meses antes, em novembro de 2010, o ministro da Presidência, Juan Ramón Quintana, foi visto entrando na casa do traficante brasileiro Maximiliano Dorado Munhoz Filho, o Max, em um bairro nobre de Santa Cruz. Quintana, segundo homem mais poderoso da república, entrou com as mãos vazias e saiu com maletas do tipo 007, supostamente dinheiro de propina, conforme relatório produzido pela própria polícia boliviana.

Além da corrupção, as leis da Bolívia também são um duro entrave para o combate aos traficantes. Interceptações telefônicas são proibidas no país, o que torna a investigação policial dependente de informantes e vigilâncias. É quase impossível, diz um delegado da PF brasileira, chegar aos cabeças, apenas à droga: foram 28 toneladas apreendidas no país em 2010, 33 em 2011, 36 em 2012, 22 em 2013 e 21 no ano seguinte.

Os traficantes brasileiros não participam diretamente da produção da cocaína, mas são os principais compradores dos laboratórios da região do Chapare. O principal meio de transporte para o Brasil são os aviões, uma vez que, no país vizinho, não há sequer controle do tráfego aéreo, embora lei promulgada por Morales em 2014 preveja o abate de aeronaves ilegais.[5] A PF calcula que, a cada três dias pelo menos, um avião cruze a fronteira dos dois países carregando de 200 a 500 quilos de droga, a maioria com destino ao interior paulista.

Somente quando o produto se aproxima do mercado consumidor é que a pasta ou o cloridrato com 90% de pureza são novamente refinados, com a mistura de outros produtos, principalmente lidocaína e cafeína, o que no mundo do crime é denominado "fazer o vira". A cocaína pura é inviável para o traficante final: além de ser muito cara, apenas 0,2 grama é suficiente para matar o usuário por overdose.

Na cadeia produtiva do tráfico, sobra pouco para quem está no início dela. Segundo a ONU, apenas 1% dos lucros obtidos pelo narcotráfico entre a América do Sul e a Europa fica com produtores da droga como o boliviano Claudio Fuentes. Outros 26% são dos atravessadores que levam o entorpecente até o continente europeu, via Brasil. Os europeus que recebem a cocaína e a distribuem pelo continente ficam com o maior butim: 73%. Nas últimas etapas da cadeia, o narcotráfico assume feições de empresa multinacional, com fluxo de caixa, administração de riscos, cronograma de pagamentos e manutenção de capital de giro. A gigantesca estrutura de distribuição de drogas é o ápice da cadeia criminosa, explica a geógrafa Lia Osório Machado, da UFRJ, que se especializou no estudo das redes comerciais do tráfico.

Mercado não falta. A ONU estima que cerca de 230 milhões de pessoas, 5% da população mundial adulta, já fizeram uso de drogas pelo menos uma vez. Desses, 27 milhões (0,6% da população adulta) são usuários contumazes, suscetíveis aos danos sociais e físicos dos entorpecentes. A cada ano, as drogas matam de overdose 200 mil pessoas no mundo, calcula a ONU, devastando famílias e levando milhares de pessoas à miséria. Ao mesmo tempo, contribuem para toda forma de violência, como roubos, furtos, assassinatos.

O jovem Adriano, 25 anos, personifica esse estrago. Aos 14, trabalhava de servente de pedreiro em Guarulhos, São Paulo, quando conheceu o crack.

— Me disseram que era bom.

E de fato parecia ótimo fumar aquele cachimbo. Adriano passou a consumir pedras sem parar, dez, quinze por dia. Do salário, dois terços iam para a droga. Depois, veio a cocaína, e o ganho mensal só dava para a metade dos gastos com entorpecentes. Ele passou a dever para os traficantes, e a ser surrado a cada dívida não paga. Aos 20 anos, fumou e cheirou demais em uma festa. Na volta para casa, bateu em uma curva. Foram quase três meses em coma na UTI. Adriano reconstituiu a testa com platina e guarda cicatrizes pelo rosto. Mas o susto não bastou para que deixasse as drogas. Brigou com a família, passou a morar na rua. Andava com trapos no corpo sujo e fétido. Só deixava o crack para recolher material reciclável e ganhar algum dinheiro para comprar mais pedras. Com 1,76 metro de altura, chegou a 53 quilos. Um zumbi.

COCAÍNA: A ROTA CAIPIRA                                    789

A saga de Adriano é a prova maior da destruição física e moral que a droga provoca naqueles que escraviza.

Mas... como combatê-la? A solução mais simples seria erradicar o mal pela raiz, ao proibir o plantio nos países produtores. Fácil no papel, a medida encontra forte resistência nesses países, sobretudo na Bolívia, cujo presidente, Evo Morales, permanece no comando da federação dos sindicatos de cocaleiros do país e defende a produção da coca. A cocaína é um dos principais produtos com valor agregado que Bolívia e Peru exportam para o mundo, e foi o que possibilitou o crescimento econômico da Colômbia, diz o especialista em relações internacionais da UnB Argemiro Procópio.

Como perdura há décadas nesses países, o comércio da droga integra a economia boliviana, colombiana, peruana e paraguaia. Para piorar ainda mais o quadro, as instituições públicas soam frágeis diante do alto poder corruptor do narcotráfico. E, enquanto a banda podre da polícia, do Ministério Público e do Judiciário facilmente troca de lado diante das inúmeras vantagens financeiras ofertadas pelos barões da droga, seus agentes sérios e compromissados no combate ao mal do tráfico no Brasil encontram todo tipo de dificuldade: falta de investimento em inteligência policial, carência de efetivo e de verbas, lentidão do Judiciário, benevolência das leis, ingerência política no comando da PF. Não há estrutura suficiente para investigar e punir.

Até mesmo a geografia joga contra. O Brasil tem 7,6 mil quilômetros de fronteira com Peru, Bolívia e Paraguai, boa parte delas seca, onde um simples passo separa o território brasileiro dos demais países, tudo sem vigilância policial. Essa região equivale a 30% do território nacional, mas é guarnecida por apenas 11% do efetivo da Polícia Federal, de longe a mais bem preparada do país no combate ao tráfico. A ausência do Estado torna a faixa de fronteira um queijo suíço, prato cheio para a travessia de drogas. Um exemplo clássico está em Costa Marques, cidadezinha de Rondônia às margens do rio Guaporé, fronteira com a Bolívia. No fim dos anos 1980, a prefeitura local bancou a construção de uma rodovia dentro do território do país vizinho ligando o município a San Joaquín. Não demorou para que a estrada ganhasse o apelido de Transcoca...

Ponto para o tráfico. Mas, grosso modo, trazer droga da Bolívia, Peru ou Paraguai até o Brasil não deixa de ser um jogo de azar tanto para os maus traficantes quanto para os bons policiais, em que perder alguns quilos de cocaína ou maconha em uma blitz qualquer faz parte do jogo para os primeiros e é o mínimo que os segundos, agentes da lei, podem fazer.

Mas mesmo as apreensões têm deixado a desejar. Com a experiência de três décadas no combate ao tráfico, o ex-secretário de Segurança Pública do Rio de Janeiro, José Mariano Beltrame, considera ínfimas as apreensões de droga no país, se comparadas aos volumes movimentados pelo narcotráfico.

— A Polícia Federal e o Ministério da Justiça sabem exatamente como operam essas rotas, há dezenas de relatórios disso. Mas nada se faz para tornar as apreensões mais eficazes.

A leniência dos governos Lula e Dilma diante do também esquerdista Evo é outro complicador, na visão do desembargador Fausto Martin de Sanctis, especialista em crime organizado.

— O governo deve agir como Estado, e não, por questões ideológicas, deixar de reconhecer fatos que são graves nos países vizinhos, [presididos por] amigos do governo. Tem que agir mais tecnicamente, e menos ideologicamente.

A geógrafa Lia defende a legalização da maconha como tentativa de enfraquecer a cadeia econômica do tráfico, a exemplo do que fez o Uruguai em 2014. Ao diminuir os lucros da atividade, afirma, reduzem-se suas redes ilegais.

Mas, se for considerado que a legalização das drogas esbarra no risco de danos ainda mais severos ao tecido social e à saúde pública, como alerta o desembargador Sanctis, a saída é incrementar as políticas de combate ao narcotráfico — sabendo ser impossível acabar com o crime, tentar prejudicá-lo ao máximo é uma ambição mais do que razoável. Mas o reforço envolve, necessariamente, altos investimentos em tecnologia e capital humano nos serviços de inteligência policial, mudanças no sistema prisional, que, segundo o juiz federal Odilon de Oliveira, não passa de um escritório do crime, além da melhora no sistema de proteção a testemunhas e delatores.

COCAÍNA: A ROTA CAIPIRA 791

A solução nesse ponto, defende o especialista em segurança pública Guaracy Mingardi, seria incrementar a troca de informações entre as polícias dos estados — em que pesem os altos níveis de corrupção nessas instituições — e criar uma nova polícia, não militar, com pelo menos 3 mil agentes dedicados exclusivamente ao combate ao tráfico na fronteira. Essa nova força não acabaria com o fluxo de drogas rumo ao Brasil — "isso seria utopia" —, mas enfraqueceria os traficantes, garante Mingardi. Beltrame prega a instalação de bases de inteligência da Polícia Federal nas fronteiras com Peru, Bolívia e Paraguai. Uma alternativa mais barata e eficiente. Menos quantidade de homens e mais qualidade na investigação.

O combate às drogas, no entanto, traz desafios ainda mais complexos. Tanto investimento não basta se ficar restrito ao Brasil, enquanto nos países vizinhos o narcotráfico expande seu domínio sobre o Estado.

— Há uma discrepância enorme entre a Polícia Federal brasileira e as polícias da Bolívia, Paraguai e Peru, que no geral carecem de estrutura e são mal pagas. Precisa investir em parceria entre os países, tanto na polícia quanto na Justiça, com intercâmbio de informações de inteligência, e uso de provas por outros países — defende Bo Mathiasen, representante no Brasil do Unodc, escritório da ONU sobre drogas.

Essa cooperação já existe no papel. Em março de 2009, os países signatários da ONU assinaram declaração em que reconhecem: "O problema mundial das drogas continua sendo uma responsabilidade comum e compartilhada que requer cooperação internacional eficaz e cada vez maior, e demanda uma abordagem integrada, multidisciplinar, de reforço mútuo e equilibrada para suprir e demandar estratégias de redução." Contudo, alerta o Unodc, "ainda é preciso traduzir essa amplamente aceita 'declaração de intenção' em ações práticas que levem a resultados tangíveis", o que está longe de ocorrer.

Enquanto isso, grandes corredores do narcotráfico no Brasil, como a rota caipira, só fazem crescer o fluxo de drogas em direção aos jovens daqui e do exterior, como o rapaz Adriano, de Guarulhos, que em 2013 tentava largar o vício em uma casa de recuperação de dependentes químicos no interior paulista. Este livro é um singelo instrumento para que se conheçam as estratégias de atuação do tráfico de entorpecentes no atacado, histórias curiosas, macabras, insólitas, com personagens reais, mercadores da morte que estão na raiz da desgraça atual das drogas. Uma chaga que se origina com inocentes úteis, gente humilde como o cocaleiro Claudio Fuentes, que, sem saber, do seu pequeno sítio na Bolívia, faz girar a engrenagem que enriquece quadrilhas e leva de roldão, para o fundo do poço, milhares de Adrianos mundo afora.

A droga é o mal inexorável do nosso tempo.

Abismo do século XXI.

# Agradecimentos

Tenho imensa dívida de gratidão para com muitos que em mim depositaram confiança e me facultaram acesso a documentos sigilosos, quase todos inéditos, e que, justamente por isso, não posso aqui identificar. Também sou grato àqueles que, envolvidos diretamente no combate ao crime organizado, por razões diversas só puderam me conceder entrevista de maneira velada. Entre os que posso nomear, meus agradecimentos a Emilio Migliano Neto, juiz de direito em São Paulo, Odilon de Oliveira, juiz titular da 3ª Vara Federal de Campo Grande, Fausto Martin de Sanctis, desembargador do TRF, Mario Demerval Aravecchia de Resende, delegado em Mato Grosso, Valmir Castrillon, escrivão da Polícia Civil mato-grossense, e Marcos Garcia Fuentes, delegado titular da DIG em Rio Claro.

A Polícia Federal tem presença marcante neste livro, não só pelo protagonismo no combate ao tráfico na rota caipira, mas também pelo profissionalismo que a faz tão respeitada. Na PF, meus especiais agradecimentos aos agentes Luiz Antonio da Cruz Pinelli, um dos maiores especialistas em combate ao narcotráfico do país, Philipe Roters Coutinho, Edson Rosa e Aldo Teixeira de Oliveira, heróis quase anônimos na infinita caçada aos traficantes, além dos promotores do Gaeco Amauri Silveira e Richard Gantus Encinas e dos delegados Vinicius Faria Zangirolani, Ivo Roberto Costa da Silva, Fernando

Augusto Battaus, Fernando Antonio Bonhsack, José Navas Júnior, Claudio Dornelas, Fernando Francischini (licenciado), Nelson Edilberto Cerqueira, André Previato Kodjaoglanian e Carlos Rocha Sanches.

Também contei com auxílio fundamental de policiais de países vizinhos. Na Bolívia, minha gratidão vai para o coronel Nelson Vilther Rosso, da Felcn, em Santa Cruz de la Sierra, cuja simpatia e boa vontade foram fundamentais para que eu conhecesse de perto o início da cadeia industrial do tráfico. No Paraguai, o diretor de comunicação da Senad, Francisco Ayala, teve papel essencial no fornecimento de dados sobre o trabalho de repressão ao comércio e à produção de drogas no país vizinho.

Na editora Record, minha permanente gratidão a Carlos Andreazza, por acreditar neste livro desde que dele tomou conhecimento, a Duda Costa e a Claudia Vasconcellos, pela generosidade e competência para tornar esses escritos os melhores possíveis.

Eu não poderia deixar de citar meus colegas de profissão, em especial o jornalista e escritor Domingos Meirelles, que gentilmente me auxiliou na produção da obra e me deu a honra de prefaciá-la, Júlio Cezar Garcia, pelas preciosas dicas, meus chefes Fabrício Carareto e Milton Rodrigues, no *Diário da Região*, e, no Centro Universitário de Rio Preto (Unirp), Luciana Leme, por terem permitido que eu me ausentasse do trabalho em determinados períodos para o trabalho de pesquisa. Agradeço também a Rita Magalhães e Rogério Pagnan, permanentes fontes de inspiração e aprendizado no ofício de repórter, e Luís Eblak, que me ensinou a sempre ir mais longe na tarefa de descortinar a realidade. Sou grato ainda aos fotógrafos Pierre Duarte, Guilherme Baffi, Sérgio Isso, Carlos Chimba, Edvaldo Santos e José Carlos Moreira, quase todos viciados como eu na grande aventura da reportagem.

Obrigado também aos jornais *Diário da Região*, *Bom Dia*, *Folha da Região* (Araçatuba), *A Cidade* (Ribeirão Preto) e *Jornal da Cidade* (Bauru), pela cessão de parte das imagens que ilustram o encarte do livro.

Por fim, gostaria de agradecer o incentivo da psicóloga e amiga Mara Lúcia Madureira. Escrever um livro pode mudar o mundo, pelo menos dentro da gente.

# Fontes

## Arquivos

Arquivo Público do Estado de São Paulo
Assembleia Legislativa do Estado de São Paulo
Câmara dos Deputados
Ministério das Relações Exteriores

## Periódicos nacionais

*A Cidade (Ribeirão Preto)*
*Agora SP*
*Correio de Uberlândia*
*Correio do Estado (Campo Grande)*
*Diário da Região (São José do Rio Preto)*
*Diário de Cuiabá*
*Época*
*Exame*
*Extra*
*Folha da Região (Araçatuba)*
*Folha de S.Paulo*
*Jornal da Cidade (Bauru)*
*Jornal da Tarde*
*IstoÉ*
*Piauí*
*O Estado (Campo Grande)*
*O Estado de S. Paulo*
*O Globo*

*O Popular (Goiânia)*
*Rede Bom Dia*
*Veja*

## Periódicos estrangeiros

*ABC Color (Paraguai)*
*Correio da Manhã (Portugal)*
*Construcción (Uruguai)*
*El Deber (Bolívia)*
*El Día (Bolívia)*
*El Economista (México)*
*El Espectador (Colômbia)*
*El Heraldo (Colômbia)*
*El Mundo (Bolívia)*
*El País (Espanha)*
*El País (Uruguai)*
*El Tiempo (Colômbia)*
*Il Quotidiano del Sud (Itália)*
*La Nación (Paraguai)*
*La Nación (Bolívia)*
*La Razón (Bolívia)*
*La Republica (Peru)*
*La Prensa (Honduras)*
*Mail & Guardian (África do Sul)*

## Sites

www.calabria.webbogi.it
www.campograndenews.com.br
www.caracol.com.co
www.cmi.com.co
www.g1.com.br
www.mcclatchydc.com
www.minutouno.com
www.mp.sp.gov.br
www.narcosphere.narconews.com
www.perfilnews.com.br
www.policiacivil.sp.gov.br
www.policiacivil.rj.gov.br
www.r7.com.br
www.terra.com.br
www.uol.com.br
www.veja.com.br

# Bibliografia

BELTRAME, José Mariano. *Todo dia é segunda-feira*. Rio de Janeiro: Sextante, 2014.

BLASCO, Emili J. *Bumerán Chávez: las fraudes que llevaron al colapso de Venezuela*. Madri: Createspace Independent Publishing Platform, 2015.

BOWDEN, Mark. *Matando Pablo: a caçada ao maior fora-da-lei de que se tem notícia*. São Paulo: Landscape, 2002.

CAMPOS NETO, Manoel Francisco de. *Mulas humanas no narcotráfico internacional Bolívia-Brasil*. Campinas: Millenium Editora, 2011.

ESCOBAR, Juan Pablo. *Pablo Escobar, meu pai*. São Paulo: Planeta, 2015.

FONSECA, Rubem. *O seminarista*. Rio de Janeiro: Agir, 2009.

GADELHA, Alieth et al. *Compilação de dossiês dos investigados por tráfico internacional de drogas no Estado do Mato Grosso do Sul*. Brasília: [s.n.], 2011.

LARANJEIRA, Ronaldo et al. *II Levantamento Nacional de álcool e drogas: o uso de cocaína e crack no Brasil*. São Paulo: Unifesp, Inpad/Uniad, 2012.

NAÍM, Moisés. *Ilícito: o ataque da pirataria, da lavagem de dinheiro e do tráfico à economia global*. Rio de Janeiro: Jorge Zahar, 2006.

PROCÓPIO FILHO, Argemiro; VAZ, Alcides Costa. O Brasil no contexto do narcotráfico internacional. *Revista Brasileira de Política Internacional*. v.40, n.1, jan./jun. 1997. Disponível em: <http://www.scielo.br/scielo.php?script=sci_arttext&pid=S0034-73291997000100004>. Acesso em: 3 set. 2016.

ROBINSON, Jeffrey. *A globalização do crime*. Rio de Janeiro: Ediouro, 2001.

SAVIANO, Roberto. *Zero zero zero*. São Paulo: Companhia das Letras, 2014.

SOUZA, Fatima. *PCC, a facção*. Rio de Janeiro: Record, 2007.

SZKLARZ, Eduardo. Pablo Escobar: vida e obra de um psicopata. *Dossiê Superinteressante*. São Paulo: agosto, 2016.

# 798 ALLAN DE ABREU

UNITED NATIONS OFFICE ON DRUGS AND CRIME. *The globalization of crime: a transnational organized crime threat assessment.* Viena: [s.n.], 2010.

\_\_\_\_\_. *World drug report 2011.* Viena: [s.n.], 2011.

\_\_\_\_\_. *World drug report 2012.* Viena: [s.n.], 2012.

\_\_\_\_\_. *World drug report 2013.* Viena: [s.n.], 2013.

\_\_\_\_\_. *World drug report 2014.* Viena: [s.n.], 2014.

\_\_\_\_\_. *World drug report 2015.* Viena: [s.n.], 2015.

WAISELFIZ, Julio Jacobo. *Mapa da Violência 2013: homicídios e juventude no Brasil.* Rio de Janeiro: CEBELA, 2013.

# Notas

### Introdução: No mapa, o ponto perfeito

1. "Contingenciamento atinge programa de controle de fronteira", reportagem publicada pelo jornal *O Estado de S. Paulo* em 26/5/2015.
2. World Drug Report 2015, United Nations Office on Drugs and Crime, Nova York.
3. Idem.
4. Idem.
5. Ofício 2/1/1972, da Delegacia Seccional de Polícia de Bauru.
6. Ofício 039/78, da Delegacia Regional de Polícia de Araçatuba.
7. Reportagem "PF faz a maior apreensão de cocaína pura do Brasil", publicada pelo jornal *Folha de S.Paulo* em 11/6/1985, p. 21.
8. Relatório publicado no Diário Oficial em 22/6/2002.

### 1. Tio Patinhas

1. Apelação 895.025.3/8, do TJ-SP.
2. "Quadrilha lavava dinheiro na região", reportagem publicada no jornal *Folha de S.Paulo* em 24/8/2001.
3. "Pais pedem que modelo suspeita de tráfico de drogas se entregue", reportagem publicada pelo jornal *Agora* em 13/8/2003.
4. Apelação 0021834-98.2009.4.03.9999, TRF da 3ª Região.
5. Entrevista ao autor.
6. Apelação 2006.70.00.020127-7, do TRF da 4ª Região.

800 ALLAN DE ABREU

7. "Fazendas de traficante em Goiás vão para sem-terra", reportagem publicada no jornal *O Popular* em 7/7/2010.
8. Ação penal 0245763-87.2001.8.13.0480, da Comarca de Patos de Minas (MG).
9. Operação Gaiola, narrada em detalhes no capítulo 15.

## 2. O palácio do sheik

1. Para detalhes da mansão, processo 2007.61.81.012358-3, 2ª Vara Federal Criminal de São Paulo.
2. Ação penal 2007.61.81.005728-8, 7ª Vara Federal Criminal de São Paulo.
3. Ação penal 9223883-29.2006.8.26.0000, 5ª Vara Criminal de Santos.
4. Ação penal 2007.61.81.003159-7, 7ª Vara Federal Criminal de São Paulo.
5. Inquérito 3-0261/2006, DPF-SP.
6. Ação penal 0004905-66.2007.4.03.6181, 7ª Vara Federal Criminal de São Paulo.
7. Inquérito 3-0261/2006, DPF-SP.
8. Ação penal 0004093-24.2007.4.03.6181, 7ª Vara Federal Criminal de São Paulo.
9. Apelação 2005.61.04.008409-6, TRF 3ª Região.
10. Inquérito 3-0261/2006, DPF-SP.
11. Ação penal 2007.61.81.005381-7, 7ª Vara Federal Criminal de São Paulo.
12. Ação penal 2007.61.81.004855-0, 7ª Vara Federal Criminal de São Paulo.
13. Ação penal 2006.61.05.003338-7, 1ª Vara Federal de Campinas.
14. Ação penal 2007.61.81.004855-0, 7ª Vara Federal Criminal de São Paulo.
15. Ações penais 2007.61.81.004637-0 e 2007.61.81.005750-1, 7ª Vara Federal Criminal de São Paulo.

## 3. Os amigos do deputado

1. "Polícia apreende cocaína na avenida Paulista e em aeroporto", reportagem publicada no jornal *Folha de S.Paulo* em 20/5/2003.
2. Processo 0003156-69.2008.4.03.6119, 6ª Vara Federal de Guarulhos.
3. Ação penal 0085023-12.2010.8.26.0050, 16ª Vara Criminal de São Paulo. Em setembro de 2016, Mohamed foi condenado a dezoito anos de prisão por tráfico e associação ao tráfico.
4. Para esse e demais diálogos da Operação Beirute, processo 0000031-79.2015.4.03.6109, 1ª Vara Federal de Piracicaba.
5. Processo 0010730-49.2011.403.6181, 3ª Vara Federal Criminal de São Paulo.

## COCAÍNA: A ROTA CAIPIRA

6. *Bumerán Chávez: los fraudes que llevaron al colapso de Venezuela*, livro de Emili J. Blasco lançado em abril de 2015.
7. Processo 0004020-30.2014.4.03.6109, 1ª Vara Federal de Piracicaba.
8. Idem.
9. HC 128.122/SP.

### 4. A epopeia das mulas

1. "O turismo sedutor das 'mulas' do tráfico", reportagem publicada no *Jornal da Tarde* em 29/5/2006.
2. Apelação 0029765-64.2005.8.26.0576, TJ-SP.
3. Ação penal 0005988-80.2005.4.03.6119, 1ª Vara Federal de Guarulhos.
4. Apelação 0029765-64.2005.8.26.0576, TJ-SP.
5. Ação penal 0007745-44.2010.4.03.6181, 4ª Vara Criminal de São Paulo.
6. Ação penal 0013196-50.2010.4.03.6181, 10ª Vara Federal Criminal de São Paulo.
7. Ação penal 0003639-05.2011.4.03.6181, 10ª Vara Federal Criminal de São Paulo.
8. Ação penal 1401747-43.1998.4.03.6113, 1ª Vara Federal de Franca.
9. Apelação 95.03.101554-5, TRF da 3ª Região.
10. Reportagem "Já são cem os presos de Franca no exterior", publicada no jornal *Folha de S.Paulo* em 14/9/2002.
11. Reportagem "Dise descobre 2ª quadrilha internacional", publicada no jornal *Folha de S.Paulo* em 6/6/2002.
12. Apelação 334.159-3/7, TJ-SP.
13. Apelações 2002.61.13.001542-6, 2002.61.13.001541-4 e 2002.61.13.001581-5, TRF da 3ª Região.
14. Manoel Francisco de Campos Neto, *Mulas humanas no narcotráfico internacional Bolívia-Brasil: suicidas em potencial* (Campinas: Millennium, 2011).
15. Reportagem "A rota das mulas", publicada pelo jornal *Folha da Região* entre os dias 11 e 17/9/2005.

### 5. Toneladas de "semilla"

1. Para este e demais diálogos do capítulo, ações penais 0007745-44.2010.4.03.6181, 4ª Vara Federal Criminal de São Paulo, e 0009843-24.2011.8.26.0189, 2ª Vara Criminal de Fernandópolis.

802 ALLAN DE ABREU

2. Tradução:

— Olá, amigo, como vai?

— Tudo bem, tranquilo.

— Amigo, eu não consegui falar com John. [...] Ligo pra ele e está desligado. [...] O dono da fazenda disse que falou com ele anteontem e está indo agora mesmo entregar a semente.

— E você falou com Don Vitor?

— Sim, ele me entregou cinquenta sacos de medícula, pura semente.

— Ah, está bem.

— Cinquenta sacos. [...] Faz tempo que estou com tudo, não consigo falar com John, faz uma semana que não consigo. [...] Isso está demorando muito, amigo, e o pessoal está esperando, esperando, não está fazendo nada, porque o cara não chega com os venenos, entende?

— Não, não, assim não dá para trabalhar. [...] Você tem que falar duro com ele, porque a terra seca.

— Já não dá pra considerar aquela terra lá, vai chover, vai molhar a terra, não vai dar para semear... E os funcionários cobram por dia, então não dá para ter os funcionários sem fazer nada.

3. Ação penal 0013358-11.2011.4.03.6181, 4ª Vara Federal Criminal de São Paulo.

4. "Quadrilha repassava quilos de cocaína em ruas dos Jardins", reportagem publicada pelo jornal *Folha de S.Paulo* em 9/12/2011.

5. Processo 0009843-24.2011.8.26.0189, Vara Única de Paulo de Faria.

6. Processo 0001575-69.2011.8.11.0027, Vara Única de Batayporã.

7. Processo 0009843-24.2011.8.26.0189, 2ª Vara Criminal de Fernandópolis.

8. Processos 0013065-41.2011.4.03.6181, 0013357-26.2011.4.03.6181, 0013361-63.2011.4.03.6181, 0013358-11.2011.4.03.6181, 0013359-93.2011.4.03.6181, 0013360-78.2011.4.03.6181, 0013362-48.2011.4.03.6181, 4ª Vara Federal Criminal de São Paulo.

## 6. O seminarista

1. Para a Operação Seminarista, ações penais 005486-61.2011.4.03.6110, 0006339-70.2011.4.03.6110, 0002822-23.2012.4.03.6110 e 0001981-28.2012.4.03.6110, 1ª Vara Federal de Sorocaba.

COCAÍNA: A ROTA CAIPIRA          803

## 7. Águas profundas

1. Para a Operação Águas Profundas, processo 934-46.2012.4.01.3500, 5ª Vara Federal de Goiânia.
2. Reportagens "Operação da PF combate tráfico de cocaína no País", *Folha de S.Paulo*, 28/2/1985, e "Traficante de tóxico pode não ter morrido", *O Estado de S. Paulo*, 26/2/1985.
3. "Ribeirão deve receber CPI ainda em julho", reportagem publicada no jornal *Folha de S.Paulo* em 30/6/2000.
4. Audiência da CPI do Narcotráfico de 28/6/2000.
5. "La historia de 'Mi Sangue', de la pobreza a la lujuria narco", reportagem publicada em <www.minutouno.com> em 1/11/2012.
6. Processos 23507-10.2014.4.01.3500, 0016842-75.2014.4.01.3500 e 0031044-57.2014.4.01.3500, 5ª Vara Federal de Goiânia.
7. Processos 0016842-75.2014.4.01.3500 e 0011274-78.2014.4.01.3500, 5ª Vara Federal de Goiânia.
8. "Who is Nelson Yester-Garrido?", reportagem publicada pelo jornal *Mail & Guardian* em 29/6/2007.
9. "Policial civil paulista está entre os presos por tráfico em Portugal", reportagem publicada pelo jornal *O Estado de S. Paulo* em 14/10/2010.
10. "Brasileiros acusados de tráfico fogem em Lisboa", reportagem publicada pelo jornal *Folha de S.Paulo* em 22/1/2011.
11. Ação penal 0003911-96.2011.4.03.6181, 9ª Vara Federal Criminal de São Paulo.
12. Ação penal 0004379-60.2011.4.03.6181, 9ª Vara Federal Criminal de São Paulo.

## 8. Tentáculos da máfia

1. "Autoridades da Itália golpeiam a 'Ndrangheta, máfia da Calábria que controla o tráfico mundial de cocaína", reportagem publicada pela revista *Veja* em 16/11/2010.
2. "Maxi blitz internazionale anti droga. Sequestri in ogni porto, tensione nelle cosche", reportagem publicada pelo site <www.calabria.weboggi.it> em 20/3/2014. No original em italiano: "Si, si ma per adesso facciamo una festa per me per dove sono io. Una festa uguale uguale a quella che abbiamo fatto l'altra volta, capito?"
3. Para diálogos da Operação Monte Pollino, inquérito 0001304-79.2013.403.6104, 6ª Vara Federal de Santos.

804 ALLAN DE ABREU

4. No original em italiano — Zinghini: "Pero questi nuovi sn lenti" / "Nn sn organizati come. Quelli di prima" / "Da chi a poco tempo li arrestano tutti speriamo che nn ci andaimo di mezzo". Pasquale: "Vedi come ci hanno rubato a noi."

5. No original: "Amigo como estai sveglio contactami porque esto con mio amigo e quiere que tu le compra le invitazioni cosi io te vado a inviar $ ok."

6. Denunciados por tráfico, Sidney e Aparecido foram processados pela 1ª Vara Federal de Joinville, mas o juiz federal local determinou o envio do caso para a 6ª Vara Federal de Santos. Esta, por sua vez, suscitou conflito de competência no STJ, que determinou o julgamento do caso pela Vara de Santos (CC 136.477-SP). Até novembro de 2016, não havia sentença.

7. No original — Pasquale: "Mi ha chiamato i pruppo e mi ha detto che le invitazioni sono caduti per il tragito oggi." Zinghini: "Porca troia."

8. Processo 0005015-58.2014.4.03.6104, 6ª Vara Federal de Santos.

9. No original — Bifulco: "Amigo me deve dire cosa vuoi aser con el mio amigo por el lavuro della lanc se si pode dime se no io devo que hablar bien con mio amigo" / "E como se organizamo porque il tempo e poco" / "Si queremo aser trabajo porque el mio amigo esta gia listo io me encontro in amsterd con el."

10. Processo 0004785-16.2014.4.03.6104, 6ª Vara Federal de Santos.

11. Conforme o original.

12. "Maxi blitz internazionale anti droga. Sequestri in ogni porto, tensione nelle cosche", reportagem publicada pelo site <www.calabria.weboggi.it> em 20/3/2014. No original em italiano — Pasquale: "amico, io gli inviti non li ho ricevuti ma ti ho mandato il denaro. tu devi risolvere con la tua squadra. qui non si tratta di un lavoro che si è perso ma di un errore della tua squadra. ed io ora ho problemi con la mia squadra. e le persone non badano troppo a certe sottigliezze, loro vogliono i soldi e basta. ed io devo risolvere. non si può parlare di perdita, perché gli inviti non sono caduti". Rayko: "amico, tu hai parlato qui con me ed io ti ho spiegato le mie condizioni. io sto ancora vedendo se da qualche parte ci sono notizie su questo container, perché io penso che la mia squadra ha fatto bene il suo lavoro. ed ora non ti capisco. mi parli come se fosse mia la colpa. e non capisco come le persone che non hanno perso nulla, siano quelli che fanno piu problemi."

13. "Detienen en el Perú a un capo de la mafia calabresa 'Ndrangheta", reportagem publicada no jornal *La Republica* em 6/6/2014.

COCAÍNA: A ROTA CAIPIRA 805

14. Idem.
15. Processo 0004786-98.2014.4.03.6104, 6ª Vara Federal de Santos.
16. Processo 0003148-30.2014.4.03.6104, 6ª Vara Federal de Santos.
17. Processo 0004784-31.2014.4.03.6104, 6ª Vara Federal de Santos.
18. Processos 0001410-70.2015.4.03.6104, 0001409-85.2015.4.03.6104, 0001457-44.2015.4.03.6104, 0001770-05.2015.4.03.6104 e 0004525-02.2015.4.03.6104, 6ª Vara Federal de Santos.
19. "Posto de gasolina no DF motivou operação", reportagem publicada no jornal *Folha de S.Paulo* em 16/11/2014.
20. Para esses e outros diálogos da Operação Lava Jato, processo 5025687-03.2014.404.7000, 13ª Vara Federal Criminal de Curitiba.
21. Processo 2007.34.00.041274-8, 10ª Vara Federal Criminal de Brasília.
22. Processo 0014808-07.2013.4.03.6120, 1ª Vara Federal de Araraquara.
23. Ação penal 5043130-64.2014.4.04.7000, 13ª Vara Federal Criminal de Curitiba.
24. Ação penal 5025687-03.2014.404.7000, 13ª Vara Federal Criminal de Curitiba.

## 9. Escritórios do crime

1. Reportagem "Polícia mata Escobar, o chefão da cocaína", publicada pelo jornal *O Estado de S. Paulo* em 3/12/1993.
2. *Matando Pablo*, livro de Mark Bowden publicado pela editora Landscape em 2002.
3. Reportagem "Seguidores de Escobar desafiam polícia", publicada pelo jornal *Folha de S.Paulo* em 4/12/1993.
4. Reportagem "Capturan a seis narcotraficantes", publicada pelo jornal *El Tiempo* em 20/10/1991, e reportagem "Traficante do Cartel de Medellín é preso com 24 quilos de cocaína", publicada no jornal *O Globo* em 19/10/1991.
5. Para a Operação Muralha, ação penal 2006.61.81.009350-1, 5ª Vara Federal Criminal de São Paulo.
6. Tradução: "A declaração da testemunha foi boa, indicando que não havia visto [Rafael]. Eu lhe disse que era sua esposa, e ele me disse que não quer prejudicar ninguém."
7. Ação penal 0005563-25.2008.8.26.0218, 2ª Vara de Guararapes.
8. Ação penal 0005814-04.2012.8.26.0218, 2ª Vara de Guararapes

806 ALLAN DE ABREU

9. Ação penal 0004789-63.2006.8.26.0218, 2ª Vara de Guararapes.
10. Ações penais 0029948-64.2007.8.26.0576 e 0063974-54.2008.8.26.0576. 2ª Vara Criminal de S. José do Rio Preto.
11. Ações penais 0007885-49.2008.4.03.6181, 0014497-03.2008.4.03.6181 e 0009397-33.2009.4.03.6181, 5ª Vara Federal Criminal de São Paulo.
12. Ação penal 807/06, 1ª Vara Criminal de Praia Grande.

## 10. Conexão Mato Grosso

1. Reportagem "Mais da metade da cocaína no Brasil tem 'DNA' boliviano", de Fernando Mello, publicada em *Folha de S.Paulo*, edição de 1/7/2012.
2. Transcrição de audiência da CPI em 10/11/2000.
3. Apelações 0086446-41.2002.8.26.0000, do TJ-SP, e 3909/01, do TJ-MT.
4. Ação penal 1510-91.2007.8.11.0011, 1ª Vara de Mirassol d'Oeste.
5. Ação penal 0001968-78.2011.4.01.3601, 1ª Vara Federal de Cáceres.
6. Ação penal 0047534-56.2003.8.26.0576, 4ª Vara Criminal de São José do Rio Preto.
7. Reportagem "Bilionários brasileiros entre os mais ricos do mundo em 2015", publicada pela revista *Exame* em 2/3/2015.
8. Para informações do caso, ação cível originária 9132172-45.2003.8.26.0000, do Órgão Especial do TJ-SP.
9. Recurso em mandado de segurança 19.477, STJ.
10. Esse e os demais diálogos de João Faria foram extraídos da ação penal 0040651-93.2003.8.26.0576, 4ª Vara Criminal de São José do Rio Preto.
11. Reportagem "De fazendeiro a barbeiro de preso", publicada pelo *Diário da Região* em 4/5/2008.
12. Ação penal 0047534-56.2003.8.26.0576, 4ª Vara Criminal de São José do Rio Preto.
13. Reportagem "Juíza vítima de atentado comemora primeiro Dia das Mães com alegria e apreensão", divulgada pela TV Centro América em 9/5/2008.
14. "A inteligência contra o crime", caderno especial publicado no *Diário da Região* em 13/4/2008.
15. GADELHA, Alieth et al. *Compilação de dossiês dos investigados por tráfico internacional de drogas no Estado de Mato Grosso do Sul.* Brasília: [s.n.], 2011.

## COCAÍNA: A ROTA CAIPIRA

807

### 11. De boia-fria a barão do tráfico

1. Reportagem "Os novos donos do tráfico", de Hudson Corrêa e Leonardo Souza, publicada em *Época* em 3/10/2011.
2. Ação penal 761/91, 4ª Vara Criminal de Ribeirão Preto.
3. Ação penal 322/1996, 1ª Vara de Guariba.
4. Processo 0147735-39.2004.8.13.0073, 2ª Vara de Bocaiúva.
5. Para diálogos da Operação Alfa, ação penal 2007.61.06.004141-5, 2ª Vara Federal de São José do Rio Preto.
6. Reportagem "Detienen a narcos que iban a cargar droga en una avioneta", publicada em <www.caracol.com.co> em 13 de outubro de 2007.
7. Processo 0041910-84.2007.8.26.0576, 3ª Vara Criminal de São José do Rio Preto.
8. Ação penal 0005643-17.2009.4.03.6106, 2ª Vara Federal de São José do Rio Preto.
9. Ação penal 0002930-69.2009.4.03.6106, 2ª Vara Federal de São José do Rio Preto.
10. Ação penal 0000930-34.2011.4.01.3600, 7ª Vara Federal de Cuiabá.
11. Para a Operação São Domingos, processo 0006120-08.2013.403.6136, 1ª Vara Federal de Catanduva.
12. Reportagem "Assassino de PMs é preso em Niterói", publicada em <www.policiacivil.rj.gov.br> em 11/2/2008.
13. "Empresário que abastecia a Rocinha de cocaína está de volta às ruas", reportagem publicada em <www.r7.com.br> em 23/3/2011.
14. "Loteamento em Tanabi foi construído com dinheiro do tráfico", reportagem publicada no jornal *Diário da Região* em 29/5/2015.
15. "Sicarios matan de 12 tiros a un comerciante brasileño", reportagem publicada no jornal *ABC Color* em 25/2/2014.
16. Ação penal 0006120-08.2013.4.03.6136, 1ª Vara Federal de Catanduva.
17. Ação penal 0000459-14.2014.4.03.6136, 1ª Vara Federal de Catanduva.
18. Ação penal 0000462-66.2014.4.03.6136, 1ª Vara Federal de Catanduva.
19. Ação penal 0000461-81.2014.4.03.6136, 1ª Vara Federal de Catanduva.
20. Ação penal 0000458-29.2014.4.03.6136, 1ª Vara Federal de Catanduva.
21. Processo 0005094-44.2007.4.03.6181, 2ª Vara Federal Criminal de São Paulo.
22. Ação penal 0010579-56.2007.4.03.6106, 2ª Vara Federal de São José do Rio Preto.

808      ALLAN DE ABREU

23. Ação penal 0005628-48.2009.4.03.6106 e 0002929-84.2009.4.03.6106, 2ª Vara Federal de São José do Rio Preto.
24. Ação penal 0000533-71.2008.4.03.6106, 2ª Vara Federal de São José do Rio Preto.
25. "A indesejada integração das Américas", reportagem publicada no jornal *O Globo* em 17/9/2012.
26. "Gravações revelam esquema para refino de cocaína", reportagem publicada pelo *Diário da Região* em 1/3/2008.
27. Ação penal 0000533-71.2008.4.03.6106, 2ª Vara Federal de São José do Rio Preto.
28. Ação penal 0231040-36.2011.8.26.0000.

## 12. Cabeça Branca S.A.

1. Reportagem "Cabeça Branca, o primeiro embaixador do Narcosul", publicada no jornal *Extra* em 25/5/2014.
2. Para a apreensão na fazenda São Rafael e a Operação Fronteira, processo 2003.60.02.001263-9, da 3ª Vara Federal de Campo Grande.
3. Ação penal 2001.60.02.001319-2, 1ª Vara Federal de Ponta Porã.
4. Ação penal 1050/2000, 1ª Vara Criminal de São Vicente.
5. "Sem paradeiro certo", reportagem divulgada pelo *Jornal da Globo* em 28/3/2005.
6. Para informações da Operação Caravelas neste livro, processos 2006.35.00.006029-9 e 2005.35.00.022911-4, 11ª Vara Federal de Goiânia, e reportagem "Glória e perdição", publicada pela revista *Piauí* em 12/12/2012.
7. Ação penal 2005.35.00.022911-4, 11ª Vara Federal de Goiânia.
8. Ação penal 2006.356.00.006029-9, 11ª Vara Federal de Goiânia.
9. Reportagem "Barão da droga sai em liberdade", publicada pelo jornal português *Correio da Manhã* em 15/6/2011.
10. Reportagem "Allanan negocios de los Pavao por crimen de Rafaat", publicada pelo jornal *ABC Color* em 17/6/2016.

## 13. Tudo em família

1. Ação penal 55/1993, 29ª Vara Criminal de São Paulo.
2. Ação penal 211/1998, Vara Única de São Joaquim da Barra.
3. Ação penal 226/1998, Vara Única de Nhandeara.

COCAÍNA: A ROTA CAIPIRA 809

4. Ação penal 0011205-93.2001.8.13.0344, 1ª Vara de Iturama.

5. Ação penal 021020085614, 2ª Vara Criminal de Três Lagoas.

6. Ação penal 0007453-88.2005.8.26.0481, 1ª Vara de Presidente Epitácio.

7. Ação penal 100162-30.2010.8.09.0065, 2ª Vara Criminal de Goiânia.

8. Livro *Todo dia é segunda-feira*, de José Mariano Beltrame, publicado pela editora Sextante.

9. Relatório 17BPMI-026/20/01.

10. Apelação 2001.35.00.016728-8, TRF da 1ª Região.

11. Relatório 17BPMI-014/20/01.

12. Apelação 2001.35.00.012448-9, TRF da 1ª Região.

13. Relatório 17BPMI-015/20/01.

14. Relatório 17BPMI-016/20/01.

15. Relatório 17BPMI-009/20/01.

16. Relatório 17BPMI-024/20/01.

17. Ação penal 01230.8816.2005.300.0000, do TJ-MS.

18. Relatório 17BPMI-006/20/02.

19. Apelação 2002.61.15.001120-7, TRF da 3ª Região.

20. "Deportan a Brasil a lugarteniente de Beira-Mar en el Amambay", reportagem publicada pelo jornal *ABC Color* em 28/11/2004.

21. Processo 0002741-19.2002.8.26.0042, Vara Única de Altinópolis.

22. Processo 3005583-66.2013.8.26.0451, 1ª Vara Criminal de Piracicaba.

## 14. Carro, moeda do tráfico

1. Ações penais 0001032-96.2010.4.03.6005 e 0001032-96.2010.4.03.6005, 1ª Vara Federal de Ponta Porã.

2. "Guerra na fronteira", reportagem publicada em *IstoÉ* em 6/2/2002.

3. "Dono de jornal em Ponta Porã é executado", reportagem publicada no jornal *Folha de S.Paulo* em 6/10/2012.

4. "Mistério no crime do Morumbi", reportagem publicada no jornal *O Estado de S. Paulo* em 28/7/1981.

5. Reportagem "Maior massacre da história da máfia completa sete anos", divulgada em <www.perfilnews.com.br>.

6. Reportagem "Guerra na fronteira", publicada em *IstoÉ* em 6/2/2002.

7. "Brasileños quemados vivos por matar a tres bolivianos", reportagem publicada pelo jornal *El Dia* em 15/8/2012.

810       ALLAN DE ABREU

8. Processos 0004984-74.2010.4.01.3601, 0122.20.16.401360-1 e 0001624-58.2015.4.01.3601, 1ª Vara Federal de Cáceres.

9. "Se complica caso del alcalde de San Matías", reportagem publicada pelo jornal *El Dia* em 14/3/2010.

10. "Policía no puede controlar el ingreso de los autos chutos", reportagem publicada pelo jornal *El Mundo* em 8/7/2012.

11. "PF apura ligação de farmácias com traficantes", reportagem publicada no jornal *Folha de S.Paulo* em 29/5/1991.

12. Ação originária 101198201000538, Tribunal de Justicia de Bolivia.

13. Ação penal 0001474-08.2009.4.03.6002, 2ª Vara Federal de Dourados.

14. Ação penal 0004379-83.2009.4.03.6002, 2ª Vara Federal de Dourados.

15. "Informe de gestión 2009", do Ministério Público do Paraguai.

16. Ação penal 0005920-45.2009.4.03.6005, 2ª Vara Federal de Ponta Porã.

17. Ação penal 0003420-15.2009.4.03.6002, 2ª Vara Federal de Dourados.

18. Ação penal 0003420-15.2009.4.03.6002, 2ª Vara Federal de Dourados.

19. Ação penal 0001451-22.2011.4.03.6122, 1ª Vara Federal de Tupã.

20. Idem.

21. Ação penal 0000465-67.2012.4.03.6111, 1ª Vara Federal de Marília.

22. Ações penais 0001416-88.2008.8.26.0077 e 0008380-44.2001.8.26.0077, 2ª Vara Criminal de Birigui.

23. Reportagem "Homem suspeito de ligação com a Yakuza prestou serviço à SSP", publicada no portal Terra,<www.terra.com.br>, em 5/11/2009.

24. Ação penal 00575.94-78.2009.8.26.0576, 1ª Vara Criminal de São José do Rio Preto.

## 15. Cocaína para os "irmãos"

1. Ação penal 0002529-47.2013.8.26.0483, 1ª Vara de Presidente Venceslau.

2. Reportagem "Maior investigação da história do crime organizado denuncia 175 do PCC", publicada no jornal *O Estado de S. Paulo* em 11/10/2013.

3. Diálogos extraídos do inquérito da Operação Gaiola, processo 0007688-38.2013.403.6143, 1ª Vara Federal de Limeira.

4. Reportagem "Ação da PF atinge negócios do PCC", publicada no jornal *O Estado de S. Paulo* em 13/12/2008.

5. Para a Operação Aracne, ações penais 0006140-71.2008.4.01.3600, 2009.36.00.000936-8, 2010.36.00.003557-2 e 0014355-65.2010.4.01.3600, 5ª Vara Federal de Cuiabá.

COCAÍNA: A ROTA CAIPIRA                                    811

6. Ações penais 0014355-65.2010.4.01.3600, 0004819-30.2010.4.01.3600, 0000936-12.2009.4.01.3600, 5ª Vara Federal de Cuiabá.

7. Reportagem "O patrão do tráfico", publicada pelo *Diário da Região* em 4/1/2009.

8. Reportagem "PCC despeja 400 kg de cocaína por mês na região", publicada no *Diário da Região* em 2/10/2011.

9. Reportagem "Hallan dos laboratorios y caen emisarios del PCC", publicada no jornal *El Deber* em 21/1/ 2013.

10. Reportagem "Los del PCC enviaron dos cargamentos de cocaína", publicada no jornal *El Deber* em 17/3/2013.

### 16. Carga pesada

1. Ação penal 2007.61.02.011932-6, 4ª Vara Federal de Ribeirão Preto.

2. Ação penal 884/2007, 5ª Vara Criminal de Ribeirão Preto.

3. Ação penal 2007.61.02.011932-6, 4ª Vara Federal de Ribeirão Preto.

4. Apelação 0012480-71.2007.4.03.6102, TRF.

5. Reportagem "Tribunal condena Jarvis y Capilo a pena de prisión y comiso de bienes", publicada pelo jornal *ABC Color* em 3/5/2014.

6. Reportagem "Sospechan que jefe del PCC compra privilégios em Agrupación Especializada", publicada pelo jornal *ABC Color* em 30/10/2011.

7. Ação penal 0002529-47.2013.8.26.0483, 1ª Vara de Presidente Venceslau.

8. Word Drug Report 2011, relatório do United Nations Office on Drugs and Crime (Unodc).

9. Ação penal 0001032-96.2010.4.03.6005, 1ª Vara Federal de Ponta Porã.

10. Ação penal 017.09.002140-8, Vara Criminal de Nova Andradina.

11. Ação penal 0064418-22.2009.8.12.0001, 2ª Vara Criminal de Campo Grande.

12. Ação penal 0062116-83.2010.8.12.0001, 2ª Vara Criminal de Campo Grande.

13. Ação penal 0055654-76.2011.8.12.0001, 2ª Vara Criminal de Campo Grande.

14. Processo 5000459-14.2014.404.7004, 1ª Vara Federal de Umuarama.

15. Processo 5006813-89.2013.404.7004, 1ª Vara Federal de Umuarama.

16. Processo 5001520-07.2014.404.7004, 1ª Vara Federal de Umuarama.

17. Reportagem "Comunican vacancia en la Corte Suprema", publicada no jornal *ABC Color* em 4/12/2014.

812 ALLAN DE ABREU

18. Ação penal 9000001-84.2000.8.26.0597, 1ª Vara de Sertãozinho.
19. "Protección a narcos fue denunciado por senador", reportagem publicada no jornal *ABC Color* em 23/6/2010.
20. Ações penais 0008410-11.2007.4.03.6102 e 0010195-08.2007.4.03.6102, 4ª Vara Federal de Ribeirão Preto.
21. Ação penal 0008725-39.2007.4.03.6102, 4ª Vara Federal de Ribeirão Preto.
22. Ação penal 0009689-32.2007.4.03.6102, 4ª Vara Federal de Ribeirão Preto.
23. Ação penal 0010792-06.2009.4.03.6102, 4ª Vara Federal de Ribeirão Preto.
24. Apelação 0006423-32.2010.4.03.6102, TRF da 3ª Região.

## 17. (In)Vulnerável

1. Para a Operação Planária, inquérito 17-0557/2009, DPF Araraquara.
2. "Operação da PF prende 16 suspeitos por tráfico em três estados", publicada pela *Folha de S.Paulo* em 15/7/2011.
3. Apelação 0002476-76.2011.4.03.6120, TRF da 3ª Região.
4. Ação penal 0007495-34.2009.4.03.6120, 1ª Vara Federal de Araraquara.
5. Ação penal 0000002-98.2012.4.03.6120, 1ª Vara Federal de Araraquara.
6. Apelação 0002990-92.2012.4.03.6120, TRF da 3ª Região.
7. Apelação 0000004-68.2012.4.03.6120, TRF da 3ª Região.
8. Para a Operação Antártica, ação penal 0003511-52.2011.8.26.0153, 2ª Vara de Cravinhos.
9. "Polícia Federal deflagra Operação Antártica contra o tráfico de drogas", reportagem publicada no jornal *A Cidade* em 10/2/2012.
10. Ação penal 0003011-83.2011.8.26.0153, 2ª Vara de Cravinhos.

## 18. Made in PCC

1. Ações penais 0000032-40.2015.4.03.6117 e 0000033-25.2015.4.03.6117, 1ª Vara Federal de Jaú.
2. Ações penais 0002091-69.2013.403.6117, 0000100-24.2014.403.6117 e 0000034-10.2015.4.03.6117, 1ª Vara Federal de Jaú.
3. Processo 0000030-70.2015.4.03.6117, 1ª Vara Federal de Jaú.
4. Para a Operação Oversea, processo 0002800.46.2013.403610-4, 5ª Vara Federal de Santos.
5. "La historia de un joven pobre que se convirtió en un narco millionario", reportagem publicada pelo jornal *La Nación* em 5/12/2010.

## COCAÍNA: A ROTA CAIPIRA 813

6. Para informações da Operação Paiva Luz, processo 002582-76.2013.403.6117, 1ª Vara Federal de Jaú.

7. "Lucha entre cárteles deja tres muertos en Veracruz", reportagem publicada pelo jornal *El Economista* em 10/1/2014.

8. "Borsoni con 32 chili di cocaina purissima sequestrati al porto di Gioia Tauro: valeva 6 milioni di euro", reportagem publicada no jornal *Il Quotidiano dell Sud* em 14/3/2014.

9. Para inquérito da Operação Gaiola, processo 0007688-38.2013.403.6143, 1ª Vara Federal de Limeira.

10. Processo 0012478-85.2013.4.03.6104, 5ª Vara Federal de Santos.

11. Processos 0008669-53.2014.4.03.6104 e 0005748-24.2014.4.03.6104, 5ª Vara Federal de Santos.

12. Processo 0005744-84.2014.4.03.6104, 5ª Vara Federal de Santos.

13. Processo 0003926-97.2014.4.03.6104, 5ª Vara Federal de Santos.

14. Processo 0005749-09.2014.4.03.6104, 5ª Vara Federal de Santos.

15. Processo 0004167-34.2014.4.03.6181, 5ª Vara Federal de Santos.

16. Processos 0002582-76.2013.403.6117 e 0000021-11.2015.4.03.6117, 1ª Vara Federal de Jaú.

17. Processo 0000023-78.2015.4.03.6117, 1ª Vara Federal de Jaú.

18. Processo 0000024-63.2015.4.03.6117, 1ª Vara Federal de Jaú.

19. Processo 0001189-82.2014.4.03.6117, 1ª Vara Federal de Jaú.

20. Ofício nº 1763/2014 — IPL 0175/2013-4 DPF/PCA/SP.

21. 9ª CA-0.036/2015, Corregedoria da Polícia Civil do Estado de São Paulo

22. Processos 0001088-64.2014.4.03.6143, 0001090-34.2014.4.03.6143, 0001089-49.2014.4.03.6143, 0001091-19.2014.4.03.6143, 00010923-04.2014.4.03.6143 e 0001093-04.2014.4.03.6143, 1ª Vara Federal de Limeira, e 0005655-75.2014.8.26.0320, 3ª Vara Criminal de Limeira.

### 19. A rota se amplia

1. Processo 0002450-34.2013.4.01.3802, 2ª Vara Federal de Uberaba.

2. Processo 0007647-64.2013.4.01.3803, 3ª Vara Federal de Uberlândia.

3. Processo 12061-08.2013.4.01.3803, 1ª Vara Federal de Uberlândia.

4. Para a Operação Navajo, processo 5477-22.2013.4.01.3803, 1ª Vara Federal de Uberlândia; para a Operação Athos, processo 11288-66.2013.4.01.3801, 4ª Vara Federal de Juiz de Fora; para a Operação Krull, processo 5477-22.2013.4.01.3803, 1ª Vara Federal de Ituiutaba.

814     ALLAN DE ABREU

5. "Sequestro relâmpago", reportagem publicada na revista *Veja* em 23/8/2008, e "PF prende acusado de liderar sequestro no interior do Paraná", reportagem publicada pelo jornal *Folha de S.Paulo* em 30/8/2000.

6. Ação penal 0014020-09.2014.8.13.0344, 1ª Vara de Iturama.

7. Reportagem "Juiz é suspeito de beneficiar traficantes clientes de advogada", divulgada pelo programa *Fantástico*, da TV Globo, em 28/7/2014.

8. Processo 31873-02.2014.4.01.3803, 1ª Vara Federal de Uberlândia.

9. Processo 5477-22.2013.4.01.3803, Vara Federal Única de Ituiutaba.

10. Processos 0013522-84.2014.4.01.3801, 0013524-54.2014.4.01.3801 e 0016846-82.2014.4.01.3801, 4ª Vara Federal de Juiz de Fora.

11. Processos 0013522-84.2014.4.01.3801 e 0013524-54.2014.4.01.3801, 4ª Vara Federal de Juiz de Fora.

12. Processo 0613137-28.2014.8.13.0145, 2ª Vara Criminal de Juiz de Fora.

13. Ação penal originária 0317710-35.2014.8.13.0000, Órgão Especial do TJ-MG.

14. "Juiz preso por suspeita de beneficiar traficantes é solto na Grande BH", reportagem publicada no site <http://g1.globo.com/minas-gerais/noticia/2015/11/juiz-preso-por-suspeita-de-beneficiar-traficantes-e-solto-na-grande-bh.html> em 27/11/2015.

15. Processos 0544123-20.2015.8.13.0145, 0568551-66.2015.8.13.0145 e 0159391-48.2016.8.13.0145, 2ª Vara Criminal de Juiz de Fora.

## 20. As peripécias do dr. Chino

1. Para a Operação Deserto, ação penal 2009.61.81.002991-5, 5ª Vara Federal Criminal de São Paulo.

2. Ação penal 0064560-25.2005.8.26.005, 25ª Vara Criminal de São Paulo.

3. Ação penal 0043563-50.2007.8.26.0050, 24ª Vara Criminal de São Paulo.

4. Apelação 96.0030395-9, TRF da 2ª Região.

5. Apelação 92.01.14310-9-MT, do TRF da 1ª Região.

6. Apelações 0009979-57.2010.4.03.6000 e 0000670-75.2011.4.03.6000, TRF da 3ª Região.

7. Ação originária 101198201300507, Tribunal de Justicia de Bolivia.

8. Ações penais 0000179-10.2011.4.03.6181, 0000272-70.2011.4.03.6181 e 0000273-55.2011.4.03.6181, 5ª Vara Federal Criminal de São Paulo.

9. Ação penal 0011672-18.2010.4.03.6181, 5ª Vara Federal Criminal de São Paulo.

COCAÍNA: A ROTA CAIPIRA 815

### 21. Advogados no crime

1. Ação penal 2003.35.00.001211-5, 5ª Vara Federal de Goiânia.
2. Ação penal 0008396-24.2012.4.03.0000, 3ª Vara Federal de Campo Grande.
3. Diálogos publicados no diário oficial da Câmara dos Deputados de 27 de fevereiro de 2003.
4. HC 88.825/GO, Superior Tribunal de Justiça.
5. "Grampos telefônicos revelam as ligações perigosas de traficantes de cocaína com políticos e juízes", reportagem publicada na revista *Época* em 13/12/2002.
6. "Justiça na mira", reportagem publicada na revista *Veja* em 18/12/2002.
7. "Os diálogos secretos de Pinheiro Landim", reportagem publicada no jornal *Folha de S.Paulo* em 22/12/2002.
8. Ação penal 0500015-98.2004.4.02.5101, 5ª Vara Federal Criminal do Rio de Janeiro.
9. Ação penal 99.0045054-0, 2ª Vara Federal Criminal do Rio de Janeiro.
10. "TRF afasta desembargador e juíza federal", reportagem publicada no jornal *Folha de S.Paulo* em 13/11/2003.
11. MS 24803, Supremo Tribunal Federal.
12. REsp 1375721/DF, Superior Tribunal de Justiça.
13. "Primeira vez", reportagem publicada pela revista *Veja* em 9/4/2003.
14. Inquérito 2009.34.00.009482-5, 10ª Vara Federal do Distrito Federal.
15. Ação penal 0041106-24.2004.8.26.0576, 4ª Vara Criminal de São José do Rio Preto.
16. Ação penal 0004545-98.2010.8.26.0120, 1ª Vara de Cândido Mota.
17. "Advogada presa no Paraguai já está na sede da PF em Marília", reportagem publicada em <www.temmais.com> em 24/11/2010.
18. "CPI associa ex-advogada de chefe do PCC à morte de juiz", reportagem publicada no jornal *Folha de S.Paulo* em 7/9/2006.
19. "CPI das armas vê forte indício de envolvimento de advogada com o PCC", reportagem publicada em <www.ultimainstancia.uol.com.br> em 6/9/2006.
20. Depoimento à CPI do Tráfico de Armas em 6/9/2006.
21. Transcrição de depoimento de Ariane dos Anjos à CPI do Tráfico de Armas em 6/9/2006.
22. "Advogada de Marcola encerra rebelião em 5 minutos", reportagem publicada no portal Terra, <www.terra.com.br>, em 9/2/2008.

816         ALLAN DE ABREU

23. Ação penal 0002529-47.2013.8.26.0483, 1ª Vara de Presidente Venceslau.
24. Processo 003487-62.2015.8.26.0483, 1ª Vara de Presidente Venceslau.
25. "Operação em SP prende advogados suspeitos de ajudar facção criminosa", veiculada no *Jornal Nacional* em 22/11/2016, "Ação prende 33 advogados e defensor de direitos humanos por auxiliar PCC", publicada pelo jornal *O Estado de S. Paulo* em 22/11/2016, e "Advogados são presos suspeitos de trabalhar para organização criminosa", divulgada pelo programa *Fantástico*, da TV Globo, em 27/11/2016.
26. Ação penal 0022668-83.2011.8.26.0032, 3ª Vara Criminal de Araçatuba.
27. "Maior traficante do interior é preso em São Paulo", reportagem publicada no jornal *Folha da Região* em 19/12/2003.
28. Para a Operação Gravata, ação penal 0019079-03.2011.8.26, 5ª Vara Criminal de São José do Rio Preto.

## 22. Polícia bandida

1. Ofício 039/78, da Delegacia Regional de Polícia de Araçatuba.
2. "Desbaratada gang da cocaína", reportagem publicada no jornal *Ultima Hora* em 1/8/1984.
3. Apelação criminal nº 2000.03.99.015716-5. TRF 3ª Região.
4. "MP denuncia 5 policiais por achaque", reportagem publicada pelo jornal *O Estado de S. Paulo* em 7/8/2009.
5. Processo 2007.61.81.011245-7, 6ª Vara Federal Criminal de São Paulo.
6. Reportagem "No Brasil, Abadía faturava US$ 70 milhões por mês", reportagem publicada pelo jornal *O Estado de S. Paulo* em 7/10/2007.
7. Apelação 0095642-69.2008.8.26.0050, TJ-SP.
8. Ação penal 2007.61.81.011245-7, 6ª Vara Federal Criminal de São Paulo.
9. Ação penal 0007745-44.2010.4.03.6181, 4ª Vara Federal Criminal de São Paulo.
10. Ação penal 0069713-94.2012.8.26.0114, 6ª Vara Criminal de Campinas.
11. Habeas corpus 2083239-09.2016.8.26.0000, 12ª Câmara de Direito Criminal do TJ.
12. Relatório final da CPI do Narcotráfico da Câmara dos Deputados.
13. Decreto de 25/2/2004, publicado no Diário Oficial em 26/2/2004.
14. Ação penal 376/1999, 1ª Vara Criminal de Campinas.
15. Apelação 2076202-96.2014.8.26.0000, no TJ-SP.
16. Processo 1999.61.05.001089-7, 9ª Vara Federal de Campinas.

## COCAÍNA: A ROTA CAIPIRA

17. Apelação 339.371-3/0-00, TJ-SP.
18. Ações penais 1565/07, 6ª Vara Criminal de Campinas, e GS/53/10 — DGP/6345/09.
19. Ação penal 0065572-08.2007.8.26.0114, 3ª Vara Criminal de Campinas.
20. Ação penal 0012369-29.2010.8.26.0114, 3ª Vara Criminal de Campinas.
21. Ação penal 0058476-97.2011.8.26.0114, 2ª Vara Criminal de Campinas.
22. Ação penal 286.01.2009.012807-1, 2ª Vara Criminal de Itu.

### 23. O golpe da "puxada"

1. Entrevistas concedidas ao autor entre março e abril de 2014.
2. Processo Ext 944, do Supremo Tribunal Federal.
3. Pronúncia 04-212, Corte do Distrito de Colúmbia, Estados Unidos.
4. "Cae el quinto extraditable de las Farc", reportagem publicada pelo jornal *El Tiempo* em 18/10/2006.
5. Reportagem "Polícia liga apreensão de Itu com as Farc", publicada no jornal *Folha de S.Paulo* em 29/4/2003.
6. Entrevistas concedidas ao autor entre março e abril de 2014.
7. Processo 0011255-68.2003.8.26.0286, 5ª Vara de Itu.
8. Processo Ext 944, do Supremo Tribunal Federal.
9. Reportagem "Incautan avioneta boliviana con cocaína", publicada pelo jornal *La Razón* em 15/12/2013.
10. Reportagem "A cárcel dos miembros de la Fuerza Pública por espionaje", divulgada pelo site <www.cmi.com.co> em 10/9/2013.
11. Reportagem "Laudo aponta desvio de droga apreendida", publicada pelo jornal *O Estado de S. Paulo* em 1/2/2010.
12. Processo 0060725-63.2004.8.26.0050, da 29ª Vara Criminal de São Paulo.
13. Idem.
14. Idem.
15. Idem.
16. Reportagem "Laudo aponta desvio de droga apreendida", publicada pelo jornal *O Estado de S. Paulo* em 1/2/2010.
17. Idem.
18. Reportagem "Justiça condena por tráfico de drogas ex-delegado do Denarc", publicada pelo jornal *O Estado de S. Paulo* em 14/5/2013.
19. Diário Oficial do Estado de São Paulo de 15/3/2014, seção II.

20. Processo 2112408-12.2014.8.26.0000, Órgão Especial do Tribunal de Justiça.

21. Processo 2110264-65.2014.8.26.0000, Órgão Especial do Tribunal de Justiça.

22. Processo 2125/2003, 1ª Vara Criminal de Itapetininga.

23. Idem.

24. Ação penal 31.796/2004, 4ª Vara Criminal de Sorocaba.

25. Inquérito 65/04, 7ª Corregedoria Auxiliar da Polícia Civil em Sorocaba.

26. Idem.

27. Processo 0067576-23.2004.8.26.0114, 4ª Vara Criminal de Campinas.

28. Idem.

29. Idem.

30. Inquérito 65/04, 7ª Corregedoria Auxiliar da Polícia Civil em Sorocaba.

31. Ação penal 0067576-23.2004.8.26.0114, 4ª Vara Criminal de Campinas.

32. Idem.

33. Idem.

34. Processo 0012158-74.2013.8.26.0053, TJ-SP.

35. Inquérito 65/04, 7ª Corregedoria Auxiliar da Polícia Civil em Sorocaba.

36. Idem.

37. Idem.

38. Ação penal 2009.61.10.006166-0, 1ª Vara Federal de Sorocaba.

39. Ação penal 2006.61.10.003997-5, 3ª Vara Federal de Sorocaba.

40. Ação penal 0045206-36.2007.8.26.0602, 3ª Vara Criminal de Sorocaba.

41. Ação penal 328/07, 2ª Vara Judicial de Guararapes.

42. Ação penal 0047686-57.2008.8.26.0050, 14ª Vara Criminal de São Paulo.

43. Idem.

44. Idem.

45. Ação penal 0001076-19.2009.8.26.0269, 1ª Vara Criminal de Itapetininga.

46. Reportagem "Ex-Farc preso com droga na zona leste", publicada pelo jornal *O Estado de S. Paulo* em 21/12/2010.

47. Para essa e as citações subsequentes, ação penal 0002282-53.2012.403.6181, 5ª Vara Federal Criminal de São Paulo.

48. Ação penal 0014207-17.2011.4.03.6105, 1ª Vara Federal de Jundiaí.

49. "Estrangeiros são assassinados no Guarujá", reportagem publicada no jornal *Folha de S.Paulo* em 29/11/2011.

COCAÍNA: A ROTA CAIPIRA 819

50. "MP denuncia dois por mortes durante falsa venda de drogas no Guarujá", texto publicado no site do Ministério Público de São Paulo, <www.mp.sp. gov.br>, em 25/6/2013.

51. Ação penal 0006053-58.2012.403.6110, 1ª Vara Federal de Sorocaba.

52. Para informações da Operação Dark Side citadas no livro, processos 0006053-58.2012.403.6110, 0000847-29.2013.4.03.6110, 0003403-04.2013.4.03.6110, 0002418-35.2013.4.03.6110, 0002039-94.2013.4.03.6110, 0003150-16.2013.4.03.6110, todos da 1ª Vara Federal de Sorocaba.

53. Ação penal 0021815-13.2011.8.26.0602, 2ª Vara Criminal de Sorocaba.

54. Reportagem "Policial que desviava drogas já havia sido preso", publicada no jornal O Estado de S. Paulo em 19/2/2013.

55. Reportagem "PF prende quatro policiais do Denarc suspeitos de desviar drogas a traficantes", publicada no jornal Folha de S.Paulo em 20/3/2013.

56. Processos 0002039-94.2013.403.6110, 0003403-04.2013.403.6110, 0003185-73.2013.403.6110 e 0000847-29.2013.403.6110, 1ª Vara Federal de Sorocaba.

57. Processos 0002418-35.2013.403.6110 e 0003213-07.2014.403.6110, 1ª Vara Federal de Sorocaba.

## 24. Caipiras viciados

1. Informe 174/72, Delegacia Seccional de Polícia de Tupã.

2. Informe 5013/210, Ministério do Exército.

3. "O uso de cocaína e crack no Brasil", relatório do Instituto Nacional de Ciência e Tecnologia para Políticas Públicas do Álcool e Outras Drogas.

4. Reportagem "Interior supera Grande São Paulo e vira o maior mercado consumidor do País", publicada no jornal O Estado de S. Paulo em 29/7/2012.

5. Ações penais 0001233-68.2009.4.03.6120, 0002726-51.2007.4.03.6120 e 0010139-81.2008.4.03.6120, 2ª Vara Federal de Araraquara.

6. Apelação 9212958-37.2007.8.26.0000, TJ-SP.

7. Ação penal 0010139-81.2008.4.03.6120, 2ª Vara Federal de Araraquara.

8. Ação penal 0002102-60.2011.4.03.6120, 2ª Vara Federal de Araraquara.

9. Ação penal 0001233-68.2009.4.03.6120, 2ª Vara Federal de Araraquara.

10. Apelação 0002726-51.2007.4.03.6120, TRF da 3ª Região.

11. Para a Operação Escorpião, processo 0006376-96.2013.403.6120, 2ª Vara Federal de Araraquara.

12. Processo 0000389-79.2013.4.03.6120, 2ª Vara Federal de Araraquara.

13. Apelação 0000489-57.2013.8.26.0042, TJ-SP.

820 ALLAN DE ABREU

14. Apelação 00014753-96.2013.8.11.0042, TJ-MT.
15. Apelação 0024470-33.2013.8.26.0037, TJ-SP.
16. Processos 0007692-13.2014.4.03.6120, 0002858-30.2015.4.03.6120, 0005602-32.2014.4.03.6120, 0003638-67.2015.4.03.6120, 0005604-02.2014.4.03.6120, 0005599-77.2014.4.03.6120, 0005603-17.2014.4.03.6120 e 0007692-13.2014.4.03.6120, 2ª Vara Federal de Araraquara.
17. Processos 0007691-28.2014.4.03.6120, 0005606-69.2014.4.03.6120, 0005609-24.2014.4.03.6120, 0005610-09.2014.4.03.6120, 0005611-91.2014.4.03.6120, 0005612-76.2014.4.03.6120, 0005613-61.2014.4.03.6120, 0005614-46.2014.4.03.6120, 0005615-31.2014.4.03.6120, 0005616-16.2014.4.03.6120, 0005605-84.2014.4.03.6120 e 0011124-40.2014.4.03.6120, 2ª Vara Federal de Araraquara.
18. Ações penais 0020022-20.2011.8.26.0576 e 0000240-56.2013.8.26.0576, 2ª Vara Criminal de São José do Rio Preto.
19. Apelação 0020022-20.2011.8.26.0576, TJ-SP.
20. Apelação 0000240-56.2013.8.26.0576, TJ-SP.
21. Processo 0072746-64.2012.8.26.0576, 2ª Vara Criminal de São José do Rio Preto.
22. Para esse e outros diálogos da Operação Bazuco, processo 0004784-84.2012.8.26.0071, 2ª Vara Criminal de Bauru.

25. No comando das "bocas"

1. Ação penal 0002529-47.2013.8.26.0483, 1ª Vara de Presidente Venceslau.
2. Apelação 0111955-22.2012.8.26.0000, TJ-SP.
3. Fátima Souza. *PCC: a facção* (Rio de Janeiro: Record, 2007).
4. Ação penal 0019079-03.2011.8.26, 5ª Vara Criminal de São José do Rio Preto.
5. Processo 0007688-38.2013.403.6143, 1ª Vara Federal de Limeira.
6. Ação penal 0088211-44.2012.8.26.0114, 1ª Vara Criminal de Campinas.
7. Reportagem "Megaoperação prende lideranças do PCC", publicada no jornal *O Estado de S. Paulo* em 23/10/2012.
8. Processo 0027627-06.2015.8.26.0114, 1ª Vara Criminal de Campinas.
9. Ação penal 1324/2007, 1ª Vara Criminal de Campinas.
10. Ação penal 0042853-95.2008.8.26.0114, 1ª Vara Criminal de Campinas.
11. Ação penal 0007239-89.2009.8.26.0309, 3ª Vara Criminal de Jundiaí.
12. Ação penal 0022668-83.2011.8.26.0032, 3ª Vara Criminal de Araçatuba.

# COCAÍNA: A ROTA CAIPIRA

## 26. Tribunais do crime

1. Para a tentativa de assassinato do juiz João Augusto Garcia, processo 173/2002, Vara Criminal de Agudos.
2. Processo 146/1999, 3ª Vara Criminal de Bauru.
3. Ação penal 0022668-83.2011.8.26.0032, 3ª Vara Criminal de Araçatuba.
4. Ação penal 352/09, 3ª Vara de Mirassol.
5. Ação penal 0022668-83.2011.8.26.0032, 3ª Vara Criminal de Araçatuba.
6. "Mapa da violência 2013: homicídios e juventude no Brasil", estudo de Julio Jacobo Waiselfisz disponível em <www.mapadaviolencia.org.br>.
7. Processo 2008.61.06.012502-0, 2ª Vara Federal de São José do Rio Preto.
8. Apelação 990.09.142694-6, TJ-SP.
9. Processo 0005626-78.2009.4.03.6106, 2ª Vara Federal de São José do Rio Preto.

## 27. Dupla identidade

1. Apelações 2006.7000020042-0 e 2006.7000026752-5, TRF da 4ª Região.
2. Reportagem "Conheça os cartéis mexicanos responsáveis pelo tráfico", publicada pelo jornal *O Estado de S. Paulo* em 6/12/2008.
3. Reportagem "Violência do tráfico deve crescer no México", publicada pelo jornal *Folha de S.Paulo* em 2/3/2014.
4. Reportagem "Maior traficante do México escapa novamente", publicada pelo jornal *O Globo* em 12/7/2015.
5. Reportagem "México prende 7 por fuga de 'El Chapo'", publicada pelo jornal *O Estado de S. Paulo* em 18/7/2015.
6. Artigo "México: narcotráfico para principiantes", publicado pelo jornal *El País* em 24/3/2014.
7. Ações penais 2006.7000020042-0 e 2006.7000026752-5, 2ª Vara Federal Criminal de Curitiba.

## 28. Um pastor no tráfico

1. Inquérito 0001479-36.2013.403.6181, 5ª Vara Criminal de São Paulo. A investigação da Operação Dona Bárbara foi remetida à PF de Sinop e anexada às ações criminais decorrentes da Operação Veraneio.
2. Apelação 0418901-05.2010.8.26.0000, TJ-SP.

3. Relatório "Government Accounting Office", descrito no telegrama sigiloso nº 998 do Itamaraty, de 22/7/2009.
4. Reportagem "EUA acusarão líder militar venezuelano de tráfico de drogas", publicada pelo jornal *Folha de S.Paulo* em 17/12/2015.
5. *Bumerán Chávez: los fraudes que llevaron al colapso de Venezuela*, livro de Emili J. Blasco lançado em abril de 2015.
6. "Los Valle enviaron drogas hasta el aeropuerto Dulles, en Washington", reportagem publicada pelo jornal *El Heraldo* em 19/12/2014.
7. "Cae avioneta con 600 kilos en Olancho, al oriente de Honduras", reportagem publicada pelo jornal *El Heraldo* em 3/6/2012.
8. Processo 0019761-35.2012.8.26.0248, 2ª Vara Criminal de Indaiatuba.
9. Reportagem "Filho de senador nomeou piloto preso com cocaína em helicóptero para cargo na Assembleia", publicada em <www.veja.com.br> em 26/11/2013.
10. Processo 0012299-92.2013.4.02.5001, 2ª Vara Federal Criminal de Vitória.
11. Processos 0005670-21.2014.4.01.3603, 0000427-96.2014.4.01.3603 e 0001872-18.2015.4.01.3603, 2ª Vara Federal de Sinop.
12. "Capturan a piloto brasileño acusado de trafico de drogas", reportagem publicada pelo jornal *La Prensa* em 14/6/2015.

## 29. Lavanderia colombiana

1. Entrevista concedida ao autor em abril de 2014.
2. "Drugs on Crashed Plane Belonged to Mexico's Biggest Dealer", reportagem publicada em <www.mcclatchydc.com> em 28/9/2007.
3. "DEA Case Threatens to Expose US Government-Sanctioned Drug-Running", reportagem publicada em <www.narcosphere.narconews.com> em 4/1/2014.
4. Entrevista concedida ao autor em março de 2014.
5. Processo 2009.61.81.001952-1, 6ª Vara Federal Criminal de São Paulo.
6. Idem.
7. Idem.
8. Idem.
9. Entrevista concedida ao autor em fevereiro de 2014.
10. Para esse e demais diálogos e dados da Operação São Francisco, processo 0013182-71.2007.4.03.6181, 1ª Vara Federal Criminal de São Paulo.

COCAÍNA: A ROTA CAIPIRA 823

11. Reportagem "Los colombianos en la lista del HSBC", publicada pelo jornal *El Espectador* em 28/2/2015.
12. Ação penal originária 0317763-09.2012.8.05.0000, TJ-BA.
13. Ação originária 0000177-37.2009.8.05.0000, TJ-BA.
14. Processo administrativo disciplinar 0006111-73.2013.2.00.0000, CNJ.
15. "CNJ condena juíza por envolvimento com narcotraficante colombiano", reportagem publicada na Agência CNJ de Notícias em 8/11/2016
16. Apelação 0007147-21.2007.8.05.0001, TJ-BA.
17. "Descubrieron trama para rescatar de Libertad a un narco colombiano", reportagem publicada no jornal uruguaio *El País* em 28/5/2010.
18. "Feliz regreso a la obra", reportagem publicada na revista uruguaia *Construcción* em novembro de 2013.
19. Processo 354-292/2007, da 2ª Vara da Cidade de Salto.
20. Processo 0013182-71.2007.4.03.6181, 1ª Vara Federal Criminal de São Paulo.
21. Processo 0004287-82.2011.4.03.6181, 1ª Vara Federal Criminal de São Paulo.

**Epílogo: A origem do mal**

1. Editorial "Folha de coca para exportação", publicado no jornal *O Estado de S. Paulo* em 3/12/2013.
2. Telegrama nº 371, produzido pela embaixada do Brasil em La Paz em 1/4/2009.
3. Pablo Escobar: vida e obra de um psicopata. *Dossiê Superinteressante*. São Paulo: agosto, 2016.
4. Telegrama nº 341, produzido pela embaixada do Brasil em La Paz em 24/3/2010.
5. "Gobierno promulga Ley de Seguridad y Defensa del Espacio Aéreo", reportagem publicada pelo jornal *El Deber* em 22/4/2014.

Este livro foi composto na tipografia
Minion Pro Regular, em corpo 11/15, e impresso em
papel off-white no Sistema Digital Instant Duplex
da Divisão Gráfica da Distribuidora Record.